Neue Politische Ökonomie 2005

Von
Dr. Alfred Kyrer
o. Universitätsprofessor

R. Oldenbourg Verlag München Wien

Die Deutsche Bibliothek - CIP-Einheitsaufnahme

Kyrer, Alfred:
Neue polititsche Ökonomie 2005 / Alfred Kyrer. München ; Wien :
Oldenbourg, 2001
 ISBN 3-486-25568-1

© 2001 Oldenbourg Wissenschaftsverlag GmbH
Rosenheimer Straße 145, D-81671 München
Telefon: (089) 45051-0
www.oldenbourg-verlag.de

Das Werk einschließlich aller Abbildungen ist urheberrechtlich geschützt. Jede Verwertung außerhalb der Grenzen des Urheberrechtsgesetzes ist ohne Zustimmung des Verlages unzulässig und strafbar. Das gilt insbesondere für Vervielfältigungen, Übersetzungen, Mikroverfilmungen und die Einspeicherung und Bearbeitung in elektronischen Systemen.

Gedruckt auf säure- und chlorfreiem Papier
Druck: Huber KG, Dießen
Bindung: R. Oldenbourg Graphische Betriebe Binderei GmbH

ISBN 3-486-25568-1

Inhaltsverzeichnis

Prolog... 3

A. Der Beitrag der Ökonomie zur Lösung menschlicher Probleme...................................... 7

1. Der Homo Oeconomicus und seine Spielgefährten................ 7
2. Spieltheorie und wirtschaftliches Verhalten...................... 15
3. Wirtschaftliches Verhalten, Kybernetik und Systemanalyse.......... 19
4. Systemisches Wissensmanagement und Politik.................... 27

B. Politik als ein Versuch zur Steuerung komplexer sozialwissenschaftlicher Systeme........................... 33

1. Politik und politische Kultur................................. 33
2. Staatliche Regulation....................................... 40
3. Makroökonomisches Strategisches Management.................. 54
3.1. Vernetzte Wirtschaftspolitik, Masterpläne und Projektmanagement...................................... 54
3.2. Governance... 59
3.3. Balanced Scorecard....................................... 62
3.4. Think tanks und andere Formen der wirtschaftspolitischen Beratung............................. 64
4. Die politischen Rahmenbedingungen des Wirtschaftens: politische Institutionen, Spieler und Spielregeln...................................... 76
4.1. Mikrosteuerung A... 87
4.2. Nationale Makrosteuerung B................................ 103
4.3. Supranationale Makrosteuerung C............................ 115
4.4. Regionale Steuerung D..................................... 128
4.4. Globale Steuerung E....................................... 131
5. Benchmarking als Werkzeug zur Veränderung der gesamtwirtschaftlichen Rahmenbedingungen.................... 141
6. Das Management der rechtlichen Rahmenbedingungen............ 153

C. Bausteine für eine Politische Ökonomie 159

1. Wirtschaften als Inanspruchnahme von Ressourcen: Menschliche Fähigkeiten, Natur, Kapital und Wissen als Inputfaktoren 159

2. Wirtschaften als Produktionsprozess............................. 164

3. Wirtschaften als Wertschöpfungsprozess 166

4. Wirtschaften als Konsumprozess................................ 171

5. Wirtschaften als Konkurrenzprozess............................. 172

6. Wirtschaften als Kooperationsprozess 177

7. Wirtschaften als Prozess der Koopkurrenz 178

8. Wirtschaften als Prozess der Umschichtung von Strömen und Beständen (Geld, Finanzierung, Vermögensbildung). 180

9. Strategischer Fokus: Infrastruktur, Standort und Raum 183
9.1. Problemstellung... 183
9.2. Begriffe 184
9.3. Thesen 185
9.4. Mögliche Interventionen 188

10. Strategischer Fokus: Umwelt 191
10.1. Problemstellung 191
10.2. Begriffe 192
10.3. Thesen 192
10.4. Mögliche Interventionen 192

11. Strategischer Fokus: Märkte und Preise 195
11.1. Problemstellung 195
11.2. Begriffe 196
11.3. Thesen 196
11.4. Mögliche Interventionen 197

12. Strategischer Fokus: Beschäftigung und wirtschaftliche Entwicklung.. 198
12.1. Problemstellung 198
12.2. Begriffe 199
12.3. Thesen 200
12.4. Mögliche Interventionen 205

13. Strategischer Fokus: Einkommensverteilung und soziale Entwicklung 206

13.1. Problemstellung	206
13.2. Begriffe	207
13.3. Thesen	208
13.4. Mögliche Interventionen	209
14. Strategischer Fokus: Außenwirtschaft	210
14.1. Problemstellung	210
14.2. Begriffe	212
14.3. Thesen	213
14.4. Mögliche Interventionen	215

D. Politische Ökonomie mit dem Zeithorizont 2005 219

Fokus 1: Auswirkungen des EURO auf den Immobilienmarkt mit dem Zeithorizont 2005 219
Wulff Aengevelt

Fokus 2: Harmonisierung der Unternehmenssteuern versus nationales Steuerrecht 2005 225
Peter Beisteiner

Fokus 3: Benchmarking wirtschaftlicher Rahmenbedingungen für Unternehmer und Unternehmen 2005 Ein venezianisches Manifest 229
Erwin Bendl

Fokus 4: Die Bankenwelt im Jahr 2005 255
Ernst Bleier

Fokus 5: Beschäftigung in der Europäischen Union 2005 261
Manfred Oettl

Fokus 6: Globalisierung: Bestehende und zu erwartende Probleme mit dem Zeithorizont 2005 279
Rudolf Eder

Fokus 7: Effizienz und Effektivität der Gesetzesproduktion mit dem Zeithorizont 2005 287
Mario Kostal

Fokus 8: Controlling im Unternehmen mit dem Zeithorizont 2005 299
Wilhelm Pilz

**Fokus 9: Zum Strukturwandel der Weltwirtschaft:
Zeithorizont 2005** 305
Walter Penker

**Fokus 10: Hinter den Kulissen ökonomischer Rationalität:
Sehnsüchte, Leidenschaften und Wahnvorstellungen im
Unternehmen 2005** 315
Wolfgang Pichler

**Fokus 11: Wissensmanagement 2005 – Der Weg zur
Performancesteigerung in Wirtschaft und Staat** 335
Dieter Proske

**Fokus 12: Der Public-Performance-Index 2005 zur Erfassung
des Strukturwandels im staatlichen Sektor** 347
Volker Rothschädl

**Fokus 13: The employment impact of communication and
information technology in 2005: A possible application
of the „long wave" concept?** 353
Walter Scherrer

**Fokus 14: Regionales Wachstum bis 2005 durch
die Multimedia-Wirtschaft?
Eine Analyse am Beispiel des Bundeslandes Salzburg** 365
Richard Schmidjell

E. Epilog 377

F. Register 381

1. Literatur 381

2. Glossarium 391

3. Personen- und Sachverzeichnis 417

"Quello che conta non é tanto l'idea, ma la capacità di crederci – fino in fondo."

Ezra Pound

Prolog: Über das Projekt Neue Politische Ökonomie 2005

Dieses Lehr- und Handbuch wendet sich an alle, die sich schnell, aber doch umfassend, und in lesbarer Form über den gegenwärtigen Stand des Wissens in der Ökonomie informieren möchten. Dabei wird nichts vorausgesetzt als die Fähigkeit, logisch zu denken und sich von Vorurteilen freizumachen. Generell werden wir uns einer natürlicheren, verständlichen Sprache bedienen und den üblichen nur Verwirrung stiftenden „Ökonomenslang" – soweit dies möglich ist – vermeiden.

So wie **Gunnar Myrdal** in den 30er Jahren dieses Jahrhunderts haben wir zunächst große Teile der **Ökonomie entrümpelt**. Und da gibt es in der Tat viel „träges" Lehrbuchwissen, das niemand braucht und das wie „Sperrmüll" herumliegt und uns bei der Behandlung der anstehenden wirtschaftspolitischen Probleme nur behindert: sinnlose Klassifikationen, Etikettierungen und überholte Theorien. In vielen Lehrbüchern werden Antworten gegeben auf Fragen, die eigentlich nie gestellt wurden.

Wer mehr über die Ökonomie als Wissenschaft erfahren möchte, will in erster Linie die ökonomische Sachlogik kennen lernen und ist an den zahlreichen Diskussionen und Kontroversen, die Ökonomen immer wieder untereinander ausgetragen haben, nicht interessiert. Wir werden daher viel Nebensächliches weglassen und werden eine politische Ökonomie „ohne Girlanden" erarbeiten, welche eine bessere Gestaltung der Zukunft ermöglicht.

Nach wie vor versucht man – um mit **Tony Lawson** von der Universität Cambridge zu sprechen – „mit dem Presslufthammer Fenster zu reinigen". Oder weniger bildhaft ausgedrückt: Volkswirtschaftslehre und wirtschaftliche Realität haben immer weniger miteinander zu tun. Auf dem Lehrbuchmarkt dominieren die Sammler und Jäger. Die **Sammler**, die eifrig zusammentragen, wer, was, wann, worüber geschrieben hat, solange bis die diesbezüglichen Texte endgültig unlesbar geworden sind. Eine mögliche Erklärung dieses unerfreulichen Zustandes könnte darin zu sehen sein, dass viele Ökonomen ihre Lehrbücher nicht für Studierende und kritische Zeitgenossen schreiben, sondern für die Kollegenschaft. Und die **Jäger** halten Ausschau in den ökonometrischen Fachzeitschriften nach neuen Hypothesen in mathematischer Formulierung. Handlungsorientierte Instruktionen findet man bei beiden nicht.

Im Zentrum dieses Buches steht **die Analyse und der internationale Vergleich der gesamtwirtschaftlichen Rahmenbedingungen** von Ländern. Im „Ökonomen-Slang" nennt man das **„Framework Benchmarking"**. Die Gestaltung und Veränderung dieser Rahmenbedingungen wird deshalb immer wichtiger, weil davon die **Wettbewerbsfähigkeit** der Regionen bzw. Länder abhängt.

In folgenden **sieben Punkten** unterscheidet sich dieses Lehr- und Handbuch von anderen Einführungen:

1. **Modulprinzip:** Der Text wurde in Bausteine („Module") zerlegt und so geschrieben, dass man praktisch überall – je nach Interesse und Bedarf – ein-

steigen kann. Der Leser kann sich sein „Menu" nach Belieben zusammenstellen. Der Text wurde überschneidungsfrei gestaltet, aber mit Querverweisen versehen. Begriffe, die im jeweiligen Modul nicht näher erläutert wurden, aber für den jeweiligen Zusammenhang wesentlich sind, wurden mit einem * versehen.

Viele Lehrbücher versperren den Studierenden die Möglichkeit, sich mit ihrem eigenen, bereits erworbenen, ökonomischen Wissen einzubringen. Sie werden mit fest verschnürten „Wissenspaketen" konfrontiert und finden gleichsam „Fertigteilhäuser" vor. Hier ist kein Platz für eigene „Wohnphantasie"! Und so wird pausenlos „mehr von demselben" produziert und der **Mainstream** zementiert. Wir halten uns eher an **Henry Mintzberg**[1], der in seinem neuen Buch schreibt: „Ich widme dieses Buch den Menschen, die sich mehr für offene Flächen als für geschlossene Käfige interessieren."

Im **Glossarium** dominieren englische Fachausdrücke. Und in der Tat hat sich die Ökonomie in den letzten beiden Jahrzehnten in einen „blühenden englischen Garten" verwandelt. Dies ist zunächst darauf zurückzuführen, dass die USA und Großbritannien nach dem Zweiten Weltkrieg in Sachen Ökonomie lange Zeit Marktführerschaft innehatten. **Internationale Organisationen** (UNO, Währungsfonds, Weltbank, OECD etc.) mit ihren zahlreichen, regelmäßig erscheinenden Publikationen wirken ebenfalls stark begriffsprägend. **Englisch** wird immer mehr zu der internationalen Sprachplattform sowohl im asiatischen Raum als auch in den Osteuropäischen Staaten, da es sich am besten **als lingua franca** eignet. Viele Produkte wurden zuerst im angloamerikanischen Raum entwickelt und mit der Gebrauchsanweisung wurde auch gleich der Wortschatz mitgeliefert (z. B. bei Computern). Und last but not least: Englisch eignet sich wie keine andere Sprache zur kompakten Formulierung wirtschaftlicher Sachverhalte.

2. **Angewandte Methoden:** Wir bedienen uns im Wesentlichen der **Systemanalyse, der Spieltheorie und des Wissensmanagements**. Die **Fokussierung** dient dabei als neues Verfahren, um Elemente, die bisher nur punktuell und isoliert betrachtet wurden, wieder in der Argumentation zusammenzuführen. Dies ist die Vorstufe für eine Kontextsuche und die darauf aufbauende Kontextsteuerung.

3. **Denken in größeren Zusammenhängen und Benchmarking:** In den Text wurde ein Dreiländer-Vergleich (Deutschland, Österreich und Schweiz) eingebettet. Die drei Länder wurden daraufhin untersucht, wie effektiv ihre Rahmenbedingungen sind und auf welche Ursachen dies zurückzuführen ist. In diesem Zusammenhang wird im Text an einigen Stellen vom **DACH-Bereich** gesprochen. Die Abkürzung D-A-CH leitet sich von den Autokennzeichen der drei Länder ab. Dies ermöglicht eine bessere thematische Fokussierung des Problems der Gestaltung der gesamtwirtschaftlichen Rahmenbedingungen.

4. **Zukunftsorientierung:** So reizvoll es auch ist, ökonomische Ideen historisch zurückzuverfolgen, so habe ich mich doch für eine zukunftsorientierte Anlage des Textes entschieden. Die Ausrichtung erfolgt auf den **Zeithorizont 2005**. Die Beiträge im Abschnitt D sind überarbeitete Fassungen von Referaten, die im Rahmen des Workshops **„Brave New Economic World 2005"** vorgetragen und

---

[1] Lit. 175 Mintzberg.

diskutiert wurden, der im Juni 1999 an der Università Ca' Foscari in Venedig stattfand. Bei der Wahl des Zeithorizonts hat mich **Christoph Leitl** maßgeblich beeinflusst. Er war es, der bereits im Jahr 1994 die visionäre Studie „Wirtschaft 2005. Für ein modernes Oberösterreich" herausgegeben hat. Mittlerweile gibt es auch für Salzburg einen **„Masterplan 2005"**.

5. **Literaturauswahl:** Das Literaturverzeichnis unterscheidet sich von den üblichen „Publikationsfriedhöfen" vor allem dadurch, dass hier nach zwei Auswahlkriterien vorgegangen wurde. **Kriterium 1**: Bücher, Zeitschriftenartikel und Beiträge, die es wirklich verdienen, gelesen zu werden. Hier finden sich selbstverständlich alle „Ikonen" der ökonomischen Zunft. **Kriterium 2**: Beiträge, bei denen systemisches Denken bzw. das Denken in größeren Zusammenhängen im Vordergrund steht.

6. **Fußnoten und Anmerkungen**: Der Anmerkungsapparat wurde bewusst schlank gehalten. Die Quellenhinweise beziehen sich in der Regel auf die jeweilige Position im Literaturverzeichnis. **Beispiel:** Lit. 90 Oettl 7 ist so zu interpretieren: Lit. 90 = Position im Literaturverzeichnis Oettl = Name des Autors bzw. Herausgebers des Beitrages 7 = Seite, auf die verwiesen wird. Kritische Bemerkungen über Personen, Sachverhalte und Institutionen wurden in die Fußnoten verbannt. Sie sind „Flaschenpost" für meine Fachkollegen.

7. **Verständlichkeit des Textes und der behandelten Zusammenhänge:** Komplexe Sachverhalte verständlich darzustellen, stößt leicht an seine Grenzen. Durch zahlreiche Beispiele (nach dem Muster amerkanischer Lehrbücher), historische Rückblendungen, „story telling" und die Verwendung von „Bildern", die das Funktionieren bzw. Nichtfunktionieren bestimmter Institutionen beleuchten, habe ich versucht, die Komplexität etwas zu „entschärfen".

Das Schlagwort vom „lebenslangen Lernen" ist so weit verbreitet, dass sich niemand dagegen zu argumentieren getraut. Es stellt in der Tat eine „gefährliche Drohung" dar. Was wir in der **ökonomischen Ausbildung** wirklich brauchen, ist eine andere Art des Lernens, nämlich **relevantes Lernen**. Handlungsrelevantes ökonomisches Wissen und die Fähigkeit, selbstbestimmt zu agieren, ist eine wesentliche Voraussetzung für die Mitwirkung in Staat und Gesellschaft. Nur so erfährt sich der Einzelne als „homo politicus".

Worum es mir aber vor allem ging: Ich wollte **ein spannendes und lesbares Buch** schreiben, mit dem neue Akzente auf dem Lehrbuchmarkt gesetzt werden. Ob mir dies gelungen ist, können nur die Leserinnen und Leser selbst beurteilen. Für einen diesbezüglichen kurzen **„Feedback"*** via Internet[2] wäre ich Ihnen sehr dankbar.

Das Buch hätte nicht entstehen können ohne die Unterstützung von **Manfred Oettl**, der mir zahlreiche „Wortspenden" auf Datenträger zur Verfügung gestellt hat, sowie **Peter** und **Liza Weiss**, **Carla** und **Fritz Bem**, **Enza Stradiotto**, **Pietro Testa** und **Loris De Lorenzi** vom C.I.A.K.

---

[2] Meine Internet-Adresse lautet: Alfred.Kyrer@sbg.ac.at

Mein Sohn, **Mag. Alexander Kyrer**, hat mit freundlicher Unterstützung von Frau **Renate Stemeseder-Wackerle**, das Layout gestaltet und die Inhalte in die nötige Form gebracht. Die Hardware wurde von der Firma **Trucker Systemengineering** zur Verfügung gestellt. Frau **Monika Marchet** und Frau **Nicole Lettner** vom Institut für Wirtschaftswissenschaften haben mir beim Schreiben der Texte und der Gestaltung der Grafiken geholfen. Frau **Sabine Steiner** hat die Urfassung des Textes geschrieben und **Peter Steiner** hat dabei als „Verbindungsmann" fungiert. Ihnen allen sei an dieser Stelle herzlich gedankt.

Last but not least sei meiner Frau **Monika** dafür gedankt, dass sie mich in den letzten Wochen und Monaten, in denen dieses Buch entstanden ist, trotzdem ertragen hat.

Venezia-Lido

A. Der Beitrag der Ökonomie zur Lösung menschlicher Probleme

„What are the rules of the game?"

Joan Robinson

1. Der Homo Oeconomicus und seine Spielgefährten

Wenn man bedenkt, welche Rolle wirtschaftliches Denken und Handeln in unserem Leben heutzutage spielt, wieviel Zeit und Kraft wir darauf verwenden, ein bestimmtes Einkommen zu erzielen, so ist es eigentlich überraschend, dass niemand so recht weiß, was Volkswirte beruflich eigentlich tun. Kaum diplomiert, so hat **Erich Preiser**[1] einmal treffend formuliert, verschwinden sie irgendwo in der Versenkung. Forscht man nach, so stellt man fest, dass sie im Bankensektor oder in Wirtschaftsforschungsinstituten tätig sind oder – gelegentlich – in die „hohe Politik" gehen.

Volkswirte braucht man überall dort, wo es darum geht, in größeren Zusammenhängen zu denken, und wo integrative Arbeit zu leisten ist. Beispiel: Die Neugestaltung der gesamtwirtschaftlichen (politischen und rechtlichen) Rahmenbedingungen von Volkswirtschaften.

Begreift man mit **Carl Menger**, dem „Gründer" der österreichischen Schule der Nationalökonomie, eine Volkswirtschaft als „complication von Singularwirtschaften", so könnte man die Wirtschaft auch als „Spiel" bezeichnen, für das Volkswirte die „Spielregeln" entwickeln. Da ferner **Wirtschaftspolitik** im wesentlichen eine **Technik der Konfliktlösung** ist, leisten Volkswirte indirekt auch Beiträge zur Konfliktlösung. Doch der Beruf des Volkswirts ist – alles in allem – ein schwieriger Beruf. Wer seine Berufsaufgabe erfüllen will, muss viele Perspektiven im Auge behalten. Zu leicht kommt es sonst, trotz bester Absichten, zu bösen Folgen.[2]

Ökonomisches Denken kann in vielen Disziplinen zur Lösung von Problemen beitragen. Ökonomisches Denken ist nicht mehr auf den Bereich Wirtschaft allein beschränkt. Lange Zeit war **ökonomisches Denken** bereichsgebunden, d. h., Ökonomie wurde nur zur Erklärung und Beeinflussung wirtschaftlicher Sachverhalte herangezogen. Dahinter verbarg sich eine „materiale" Auffassung des ökonomischen Denkens. Dies war vor allem auf den Einfluss der Naturwissenschaften zurückzuführen.

Allmählich macht sich hier ein Umdenken breit und die **Ökonomie** beginnt sich von den Naturwissenschaften zu emanzipieren und entwickelt sich immer mehr in Richtung **Politische Ökonomie**, von der man erwartet, dass sie komplexe sozial-

---

[1] Lit. 101 Preiser 11.
[2] Lit. 130 Stützel/Grass VI.

wissenschaftliche Systeme besser erklären und Informationen über deren Steuerbarkeit liefern kann.
- Man unternimmt eine ökonomische Analyse des Rechts (in den USA schon üblich, bei uns noch nicht sehr verbreitet).[3]
- Man versucht eine ökonomische Analyse der Terrorismusbekämpfung.
- Man untersucht mit Hilfe ökonomischer Kriterien ob ein Hochschulstudium rentabel ist.
- Untersucht die ökonomischen Wirkungen des Rauschgiftverbotes.
- Untersucht die Basler und Zürcher Theater unter ökonomischen Kriterien.

Der grundlegende Sachverhalt, von dem alles **ökonomische Denken** seinen Ausgang nimmt, ist der Umstand, dass die zur Verfügung stehenden Ressourcen knapp sind und wir gezwungen sind, laufend über neue Alternativen der Verwendung der **knappen Ressourcen** nachzudenken.

Das **Problem der Knappheit** kann entschärft werden:
- durch bessere Faktorkombinationen,
- durch eine begleitende Kontrolle des Ressourceneinsatzes,
- durch bessere Kooperation und
- durch Wissensmanagement.

Nach der **Chicagoer Schule** der Ökonomie ist der Mensch im Wesentlichen ein **homo oeconomicus**, der seine Entscheidungen unter Kosten-Nutzen-Gesichtspunkten trifft. Im Kern handelt es sich dabei um die Vorstellung, dass Menschen Ziele, die sie sich setzen, auch erreichen wollen und in der Erreichung dieser Ziele rational handeln.

Einer der prominentesten Ökonomen der Chicagoer Schule der Ökonomie ist, neben Milton Friedman und George Stigler, **Gary S. Becker** (geb. 1930). Seine zentrale These ist, dass der **homo oeconomicus** nicht nur für Märkte im engeren Sinn gilt. Damit lassen sich auch viele Alltagssituationen erklären. 1976 erschien von ihm: „Der ökonomische Ansatz zur Erklärung menschlichen Verhaltens."[4] In den 80er Jahren schrieb er dann – gemeinsam mit seiner Frau **Guity N. Becker** – Kolumnen in der Business Week, die 1997 in dem Sammelband „The Economics of Life. From baseball to affirmative action to immigration, how real-world issues affect our everyday life" veröffentlicht wurden.

Vor Gary Becker – bereits Anfang der 70er Jahre – schrieben **Harry G. Johnson** und **Burton A. Weisbrod** das Buch „The Daily Economist"[5]. Sie zeigten darin bereits auf, wie stark unser Alltagsleben von ökonomischen Kalkülen geprägt ist.[6]

---

[3] „Law and Economics" ist in den USA zu einer vielbeachteten Forschungsrichtung geworden, mit deren Hilfe Probleme im Bereich des öffentlichen, aber vor allem auch des privaten Rechts fruchtbar untersucht werden. Beispielsweise aus der Analyse der Folgen unterschiedlicher Haftungsregeln, des Patentrechts sowie selbstverständlich des Wettbewerbsrechts lässt sich der Rationalansatz kaum mehr wegdenken.
[4] Lit. 5 Becker.
[5] Lit. 43 Johnson/Weisbrod.

Einige Jahre später erschien dann von **McKenzie und Gordon Tullock** das Buch „The New World of Economics - Explorations into the Human Experience"[7], das dem gleichen Tenor folgte.

Wenngleich man Becker Intoleranz und eine amoralische Haltung vorwarf, Becker blieb seiner Grundauffassung zwei Jahrzehnte lang treu und übertrug sein Konzept auf immer neue Situationen. Es gibt fast nichts, was Becker nicht unter ökonomischen Blickwinkel analysiert hätte. Einige Kollegen bezeichnen ihn daher nicht umsonst als ökonomischen „Hardliner".

Im Zentrum dieses **Rationalansatzes** steht der einzelne Mensch, eingebettet in eine soziale Umwelt. Diese bestimmt Anreize in Form von Nutzen und Kosten, auf die das Individuum in seinem Verhalten voraussehbar reagiert. Handlungen, die aufwendiger und damit teurer werden, unternehmen Menschen weniger häufig und weniger intensiv. Umgekehrt werden Handlungen, die größeren Nutzen versprechen, verstärkt und häufiger getätigt. Diese Annahme rationalen Verhaltens unterstellt, dass sich Menschen im Rahmen ihrer Möglichkeiten eigennützig verhalten, jedoch bedeutet dies nicht, dass Menschen rücksichtslos den eigenen Vorteil suchen.

Verhaltensänderungen werden auf Änderungen in den für die einzelnen bedeutsamen Einschränkungen („Restriktionen") zurückgeführt und nicht auf unerklärbare Veränderungen in den Werten („Präferenzen"). Ein in diesem Sinne rationaler Mensch wird im Kreise der Familie, seiner Freunde oder am Arbeitsplatz natürlich das Wohl seiner Mitmenschen berücksichtigen und fördern. Der gleiche Mensch hingegen sucht in einer größeren Gruppe sehr wohl seinen eigenen Vorteil.

Der für das individuelle Verhalten maßgebliche **Möglichkeitsraum** wird **durch Institutionen begrenzt**. Es lassen sich zwei Arten von Institutionen unterscheiden:

1. **Spielregeln** stecken den Rahmen ab, innerhalb dessen die Individuen handeln. Auf der konstitutionellen Ebene sind die Systeme, die bestimmen, auf welche Art und Weise kollektive Beschlüsse gefasst werden, von zentraler Bedeutung. Auf der Ebene des laufenden politischen Prozesses bestimmen Normen, sowohl internalisierte als auch von der Umwelt sanktionierte Regeln („Gesetze"), das Handeln der Menschen.
2. Viele **gegenseitige Abhängigkeiten** („Interaktionen") spielen sich innerhalb von Organisationen ab. Institutionen dieser Art sind z. B. der Staat, eine Firma oder eine Partei, internationale Organisationen, aber auch private Clubs, Familien oder informelle Vereinigungen.

Durch die Berücksichtigung einer institutionellen Ebene bleibt die Analyse nicht beim einzelnen Menschen stehen, sondern berücksichtigt vielmehr gesellschaftliche, politische, ökonomische und psychologische Elemente, die das Handeln der Indivi-

---

[6] Im Untertitel des Buches heißt es: A chronicle of contemporary subjects showing the scope and originality of economic research and its application to real world issues. – Überraschend ist, dass weder Becker noch McKenzie und Tullock in ihren Schriften auf Johnson/Weisbrod Bezug nehmen, obwohl diese als die eigentlichen Pioniere der Thematik anzusprechen sind. Noch dazu lehrte Johnson ebenfalls eine Zeit lang an der University of Chicago.
[7] Lit. 68 McKenzie/Tullock.

duen beeinflussen. Der Rationalansatz unterstellt jedoch keineswegs, dass die jeweils handelnden Menschen über volle Information und volle Voraussicht verfügen. Die Höhe des Benzinpreises lässt sich z. B. leicht ermitteln.

Gesellschaftliches Handeln wird immer auf das Handeln einzelner Menschen in der Gesellschaft zurückgeführt. Der Einzelne wird eine Erhöhung seines Nutzens anstreben und Kosten zu vermeiden suchen, gleichgültig ob er im Bereich der Wirtschaft, der Politik, des sozialen Lebens oder des Rechtes handelt. Die Gemeinsamkeit besteht somit in der einheitlichen Betrachtungsweise sozialer Sachverhalte. Dazu gehören gemeinsame analytische Werkzeuge („tools") und eine gemeinsame Sprache. Sozialwissenschaftler, die dem Modell rationalen menschlichen Verhaltens folgen, unterscheiden sich daher nicht mehr durch die Analysemethode, sondern durch ihre Spezialkenntnisse hinsichtlich des Gebietes, auf dem sie gerade tätig sind.

Im Folgenden einige Beispiele, in denen **rationales Verhalten** feststellbar ist:

Beispiel 1: Ökonomie des Parkplatzsuchens

Dass intuitive Alltagsentscheidungen ökonomisch optimal sein können, erfuhr der Ökonom Becker einmal bei seiner Parkplatzsuche in New York City. Er war wieder einmal spät dran. Ein Prüfling wartete bereits auf ihn. Bis zum Parkhaus der Columbia-Universität war es zu weit, außerdem war ein Stellplatz dort kostenpflichtig. Direkt vor der Universität zu parken war zwar kostenlos, aber verboten, wenn man nicht pünktlich war. Kurz entschlossen stellte Becker seinen Wagen im Halteverbot ab. Intuitiv hatte er die Wahrscheinlichkeit geschätzt, einen Strafzettel zu bekommen, und sie abgewogen gegen den Preis für den Platz im Parkhaus sowie den zusätzlichen Zeitverlust. Becker kam – nachdem er die Prüfung abgehalten hatte – pünktlich und bekam **keinen** Strafzettel.

Beispiel 2: Ökonomie der Liebe

Besonders umstritten sind seine ökonomischen Erklärungen zum Thema „Familie". Nach Becker heiratet ein Mensch nur dann, wenn dadurch sein Nutzen höher ist als die Kosten des Alleinbleibens oder der weiteren Suche nach einem Partner. Kinder sind für Becker langlebige Konsumgüter: Ihre „Produktion" hängt von den Kosten der Erziehung und von dem erwarteten Nutzen für die Eltern, etwa in Form von zusätzlichen Familieneinkommen oder der Versorgung im Alter, ab. Wie jedes andere Gut können auch Kinder unterschiedliche „Qualität" aufweisen. Mit steigendem Einkommen tendieren Familien dazu, die Qualität ihrer langlebigen Konsumgüter wie Autos oder Kühlschränke zu verbessern. Dies, so Becker, gelte auch für Kinder: Je höher das Familieneinkommen, desto höher die Investitionen in Erziehung und Ausbildung der Kinder. Becker räumt dabei allerdings ein, dass sein Ansatz, den Menschen als „Fabrik" zu betrachten, die streng nach ökonomischen Grundsätzen „Produkte" wie Kinder, Geborgenheit und Einkommen herstellt, nicht neu ist. Bereits **Adam Smith** und **Karl Marx** bezogen so genanntes nichtmarktmäßiges Verhalten in ihre ökonomischen Analysen ein, und für **Alfred Marshall** war Ökonomie „the study of mankind in the ordinary business of life". Während sich aber die meisten von Marshalls Vorgängern und Nachfolgern mit business im engeren Sinne befassten, konzentrierte Becker seine Analysen auf das Alltagsleben.

Beispiel 3: Ökonomie der Kriminalität

Kriminalität ist nicht die Folge sozialer Unterdrückung, sondern ökonomisches Kalkül. Becker wandte sich gegen die weit verbreitete Auffassung, Verbrechen seien eine Folge sozialer Unterdrückung, Straftäter seien also Opfer gesellschaftlicher Zustände. Für Becker wollen Verbrecher wie alle anderen Menschen ihren Nutzen maximieren und handeln in diesen Kontext rational. Ein Mensch wird zum Straftäter, wenn der erwartete Nutzen aus dem Verbrechen – etwa die Beute aus einem Diebstahl – höher ist als der Nutzen aus einer erlaubten Handlung. Durch Gesetzgebung und Strafverfolgung versucht der Staat, Verbrechen möglichst „teuer" zu machen. „Optimale" Verbrechensbekämpfung im ökonomischen Sinn bedeutet, den gesellschaftlichen Einkommensverlust, der durch Verbrechen entsteht, zu minimieren. Die sozialen Kosten von Verbrechen setzen sich für Becker zusammen aus den Kosten der Verfolgung, Verhaftung und Verurteilung sowie den entstandenen Schäden. Schaden entsteht der Volkswirtschaft weniger durch Straftaten an sich, Diebstahl etwa ist für Becker nur eine Form der gewaltsamen „Umverteilung", sondern dadurch, dass sich die jeweiligen Akteure auf illegale Handlungen „spezialisiert" haben und nicht bereit sind, einen Beitrag zum Sozialprodukt leisten.

Der besondere Reiz von Beckers Analyse der Kriminalität liegt darin, dass sich mit ihren Instrumenten auch die Wirksamkeit anderer Gesetze überprüfen lässt. Ob Umweltgesetze zur Reinhaltung der Luft, Strafen für Steuerhinterziehung oder Parteispendenbetrug, der ökonomische Ansatz liefert eine wirtschaftlich optimale Mischung aus Strafverfolgung und Sanktionierung. Besonders für diese Übertragung seines Ansatzes erhielt Becker 1992 den Nobelpreis für Ökonomie.

Für den Staat stellt sich dabei freilich die Frage nach dem optimalen **policy mix***: Solle der Staat höhere Strafen androhen oder mehr Polizisten einsetzen, um die Wahrscheinlichkeit der Bestrafung von Straftätern zu erhöhen? Beckers – eher trockene – Antwort: Das hängt von der Risikobereitschaft der potentiellen Verbrecher ab. Ökonomisch könnte man formulieren: Darüber entscheidet die Elastizität des Verhaltens auf entsprechende Veränderungen des Rechtsrahmens. Ist ihre Risikobereitschaft gering, sind schärfere Strafen effektiver. Bei hoher Risikoneigung ist dagegen intensivere Strafverfolgung wirksamer.

Aus anderer Perspektive betrachtet: Jeder von uns ist ein potentieller Mörder, nur lohnt sich ein Kapitalverbrechen in der Regel nicht. Je mehr Verbrechen die Polizei aufklärt und je höher das Strafmaß ist, desto weniger Menschen werden bestohlen oder ermordet. Und Becker liefert dann sogleich auch Handlungsanweisungen für die Politik: Der Staat müsse vor allem die Wahrscheinlichkeit der Aufklärung von Verbrechen erhöhen. Das schrecke weit mehr ab, als ein höheres Strafmaß. Dies folgt dem wichtigen volkswirtschaftlichen Grundsatz: Vermeidungskosten sind immer geringer als Beseitigungskosten.

Beispiel 4: Ökonomie der Ausbildung

Gary Becker berechnete in einer Studie die Rendite von Lehrgängen und wies der Humankapitaltheorie den Weg. Wer vor der Entscheidung steht, sich für ein bestimmtes Hochschulstudium zu entscheiden, rechnet die Kosten des Studiums in Form von Gebühren und entgangenem Arbeitslohn gegen den Nutzen höherer Bezahlung in der Zukunft auf. Aber nicht nur der Student, auch der Staat kann den

Wert von Ausbildungsplätzen berechnen – etwa in Form eines höheren Sozialprodukts oder Steueraufkommens – und den Kosten gegenüberstellen.

Ökonomisches Denken alleine wäre zu wenig, aber viele Bereiche des menschlichen Lebens unterliegen ökonomischen Zwängen und viele Probleme anderer Wissenschaften könnten ökonomisch besser interpretiert und weiterentwickelt werden. Daher wäre es besser, das bisherige „Revier"-Denken allmählich aufzugeben.

Beispiel 5: Ökonomie des Gesundheitswesens

Es ist ökonomisch rational und betriebswirtschaftlich effizient, wenn die Krankenhausträger für eine möglichst hohe Auslastung der Bettenkapazität sorgen, dies ist jedoch volkswirtschaftlich unsinnig, wie wir wissen. Ferner: Es ist betriebswirtschaftlich günstig, für die Länder Pflegebedürftige in Akutbetten zu betreuen, weil dadurch die Krankenkassen zumindest einen Teil der Pflegekosten mittragen. Volkswirtschaftlich ist dies abzulehnen, weil es zu einer Verschwendung einer teureren Infrastruktur kommt, und Personal für Akutpatienten eher benötigt wird.

Es ist für Ärzte, die ihr Einkommen absichern wollen, durchaus rational, neue Konkurrenten wie etwa die Psychotherapeuten vom „Gesundheitsmarkt" fernzuhalten; volkswirtschaftlich ist es jedoch nicht sehr sinnvoll, wenn man bedenkt, dass nach der bekannten Studie von Erwin Ringel psychosomatische Patienten bis zu 6 Jahre von Arzt zu Arzt, von Behandlung zu Behandlung irrten, bis sie die angemessene therapeutische Behandlung bekamen. Dies lässt den Schluss zu, dass die isolierte Kosten-Nutzen-Betrachtung eines Trägers betrieblich nützlich ist, aber volkswirtschaftlich gesehen zu unvernünftigen Wirkungen führt. Nur wenn ein Kostenträger für die gesamten Kosten im Gesundheitswesen zuständig ist, verliert das bekannte „Spiel" an Reiz, Kosten von den Ländern zum Bund, vom Bund zur Krankenversicherung und von der Krankenversicherung wieder zu den Versicherten hin und her zu verlagern.

Beispiel 6: Ökonomie des Umweltschutzes

Unter dem Diktat der Konkurrenz am Markt ist jedes Unternehmen gezwungen, die Kosten zu reduzieren. Warum sollte ein Manager also nicht versuchen, die entstandenen Produktionskosten teilweise auf die Umwelt weiterzuwälzen, wenn er mangels entsprechender Eigentums- und Verfügungsrechte keine Schadensersatzklage für die Beschädigung der natürlichen Umwelt zu fürchten braucht?

Die Umweltgesetzgebung ist nach wie vor lückenhaft und im Vollzug inkonsequent. So werden freiwillige Investitionen, die zu einer Schonung der Umwelt führen, bestraft durch höhere Betriebskosten und Reduzierung der Wettbewerbsfähigkeit. Manche Umweltschäden sind überdies irreparabel, und man übersieht, dass Vermeidungskosten immer geringer sind als Beseitigungskosten, viele Maßnahmen werden zu spät ergriffen und sind unkoordiniert. Es dominiert über weite Strecken „optische Politik". Auch im Umweltbereich ist es also das Auseinanderfallen einzelwirtschaftlicher und volkswirtschaftlicher Kosten, das zur Verschwendung, das heißt zu einer nicht angemessener Lösung des Knappheitsproblems führt. Diese Problematik wurde um die Jahrhundertwende von Arthur Cecil Pigou erkannt und ausführlich analysiert, lange bevor die Ökologiekritik politisch virulent wurde.

Beispiel 7: Ökonomie des Wohnens
Wohnen ist ein existentielles Grundbedürfnis des Menschen. Auch hier ist also zu fragen, ob der volkswirtschaftliche Rahmen wirklich „passt". Bauträger und Firmen horten angesichts der weiter steigenden Grundstückspreise Bauland aus spekulativen Gründen. Sie verhalten sich im Rahmen der gegenwärtigen Marktlage betriebswirtschaftlich genauso „rational" wie diejenigen, die bei gegebenem Mieterschutz Wohnungen horten. Dem sind jedoch die volkswirtschaftlichen und sozialen Kosten gegenüberzustellen in Form von immensen Mietpreissteigerungen, neuen Formen der Armut und der Vertreibung junger Familien aus der Stadt, hinaus „in die Fläche".

Der **homo oeconomicus** beherrscht seit den 70er Jahren – implizit oder explizit – als dominierendes „Menschenbild" **die ökonomische Argumentation**. Eine realistische Erklärung menschlichen Verhaltens ist die Voraussetzung für eine effektive Wirtschaftspolitik. Wenn man die Motive menschlichen Handelns kennt, so kann die Politik durch Anreize („incentives") und Strafen („disincentives") eine bessere Kombination von privaten und öffentlichen Gütern erreichen.

Im Folgenden einige **Argumente** zur Diskussion des Rationalansatzes:

Argument 1:
Der homo oeconomicus ist vielfach missverstanden und fehlinterpretiert worden. Er ist keine zynische Gewinnmaximierungsmaschine, sondern Ausdruck der conditio humana im Reich der Notwendigkeiten – nach der Vertreibung aus dem Paradies –, d. h., die Menschen verhalten sich in einer bestimmten Weise (holzen Regenwälder ab, bauen Hanf und Koka in Peru an etc.), weil sie angesichts der dortigen wirtschaftspolitischen Rahmenbedingungen keine andere Möglichkeit sehen. Eine andere Entwicklung wäre nur möglich, wenn die Rahmenbedingungen geändert würden.

Argument 2:
Vielfach scheut man eine Änderung der gesamtwirtschaftlichen Rahmenbedingungen, die absolut notwendig wäre, und flüchtet stattdessen zu moralischen Appellen. Man appelliert weniger Auto zu fahren, Wälder nicht abzuholzen, etc., dabei sollte man **weniger moralisieren**[8], sondern lieber **konsequenter ökonomisieren**, etwa durch die Anwendung des **Verursacherprinzips**, nach dem alle Kosten denjenigen anzulasten sind, die diese Kosten verursacht haben. Nur allzu oft beschwört man humane Konzepte und bewirkt doch nur das Gegenteil: Der Mensch steht allgemein im Mittelpunkt – und damit allen im Wege.

Argument 3:
Einzelwirtschaftliche und gesamtwirtschaftliche Rationalität fallen, wie oben an einigen Beispielen gezeigt wurde, vielfach auseinander. Menschen können ihre Lebensqualität erhöhen, wenn sie Abfälle in der Umwelt deponieren, statt sie zu ver-

---
[8] Cora Stephan hat in einem Beitrag in der Zeitschrift „Novo", Nr. 46, Mai/Juni 2000, sehr treffend bemerkt: „Moral ist ... wenn der Politik nichts mehr einfällt."

nichten. Das schaffen sie aber nur, wenn andere Gruppen nicht dasselbe tun. Daher gilt insgesamt: Die Gesamtheit aller Menschen wird, wenn sie Abfälle an die Umwelt abgeben, statt sie zu vernichten, ihre Lebensqualität verschlechtern. Sind die Rahmenbedingungen fehlerhaft, ist das, was für den Einzelnen vernünftig ist, für alle gemeinsam oft unsinnig. Dies ist eines der so genannten Marx'schen **Konkurrenzparadoxa***.

Argument 4:
Daraus folgt: Die Politik ist gefordert, **„Anwalt der Komplexität"** zu werden und viel stärker als bisher für die Herstellung jener Rahmenbedingungen zu sorgen, die einen vernünftigen und schonenden Umgang mit den knappen Ressourcen erzwingen! Wir brauchen keinen Staat, der überall hineinregiert und mitredet, aber wir brauchen einen Staat, der Rahmenbedingungen in Form von Spielregeln aufstellt, die für alle transparent sind, und die das Zusammenleben der Menschen zum Wohle aller regeln. Fair für die sozial Schwachen, schonend für die Umwelt und effizienzsteigernd in einem gesamtwirtschaftlichen Sinn.

Argument 5:
Was die relative Verfügbarkeit an Ressourcen anbelangt, so hat es immer schon zwei Arten von Einschätzungen gegeben, die sich in der Geschichte der Ökonomie immer wieder abgelöst haben:

- die Illusion biblischer Zustände, d. h., ein Zustand in dem die Mittel zur Bedürfnisbefriedigung die vorhandenen Bedürfnissen übersteigen, es also keine Knappheit gibt und damit auch kein ökonomisches Problem; und
- merkliche Knappheitssituationen, d. h., Zustände in denen die Bedürfnisse größer sind als die Mittel zur Bedürfnisbefriedigung. Im Augenblick hat das Pendel in Richtung merkliche Knappheit ausgeschlagen.

Argument 6:
Wir dürfen daher bestehende Knappheiten nicht ignorieren und müssen lernen mit diesen Knappheiten umzugehen. Wesentliches Element sind in diesem Zusammenhang, so genannte integrierte Planungsverfahren und Modellanalysen mit Hilfe von Computern, wodurch Alternativen und Szenarien verfügbar werden. Effizienz und Effektivität sind so gesehen kein Widerspruch und die Knappheit der Ressourcen kann somit auch als Chance interpretiert werden. Das Diktat der „leeren Kassen" im staatlichen Sektor übt einen heilsamen Druck auf die rationelle Verwendung der Ressourcen aus, wodurch eine Verschwendung von Mitteln vermieden wird.

Argument 7:
Es besteht zwar nach allgemeiner Auffassung im Bereich der Politik akuter wirtschaftspolitischer Handlungsbedarf und wir verfügen auch im Bereich der Ökonomie über das notwendige Handlungswissen; es wird jedoch nur unzureichend gehandelt, und wenn, dann nur in Form von Reparativmaßnahmen und mit großen zeitlichen Verzögerungen.

Argument 8:
Doch leider dominieren über weite Strecken Vollzugsdefizite und der Glaube an die Steuerbarkeit einer Volkswirtschaft hat im letzten Jahrzehnt stark gelitten. Einer der Gründe, weshalb Vollzugsdefizite und mangelnde Sachrationalität das Feld beherrschen, ist darin zu suchen, dass sich Parteien im Grunde genau so verhalten wie Produzenten und Konsumenten; während diese versuchen, ihren eigenen Nutzen zu vergrößern, versuchen jene die Stimmen der Wähler zu maximieren; und bekanntlich muss das, was für eine Partei gut ist, noch nicht zum Nutzen einer Volkswirtschaft gereichen. Und es stellt sich unmittelbar im Rahmen dieser Logik die Frage, wer für das **bonum comune** eigentlich zuständig ist.

2. Spieltheorie und wirtschaftliches Verhalten

Die Spieltheorie beschäftigt sich mit Situationen, in denen die Entscheidungen des einen das Ergebnis des anderen mitbestimmen. Der ungarische Mathematiker **John von Neumann** (1903-1957) und der österreichische Ökonom **Oskar Morgenstern** (1902-1977) legten in ihrem 1944 erschienenen Buch „Spieltheorie und ökonomisches Verhalten" die Grundlagen für die Spieltheorie. Der Titel verdeckt, dass es sich um reine Mathematik handelt, deren Ergebnisse in sämtlichen Konfliktsituationen anwendbar sind. Zunächst interessierten sich hauptsächlich die Militärexperten für die Studie, um die Dynamik des Kalten Krieges besser zu verstehen und das Gleichgewicht der Abschreckung entsprechend zu untermauern.

Die beiden deutschsprachigen Wissenschaftler begegneten sich erstmals 1940 an der Universität Princeton südlich von New York. Sie begannen dort an einem Aufsatz zu arbeiten, der sich jedoch zu einem 600-Seiten-Wälzer entwickeln sollte. Es war das erste Mal, dass es gelang, eine Theorie über interaktives Verhalten in einem Modell darzustellen. Die Mitspieler haben unterschiedliche Kenntnisse über die jeweilige Situation und die Möglichkeiten der anderen Beteiligten.

Von Neumann und Morgenstern beschränkten sich in ihrer Untersuchung auf eine besonders typische Kategorie von Situationen – die so gen. **Nullsummenspiele** – in denen sich die Interessen der Spieler diametral gegenüberstehen.

Das beliebte Kinderspiel „**Schere-Papier-Stein**" ist ein Beispiel für ein Nullsummenspiel: Was der eine Spieler gewinnt, verliert der andere. Die beiden Spieler müssen gleichzeitig die Hand heben und können entweder eine Faust (Stein), die offene Handfläche (Papier) oder zwei gespreizte Finger (Schere) zeigen. Es gilt Schere schneidet Papier (Schere hat gewonnen), Papier bedeckt den Stein (Papier hat gewonnen) und Stein ruiniert die Schere (Stein hat gewonnen). Die Spielregeln lauten, dass der Gewinner vom Verlierer einen Schilling erhält. Jeder Spieler hat drei Strategien. Wird dieselbe Strategie (beide Papier beispielsweise) von beiden gewählt, erhält und zahlt niemand etwas.

Ursprünglich wurde die Spieltheorie nur auf Märkte angewandt, die von wenigen Anbietern beherrscht wurden. In ihrer Einfachheit spiegelt dieses Modell die Wirtschaft der 40er Jahre wider. Inzwischen hat die Spieltheorie in vielen Sozialwissenschaften nachhaltige Spuren hinterlassen. Dies ist nicht zuletzt auf den Einfluss von Reinhard Selten, John Harsanyi und John Nash zurückzuführen.

John Nash ließ die Grenze der Nullsummenspiele hinter sich und untersuchte auch Situationen, in denen alle Beteiligten gewinnen können. Anfang der fünfziger Jahre formulierte er das nach ihm benannte Gleichgewicht. Ein **Nash-Gleichgewicht** ist definiert als ein Paar von Strategien, das sich dadurch auszeichnet, dass bei gewählter und damit gegebener Strategie des jeweils anderen Spielers der „Gewinn" nicht durch die Wahl einer anderen Strategie vergrößert werden kann. Das muss für beide Spieler gelten. Vereinfacht kann man sagen: beide Spieler müssen nicht bedauern, die jeweilige Strategie gewählt zu haben.

Das Kriterium für die Lösung ist, dass kein Spieler einen Anreiz hat, von seiner einmal gewählten Strategie abzuweichen. Weil dies für alle Akteure gilt, bleibt der einmal eingeschlagene Verlauf stabil. Doch auch Nash griff auf von Neumann und Morgenstern zurück, insbesondere auf die Idee, dass Spieler mit gemischten Strategien vorgehen können. Dabei handeln sie mal so und mal so, und der andere weiß nicht, wann er auf die eine und wann er auf die andere Weise vorgeht. Der Zufall als Teil der Strategie, um den Gegner im Unklaren zu lassen, damit können viele Marktsituationen erklärt werden.

Harsanyi setzte sich besonders mit dem Problem der unvollständigen Information auseinander, wobei Spieler unterschiedliche Informationen über Art, Ziel und Stand des Spiels haben können. **Reinhard Selten** entwickelte nicht nur neue und eindeutige Lösungswege für schwierige Spiele. Er fragte sich auch, wie die Spiele ausgehen, wenn die Teilnehmer nicht so rational handeln, wie das bisher immer angenommen worden war.

Wann immer Entscheidungen von Akteuren sich gegenseitig beeinflussen, kann die Spieltheorie Beiträge zur Erklärung komplexer Systeme leisten. Allerdings mit einer Einschränkung: Die Modelle werden jedoch so kompliziert, dass sie sich mit den verfügbaren mathematischen Denkformen nicht mehr lösen lassen. Also ist man gezwungen, wieder vereinfachende Annahmen über das Verhalten der Spieler zu machen.

Grundsätzlich stellt sich für Beteiligte und Betroffene in einer bestimmten Situation die Frage, ob eine **Kooperation** überhaupt sinnvoll ist. Am Beispiel des **Gefangenendilemmas** kann demonstriert werden, dass Kooperation für alle Beteiligten von Vorteil sein kann. Für dieses Beispiel ist von Bedeutung, dass es nach amerikanischer Rechtsprechung möglich ist, als Zeuge der Anklage frei zu gehen.

Beispiel: Zwei Verbrecher, denen man bis auf verbotenen Waffenbesitz und Widerstand gegen die Polizei nichts nachweisen kann, werden verdächtigt, einen Bankraub begangen zu haben. Sie werden getrennt verhört und jedem wird das Angebot gemacht, dass er als Zeuge der Anklage frei geht, wenn er seinen Kumpanen verrät. Gestehen nun beiden, dann bekommen sie jeweils 6 Jahre Zuchthaus, gesteht nur einer und belastet den anderen, dann geht der Geständige frei und der andere bekommt 10 Jahre. Gestehen beide nicht, dann werden sie wegen Waffenbesitzes und Widerstand zu je 2 Jahren Zuchthaus verurteilt.

Anhand einer „Auszahlungsmatrix" lassen sich die Möglichkeiten folgendermaßen darstellen. Die Werte entsprechen Zuchthausjahren. Die ungeklammerten Werte beziehen sich auf den Gefangenen 1, die geklammerten auf den Gefangenen 2.

Auszahlungsmatrix		Strategien des Gefangenen 2	
		gestehen	leugnen
Strategien des Gefangenen I	gestehen	6 (6)	0 (10)
	leugnen	10 (0)	2 (2)

Abb. 1: Gefangenendilemma

Dabei ist zu beachten, dass für jeden Gefangenen die Strategie „gestehen" eine „**dominante**" Strategie ist. Für Gefangenen 1 ist es in Unkenntnis der Strategie des Gefangenen 2 vorteilhaft und somit **rational**, die Strategie „gestehen" zu wählen, denn unabhängig von der Strategie des Gefangenen 2 fasst er weniger Zuchthausjahre aus, nämlich 6 statt 10 Jahre, falls Gefangener 2 gesteht, bzw. 0 statt 2 Jahre, falls Gefangener 2 leugnet. „Gestehen" ist auch für Gefangenen 2 die dominante und damit rationale Strategie. Beide gestehen und haben jeder 6 Gefängnisjahre abzusitzen. Hätten sie kooperiert, d. h. geleugnet, müssten sie nur für jeweils 2 Jahre ins Gefängnis. Das Problem besteht aber darin, wie eine solche Kooperation abgesichert ist. Denn für jeden lohnt es sich, eine Vereinbarung zu brechen. Es ist dies eine Konfliktsituation zwischen **individueller** und **kollektiver Rationalität**.

Der eigentliche **Durchbruch der Spieltheorie** passierte in den 90er Jahren, als der **Wettbewerb in Oligopolen** mit Hilfe der Spieltheorie untersucht wurde.

Zur Ausgangslage: Es ist einsichtig, dass sich bei längerer ökonomischer Partnerschaft und intensiver Geschäftsverbindung (zwischen Kunden und Lieferanten) eine Kooperationslösung zu beiderseitigem Vorteil einstellen kann.

Am Gefangenenbeispiel demonstriert: Handelt es sich um ein eingespieltes Team, das auch weiterhin „im Geschäft" bleiben will, dann wird die Strategie „leugnen" diejenige sein, die beide Gefangenen wählen, auch wenn der eine Gefangene durch „gestehen" kurzfristig Vorteile erzielen könnte. Die „Ganovenehre", das Ansehen in der „Profession", aber auch eventuelle Druckmittel der „Geschäftswelt" verhindern zumeist wirksam eine derartige Vorgehensweise. Fazit: Wahre Egoisten kooperieren.

Wie in der Beschreibung der Oligopolsituationen erwähnt, haben Oligopolisten bei der Festlegung gewinnsteigernder Maßnahmen Annahmen über die Reaktion der Konkurrenz zu treffen. Kurz gesagt, sie müssen die möglichen Strategien der Konkurrenz berücksichtigen und geeignete eigene Strategien entwickeln.

Strategisches Verhalten, und nicht nur solches in der Wirtschaft, lässt sich mit Hilfe der Spieltheorie modellieren. Als **Spieler** bezeichnet man jene Personen, die Entscheidungen treffen, sei es in einem Schachspiel, einem Oligopolmarkt, oder in einem ökonomischen oder militärischen Konflikt zwischen Staaten. Zumeist wird die Anzahl der Spieler als „begrenzt" und gegeben angenommen. Im einfachsten Fall sind es zwei Spieler. Der zur Verfügung stehende Entscheidungsspielraum des einzelnen Spielers besteht aus „**Strategien**", die genau durch „Spielregeln" definiert sind: z. B. wird beim Schach der Bauer geschlagen oder nicht, der Preis eines Produktes wird erhöht oder nicht, Strafzölle werden verhängt oder nicht usw.. Die Anzahl der Strategien ist gleichfalls begrenzt. Im einfachsten Fall werden für jeden Spieler zwei Strategien angenommen. Es können jedoch durchaus mehrere sein. Im Falle eines Oligopols können beispielsweise die Strategien sein: Preis senken, Produkt bewerben, alles beim Alten lassen. Auch müssen die Spieler nicht die jeweils gleiche Anzahl an Strategien haben.

Von jedem Spieler wird angenommen, dass er jene Strategie (oder Strategien) ergreift, die für ihn die erfolgversprechendste, bezogen auf das Ergebnis, ist. Dies können monetäre Größen in ökonomischen Spielen, Nutzengrößen oder Landgewinn in militärischen Konflikten sein. Das Ergebnis ist jedenfalls als Zahlung in einer „Auszahlungsmatrix" darstellbar.

Im Hinblick auf die verfügbaren Informationen unterscheidet man **Spiele mit vollständiger Information** – jeder Spieler kennt die Auszahlungsmatrix des anderen Spielers, aber nicht dessen Strategiewahl – und **Spiele mit unvollständiger Information**.

Ein weiteres Unterscheidungsmerkmal besteht darin, ob die Strategiewahl **simultan** erfolgt, der andere Spieler somit keine Kenntnis über die gewählte Strategie hat, oder ob die Strategiewahl in vorgegebenen zeitlichen Abläufen, somit **sequentiell** erfolgt, d. h., dass die Entscheidung des einen Spielers nach der Entscheidung des anderen Spielers erfolgt.

Zwei Beispiele, die die Bedeutung der **Spieltheorie als Erklärungsmuster** für sozialwissenschaftliche Analysen deutlich machen:

Beispiel 1: Angenommen, zwei Unternehmen sind die einzigen Erzeuger eines bestimmten Produktes. Sie beschließen ein Kartell zu bilden Man bezeichnet diese Marktform als **Duopol**. Für jedes Unternehmen gibt es zwei Strategien, sich an die Kartellabmachung zu halten oder die Kartellabmachung zu brechen, um sich (kurzfristig) Vorteile zu verschaffen (Mehrproduktion und Absatz zu einem niedrigeren Preis als dem ausgemachten Kartellpreis). Halten sich beide nicht an die Kartellabmachungen, kommt es zu einer Duopollösung, in der beide Firmen Gewinneinbußen in Kauf nehmen müssen, gegenüber der Monopollösung, die die Kartellabmachung anstrebt. Dies trifft häufig bei Luftfahrtgesellschaften zu. Als eine Fluglinie zwecks Erhöhung der Auslastung den Flugpreis auf einer bestimmten Strecke senkte, reagierte die davon hauptsächlich betroffene Fluglinie mit einer Preissenkung für alle Flugstrecken, auf denen der Auslöser des Preiskampfes tätig war. Allerdings hatten die vergünstigten Tarife nur eine Gültigkeitsdauer von wenigen Tagen, wodurch dem Konkurrenten signalisiert wurde, dass keine Absicht bestehe, einen Preiskrieg zu beginnen, sondern man nur auf die Rücknahme der ursprünglichen Verbilligung dränge.

Beispiel 2: Verhalten der Sozialpartner beim Schnüren von Sparpaketen. Konkrete Einsparungen scheitern vielfach daran, dass die Sozialpartner die Einsparungsmöglichkeiten ihrer Gruppen sehr genau kennen, diese aber nicht preisgeben. Hier bilden die Sozialpartner also zunächst eine „asoziale" Partnerschaft, die erst durch Kooperation zu einer „sozialen" Partnerschaft werden kann. Hier besteht das oben beschriebene „Gefangenendilemma" darin, dass keine Gruppe Vorteile freiwillig aufgibt, solange keine Gewähr besteht, dass auch andere Gruppen Vorteile „gestehen" bzw. sparen. Oft sind Interessengruppen nur unter dem Druck der Öffentlichkeit (und nicht der Parteien!) bereit, Konzessionen zu machen.

3. Wirtschaftliches Verhalten, Kybernetik und Systemanalyse

Versuche, mit Hilfe der Systemtheorie Struktur und Verhalten hochkomplexer Systeme in allgemeingültiger Form zu erklären, reichen bis in die frühen 60er Jahre zurück.

Was ist „Kybernetik"? In wörtlicher Übersetzung aus dem Griechischen bedeutet es soviel wie „Steuermann" oder auch „Lotse". Die Kybernetik als formale Wissenschaft geht zurück auf den Mathematiker **Norbert Wiener** und sein 1948 erschienenes Buch „Cybernetics: Communication and Control in the Animal and the Machine". Es befasst sich umfassend mit allen Fragen der Struktur und Regelung komplexer Systeme aller Art. Wiener erkannte aber sehr früh, dass Erkenntnisse der Informationstheorie und der Regelungstheorie auf vielen anderen Gebieten befruchtend wirken könnten.

Der Gedanke übte auf andere Wissenschafter starke Anziehungskraft aus. Sie trafen sich in den Jahren von 1946 bis 1953 zu in diversen Workshops: Margaret Mead, Paul Lazarsfeld, Heinz von Förster und John von Neumann.

Was zunächst entstand, war eine neue Begriffsbildung. Das berühmte Bild vom „**Regelkreis**" gehörte dazu, das später in keiner Definition der Kybernetik fehlte: Ein Regler soll eine bestimmte Größe wie beispielsweise die Temperatur beeinflussen. Zu diesem Zweck wird die Größe immer wieder gemessen, die Messergebnisse werden in den Regler gefüttert, der wiederum die Größe steuert – ein kreisförmiges Schema. Es gibt verschiedene Typen von Reglern. Sie halten die Größe konstant, lassen sie in einem Intervall schwanken oder steigern sie bis zu einem Maximum; sie reagieren entweder auf die Stärke oder die Frequenz oder den Zeitverlauf von Messwerten. Und sie lassen sich insbesondere zu größeren Einheiten zusammenschalten. So entsteht ein Vorrat abstrakter Strukturen, die auf unzählige Erscheinungen in Natur und Gesellschaft passen – auf Populationsdynamiken im Tierreich, auf Maschinensysteme und auf die Finanzpolitik.

Auf einer abstrakteren Ebene versteht man unter **Kybernetik** eine Theorie der Struktur und des Verhaltens beliebiger zielgerichteter Systeme oder auch Organisationen. Besonders leistungsfähig hat sich die Kybernetik erwiesen bei Fragen des Umgangs mit komplexen Systemen. Die Frage, die sich ergibt ist: Wie müssen hochkomplexe Systeme aufgebaut sein und wie müssen sie sich verhalten, wenn sie in einem ebenfalls hochkomplexen Umfeld ihre Ziele verfolgen oder – im weiteren

Sinne – überleben wollen. Vor diesem Hintergrund kann die Kybernetik auch als Grundlage einer allgemeinen Theorie der Organisation angesehen werden.

Es kann keine hierarchiefreien Organisationen geben, so gerne diese Vision von dem einen oder anderen Management-Guru auch immer wieder verkündet wird. Es stellt sich höchstens die Frage, wie tief oder wie flach eine solche Hierarchie sein soll und welche Entscheidungsfreiheit den einzelnen Elementen im Rahmen dieser hierarchischen Struktur belassen wird.

Die Umfeldkomplexität wird vor allem beeinflusst durch die steigende Tendenz zur Globalisierung, durch stark verkürzte Innovationszyklen und den dadurch ausgelösten Zeitwettbewerb. Treiber dieser Entwicklung sind z. B. das durch die **economies of scale*** begründete Größenwachstum sowie die Ausdifferenzierung des Unternehmens in immer mehr und kleinere Teileinheiten. Die zielgerichtete Verarbeitung der Komplexität des Umfeldes erfordert selbstverständlich eine entsprechende Komplexität des Systems.

Komplexe Systeme sind durch zwei Strukturmerkmale gekennzeichnet: Eine hierarchische Organisation und ein bestimmtes Ausmaß an Handlungsfreiheit. Die Frage, die sich hier ergibt, ist, wieviel Freiheit ein komplexes System verträgt? Ein Zuviel an Freiheit kann das System nach innen destabilisieren und seine Identität nach außen gefährden. Lässt man dem System zu wenig Handlungsfreiheit, so wird der Handlungsspielraum zu stark eingeengt. „Nur durch Freiheit aber kommt das Neue in die Welt. Dieses Neue muss aber auch wachsen. Damit es nicht im Chaos untergeht, bedarf es der Ordnung."[9]

Zur neueren Systemtheorie gehört die Theorie autopoietischer Systeme. Autopoiese ist – wörtlich übersetzt – etwas, das sich selbst organisiert und erzeugt. Die Grundideen zu dieser Theorie stammen von den beiden Biologen Maturana und Varela. Die zentrale Aussage ist, dass ein solches System (wie z. B. das menschliche Gehirn oder ein selbstständiger Geschäftsbereich eines Unternehmens) die vom Umfeld kommenden Einflüsse nach eigenen Regeln verarbeitet. Für einen Außenstehenden ist die interne Verarbeitung nicht nachvollziehbar und nur in Grenzen beeinflussbar. Das System verhält sich autonom.

Ein weiterer Baustein der neueren Systemtheorie sind so genannte dissipative Strukturen. Der Begriff kommt – wie so viele Ideen, die wir in der Ökonomie finden – aus den Naturwissenschaften – genauer gesagt aus der Chemie und hat auch in den Sozialwissenschaften einen **Paradigmenwechsel*** ausgelöst. Die auf Prigogine zurückgehende Theorie der dissipativen Strukturen besagt – vereinfacht ausgedrückt –, dass ein System eines Impulses von außen bedarf, um eine Veränderung herbeizuführen. Der ursprünglich in chemischen Reaktionen feststellbare Sachverhalt lässt sich auch auf komplexe wirtschaftliche Organisationen übertragen. Impulse sind in diesem Fall die Zufuhr von Ressourcen, wie z. B. Personal, Finanzen, Anlagen etc..

Schließlich sind noch Netzwerke zu erwähnen. Netzwerke ermöglichen einen intelligenten Umgang mit Komplexität und Autonomie. Sie weisen drei Merkmale auf: Prozessorientierung, Wissensbasierung und Vernetzung. Dabei wird eine Selbstorganisation der Netzwerke angestrebt, doch müssen gleichzeitig bestimmte Spielregeln beachtet werden.

---

[9] Lit. 77 Mirow 18.

Die **Kybernetik** hat in vielen Wissensdisziplinen deutliche Spuren hinterlassen. Einige der attraktivsten Ideen: die Erforschung von natürlichen und künstlichen neuronalen Netzen etwa, von Ökosystemen oder von Mensch-Maschine-Interaktionen in Kraftwerken oder an Computern. Vom Politiker zum Talk-Showmaster redet alle Welt kybernetisch, ohne es zu wissen – vom Feedback und von vernetzten Systemen, von Kreislaufprozessen und Selbstorganisation.

Drei Merkmale kybernetischen Denkens sind hervorzuheben: Erstens, die Multidisziplinarität, zweitens das Zustandekommen von Leistungen natürlicher oder künstlicher Systeme und drittens die Formalisierung von Prozessen.

Über Lebendiges oder Soziales in solch ingenieurmäßiger Begrifflichkeit zu reden, entsprach der damals verbreiteten Machbarkeitseuphorie. Im Fall der Sozialwissenschaften kam hinzu, dass die quasi elektrotechnischen Begriffe unpolitisch waren, vor allem nicht marxistisch.

Der Kybernetik kam ein zusätzlicher Effekt zugute, der die Entstehung intellektueller Subkulturen fördert: Wenn sich eine Gruppe einen Jargon zulegt, der schwer zu erlernen ist, dann wächst das Zugehörigkeitsgefühl derjenigen, die den Jargon beherrschen. In den USA ist dies als der „**Parsons-Effekt**" bekannt – nach dem Soziologen Talcott Parsons.

Kybernetische Lehrbücher lesen sich noch immer wie Sammelsuria. Eine geschlossene Disziplin ist bisher nicht entstanden. Die Kybernetik durchdrang in den folgenden Jahrzehnten die anderen Wissenschaften in einem Maße, wie dies keiner Disziplin vorher gelang. Das mag daran liegen, dass viele moderne Wissenschaften das Verhalten komplexer Systeme und nicht bloß einzelner Elemente untersuchen. Ein wesentlicher Punkt: Mit dem kybernetischen Denkansatz wurde der Blickwinkel auf die Bedeutung der Kommunikation und darauf gelegt, dass sich bestimmte Prozesse selbst verstärken oder regulieren können. So entstanden neue Forschungsansätze, wie etwa die **Theorie des Lernens** und die **Theorie der Selbstorganisation**.

Die **allgemeine Systemtheorie** ist sowohl eine Theorie für die Theorie als auch eine Theorie für die Praxis. Sie liefert einerseits die Grundlagen für wissenschaftstheoretische Konzepte und andererseits die Werkzeuge für die Steuerung komplexer Systeme in der Praxis.[10]

Das systemische Paradigma begreift Wirklichkeit als etwas nicht eindeutig analytisch Erfassbares. Von der Nicht-Berechenbarkeit, Nicht-Vorhersagbarkeit und Nicht-Linearität der Wirklichkeit ausgehend, ergibt sich eine neue Denkweise, die allmählich in vielen Sozialwissenschaften zur Anwendung gelangt. „An die Stelle des analytischen, den Blick auf das einzelne richtenden Denkens, auf der Suche nach den kleinsten Bauteilchen der Welt, tritt ein auf das größere Ganze gerichtetes, integrierendes Denken. Statt in kleinen, linearen Kausalketten mit definierbarem Anfang und Ende gedacht, statt das Nicht-Messbare, Nicht-Quantifizierbare und nicht mathematisch Formulierbare aus der Wissenschaft zu verbannen, werden bewusst solche Sachverhalte in den wissenschaftlichen Denkprozess einbezogen, und statt nach ewig gleichbleibenden, materiellen Strukturen der Dinge zu suchen, rich-

---

[10] Lit. 149 Wilke 1.

tet man den Blick auf die Dynamik des Geschehens und sucht nach dem Ordnungsmuster solcher Prozesse."[11]

Folgende Forschungsrichtungen haben den Durchbruch des neuen Paradigmas maßgeblich beeinflusst:

- die systemtheoretische **Biologie**;
- die neuere Systemtheorie, die sich mit dem Funktionieren von **Organisationen** beschäftigt;
- die Kybernetik zweiter Ordnung, die Impulse zum Problem der Beobachtung und der Steuerung komplexer sozialer Systeme liefert;
- die systemische **Familientherapie**, die neue Interventionsstrategien entwickelt hat; hier ist vor allem die **Heidelberger Gruppe** (Simon/Stierlin/Weber) sowie die **Mailänder Gruppe** um Selvini Palazzoli besonders hervorzuheben;
- die **Chaostheorie**, die neue Perspektiven zur Erklärung und Vorhersagbarkeit natürlicher und sozialer Sachverhalte geliefert hat.

Einige typische Fehler beim Arbeiten mit komplexen sozialwissenschaftlichen Systemen:[12]

1. Mangelhafte Zielbildung

Bereits die Formulierung der eigenen Absichten und Ziele, die man erreichen will, bereitet in komplexen Situationen Schwierigkeiten. Häufig unterbleibt die Zielformulierung überhaupt oder aber die Absichten werden in sehr globaler und ungenauer Form abgefasst. Beides sollte man nach Möglichkeit vermeiden, denn aus unpräzisen Zielen lassen sich in der Regel kaum handlungsrelevante Hinweise ableiten und die spätere Überprüfung, inwieweit die gesetzten Ziele erreicht sind, ist nur sehr ungenau, wenn überhaupt möglich.

Das Fehlen genauer und überprüfbarer Absichtsformulierungen ist nur zum Teil auf schlichtes Vergessen infolge von Informationsüberangebot zurückzuführen. Nicht selten spielt die Angst vor unabweisbaren Misserfolgen bei der mangelhaften Zielbildung eine wichtige Rolle, denn je exakter man den angestrebten Zielzustand beschrieben hat, desto deutlicher lassen sich dann auch Abweichungen davon feststellen. Ist man sich seiner Sache nicht ganz sicher – und das gilt in der Regel beim Handeln in komplexen Realitätsbereichen – so vermeidet man normalerweise solche harten Überprüfungsmöglichkeiten der eigenen Leistungsfähigkeit auf dem Umweg über unscharfe Zielformulierungen. Man sollte sich dieser Zusammenhänge in entsprechenden Situationen wenigstens bewusst sein.

2. Unzureichend untersuchte Ausgangslage

Bei der Analyse des jeweiligen Ist-Zustandes ist man gewöhnlich aufgrund der Vielzahl von Variablen dazu gezwungen, sich auf die wesentlichen Faktoren und Daten beschränken zu müssen. Diese Prozedur ist oft mühselig und wird nicht selten dadurch ersetzt, dass statt der notwendigen Informationssammlung eigene, frühere Erfahrungen oder auch bloße Meinungen über bestimmte Sachverhalte unge-

---

[11] Lit. 104 Probst 18.
[12] Lit. 107 Reither.

prüft übernommen werden. Die Bildung von Analogien und die Verwertung von Erfahrungen können durchaus hilfreich sein, doch immer in wechselseitiger Verbindung mit den aktuellen Gegebenheiten. Durchtrennt man diese Verbindung, so gewinnt dieses Verfahren zwar seine verführerische Einfachheit und Plausibilität, insbesondere bei komplizierten Problemen, doch handelt man sich damit auch Fehlermöglichkeiten ein, die im Nachhinein nur schwer auffindbar sind.

3. Stationäre Situationsanalyse

Ein häufiges Fehlverhalten bei der Analyse der gegebenen Situation besteht darin, nur den momentanen Zustand zu erfassen und Entwicklungen unberücksichtigt zu lassen. Diese Form der Analyse führt zwar u. U. zu einer richtigen Abbildung des Ist-Zustandes, doch ist die Gefahr einer falschen Bewertung der einzelnen Zustandsgrößen sehr groß, denn gerade die Eigendynamik ist ein Merkmal komplexer Situationen. Diese Tatsache macht es aber notwendig, nicht nur die Daten und Informationen für hier und heute einzuholen, sondern sich auch über die generellen Trends ein Bild zu verschaffen.

F.A. Hayek hat eine Theorie der **komplexen Phänomene**[13] formuliert, der zufolge auf gesellschaftliche Sachverhalte so viele systematische und stochastische Einflüsse wirken, dass die Randbedingungen niemals vollständig spezifiziert werden können, vor allem im Bereich komplexer Zusammenhänge, wie sie nun einmal für die Wirtschaft zutreffen. Hayek möchte sie daher durch **Mustervorhersagen** („pattern predictions") über allgemeine Verhaltensweisen und Tendenzen ersetzt wissen.

4. Annahme linearer Entwicklungen

Werden bei der Situationsanalyse Trends und Entwicklungstendenzen berechnet, so findet man in der Regel die Annahme linearer Trends, also die geradlinige Verbindung zweier Zustandswerte. Diese Annahme führt dann zu schweren Fehleinschätzungen, wenn die tatsächlichen Zusammenhänge etwa exponentieller Natur sind – normalerweise ein Merkmal komplexer Realitätsbereiche. Dabei ist zu berücksichtigen, dass es zur Behebung dieses Mangels nicht damit getan ist, einfach auf den exponentiellen Verlaufscharakter von Datenkurven hinzuweisen. Denn selbst bei Kenntnis dieser Eigenschaft zeigen sich immer noch krasse Fehleinschätzungen der Entwicklungstendenzen, die eher auf eine generelle Schwierigkeit beim Umgang mit solchen Variablen hindeuten.

5. Keine Schwerpunktbildung

Die Zentrierung des eigenen Handelns auf die wichtigen Bereiche – in der Betriebswirtschaftslehre als „**core business**"* bezeichnet – ist unverzichtbar. Dabei bereitet zunächst die Wahl der geeigneten Schwerpunkte schon einige Mühe. Eine Mühe, der man sich gern dadurch entzieht, dass man bei auftauchenden Hindernissen das momentane, unangenehme Arbeitsgebiet zu Gunsten eines anderen, erfolgversprechenderen verlässt. Diese Art des Vorgehens kann zwar sehr abwechslungsreich sein, führt aber auf die Dauer zur Verzettelung der eigenen Energien und zu gefährlich ungenauen Vorstellungen über die Sachlage.

---

[13] Lit. 170 Hayek.

Hat man sich dagegen einen oder mehrere relevante Schwerpunkte herausgearbeitet, so zeigt sich leider häufig bald die Neigung, an den einmal bezogenen Positionen hartnäckig festzuhalten. Gerade in dynamischen Situationen führt aber diese irreversible Schwerpunktbildung zu folgenschweren Einseitigkeiten und zu unangemessenen Entscheidungen. So dringend die Auswahl gut analysierter Schwerpunkte geboten ist, so muss man sie doch stets auf ihre Gültigkeit prüfen und gegebenenfalls zu Gunsten anderer wieder aufgeben können.

6. Planungsrigidität und „Reaktive" Planung

Ein ähnlicher Mangel an Flexibilität wie bei der Schwerpunktbildung zeigt sich oft bei der Auswahl und Anwendung von Maßnahmen zur Realisierung getroffener Entscheidungen. Einmal entwickelte Operationsfolgen und Verhaltenskomplexe werden rigide beibehalten und auch bei wiederholten Misserfolgen nur geringfügig abgewandelt. Dieser Mangel bei der Planung des eigenen Vorgehens führt dann zu stereotypen Verhaltensmustern mit in der Regel starken Rückkoppelungseffekten.

Beobachtet man Menschen beim Umgang mit komplexen und eigendynamischen Sachverhalten, so zeigt sich häufig ein fataler Tendenzwandel im allgemeinen Vorgehen, der sich besonders auf die Planung von Handlungen auswirkt. Sind die Aktionen zunächst noch aktive Gestaltungsversuche, die sich an bestimmten Zielvorstellungen orientieren, so ändert sich dies im Laufe der Zeit. Aus dem aktiven Vorgehen wird ein mehr und mehr passives Reagieren, das nur noch bestrebt ist, auftretende Missstände möglichst schnell zu beheben. Die gesamte Planung beschränkt sich zunehmend darauf, auf Hiobsbotschaften zu warten, um dann im Sinne eines Reparaturdienstprinzips zu reagieren und an der bedrohten Stelle kurzfristig für Abhilfe zu sorgen. Dass auf diesem Wege an eine Beherrschung der Situation, die bedrohliche Entwicklungen voraussieht und diesen durch langfristige Maßnahmen grundsätzlich begegnet werden kann, gar nicht zu denken ist, leuchtet ein.

In der Praxis zeigt sich aber zusätzlich, dass diese Form „reaktiver" Planung regelmäßig bei einer Häufung von Alarmmeldungen, wie sie unter solchen Bedingungen stets zu erwarten ist, total zusammenbricht und der Akteur sein Heil nur noch in der Flucht oder in Gewaltlösungen sieht.

7. Vernachlässigung der Nebenwirkungen

In komplexen Situationen, in denen die auftretenden Variablen und Größen miteinander verbunden sind und in gegenseitiger Abhängigkeit stehen, haben Handlungen nicht nur die jeweils angestrebte Hauptwirkung, sondern auch Nebenwirkungen, die nicht immer wünschenswert sind, ja sogar die erzielten Erfolge völlig zunichte machen können. Man bezeichnet diese Nebenwirkungen auch als **externe Effekte***. Bei der Planung von Handlungen werden diese Nebenwirkungen oft vernachlässigt.

Es ist daher dringend angeraten, bei der Planung von Handlungen in komplexen Situationen der Analyse eventueller Nebenwirkungen dieser Handlungen mehr Beachtung zu schenken.

8. Tendenz zur Übersteuerung des betreffenden Systems

Aufgrund der **Vernetztheit** komplexer Sachverhalte ist es normalerweise durchaus möglich, dass ein auftretender Missstand nicht ausschließlich negative Auswirkungen hat, sondern im Sinne der eben genannten Nebenwirkungen durchaus auch seine guten Seiten besitzt. Es ist daher bei der Auswahl von Gegenmitteln eine angemessene Dosierung sinnvoll, die nicht auf eine radikale Beseitigung des Störfaktors zielt, solange die Wirkungszusammenhänge nicht vollständig bekannt sind. Ein allzu starkes Eingreifen, ein Übersteuern also, versetzt einen vernetzten Realitätsbereich gewissermaßen in Schwingungen, die sich sehr leicht aufschaukeln und zerstörerisch auswirken können. Allgemeine Aussagen über die richtige Dosierung von Maßnahmen und Handlungen zu machen, ist schwierig. Es ist aber immerhin gut zu wissen, dass man meist zur Übersteuerung neigt.

9. Gefahr einer zu isolierten Betrachtungsweise
In dem Bestreben, den bei intransparenten Realitätsbereichen in der Regel verdeckten Zusammenhängen zwischen einzelnen Variablen auf die Spur zu kommen, ist die Anwendung der Methode der isolierten Bedingungsvariation („Modellanalysen") häufig zu beobachten.

Bei **Modellanalysen** ist man mit folgenden Schwierigkeiten konfrontiert:

- Multikausalität: Ökonomische Sachverhalte sind meist von einer Vielzahl von Faktoren abhängig.
- Infiniter Regress: Die Erklärung der Veränderung einer Variable durch andere Variable führt zur im Prinzip nie abschließbaren Frage nach den Ursachen der Veränderungen dieser Variable etc..
- Zirkuläre Kausalitäten: Ökonomische Prozesse vollziehen sich häufig nicht linear, sondern zirkulär: Kreislaufzusammenhänge, in denen Wirkungen zu letztlich sich selbst verstärkenden Ursachen („positive feedback-Schleifen") werden.
- Fehlende Möglichkeit in der Wirtschaftswissenschaft (im Unterschied etwa zur Physik) reale Experimente durchzuführen und auf diesem Weg die relative Bedeutung von Einflussfaktoren durch Isolierung aller anderen Einflussgrößen zu untersuchen.
- Hypothesen im Sinne von „immer wenn A, dann B" sind im Bereich menschlicher Verhaltensweisen nur als Wahrscheinlichkeiten nach dem Gesetz der großen Zahl formulierbar (es existieren keine „Gesetze" im naturwissenschaftlichen Sinn, wie z. B. dem Fallgesetz, auch wenn einige gut bewährte Hypothesen als Gesetze bezeichnet werden, wie z. B. das „Engelsche Gesetz").

Diese Schwierigkeiten können teilweise umgangen werden durch folgende Vorgangsweise:

1. Durch die Begrenzung der Zahl der unabhängigen Variablen auf die (vermutlich) wichtigsten wird die Komplexität der Zusammenhänge drastisch reduziert (vergleichbar einer Landkarte, die je nach Zweck ebenfalls abstrahiert, zusammenfasst, hervorhebt). Das Erkenntnisinteresse wird darüber entscheiden,

welche Variablen und welche Zusammenhänge innerhalb des jeweiligen Modells berücksichtigt und untersucht werden.
2. Das Problem des infiniten Regresses wird durch die Abgrenzung der Innenwelt des Modells gegenüber der Außenwelt gelöst.
3. Innerhalb des Modells können nun auch „Gedankenexperimente" durchgeführt und Wirkungen untersucht werden: Nun kann man untersuchen, wie sich bestimmte ökonomische Größen („endogene Variable") entwickeln, wenn eine andere unabhängige Größe („exogene Variable") bei Konstanz aller übrigen Einflussfaktoren („ceteris paribus") verändert wird.

Dieser Versuch der Konstanthaltung aller Variablen, mit der Ausnahme einer einzigen, ist bei komplexen Sachverhalten nur bedingt erfolgversprechend, da zu viele, zugleich eng miteinander verknüpfte und obendrein noch eigendynamische Variablen in einem zu steuernden System wirksam sind. Auch ist ein systematisches Durchprobieren auch nur der wesentlichen Kenngrößen meist aus Zeitgründen gar nicht möglich.

Selbst wenn dies doch der Fall sein sollte, bleibt die prinzipielle Unmöglichkeit, das gesamte Variablengefüge bis auf ein Element konstant zu halten. Man kennt normalerweise gar nicht alle wirksamen Systemelemente und von den bekannten entziehen sich wiederum einige dem direkten Zugriff.

Eine Möglichkeit zur Vermeidung dieser Schwierigkeiten bestünde darin, ein nach bestimmten Analysekriterien ausgewähltes Bündel von Variablen zugleich zu verändern und die Antworten aus der Realität dann auf dieses mehrdimensionale Eingriffsmuster zu beziehen.

Monokausale Beziehungen wird man auf diesem Wege vermutlich nicht entdecken, sie sind in komplexen Situationen allerdings auch ziemlich selten, sodass dieser Verlust nicht schwer wiegt. Eher schon kommt man auf diese Weise zu einer Differenzierung seiner Vorstellungen von dem betreffenden Realitätsbereich im Sinne einer unterschiedlichen Gewichtung ganzer Teilgebiete und der Herausarbeitung von Ansatzpunkten, über die eine Steuerung des Systems möglich ist.

Trotz der genannten technischen Schwierigkeiten, mit denen man im Falle komplexer Sachverhalte bei der isolierten Bedingungsvariation zu kämpfen hat und die regelmäßig zu deutlichen Misserfolgen führen, ist dieser Ansatz im Problemlöseverhalten sehr häufig zu finden.

Die realen Sachverhalte, die wir durch wirtschaftspolitische Interventionen beeinflussen wollen, sind komplexer als wir bisher angenommen haben. Dies hat zur Folge, dass wir unsere **Erwartungen** hinsichtlich der Erreichbarkeit bestimmter wirtschafts- und gesellschaftspolitischer Ziele etwas herunterschrauben müssen. Die Zeiten des „everything goes" sind vorbei. Die Ökonomie kann jedoch wichtige Beiträge zur Lösung menschlicher Probleme und der Weiterentwicklung der Sozialwissenschaften leisten.

Wir müssen endlich aufhören, den **Naturwissenschaften** nachzueifern und uns wieder auf die Sachlogik der Ökonomie besinnen. **Bruno S. Frey** hat es auf den Punkt gebracht, wenn er schreibt: „Die meisten Wirtschaftswissenschaftler bemühen sich nämlich, den (exakten) Naturwissenschaften nachzueifern. Die Volkswirtschaftslehre erscheint häufig nur mehr als ein Zweig der angewandten Mathematik;

die Mehrzahl der wissenschaftlichen Veröffentlichungen wimmelt von Axiomen und Gleichungen und befasst sich mit rein formalen Herleitungen und Beweisen. Werden die Ergebnisse aber in die Umgangssprache übersetzt oder sollen sie empirisch untersucht werden, bleibt nicht selten enttäuschend wenig übrig."[14]

10. Mangelhafte Erfolgskontrolle

Am Ende einer jeden Handlungssequenz sollte überprüft werden, ob und inwieweit man seine mit der Handlung angestrebten Ziele erreicht hat. Diese Art des Vorgehens ermöglicht es, einerseits die Qualität von Maßnahmen zur Erreichung bestimmter Ziele abzuschätzen, man erhält auf diese Weise aber auch andererseits einen **Feedback*** über die Angemessenheit der eigenen Vorstellungen über die wirksamen Variablen und Zusammenhänge in dem untersuchten komplexen System.

Nun hängt die Überprüfung von Interventionen auch davon ab, wie genau zuvor der angestrebte Soll-Zustand erfasst und beschrieben wurde und wie detailliert die Bewertungskriterien festgelegt wurden. Bekanntlich sieht es damit nicht allzu gut aus – man vergleiche mit den Anmerkungen zur mangelhaften Zielbildung. Doch man muss darüber hinaus wohl noch mit einer aktiven Vermeidung solcher Kontrollen rechnen, selbst wenn die Zielformulierungen sie erlauben würden. Auch hier ist in erster Linie die Angst, sich Inkompetenz bescheinigen zu müssen, Ursache des Fehlverhaltens. Die Auswirkungen solchen Mangels liegen auf der Hand: solange die Zustände es erlauben, findet nur eine sehr eingeschränkte Kritik am eigenen Vorgehen statt, somit die Chancen für frühe Lernfortschritte, flexible Anpassungen an sich abzeichnende Entwicklungen und die Möglichkeiten, rechtzeitiger und umfassender Gegensteuerung ungenutzt bleiben.

4. Systemisches Wissensmanagement und Politik

Die Wissensintensität, die früher auf den Hochtechnologiebereich beschränkt war, hat nun auf den gesamten Bereich der Wirtschaft übergegriffen. Bereits einfache Basisprodukte und -prozesse werden durch Wissen aufgewertet, der immaterielle Anteil an der Wertschöpfung nimmt laufend zu. Der Wert des intellektuellen Kapitals übertrifft in manchen Unternehmen bereits den Wert des Sachkapitals um ein Vielfaches. Darüber hinaus verlieren Raum und Zeitdifferenzen an Bedeutung. Landesgrenzen, auch jene zwischen hochentwickelten und in Entwicklung befindlichen Ländern, bilden kaum mehr ein Hindernis für die Ausbreitung von Wissen. Die Produktentwicklungs- und -einführungszeiten werden immer kürzer und Entscheidungen müssen immer rascher und unter Berücksichtigung eines komplexen Umfeldes getroffen und umgesetzt werden. Eine sich rasch weiterentwickelnde und leicht zugängliche Wissensbasis sowie die Fähigkeit zur Umsetzung vorhandenen Wissens, sind die Grundlage für den wirtschaftlichen Erfolg.

Es herrscht weitgehend Einigkeit, dass Wissen die traditionellen Produktionsfaktoren Arbeit und Kapital bereits an Bedeutung übertrifft und zum wichtigsten Pro-

---

[14] Lit. 29 Frey V.

duktionsfaktor geworden ist. Das Unternehmen wird als „Wissenspool" interpretiert. Wie gut es diese Aufgabe erledigt, wird bestimmt über seine Konkurrenzfähigkeit und Krisensicherheit. Als Konsequenz ist die Qualität der Unternehmensleitung in hohem Ausmaß an seiner Fähigkeit zu messen, den Umgang mit Wissen im Unternehmen positiv zu beeinflussen.

Für das Management von Volkswirtschaften, Regionen und Staaten gelten in weiten Bereichen ähnliche Überlegungen wie für private Unternehmen, agieren sie doch grundsätzlich in der gleichen wissensintensiven, sich rasch verändernden, komplexen und globalisierten Welt.

Auch hier bieten Wissensmanagement[15] und Schaffung einer lernenden Organisation, einen Lösungsansatz für die Bewältigung dieser Herausforderungen sowie des damit zusammenhängenden drohenden Orientierungsverlustes in der praktischen Politik. Der Grund, warum der Staat aus der bisherigen einschlägigen Fachdiskussion eher mehr denn weniger ausgenommen worden ist, liegt zu einem nennenswerten Teil darin, dass dem Staat kein Veränderungszwang attestiert wird, da er nicht der Konkurrenz des Marktes unterworfen ist. Diese Auffassung ist jedoch falsch.

Ungeachtet seiner enormen Wichtigkeit, gehört Wissen zu den am schlechtesten gemanagten Ressourcen. In der Praxis hat Wissen, unterstützt durch seine immaterielle Natur, die Eigenschaft sich zu verflüchtigen. Es ist etwa nur in Köpfen von Organisationsmitgliedern vorhanden, die nicht in die Entscheidungsbildung involviert sind, oder in Archiven von Abteilungen und Schreibtischladen von Organisationsmitgliedern, aus denen es niemals in die Entscheidungsbildung einfließt oder in punktuellen „Wissensinseln", die niemals miteinander vernetzt werden. Oft geht Wissen in einer Organisation nur deshalb verloren, weil Mitglieder aus der Organisation ausscheiden oder aber es gerät einfach in Vergessenheit.

Viele private und öffentliche Gutachten müssten nicht mehr in Auftrag gegeben werden, wenn die schon vorhandenen Gutachten miteinander und mit dem in der Organisation vorhandenen Wissen verknüpft würden. Die Aufträge für viele Gutachten wären gezielter und konziser, wüsste man auch nur annähernd über das in der Organisation vorhandene Wissen Bescheid. Viele Ziele, die nicht erreicht wurden, hätten erreicht werden können, wenn man sie zuvor in Form des dafür benötigten Wissens definiert hätte, viele erforderliche Innovationen, die nicht stattgefunden haben, hätten stattgefunden, wäre das in der Organisation vorhandene Wissen in vernetzter Form einer größeren Zahl von Mitarbeitern verfügbar gewesen.

Viele Sitzungen und Konferenzen in Unternehmen und im öffentlichen Sektor wären effizienter und effektiver, würde die Terminologie der betreffenden Organisation allgemein zur Verfügung stehen, und das für die Organisation relevante Wissen in übersichtlicher Form wäre verfügbar. Viele Doppelgleisigkeiten könnten vermieden werden.

Internationalen Schätzungen zufolge, dürfte das in Unternehmen vorhandene entscheidungsrelevante Wissen im Durchschnitt nur zu 50 % tatsächlich für Entscheidungen genützt werden. Die meisten Unternehmen hatten bisher kaum eine Vor-

---

[15] Lit. 104 Proske.

stellung davon, welches Wissen für ihren Erfolg von Bedeutung ist und wie sich dieses Wissen auf Sparten, Funktionen und Mitarbeiter verteilt.

Wissensmanagement besteht aus folgenden **Bausteinen**:[16]
- Festlegung von Wissenszielen, in Übereinstimmung mit den Zielen der Organisation;
- Schaffung von Wissenstransparenz sowie Identifizierung des vorhandenen relevanten Wissens;
- Wissensverteilung: Wissen am richtigen Ort und zur richtigen Zeit sowie Kommunikation von vorhandenem Wissen, um es für die betreffende Organisation nutzbar zu machen;
- Wissensspeicherung in leicht zugänglicher Form;
- Schaffung von Voraussetzungen für die Nutzung des Wissens;
- Messbarkeit von Wissen;
- Schaffung der Voraussetzungen zur Entstehung neuen Wissens im Unternehmen bzw. dem Erwerb von externem Wissen.

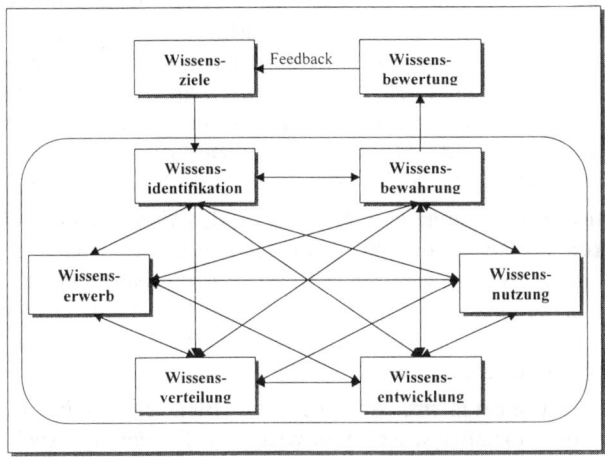

Abb. 2: Bausteine des Wissensmanagements nach Probst

Aus der Sicht der praktischen Umsetzung, weist das **Wissensmanagement in Organisationen** (Unternehmen) zwei wesentliche Komponenten auf:
- eine **technischen Komponente**, deren Ausprägung u. a. vom Fortschritt in der Informationstechnologie und den Entwicklungen im Bereich der Künstlichen Intelligenz abhängt, sowie
- eine **verhaltensmäßige Komponente** (u. a. wissensorientierte, insbesondere auf Wissensteilung und Wissensbenutzung abgestellte Unternehmenskultur).[17]

---

[16] Lit. 103 Probst/Raub/Romhardt 56. In dem Buch wird jeder Baustein umfassend, unter Einbeziehung von Instrumenten und Praxisillustrationen, behandelt. Die Ausführungen geben einen guten Einblick in die Möglichkeiten, die der Praxis im Bereich jedes Bausteins zur Verfügung stehen.

Wissenschaften können in der Regel nicht auf objektive, substantielle **Beobachtungssprachen** („Objektsprachen") zurückgreifen; alle Beobachtung findet schon im Lichte von Erfahrungen, theoretischen oder politischen Interessen statt. Beispiel: Die Definition von „Bruttoinlandsprodukt", „Arbeitslosigkeit", „Konsum", „Investition" etc. ist schon aus einem theoretischen Vorverständnis und/oder politischem Interesse heraus entstanden. Definitionen sind damit nicht einfach wahr oder falsch (d. h. nicht an der Realität zu prüfen), sondern nur zweckmäßig oder nicht zweckmäßig im Zusammenhang mit einer bestimmten Fragestellung.

Was man unter einem „gesicherten" wissenschaftlichen Wissen[18] zu verstehen hat, lässt sich nicht generell festlegen. Eine Hypothese gilt als „vorläufig bewährt", solange sie noch nicht durch eine gegenläufige Hypothese widerlegt worden ist. In einer offenen, kritischen Atmosphäre des Wissenschaftsbetriebes sollte dann der Bestand an bewährten Hypothesen ständig der Realitätsprüfung unterzogen und durch Korrektur widerlegter Hypothesen verbessert werden. Wissenschaftliche Dogmen, Ideologien, Denkverbote oder Glaubenssätze behindern den wissenschaftlichen Fortschritt.

Die möglichst weitgehende Quantifizierung von zunächst nur **qualitativem Wissen** gilt als Indiz für wissenschaftlichen Fortschritt einer Disziplin. Dementsprechend arbeiten Ökonomen mit ökonomischen Indikatoren. **Ökonomische Indikatoren** sind Größen, die nicht unmittelbar messbare qualitative Sachverhalte „operationalisierbar" machen sollen. Auf die damit verbundenen methodischen Probleme und Freiheitsgrade solcher **„Operationalisierungen"** (wodurch der zu „messende" Sachverhalt näherungsweise erfasst wird) muss jedoch hingewiesen werden.

Systemisches Wissensmanagement[19] und die Errichtung **einer wissensbasierten Infrastruktur** spielen bei der Weiterentwicklung der Ökonomie als Sozialwissenschaft eine nicht zu unterschätzende Rolle. Wissensmanagement[20] ermöglicht ein Aufbrechen der Grenzen, die noch immer zwischen den einzelnen sozialwissenschaftlichen Disziplinen bestehen, leistet aber auch einen wichtigen Beitrag zur Integration von Politik und Ökonomie.

Das engagierte Temperament, das moralische Urteil, die empirische Bodenhaftung gewinnen in den Sozialwissenschaften wieder an Bedeutung. Auch in der Ökonomie sind Anzeichen einer Stiländerung – weg von der „reinen" Mathematik – zu erkennen. Wolf Lepenies[21] vom Wissenschaftskolleg Berlin ist diesen Verschiebungen nachgegangen.

Intern hat die Ökonomie hervorragend funktionierende Reputationsmechanismen ausgebildet, die Anpassung hoch belohnen und Abweichungen empfindlich sanktionieren. Extern, nicht zuletzt in der Politik, genießt das Fach eine sehr hohe Wertschätzung, und die Tatsache, dass in der Ökonomie – von Verdiensten um den Frieden sowie die schöne Literatur abgesehen – der einzige Nobelpreis außerhalb der Naturwissenschaften verliehen wird, verstärkt die innere Kohärenz der Zunft noch

---

[17] Glaubt man dem chief knowledge officer von Novartis, bei dem Wissensmanagement schon sehr weit fortgeschritten ist, so macht die technische Komponente etwa 10 % und die Verhaltenskomponente 90 % eines erfolgreichen Wissensmanagements aus.
[18] Lit. 100 Popper.
[19] Lit. 146 Willke.
[20] Lit. 64 Mandl/Reinmann-Rothmeier.
[21] Wolf Lepenies, Der Möglichkeitssinn in den Sozialwissenschaften, NZZ 24/25 Februar 1996.

und steigert die Anerkennung, die die Disziplin innerhalb und außerhalb des Wissenschaftssystems erfährt.

Die bevorzugte Sprache der Ökonomie ist – nach wie vor – die Mathematik. Als 1991 das „Economic Journal" seinen hundertsten Geburtstag feierte, verglich Milton Friedman die ersten und die letzten Ausgaben der Zeitschrift miteinander. Die Gegenstandsbereiche, mit denen sich die Autoren beschäftigten, waren einander außerordentlich ähnlich. Selbst die Schlussfolgerungen unterschieden sich über die Zeitspanne von hundert Jahren nicht sehr voneinander. Was sich drastisch geändert hatte, war die „Sprache". Die ersten Artikel waren in Englisch geschrieben, sie waren reich an empirischen Daten, die in Tabellen und Graphiken veranschaulicht wurden. 1990 waren die vorherrschenden „Sprachen" Mathematik und Statistik, während Englisch nur noch eine geringe Rolle spielte. Mehr und mehr wird aber selbst Ökonomen fraglich, ob nicht in vielen Bereichen ihrer Disziplin seit langem die Verwendung der Mathematik zum Selbstzweck, das Erlernen der Formelsprache Streben nach Überpräzision und zu einem Werkzeug der disziplinären Abschottung nach außen geworden sind.

Nach **Wolf Lepenies** zeichnen sich zwei Wege ab, auf denen sich die Ökonomie wandeln wird. Beide Male spielt der Sprachaspekt eine entscheidende Rolle. Der erste Weg ist der Weg von innen: Der indische Wirtschaftswissenschafter **Ashok Desai** hat die Meinung vertreten, dass ein tiefgreifender Wandel in der Ökonomie durch „competent rebels" erfolgen wird – und nicht durch revolutionär gestimmte Außenseiter, deren Stunde erst naht, wenn das ancien regime den Glauben an sich selbst verloren hat. Für ein so selbstsicheres und erfolgreiches Fach wie die Ökonomie ist die Vermutung plausibel, dass wir eher Reformen von oben („top down") als Revolutionen von unten („bottom up") erwarten können.

Es gibt in der Tat vielfältige Anzeichen für einen **Paradigmenwechsel*** der Ökonomie. Macht und Institutionen, Geschichte, Geist und Geografie, Armuts- und Ungleichheitserfahrungen, Gerechtigkeit und Ungerechtigkeit, der Wissenszuwachs und Generationenverhältnisse spielen eine immer wichtigere Rolle. Für den Außenseiter sind diese Zeichen des Wandels freilich nur schwer erkennbar, weil sie in der Regel im Wortschatz der Insider abgefasst sind.

In vielen Fächern wächst das Bedürfnis nach einer ökonomischen Analyse nichtökonomischer Phänomene. „Die entsprechenden Disziplinen – mit Ausnahme der Biologie – werden in einen fruchtbaren Austausch mit der Ökonomie freilich nur dann treten, wenn sie sich dem Fach nicht als Kritiker, sondern als bescheidene Außenseiter nähern. Während die kompetenten Rebellen, aus dem Zentrum des Faches kommend, ihre Kritik nur in der etablierten Fachsprache äußern können, deren Rigorosität und Hermetik sie womöglich noch steigern, kann nur die Bescheidenheit der Außenseiter zur wohlwollenden und somit produktiven „Herablassung" der Ökonomen und zu einem Aufbrechen – nicht einer Aufgabe – der Formelsprache führen, die ihren internen Fachdiskurs bestimmt."[22]

Die internen wie die extern beeinflussten Wandlungsprozesse werden eine Ökonomie hervorbringen, die präzise bleibt und zugleich außerhalb des Faches besser verstanden werden kann. In dieser Perspektive sind die Arbeiten von **Amartya Sen** eine vorweggenommene Utopie. Im besonderen Maße gilt dies für sein Buch „Po-

---

[22] Lit. 159 Lepenies.

verty and Famines" (1981), weil dessen Schlussfolgerungen auch von großer wirtschaftspolitischer Bedeutung sind.

Wir müssen lernen und lehren, uns mit den etablierten Wirklichkeiten **nicht** abzufinden. Dies bedeutet keine Rückkehr zur Utopie,[23] sondern nur die Bildung und die Kräftigung eines auf Empirie beruhenden Möglichkeitssinns im Sinne von **Robert Musil**. Gegen den Strich gilt es zu argumentieren, unsere Lust muss dem **Probehandeln** gelten.

Wolf von Lepenies hat es auf den Punkt gebracht: „Ich bin davon überzeugt, dass die Sozialwissenschaften die Herausforderungen, vor die unsere in einem unerhörten Umbruch befindlichen Gesellschaften uns stellen, nur meistern werden, wenn sie diesen Möglichkeitssinn ausbilden und weiterentwickeln."

Eine **Neue Politische Ökonomie** bietet dazu einen konsistenten Analyserahmen zur Integration nicht nur wirtschaftlicher, sondern auch politischer, rechtlicher und sozialer Phänomene.[24] Dies macht die komparativen Vorteile einer **einheitlichen Betrachtungsweise** deutlich: Die Realität lässt sich nicht mehr in ein künstlich geschaffenes „Korsett" pressen, sondern verlangt vielmehr nach **fachübergreifenden, integrativen Lösungsansätzen**.

---

[23] Lit. 166 Lepenies.
[24] Lit. 157 Frey/Bohnet 95 ff.

B. Politik als ein Versuch der Steuerung komplexer Systeme

„Tra il dire ed il fare
c'è di mezzo il mare"[1]

(Italienisches Sprichwort)

1. Politik und politische Kultur

Der britische Politikwissenschafter **Michael Oakeshott** hat einmal behauptet[2], dass politisches Handeln vor allem in der Beseitigung von Widersprüchen und Inkohärenzen* bestünde und dies vor allem durch die Verwirklichung von Möglichkeiten, die im historischen Kontext bereits vorgezeichnet sind, erfolgen solle.

Politik ist demzufolge „an activity of amendment". Es besteht nicht in der Schaffung völlig **neuer** Institutionen[3], sondern im sorgfältigen „sich kümmern" um die bestehenden institutionellen Vorkehrungen eines Gemeinwesens. Es beruht auf einer profunden Kenntnis der Besonderheiten desselben und erstreckt sich auf die Förderung und Weiterentwicklung seines eigenständigen Charakters.

Gutes politisches Entscheiden und Handeln ist demnach von vier Grundsätzen geleitet:
1. Prinzip der Identität
2. Prinzip der Kontinuität
3. Prinzip des Konsenses
4. Prinzip der Veränderung

Wie sieht es nun im Lichte dieser Vorgaben in den OECD-Ländern aus. In vielen Ländern kommt die nationale Wirtschaftspolitik nicht vom Fleck, ist stark im Ankündigen von Reformen, aber schwach im Umsetzen derselben. Das politische System leidet vor allem darunter, dass die Politiker so sehr mit sich selbst und der Domestizierung der Wähler beschäftigt sind (Versprechungen abgeben, Hände schütteln, Beschwichtigungen aussprechen, Vorbereitungen für den nächsten Wahltermin treffen etc.), dass sie gar keine Zeit finden für eine Neuausrichtung der Politik auf die anstehenden Probleme.

Politik besteht über weite Strecken nur mehr in kurzfristig konzipierten punktuellen Eingriffen, so genannten „Schnellschüssen"[4], wenn der „politische Hut" brennt. Po-

---

[1] „Zwischen dem Reden und dem Handeln liegt das Meer."
[2] Lit. 84 Oakeshott.
[3] Lit. 143 Welan.
[4] Lit. 53 Kyrer 21ff..

litik degeneriert immer mehr zu dem, was Politologen „optische Politik" nennen: Man tut so als würde man ein Land regieren.

Politische Programme entstehen nicht mehr im Dialog mit der politischen Basis, sondern werden von Marktforschungsinstituten und PR-Agenturen entwickelt. Politik wird immer mehr zu einer „personality show". Nach amerikanischem Muster wird vor allem darauf Wert gelegt, **wer** etwas gesagt hat und nicht, **was** eigentlich gesagt wurde.

Und so ist es auch nicht überraschend, dass in allen Ländern Interessengruppen und internationale Großkonzerne als **„Nebenregierungen"** das Feld beherrschen.

Politische Entscheidungen werden in vielen Fällen viel zu spät und nur unter ganz bestimmten Bedingungen getroffen, nämlich

- wenn Entscheidungen durch Gutachten von Experten „abgesegnet" werden. Man nennt dies gelegentlich „Expertokratie";
- wenn die Printmedien und das Fernsehen diese Entscheidungen mittragen. Man nennt dies gelegentlich „Mediokratie";
- wenn die geplanten Maßnahmen beim Volk „ankommen". Man nennt dies sehr häufig „Populismus".

Notwendige Reformen, die einen gewissen Schwierigkeitsgrad aufweisen, **werden** hingegen – vor allem auch aus Angst vor Versagen – vielfach **auf die „lange Bank" geschoben**. Und so kommt es zum vielzitierten „Reformstau".

Politiker huldigen dem „Status quo" und bevorzugen Reformen in homöopathischen Dosierungen, bei denen nicht allzu viel schief gehen kann. Das Festhalten am gegenwärtigen Zustand bringt den in der Politik tätigen Personen einen größeren Nutzen, als wenn sie schwierige Reformen angehen würden, bei denen sie sich unter Umständen selbst – ihre Person, ihr Ansehen und ihr hohes Einkommen – gefährden könnten.

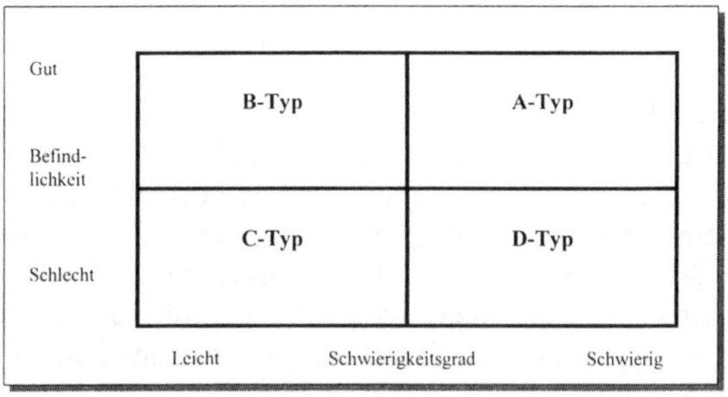

A-Typ-Politiker: Schwieriges Problem, gutes Befinden
„Konfrontierer", „Veränderer", „Stimmenmaximierer", Leistungsorientiert
B-Typ-Politiker: Leichtes Problem, gutes Befinden
„Vermeider", „Strukturkonservierer", „Konfliktvermeider", „Stimmenmaximierer"
C-Typ-Politiker: Leichtes Problem, schlechtes Befinden
In der Politik tätige Person, die eigentlich ungeeignet ist für ein politisches Amt!
D-Typ-Politiker: Schwieriges Problem, schlechtes Befinden
„Bedenkenträger", „Blockierer", „Strukturkonservierer"

Abb. 3: Politiker-Portfolio

Die in der Politik tätigen Personen – ich vermeide hier bewusst den Begriff „Politiker" – bevorzugen im Normalfall Themen, bei denen sie zeigen können, dass sie alles voll „im Griff" haben. Dazu eignen sich besonders Probleme, die dem Volk „unter die Haut" gehen, wie etwa Alkohol, Drogen, Waffen, Verkehr, Sport und dgl..

Institutionen und die in ihnen tätigen Politiker haben ein bemerkenswertes Beharrungsvermögen. Sie pflegen und kultivieren lieber den Status quo und scheuen die Veränderung. Krockow hat das so formuliert: „Wer auf der Sonnenseite des Bestehenden angesiedelt ist, hat ein Interesse an seiner Erhaltung."[5]

Roman Herzog, der ehemalige deutsche Bundespräsident, schlägt in die gleiche Kerbe, wenn er sagt: „Es ist ja nicht so, als ob wir nicht wüssten, dass wir dringend modernisieren müssen. Trotzdem geht es nur mit quälender Langsamkeit voran. Uns fehlt der Schwung zur Erneuerung, die Bereitschaft, Risiken einzugehen, eingefahrene Wege zu verlassen, neue zu wagen. Wir haben kein Erkenntnisproblem, sondern ein Umsetzungsproblem. Wer die großen Reformen verschiebt oder verhindern will, muss aber wissen, dass unser Volk insgesamt dafür einen hohen Preis zahlen wird."

Warum Strukturreformen im Einzelnen immer wieder auf die „lange Bank" geschoben werden

1. Durch **Strukturreformen** werden bisherige Besitzstände in Frage gestellt. Die davon betroffenen Gruppen wehren sich mit allen ihnen zur Verfügung stehenden Mitteln.
2. Was in vielen OECD-Ländern derzeit passiert, ist eine **„Tyrannei des Status quo"**[6]. Danach gelingt es reformfreudigen Politikern – welcher Richtung auch immer – regelmäßig nur in den ersten sechs Monaten größere Änderungen durchzusetzen. Danach wirkt das **„iron triangle"**[7] dessen Eckpunkte sind:
   – die Nutznießer der geltenden Regelungen, die einen relativ großen Nutzen erzielen, verglichen mit den nur geringen Kosten der Mehrheit der Bevölkerung;
   – die Bürokraten, die die bestehenden Regelungen verwalten; und
   – die abgewählten Politiker, die alles unternehmen, um bei den nächsten Wahlen wieder Stimmen zu gewinnen und damit zur Aufrechterhaltung des Status quo beitragen.

Darüberhinaus sind Reformen politisch schwer zu akkordieren, da **Lobbies** nur im Hintergrund agieren und es verstehen, ihre Interessen geschickt zu verstecken. Da die Veränderungen, die Strukturreformen erforderlich machen, von den Politikern meist zu spät wahrgenommen werden, müssen Strukturpakete unter großem Zeitdruck und einem starken Druck seitens der Medien geschnürt werden, was sich erfahrungsgemäß negativ auf die Qualität dieser Pakete auswirkt.

---

[5] Lit. 51 Krockow 91.
[6] Lit. 164 Schmitz.
[7] Dieser Begriff wird Milton Friedman zugeschrieben.

3. Vielfach wird übersehen, dass politische Reformen nur dann gelingen, wenn alle **Beteiligten und Betroffenen** aus dem praktizierten System einen **Nutzen** ziehen. „Allein dadurch, dass man das gegenwärtige aus dem Vergangenen entwickelt, kann man ihr eine Dauer in die Zukunft versichern; sonst erhält die neue Institution ein abenteuerliches Dasein ohne Vergangenheit und Bürgschaft für die Zukunft." (Freiherr von Stein) Es ist eben nicht selbstverständlich, dass eine Reform allein schon deshalb gelingt, weil sie uns notwendig erscheint. Politik ist die Kunst des Möglichen.

4. Wirtschaftspolitisches Denken ist **Denken in Alternativen** und es besteht die Notwendigkeit, Prioritäten zu setzen und – gelegentlich – auch nein zu sagen. Wenn neue Ziele in einem Gemeinwesen zu verfolgen sind, die Ressourcen brauchen, dann müssen alte Ziele überprüft und – wenn sie schon entbehrlich sind – weggelassen werden. Und dies durchzusetzen und dafür die Verantwortung zu übernehmen, ist Teil der politischen Kultur und die eigentliche Aufgabe der Politiker.

5. Es ist eine große Illusion zu glauben, dass wir noch immer in einer Zeit leben, in der alle nur gewinnen und keiner etwas verliert. Freilich: Lange Zeit war die **„win-win Strategie"** der Spieltheorie die vorherrschende wirtschafts- und gesellschaftspolitische Strategie. Wir müssen nun in viel stärkerem Maß **Prioritäten setzen** (was wir in Zukunft tun wollen) und uns auch zu **Posterioritäten** (was wir in Zukunft aufgeben wollen) durchringen. Was ich vor allem bei den Politikern vermisse, ist der „Mut zur Lücke"! Man glaubt in der Politik nach wie vor an die „Eierlegende-Woll-Milch-Sau"!

6. Je später strukturelle Reformen in Angriff genommen werden, umso schmerzvoller, konfliktträchtiger und teurer werden sie. Ein grundlegendes sozial-psychologisches Problem ist dabei, dass das Anspruchsniveau nur Schritt für Schritt auf das notwendige Ausmaß zurückgeführt werden kann. Es müssen neue **„Spielregeln"** definiert und Wege gesucht werden, wie man durch kooperatives Verhalten bestimmte Gruppen zum „Aufgeben" von Vorteilen bewegen kann, die sie eigentlich gar nicht mehr bräuchten.

7. Auch die **politische Rekrutierung** der Personen wird nicht ernsthaft genug betrieben. Politische Zuverlässigkeit wird über den Sachverstand gestellt. „Keep smiling" geht vor „keep thinking"! Entscheidungen, wer, wann und wo einen politischen Posten ausüben darf, erfolgen nach parteiinternen Kriterien, die für die Bürger eines Landes, einer Region oder eine Komune nicht immer ganz nachvollziehbar sind. In den Parteizentralen gibt es offenbar eine von der Öffentlichkeit streng geheim gehaltene „Hackordnung", die festlegt, wer zum Zuge kommt, und nicht selten kommen gerade diejenigen zum Zug, die lauter schreien, ob sie nun für eine bestimmte Funktion geeignet sind oder nicht.

8. Dazu kommt noch, dass man sich in der Politik oft mit **Nebensächlichkeiten** abgibt, indem Prestige und Wirkung in der Öffentlichkeit höher eingestuft wird als harte Knochenarbeit an zukunftsweisenden Programmen und deren konsequenter Umsetzung. Die **Festivalisierung der Politik** (nach dem Motto: „panem et circensem") trägt das ihrige dazu bei. Feste, Events und sportliche Großereignisse (Olympische Winterspiele, Weltmeisterschaften etc.) eignen sich hervorragend **als politische Ablenkungsmanöver**, mit denen man dem Volk Sand in die Augen streuen kann.

In neuerer Zeit sind in Deutschland, in Österreich und in der Schweiz so genannte „Runde Tische" als Gesprächsplattformen bzw. zur Akkordierung komplexer wirtschaftspolitischer Maßnahmen entstanden. Die Form des Tisches soll signalisieren, dass weder versteckte Macht noch hierarchische Beziehungen mit im Spiel sind. So simpel und einleuchtend es ist, Politiker und Experten an „runden Tischen" zur Diskussion wirtschaftspolitischer Probleme zu versammeln, so gefährlich sind diese politischen Möbel in der Realität. Hier kann es leicht passieren, „dass der Postkutscher mit am runden Tisch sitzt, wenn über die Einführung der Eisenbahn abgestimmt werden soll." (Siebert) Hier erhält der Status quo ein zu starkes Gewicht. Man benützt diese Tische auch, um Ankündigungspolitik zu betreiben und politische Strategien zu testen.

Was den **Reformstau** in einigen OECD-Ländern betrifft, so hat man den Eindruck: Alles steht! In anderen wieder hat man das Gefühl, dass bestimmte Neuerungen zu rasch und ungeprüft eingeführt werden und alles in Bewegung ist. Nur wenige können sagen, wohin die Reise wirklich geht. Im Jahr 2005 dürfte aber kein Stein mehr auf dem anderen bleiben! Panta rhei!

Von den **Parteien und den Verbänden** sind hier keine großen Beiträge zu erwarten. Das gleiche gilt für die **Massenmedien**, die noch kurzfristiger agieren und nur ihren eigenen Vorteil suchen (Auflagenhöhe? Presseförderung?). Die **Wissenschaft** wieder agiert nur allzu oft im eigenen Sperrbezirk, „Elfenbeinturm" genannt, und widmet sich zuwenig praktischen polit-ökonomischen Fragen. Alles in allem: Keine allzu erfreulichen Perspektiven.

Was fehlt, ist rationale Politik. Eine Politik, die Orientierungswissen über die Spielregeln der Wirtschaftspolitik und die sich daraus ergebenden Möglichkeiten und Einschränkungen politischer Entscheidungen bereitstellt, die die Konsistenz (Kohärenz) einzelner Politikmaßnahmen gewährleistet, und die der Öffentlichkeit gut vermittelt werden können.

Bisweilen glauben Politiker, dass Politik einfach darin bestünde, „Leitbilder" zu formulieren. Mit der **Formulierung von Leitbildern** werden im Grund nur Wünsche artikuliert, es bleibt aber völlig offen, ob und unter welchen Bedingungen bzw. Einschränkungen („constraints") diese Wünsche auch verwirklicht (vor allem: finanziert) werden können.

Viele Leitbilder, die in der Öffentlichkeit mit viel Getöse vorgestellt werden, entpuppen sich nämlich sehr bald als „Leidbilder", weil darin nur alle in einer bestimmten Region bzw. in einem bestimmten Land agierenden Interessengruppen („Nebenregierungen") ihre „Wünsche an das Christkind" für die nächsten fünf Jahren festgeschrieben haben und hoffen, dass ein „Santa Claus" irgendwo auftaucht, der das Ganze finanzieren wird.[8]

Bausteine für eine Neue politische Kultur

Gute Politik erkennt man daran, dass sie **Lösungen für wirtschaftliche und gesellschaftliche Probleme** produziert. Politik ist nichts anderes als das Bemühen, diese Handlungsspielräume durch das Recht in einer Weise zu ordnen, dass jeder

---

[8] Ein besonders schönes Beispiel ist in diesem Zusammenhang das für die Region Salzburg vorgelegte Leitbild.

seine Freiheit nicht zum Nachteil anderer, womöglich aber zu deren Vorteil, gebraucht. Das funktioniert umso besser, je mehr die Individuen den **gesellschaftlichen Spielregeln**, denen ihr Handeln unterliegt, zustimmen können, weil die Beachtung dieser Regeln ihren eigenen – wohlverstandenen – Interessen nicht zuwiderläuft. Der Sozialphilosoph John Rawls bringt es auf den Punkt, wenn er sagt: „Gesellschaft ist ein Unternehmen der Zusammenarbeit zum wechselseitigen Vorteil."

Nach **Hannah Arendt**[9] ist Politik die gemeinschaftliche Selbstbestimmung freier und gleicher Menschen. Gegenüber allen anderen Bereichen in einem Gemeinwesen zeichnet sich das Politische dadurch aus, dass hier die letztverbindlichen Entscheidungen fallen und grundlegende Auseinandersetzungen stattfinden. Dieser Souveränitätsanspruch der Politik ist keineswegs eine Anmaßung der jeweils an der Macht Befindlichen, sondern eine strukturelles Erfordernis jedes Zusammenlebens.

Zum Wesen des Politischen gehört, dass keine „Nebenregierungen" geduldet werden und hier Handlungsspielräume für Bürger, Haushalte, Unternehmen, Interessengruppen, Vereine etc. bestehen. Kurz gesagt: Ohne grundlegende, klare Spielregeln („Rahmenbedingungen") gibt es weder Gewerbe, Industrie und Handel, noch irgendeine andere, stabile Kooperation zwischen Menschen.

Die Bausteine im Einzelnen:

1. **Diskussions- und Gesprächskultur:** Hier geht es um die Qualität der Kommunikation und den Dialog zwischen den politischen Gruppierungen und wie man mit Konflikten umgeht, u. a. wie im Fernsehen und im Parlament diskutiert wird. Viele haben dort verlernt, dem anderen einfach zuzuhören! Dazu gehört ferner die Berücksichtigung einer „dissenting opinion". Das ist die Bereitschaft, die Meinung von „Abweichlern" in den eigenen politischen Reihen oder beim politischen Gegener zu respektieren und in den eigenen Programmen einzubauen.
2. **Zielkultur und Problembewusstsein:** Hier ist wesentlich, ob die regional, national oder supranational zu verfolgenden Ziele und Probleme rechtzeitig erkannt und benannt werden, ob vorausschauende Perspektiven („Visionen") existieren oder ob nur gehandelt wird, wenn der wirtschaftliche und gesellschaftliche Druck – von außen – stärker wird.
3. **Wissenskultur:** Dazu gehört die permanente Überwachung des international verfügbaren Wissensstandes („state of the art"), ansonsten erfinden wir das Rad laufend neu. Wir brauchen dringend ein Wissensmangement mit abrufbarem „Know-how" und nicht „Know-whom"! Anzustreben wäre auch ein Gleichgewicht zwischen Wissen und Macht auf den verschiedenen Ebenen. Derzeit dominiert noch die Machtausübung.
4. **Steuerungskultur:** Wichtig ist in diesem Zusammenhang **das Prinzip der anreizkompatiblen Selbststeuerung**. Es handelt sich dabei um eine Art von verbessertem Verursacherprinzip und beruht auf zwei Überlegungen:

---

[9] Lit. 163 Arendt.

- Erstens kann von niemandem erwartet werden, dass er dauernd gegen seine eigenen Interessen handelt.
- Zweitens kann eine Durchsetzung politischer Maßnahmen nur noch mit und nicht gegen die Mitspieler durchgesetzt werden. Nur im letzten Fall sind nämlich die Mitspieler bereit, ihr Wissen und ihre Fähigkeiten in den Dienst der gemeinsamen Sache zu stellen.

Hier geht es auch darum, welche Instrumente zur Zielerreichung eingesetzt werden, wann dies geschieht („Timing") und mit welchen zeitlichen Verzögerungen („time lags") dies verbunden ist.

5. **Öffentlichkeitsarbeit:** Hier sollten die wichtigen nationalen Probleme der Bevölkerung bewusst gemacht werden und die Öffentlichkeit systematisch und laufend darüber informiert werden, was „hinter den politischen Kulissen" läuft. Auch sollte berücksichigt werden, dass die kurzfristig wirksamen Maßnahmen oft gut vermittelbar sind, **für die langfristig wirksamen Maßnahmen** hingegen nur selten Interesse besteht. Das gilt sowohl für die Politik, die Medien, als auch für die Bevölkerung.

    Die mit bestimmten Projekten verbundenen, langfristigen Nachteile werden oft verdrängt bzw. fallen „durch den Rost" und tauchen vielfach erst zu einem späteren Zeitpunkt – etwa, wenn es um die Frage der Finanzierung von Folgeschäden geht – plötzlich wieder auf. Beispiel: Eine Mülldeponie wird plötzlich „schlagend" und niemand weiß, wie man vorgehen soll.

    Die Politik braucht nach **Horst Siebert** konsistente wirtschaftspolitische Optionen, die einerseits die bestehenden Zwänge (z. B. Folgekosten, Opportunitätskosten für kommende Generationen etc.) und andererseits langfristige Aspekte berücksichtigen. Die **Massenmedien** und die Politik bevorzugen demgegenüber eine **Ökonomie mit Pril**. „Die komplexe wirtschaftliche Wirklichkeit hätte man gerne in unserer Mediengesellschaft auf einfachste Bilder verkürzt."[10]

6. **Entscheidungs- und Koordinationskultur:** Wie politische Entscheidungen vorbereitet werden, wer daran mitwirkt bzw. wie lange es dauert, bis brauchbare Entscheidungsgrundlagen (in Form von „Alternativen" oder „Optionen") vorliegen. Wesentlich ist hier, ob es Masterpläne gibt, mit deren Hilfe die einzelnen Politikfelder aufeinander abgestimmt und koordiniert werden. Hier könnten „**think tanks**" gute Arbeit leisten.

7. **Umsetzungskultur:** Ob und wie Entscheidungen in einem angemessenen Zeitraum implementiert werden. Wieviele und welche Projekte angekündigt werden und wieviel Prozent davon auch verwirklicht werden, d. h. also, ob und inwieweit bloß **Ankündigungspolitik** betrieben wird und wie rasch es gelingt, überholte, erstarrte Strukturen zu erneuern.

8. **Kooperationen und Allianzen:** Ob und inwieweit die dominanten gesellschaftlichen Gruppierungen bereit sind, zu kooperieren. Kooperation ist in diesem Zusammenhang als **institutionalisierte Kooperation** zu verstehen, die über hochkomplexe Regelsysteme ermöglicht und stabilisiert wird. Sie findet durch Beachtung, Unterstützung und Weiterentwicklung der Spielregeln statt, die die Zusammenarbeit **zum gegenseitigen Vorteil** nachhaltig fördern.

---

[10] Lit. 124 Siebert 14.

Die Schwierigkeiten, die sich ergeben, wenn man den Weg der Kooperation beschreiten will, sind relativ groß, da immer wieder Interessenkonflikte auftauchen, die kanalisiert werden müssen. „Gesellschaftliche Interaktionen sind stets sowohl von gemeinsamen als auch von widerstreitenden Interessen geprägt. Daher sind Kooperations- und Konfliktpotentiale stets im Blick zu behalten. Oft findet man nur die Betonung einer der beiden Seiten; entweder werden die gemeinsamen Interessen hervorgehoben und die sich reibenden Interessen unter den Teppich gekehrt, oder man betont den Interessenkonflikt und vernachlässigt die Suche nach gemeinsamen Interessen, der Grundlage jeder Kooperation."[11] Kooperation ist also kein Schönwetterunternehmen. Gefordert ist die Fähigkeit, mit Interessenkonflikten umzugehen und sich bindenden Regeln zu unterwerfen. Aber die **Spielregeln**, über deren Durchsetzung die Politik entscheidet, müssen konsensfähig und ausreichend begründet sein. Dies bedeutet jedoch nicht, dass es im Einzelfall keine Verlierer geben darf. Das würde zu einer Politikblockade führen.

Die Welt als Ganzes ist unvorhersagbarer und dadurch auch instabiler geworden. Die komplizierte Ungewissheit und das Streben nach Sicherheit sowie die Notwendigkeit zur Gestaltung der Zukunft als politischer Aufgabe sollte aber dazu führen, dass Innovationen gesucht, gefunden und auch verwirklicht werden.

Lassen wir nochmals **Manfried Welan** zu Wort kommen, der zu den ganz wenigen polit-ökonomischen „Integralisten" zählt. Er ist in drei Disziplinen „zu Hause": Jurisprudenz, Politikwissenschaft und Ökonomie. „Negativszenarien prägen die öffentliche Diskussion. Politisierungen des Privaten und Individuellen dominieren. Information durch Rudeljournalismus erzeugt Politik der Gefühle. Mitten in der politischen Spektakel- und Konfettiarena erscheinen ausgestreckte Zeigefinger der „political correctness". Die Monologe des Outing und die Emotionalisierung der Debatten lassen an der Möglichkeit einer rationalen Politik in der Öffentlichkeit zweifeln und verzweifeln. Dabei wären sachbezogene, realitätsnahe und vernünftige Diskussionen notwendig."

2. Staatliche Regulation

Hinter dem Begriff **„Staat"** verbergen sich sehr komplexe Sachverhalte. Der Begriff hat mindestens zwei Bedeutungen: **Einerseits** versteht man darunter die Summe der Gebietskörperschaften, die auf verschiedenen Ebenen (z. B. Bund/Länder/Kantone/Gemeinden) ein Land regieren, und **andererseits** versteht man vom Grundverständnis moderner Demokratien her darunter eine Institution, die versucht, Vermittler, Moderator und „Ermöglicher" („enabler") sozialer und wirtschaftlicher Aktivitäten zu sein.

In vielen – eigentlich zu vielen – Situationen bietet der Staat seine Dienste als „Problemlöser" an. Doch ist zu hinterfragen: Kann der Staat überhaupt bestimmte Probleme „lösen" und wenn ja, welche und in welcher Form? Wird er nicht durch Unterlassungen – im Hinblick auf die Verbesserung der gesamtwirtschaftlichen

---

[11] Lit. 131 Suchanek 15.

Rahmenbedingungen – selber zu einem Teil des Problems?[12] Was sind die Spielregeln staatlicher Aktivität? In welchen Situationen darf er überhaupt tätig werden und zu welchen Kosten? Was ist ein „Problem" und für wen ist etwas ein Problem? Was ist eine „Lösung" und für wen? Können Ökonomen generell intelligente Steuerungswerkzeuge empfehlen? Oder müssen sie zunächst einmal grundsätzlich prüfen, welche Spielregeln den Bürger gegenüber dem Staat schützen können? Bis heute gibt es hier keine einhellige Meinung innerhalb der Zunft der Ökonomen.

Wenn man von **Regulierung** spricht, so meint man damit alle staatlichen Maßnahmen, welche auf die Beeinflussung von Preisen, Verkaufs- und Produktionsentscheidungen privater Unternehmen ausgerichtet sind und mit welchen das „öffentliche" Interesse geschützt werden soll.

In vielen OECD-Ländern greift der Staat noch immer auf vielfältigste Weise in das Marktgeschehen ein. Im Folgenden einige Beispiele für Regulierungen.

- **Marktzutrittsregulierung:** Staatliche Organe gewähren oder definieren das Recht, Leistungen zu erbringen (z. B. im Transport-, Nachrichten- und Energiebereich, als Betreiber von Kraftwerken etc.).
- **Preisregulierung:** Staatliche Behörden kontrollieren die Preise (z. B. im Verkehrs- und Nachrichtenwesen oder im Versicherungsbereich).
- **Mengenregulierung:** Staatliche Instanzen fixieren die maximal anzubietende oder zu importierende Menge (z. B. bei Agrarprodukten).
- **Verhaltensregulierung:** Staatliche Organe setzen Standards zur Sicherung von Gesundheit und Sicherheit (z. B. am Arbeitsplatz, im Gastgewerbe, aber auch im Umweltbereich).

Zu den wichtigsten staatlichen **Kernaufgaben** gehören:

- die Koordination der Handlungen der Akteure;
- Schadensvermeidung nach dem Grundsatz, dass die Vermeidungskosten immer geringer sind als die Beseitigungskosten. Beispiele: sichere Gestaltung der Verkehrsinfrastruktur zur Unfallsvermeidung, Lawinenschutzbauten, Lärmschutzbauten, Flussregulierungen etc..

Die Wirksamkeit der staatlichen Regulierung hängt dann im Einzelfall von den Handlungsspielräumen der zu beeinflussenden Akteure ab. Beispiel 1: Die Handlungsspielräume der öffentlichen Verwaltung müssen vergrößert werden. Beispiel 2: Will man die Wirksamkeit der Geldpolitik oder Fiskalpolitik vergrößern, so muss man die Handlungsspielräume verengen.

---

[12] Lit. 98 Pilz 3.

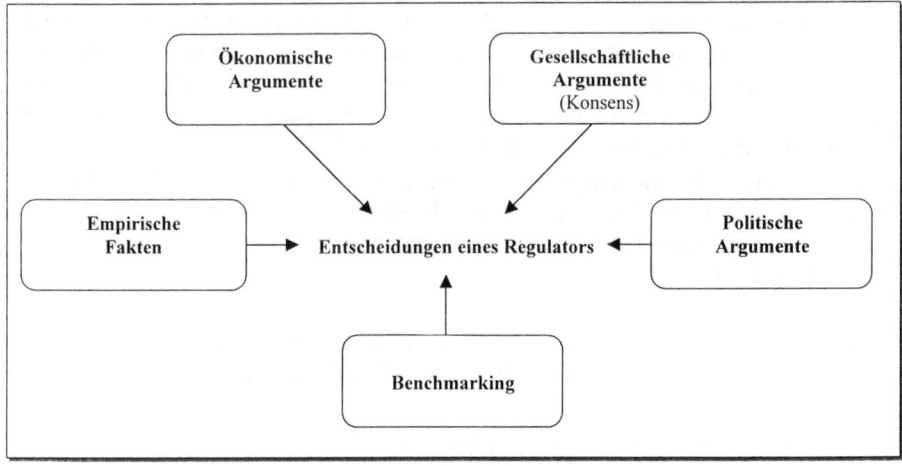

Abb. 4: Mögliche Determinanten der Entscheidungen eines Regulators

Reengineering und **Leanmanagement** sind Konzepte, die auch im **öffentlichen Sektor** zur Anwendung gelangen können, doch sollte man dabei behutsam vorgehen. Wir müssen sehr differenziert entscheiden, ob der Staat in einem bestimmten Bereich überhaupt noch tätig werden soll und wenn ja, in welcher Form und in welchem Umfang.

Staatliche Aktivität ist aber stets subsidiäre Tätigkeit. Grundsätzlich sollte sich der Staat – wie bereits weiter oben erwähnt – auf bestimmte gesamtwirtschaftliche Kernaufgaben (Innere Sicherheit, äußere Sicherheit, Rechtspflege, Umwelt sowie hoheitliche Aufsichtsfunktionen) beschränken. Dabei ist wesentlich, dass diese Aktivität in vielen Fällen nur temporär, d. h. für einen bestimmten Zeitraum begründbar ist. In der Realität zeigt sich freilich häufig, dass einmal beschrittene „staatliche Trampelpfade" infolge des Beharrungsvermögens der öffentlichen Verwaltung und der Tätigkeit von Lobbies viel zu spät – erst unter massivem Druck – wieder verlassen werden.

Meinhard Supper hat es einmal auf den Punkt gebracht: Regulierung entspringt der Unzufriedenheit mit dem Ergebnis von Marktprozessen („Marktversagen") und Deregulierung ist der Ausdruck der Unzufriedenheit mit der staatlichen Regulierung („Staatsversagen"). Mit anderen Worten: Man kann also entweder tatsächliche Marktergebnisse an einem Ideal der Marktwirtschaft messen, also Marktversagen definieren, oder aber schlechte staatliche Regulierungen mit dem Ideal eines Regulierungsprozesses vergleichen und so Staatsversagen beschreiben, wenn die eigentlichen Regulierungsziele durch die schlechte Qualität des Regulierungsprozesses verfehlt wurden.

Effekte einer Überregulierung:

- Vielfach kommt es zu einer **marktverzerrenden Regulierung**; falsche oder reduzierte Anreize und Signale zur Erbringung von wirtschaftlichen Leistungen haben eine Fehlleitung von Ressourcen und eine Hemmung der Leistungsbereitschaft zur Folge. Sie wirken innovationshemmend, was wiederum die Beschäftigung und das wirtschaftliche Wachstum hemmt. Dies beeinträchtigt die allokative Effizienz und damit das gesamtwirtschaftlich zur Verfügung stehende Produktionsergebnis.
- Hierarchische Entscheidungen in **bürokratischen Großorganisationen** haben Nachteile wie Langsamkeit, Unwirtschaftlichkeit oder geringe Flexibilität.
- Im privaten Bereich wird mehr Energie für die Vermeidung und Umgehung von staatlichen Regulationen und Lasten verwendet: Der Umfang der **Schattenwirtschaft** wächst. Die wirtschaftliche Tätigkeit außerhalb der offiziellen Wirtschaft nimmt zu, z. B. über Selbstversorgung, Nachbarschaftshilfe, Schwarzarbeit oder Alternativwirtschaften.

Überdies weist die **staatliche Bürokratie** eine starke Eigendynamik auf und es kann im operativen Bereich sehr leicht zu **Staatsversagen** kommen. Die **Ökonomische Theorie der Politik** („Public Choice") untersucht, wie politische und bürokratische Entscheidungsprozesse zustande kommen, und bedient sich dabei wirtschaftswissenschaftlicher Erkenntnisse. Sie geht davon aus, dass **Bürokraten als Individuen**[13], ebenso wie Unternehmen und Haushalte, ihr Eigeninteresse verfolgen. Daraus resultiert eine Eigendynamik und Verselbstständigung der staatlichen Bürokratie und eine immanente Tendenz zum Wachstum der Staatsausgaben. Die **Bürokratie** ist zwar in den **DACH-Ländern** besser als ihr Ruf und kann sogar teilweise als „intellektuelle Reserve" angesprochen werden, doch ist der öffentliche Dienst zu sehr mit seinen eigenen Problemen beschäftigt, um mehr als die absolut notwendigen Expertisen für eine gute Staatsleitung zu liefern.

Die Theorien, die im Rahmen des Public-Choice-Ansatzes vertreten werden, sind als Gegenbewegung auf die Theorien der Wohlfahrtsökonomik („Welfare Economics") zu verstehen, die von der Theorie des Marktversagens ausgehen. Als „Pioniere" des Public-Choice-Ansatzes wäre James Buchanan, als Vertreter der Welfare Economics Richard Musgrave zu nennen.

James Buchanan hat die Eigenarten und Dynamik politischer Prozesse kritisch unter die Lupe genommen. Für den 1919 im US-Bundesstaat Tennessee geborenen Buchanan war die Niederlage im amerikanischen Bürgerkrieg (1861 bis 1865) prägend: „Ich bin als Angehöriger eines besiegten Volkes aufgewachsen", erklärt der Südstaatler seine Skepsis gegenüber jeder Staatsmacht. In seinen Arbeiten, für die er 1986 mit dem Nobelpreis für Wirtschaftswissenschaften ausgezeichnet wurde, verwarf Buchanan das „romantische" Politikverständnis von Musgrave. Zwar sieht auch Buchanan den Staat als Vertragsgemeinschaft freier Bürger. Buchanans Theorie geht aber davon aus, dass Politiker und Bürokraten vor allem ihre eigenen Interessen verfolgen und Wählerstimmen maximieren wollen.

---

[13] Da bei diesem Denkansatz auf Individuen abgestellt wird, bezeichnet man diese Richtung gelegentlich auch als mikroökonomische Neue Politische Ökonomie.

Der Staat ist – so meint Buchanan – in einigen Bereichen überdimensioniert und in anderen unterdimensioniert. Fest steht jedenfalls, dass der Wohlfahrtsstaat derart viele Ressourcen aufgesogen hat, so dass die Regierungen in vielen OECD-Staaten nicht mehr über genügend Mittel verfügen, um in die Infrastruktur investieren zu können.

Vernachlässigt werden ferner mögliche Rückwirkungen auf die Privatwirtschaft: z. B. höhere Steuern und Sozialabgaben, Abwanderung von Personal durch günstigere Bedingungen im staatlichen Sektor. Interveniert der Staat zu intensiv auf einzelnen Märkten, so fallen Marktsignale weg, womit sich Informationsprobleme stellen und das Risiko einer Fehlleitung von Ressourcen schlagend wird.

Buchanan plädiert auch dafür, den Staatssektor den disziplinierenden Kräften des Marktes auszusetzen. Der Wettbewerb der Systeme zwinge die Regierungen, sich um möglichst gute Lebensbedingungen zu kümmern – und schützt die Menschen so vor ihren eigenen, schlechten Politikern.

Ursprünglich, lange vor Buchanan, hat die Public-Choice-Schule mit spieltheoretischen Instrumenten demokratische Wahlentscheidungen untersucht. In den achtziger Jahren fanden die Thesen der Public-Choice-Richtung vor allem in Großbritannien und in den USA ein politisches Echo. „Der Staat ist nicht die Lösung, der Staat ist das Problem", verkündeten Margaret Thatcher und Ronald Reagan.

Zu Harvard und den anderen traditionsreichen Eliteuniversitäten im Nordosten der USA, die sich zum Teil intensiv in der Politikberatung engagieren, hielt Buchanan stets bewusst Distanz. Er arbeitet heute an der George Mason University im Bundesstaat Virginia.

Richard Musgrave, 1910 in Königstein im Taunus geboren, emigrierte nach seinem Volkswirtschaftsdiplom in Heidelberg 1933 als Austauschstudent in Richtung USA. Er promovierte und lehrte in Harvard. Seit 1981 arbeitet er an der University of California in Santa Cruz. Sein Leitbild knüpft an sozialdemokratische Traditionen der deutschen Staatswissenschaft an. Wird der Staat als „kooperatives Unternehmen" seiner freien Bürger von aufgeklärten Staatsdienern richtig gemanagt, kann er das Gemeinwohl erheblich steigern. Der Staat muss – seiner Meinung nach – den Markt ergänzen, weil das System einer reinen Marktwirtschaft zahlreiche Gefahren in sich berge.

Musgrave begründet staatliche Interventionen im Wesentlichen damit, dass eine Koordination der wirtschaftlichen Tätigkeiten durch den Marktmechanismus alleine unzureichend sei und zu gesellschaftlich unerwünschten Nebeneffekten führe, woraus sich eben ein staatlicher Handlungsbedarf ableite. Hiezu einige Beispiele:

Bei **öffentlichen Gütern**, bei denen keine Rivalität beim Konsum besteht, kann der Markt keine Leistungsanreize setzen; die Produktion unterbleibt in der Regel (z. B. Landesverteidigung, Schonung der Umwelt durch Konsumverzicht). Werden die entsprechenden Leistungen doch erbracht, so nur in suboptimaler Höhe, d. h. in einer Höhe, zu der der Grenznutzen des individuellen Produzenten gleich seinen individuellen Grenzkosten ist. Der Markt kann folglich nicht dafür sorgen, dass das betreffende Bedürfnis artikuliert und befriedigt wird.

Auch das Problem der „Externalitäten" gelte es zu berücksichtigen. **Externe Effekte** liegen dann vor, wenn die Handlung einer Person die Handlungsmöglichkeiten von anderen Personen beeinträchtigt oder begünstigt, ohne dass dies über einen

Markt erfasst wird. Verschlechtert sich die Lage der anderen, spricht man von externen Kosten. Als Gegenstück dazu entstehen externe Nutzen, wenn sich die Situation von anderen Personen verbessert. Im Falle externen Nutzens (z. B. Landschaftspflege durch private Gartenbautätigkeit) fällt die Produktion suboptimal, im Falle externer Kosten (z. B. auf die Allgemeinheit überwälzte Kosten in Form von in öffentliche Gewässer abgeleitete Abwässer im Produktionsprozess) überoptimal aus. Auch bei Vorhandensein privater Güter könne der Markt zu gesellschaftlich unerwünschten Resultaten führen.

Darüberhinaus gäbe es viele Entscheidungen, die heute getroffen werden, sich jedoch in irgendeiner Form auf zukünftige Generationen auswirken. Man spricht in diesem Zusammenhang von **intertemporale Wirkungen** der heutigen Entscheidungen: Das zugrundeliegende Nutzenkalkül wird aber auf den Zeithorizont der Beteiligten, d. h. der heute Lebenden, bezogen. Das Ausmaß der intertemporalen externen Effekte wird vielfach unterschätzt (negativ: z. B. Ozonloch, Klimaveränderungen; positiv: z. B. Aufbau einer neuen privaten Universitätskultur). Auch bei weitgehender „Internalisierung" der gegenwärtig spürbaren externen Effekte besteht aber ein Zustand, den man im Ökonomenslang als **„suboptimal"** bezeichnet. Das Nutzenkalkül und damit die Interessen der kommenden Generationen würden zu sehr vernachlässigt.

Die Entwicklungsdynamik der Marktwirtschaft beinhalte ferner eine Tendenz zur Aufhebung des Wettbewerbs (durch Kartell- und Monopolbildung) und damit zur Abweichung von einer optimalen Faktorallokation. Es bestünde die Tendenz, dass die Marktmacht weltweit agierender Konzerne („global Players") weiter zunähme.

Ein **Marktversagen** kann aufgrund einer normativen Beurteilung des Marktergebnisses gesehen werden. So werden z. B. bestimmte sozial erwünschte Standards durch den Marktmechanismus alleine nicht erreicht. Es besteht ein gesellschaftliches Interesse am Konsum eines bestimmten Gutes, das unter Marktbedingungen zuwenig konsumiert wird (z. B. Grundschulausbildung, sportliche Betätigung, Impfungen zum Schutz der Gesundheit), oder die Verteilung der Kosten der Anpassung im Verlaufe des wirtschaftlichen Entwicklungs- und Umstrukturierungsprozesses auf soziale Gruppen und Regionen wird als ungerecht beurteilt.

Aus diesen und anderen Gründen gewährleistet der Markt, wie er in der Realität existiert, weder ein Allokationsoptimum noch eine optimale Struktur der Innovation und Entwicklung.

Musgrave erblickt ferner große Gefahren darin, dass sich der Faktor Kapital weltweit immer mehr der Besteuerung entzieht. Das führt seiner Meinung zu einer Abwärtsspirale bei den Steuersätzen auf Kapitaleinkommen. Am Ende stünde nicht ein besserer, effizienterer Staat, sondern eine absurde, höchst ungerechte Lastenverteilung, weil Arbeitseinkommen weiterhin besteuert werden, Kapitaleinkommen hingegen nicht.

Zur Effizienz und Effektivität staatlichen Handelns

Die Gegenüberstellung einiger Thesen von Buchanan und Musgrave hat ergeben, dass staatliche Eingriffe in wirtschaftliche Prozesse nur unter ganz bestimmten Bedingungen zu rechtfertigen sind. Generell lässt sich zunächst sagen, dass häufig die **Wohlfahrtswirkungen** von staatlichen Interventionen **überschätzt** werden.

Wie sieht nun das staatliche **„Sündenregister"** im Einzelnen aus?
- Der Staat trennt sich zu spät von Aufgaben, die er in Krisenzeiten (z. B. die Zerstörung der Infrastruktur durch Kriegseinwirkungen) übernehmen musste.
- Der Staat übernimmt die falschen Aufgaben.
- Hoheitlichen und unternehmerische Aufgaben werden in unzureichender Weise von einander abgegrenzt.
- Der Staat überlässt Aufgaben dem Markt, die er eigentlich hoheitlich kontrollieren sollte.
- Der Staat nimmt bestimmte Aufgaben nicht oder nur unzureichend wahr, weil finanzielle Engpässe auftreten: Es kommt zu „Vollzugsdefiziten".
- Der Staat wickelt bestimmte Aufgaben zu den falschen Kosten ab, weil er vielfach gar nicht weiß, wie hoch die entstandenen Kosten tatsächlich sind.
- Der Staat passt veraltete Strukturen (z. B. Steuersystem, Finanzausgleich etc.) nicht rechtzeitig neuen Erfordernisse an.

Ein zu großer Staatsapparat bewirkt höhere **Transaktionskosten**, eine Fehlleitung von Ressourcen, Produktivitätsverluste, und beeinträchtigt die internationale Wettbewerbsfähigkeit.

Deregulierung, Privatisierung und Ausgliederung

Privatisierung ist für die einen ein Schreckgespenst, für die anderen ein Wundermittel für die Lösung vielfältigster wirtschaftlicher und gesellschaftlicher Probleme. Wie meistens haben auch hier beide Lager nur zum Teil Recht. Im Folgenden sei eine nüchterne Auseinandersetzung mit diesem emotional aufgeheizten Thema versucht.

Aus folgenden Gründen wurde Privatisierung in den letzten Jahren zu einem „Dauerbrenner" der Wirtschaftspolitik:

1. **Renaissance marktwirtschaftlichen Denkens:** Der Kollaps des planwirtschaftlichen Wirtschaftssystems in Osteuropa hat eine relative Überlegenheit der Marktwirtschaft gezeigt. Es wird vermehrt die Frage gestellt, ob nicht die zahlreichen öffentlichen Versorgungsbetriebe und staatlichen Leistungen „privatwirtschaftlich" organisiert werden könnten.
2. **Immer häufigeres Staatsversagen:** Verfolgt man die Entwicklung des Staates in den letzten rund hundert Jahren, so ist ein deutlicher Anstieg seines Anteils am Sozialprodukt festzustellen. Tatsächliches oder bloß vermutetes Marktversagen führte in Europa zu einer schleichenden Verstaatlichung. Beispiele sind die öffentlichen Ver- und Entsorgungsbetriebe (Wasser, Gas, Elektrizität, Telefon, öffentlicher Verkehr, Müllentsorgung, Abwasserreinigung usw.). Dabei wurde die Möglichkeit einer Überforderung des Staates kaum in Betracht gezogen.

   In den Vereinigten Staaten hat das gleiche Unbehagen über die Mängel des Marktes weit weniger zur Verstaatlichung geführt, sondern zur Regulierung. Heute, da nicht mehr so sehr Marktversagen als vielmehr Staatsversagen die Gemüter bewegt, verlangt man in der öffentlichen Diskussion eine Privatisierung öffentlicher Unternehmen. In den USA, wo es weniger zu privatisieren gibt, spricht man daher auch mehr von Deregulierung.

3. **Das Anwachsen der Budgetdefizite:** Defizite und steigende Staatsverschuldung zwingen zu Rationalisierungen und Reformen im öffentlichen Sektor. Privatisierung erscheint in dieser Situation für viele als Heilmittel.
4. **Globalisierung:** Die Unternehmen spüren die Auswirkungen einer verstärkten Globalisierung in Form einer Intensivierung des Wettbewerbs. Dies wieder führt zu einem politischen Druck auf den Staat zur Verbesserung der gesamtwirtschaftlichen Rahmenbedingungen. In zunehmendem Ausmaß wird aus dem Wettbewerb zwischen Firmen auch ein Wettbewerb zwischen Wirtschaftsstandorten und damit ein Wettbewerb zwischen Gemeinwesen. Öffentliche Unternehmen werden so zu einer Kostensenkung und Leistungsverbesserung gezwungen. Auch hier wird Privatisierung als geeignete Therapie verstanden.

Drei Dimensionen der Privatisierung sind nach **Frey**[14] zu unterscheiden:
Die rechtlich-organisatorische, die wirtschaftliche und die finanzielle Privatisierung.

1. Die **rechtlich-organisatorische** Privatisierung besteht in der Überführung einer staatlichen Institution in eine private. Anstelle von öffentlichem Recht wird Privatrecht angewandt. Denkbar sind auch Zwischenformen, wie sie vor allem in Österreich (weniger in der Schweiz) in Form der Gemeinwirtschaft stark entwickelt und im angelsächsischen Raum unter der Bezeichnung „Private-Public-Partnership" bekannt sind. Möglich ist weiter, dass zwar die Form der Aktiengesellschaft gewählt wird, der Staat jedoch der alleinige Aktionär ist. Ausschlaggebend ist letztlich nicht so sehr die Rechtsform als solche, sondern dass Entscheidungen unbürokratisch und flexibel zu Stande kommen.
2. Die **wirtschaftliche Privatisierung** ist auf mehr Wettbewerb ausgerichtet. Wichtig ist die davon ausgehende Effizienzsteigerung und Qualitätsverbesserung. Die rechtlich-organisatorische Privatisierung allein genügt nicht. Denn unter Effizienzgesichtspunkten ist ein privates Monopol nicht besser als ein staatliches. Und umgekehrt: Staatliche Institutionen, die in Konkurrenz zu anderen staatlichen Institutionen, oder die in Konkurrenz zu privaten Unternehmungen stehen, sind tendenziell ähnlich effizient wie private Unternehmungen.
3. Die **finanzielle Privatisierung** ist darauf ausgerichtet, durch Finanzierung von öffentlichen Ausgaben nach dem Nutznießer- oder dem **Verursacherprinzip** Anreize für ihre wirtschaftliche Wahrnehmung zu setzen. Die heute vorherrschende Form der Finanzierung nach dem Gemeinlast- oder Leistungsfähigkeitsprinzip bedeutet, dass nicht die Nutznießer von öffentlichen Leistungen, sondern die Reichen für die Kosten aufkommen. Dadurch werden öffentliche Leistungen als „Gratis"-Leistungen empfunden, obwohl sie ja de facto Kosten verursachen. Und was gratis ist, wird tendenziell übernutzt oder gar verschwendet. Wenn stattdessen die Kosten entweder den Nutznießern (nach dem „Äquivalenzprinzip") oder den Kostenverursachern (nach dem „Verursacher-

---

[14] Lit. 30 Frey 27ff..

prinzip") angelastet werden, müssen sich alle überlegen, ob ihnen die öffentlichen Leistungen mindestens den zu bezahlenden Preis wert sind. Der Übernachfrage nach öffentlichen Leistungen, welche die staatlichen Haushalte in finanzielle Probleme gebracht hat, wird auf diese Weise entgegengesteuert. Gebühren und Beiträge können als Zwischenformen zwischen Steuern (Zwangsabgaben) und marktwirtschaftlichen Preisen aufgefasst werden; auch sie beruhen auf dem Äquivalenz- oder dem Verursacherprinzip.

Erst die Kombination der rechtlich-organisatorischen, wirtschaftlichen und finanziellen Privatisierungselemente führt zu einer **Totalprivatisierung**. Diese erfolgt jedoch nur selten. In den meisten Fällen kommt es zu einer **Teilprivatisierung**. Oft gibt es Gründe für eine gewisse staatliche Einflussnahme, entweder weil ein mehr oder weniger ausgeprägtes Marktversagen zu beheben ist, oder ein sozialer Ausgleich zwischen wirtschaftlich Starken und wirtschaftlich Schwachen verwirklicht werden soll.

Das Grundproblem, das sich heute in jeder Wirtschaft und Gesellschaft stellt, ist: Wie kann der Staat mit den Mitteln demokratischer Politik seine Großorganisationen (Unternehmen, Konzerne etc.) in angemessener Weise steuern, ohne deren Fähigkeit zur effizienten Erzeugung von materiellen Gütern und Dienstleistungen zu beeinträchtigen.

Henry Mintzberg hat versucht, dieses Problem nicht ideologisch, sondern mit dem **Werkzeug der Organisationstheorie** anzugehen. Zu diesem Zweck hat er ein konzeptionelles Hufeisen entwickelt, das dem Wesen nach ein **Portfolio** ist.

Die **Optionen**[15], auf die die staatliche Politik zugreifen kann, sind:
(1) „Verstaatlichen", (2) „Demokratisieren", (3) „Regulieren", (4) „Druck ausüben", (5) „Vertrauen bilden", (6) „Ignorieren", (7) „Anreize stiften", (8) „Liberalisieren", (9) „Privatisieren".

Im Zentrum des Hufeisen[16] finden sich alle Maßnahmen, die dazu dienen, Vertrauen zu bilden zwischen Staat und Wirtschaft. Demokratisieren, Regulieren und Druck ausüben befinden sich auf der linken Seite des Hufeisens, da diese Optionen versuchen, privatwirtschaftliche Ziele mit sozialen Zielen in Einklang zu bringen. Ignorieren, Anreize schaffen und Liberalisieren sind hingegen auf der rechten Seite zu finden, da diese Optionen überwiegend privatwirtschaftliche Ziele verfolgen.

---

[15] Lit. 174 Mintzberg 310ff.. Mintzberg unterscheidet dort 8 Optionen. In unserem Hufeisen wurde noch die Option „Liberalisieren" aufgenommen.
[16] Das Portfolio enthält – implizit – die vier grundlegenden Organisationsformen: staatliches Eigentum, Non-Profit-Organisationen, Genossenschaften und Privateigentum.

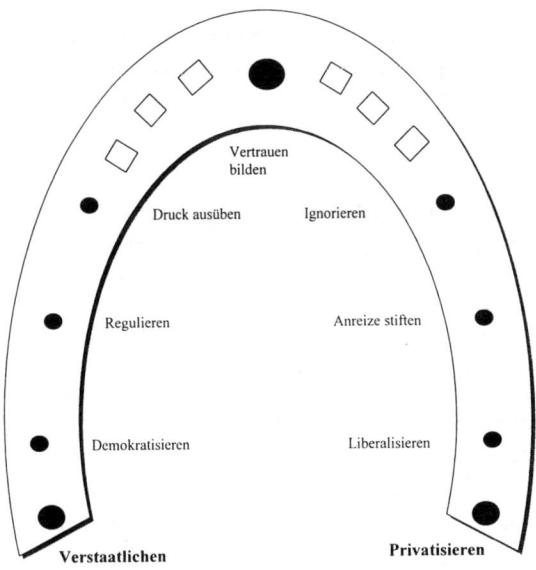

Abb. 5: Das konzeptionelle Hufeisen nach Mintzberg
(adaptiert)

Die Form eines Hufeisen hat Mintzberg deshalb gewählt, weil er aufzeigen wollte, dass sich der private Sektor vom öffentlichen Sektor nicht so grundlegend unterscheidet, wie dies immer wieder behauptet wird. Man sollte private und öffentliche Leistungen nicht mehr so stark polarisieren, sondern vielmehr danach fragen, wie effektiv und effizient private und öffentliche Organisationen wirtschaften.

Damit **Teilprivatisierungen** den gewünschten Erfolg bringen, müssen einige Voraussetzungen erfüllt sein:

1. Die Leistungsersteller müssen über die **Kosten der öffentlichen Leistungen** Bescheid wissen. Dies bedingt den Übergang von der alten Kameralistik zu einem modernen Rechnungswesen (mit Kostenarten-, Kostenträger- und Kostenstellenrechnung). Dies heisst nicht, dass bei der Preis- oder Tarifbildung in jedem Falle auch die vollen Kosten den Nutznießern oder Kostenverursachern anzulasten sind.
2. Es müssen **neue politische Verfahren** eingesetzt werden, um die Wünsche und Bedürfnisse der Bürger zu ermitteln. Dies bedingt die Übertragung von Marktforschungsansätzen, wie sie in der Privatwirtschaft eingesetzt werden, auf den öffentlichen Bereich.
3. Die **Organisation** der leistungserbringenden Betriebe muss der neuen Aufgabe angepasst werden. Die Beteiligten müssen nunmehr Kosten- und Nachfrageinformationen bei ihren Entscheidungen berücksichtigen und laufend nach Verbesserungen suchen. Dazu verhilft der Wettbewerb. Er bewirkt den erforderlichen „Druck" und schafft Anreize („incentives") zu immer besseren neuen Lösungen („Innovationen").

4. Die Mittelzuteilung muss durch **Globalbudgets** erfolgen. Diese ermöglichen, von der Inputsteuerung wegzukommen und zur **Outputsteuerung** überzugehen. Dies läuft praktisch hinaus auf eine umfassende Delegation der Finanzressourcen.

Damit die Verlagerung von Entscheidungsbefugnissen nach unten und die Globalbudgetierung die gewünschten Ergebnisse bringt, müssen die durch die Verwaltung oder private Unternehmen zu erbringenden Leistungen in einem Leistungsauftrag („Kontrakt") festgehalten werden. Die Erfahrung zeigt allerdings, dass Leistungsaufträge, die vom Staat hoheitlich „von oben diktiert" werden, die Leistungserbringer mit Konflikten konfrontiert, die diese nicht lösen können. Das Scheitern ist dann in diesen Fällen vorprogrammiert. Besser sind Leistungsvereinbarungen, die explizit oder implizit aufgrund von Offerten der Leistungserbringer zwischen diesen und den staatlichen Akteuren (als Auftrag- und Geldgeber) ausgehandelt werden.

Zielformulierung, Leistungsvertrag und Leistungserstellung müssen dann im Rahmen des **Controlling** miteinander verknüpft werden. Im Idealfall können die konkreten Ziele aus dem übergeordneten Leitbild abgeleitet werden. Die so ermöglichten Leistungen („Output") haben bestimmte Wirkungen („Outcome", „Impact"), die mit den vorgegebenen Zielen zu vergleichen sind. Man spricht in diesem Zusammenhang von „Evaluierung".

New Public Management – Bausteine für eine neue Form der Staatsleitung

Die Betriebswirtschaftslehre ist seit Mitte der 80er Jahre der wichtigste Ideenlieferant der traditionellen Volkswirtschaftslehre. New Public Management (NPM) wäre ohne die vielen betriebswirtschaftlichen Werkzeuge („„management tools") undenkbar. Dass es hier von englischen Ausdrücken nur so wimmelt, hängt vor allem damit zusammen, dass das Grundkonzept für NPM aus dem anglo-amerikanischen Bereich (Neuseeland, Großbritannien, USA, Australien) kommt.

NPM stellt sowohl für die Politik als auch für die Verwaltung eine einmalige Chance dar, den Teufelskreis einer bürokratischen Reglementierungswut zu durchbrechen. Ökonomisches Denken hält endlich Einzug bei der Erörterung staatspolitischer Fragen und löst immer mehr die einseitige, juristische Betrachtungsweise ab, die zu lange das Feld beherrscht hat. Das „überbordende Legalitätsprinzip" (Peter Hablützel) wird in seine Schranken verwiesen.

1. Aufgabenreform – Strategische Beschränkung staatlicher Tätigkeit auf bestimmte Kernaufgaben („core business")

Zurückführung aller vom Staat in der Vergangenheit übernommen Aufgaben auf „Kernaufgaben": Rechtspflege, innere Sicherheit, äußere Sicherheit, intakte Umwelt, Koordinationsaufgaben und Controlling. Ziel sollte sein: Umschichtung zahlreicher Aktivitäten, die derzeit von der öffentlichen Wirtschaft wahrgenommen werden, zur privaten Wirtschaft.

Durch den Zwang zur Budgetkonsolidierung muss schärfer zwischen staatlichen Kernleistungen und freiwilligen Zusatzleistungen unterschieden werden. Für die Kernleistungen bleibt der Staat verantwortlich.

Grundsatz: Im Rahmen der Leistungserstellung so wenig wie möglich Ressourcen in Anspruch zu nehmen. Wenn private Unternehmen bestimmte Leistungen **günstiger** erstellen können, müssen diese Leistungen von diesen produziert werden. Die Alternative lautet also: „**Make or buy**."*

Anzustreben ist eine klare **Abgrenzung** der Aufgaben der Legislative (dem Parlament) von den Aufgaben der Exekutive (Regierung) und jenen der Administration. Letztere erhält größere Handlungsspielräume. Darüberhinaus muss eine stärkere Abgrenzung der hoheitlichen Funktion des Staates von den betrieblichen Aufgaben und den Aufgaben der Finanzierung erfolgen. Dabei muss die hoheitliche Funktion gestärkt werden: ein deregulierter Staat braucht ein intaktes hoheitliches Controlling. Die Trennung von Vollzug und Aufsicht ist wichtig.

2. Deregulierung erfolgt mit neuen betriebswirtschaftlichen Werkzeugen

Als Werkzeuge dienen vor allem: Leanmanagement, Reengineering, Customer Satisfaction, Changemanagement und Qualitätsmanagement.

Grundsatz: Der Staat muss besser gemanagt werden (Mintzberg), aber der Staat ist kein Unternehmen im landläufigen Sinn. Auch der Begriff „Kunde" ist nicht in allen Fällen auf Probleme der öffentlichen Verwaltung übertragbar. Was jedoch erreicht werden kann, ist eine klare Trennung von strategischer Planung und operativer Umsetzung. Hier wird oft mit Denkmustern aus dem Bereich der Spieltheorie gearbeitet. Reformen innerhalb der öffentlichen Verwaltung sind jedoch in vielen Fällen keine Nullsummenspiele, bei denen es nur Gewinner und Verlierer gibt: Es können alle Beteiligten gewinnen...

3. Die öffentliche Verwaltung sollte sich stärker an Resultaten („Produkten") und Wirkungen („Output" und „Outcome") orientieren.

Fragestellung: Was hat die staatliche Regulierung eigentlich bewirkt? Was ist eigentlich herausgekommen? Input-Steuerung und regelgebundene Steuerung nach dem Legalitätsprinzip werden ersetzt durch klare Zielvorgaben und Outputsteuerung mit entsprechender Wirkungskontrolle.

Die volkswirtschaftlichen Kernaufgaben des Staates (siehe Baustein 1) müssen so definiert werden, \dass überprüft werden kann, ob und in welchem Umfang bestimmte Ziele auch tatsächlich erreicht wurden. Dabei geht es nicht nur um den quantitativen „Output", sondern auch um Fragen des qualitativen „Outcome". In diesem Kontext spricht man von **Effektivität**. Darüberhinaus müssen die **richtigen** Dinge aber auch **richtig** getan werden. Das ist das Problem der **Effizienz**.

Eine wirkungsorientierte Verwaltung strebt nach besseren volkswirtschaftlichen Rahmenbedingungen und will für die eingesetzten öffentlichen Gelder ein möglichst hohes Preis-Leistungs-Verhältnis erzielen („Value for Money")!

4. Sparpakete müssen nach und nach durch Strukturpakete ersetzt werden

Deregulierung schafft ein neues Kostenbewusstsein und hilft Ressourcen sparen. Nicht mehr lineare Kürzung mit dem „Rasenmäher", sondern eine gezielte Ausschöpfung von Sparpotentialen ist anzustreben. Sparpakete müssen durch Strukturpakete ersetzt werden.

Sparpakete werden **von oben nach unten** („top down") geschnürt, indem man einen fixen Betrag vorgibt und nun versucht, diese Summen bei Personengruppen einzusparen, die über keine ausreichende Lobby verfügen. Sie werden sehr kurzfristig beschlossen und zeitigen keine nachhaltigen Wirkungen, was die Budgetkonsolidierung betrifft. **Strukturpakete** werden demgegenüber **von unten nach oben** („bottom up") geschnürt, man setzt bei der Infrastruktur und ihren Teilbereichen an (Gesundheitswesen, Energie, Verkehr, öffentliche Verwaltung etc.) und erreicht damit wesentlich größere und nachhaltige Einsparungen.

Die Bottom-up-Strategie ist in vielen Bereichen von Haus aus die erfolgreichere Strategie, weil an der Basis bessere Informationen über mögliche Einsparungen verfügbar sind als an der Spitze. Dies gilt für: Gesundheitswesen, Bildungswesen, Energie-/Verkehrssektor und die öffentliche Verwaltung.

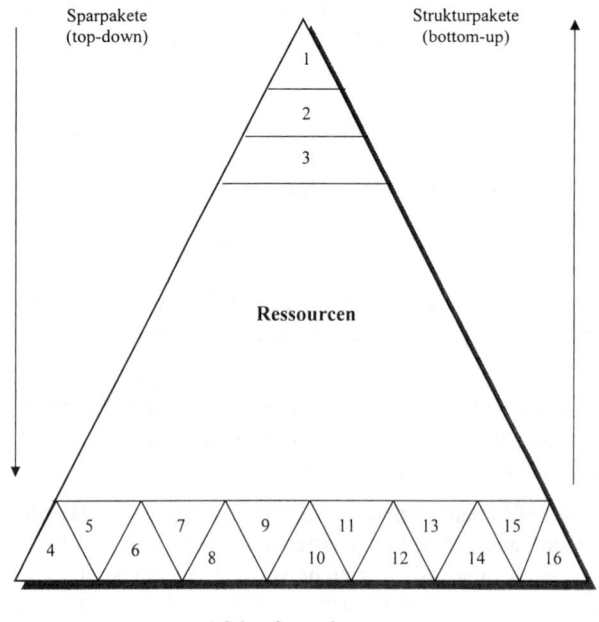

1,2,3 ... Sparpakete
4-16 ... Strukturpakete

Abb. 6: Potenziale von Struktur- und Sparpaketen

5. Umgestaltung der öffentlichen Verwaltung
Hier geht es darum, die Qualität der Verwaltungsleistungen, das Preis-Leistungsverhältnis zu beurteilen. Dies soll einer neuen Dienstleistungsmentalität zum Durchbruch verhelfen und die Qualitätssicherung der erbrachten Leistungen (z. B. im Gesundheitswesen) garantieren.

6. New Public Management arbeitet mit kleineren, überschaubaren Aktivitätsfeldern, um eine bessere Zuordnung von Kosten- und Nutzenströmen zu erreichen.
Controlling im Bereich der öffentlichen Verwaltung soll vermeiden, dass die Verschwendung von Ressourcen erst zu spät bemerkt wird. Hier ist eine neue Steuerung der ablaufenden Prozesse und eine Marktsimulation mit dem Ziel einer Kostensenkung bei gleichzeitiger Qualitätssicherung (z. B. im Gesundheitswesen) möglich. Controlling ist ein Mittel zur Führungsunterstützung. Dabei sollen die vom Management angestrebten Ziele durch die Anwendung betriebswirtschaftlicher Methoden erreicht werden. Es ermöglicht die Erfassung, Aufbereitung und Bereitstellung von Informationen auf den verschiedenen Ebenen des politisch-administrativen Führungssystems, die Steuerung der Effektivität, der Effizienz und des Finanzmittelbedarfes. Ein wichtiges Instrument in diesem Zusammenhang: unbundling und rebundling.

7. New Public Management arbeitet im Bereich der gesamtwirtschaftlichen Rahmenbedingungen mit Benchmarking
Benchmarking soll durch die Suche nach der „besten Lösung" eines vergleichbaren Problems dazu beitragen, dass sich die Wettbewerbsfähigkeit eines Landes durch eine Veränderung der gesamtwirtschaftlichen Rahmenbedingungen verbessert. Benchmarking hilft, Schwachstellen beim Einsatz der Faktoren „Kosten, Zeit und Qualität" frühzeitig zu erkennen.

8. New Public Management arbeitet mit Globalbudgets und sucht nach neuen Formen der Finanzierung.
Die Steuerung der öffentlichen Verwaltung erfolgt mit Hilfe von neuen Budgetierungsmethoden. Diese ersetzen die unzureichende „klassische" kameralistische Buchführung. Darüberhinaus wird eine Kombination von privater und öffentlicher Finanzierung möglich.

9. New Public Management unterstützt die Selbstständigkeit und Verantwortung der operativen Einheiten der öffentlichen Verwaltung.
Grundsatz: Staatliche Leistungen sollten auf jener Ebene erstellt werden, wo das bessere „Know-how" zur Verfügung steht und eine hohe Effektivität* und Effizienz* gewährleistet ist.

10. New Public Management ermöglicht eine bessere Vernetzung von Staat und Wirtschaft, ermöglicht Synergieeffekte und multidisziplinäres Denken.
NPM schafft eine neue politische Kultur zwischen den Gebietskörperschaften („Public-Public-Partnership") und bewirkt eine bessere Kooperation zwischen pri-

vaten und öffentlichen Institutionen („Private-Public-Partnership").Alles in allem kann **New Public Management** nur erfolgreich sein,

- wenn die erforderlichen Strukturreformen rasch durchgezogen werden, noch bevor sich Lobbies bilden, die an den alten Besitzständen – am „Status quo" – festhalten wollen.
- wenn die Reformen sorgfältig von unten nach oben („bottom up") vorbereitet werden.
- wenn ein Konsens über Inhalt und Struktur der Reformen zwischen den Parteien besteht.
- wenn rechtzeitig Programme zur **Organisations- und Personalentwicklung** für die Mitarbeiter gestartet werden, da die in einer „schlanken Verwaltung" verbliebenen Mitarbeiter in der Regel eine höhere Qualifikation brauchen.
- wenn **Ambassadoren** („Prozessmanager") zum Einsatz gelangen. Ambassadoren versuchen in sanfter Form bürokratische Strukturen „schlanker" zu machen. Sie verfügen über eine Ausbildung, die sich über mehrere Disziplinen (u. a. Recht, Ökonomie, Psychologie, Politikwissenschaft) erstreckt, und sie in die Lage versetzt, bei der Feldarbeit effektive Arbeit zu leisten. Grundsatz: Reorganisation des öffentlichen Sektors, aber nicht zulasten der Mitarbeiter, die teilweise unter falschen Voraussetzungen in staatliche Unternehmen bzw. in die öffentliche Verwaltung „gelockt" wurden.
- wenn die bestehenden Strukturen und Prozesse – Vorbild **„Kaizen"*** – permanent verbessert werden, z. B. mit Hilfe neuer Informationstechnologien.
- wenn vertikale und horizontale **Netzwerke** geschaffen werden.

Eine wirkliche Diskussion über den **Staat der Zukunft** findet derzeit noch nicht statt. Staatsreformen beginnen meist mit massiver Staatskritik und brechen dann ab. Strukturreformen werden nicht systematisch und konsequent angeboten, verhandelt und beraten. Staats-, Verwaltungs- und Politikverdrossenheit sind in vielen Ländern so stark geworden, dass sie manchmal schon eine Zukunftsdeformation bewirken.

3. Makroökonomisches Strategisches Management

3.1. Vernetzte Wirtschaftspolitik, Masterpläne und Projektmanagement

In einigen OECD-Ländern ist man dazu übergegangen, wirtschaftspolitische Entscheidungen im Hinblick auf kommunale, regionale oder gesamtwirtschaftliche Kompatibilität zu durchleuchten. Das Ergebnis dieser Analysen sind **Masterpläne**, in denen alle geplanten wirtschaftspolitischen Projekte ab einer bestimmten Größenordnung (mit allen wesentlichen Daten und Fakten wie Technologiefolgenabschätzung, Folgekosten, Folgelasten etc.) aufgelistet sind.

Die Implementierung eines **ganzheitlich-vernetzten Konzeptes** wäre längst fällig. Die ganzheitlich-vernetzte Perspektive könnte ebenso bei der Neugestaltung der Projektfinanzierung und -abwicklung gute Dienste leisten. Gebremst wird eine

Neuorientierung der Wirtschaftspolitik in Richtung Effektivität und Effizienz durch **politische Seilschaften und Lobbies,** die sich darauf konzentrieren, politische Anliegen „ihrer" Gruppe durchzubringen bzw. die Abschaffung von bestehenden Vorteilen zu verhindern und dies ohne Rücksicht auf etwaige gesamtwirtschaftliche Nebenwirkungen.

Makroökonomisches Management im Sinne des OECD-Konzeptes braucht in Zukunft **Leitbilder und Visionen**[17], die sich nach und nach in Strategien niederschlagen und zu nachhaltigen Strukturen führen, nach dem bewährten Grundsatz: **„structure follows strategy".**

Eine **ganzheitliche Politiksteuerung** unterbleibt vielfach deshalb,
- weil wirtschafts- und sozialpolitische Maßnahmen nicht ausreichend koordiniert werden;
- weil es vielfach schwierig ist, Integralisten zu finden, die in der Lage sind, ganzheitlich vernetzt zu arbeiten. Besondere Eigenschaften solcher Integralisten sind u. a.: Kooperationsbereitschaft, Teamfähigkeit, Konfliktfähigkeit, grenzüberschreitendes, laterales Denken;
- weil vielfach nicht festgelegt wurde, wer sich in einer Volkswirtschaft um die Koordination kümmern soll bzw. wie man wirtschaftspolitisch mit dieser Komplexität umgehen soll.

Um die Qualität der Steuerung zu verbessern, müssen **Koordinationseinrichtungen** geschaffen werden. Dabei geht der strategische Fokus vielfach in Richtung Folgekosten, gegenseitige Beeinträchtigungen und Finanzierbarkeit.

Bausteine für einen Masterplan
Masterpläne sind das Ergebnis guter makroökonomischer Governance. Und so lange nicht die wirtschaftspolitischen Einzelprojekte der Ressorts in einem akkordierten Masterplan festgeschrieben werden, wird es immer wieder vorkommen, dass vor Jahren festgelegte alte Projekte plötzlich in Frage gestellt werden oder völlig neue Projekte auftauchen und verwirklicht werden, deren volkswirtschaftliche Sinnhaftigkeit eher anzuzweifeln ist.

Die Aufnahme eines neuen Projektes in einen Masterplan erfolgt erst nach eingehender Überprüfung („Machbarkeitsstudie"). Dabei werden nicht nur die Finanzierbarkeit des betreffenden Projektes kritisch geprüft und die Folgekosten des Projektes berechnet, sondern auch untersucht, wie sich das neue Projekt zu den bereits laufenden alten Projekten verhält, ob Ziel und/oder Mittelkonflikte auftreten könnten, ob man die festgelegte Prioritätenliste sachlich, zeitlich und finanziell ändern muss etc..

Durch die verstärkte Berücksichtigung der Vernetzung der wirtschaftspolitischen Einzelmaßnahmen können **Synergieeffekte** („economies of scope") genutzt werden. Darunter versteht man jene ökonomischen Vorteile, die durch Kooperation von Personen, Unternehmen oder Institutionen entstehen. Durch die bessere Vernetzung

---

[17] Dahinter verbirgt sich die Idee die Ökonomie zu einer Visionswissenschaft zu machen. Derzeit ist sie leider nur eine Reparaturwissenschaft!

von bestehenden Infrastrukturen (z. B. integrierte regionale Nutzung von Großgeräten im Gesundheitswesen) werden solche Synergieeffekte möglich.

Durch **Masterpläne** erfolgt letztlich eine **Integration der Politikfelder** zwecks gesamtwirtschaftlicher Optimierung, wobei zeitliche, sachliche und finanzielle Prioritäten gesetzt werden. Masterpläne werden laufend fortgeschrieben, grundlegende Änderungen in den nationalen und internationalen Rahmenbedingungen werden berücksichtigt. Da der Prüfung neuer Projekte eine systematische Machbarkeitsstudie vorangeht, wird einerseits vermieden, dass Projekte, die von einer Lobby unterstützt werden, (vor) schnell in Angriff genommen werden und andererseits auch verhindert, dass einmal begonnene Projekte – etwa infolge eines Regierungswechsels – abrupt gestoppt werden.

Viele wirtschaftspolitischen Probleme können nur durch eine **ganzheitliche Vernetzung der Politik** und eine Änderung der politisch-gesellschaftlichen **Rahmenbedingungen** behoben werden. **Vernetzung** ermöglicht die Aufdeckung von Widersprüchen. Solange dies nicht erfolgt, kann jeder in der Region seine politischen Hobbies reiten ohne klare Ausrichtung auf gesamtwirtschaftliche Notwendigkeiten. Paradoxerweise: Solange keine Vernetzung erfolgt, haben **alle** irgendwie recht, da nur **eine** Perspektive punktuell herausgehoben wird.

Die Erstellung von Masterplänen und Projektmanagement hängen sehr eng miteinander zusammen. Die **historischen Wurzeln des Projektmanagements** liegen in den fünfziger Jahren. Wie so oft, wurde auch dieses management tool im militärischen Bereich erprobt und entwickelt. Die Schwierigkeiten in der Abwicklung eines Projektes mit konventionellen Planungsmethoden wurden damals zum ersten Mal in den USA bei der Entwicklung des Polaris-Waffensystems deutlich.

Die amerikanische Marine entwickelte daher 1956 in Zusammenarbeit mit dem Beratungsunternehmen Booz Allen & Hamilton und den Spezialisten der Lockheed Missiles ein ergebnisorientiertes Verfahren der Netzplantechnik, das so gen. PERT-Verfahren (Abk. für Program Evaluation and Review Technique). Etwa zur gleichen Zeit arbeiteten die Mitarbeiter der Sperry Rand Corporation und der Firma Du Pont de Nemours die vorgangsorientierte Projektplanungsmethode CPM (Abk. für Critical Path Method) aus. Nachdem diese beiden Methoden zunächst vor allem im militärischen Bereich zur Anwendung kamen, wurden sie allmählich auch im zivilen Bereich eingesetzt.

Gegenstand des Projektmanagements ist die Planung, Steuerung und Überwachung von komplexen Aufgaben (Projekten), die organisatorisch aus dem übrigen betrieblichen Bereich herausgelöst und selbstständig abgewickelt werden. Projektmanagement ist im Grunde ein interdisziplinärer Forschungszweig, ein Sammelbegriff für eine ganze Reihe zum Teil sehr unterschiedlicher Analyse- und Planungstechniken.

Projektmanagement ermöglicht:

- eine ganzheitliche, systemische Analyse von Investitionsprojekten;
- Akzeptanz und erfolgsorientierte Motivation der Mitarbeiter und macht Beteiligte zu Betroffenen;

- eine Darstellung der logischen Abläufe und der gegenseitigen Abhängigkeiten der verschiedenen Teilvorgänge (genaue Zeitplanung bzw. Terminfestlegung);
- Kenntnis des kritischen Weges, d. h. des am meisten Zeit beanspruchenden Teilablaufes;
- rechtzeitiges Erkennen der möglichen Risken und Störfaktoren, die den geplanten Ablauf und damit die rechtzeitige Fertigstellung eines Projektes beeinträchtigen können;
- einen Vergleich verschiedener Planungsvarianten, ein gedankliches Experimentieren mit den verfügbaren Ressourcen, um mögliche Auswirkungen von Entscheidungen und Maßnahmen vorausdenken zu können;
- Bewertung auch der nicht-monetären („qualitativen") Faktoren.

Warum **Projektmanagement** so spät im Werkzeugkasten („box of tools") Eingang gefunden hat, hat vor allem zwei Gründe:

1. Die Probleme der multidisziplinären Projektbewertung gehören methodisch zu den schwierigsten Managementaufgaben überhaupt.
2. Das Ausbildungssystem ist in vielen Disziplinen so beschaffen, dass nur Spezialisten ausgebildet werden, denen jedoch in der Regel das Interdependenzwissen fehlt, das erforderlich ist, um Problemstellungen, die sich über mehrere Disziplinen erstrecken, bearbeiten zu können.

Projektmanagement hingegen braucht Generalisten und Integralisten, die in der Lage sind, **Schnittstellen-Management** zu betreiben. Im Augenblick besteht auf dem Arbeitsmarkt ein großer Mangel an Integralisten.

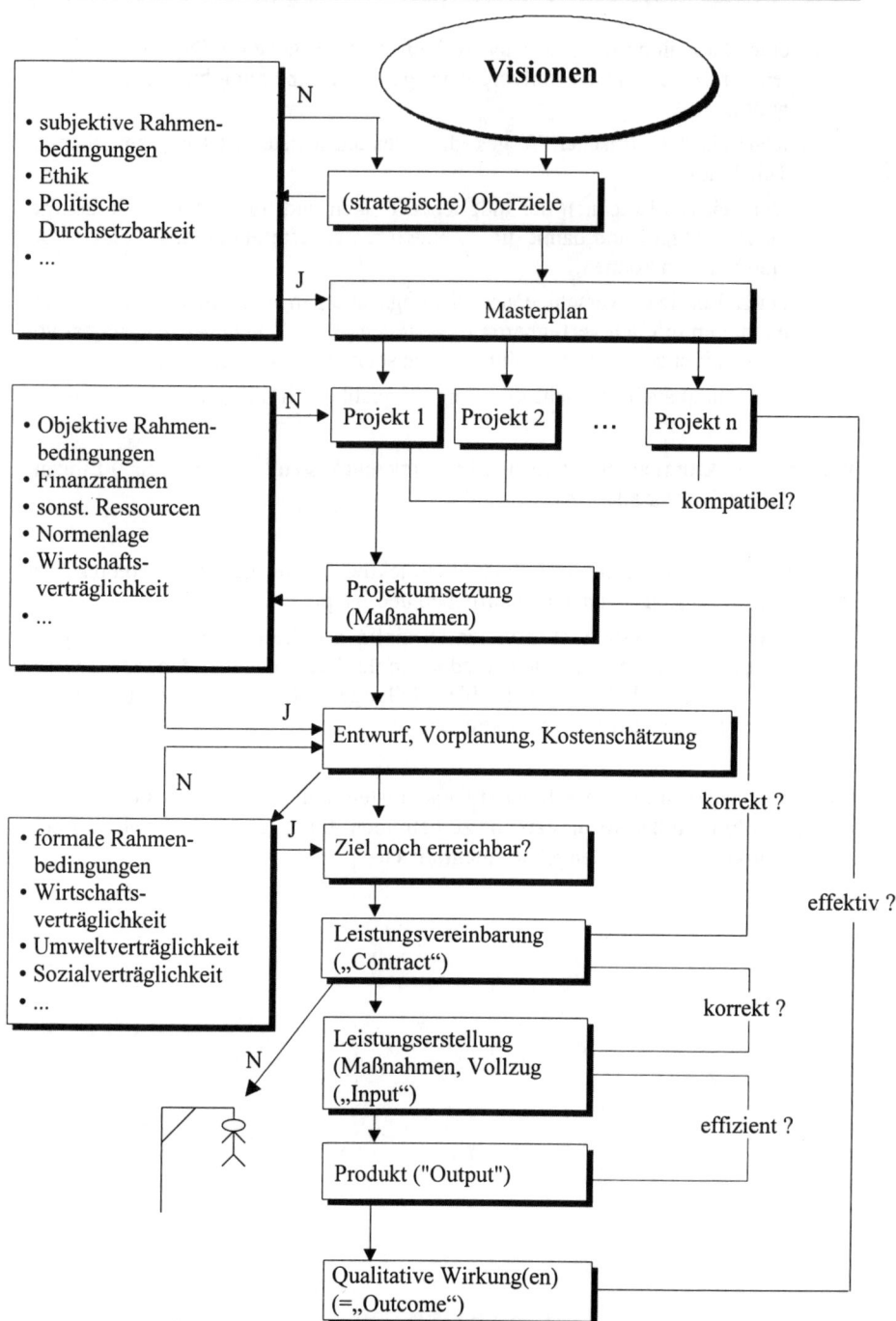

Abb. 7: Makroökonomisches Projektmanagement

3.2. Governance

Mit dem Begriff der „Governance" bewegen wir uns in methodischem Neuland, in dem noch keine große „semantische Hygiene" besteht.

Governance ist im Wesentlichen ein betriebswirtschaftliches und/oder volkswirtschaftliches Instrument, mit dem eine Optimierung von Sachverhalten erreicht werden soll. Die Grundidee, die sich in beiden Ausprägungen verbirgt, ist die Hypothese, dass koordinierte Systeme eine höhere Leistungsfähigkeit („Performance") aufweisen und nachhaltiger sind als Systeme, in denen nur punktuell ein bestimmter Gesichtspunkt – etwa nur Fragen der Finanzierung – zum Tragen kommt bzw. überbetont wird.

Governance behält **das Ganze** im Auge und untersucht, ob bei den einzelnen Maßnahmen der strategische Systemzusammenhang gewahrt bleibt. Durch systemische Vernetzung können Widersprüche zwischen den Teilelementen eines Systems aufgedeckt werden. Wesentliches Kriterium ist, ob es gelingt, die Elemente eines Systems so aufeinander abzustimmen, dass die Leistungsfähigkeit des Gesamtsystems (Kriterien: Effektivität und Effizienz) verbessert wird.

Public Governance

In der Politikwissenschaft wird „Governance" als Abgrenzung zum Begriff „Government" – der Regierung als Institution – verwendet. Er bezieht sich auf eine neue Art des Regierens und der Wirtschaftspolitik. In erster Linie geht es um die Management- und Koordinationsstrategien des politisch-administrativen Systems, um eine höhere Effektivität und Effizienz zu erreichen. Governance ist in diesem Kontext die Qualität der strategischen Steuerung eines Systems. Es wird untersucht, ob bei den strategischen Einzelmaßnahmen der **Systemzusammenhang oder die Kohärenz** gewahrt bleibt. Widersprüche zwischen den Teilelementen können durch systemische Vernetzung aufgedeckt werden.

Checkliste zur Überprüfung der Public Performance

Die Evaluierung kann ansetzen bei folgenden Punkten:

1. **Zielvereinbarung**, d. h. am Umfang der staatlichen Aufgaben (Kernaufgaben), bei der Prioritätensetzung (Denken in Alternativen, Opportunitätskosten), bei der Transparenz im Hinblick auf die vereinbarten strategische Ziele, bei der Existenz von Leitbildern und der operationalen Definition der Ziele (inhaltlich und zeitlich).
2. **Planungsqualität** und der **Angemessenheit** der wirtschaftspolitischen Maßnahmen („Regulierung"): Vorbereitung durch „think tanks", wirtschaftspolitische Beratungskultur, Klarheit und Operationalität der Zielformulierung, Bedingungen der Wissensproduktion („Wissensmanagement") und der Politiksteuerung („Controlling").
3. **Instrumenteneinsatz**: Welche Werkzeuge zur Erreichung gesamtwirtschaftlicher Ziele zum Einsatz gelangen – gemessen am **state of the art** – und wie werden sie kombiniert („policy mix"). Erfolgt der Einsatz der Instrumente zum richtigen Zeitpunkt?
4. **Präventivcharakter** der Maßnahmen und Zeithorizont der Politik: Ob präventive oder reparative Maßnahmen dominieren, ob Budgetprognosen und Budgetprogramme erstellt werden, und wie die Qualität dieser Programme ist, wie der **Zeithorizont der Planung** aussieht (in Jahren und in welchen Bereichen).
5. **Kompetenzverteilung** zwischen den Gebietskörperschaften: Erfolgt die Durchführung der jeweiligen Aufgabe auf der richtigen Ebene? (Aufgaben-, Ausgaben- und Einnahmenverteilung im Finanzausgleich)
6. **Politische Kultur**: Konsens, Konvergenz und Konflikt, Dialog versus Polarisierung, Vernetzung und Governance.
7. **Rechtskultur**: Regelungsdichte, Transparenz und Verständlichkeit der Normen, Existenz zeitlich befristeter Gesetze („sunset legislation").
8. **Umsetzungsgeschwindigkeit**: Implementierungsverzögerung nach Erkennen des Handlungsbedarfes, Durchlaufzeiten bei politischen Projekten.
9. **Größe des Handlungsspielraumes** der Wirtschaftspolitik: Internationale Verträge, Lobbies, Existenz von „Nebenregierungen", werden die **Spielräume** in der Gegenwart genützt und wie sehen die Spielräume in der Zukunft aus?
10. **Benchmarking**
11. **„Kostenwahrheit"**: Was kosten die staatlichen Leistungen und Projekte **wirklich** (unter Berücksichtigung der **Folgekosten** und der **Folgelasten**).

12. **Art der Finanzierung**: Quellen der Finanzierung, Spielraum für „**Steuerpakete**", Finanzierungsqualität (Konditionen, Debt-Management), Höhe und Struktur der Staatsschuld, jährliches Nettodefizit, Formen der Finanzierung (z. B. Private-Public-Partnership, BOT-Modelle, Seedfinancing).

13. **Bugettransparenz** (Budgeteinheit und Budgetwahrheit): Offene Darstellung von Budget und Staatsschuld im Hinblick auf die **Maastricht-Kriterien**, Verbuchung außerbudgetärer Finanzierungen und der Kontrollbankhaftungen.

14. **Effektivität**, das Ausmaß der Zielerreichung („Outcome").

15. Überprüfung der **Effizienz**: Ob die Projekte und Leistungen der öffentlichen Verwaltung **wirtschaftlich** erstellt wurden (Input/Output-Relation), ob ein Spielraum für „**Sparpakete**" besteht.

16. **Masterplänen**: Ob eine **Vernetzung** der Ressortmaßnahmen erfolgt, ob Machbarkeitsstudien bei Projekten ab einer bestimmten Größenordnung durchgeführt wurden, Ausschöpfung des bestehenden **Synergiepotentials** in Form von **Verbundvorteilen** („economies of scope") und/oder **Größenvorteilen** („economies of scale"), „kritischer Masse", Kooperation, Kommunikation und Koordination der Entscheidungen **aller** Institutionen, sowohl zwischen den Gebietskörperschaften als auch zwischen Staat und Wirtschaft.

17. Beschaffenheit der **Anpassungsfähigkeit** der staatlichen Institutionen an neue Erfordernisse: Ist die Bereitschaft zu einer Reform der Rahmenbedingungen vorhanden (z. B. Bundesstaatsreform, New Public Management, Reform des Gesundheitswesen etc., Fähigkeit zur **Selbstorganisation**, Existenz von innovativen wirtschaftspolitischen Problemlösungen).

18. **Umweltverträglichkeit** der politischen Programme: Werden bei Projekten einer bestimmten Größenordnung die wahrscheinlichen Auswirkungen auf die Umwelt berücksichtigt?

19. **Sozialverträglichkeit** der politischen Programme: Wie steht es um die **menschliche** Zumutbarkeit der ökonomischen Problemlösung?

20. **Wirtschaftsverträglichkeit** der politischen Programme: Wie wirkt sich die staatliche Wirtschaftspolitik auf die Wettbewerbsfähigkeit der Unternehmen und die **Standortqualität** aus?

21. Erfolgte **Strukturreformen**: Ausmaß durchgeführter Reformen im Bereich der Infrastruktur („Strukturpakete").

22. **Monitoring** (Überwachung bei der Umsetzung von Programmen)

23. **Öffentlichkeitsarbeit** hinsichtlich der zu treffenden wirtschaftspolitischen Maßnahmen und deren Qualität.

24. Qualität der gesamtwirtschaftlichen Rahmenbedingungen und inwieweit „**think tanks**" zur Politikvorbereitung herangezogen werden.

Mit Problemen der **Performancemessung** der öffentlichen Verwaltung beschäftigen sich derzeit in Europa:

- Das **PUMA** (Public Management Service) in Paris im Rahmen der OECD. **Schwerpunkt** der Tätigkeit: Auditing, Servicequalität, Strategische Planung, Benchmarking, Entwicklung der Methodologie zur Vergleichbarkeit und Bewertung staatlicher Aktivitäten. Im Februar 1997 startete eine Umfrage bei Unternehmen betreffend die Erfassung der Folgekosten von Gesetzen.
- Der **TIGRA** (Think tank for International Governance Research Austria) in Salzburg. **Schwerpunkt** der Tätigkeit: Kosten-Nutzen-Analysen, Benchmarking, Monitoring und Performance-Messung im öffentlichen Bereich. Eine Gruppe von Ökonomen und Politologen überprüft einmal im Jahr (in der 49. Kalenderwoche) anhand der „grünen Prüfliste" und eines Public-Performance-Index die Qualität der österreichischen Wirtschaftspolitik.
- Das **EIPA** (European Institute for Public Administration) in Maastricht. **Schwerpunkt** der Tätigkeit: Untersuchung der Wettbewerbsfähigkeit von Ländern.

Im Folgenden wollen wir anhand eines Beispiels aufzeigen, wie man die von staatlichen Maßnahmen ausgehenden Wirkungen erfassen kann. Als Beispiel wurden Maßnahmen der Unfallverhütung im Kanton Zürich ausgewählt.[18]

3.3. Balanced Scorecard

Die BSC ist ein weiteres betriebswirtschaftliches Werkzeug zur Neugestaltung der Strukturen im öffentlichen Sektors.

Die Balanced Scorecard (BSC) ermöglicht prozessorientiertes Controlling und eignet sich zur Umsetzung von komplexen, wirtschaftspolitischen Projekten.

Die BSC bildet – aus systemischer Perspektive – einen strategischen Handlungsrahmen[19] zur Steuerung komplexer Systeme. Das Konzept leistet vor allem dort gute Dienste, wo einzelne Systemelemente für das Funktionieren eines System zwar notwendig sind, aber nicht ausreichend sind für das Funktionieren des Gesamtsystems.

Das Konzept der Balanced Scorecard ermöglicht:
- Eine bessere Umsetzung von wirtschaftspolitischen Strategien durch gezielteren Einsatz der Instrumente;
- Ziele und Instrumente werden durch Ursachen-Wirkungsketten miteinander verbunden;

---

[18] Lit. 18 Buschor 14.
[19] Lit. 44 Kaplan.

Effektivität (Zielebene)

Zielerreichungsgrad = $\dfrac{\text{Zielerreichung}}{\text{Zielvorgabe}}$ $\dfrac{\text{Realisierte Verkehrsunfallreduktion}}{\text{Angestrebte Verkehrsunfallreduktion}}$

Effizienz (Resultatebene)

Produktivität = $\dfrac{\text{(Physischer) Output}}{\text{Input}}$ $\dfrac{\text{Veränderung der Unfallzahlen}}{\text{Veränderung d. Verkehrspolizeiausgaben}}$

oder

$\dfrac{\text{Veränderung der Unfallzahlen}}{\text{Veränderung Straßenkorrektionsausgaben}}$

oder

$\dfrac{\text{Veränderung der Unfallzahlen}}{\text{Kosten der Unfallverhütungskampagne}}$

Nettonutzen = Kapitalisierter Nutzen − Kapitalisierte Kosten

Volkswirtsch. Gewinn der Verkehrsunfallreduktion (Gesundheitskosteneinsparung u. Lebensqualitätszunahme abzüglich Mehrkosten Polizei und Transport)

Externe Effekte = finanziell quantifizierte Nebenwirkungen (Kosten/Nutzen) Gesundheitskosten der Luftverschmutzung durch Verkehr

Nebenwirkungen = Inputs/Outputs, welche anderen als der Zielgruppe anfallen (z.B. Verkehrslärmreduzierung)

Wirksamkeit (Kosten-Wirkungsebene)

Wirksamkeit = $\dfrac{\text{Erzielte Unfallreduktion (Tote, Verletzte, Sachschäden usw.)}}{\text{Effektive Kosten der Maßnahme}}$

Wirtschaftlichkeit (Kostenminimierungsebene)

Wirtschaftlichkeit = $\dfrac{\text{Effektive Verkehrsunfallkosten}}{\text{Angestrebte Verkehrsunfallkosten}}$

Legalitäts- und Ordnungsmäßigkeitsebene

Einhaltung von Rechtsvorschriften

Abb. 8: Ebenen der Wirkungsmessung am Beispiel Unfallverhütung

- eine Zielkonkretisierung und Zielumsetzung („top down");
- eine Herausarbeitung der wesentlichen „Key performance indicators";
- die Abkehr von eindimensionalen Führungs- und Steuerungsprinzipien. Die Maastricht-Kriterien sind ein Paradebeispiel für ein eindimensionales Steuerungskonzept, das zwar notwendig war, um einen Konsolidierungsprozess überhaupt in Ganz zu bringen, das aber in Zukunft erweitert.werden muss. Hier geht es um die Integration von monetären und nicht monetären, um quantitative und qualitative, um harte und weiche Faktoren;
- einen Paradigmenwechsel im Controlling von der komparativ-statischen zur prozessorientierten Steuerung;
- eine ausgewogene Berücksichtigung von kurzfristigen und mittelfristigen Zielen;
- eine Herausarbeitung der Prioritäten.

3.4. „Think tanks" und andere Formen der wirtschaftspolitischen Beratung

In vielen Ländern fehlt eine langfristige, grundsatzorientierte Politikberatung.

Die damit verbundenen Auswirkungen sind:
1. Verspätete Wahrnehmung von Megatrends
2. Zu kurzfristiger Lösungshorizont
3. Entfremdung von Politik und Wirtschaft

Aufgabe der wirtschaftspolitischen Berater ist es, die Beziehungen der Ziele zueinander zu analysieren und anhand eines Bestandes an bewährten theoretischen Modellen und Hypothesen die vorgegebenen wirtschaftspolitischen Ziele zu instrumentalisieren. Wirtschaftspolitisches Consulting dient vielfach der Absicherung und Überprüfung der politischen Ansichten und Überzeugungen durch Expertenmeinung.

In einem weiterentwickelten Demokratieverständnis ist es die Aufgabe der Berater, auf Defizite, Versäumnisse etc. der Politik hinzuweisen und sich als Repräsentant einer kritischen, sachverständigen Öffentlichkeit zu verstehen.

Um diese Schwachstellen der Wirtschaftspolitik zu beheben, sollten daher in allen OECD-Ländern „Denkfabriken" errichtet werden. Ihre Aufgabe wäre insbesondere:

- Die Früherkennung politischer, ökonomischer und gesellschaftlicher Trends.
- Mitwirkung bei Formulierung von Visionen und Strategien.
- Ausarbeitung von Lösungsansätzen.

Denkfabriken zur Politikberatung in ausgewählten OECD-Ländern
Der Begriff „think tank" entstand im Zweiten Weltkrieg. Zur Lagebeurteilung während eines Gefechts pflegten sich amerikanische Offiziere jeweils in einen Panzer

(„tank") zurückzuziehen, um dort militärstrategisch zu „denken". Der Begriff wurde dann sehr bald auf andere Probleme und Bereiche übertragen.

„Think tanks" weisen nach Dror (1980) sechs Merkmale auf:
1. Die eigentliche Aufgabe liegt in der Erarbeitung wissenschaftlich fundierter, interdisziplinärer Beiträge zur öffentlichen Entscheidungsfindung („policy making").
2. Die kritische Masse einer Denkfabrik besteht aus etwa 15 bis 20 Wissenschaftern aus verschiedenen Disziplinen.
3. Die Forscher benützen Methoden, welche in ihrer Gesamtheit den spezifischen Charakter einer bestimmten Denkfabrik kennzeichnen.
4. Die Denkfabrik genießt volle Forschungsfreiheit.
5. Der „think tank" ist – was zuweilen zu Konflikten mit der Forschungsfreiheit führen kann – für Informationen, Kritik und Unterstützung von einer „Kundschaft" abhängig.
6. Das Wirken einer Denkfabrik hat einen nachweisbaren Einfluss auf den Prozess der Politikbildung.

Denkfabriken in den USA
Als Vorläufer der heutigen „think tanks" gilt die 1907 in New York gegründete **Russel Sage Foundation**.
1916 wurde dann die **Brookings Institution** in Washington ins Leben gerufen, welche die Tätigkeit der jeweiligen Regierung kritisch unter die Lupe nehmen sollte. Heute gibt es in den USA über 1200 „think tanks", davon haben alleine 100 ihren Sitz in Washington. Aber mit Ausnahme des Council on Foreign Relations, der in New York seinen Sitz hat, oder dem Hudson Institute in Indianapolis, der Hoover Institution in Palo Alto und der Rand Corporation in Santa Monica, sind die meisten „think tanks" außerhalb Washingtons nur von lokaler oder regionaler Bedeutung.
Viele „think tanks" sind unter der Kennedy Administration entstanden. Es war die Zeit, als man Politik für „machbar" hielt, und Walter Heller vom Council of Economic Advisers sogar verkündete, Konjunkturzyklen gehörten nunmehr der Vergangenheit an. Die Ernüchterung kam wenige Jahre später, aber dennoch entstanden in den 70er Jahren zahlreiche weitere „Denkfabriken". Von den rund 100 heute in Washington ansässigen Instituten wurden gut zwei Drittel nach 1970 gegründet.
Neben der Politikberatung darf die Rolle der „think tanks" als Personalreservoir der wechselnden Administrationen nicht unterschätzt werden. Jeder Präsident hat bei seinem Amtsantritt an die 2000 Spitzenpositionen in der Verwaltung zu besetzen, und auf der Suche nach Kandidaten kommen gelegentlich auch die Mitarbeiter von „think tanks" zum Zug.
Eine der renomiertesten „Denkfabriken" ist die **Hoover Institution**[20]. Ihr Gründer war Herbert Hoover (1874 - 1964, 31. Präsident der USA 1929 - 1933), der als Mineningenieur in Australien, China, Burma, Korea und Südafrika bereits mit 40 Jahren zum wohlhabenden Mann geworden war.
Die Hoover Institution ist die einzige „Denkfabrik", die voll in eine Universität integriert ist. Die Stanford University selbst ist eine nicht gewinnorientierte Organisa-

---
[20] Lit. 158 Halbheer 15.

tion in der Rechtsform eines Trust. Sie ist faktisch wie eine Aktiengesellschaft organisiert und wird nach privatwirtschaftlichen Grundsätzen geführt. Sie erhält keine Steuergelder (außer in Form von Regierungsaufträgen), sondern muss sich aus eigener Kraft finanzieren.

Die Hoover Institution liegt 50 km südlich von San Francisco auf dem Campus der Stanford University in Palo Alto. Hoover selbst bezeichnete sie als Institut für höhere Studien in- und ausländischer Angelegenheiten (Center for Advanced Studies in Domestic and International Affairs). Der offizielle Name lautet „Hoover Institution for War, Revolution and Peace".

Milton Friedman ist seit seiner Emeritierung von der Chicago University an der Hoover Institution tätig. Kürzlich stellte er ohne falsche Bescheidenheit fest: „Seit dem Zweiten Weltkrieg sind die meisten, neuen Ideen und Visionen, welche die USA und das Ausland befruchten, nicht mehr von den traditionellen Universitäten und Hochschulen hervorgebracht, sondern in den „think tanks" geboren worden."

Die Hoover Institution und die Heritage Foundation waren es, die die „Reagan-Revolution" mit Studien und politischem „coaching" und sehr effektiver Öffentlichkeitsarbeit vorbereiteten. Das 1980 von Peter Duignan und Alvin Rabushka herausgegebene Werk „The United States in the 1980s" wurde zum Credo des neuen Präsidenten; seine Mannschaft nannte es die „Reagan-Bibel". Zu den Autoren zählten u. a. Milton Friedman, Edward Teller (der „Vater der Atombombe"), Michael Boskin (der nachmalige Wirtschaftsberater von Präsident Bush) sowie der heutige Notenbankchef Alan Greenspan.

Unter dem Eindruck der konservativen Renaissance begann sich dann „linke Institute" zu formieren. Das **Economic Policy Institute** (gegründet 1986) und das **Progressive Policy Institute** (1989) lieferten die intellektuelle Munition für Bill Clinton.

Im Unterschied zu den anderen „think tanks" in Washington und New York, die ihr Brot mit kurzlebigen Politikanalysen verdienen, zeichnet sich die Hoover Institution durch Projekte aus, in denen langfristige Perspektiven angesprochen werden. Unter den von der Hoover Institution betreuten politischen Projekten sind besonders hervorzuheben:

- die Strategic Defense Initiative (SDI) zur Abwehr eines raketengestützten nuklearen Erstschlags (Vorschlag von „fellow" Edward Teller);
- die Entkriminalisierung des Drogenkonsums (Milton Friedman);
- die Vereinfachung des US-Steuersystems (Charles McClure) und der Vorschlag einer Flat Tax (Robert E. Hall und Alvin Rabushka);
- die Idee eines Voucher-Systems, um weiten Bevölkerungskreisen den Zugang zu den im allgemeinen besseren Privatschulen zu erleichtern (Milton Friedman und Terry Moe).

Die wohl mit Abstand erfolgreichste unter den kleineren Denkfabriken ist das von Fred Bergsten[21] geführte Institute of International Economics (IIE). Bergsten kennt die internationale Traktandenliste der Handels- und Währungspolitik und weiß im-

---

[21] Lit. 153 Bergsten.

mer, wann welche kontroversen Themen einer politischen Lösung bedürfen. Entsprechend gelingt es ihm denn auch meistens, das entscheidende „paper" zu produzieren. So stammt aus der Feder des IIE-Währungsspezialisten John Williamson das Drehbuch für den „Louvre-Akkord" von 1987, mit dem sich die USA, Deutschland und Japan auf lose definierte Bandbreiten für ihre Wechselkurse einigten, und Williamson kreierte den Begriff „Washingtoner Konsens", unter dem die wirtschaftspolitischen Reformen zur Beilegung der Schuldenkrise in Lateinamerika zusammengefasst wurden.

Bergsten und das IIE illustrieren geradezu paradigmatisch die vielfältigen Aufgaben, die ein „think tank" heute übernehmen muss. Beispielsweise organisiert das IIE, gleichsam als soziale Komponente ihrer Arbeit, Diskussionsforen. Sehr bekannt sind etwa die beliebten Lunch-Seminare des IIE. Was Rang und Namen hat, findet sich am Dupont Circle in der Nähe des Weißen Hauses ein, von Spitzenbeamten der Administration über Kongressabgeordnete bis zu den Kolumnisten großer Tageszeitungen.

Wie der Historiker James A. Smith in seinem Standardwerk festhält („The Idea Brokers: Think Tanks and the Rise of the New Policy Elite", New York 1991), dürfte die Achillesferse der Denkfabriken jedoch darin liegen, dass die Verknüpfung von Macht und Wissen in einer offenen Gesellschaft nicht einfach zu bewerkstelligen ist. Der in den sechziger Jahren wohl zu leichtfertig propagierte Anspruch, von Experten allumfassende Lösungen anbieten zu lassen, muss relativiert werden. Wissen kann bestenfalls erhellen und überzeugen, aber es kann Entscheidungen niemals erzwingen. Die Sozialwissenschaften ersetzen weder die Politik, noch können sie ihr Entscheidungen abnehmen.

Obwohl „Denkfabriken" mittlerweile in einigen OECD-Ländern anzutreffen sind, scheinen die USA doch über die **besten institutionellen Voraussetzungen** zu verfügen, die den Aufbau derartiger Institute begünstigt haben. Ins Auge sticht zunächst die enorme Durchlässigkeit zwischen Universitäten, Wirtschaft und Politik. Wer sich in einem dieser Bereiche an die Spitze gearbeitet hat, findet nichts dabei, sich für eine gewissen Zeit in einem anderen zu betätigen.

Politikberatung in der Schweiz

Im Gegensatz zu den USA und Großbritannien gibt es in der Schweiz[22] keine „think tanks" im anglo-amerikanischen Sinn. Es gibt nur eine Reihe von öffentlich-rechtlichen Instituten an den Universitäten und der Eidgenössischen Technischen Hochschule, die Politikberatung betreiben. Daneben bestehen auch private Einrichtungen, wie etwa das Gottlieb-Duttweiler-Institut in Rüschlikon.

Corti[23] hat kürzlich für die Errichtung eines „think tanks" nach amerikanischem Vorbild plädiert. Eines seiner Hauptargumente für eine solche „Denkfabrik" war der Umstand, dass die Schweiz im Bereich der Erarbeitung langfristiger Konzepte einen erheblichen Nachholbedarf aufweist. Eine „Denkfabrik", wie sie hier vorgeschlagen wird, würde eine Lücke im Arsenal der in der Schweiz heute vorhandenen Mittel zur Entscheidungsvorbereitung schließen. Sie wäre ein Gegengewicht zur Emotionalisierung und Personalisierung der politischen Diskussion im Stile der „Arena"-

---

[22] Lit. 20 Corti 57.
[23] Lit. 20 Cortti 57.

Debatten. Das Ziel der Denkfabrik ist nicht, Lösungen in Form von an runden oder eckigen Tischen bereits vorbesprochenen, vielseitig abgesicherten Kompromissen anzubieten. Ihre Hauptaufgabe bestünde vielmehr darin, grundlegende wirtschafts- und gesellschaftspolitische Fragen frühzeitig und unter Anwendung der vorhandenen wissenschaftlichen Erkenntnisse praxisnah zu erörtern, Handlungsalternativen auszuarbeiten und deren Vor- und Nachteile profiliert aufzuzeigen. Die „Denkfabrik" sollte dadurch dazu beitragen, die Effizienz staatlichen Handelns mit Hilfe marktwirtschaftlicher Konzepte zu verbessern. Dies bedingt nicht zuletzt einen vertieften und kontinuierlichen Dialog zwischen allen politisch und wirtschaftlich relevanten Kräften unseres Landes.

Von Zeit zu Zeit würde die „Denkfabrik" vielleicht etwas provozieren, um Diskussionen über neue Themen und Thesen auszulösen. Dadurch trüge sie zum nationalen „agenda setting" bei. Ihre Arbeit müsste interdisziplinär sein und sine ira et studio alle relevanten Gesichtspunkte berücksichtigen. Sie sollte stets eine Gesamtschau bewahren und dürfte sich trotz Kenntnis aller Fakten nicht in zu viele Details verlieren. Dass sie international vernetzt und mit den modernsten Kommunikationsmitteln ausgerüstet sein müsste, versteht sich von selbst.

Die „Denkfabrik" sollte zu jedem relevanten Thema feststellen, wo die optimale Grenze zwischen Staat und Markt liegt, wo und in welchem Maße in den Markt eingegriffen werden soll und wie der Markt gesichert werden kann. An Problemkreisen, welche unter diesen Gesichtspunkten analysiert werden könnten, herrscht wahrhaft kein Mangel. Es sind nahezu alle großen Bereiche, in welchen in den kommenden Jahren grundlegende Entscheidungen anstehen, vom Gesundheitswesen über die Altersvorsorge und das Bildungswesen bis zu der Ausgestaltung des Steuersystems oder der Deregulierung der Energiemärkte.

In einer weitergefassten Perspektive sollte nach Cortis Auffassung auch staats- und außenpolitische Themen auf der Liste, so etwa eine Überprüfung des Föderalismus, indem man die Bildung von Regionen anstelle der Kantone ins Auge fasst. Weitere Themen könnten die Zukunft der Arbeit und die Integration der ausländischen Wohnbevölkerung sein.

Die Schweizer Denkfabrik könnte die Form einer Stiftung annehmen, die mit einem Startkapital von rund 50 Millionen Franken zu dotieren wäre. Obwohl der Hauptteil dieser Mittel von Privaten stammen sollte, müsste die „Denkfabrik" in voller Unabhängigkeit arbeiten können. Dies wäre durch den Stiftungsrat sicherzustellen. Die erklärte marktwirtschaftliche Ausrichtung der „Denkfabrik", untermauert durch die empirisch abgesicherte Einsicht in die Kraft des Wettbewerbs, bedeutete daher keine Einschränkung ihres geistigen Horizonts. Es wäre demnach nicht die einzige oder wichtigste Aufgabe der „Denkfabrik", beispielsweise Privatisierung und Deregulierung zur ideologischen Leitlinie zu erheben; aber ihre Arbeit müsste sich klar nach der Erkenntnis richten, dass Lösungen für die anstehenden gesellschaftlichen Probleme nicht in erster Linie auf staatlicher Grundlage zu finden sind. Ziel wäre nicht die Abschaffung des Staates, sondern dessen Entlastung durch Rückbesinnung auf die eigentlichen Staatsziele.

Die organisatorische Leitung einer solchen „Denkfabrik" müsste den hohen, hier formulierten Ansprüchen entsprechen. Gefragt wären nicht einseitige Experten, sondern Menschen, die in der Lage wären, ein Problem ganzheitlich, in einem Systemzusammenhang, anzugehen. Es sollten keine Repräsentanten von Interessengruppen sein. Der **Personalbedarf** der vorgeschlagenen „Denkfabrik" sollte etwa 15 Mitarbeiterinnen und Mitarbeiter umfassen.

Die jährlichen Kosten für Infrastruktur und Personal dürften sich – nach Schätzungen Cortis – auf 3,5 Millionen Franken pro Jahr belaufen. Davon könnten etwa drei Viertel aus der Rendite des Stiftungsvermögens gedeckt werden, die restlichen Mittel müssten durch Privatpersonen, Unternehmen, Verbände oder Stiftungen aufgebracht werden.

„Eine Denkfabrik könnte in diesem Sinne ein Katalysator sein, der auch viele im Lande umherschwirrende Ideen bündelt und verdichtet. Der Boden in unserem Lande ist für die Realisierung neuer Ideen zuweilen eher steinig. Auch die Gründung einer marktwirtschaftlichen Denkfabrik wird auf mancherlei Hindernisse stoßen. Die Schweiz mag zwar für ein derartiges Institut etwas klein scheinen, aber ihre Probleme sind groß und zahlreich genug, um eine Gründung zu rechtfertigen. Wir stehen mit vielen unserer Hausaufgaben noch am Anfang. Ihre Lösung verlangt eine saubere gedankliche Durchdringung, in Umkehrung des alten Spruches: „Nach der Tat hält der Schweizer Rat." Es braucht beherzte Menschen, die an den Wert einer marktwirtschaftlichen Denkfabrik glauben und bereit wären, an diesem Vorhaben mitzuwirken. Nach den bisherigen Reaktionen zu schließen, herrscht an solchen Menschen kein Mangel."[24]

Politikberatung in Deutschland

„Denkfabriken" können in Europa praktisch an einer Hand abgezählt werden. Wir gehen im Folgenden der Frage nach, weshalb politische Beratung außerhalb der offiziellen Kanäle in Deutschland[25] lange nicht gedeihen wollte und welche Bedingungen erfüllt sein müssten, um politisch unabhängige Institute gedeihen zu lassen.

Die politische Beratung in Deutschland hat in den letzten dreißig Jahren einen enormen Funktionswandel durchlaufen. Nachdem die Regierung in der Anfangsphase über ein Monopol verfügt hatte, begann die Beratung in Form von Enquete-Kommissionen in den siebziger Jahren zunehmend auch von der Legislative benutzt zu werden. Damit wurde die politische Konsultation nicht mehr bloß von der Parlamentsmehrheit genutzt, sondern von allen Parteien.

Daneben fanden infolge des offeneren Vorgehens neue Funktionen, von der reinen Faktensuche bis zur Entwicklung von Alternativen, den Weg in den Katalog der Dienstleistungen, die die Forschungsgemeinschaft ihren Klienten anzubieten hatte, um attraktiv zu bleiben. Schließlich, und in diesem Zusammenhang besonders wichtig, geschah die Zusammenarbeit zwischen den Politikern und der Gemeinschaft der Forscher nicht mehr ad hoc, sondern in permanenten, institutionalisierten Einrichtungen, die offener und transparenter waren als jede frühere Form der politischen Beratung in Deutschland.

Seither ist die Politikberatung zur Wachstumsindustrie geworden und sie hat mittlerweile nur noch wenig gemein mit der unabhängigen Forschungsorganisation. Vielmehr gleicht sie größtenteils der Auftragsforschung und der politischen Empfehlung. Das muss nicht unbedingt schlecht sein. Im Gegenteil, die Präsenz von Interessengruppen ist ein Zeichen funktionierender Demokratie. Dass die Regierenden

---
[24] Lit. 20 Corti 57.
[25] Lit. 106 Reinicke 56.

mit der steigenden Komplexität der politischen Herausforderungen den Rat von Experten suchen, die den Prozess der Entscheidungsfindung lenken sollen, ist ebenfalls keine Überraschung.

Es wäre falsch, aus der vergleichenden Betrachtung der amerikanischen „think tanks" und der in Deutschland zumeist an Universitäten ablaufenden Forschung zu schließen, dass sowohl Auftragsforschung als auch politische Anwaltschaft in Deutschland einer größeren Reform, wenn nicht Umwandlung bedürfen, und dass nur ein solcher Reformprozess die Errichtung unabhängiger Denkfabriken gewährleisten würde. Der gegenwärtige Markt für Politikforschung in Deutschland ist die Folge der natürlichen Entwicklung des demokratischen Politsystems, das mit einer wachsenden Zahl von komplexen Fragen konfrontiert wird.

Dass Interessengruppen Regierungsentscheide zu beeinflussen versuchen, ist ebenfalls eine natürliche Folge moderner Demokratien. Man mag fragen, welche Bedeutung dieses Phänomen während der achtziger Jahre eingenommen hat. Man mag auch die Rolle kritisieren, welche die wissenschaftliche Gemeinschaft und die Medien bei der ständigen Produktion von so genannten wissenschaftlichen „Fakten" und „Gegenfakten" übernommen haben. Es kann aus anderen Gründen notwendig sein, der einen oder anderen Gruppe und/oder Lobbytätigkeit Schranken zu setzen, aber das allein wird kaum das Heranwachsen von unabhängigen „think tanks" begünstigen. Im Gegenteil, es ist gerade das Vorhandensein von Auftragsforschung und politischer Parteinahme, das einen Teil der Grundlage für einen „dritten Pfeiler", die Einrichtung einer unabhängigen politischen Forschungsgemeinschaft in Deutschland, sicherstellen würde.

Im Folgenden wird darum auf eine Anzahl von Hindernissen und Hürden verwiesen, die vor allem in der politischen Arena zu überwinden sind.

Viele Politiker und Bürokraten werden vermutlich die Präsenz einer unabhängigen „Denkfabrik" als bedrohliche Konkurrenz betrachten. So müssen sie befürchten, dass eine stärkere Transparenz und Öffentlichkeit ihr Unvermögen enthüllen könnte, mit komplexen politischen Problemen umzugehen, und damit aufzeigen, wie abhängig die Entscheidungsträger von den Wissenschaftern sowie von Interessengruppen sind. Zweitens könnten Regierungs- und Parlamentsmitglieder die politische Forschung als direkte Herausforderung für ihre Monopolstellung und die daraus resultierende Macht empfinden. Das erklärt, warum Politiker es vorziehen, Konsultation in einer „kontrollierten" Umgebung durchzuführen.

Ferner würde die Einführung einer neuen, unabhängigen Stimme in der politischen Debatte in Deutschland aller Wahrscheinlichkeit nach Routine und eingefahrene Kommunikationskanäle stören. Die Politiker dürften daher die Reform des gegenwärtigen Systems lieber sehen als die Einfügung eines völlig anderen Zweigs der politischen Forschung. Während aber die Reform des bisherigen Systems notwendig sein mag, führt sie noch nicht zur Einführung einer Tradition von unabhängigen „think tanks", wie man sie in den USA kennt. Viertens, auch wenn man davon ausgeht, dass die Einrichtung einer unabhängigen politischen Forschung in Deutschland Fuß fasst, dürfte sie von den Politikern als etwas verstanden werden, das den Gang der Entscheidungsfindung kompliziert.

Was noch wichtiger ist: Auch wenn diese Aspekte von den Politikern als Hindernisse und Unannehmlichkeiten betrachtet werden mögen, wäre der breiten Öffentlichkeit jedoch bestens gedient. Externe Konkurrenz und die Furcht vor einem

Machtverlust dürften zu besseren Leistungen von Politikern und Bürokraten führen. Der potentielle Bruch verknöcherter Kommunikationskanäle kann nicht nur zu deren Verbesserung führen, sondern neue Kanäle schaffen, die den Bürgern einen besseren Zugang zur Regierung gewähren. Schließlich dürfte der Prozess des „Policymaking" nur gewinnen, wenn die Entscheidungsfindung von unabhängigen Stimmen überwacht wird, die weder materiell noch politisch oder sonst wie am Ergebnis beteiligt sind und sowohl eine mittelfristige wie auch eine interdisziplinäre Perspektive einbringen.

Darüberhinaus zeigt die Erfahrung in den USA, dass die ursprüngliche Kritik schnell verstummt, wenn die Politiker nicht nur beginnen, die Arbeit einer unabhängigen „Denkfabrik" zu unterstützen, sondern sich auch der höheren Glaubwürdigkeit in den Medien und der Öffentlichkeit bewusst werden. Schließlich kann ein unabhängiger „think tank" Empfehlungen und Anregungen zu einem politischen Wechsel bringen, die zumindest den Interessen einiger Politiker dienen."[26]

Unter den in Deutschland agierenden Denkfabriken soll das „Centrum für Angewandte Politikforschung"(CAP), hinter dem sich der Politologe Werner Weidenfeld und eine 60-köpfige Wissenschafts-Armada verbergen, beispielhaft herausgegriffen werden.

Mit dem Versuch, politikwissenschaftliche Erkenntnisse direkt in die tagespolitische Realität umzusetzen, will der Weidenfeld-Stab das Fach verändern. „Politikforscher meiden vielfach den Umgang mit der Politik und schotten sich in sprachlichen Gehäusen ab," heißt es im CAP-Mitteilungsblatt. Das Centrum hat es sich daher auf die Fahnen geschrieben, „in Deutschland zur Lösung politischer Probleme beizutragen."

Wie soll das funktionieren? Ein Beispiel: Die EU-Kommission in Brüssel braucht regelmäßig aktuelle Daten über die Beitrittsfähigkeit der ost- und mitteleuropäischen Staaten. Sie gibt bei der CAP-Forschungsgruppe „Europa" jährliche Länderberichte in Auftrag: Die Forscher analysieren, wie weit Demokratie und Marktwirtschaft in den jeweiligen Staaten bereits gediehen sind. Das Ergebnis ist keineswegs eine rein statistische Aufstellung, es werden auch politische Schlussfolgerungen gezogen: Die jüngste Studie etwa kommt zu dem Ergebnis, dass sich die Länder Ost- und Mitteleuropas durchaus auf dem Weg zur Beitrittsfähigkeit befinden, sich die EU selbst aber zunehmend als reformunfähig erweist.

Das CAP legt Wert darauf, dass die Resultate seiner Forschungsarbeit eine breite Öffentlichkeit erreichen. Die Länderberichte beispielsweise werden nicht nur an die Auftraggeber bei der EU verschickt, sondern auch großflächig an andere Interessenten verteilt und über den Buchhandel vertrieben.

Die öffentliche Präsenz des CAP ist manchen Professoren suspekt. Kritik an der „praktischen Politologie" kommt vor allem aus der „reinen Wissenschaft". Dort bemängelt man, dass es den wissenschaftlichen Analysen des CAP zuweilen an Tiefe fehlt. Die Mitarbeiter des CAP legen in ihren Studien auf Verständlichkeit großen Wert und auch der Politiker, der keine Zeit hat, eine 300seitige Abhandlung zu lesen, ist dafür dankbar. „Wir orientieren uns an den Realitäten anstatt uns in Fußnoten zu verlieren", heißt es im CAP.

---

[26] Lit. 153 Bergsten 56.

Öffentliche Auftritte sind auch aus einem anderen Grund wichtig für das CAP; ein Elfenbeinturm-Dasein könnte sein Ende bedeuten: Die Forschungsstätte ist zwar juristisch dem Geschwister-Scholl-Institut, der politikwissenschaftlichen Abteilung der Münchner Universität, unterstellt. Hier hat Werner Weidenfeld die Nachfolge von Kurt Sontheimer angetreten. Abgesehen von seinem Lehrstuhl aber finanziert sich das Centrum vollständig durch außeruniversitäre Mittel. „Wir befinden uns damit auf dem freien Markt und müssen Dritte für unsere Arbeit interessieren", sagt Weidenfeld. „Hier gibt es niemanden, der sich jahrelang überlegt, ob er zu diesem oder jenem Thema ein Buch schreiben soll. Wir müssen klare, terminlich festgelegte Entscheidungen treffen."

Politikberatung in Österreich

In Österreich versucht man seit zwei Jahrzehnten **ohne „think tanks"** auszukommen und die auftretenden Probleme bloß mit starken Begriffen (Informationsgesellschaft, Technologieoffensive) zu „lösen". Immer öfter beschreitet man die Pfade der „virtuellen Realität" und löst Probleme bloß „auf dem politischen Bildschirm" – aber nicht tatsächlich. Man ortet in vielen Bereichen einen „Handlungsbedarf", diskutiert mögliche Lösungen, aber es wird nicht gehandelt. Konsequenz: **Viel heiße Luft, aber keine tatsächlichen Strukturreformen.** In den letzten Jahrzehnten ist zwar viel Wissen in Form von Gutachten, Studien und Vorträgen produziert worden, umgesetzt wurde davon jedoch nur wenig. Die Österreicher sind Riesen im Erstellen von Konzepten, aber Zwerge im Umsetzen. Vom Wissen zum Handeln ist in Österreich oft ein weiter Weg.

Die **Wirtschaftsforschungsinstitute** haben sich leider als **unzuverlässige Partner** entpuppt, die eigentlich nur ans Geldverdienen denken und an der gegenwärtigen wirtschaftspolitischen Malaise ganz gut verdienen. Ein Gutachten nach dem anderen wurden in den letzten Jahren der Regierung ins Haus geliefert und trotzdem blieb alles beim Alten. Konkrete Handlungsanleitungen enthielten die Gutachten nur selten. Wie denn überhaupt das „management by gutachten" neu überdacht und die ganze wirtschaftspolitische Beratung auf eine neue Basis gestellt werden muss. Auch ist die politische Unabhängigkeit einiger Institute ernsthaft anzuzweifeln, da sie parteipolitisch unterwandert wurden und nicht selten – wie **„Trojanische Pferde"** – nur auf ihren wirtschaftspolitischen Alibi-Einsatz warten. Die Prognosen der Wirtschaftsforschungsinstitute sind notorisch unzuverlässig, doch scheint das niemanden zu stören. Es gibt auch nur wenige – Otto Greiner ausgenommen – die das regelmäßig überprüfen.

Die mittel- bis langfristige **Politikbewertung** sollte von einem **„think tank"** übernommen werden, der von der Tagespolitik weitgehend unabhängig ist! Eine solche Einrichtung hätte einerseits **Grundsatzarbeit** und andererseits **integrative Arbeit** zu leisten und die **Qualität** der wirtschaftspolitischen **Problemlösungen** zu überwachen.

In den letzten Jahrzehnten ist von öffentlichen und privaten Institutionen ausreichendes **Know-how bereitgestellt** worden, das nur auf seine integrative Umsetzung wartet. Ganz zu schweigen davon, dass in den Schreibtischladen der politischen Parteien kiloweise Expertisen und der politischen Absicherung dienende **„Alibi"-Gutachten** liegen, die eigentlich einer Nutzung zugeführt werden sollten.

In gewissen Zeitabständen sollte der wirtschaftspolitische Ziel- und Maßnahmenkatalog durch den „Denktank" überprüft („evaluiert") werden. Bei dem zu errichtenden „Denktank" sollte es sich um eine **„schlanke", unbürokratische Diskussionsplattform** handeln, die die Effektivität und Effizienz der Politik sowie deren Zielgenauigkeit systematisch und regelmäßig überprüft, und die Öffentlichkeit via **Medien** mit kritischen Statements und Positionspapieren informiert.

Eine der dringendsten Arbeiten, die ein derartiger „Denktank" sofort zu leisten hätte, wäre die **Aufbereitung des bereits verfügbaren Wissens**. In diesem Zusammenhang müsste auch über eine neue politische Logistik nachgedacht werden. Kernpunkt dieser **Informationslogistik** wäre zu untersuchen,

- welches Wissen,
- zu welchem Zeitpunkt,
- in welcher Form,
- in welchem Umfang,
- welche politischen Entscheidungsträger

wir brauchen, um eine raschere Erneuerung wirtschaftlicher und politischer Strukturen zu erreichen. Der **„Denktank"** könnte so Einzel- und/oder Gruppeninteressen etwas zurückdrängen und nationale Erfordernisse stärker ins Bewusstsein der Öffentlichkeit rücken.

Volkswirte und Politologen schreiben für Regale und Schreibtischladen („Regalökonomie"), verfassen „Alibi"-Gutachten, nehmen an wissenschaftlichen Tagungen teil, halten Vorlesungen etc.. Doch die veralteten, verkrusteten Strukturen bleiben. Einer der Gründe dürfte darin zu suchen sein, dass **Wissen alleine** zu wenig ist. Was fehlt, ist Wissensmanagement.

Kurt F. Flexner hat in einem ähnlichen Zusammenhang von **„information observatories"** gesprochen, denen die Aufgabe zukäme, das Informationsangebot auf Sachlichkeit und öffentliche Vertretbarkeit hin zu überprüfen, weil ja die **Propaganda** im täglichen, öffentlichen Nachrichtenangebot bekanntlich einen breiten Raum einnimmt. In vielen Fällen kann eine wirksame Kontrolle nur durch die Öffentlichkeit vorgenommen werden, Voraussetzung dafür ist jedoch eine sachlich gut informierte Bevölkerung. Sachliche und relevante Informationen sind knapp und nicht selten versucht man, die Bevölkerung bewusst zu täuschen und zu manipulieren.

Eine weitere **Aufgabe** wäre die **Überprüfung der Umsetzung von politischen Programmen**, einschließlich der zeitlichen Zielgenauigkeit. Alle neuen politischen Konzepte wären vor ihrer Berücksichtigung im **regionalen Masterplan** auf Durchführbarkeit (vor allem auf Finanzierbarkeit) hin zu überprüfen.

Die Mitglieder des „Denktanks" könnten demgegenüber ohne weiteres einer politischen Partei nahe stehen oder einer solchen angehören. Der **„politisch keimfreie Experte"**, der keiner Partei angehört, ist sowieso eine **Utopie**. Und überdies: Je mehr „Richtungen" und „Strömungen" in diesem nationalen Denktank vertreten sind, desto größer ist die **Chance auf Akzeptanz von Vorschlägen** in der Phase der politischen Umsetzung.

Ziel wäre es, in einer **ersten Phase** einen Dialog über regionale Notwendigkeiten in Österreich in Gang zu bringen und breitere Akzeptanz für neue wirtschaftspolitische Problemlösungen zu schaffen. In einer **zweiten Phase** würden sich dann immer mehr Personen, Institutionen und Disziplinen in diesen Dialog „einklinken".

Als **Mitdenker und Vordenker** könnte ich mir auch jene hochqualifizierten **Beamten** in staatlichen und/oder halbstaatlichen Institutionen vorstellen, die aufgrund ihrer langjährigen Erfahrungen ziemlich genau wissen, wo – etwa im Bereich der öffentlichen Verwaltung – die großen Einsparungspotentiale liegen.

Es geht dabei vor allem um die Erarbeitung von Maßnahmen zur **Verbesserung der gesamtwirtschaftlichen Rahmenbedingungen** des Wirtschaftsstandorts Österreich und die Schaffung einer neuen **Vertrauensbasis zwischen Wirtschaft und Staat**. Aggressive Sparpakete (mit zum Teil rückwirkenden Änderungen im Bereich des Steuerrechts!) und gegenseitige Schuldzuweisungen haben diese Vertrauensbasis stark untergraben.

Ein **erfolgreicher „think tank"** sollte **drei Merkmale** aufweisen:

Erstens legt er sein Arbeitsprogramm anhand einer „fließenden Traktandenordnung" von Themen fest, die voraussichtlich über eine mittlere Frist von ein bis drei Jahren relevant werden. Unmittelbare Fragen sind in den meisten Fällen vorwiegend taktischer Art und bleiben am besten den Regierungsstellen überlassen, langfristige sind gelegentlich beachtenswert und können helfen, die Themenliste zu erstellen. Sie sind aber gewöhnlich zu abstrakt, um das Kriterium der Relevanz zu erfüllen. Im Idealfall werden die Themen so frühzeitig gewählt, dass die entsprechenden Studien bereit sind, wenn zur betreffenden Frage Handeln vonnöten ist.

Kein „think tank" verfügt über die Ressourcen oder den komparativen Vorteil, um jedes Thema, das in seine „fließende Agenda" eingeht, behandeln zu können. Entscheidend ist, dass die Organisation ihr Portefeuille nicht nach den persönlichen Wünschen ihrer Gründer oder ihrer Forscher richtet, sondern auf der Basis der besten Einschätzung der Nachfrage nach ihrem Produkt.

Zweitens müssen die Studien über jedes Thema hohe intellektuelle Ansprüche mit politischer Relevanz verbinden, ohne jeden Hauch von Parteilichkeit. Die Untersuchung muss peinlich genau und kreativ sein, so dass sie positive Rezensionen in akademischen und populären Zeitungen verdient. Die Autoren müssen auch zu praktischen Empfehlungen kommen, um den Nutzen und die Aufmerksamkeit in den politischen Kreisen sicherzustellen (wenngleich selbst Leser, die mit den Vorschlägen nicht einverstanden sind, aus den Analysen Lehren ziehen sollten).

Die totale Unabhängigkeit im Auftreten und im Erscheinungsbild ist ausschlaggebend. Jeder Anflug von politischer oder ideologischer Parteilichkeit diskreditiert eine Institution oder eines ihrer Produkte. Es gibt eine Anzahl sehr ideologischer „think tanks" in den Vereinigten Staaten, die für einen engen Anhang nützliches Material liefern, deren Relevanz für andere jedoch begrenzt ist.

Drittens muss ein erfolgreicher „think tank" seine Produkte aggressiv „verkaufen". Die Veröffentlichung eines Buches oder Artikels ist nur ein erster Schritt. Pressemitteilungen, Gastkolumnen in Zeitungen und Zeitschriften und andere Kurzfassungen der eingehenderen Analysen sind in der Regel äußerst wichtig, um die „Botschaft" einem breiten Publikum nahe zu bringen.

Der in Österreich zu errichtende „think tank" hätte vordringlich die Aufgabe, durch eine bessere Vorbereitung von politischen Entscheidungen einen Beitrag zur dringend erforderlichen Anhebung der Qualität der österreichischen Wirtschaftspolitik zu leisten. In diesem Zusammenhang wären von Bedeutung:

1. **Monitoring**: Politikbegleitung und Politikbewertung

Im staatlichen Sektor wird noch immer flotte Ankündigungspolitik betrieben. Daher: Kontinuierliches – sprich jährliches – Monitoring und Evaluierung anhand eines Public-Performance-Indexes, Erstellung einer Buchhaltung der „offenen Posten", der nicht erledigten wirtschaftspolitischen Projekte.

2. **Indexbildung**: Public-Performance-Index (PPI)

Ohne PPI lassen sich keine konkreten Aussagen über das tatsächliche Ausmaß an Rückbau des Staates machen. Die vielzitierten, aber in ihrer gegenwärtigen Form ungeeigneten Maastricht-Kriterien sind ein gutes Beispiel für nicht-vernetzte, eindimensionale Kennzahlen. Sie sollten allmählich durch ein integriertes Kennzahlensystem ersetzt werden, da sie nur unzureichend die wirtschaftspolitische Performance eines Landes wiederspiegeln.

3. **Benchmarking**: Lernen durch „best practice"

Da nunmehr auch Standorte zu einem zusätzlichen Wettbewerbsfaktor wurden und der Staat maßgeblich die Qualität dieser Standorte beeinflusst, müssen auch staatliche Aktivitäten einem Benchmarking unterworfen werden, wie in den Niederlanden, Neuseeland, Australien und in der benachbarten Schweiz (Wirtschaftspolitische Agenda, Finanzausgleich 2000, Schuldenbremse, Strategische Hochschulplanung für die Schweizer Universitäten mit dem Zeithorizont 2006 etc.).

4. **Erstellung von Masterplänen**

Im Ausland ist man – wie weiter oben dargelegt – längst dazu übergegangen, wirtschaftspolitische Entscheidungen im Hinblick auf kommunale, regionale oder gesamtwirtschaftliche Kompatibilität zu durchleuchten. Das Ergebnis dieser Analysen sind kommunale, regionale oder volkswirtschaftliche Masterpläne, in denen alle geplanten wirtschaftspolitischen Projekte ab einer bestimmten Größenordnung (mit allen wesentlichen Daten und Fakten wie Technologie-Folgenabschätzung, Folgekosten, Folgelasten etc.) angeführt sind.

4. Die politischen Rahmenbedingungen des Wirtschaftens: Institutionen, Spieler und Spielregeln

Gelegentlich wird in der Wissenschaftstheorie zwischen „small theories" und „grand theories" unterschieden. **„Small theories"** sind hervorragende Instrumente der Wissensorganisation und dienen zur Erklärung empirischer Sachverhalte, reduzieren jedoch die in der Wirklichkeit bestehende Komplexität, indem sie einen Einflussfaktor besonders hervorheben. Beispiel: Thünen's Landnutzungstheorie mit der zentralen Erklärungsvariablen „relative Transportkosten". Durch die Reduzierung auf einen dominierenden Einflussfaktor – man spricht in diesem Zusammenhang von „Reduktionismus" – erfolgt ein Gewinn an analytischer Trennschärfe.

Demgegenüber ist das Anspruchsniveau der **„grand theories"** wesentlich höher. Sie stellen einen umfassenden Interpretationszusammenhang („Kontext") dar, mit dessen Hilfe empirische Sachverhalte erklärt und interpretiert werden können. Der Anspruch auf übergreifende Erklärungskompetenz wird allerdings durch einen erheblichen Verlust an analytischer Trennschärfe und Operationalisierbarkeit erkauft. Autoren, die typische „grand theories" vorgelegt haben waren u. a. Karl Marx und Joseph Schumpeter. Ein besonders markantes Beispiel für eine „grand theory" ist die im Folgenden ausführlicher behandelte Regulationstheorie.

Die **Regulationstheorie** ermöglicht die Einordnung sehr unterschiedlicher empirischer Sachverhalte, Reintegration und multidisziplinäre Vernetzung. Die regulationstheoretischen Ansätze erheben den Anspruch, ein umfassendes allgemeines Modell zur Erklärung des wirtschaftlichen, politischen und gesellschaftlichen Wandels bereitzustellen. Es handelt sich hier nicht um ein geschlossenes und einheitliches Theoriengebäude, sondern eher um ein locker verbundenes Set von Erklärungsansätzen mit gemeinsamen Grundelementen. Mit **Harald Bathelt**[27] kann man festhalten, dass die langfristige sozioökonomische Entwicklung dabei als eine nicht deterministische Abfolge von stabilen Entwicklungsphasen und Entwicklungskrisen aufgefasst wird. Dabei werden neben den wirtschaftlichen und technologischen Gegebenheiten auch politische und gesellschaftliche Einflussfaktoren und Kausalzusammenhänge berücksichtigt. Dahinter steht die Erkenntnis, dass das System Wirtschaft gleichsam eingebettet ist in das Gesamtgefüge sozialer Beziehungen und nur dann in angemessener Form beschrieben werden kann, wenn die Zusammenhänge mit kulturellen, sozialen und institutionellen Strukturen angereichert sind. Dadurch kann man auch „neue" Einflussfaktoren und Entwicklungen – wie etwa die „Globalisierung" – berücksichtigen und im Kontext einordnen.

In starker Vereinfachung kann das Grundkonzept der Regulationstheorie wie folgt dargestellt werden. Die sozioökonomische Struktur einer Volkswirtschaft wird dabei in zwei Teilkomplexe zerlegt, die sich zwar eigendynamisch entwickeln, aber wechselseitig beeinflussen. Es ist dies einerseits der Bereich der Akkumulation und andererseits der Bereich der Regulation. Die **Akkumulation** beschreibt die Zusammenhänge zwischen Produktion, Konsum, Einkommensverteilung und Vermögensbildung. Die hier ablaufenden Wirkungen werden aber erst möglich, weil das Verhalten aller beteiligten Akteure durch Werkzeuge der Koordination und Kon-

---

[27] Bathelt, H., Die Bedeutung der Regulationstheorie in der wirtschaftsgeographischen Forschung, in: Geographische Zeitschrift, Band 82, 1994, S. 63ff..

textualisierung so aufeinander bezogen werden, dass ein **einheitlicher Handlungsrahmen** entsteht, der eine starke fokussierende Wirkung und eine wichtige Orientierungshilfe darstellt. Dieser stellt sicher, dass die Austauschprozesse den differenzierten Regeln, Normen und Konventionen entsprechen, und bietet somit die Rahmenbedingungen, nach denen ein Abgleich von Interessen und Macht stattfinden kann. Am Prozess der **Regulation** sind sehr unterschiedliche Akteure (Institutionen) beteiligt. Ihre Tätigkeit bezieht sich auf das Aushandeln, Durchsetzen und Überwachen der Koordination sowie der Inhalte der getroffenen Vereinbarungen. Dazu gehören vor allem korporatistische Absprachen zwischen den Sozialpartnern.

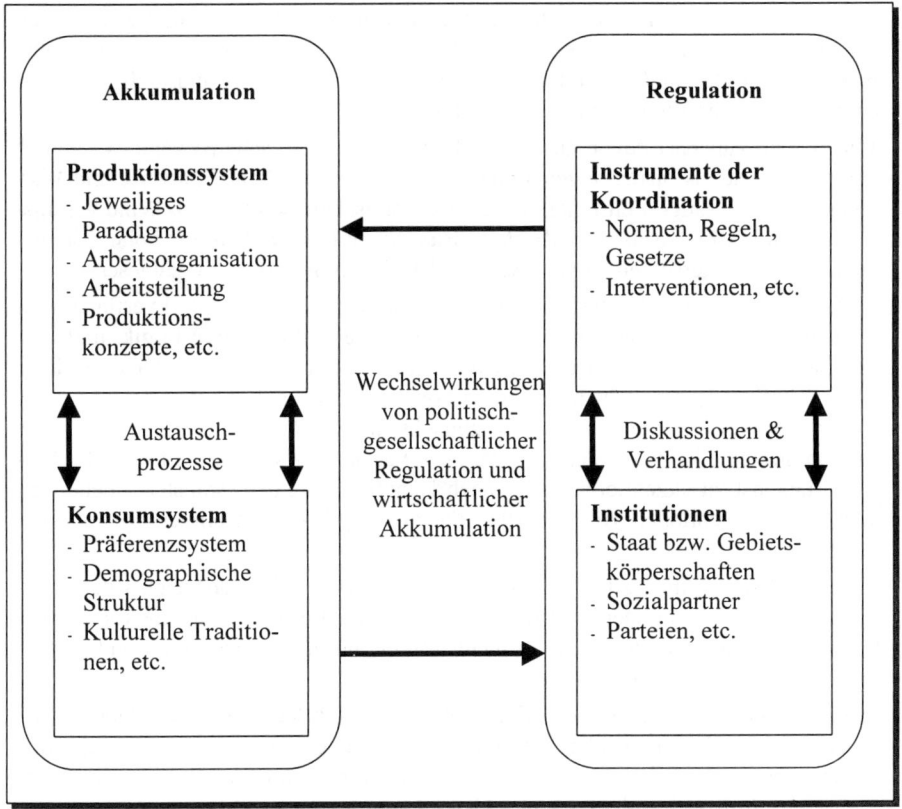

Abb. 9: Wechselwirkungen zwischen Regulation und Akkumulation nach Weichhart (adaptiert)

Der Regulationsmechanismus liefert weitgehend akzeptierte Regeln, mit deren Hilfe auch kurzfristig auftretende Gleichgewichtsstörungen zwischen dem Produktions- und Konsumsystem abgepuffert werden können. Durch die Wechselwirkungen („Interdependenzen") und die starke Verschränkung zwischen der Regulation und Akkumulation, und das dahinter stehenden Vernetzungspotential, entstehen längerfristige und relativ stabile Strukturen des Gesamtsystems, die man als **Formationen** bezeichnet.

Peter Weichhart[28] wird der großen Bedeutung des Regulationsansatzes gerecht, wenn er sagt: „Die 'grand theory' der Regulationsansätze, mit ihren vielfältigen Interpretationsspielräumen und Schnittstellen zu unterschiedlichsten sozialwissenschaftlichen Theoriesystemen, scheint dafür ein zur Zeit weitgehend akzeptiertes Medium der Fokussierung darzustellen, dessen Potentiale aber noch längst nicht ausgeschöpft sind."

In der Folge soll der regulatorische Handlungsrahmen, dessen integrative Kraft und Erklärungsleistung für empirische Sachverhalte unbestritten ist, konkretisiert werden. Doch zuvor müssen einerseits die Begriffe Intervention und Steuerung näher beleuchtet werden und andererseits einige Bemerkungen zur grundsätzlichen Steuerbarkeit wirtschaftlicher Prozesse angestellt werden.

Wir müssen zunächst davon ausgehen, dass sozioökonomische Systeme wesentlich komplexer sind als bisher angenommen wurde. Diesbezügliche Hinweise und Warnungen wurden lange Zeit innerhalb der ökonomischen Zunft in den Wind geschlagen. So hat beispielsweise **Friedrich A. Hayek**[29] bereits 1972 auf die hohe Komplexität und den Unterschied zu naturwissenschaftlichen Systemen hingewiesen.

Viele soziale Systeme (Unternehmen, Organisationen, Behörden etc.) verfügen über ein autonomes Innenleben, eine eigene strategische und operative Logik, und weisen dadurch eine hohe Selbstbezüglichkeit („Reflexivität") auf. Sie haben sich im Laufe der Zeit durch Nicht-Intervention von außen gegenüber einer Beeinflussung so abgeschottet, dass eine Steuerung zunächst nicht möglich erscheint. Die Interventionsstrategie kann in solchen Situationen nur darin bestehen, die Logik des Systems zunächst zu akzeptieren und – nach Kenntnis der Prozessmuster – neue Formen der Interventionen zu entwerfen, die die Logik der jeweiligen Systeme benützen.

Einfache direkte, lineare Interventionen sind in vielen Fällen angesichts der Starrheit der Strukturen und der ablaufenden Prozesse nicht möglich. Neuere komplexere Formen der Intervention müssen gesucht werden, um die Steuerbarkeit und Anpassungsfähigkeit wieder herzustellen.

Intervention soll in der Folge definiert werden als ein Versuch, in der Operationsweise von komplexen sozialen Systemen (Unternehmen, Organisationen etc.) einen bedeutsamen Unterschied zu bewirken. **Steuerung**[30] wäre dann – gleichsam im nächsten Schritt – der **Versuch der Gestaltung der Entwicklung von Systemen** aus einer mikroökonomischen, makroökonomischen, supranationalen, regionalen oder globalen Perspektive.

---

[28] Lit. 142 Weichhart 5ff..
[29] Lit. 170 Hayek.
[30] Lit. 148 Wilke 50.

Es muss uns von allem Anfang an klar sein, dass sich viele Versuche der Beeinflussung komplexer Sachverhalte oft im nachhinein („ex post") als gescheiterte Interventionen herausstellen, weil das Ausmaß an Komplexität unterschätzt wurde.

Die Gründe im Einzelnen:
1. Das betreffende System reagiert träge und indifferent.
2. Das System ist nicht von einem Punkt aus bzw. mit einem Instrument steuerbar.
3. Politische Interventionen ohne Wissen über die Systemstruktur misslingen.
4. Ursachen und Wirkungen sind zeitlich, räumlich und sozial, variabel miteinander verbunden.
5. Durch eine Vernetzung der wesentlichen Einflussfaktoren können zwar Widersprüche innerhalb eines Systems besser aufgedeckt werden, doch nimmt dadurch – je mehr Faktoren vernetzt werden – wieder die Chance einer kausalen Zuordnung ab.
6. Ursachen und Wirkungen sind – im Gegensatz zu den Naturwissenschaften – häufig nicht linear miteinander verbunden: Es kommt zu Wechselwirkungen, Kreislaufwirkungen und überraschenden Reaktionen, die mit den verfügbaren Theorien nicht erklärt werden können.
7. Manche Systeme weisen das Merkmal der Emergenz* auf, d. h., es fehlen wichtige Elemente, die für das Funktionieren erforderlich wären.

Helmut Willke unterscheidet zwischen einer **white Box-Intervention, einer grey Box-Intervention und black Box-Intervention**, je nachdem wie gut wir über die Funktionsweise eines Systems Bescheid wissen und welche Absichten wir mit den Interventionen verfolgen und wen wir treffen wollen.

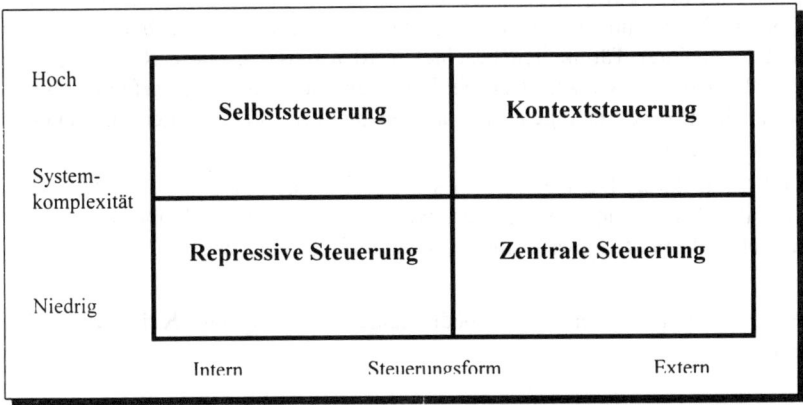

Abb. 10: **Verhältnis von Systemkomplexität und Steuerungsform nach Willke (adaptiert)**

Je weniger man über die Logik und die Abläufe in einem System Bescheid weiß, umso mehr neigt man zu **direkten, linear angelegten Formen der Intervention** mit inhaltlicher Orientierung (Gutachten, Expertenmeinung etc.), obwohl vielfach indirekte, prozedural angelegte Formen (Kontextintervention, Moderation, Mediation etc.) angebrachter wären.

Was nun die **Steuerbarkeit wirtschaftlicher Prozesse anbelangt**, so sollte man die Erwartungen nicht zu hoch ansetzen. Die wirtschaftspolitischen Akteure sind vielfach überfordert, wenn es darum geht, Konjunkturzyklen direkt zu beeinflussen, eine bestimmte Einkommensverteilung zu korrigieren oder mit Hilfe fiskalischer Instrumente wirtschaftliches Wachstum zu generieren.

Wirtschaftspolitische Interventionen auf der **Makroebene** zeichnen sich durch ein hohes Maß an Komplexität aus. Oft erfolgt nur eine lineare Beeinflussung der bestehenden Strukturen und Prozesse, doch ist eine nachhaltige Entwicklung einer Volkswirtschaft nur durch sehr differenzierte und aufeinander abgestimmte Maßnahmen steuerbar. Schritt für Schritt muss die bestehende Komplexität reduziert werden.

Was jedoch möglich ist, ist eine **staatliche Kontextsteuerung** durch eine bessere Gestaltung der Rahmenbedingungen, etwa durch eine Neufestlegung der „Spielregeln". Es wäre jedoch falsch anzunehmen, dass damit der Interventionsbedarf für einen längeren Zeitraum gedeckt ist. Die Erfahrungen, die im Umgang mit der Steuerung wirtschaftlicher Prozesse gemacht wurden, zeigen, dass während des „Spieles" laufend neue Routinen, Gewohnheiten und „inoffizielle" Spielregeln entstehen oder erfunden werden, die eine erneute Änderung der gesamtwirtschaftlichen Rahmenbedingungen durch staatliche Akteure erforderlich machen. Dabei ist zu berücksichtigen, dass es vielfach nicht die „Mitspieler" sind, die neue Regeln erfinden, sondern das Spiel selbst.[31]

Unter **Rahmenbedingungen** verstehen wir im Folgenden alle wirtschaftlichen Normen, Regeln und Organisationsprinzipien, die von politischen Organisationen im Rahmen ihrer Tätigkeiten beachtet werden müssen. Diese Regelungen können formeller Art sein wie zum Beispiel bei einem Gesetzgebungsverfahren, sie können aber auch informell erfolgen wie zum Beispiel im Rahmen einer sogenannten „Sozialpartnerschaft".

Der Vorteil dieses Denkansatzes besteht darin, dass der Staat ebenso wie die Parteien als Organisation interpretiert werden und es dadurch möglich wird, auch staatliche Aktivitäten überprüfbaren Spielregeln zu unterwerfen.

Bei der Festlegung der Rahmenbedingungen sind folgende **Kriterien** zu berücksichtigen:

1. Ausreichende Handlungsspielräume der Unternehmen bei der Verfolgung ihrer wirtschaftlichen Ziele („Wirtschaftsverträglichkeit").

---

[31] Lit. 148 Willke 11.

2. Schutz der Haushalte vor marktbeherrschenden Praktiken sowie Gewährleistung sozialer Sicherheit („Sozialverträglichkeit").
3. Umweltschutz („Umweltverträglichkeit").
4. Transparenz und Nachvollziehbarkeit darüber, wie Entscheidungen von gesamtwirtschaftlicher Tragweite zustande gekommen sind.

Institutionen lassen sich im Hinblick auf ihren überwiegenden Tätigkeitsbereich wie folgt einteilen:
1. Regierungsorganisationen („Governmental Organizations")
2. Nicht-Regierungsorganisationen („Non Governmental Organizations")
3. Halbstaatliche Organisationen („Quasi-Non Governmental Organizations")

Die **Regierungsorganisationen** können auf internationaler, nationaler, regionaler oder kommunaler Ebene tätig sein: Dementsprechend gibt es internationale, nationale, regionale oder lokale Organisationen. Die Einflussnahme auf die Wirtschaftspolitik erfolgt durch wirtschaftspolitische Berater sowie die Medien, bisweilen auch in informeller bzw. völlig ungeregelter Weise.

Die maßgeblichen Träger und Institutionen der Wirtschaftspolitik sind die **politischen Parteien**, die **Interessenverbände** und mit zunehmender Bedeutung auch die **Non Governmental Organizations** genannt. Diese verstehen sich als „dritte Kraft" neben Politik und Wirtschaft, mit ganz speziellen, relativ eng definierten Anliegen wie Greenpeace, die Caritas oder Amnesty International. Noch enger sind die Ziele von Bürgerinitiativen und Selbsthilfegruppen gesetzt.

Die sogenannten freien Verbände werden vielfach in die Begutachtungsverfahren für die gesetzliche Vorbereitung von Maßnahmen eingebunden und betreiben außerdem „Lobbying", d. h. trachten ihre Wünsche im vorparlamentarischen Raum, aber auch auf der Ebene der Vollziehung (bei Spitzenbürokraten) durchzusetzen.

Folgende **Fragen** werden bei der Erörterung der **Rahmenbedingungen** fokussiert:

1. Ist es überhaupt möglich, wirtschaftliche Prozesse durch die Gestaltung der Rahmenbedingungen („Kontextsteuerung") zu beeinflussen? Welche Probleme treten dabei auf und wie werden sie gelöst? Die Erfahrungen, die man mit direkten wirtschaftspolitischen Interventionen in den 60er und 70er Jahren gemacht hat, haben den Glauben in der Steuerbarkeit wirtschaftlicher Prozesse erschüttert.
2. Wie wirken sich die bestehenden Rahmenbedingungen auf die Unternehmen und Haushalte und die damit verbundenen wirtschaftlichen Prozesse und auf das Resultat aus? Beispiel: Ein Vergleich der Rahmenbedingungen ausgewählter OECD-Länder hat ergeben, dass die Wettbewerbsfähigkeit eines Landes umso größer ist, je liberaler die Rahmenbedingungen gestaltet sind.
3. Welche Rückwirkungen haben die wirtschaftlichen Prozesse und der Zustand der Wirtschaft auf die Rahmenbedingungen. Beispiel 1: Die wirtschaftlich schlechte Situation in der ehemaligen Sowjetunion und in den Satellitenstaaten war möglicherweise **der** Auslöser des politischen Umbruches. Beispiel 2: Die

Beeinträchtigung der Umwelt kann eine Änderung der Rahmenbedingungen notwendig machen.

Prinzipiell können **Steuerungen im Bereich der Regulation** auf vier Wegen erfolgen:
1. Über ein **Marktsystem**.
2. In Form von **politischen Entscheidungen** im Rahmen einer **Demokratie**.
3. Entscheidungen der **Bürokratie**.
4. Durch Verhandlungen zwischen den dazu legitimierten Gruppen („Bargaining").

1. Über das **Marktsystem** werden die Güter- und Faktormärkte gesteuert. Dezentrale Planungen, Maximierungsstreben der Akteure, Wettbewerb, funktionierende Märkte, Bereitschaft zur Übernahme unternehmerischer Risiken und ein ordnungspolitischer Rahmen sind Kennzeichen bzw. Voraussetzungen für das Marktsystem. **Wettbewerb** ist für das Marktsystem unerlässlich. Nur dieser gewährleistet, dass ein marktgerechtes Angebot kostengünstig produziert und preisgünstig bereitgestellt wird. Nach **Schumpeter** ist **Wettbewerb** ein Prozess der **schöpferischen Zerstörung**, der unaufhörlich, von innen heraus, alte Strukturen zerstört und neue schafft. Ein **dynamischer Unternehmer** ist bereit, das mit **Innovationen** (Produkt-, Prozess- und/oder Standortinnovationen) verbundene hohe Risiko zu übernehmen. Bei Erfolg erzielt er (sie) Pioniergewinne, solange bis die Imitationsphase einsetzt, der Konkurrenzdruck zunimmt, die Massenfertigung aufgenommen wird und Marktsättigung eintritt.

Merkmal	Formen der Koordination		
	Markt	Hierarchie	Netzwerk
Normative Basis	Vertrag: Eigentumsrechte	Anstellung: Weisungsrechte	Komplementarität: Austausch
Leitdifferenz	Preise	Positionen	Relationen
Beziehung der Akteure	unabhängig	einseitig abhängig	wechselseitig abhängig
Instrumente	Geld	Macht	Wissen
Modus der Variation	sozial: Wettbewerb um andere Präferenzen	sachlich: Wettbewerb um andere Programme	zeitlich: Wettbewerb um größere Schnelligkeit
Modus der Interaktion	Indifferenz und Opportunismus	Indifferenz und Misstrauen	Interessiertheit und Vertrauen

Abb. 11: Formen der Koordination nach Willke

Nach **Hayek**[32] ordnet jede(r) einzelne Marktteilnehmer(in) innerhalb des vorgegebenen Rahmens (Marktordnung) seine spezifische Situation und Fähigkeiten spontan, wie es ihm (ihr), ohne dass er (sie) das Ganze jemals erfassen kann, am vorteilhaftesten erscheint. In dieser spontanen Marktordnung wird das **verstreute Wissen** nicht nur ständig genutzt und vermehrt, sondern der laufende **Wettbewerbsprozess** lässt auch ständig neues, verwertbares Wissen entstehen. Der Wettbewerb ist daher ein **Entdeckungsverfahren**.

2. Politischen Entscheidungen. Über das demokratische Entscheidungsverfahren werden Parlamente, Landtage, Gemeindeversammlungen, Bürgermeister, gesetzliche Vertretungen (Kammern), Regierungen, Präsidenten u.a. gewählt.

Im ökonomischen Bereich wird dadurch auch das Ausmaß der bereitgestellten **öffentlichen und meritorischen Güter** sowie das Ausmaß der staatlichen Umverteilungspolitik bestimmt. Da auch Wirtschaftspolitik ein öffentliches Gut ist, wird über die Art der Wirtschaftspolitik letztendlich demokratisch entschieden.

Kennzeichen eines demokratischen Entscheidungsverfahrens sind allgemeine, freie, gleiche und geheime Wahlen, das aktive und passive Wahlrecht, die Anwendung des Mehrheitsprinzips, die begrenzte Amtsdauer der Gewählten, die Möglichkeit der Abwahl und die Meinungs- und Informationsfreiheit.

Demokratie bedarf des mündigen Wählers, der nach seinen Präferenzen wählt. Dabei sollte er auch in Rechnung stellen, welche Wahlversprechen eine Partei bei der letzten Wahl abgegeben und inwieweit sich die Partei daran gehalten hat. Allerdings rechnen Politiker und die Politik stark mit der **Wählervergesslichkeit**.

Ähnlich wie beim Marktsystem erfolgt die Willens- und Meinungsbildung dezentral. Es gibt **Parteienwettbewerb** und das Streben nach Stimmenmaximierung und rationale, nutzenmaximierende Wähler.

Probleme mit dem demokratischen Entscheidungsverfahren entstehen aus dem Umstand, dass auch Minderheiten berücksichtigt werden sollen, dass die Wähler sehr oft am Syndrom der Vergesslichkeit leiden und Interessen oft schwierig zu organisieren sind, dass es **Lobbying*** gibt und paradoxe Situationen bei Abstimmungen auftreten können. Dazu ein Beispiel:

Eine Gemeinde soll demokratisch entscheiden, ob die vorhandenen Mittel für **U** (Umfahrungsstraße), **H** (Hallenbad) oder **G** (Gemeindezentrum) aufgewendet werden. Die Stimmberechtigten (100 Personen) haben folgende Präferenzen:

U>H>G	8 Personen	U>G>H	25 Personen
H>U>G	19 Personen	H>G>U	14 Personen
G>U>H	16 Personen	G>H>U	18 Personen

8 Personen wollen lieber eine Umfahrungsstraße als ein Hallenbad (U>H), werden aber vor die Wahl gestellt, ein Hallenbad oder ein Gemeindezentrum zu errichten,

---

[32] Lit. 167 Hayek sowie Lit. 90 Oettl.

für das Hallenbad stimmen (H>G). Selbstverständlich entscheiden sie sich bei einer Abstimmung zwischen Umfahrungsstraße und Gemeindezentrum für die Umfahrungsstraße (U>G).

Eine Abstimmung zwischen Umfahrungsstraße und Gemeindezentrum ergibt eine Mehrheit von 52 Stimmen für die Umfahrungsstraße (U>G).

Eine Abstimmung zwischen Hallenbad und Umfahrungsstraße ergibt eine Mehrheit von 51 Stimmen für das Hallenbad (H>U).

Widerspruchsfreiheit der Präferenzen vorausgesetzt, müsste somit folgende Rangordnung existieren: U>G und H>U somit auch H>G! Dem ist nicht so, den 59 Personen entscheiden sich bei einer Abstimmung für das Gemeindezentrum und gegen das Hallenbad! Auf diesem Abstimmungsparadoxon baut auch das Arrow'sche Unmöglichkeitstheorem auf.

3. Demokratisch gefasste Beschlüsse bedürfen zu ihrer Anwendung und Ausführung der **Bürokratie**. Über sie erfolgt u. a. die Bereitstellung der öffentlichen und meritorischen Güter, die Ausführung der sozialpolitischen Maßnahmen sowie die Finanzierung des Staates durch Steuern und Abgaben. Im Rahmen dieser Aufgabenerfüllung kommt ihr ein eigener Entscheidungsspielraum zu.

Kennzeichen einer staatlichen bürokratischen Organisation ist der pyramidenförmige Aufbau. Aufgaben und Kompetenzen werden durch Gesetze, Verordnungen, Stellenbeschreibungen, Arbeitsanweisungen, Geschäftsordnungen u. a. m. festgelegt. Die Befehlsketten sind formalisiert. „Der Dienstweg ist einzuhalten." Bürokraten besitzen auch nicht Eigentum an den Ressourcen, über die sie verfügen. Zu Effektivitäts- und Effizienzproblemen kommt es innerhalb der staatlichen Bürokratie meist dann, wenn ein entsprechendes Anreiz-, Lenkungs- und Kontrollverfahren fehlt. Es kommt zu einem unzureichenden Kostenbewusstsein, zur unkontrollierten Budgetausweitung und zur Ausweitung **diskretionärer Spielräume** und somit tendenziell zu einer Vergeudung öffentlicher Mittel etc..

4. **Bargaining** ist ein Entscheidungsverfahren, welches auf Verhandlungen zwischen Repräsentanten und Delegierten einzelner Gruppen beruht und in der Regel zu einem **Kompromiss** führt. Damit ein solcher erzielt werden kann, dürfen die Interessensgegensätze nicht unüberwindbar sein, d. h., es muss ein Verhandlungsspielraum existieren. Der Kompromiss muss tragfähig sein, um von der Basis auch akzeptiert zu werden. Bei häufiger Anwendung dieses Entscheidungsverfahren darf nicht stets eine Gruppe als Verlierer dastehen.

Vorteile sind im Lernprozess zu sehen, den die Verhandler über den notwendigen Informationsaustausch im Verhandlungsprozess gewinnen, wodurch das gegenseitige Verständnis gefördert und eine friedliche Konfliktlösung begünstigt wird. **Nachteile** gibt es, wen nicht alle Interessen gleich gut organisierbar sind, die Delegierten die Verbindung zur Basis verlieren, Seilschaften und Cliquenwirtschaft – in der Schweiz „Vetternwirtschaft" genannt – einreißen und die Kompromisse von der Basis nicht mehr mitgetragen werden.

Immer mehr zeigt sich, dass Politiker und politische Instanzen durchaus eigene, individuelle Ziele verfolgen und nicht immer das wirkliche Wohl des Gemeinwesens im Auge haben. Ziel ist häufig einfach die Wiederwahl, weshalb die Wirtschaftspolitik der Regierung auch danach gestaltet wird (Steuersenkungen vor, Steuererhöhungen nach der Wahl).

Die Politiker maximieren die Wahrscheinlichkeit der Wiederwahl oder der Abwahl.[33] Zwischen den Wählern und den Politiker stehen Verbände und Interessensgruppen, die über Bargaining und Lobbying trachten, politischen Einfluss auszuüben.

Dem System zu Grunde liegt die Vorstellung eines **rationalen Wählers**, der seine Wahlentscheidungen von Nutzenüberlegungen abhängig macht, die sich für ihn aus der bisherigen staatlichen Tätigkeit und/oder aus den Absichtserklärungen über zukünftige wirtschaftspolitische Maßnahmen ergeben. Das Ausmaß und die Art der öffentlichen Güter, die Art und das Ausmaß der Besteuerung bzw. von Steuererleichterungen, die Ausgestaltung der Sozialpolitik u. v. m. sind nutzenbeeinflussend und wahlentscheidend.

Als Gegenstück zum vollkommen Wettbewerb in der Marktwirtschaft stipuliert dieser Ansatz vollständige **Parteienkonkurrenz**. Während in der Marktwirtschaft der Marktmechanismus für die nötige Kontrolle sorgt, ist die Wählerkontrolle nicht so penibel („Wählervergesslichkeit"), wodurch wirtschaftspolitische Akteure Handlungsspielräume bekommen, die sie zum eigenen Vorteil nutzen.

Analoges gilt auch für andere Organisationen. Notenbanken und Kammern streben nach Unabhängigkeit, Autonomie, Autorität, Kompetenzbewahrung, Positionssicherung und Einkommenssteigerung für ihre Funktionäre. Bürokraten wollen Karriere machen, Kompetenzen bewahren, Einfluss gewinnen und nicht unbedingt einem Leistungsdruck unterliegen. Doch auch hiefür zeichnet sich allmählich das „Ende der Gemütlichkeit" ab.

In der Folge wollen wir uns konkret mit folgenden **Steuerungsperspektiven** kritisch auseinandersetzen.

- **Mikrosteuerung A**
- **Nationale Makrosteuerung B**
- **Supranationale Makrosteuerung C**
- **Regionale Steuerung D**
- **Globale Steuerung E**

Dabei wird es gelegentlich zu einer „Entzauberung" liebgewordener, aber leider untauglicher wirtschaftspolitischer Interventionsmuster kommen.

---

[33] Studien für einige Länder zeigen, dass Inflation und Arbeitslosenquote einen statistisch signifikanten Einfluss auf den Stimmenanteil der Regierungspartei haben. Im Durchschnitt kann etwa ein Drittel der Änderung im Stimmenanteil der Regierungspartei auf Änderung der wirtschaftlichen Daten zurückgeführt werden.

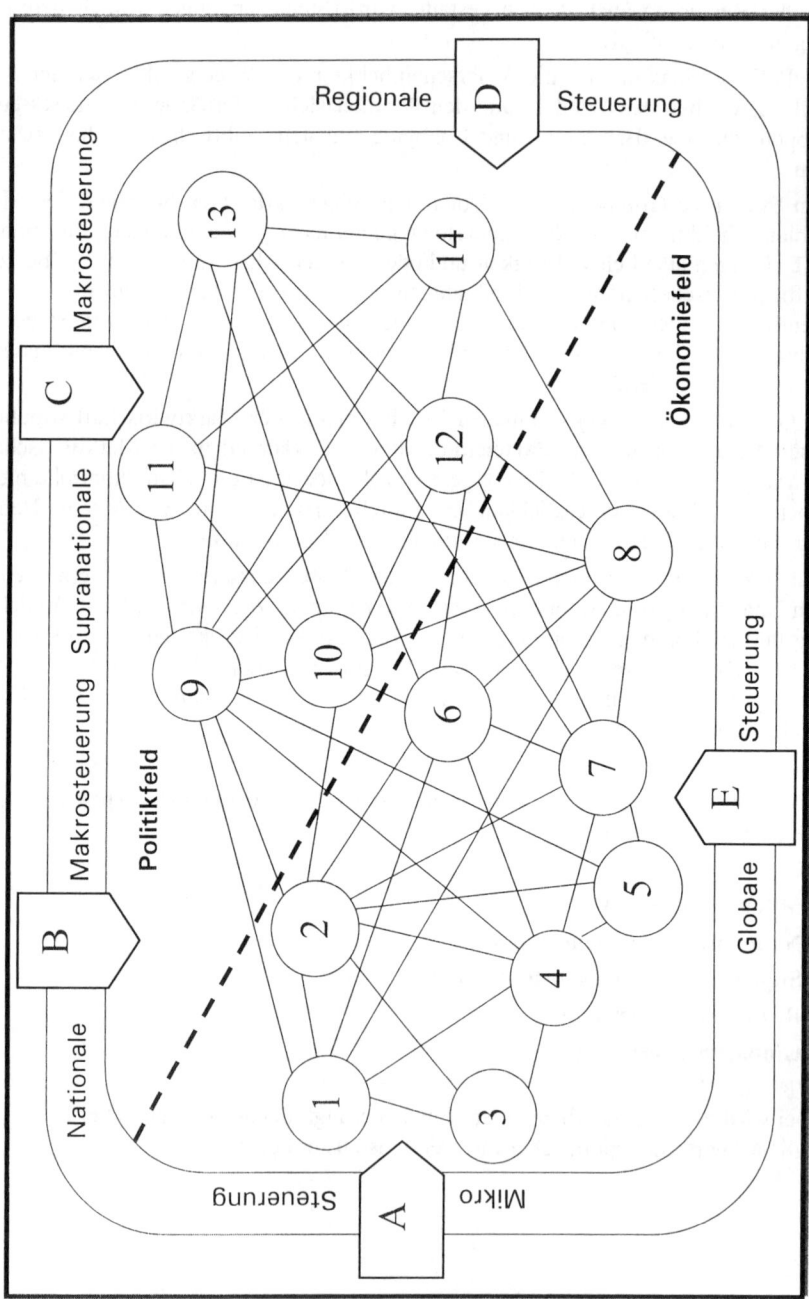

Abb. 12: Ansatzpunkte der ökonomischen Kontextsteuerung

4.1. Mikrosteuerung A

Im folgenden Abschnitt werden wir versuchen, jene **management tools** zu beschreiben, die ein Manager im Jahr 2005 möglicherweise braucht, um den Anforderungen in globalisierten Unternehmen entsprechen zu können. Dabei wird es sich nicht ganz vermeiden lassen, dass wir uns kurz in eine ökonomische **Cyberwelt*** begeben werden. Das Denken in Möglichkeiten und **Szenarien*** ist in unserer Zunft sowieso unterentwickelt.

Wertvolle Beiträge für unsere Zeitreise in die Zukunft lieferte das Heft Nr. 2/98 von TEXIS, Fachzeitschrift für Marketing, das dem Thema „Mangement-Szenarien 2005" gewidmet war. 1998 feierte die Universität St. Gallen ihren 100jährigen Geburtstag. Aus diesem Anlass riskierten 75 Managementforscher einen kritischen Blick in die Zukunft – bis zum Jahr 2005.

Soviel lässt sich jetzt schon sagen: Die nächsten Jahre werden geprägt sein von einem sehr tiefgreifenden Strukturwandel, einer zunehmenden Komplexität des Umfeldes der Unternehmen, einer Globalisierung der Märkte und einem damit verbundenen verschärften Wettbewerb auf allen Ebenen.

Henry Mintzberg,[34] einer der wirklich großen Management-Gurus unserer Zeit, beginnt eines seiner Bücher mit der an Deutlichkeit nichts vermissenden Feststellung: „Dieses Buch ist für diejenigen geschrieben, die ihr öffentliches Leben mit Organisationen verbringen und sich in ihrem privaten Leben davon erholen."

Unternehmen sind kein Disneyland mehr und Manager, die allen Anforderungen gerecht werden, brauchen eine umfassende Ausbildung, die sie befähigt mit komplexen Entscheidungssituationen fertig zu werden.

Jedes Jahr werden in der Consultingbranche neue betriebswirtschaftliche Konzepte zur Rationalisierung von Unternehmen erfunden. Kritische Geister innerhalb der Zunft sprechen hier nicht ohne Grund von „Management Fads": Lean Management, Fokussierung, Reengineering, Downsizing, Customer Satisfaction, Total Quality Management, Change Management, Outsourcing, Cost cutting, Clienting, Outplacement etc. heißen die Reizwörter mit denen die Branche versucht, Aufträge an Land zu ziehen und die Konkurrenz auszustechen. Die meisten damit zusammenhängenden Empfehlungen leider darunter, dass sie zu punktuell konzipiert sind und die Grundsätze ganzheitlichen Managements vermissen lassen.

In dem Forschungsprogramm „Leading from the Middle" der Darden Business School, Virginia, wurde 1999 untersucht, welche Managementfähigkeiten in der zukünftigen Unternehmenswelt notwendig sind. Eines der Ergebnisse war, dass der „neue" Manager nicht nur ein Spezialist in seinem Fachbereich sein sollte, sondern darüberhinaus über Sozialkompetenz und – schon wieder ein neues betriebswirtschaftliches Reizwort – „Leadership" verfügen müsse.

Auf der Suche nach einem neuen Rollenverständnis des Managements von Unternehmen hat sich in den USA vielfach eine aufgeblasene Rhetorik entwickelt, die immer mehr auch auf Europa übergreift. Sehr oft verbirgt sich hinter der aufgeblasenen Terminologie nur alter Wein in neuen Schläuchen!

---

[34] Lit. 174 Mintzberg.

Hinter der Fassade einer aufgeblähten Managementsprache über **„Leadership"** und **„Empowerment"** scheint sich die Machtlosigkeit zu verbergen, im Unternehmen wirklich etwas zu bewegen. Vielfach besteht überdies eine große Kluft zwischen Theorie und Praxis, insofern als die „neuen" Ansprüche an das Management und die realen Umsetzungsmöglichkeiten auseinanderklaffen. Im Alltagsgeschäft dominieren noch immer traditionelle Verhaltensmuster: Business as usual. Die Diskrepanz zwischen Gelerntem, Erlebtem und den konkreten Handlungen wird immer größer und ist sowohl für das Selbstverständnis von Manager ein Problem als auch für die Leistungsfähigkeit („Performance") der betreffenden Organisationen.

Bausteine für ein Managementkonzept 2005

- Ersatz von Organisationsstrukturen
- Ein Rückblick zeigt, dass sich die Rolle des mittleren Managements in den letzten zehn Jahren verändert hat. Bis in die Mitte der achtziger Jahre hätte sich die traditionelle Organisationsarchitektur kontinuierlich weiterentwickelt. Das vorherrschende Organisationsgebilde betonte hierarchische und bürokratische Strukturen mit eindeutigen, vertikalen Zuordnungsverhältnissen und abgegrenzten Funktionsbereichen. Vorschriften und Richtlinien bestimmten den vermeintlich optimalen Ablauf von Entscheidungs- und Innovationsprozessen. Beförderungen erfolgten durch den Aufstieg in den hierarchischen Ebenen in vertrauten Funktionsbereichen.
- Die weltweite Liberalisierung des Güter- und Finanzverkehrs, der Abbau von protektionistischen Barrieren, Deregulierungen, die Privatisierung von staatlichen Unternehmen, die Betonung des „Shareholder Value", neue revolutionäre Informationstechnologien haben das Umfeld für Unternehmen radikal verändert. Die Unternehmensführungen antworteten – meist ausgehend von angloamerikanischen Initiativen – auf diese Herausforderungen mit weltweit vermarkteten Managementrezepten: „Business reengineering", „Restructuring, Downsizing and Streamlining", „Mass-Customization", „Total Quality Management", „Benchmarking", „Global Alliances and Partnerships". Alle diese Programme brachten wesentliche Verbesserungen in den Wettbewerbspositionen; sie führten aber nicht zu einer innovativen und kreativen Organisationskultur, die flexibel und selbstständig auf Veränderungen reagieren konnte.
- Die neue Rollenerwartung an den Manager wird pauschal mit „Leadership" umschrieben, und vor allem auch in Zeiten relativer Ruhe. Die Zukunft soll mitgestaltet und nicht nur vorhergesagt werden. Um diesen Anforderungen zu entsprechen, gilt es, die blockierenden Annahmen und Lebensperspektiven des eigenen Ichs bewusst zu machen, um eine Veränderung von verfestigten Einstellungen einzuleiten.
- Der Manager soll zum Kristallisationspunkt für bereichsübergreifende Projekte werden und dabei die komplexen Wechselwirkungen berücksichtigen. Die Auflösung der hierarchischen Gruppenstrukturen soll zu einer Individualisierung der Verantwortung führen. Der Manager soll ein Netzwerk von persönlichen Beziehungen aufbauen, um die gesetzten Ziele auch gegen interne Widerstände durchzusetzen.

- An die Stelle einer formalisierten Position tritt die Fähigkeit, soziale Kontakte zu etablieren („networking and receiving feed-back"). Der Manager muss sich auf dem Markt der Interessen zurechtfinden, Machtzentren erspähen und seine Projekte durch das Interessengeflecht lavieren können. Diese „politisierende" Vorgehensweise erzwingt Kooperationen und diplomatische Kompromisse mit den Beteiligten. An die Stelle einer rigiden Organisationsstruktur tritt eine sich selbst formierende Organisation mit einem gemeinsamen Werteverständnis, deren Gestaltung sich an den jeweiligen Aufgaben orientiert. Das Idealbild ist die „fluid Organisation", die sich jeweils neu zusammenfindet und eigenverantwortlich umgestaltet.

Die Anforderungen an ein „Leadership"-Management sind also erheblich: Der neue Manager soll „Wertevermittler", „Visionär", „Unternehmer", „Initiator", „Generalist", „Diplomat", „Netzwerker", „Kommunikator", „Lernender und Lehrer" sein und obendrein noch kulturelle Kompetenz haben.

Die neue Rollenerwartung an den Manager wird pauschal mit „Leadership" umschrieben und gleichzeitig wird ein Anforderungsprofil mitgeliefert. Der „neue" Manager soll ausgehend von den Wertvorstellungen, dem „Credo" des Unternehmens, und den Kernkompetenzen eine eigene „Mikro-Vision" für sein unmittelbares Umfeld ableiten, die verständlich und umsetzbar ist. Dabei sollen alle Beteiligten einbezogen werden, um eine gemeinsame Motivationsbasis aufzubauen. Der Manager soll die latenten Kräfte der Mitarbeiter durch sein Führungsverhalten freisetzen und sie auf eigene Aktionsprogramme einschwören. In diesem Prozess soll er subtile Kommunikationsfähigkeiten einsetzen, um Überzeugungsvorgänge in seinem Sinne zu gestalten. Insbesondere der verbalen Ausdrucksfähigkeit kommt dabei eine besondere Bedeutung zu.

- Der Manager 2005 sollte die Perspektiven sowohl der Shareholder als auch der Stakeholder verstärkt berücksichtigen. Dementsprechend wird ihre Entlohnung stärker variabel gestaltet werden und persönlicher Erfolg stärker mit dem Unternehmenserfolg verknüpft sein. Die neuen Anforderungen beziehen sich nicht nur auf Wissen und Kenntnisse, sondern vielmehr auf Veränderungen im eigenen Einstellungs- und Verhaltensmuster. Als Generalist soll er die Konsequenzen des Handelns in anderen Bereichen des Unternehmens berücksichtigen.
- **„Wissensmanagement"** und **„Organisationales Lernen"** dürften sich in wenigen Jahren zum entscheidenden Wettbewerbsfaktor entwickeln.

Es besteht sicher kein Zweifel daran, dass in der künftigen Umwelt die Offenheit gegenüber neuen Ideen, das Initiativverhalten und das bereichsübergreifende Problemlösungsverhalten verbessert werden muss. Dafür gibt die neue Managementperspektive fruchtbare Impulse; sie verwischt aber die relevanten Aspekte bei Konfliktkonstellationen. Neben der geforderten Verhaltensänderung von Personen muss eine kompatible **Organisationskultur** entstehen, die diese gewünschten Verhaltensmuster unterstützt.

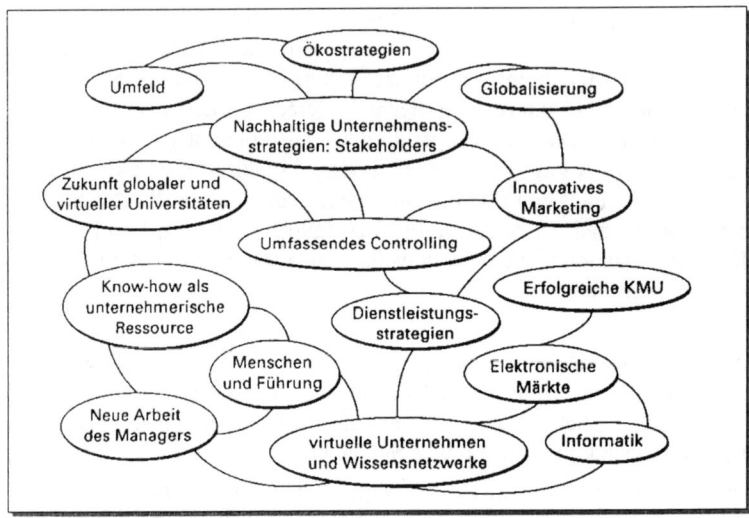

Abb. 13: **Elemente mikroökonomischer Steuerung mit dem Zeithorizont 2005 nach Texis**

Qualitätsmanagement

Mit der Perspektive größerer Wirtschaftsräume und der zunehmenden Internationalisierung in den wirtschaftlichen Beziehungen werden vertrauensbildende Maßnahmen zwischen Lieferanten und möglichen Auftraggebern und Kunden immer wichtiger. Die verschiedenen nationalen Prüf- und Gütezeichen sowie Produktnormen sind ein Weg dazu.

Total Quality Management, Lean Production, Kaizen und Partizipationskonzepte sind Begriffe, die als Managementinstrumente zur Sicherung der Wettbewerbsfähigkeit diskutiert werden.

Bis jede Mitarbeiterin und jeder Mitarbeiter qualitätsbewusst handelt und Qualität zur gelebten Selbstverständlichkeit wird, ist ein Entwicklungs- und Reifeprozess des Unternehmens notwendig. Dabei kommt den Führungskräften eine wesentliche Rolle zu: Sie müssen von der Priorität von Qualität überzeugt sein, den Prozess auch bei Schwierigkeiten und Widerständen fördern und die Veränderungen begrüßen, die ein konsequentes Qualitätsmanagement mit sich bringt: neue Formen der Arbeitsteilung, ein neues Führungsverständnis sowie Änderungen in der Aufbau- und Ablauforganisation und in der Unternehmenskultur.

Ein Qualitätssicherungssystem (QS) ist ein Bündel von Maßnahmen und Forderungen, mit denen ein gleichbleibendes Qualitätsniveau für die Produkte und Dienstleistungen eines Unternehmens sichergestellt werden soll. Weitere Merkmale eines QS sind:

- Aufgaben und Kompetenzen sind eindeutig festgelegt;

- definierte Schnittstellen (intern und extern);
- logische Arbeitsabläufe;
- keine unkontrollierten Lücken;
- Vermeidung von Überlappungen;
- Störungen in Arbeitsabläufen werden rechtzeitig erkannt;
- Konzentration auf vorbeugende Maßnahmen statt ständiges „Feuerlöschen";
- reduzierter Fehlleistungsaufwand;
- gesteigertes Qualitätsbewusstsein in der Belegschaft;
- verstärkte Anwendung moderner Qualitätsmanagementmethoden;
- verbesserte Kundenzufriedenheit.

Changemanagement

Erfolgspotentiale und Ansatzpunkte für Sanierungsmaßnahmen

Struktureller Bereich

1. Einflussfaktoren, die mit der Person des Unternehmers und dem Führungsstil des Unternehmens zusammenhängen:
   - Breite der Entscheidungsbasis;
   - Führungsstil und Ausmaß an Delegation;
   - kooperativer Führungsstil und Koordinationskompetenz;
   - Anwendung neuer Managementkonzepte, auch in der zweiten und dritten Führungsebene;
   - verstärktes Controlling;
   - Motivation der Mitarbeiter.
2. Organisation des Unternehmens:
   - übersichtliche Organisation;
   - wohlüberlegte Umstrukturierungen;
   - Überprüfung der Vor- und Nachteile der Rechtsform.
3. Kapitalstruktur:
   - Transparenz gegenüber Banken;
   - Zinsbelastung überprüfen;
   - Verlustausgleichskompensation mit Gesellschaften überprüfen;
   - stille Reserven darstellen.
4. Planungs- und Kontrollsystem:
   - Finanzplanung mit monatlichen Soll-Ist-Vergleichen;
   - regelmäßiger Jour fix (1-mal pro Quartal) mit Steuerberater;
   - Jahresabschluss innerhalb von drei Monaten nach Ende des Geschäftsjahres;
   - Überprüfung von Kostenrechnung und Kalkulation;
   - Erfolgsaufschlüsselung nach Sparten, Produkten, Kundengruppen, Filialen etc.;
   - Projektmanagement, wenn erforderlich.

Strategischer Bereich

1. Produkt- und Investitionsplanung:
   - Überprüfung der Produkte mit Hilfe von Portfolios;
   - richtige Abschätzung des Investitionsvolumens;
   - Erstellung von Durchführbarkeitsstudien;
   - richtiger Zeitpunkt der Investition;
   - effiziente Koordination der Investitionsabwicklung.
2. Forschung und Entwicklung:
   - Entwicklungskontrollberichte an Geschäftsleitung;
   - Zuordnung der Abteilung Forschung und Entwicklung zum Bereich Marketing;
   - Portfoliopflege mit aktiver F. & E. Tätigkeit.

Operativer Bereich

1. Produktion:
   - veraltete/zu neue, noch unerprobte Technologie;
   - hoher Produktionsausschuss, Senkung der Ausschussquoten;
   - Fertigungssteuerung optimieren;
   - zu starre Bindung an eine einzige Produktfamilie/sprunghafter Wechsel der Produktion;
   - unwirtschaftliche Eigenfertigung statt Fremdbezug.
2. Beschaffung und Logistik:
   - starre Bindung an Lieferanten und Rohstoffquellen;
   - politische und Währungsrisiken bei Rohstoffimport;
   - Großlager am falschen Standort;
   - Bau statt Miete von Gebäuden;
   - eigene, auf das Unternehmen zugeschnittene Einkaufsbedingungen;
   - Fakturenkontrolle auf so gen. außerordentliche Posten (Manipulationsgebühren, Verpackungsspesen, Avisogebühren, Zustellgebühren, Portospesen etc.).
3. - unzeitgemäße Produkteigenschaften, zu hohe/zu niedrige Qualität;
   - zu breites/zu schmales Programm, kein bewusstes Portfolio;
   - falsche Hochpreispolitik/falsche Niedrigpreispolitik;
   - Wertsicherung und Gleitpreisklausel überprüfen bzw. einführen;
   - bestehende Vertriebswege überprüfen und ausbauen bzw. ergänzende oder neue Strategien.
4. Art der Expansion:
   - kein Streben nach Umsatzerhöhung oder Marktanteilsausweitung;
   - Auslastungen von Leerkapazitäten;
   - unkritisches externes Wachstum;
   - zu früher Start mit nicht fertig entwickelten Produkten;
   - Einsparung von Overheadkosten.

5. Personalwesen:
   - Personalplanung;
   - Umschulungen;
   - Belegschaftsabbau;
   - Aussetzverträge;
   - Härte bei Verhandlungen über Löhne, Gehälter, Sozialleistungen, Sozialpläne, Sachbezüge;
   - Kurzarbeit;
   - leistungsgerechte Entlohnung.

Innovationsmanagement

Wer Zeitungen liest und regelmäßig fernsieht, muss unweigerlich den Eindruck gewinnen, dass wir in einer furchtbaren Zeit leben. Wo man nur hinsieht, kriselt es. Man diagnostiziert u. a. eine Umweltkrise, eine Beschäftigungskrise, eine Wachstumskrise, eine Krise des Parteienstaates und – seit neuestem – eine Innovationskrise.

Und dies ist genau der Punkt, wo ich dem pessimistischen Krisengerede nicht mehr folgen kann. Im Gegenteil: Viele Unternehmen, vor allem klein- und mittelständische Unternehmen, haben in den letzten Jahren immer wieder unter Beweis gestellt, dass sie sehr wohl kreativ und innovativ agieren können, wobei sie bisweilen einer Unterstützung beim Umsetzen des verfügbaren Know-how bedürfen.

Und auch an so genannten Basisinnovationen – etwa im Bereich der Informationstechnologie – ist kein Mangel, nur vollziehen sich diese Innovationen nicht so spektakulär und werden daher nur von einem kleinen Teil der Medien wahrgenommen. Ein bisschen hängt es wohl mit der alten Journalistenweisheit zusammen: Bad news are good news.

Auf einer Tagung in München hat **Leo A. Nefiodow** darauf hingewiesen, dass gerade die Basisinnovationen der Schlüssel zur Reduzierung der Arbeitslosigkeit sind und dass wir uns möglicherweise in der Aufschwungphase des fünften **Kondratieffzyklus** befinden.

Strukturwandlungen in Wirtschaft und Gesellschaft werden fast immer durch Innovationen ausgelöst. Im Einzelnen sind dies:

- Produktinnovationen (neue und/oder verbesserte Produkte, Kosten, Qualität),
- Prozessinnovationen,
- Serviceinnovationen (Kundenorientierung, Reaktionsfähigkeit),
- Marketinginnovationen (Preisgestaltung, Vertriebskanäle, Merchandising),
- Unternehmenskulturinnovationen (Job Enrichment, Verbesserung der sozialen Infrastruktur etc.),
- Managementinnovationen (Umsetzung von Führungsmodellen, Motivationsmanagement).

Bei der Umsetzung von Innovationen ist zu berücksichtigen, dass viele Innovationen das Vorhandensein einer kritischen Masse voraussetzen. Erstens in Form des verfügbaren Know-how für Zwecke der Produkt- und Prozessinnovation und zweitens in Form von finanziellem Kapital im Zuge der Umsetzung.

Leanmanagement

Was haben Autos, Büromöbel und Universitäten gemeinsam? Sie alle können durch „Leanmanagement" effektiver gemacht werden. Die Idee ist nicht ganz neu; erstmals erkannte man Anfang der 70er Jahre in Schweden, dass zu weit gehende Arbeitsteilung auch demotivierend wirken kann. Man versuchte neue Modelle der Arbeitsorganisation: Jobrotation (Arbeitsplatzwechsel im eigenen Betrieb), Job Enrichment (Arbeitsbereicherung) und Job Enlargement (größere Arbeitsbereiche).

In einer Studie, die am Massachusetts Institute of Technology (MIT) entstand („The Machine that changed the world"), wurde eine neue Management-Philosophie geboren, nämlich „Leanmanagement".

Was aber ist nun **„Leanmanagement"** konkret?

- Leanmanagement ist ein neues Denkmodell und ein neuer Führungsstil, der mit flachen Hierarchien und kurzen Entscheidungswegen auskommt.
- Leanmanagement vermeidet patriarchalisch-autoritäre Organisationsformen, da Kreativität und Produktivität sonst gehemmt werden.
- Leanmanagement führt Kopf- und Handarbeit wieder zusammen, nachdem man zu lange Denken, Entscheiden und Handeln in einzelne Abläufe getrennt hatte.
- Leanmanagement ist Arbeiten in Gruppen, weil in der Regel auf dieser Ebene das höchste Informationsniveau und die größte Sachkompetenz besteht. Leanmanagement ist also zugleich „management by delegation".
- Leanmanagement ist ferner „Schnittstellen"-Management, d. h., die einzelnen Arbeitsbereiche sind zwar voneinander abgegrenzt, die Mitarbeiter sind aber dazu aufgerufen, sich über diese Schnittstellen Gedanken zu machen und konstruktive Kritik an den Arbeitsabläufen zu üben. „Schnittstellen"-Denken baut den zur Zeit vielfach bestehenden Abteilungsegoismus ab und schafft ein neues „Wir-Gefühl".
- Leanmanagement schafft eine neue Organisations- und Konfliktlösungskultur, bewirkt eine neue „Begegnungsqualität", d. h., die Art und Weise, wie Menschen im Betrieb miteinander umgehen, wird positiv verändert.
- Leanmanagement ermutigt zum vorausschauenden Denken, vermeidet „Blindflug" bei der Arbeit und vergrößert die Zufriedenheit mit dem Arbeitsplatz und reduziert bürokratische Leerläufe und „Machtspiele".

Der Begriff **Leanmanagement** ist - zugegebenermaßen - schon etwas abgegriffen; er wird im Laufe der nächsten Zeit durch einen anderen Begriff ersetzt werden. Unabhängig davon wird der Druck in Richtung zu mehr Effizienz und mehr Effektivität in den Unternehmen bestehen bleiben.

Speedmanagement

Im Strategiebuch der Boston Consulting Group spricht **George Stalk jr**. von der **Zeit als der vierten Dimension des Wettbewerbes** nach dem Qualitätswettbewerb, der Segmentierung und der Serviceorientierung.

Die Parameter Qualität und Zeit sind miteinander eng verbunden. Ohne Prozessqualität und entsprechende Mitarbeiterqualifikation lässt sich auch die Speed, die Reaktionsschnelligkeit in einem Unternehmen nicht steigern. Qualitätsmanagement und Zeitmanagement haben die gleiche Perspektive: man betrachtet das Unternehmen als eine Summe von Abläufen (Prozessen), die einer kreativen Gestaltung bedürfen.

Wo **Kreativität** angesagt ist, ist aber auch ein neuer Denkansatz im Management erforderlich. Die alten Chef-Modelle – etwa nach dem Muster: „ich Chef - du Baustelle" – gehen nun endgültig den Bach hinunter!

Was in den nächsten Jahren gefragt sein wird:

- laterales Denken und Handeln im Sinne von De Bono.[35]
- Der Speed-Manager weiß nicht mehr alles: Er nimmt sogar in Kauf, dass andere Mitarbeiter auf bestimmten Spezialgebieten einen Informationsvorsprung haben. Für ihn zählt nicht das reine Faktenwissen, sondern das Handlungs- und Orientierungswissen. Effektive Führungskräfte sind daher heute mehr als Integralisten einzustufen, denn als Spezialisten.
- Der Speed-Manager koordiniert daher auch die wesentlichen Abläufe mit einem Controlling, das die gesamte Wertschöpfungskette umfasst und somit auch alle Schnittstellen zu Lieferanten und Kunden im Auge behält.
- Der Speed-Manager hat ein ausgeprägtes G'spür für den richtigen Zeitpunkt, zu dem man neue Prozesse im Sinne eines Reengineering in Gang bringen muss. Er muss aber auch entscheiden können, wie lange ein bestimmter Prozess (sprich: Durchlaufzeit) dauern darf.

Unternehmen, die Speedmanagement betreiben, wachsen schneller als die Konkurrenz. Speedmanagement schafft rechenbare Wettbewerbsvorteile. Genauso wie marktgerechte Qualität und wettbewerbsfähige Kosten beeinflusst der Faktor Zeit den Unternehmenserfolg ganz entscheidend, und das in zunehmendem Maße.

Nach meiner Überzeugung werden jene Unternehmen 2005 zu den Gewinnern gehören, die diesen kritischen Erfolgsfaktor nutzen und die kürzeste Zeit für die Entwicklung, Fertigung und den Vertrieb ihrer Produkte[36] benötigen.

---

[35] Lit. 177 De Bono.
[36] Ein klassisches Beispiel für Speedmanagement ist das Logistik-Konzept 97:48:10 der Firma Schachermayer, Linz. Es bedeutet: Von 100 Artikeln müssen 97 bei Selbstabholung auf Lager

Übrigens: Schnelleres Agieren wird auch in der Politik zum bestimmenden Element der nächsten Jahre werden. Jene Parteien werden in Zukunft die Nase vorne haben, die das jeweilige Parteiprogramm rascher umsetzen können als ihre Konkurrenten.

Synergiemanagement

Die Ausgangslage ist überall die gleiche:

- Kooperation wird gepredigt, aber nicht praktiziert.
- Know-how wird vielfach zu erheblichen Kosten neu entwickelt und nicht durch Outsourcing zugekauft.
- Die Notwendigkeit, Verbundvorteile zu nutzen, wird zwar gesehen, aber es fehlt der Wille zur Umsetzung.
- Die Anforderungen an das Management steigen mit wachsender Unternehmensgröße.
- Die wesentlichen Geschäftsfelder sind unscharf definiert und gegenseitig abgegrenzt.
- Man pendelt pausenlos zwischen „small is beautiful" und „think big".
- Erhoffte Synergien stellen sich nicht ein und Größe erweist sich – ab einer bestimmten Dimension – als Nachteil.

Dem gegenüber steht **Synergiemanagement** als konsequentes Konzept, das die Felder Organisation, Innovation und Koordination zusammenführt („integriert"):

- hilft, die Kostenentwicklung zu beherrschen;
- schafft neue Angebote;
- ermöglicht einen Know-how-Transfer zwischen Unternehmen und trägt zur Vereinheitlichung der Verfahren bei;
- verschafft einen Zusatznutzen durch die Berücksichtigung von Input-Output-Beziehungen;
- ermöglicht Wettbewerbsvorteile und ist dann effektiv, wenn bei einer Kooperation der gemeinsame Output höher ist als der allein erzielte;
- hilft auch die optimale Betriebsgröße anzupeilen.

Effektive Formen der **Kommunikation und Kooperation** erweisen sich daher immer mehr als **Strategie der Zukunft**. Strategischen Allianzen bewirken Vorteile im Kostenmanagement und in der Globalisierung. Der Welthandel und die zunehmenden Kommunikations- und Informationsmöglichkeiten sind die Basis für diese Entwicklung.
Je schneller ein Unternehmen kooperative Formen forciert und wirkungsvolle Maßnahmen setzt, desto erfolgreicher wird es auf Weltmärkten agieren können. Dies

---

liegen, in 48 Stunden muss jeder Artikel zustellbar sein und kein Kunde braucht länger als 10 Minuten bei der Selbstabholung warten.

wirkt sich auf die Effizienz des einzelnen Unternehmens aus, doch sollte man die Effektivität nicht aus den Augen verlieren und den Ausspruch von Bill Gates im Kopf behalten: „Size works against excellence".

Technologiemanagement

Der Begriff Technologie wird heute in unterschiedlicher Bedeutung verwendet. Drei Begriffsinhalte dominieren:

1. Produkttechnologie: hier steht die Gütererzeugung, die mechanische Technologie der Ingenieurwissenschaft im Vordergrund.
2. Verfahrenstechnologie: die Einteilung der Technologien erfolgt hier nicht mehr auf Grund der erzeugten Produkte, sondern auf Grund der angewandten Methoden.
3. Projekttechnologie: hier geht es weder um Güterproduktionen oder Produktionsmethoden, sondern um die Abwicklung von speziellen Projekten (z. B. Bewässerung eines Landstriches in der Sahara, Errichtung einer Satellitenstadt, Entwicklung eines städtischen Nahverkehrssystems und dgl.).

Technologiemanagement ermöglicht:

- die Sicherung und Stärkung der internationalen Wettbewerbsfähigkeit;
- eine optimale Nutzung neuer Werkstoffe;
- die Entwicklung und Vermarktung hochwertiger neuer Produkte und Verfahren.

Infolge der hohen Komplexität der Wirkungsgefüge von Technik, Wirtschaft und Gesellschaft werden ganzheitliche Betrachtungsweisen und integrierte Lösungsansätze immer wichtiger.
In den fünfundzwanzig Jahren, in denen der **Club of Rome** die Frage nach den Grenzen des Wachstums stellte, hat sich eine wichtige Erkenntnis durchgesetzt: Wirtschaftliches Wachstum muss nicht zwangsläufig mit einem zunehmenden Verbrauch an Ressourcen einhergehen. Der technologische Fortschritt wird eben immer stärker für integrierte Lösungen und ein umwelt- und ressourcenschonendes Wirtschaftswachstum genutzt. Allerdings: Zukunftsträchtige Technologien bedürfen einer sorgfältigen Prüfung, Betreuung und der Schaffung von wirtschaftspolitischen Rahmenbedingungen, damit sie anwendungsbereit werden und wirklich neue funktionsfähige Märkte entstehen. Eine umfassende Technologiepolitik bezieht sich dabei auf eine Vielzahl von Bereichen (Bildungssystem, Steuersystem, Finanzierungsmöglichkeiten, wissenschaftliche Forschung etc.), die in ihrer Gesamtheit auf die Erneuerung der Gesamtwirtschaft ausgerichtet sind.
Letztlich läuft die Argumentation des amerikanischen Ökonomen **Paul Krugman** hinsichtlich der Wettbewerbsfähigkeit der Nationen darauf hinaus, dass die Produktivitätsentwicklung im Inland einen wichtigen Wettbewerbsfaktor darstellt. Und hier sind es gerade die angewandten Technologien, die diese Produktivitätsentwicklung maßgeblich beeinflussen. Die Technologiepolitik sollte ein Umfeld schaffen, das es

ermöglicht, auf den Märkten neue Produktchancen wahrzunehmen. Und private und öffentliche Universitäten im Managementbereich sollten sich als Partner der Wirtschaft verstehen und sowohl Lehr- als auch Forschungsinhalte auf die Bedürfnisse der Wirtschaft besser abstimmen.

Eine der wichtigsten Aufgaben für die Zukunft ist die Vernetzung der verschiedenen Technologiebereiche. Dabei ist es nicht dramatisch, wenn ein Land auf den einzelnen Technologiefeldern nicht zur absoluten Weltspitze gehört, wichtig ist vielmehr, dass es in den einzelnen Feldern hohe Qualitätsstandards gibt, die bei einer effizienten Verknüpfung die Entwicklung von Systemen ermöglichen. Technologietransferzentren schließlich sollten verstärkt in das regionale Netzwerk von Technologieanbietern, Beratern und Nutzern eingebunden werden.

Shareholder Value als Handlungsmaxime

In einem vollkommenen Kapitalmarkt investieren die Kapitalgeber ihr Kapital stets dort, wo bei gegebenem Risiko die höchste Rendite winkt. Bei Aktien besteht diese Rendite aus den beiden Komponenten Dividende und Kurswertsteigerung, wobei letztere im langjährigen Durchschnitt doppelt so hoch ausfällt, wie erstere. Das Kapital fließt daher stets dorthin, wo die größten Wertsteigerungen zu erwarten sind. Solange in einer Marktwirtschaft Kapital ein Engpassfaktor ist, repräsentiert die Fokussierung auf Wertsteigerungen das beste Unternehmungskonzept, welches eine kontinuierliche Versorgung der Unternehmung mit dem Rohstoff Kapital sichert. Es geht dabei nicht um die Maximierung der Börsenkapitalisierung per se, sondern um die relative Wertsteigerung pro Zeiteinheit.[37]

Damit ist die zentrale Frage angeschnitten, wie Wertsteigerungen erzielt werden können. Der Ausweis steigender Gewinne ist zwar nach wie vor ein brauchbares Instrument zur Steigerung des Unternehmungswertes, jedoch längst nicht das einzige. Zudem hat sich in den letzten Jahren die Erkenntnis durchgesetzt, dass es Gewinne unterschiedlicher Qualität gibt, wobei sich diese Unterschiede in drei Dimensionen bilden können. Der nachhaltige Gewinn galt zwar dem erratisch verlaufenden schon immer als überlegen. Relativ neu ist die Erkenntnis, dass es auch eine Disponibilitätsdimension gibt, indem frei verfügbarer Gewinn wesentlich wertvoller ist als der Gewinn, der laufend aufgrund von Sachzwängen wieder reinvestiert werden muss und daher dem Aktionär keinen sofortigen Nutzen verschafft. Daher hat in der Bewertungspraxis der so genannte free Cash-flow den Gewinnbegriff weitgehend verdrängt. Wiederentdeckt wurde in jüngster Zeit die Kostendimension des Gewinns. Ein Gewinn, der die Kosten des Eigenkapitals nicht voll abdeckt, hat eine geringere Qualität als ein Gewinn, welcher zusätzlich zu den marktkonformen Eigenkapitalkosten erwirtschaftet wird. Erst wenn ein derartiger Zusatzgewinn anfällt, entsteht ein Shareholder Value. Vorher zahlt ja der Aktionär drauf, da ihm Opportunitätskosten entstehen.

Die Kostendimension des Gewinns kannten schon die Kaufleute des letzten Jahrhunderts, indem sie mit kalkulatorischen Kosten des Eigenkapitals operierten. **Alfred Marshall** schrieb in seinen „Principles of Economics" schon im Jahre 1890 „What remains of his profits after deducting interest on his capital at the current rate

---

[37] Lit. 8 Belz 62f..

may be called his earnings of undertaking and management." Mit dem moderneren Begriff „Shareholder Value" wird diese uralte Erkenntnis lediglich neu verpackt und als Innovation verkauft.

Die Unternehmen standen in den 90er Jahren des letzten Jahrhunderts aus vielen Gründen unter einem gewaltigen Druck, Shareholder Value – also freie Cash-flows, die beträchtlich über den Kosten des eingesetzten Kapitals liegen – hervorzubringen. Einmal war weltweit Eigenkapital im Überfluss vorhanden, das gnadenlos die höchste Rendite suchte. Dieses stammte nicht zuletzt von den Arbeitnehmern selbst, einerseits in Form von Pensionskassengeldern und andererseits in Form von Investitionen in Aktien mit den besten Renditeerwartungen. Bereits 1995 investierten über 60 Mio. US-Bürger in Aktien und dieser Trend griff mit voller Wucht auch auf den Rest der Welt über. Die Unternehmen sahen sich gezwungen, ihre Attraktivität zu erhöhen – und kurzfristig war dies nur über das Kostenmanagement möglich, mit den in der Abbildung illustrierten Kettenreaktionen des Personal- und Sozialabbaus.

Bekanntlich führt Abmagern über kurz oder lang zur Magersucht. Dieses erkannten gut geführte Unternehmen schon bald und sie begannen konsequent auf etwas anderes zu setzen: **Innovation**. In Abbildung 14 sind diese Zusammenhänge fett eingetragen. Die Abbildung zeigt in der heute geläufigen Sprache der ganzheitlichen Diagnose von Problemsituationen die Shareholder-Value-Falle, in der Wirtschaft und Gesellschaft noch vor wenigen Jahren steckten. Gleichzeitig illustriert sie die gewählten Wege aus dieser Falle.

Wenn der Shareholder-Value-Druck über intensivere Forschung und Entwicklung, konsequente Förderung der Mitarbeiter und nachhaltige Wachstumsstrategien aufgefangen wird, so führt dies nicht nur zu Innovationen, sondern über die aufgezeigten Folgewirkungen zu einer gesunden gesamtwirtschaftlichen Entwicklung. Natürlich kann nicht nur auf die Karte Innovation gesetzt werden; ein zielgenaues Kostenmanagement ist unerlässlich. Auch entfalten Kostenmanagement-Programme ihre Wirkung sehr viel rascher als Innovationsstrategien. Aber bereits in den 90er Jahren des vorhergehenden Jahrhunderts zeichnete sich ab, dass jene Firmen den höchsten Shareholder Value erzielten, die den besten Mix von Innovation und Kostenmanagement fanden und die konsequent in ihre Mitarbeiter und in eine gesunde Co-Evolution mit ihrem Umfeld investierten. Massenentlassungen waren schon damals – im Gegensatz zu manchen Behauptungen der Shareholder-Value-Gegner – keineswegs der Schlüssel zum Erfolg.

Diese ganzheitliche Sichtweise überzeugte nicht zuletzt die Kapitalgeber. Sie lassen sich heute nicht mehr von den Kostenmanagementvirtuosen blenden. Vielmehr investieren sie in jene Unternehmen, die den Dialog mit allen Anspruchsgruppen suchen und die bewusst auf Innovation setzen. Zeitgemäße Unternehmen verpflichten sich in ihren Visionen und Leitbildern konsequent zu einem Shareholder-Value-Management und dokumentieren in einer neuen Art von Rechenschaftsbericht dessen Einhaltung. Die ersten Ansätze der vergangenen 90er Jahre in Form der **„Balanced Scorecards"** sind hier zu integrierten Systemen verfeinert und operationalisiert worden. Die Anreizsysteme wurden natürlich ebenfalls dieser Neuorientierung angepasst. Interessant an dieser Entwicklung ist vor allem die Tatsache, dass sie sich auf natürliche Weise ergab, geboren aus der Einsicht in die Gesamtzusammenhänge und unter der Führung der erfolgreichsten Unternehmen der Welt.

Wie entsteht ein Shareholder Value?
Im Vordergrund der unternehmerischen Bemühungen um Wertsteigerung steht die Bekanntmachung von strategischen Entscheidungen, mit welchen die Wettbewerbsfähigkeit der Unternehmung gestärkt wird. Dazu gehören etwa personelle Umbesetzungen, Akquisitionen, Restrukturierungen, Devestitionen, neue Marketingkonzeptionen, Sortimentsstraffungen und dergleichen. Man hat schon beobachtet, dass die Berufung des richtigen Spitzenmanagers den Börsenwert einer Unternehmung schlagartig um etliche Milliarden Dollar steigerte. Bei der Ankündigung der Novartisfusion resultierte ebenfalls eine schlagartige Wertsteigerung um 18 Milliarden Franken, ohne dass ein zusätzlicher Rappen Gewinn entstanden wäre. Im Gegenteil: Die Vorbereitung dieser Megafusion wird kurzfristig dreistellige Millionenbeträge zu Lasten des ausweisbaren Gewinns kosten. Die Höherbewertung der Sandoz- und Ciba-Aktien basierte einzig auf einer positiven Neueinschätzung der Wettbewerbsstärke der beiden fusionierten Gesellschaften. Mehrwert ist demnach Antizipation einer besseren Zukunft und hat mit der vergangenheitsorientierten Rechnungslegung nichts zu tun.[38]

Tücken des Shareholder-Value-Konzeptes
Die Schaffung von Shareholder Value als oberste Zielsetzung in einer Marktwirtschaft ist zwar rational sinnvoll und der reinen Gewinnerzielung überlegen. Sie hat freilich auch Tücken. Die Tatsache, dass strategische Entscheidungen von Unternehmungen von Börsen beurteilt und bewertet werden, bedeutet zunächst, dass es für derartige Entscheidungen einen objektiven und vor allem **externen**, äußerst schnell reagierenden Maßstab gibt. Das Management einer börsenkotierten Gesellschaft wird auf diese Weise laufend vom Markt kontrolliert und beurteilt. Die Tücke besteht darin, dass das Konzept davon ausgeht, der Markt habe immer Recht und der Bewertungsmaßstab sei daher unfehlbar. In dieser Beziehung gab es beim Gewinnkonzept keine Probleme, da ein von der Revisionsstelle abgesegneter Gewinn nicht mehr hinterfragt werden musste.

Die politische Brisanz des Shareholder-Value-Konzeptes liegt jedoch nicht in der Prämisse begründet, dass der Markt immer Recht habe, sondern im **Tempo der Implementierung** des Konzeptes. Wenn die ganze Wirtschaft schlagartig umdenkt und von der Umsatz- und Gewinnorientierung auf die Shareholder-Orientierung umstellt, sind große Turbulenzen am Arbeitsmarkt vorprogrammiert. Die Wirtschaft müsste innert kürzester Zeit alle Bereiche abstoßen oder stilllegen, welche die vom Markt geforderte Mindestrendite nicht erwirtschaften können. Die Mindestrendite orientiert sich jedoch am aktuellen Durchschnitt und den erreicht jede zweite Unternehmung nicht.

Corporate Governance

Der Begriff wird in einem engen und einem weiten Sinn verwendet. In enger Interpretation umfasst er die **Leitungsorganisation von Unternehmen** (Geschäftsleitung, Gesellschaftsorgane). In einer erweiterten und neueren Interpretation versteht man darunter die gesamte Regelung der Zuständigkeits-, Macht-, Anspruchs- und Kontrollverhältnisse an der Spitze von Unternehmen.

Das Governance-Konzept[39] betrachtet in diesem Zusammenhang das jeweilige Unternehmen unter dem Gesichtspunkt des **Zusammenwirkens mehrerer Stakeholder** (Eigentümer, Fremdkapitalgeber, Mitarbeiter, Fiskus etc.). Auch die Gestaltung der Zusammensetzung, der Größe sowie der Funktionsweise des **sichtsrates** (in der Schweiz: des Verwaltungsrates), rückt immer mehr in den Fokus der Analyse. Dabei spielt auch die Art und Weise, wie Aufsichtsratsmitglieder in den Aufsichtsrat berufen werden und die Überprüfung der Qualifikation der Mitglieder eine immer wichtigere Rolle. Je besser die Governance in einem Unternehmen, desto besser ist die Wettbewerbsfähigkeit des betreffenden Unternehmens auf nationalen und internationalen Märkten[40] sowie die Möglichkeit der Kapitalbeschaffung.

In der folgenden Abbildung 14 sind die wesentlichen Determinanten des Shareholder Value angeführt, die es ermöglichen aus der Shareholder-Value-Falle zu entkommen.

Tom Peters schreibt im Vorwort zu: Crainer, St., Die ultimative Managementbibliothek. 50 Bücher, die Sie kennen müssen, Frankfurt am Main/New York 2000: „Es gibt keine Antworten, bestenfalls ein paar Vermutungen, die einen Versuch wert sein könnten."

Dies ist ein Beispiel für die neue Bescheidenheit, die allmählich in der Managementzunft einzuziehen beginnt.

---

[39] Lit. 11 OECD.31.
[40] Lit. 62 Malik 91.

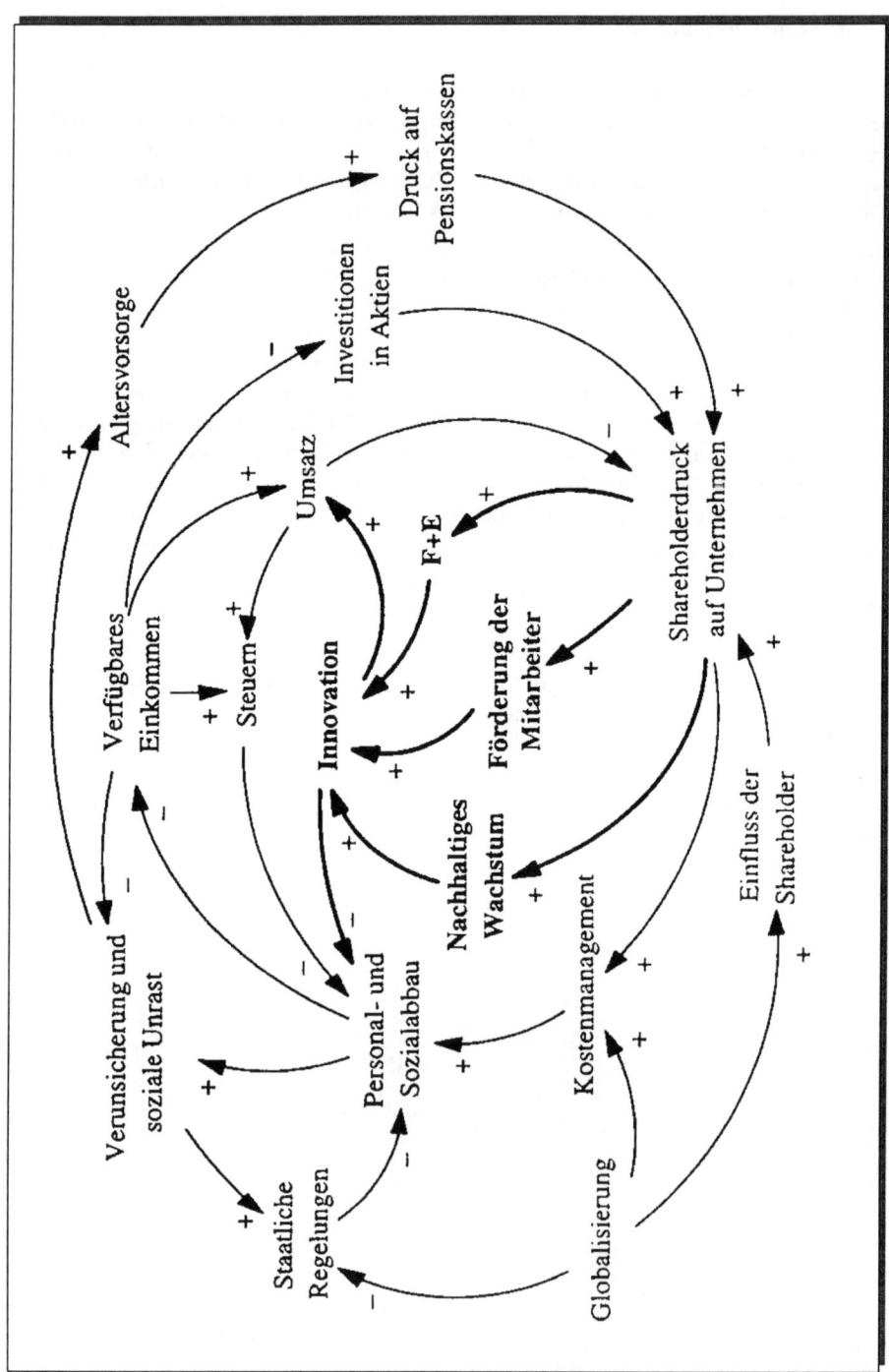

Abb. 14: Determinanten des Shareholder-Values

4.2. Nationale Makrosteuerung B

Als nationale Makrosteuerung bezeichnen wir alle Interventionen der Wirtschaftspolitik, durch die das Handeln der Akteure und damit Marktprozesse selbst beeinflusst werden sollen.

Folgt man dem so genannten **Mainstream***, so ist Wirtschaftspolitik dann rational, wenn sie planmäßig auf die Verwirklichung eines umfassenden, wohldurchdachten und in sich ausgewogenen Zielsystems gerichtet ist und dabei den höchsten Erfolgsgrad erreicht, der unter den jeweiligen Umständen möglich ist.

Die wichtigsten Bausteine für eine **rationale Wirtschaftspolitik** sind:

- ein **Zielsystem**, das den angestrebten Soll-Zustand beschreibt, operational definiert und quantifiziert,
- eine **Diagnose** als Analyse des jeweiligen Ist-Zustandes, die die Ursachen der Fehlentwicklungen aufzeigt,
- eine **Prognose**, die aufzeigt, wie sich der Ist-Zustand entwickeln könnte, wenn die Wirtschaftspolitik passiv bleibt (Status-quo-Prognose), und informiert, wie bei wirtschaftspolitischem Eingreifen die erwogenen Maßnahmen wirken werden (Wirkungsprognose),
- die Aufstellung eines **politischen Programms,**
- die **Planung** von **Maßnahmen,** um dieses Programm in angemessener Zeit umzusetzen,
- die **Koordination** der Maßnahmen („Governance") mit dem Kriterium: „Minimiere die Nebenwirkungen, die mit den Einzelmaßnahmen verbunden sind!"

Im Folgenden das **Instrumentarium,** über das die Wirtschaftspolitik in den meisten OECD-Ländern verfügt:

- Wettbewerbspolitik: Kartellrecht, Fusionskontrolle, Subventionen, Förderungen, Verbote, Eigentumsrechte
- Strukturpolitik: Förderungen, Investitionen, Bildung und Forschung, Technologie
- Wachstumspolitik: Investitionen, Bildung und Forschung, Technologie, Kapitalmarkt
- Geldpolitik: Diskontsatz, Lombardsatz, Mindestreserve, Offen-Markt-Geschäfte
- Fiskalpolitik: Staatseinnahmen, Staatsausgaben, Budgetdefizit, Transferzahlungen, Steuern, Staatsschuld
- Einkommenspolitik: Preise, Information, Steuern, Transferzahlungen, Wettbewerb
- Außenwirtschaftspolitik: Zölle, nichttarifäre Handelshemmnisse, Wechselkurse, Konvertibilität
- Umweltpolitik: Standards, Gebote, Verbote, Zertifikate, Steuern

Wie dieser demonstrativen Aufzählung zu entnehmen ist, kann man die Ziele und Mittel nicht **eindeutig** klassifizieren. Der Wettbewerb beispielsweise als „Instrument" der Einkommenspolitik ist durchaus auch ein „Mittel" für das Ziel „Wirtschaftswachstum" und kann als ein eigenständiges Ziel im Zusammenhang mit den gesellschaftlichen Grundwerten wie Freiheit und Fortschritt gesehen werden.

Die wohlstandssteigernde Begründung der im **magischen Vieleck** enthaltenen Ziele (z. B. Wachstum, Preisstabilität, Zahlungsbilanzausgleich, Einkommensverteilung, Beschäftigung) und das dort dominierende, aus den Naturwissenschaften entlehnte, **„Konditionalprogramm"** ist vielfach umstritten. Dahinter verbirgt sich nach wie vor die Vorstellung, man könne naturwissenschaftliche Denkansätze beliebig auf die Ökonomie übertragen. „Die im Maschinenmodell steckende 'Wenn-dann-Logik' und 'Um-zu-Mechanik' sind so schwer zu durchbrechen, weil sie in vielen Feldern höchst erfolgreich waren und sind. Konditionalprogramme ('Wenn-dann-Programme') steuern eine Vielzahl natürlicher, technischer und sozialer Prozesse, die wir 'beherrschen', wenn wir die Programme verstehen und reproduzieren können."[41]

Der Einsatz der entsprechenden Mittel ist auch deshalb kontrovers, weil die **Wirkungsverzögerungen** („lags") der einzelnen Maßnahmen vielfach nicht thematisiert werden.

Grundsätzlich unterscheidet man zwischen dem **Innenlag**, das ist die Zeitspanne bis eine wirtschaftspolitische Maßnahme ergriffen werden kann, und dem **Außenlag**, das ist die Zeitspanne bis die ergriffene Maßnahme die gewünschte Wirkung erzielt.

Für die Dauer des **Innenlag** ist das Erkennen des wirtschaftlichen Problems, die Entscheidung für eine bestimmte Maßnahme und die Durchsetzung dieser Maßnahme von Bedeutung. Die Durchsetzung einer fiskalpolitischen Maßnahme benötigt unter Umständen eine parlamentarische Behandlung und Abstimmung und ist somit zeitaufwendig. Regelbindungen, Eingriffsermächtigungen und formalisierte Entscheidungsverfahren können den Innenlag verringern.

Der **Außenlag** ist schwer zu beeinflussen. Manche Maßnahmen wirken sofort (z. B. Steueränderungen), andere nach kürzeren oder längeren Zeitspannen (z. B. die Einführung einer Katalysatorpflicht bei Automobilen).

Allgemein kann man festhalten, dass fiskalpolitische Maßnahmen tendenziell einen langen Innenlag und einen kurzen Außenlag, diskretionäre, geldpolitische Maßnahmen hingegen einen kurzen Innenlag und einen langen Außenlag aufweisen.

Ein weiteres Problem resultiert aus dem Umstand, dass die **Wirkungsverzögerungen** nicht konstant und daher zeitlich nicht vorhersehbar sind. Hinzu kommt, dass bei vielen Maßnahmen auch noch diskutiert wird, ob und in welchem Ausmaß sie überhaupt die gewünschte Wirkung entfalten, ob somit die entsprechenden Interventionen überhaupt sinnvoll sind.

Damit ergibt sich die Frage, in welcher Form wirtschaftspolitische Interventionen erfolgen sollen. Sollen sie diskretionär, d. h. von Fall zu Fall, dem jeweiligen Anlass und in einer dem Anlass entsprechenden Dosierung erfolgen oder nach vorgegebenen Regeln. In dem einen Fall spricht man von **diskretionären**, in dem anderen Fall von **regelgebundenen Maßnahmen**.

---

[41] Lit. 148 Willke 4.

Ein Beispiel für eine diskretionäre Maßnahme ist eine Steuererhöhung oder Ausgabensenkung wegen eines drohenden Budgetdefizits. Ein Beispiel für eine regelgebundene Maßnahme ist die Gewährung von Sozialhilfe bei Vorliegen bestimmter, vorher bereits fixierten Voraussetzungen, wie z. B. Arbeitslosigkeit oder die Erhöhung der Geldmenge nach einer fix vorgegebenen Rate. Während bei diskretionären Maßnahmen u. U. Proteste und Reaktionen der durch diese Maßnahmen Benachteiligten zu erwarten sind, bis hin zu einem Denkzettel durch die Wähler – wodurch Wirtschaftspolitiker unter Druck gesetzt werden können, auf ev. sinnvolle Maßnahmen und Programme zu verzichten und Kompromisse einzugehen –, ist diese Gefahr bei Regelbindung wesentlich geringer.

Für die diskretionäre Richtung steht die keynesianisch orientierte Wirtschaftspolitik, für die Regelbindung die monetaristisch orientierte Wirtschaftspolitik. Während Anhänger einer diskretionären Wirtschaftspolitik glauben, der Instabilität der Wirtschaft durch makroökonomische Steuerung begegnen zu können, sehen Anhänger einer regelgebundenen Wirtschaftspolitik gerade in dieser diskretionären Wirtschaftspolitik die Ursache für die Instabilität und wollen durch Regelbindungen und fixe Rahmenbedingungen Stabilität signalisieren und dadurch in der Wirtschaft die Bildung von Erwartungen durch die Akteure erleichtern, wodurch die Erwartungen vereinheitlicht und gefestigt werden.

In den meisten Fällen werden wirtschaftspolitische Maßnahmen einige begünstigten, andere hingegen benachteiligen. Wie bestimmt man in einem solchen Fall, ob es durch wirtschaftspolitische Maßnahmen zu einem gesellschaftlichen Wohlfahrtsgewinn kommt? Dazu bräuchte man „gesellschaftliche Wohlfahrtsfunktionen", die auf Basis des Individualprinzips aus individuellen Präferenzen gewonnen werden müssten. Nach **Kenneth Arrow** gibt es aber keine Möglichkeit, aus an sich widerspruchsfreien individuellen Präferenzen auf demokratische Weise eine konsistente gesellschaftliche Präferenzordnung abzuleiten („Arrow-Paradoxon"). Dies hat auf den wohlfahrtsökonomischen Aspekt der Wirtschaftspolitik mit seiner Fragestellung, wie sich die „Wohlfahrt" eines Landes, wie immer definiert (auf die Problematik, Wohlfahrt mit BIP gleichzusetzen, wird noch eingegangen), erreichen bzw. maximieren lässt, eher unangenehme Auswirkungen.

Das Keynes'sche Paradigma

Die klassische Tradition mit ihrer Forderung nach staatlicher Abstinenz von wirtschaftspolitischen Eingriffen galt auch für Konjunktur- und Wirtschaftskrisen bis in die 30er Jahre unseres Jahrhunderts. Basierend auf dem **Say'schen Theorem**, wonach sich jedes Angebot auch seine Nachfrage schaffe, wurden beispielsweise durch J.St. Mill (um 1850) „Handelskrisen" nicht durch eine Überproduktion bzw. einen Nachfragemangel erklärt, sondern als „Folge eines Übermaßes an Spekulationskäufen". Durch Krediteinschränkungen wird der Spekulationshausse begegnet, was zu niedrigeren Preisen führt. Somit wechseln sich Spekulationshausse und Handelskrisen ab. Eine entsprechende Geldpolitik der Notenbank (gegenläufig) wird durch den Goldstandard automatisch in Gang gesetzt (Goldabfluss in der Hochkonjunktur, Goldzufluss in der Krise).

Ein staatlicher Eingriff ist daher nicht erforderlich. Krisen sind zwar unvermeidlich – und für ein weiteres Wirtschaftswachstum möglicherweise sogar unumgänglich –, aber werden am raschesten überwunden, wenn man die Marktkräfte nur wirken lasse, da diese automatisch zu einer vollbeschäftigten Wirtschaft führten.

Als es dann 1929 zu einer „Weltwirtschaftskrise" kam, handelte man anfangs „theoriekonform" mit wirtschaftspolitischer Abstinenz im Vertrauen auf die Selbstheilungskräfte der Marktwirtschaft. Mit der krisenhaften Verschärfung der Wirtschaftssituation und deren sozialen und politischen Auswirkungen ließ sich diese Auffassung nicht mehr aufrechterhalten. Es kam zu einem Paradigmenwechsel, ausgelöst durch **John Maynard Keynes** und niedergelegt in seinem Hauptwerk „The General Theory of Unemployment, Interest and Money" (1936).

Ausgangspunkt ist die Auffassung, dass nicht das Angebot die Nachfrage, sondern die **Nachfrage das Angebot bestimmt**. Diese Nachfrageorientierung erklärt sich daraus, dass die Unternehmen nur dann Güter und Leistungen bereitstellen werden (und damit auch Arbeitskräfte beschäftigen), wenn sie der Meinung sind, diese auch verkaufen zu können. Den Produktions- und Beschäftigungsplänen der Unternehmen liegt daher die so gen. **effektive Nachfrage** zugrunde. Diese setzt sich gesamtwirtschaftlich, d. h. makroökonomisch, aus der Nachfrage nach Konsumgütern und nach Investitionsgütern (sowie der Exportnachfrage) zusammen.

Die **Konsumgüternachfrage** ist **einkommensabhängig**, makroökonomisch somit vom Volkseinkommen (bzw. genauer gesagt vom verfügbaren persönlichen Einkommen) abhängig. Allerdings wird nicht das gesamte Einkommen für Konsumzwecke ausgegeben, denn ein Teil wird gespart. Die dadurch gegenüber der Produktion geringere Nachfrage kann durch die Investitionsnachfrage ausgeglichen werden, wofür nach klassisch-neoklassischer Meinung der Zinssatz zuständig ist.

Dem widerspricht Keynes. Der **Zinssatz** wird nicht über die Sparentscheidungen der Haushalte und die Investitionsentscheidungen der Unternehmen determiniert, sondern über das **Angebot und die Nachfrage nach Geld**. Das Geldangebot wird von der Notenbank bestimmt, die Geldnachfrage ermittelt sich aus den Motiven der Geldhaltung (Kassenhaltung), somit aus Gründen der Transaktion, der Vorsicht und der Spekulation. Der sich daraus ergebende Marktzinssatz ist zwar für die **Investitionsentscheidung** der Unternehmen mit-, aber nicht alleinentscheidend. Für die Unternehmen ist die sich auf Basis des Marktzinssatzes ergebende **Rendite** der Investition entscheidend für die Investitionsvornahme oder deren Nichtdurchführung.

Die Rendite ist aber maßgeblich von der **zukünftigen, unsicheren wirtschaftlichen Entwicklung** abhängig, über die die Unternehmen daher Erwartungen bilden müssen. Diese **Erwartungen** sind nicht stabil, sondern unterliegen häufig plötzlichen Änderungen **optimistischer** oder **pessimistischer** Art. Werden ungünstige Renditen für die Zukunft erwartet, so kommt es zu einem Einbruch in der Investitionstätigkeit und der Konjunktur. Auslöser ist nach Keynes ein Kollaps der so gen. Grenzleistungsfähigkeit des Kapitals.

Aus dieser Krise führt auch kein Weg, wenn es zu einer Nominallohnsenkung kommt, die nach klassisch-neoklassischer Ansicht eine Rückkehr zur Vollbeschäftigung ermöglicht. **Niedrigere Nominallöhne** bewirken eine **Verringerung der Lohnsumme** und damit auch eine **Verringerung der Konsumgüternachfrage**. Dies beeinflusst auch im Zusammenhang mit dadurch ausgelösten Entwicklungen der Preise und Zinsen die Erwartungen der Unternehmen und damit die Investitionsnachfrage. Die **Selbstheilungskräfte des Marktes sind nicht mehr im Stande, die Krise zu bewältigen**. Auch eine Geldpolitik (Erhöhung der Geldmenge) führt nicht aus der Krise heraus, da damit nicht automatisch erreicht wird, dass die Unternehmen mehr investieren. Anzusetzen ist bei der **fehlenden gesamtwirtschaftlichen Nachfrage**, die durch den Einsatz der Staatsausgaben und -einnahmen aufgefüllt werden soll. Daraus ergibt sich eine **staatliche Stabilisierungsaufgabe**, nämlich durch Globalsteuerung Einfluss auf den privaten Konsum und die private Investitionstätigkeit zu nehmen. Dazu gehört nach Keynes aber auch eine gleichmäßigere Einkommensverteilung (höhere Konsumneigung der Bezieher niedriger Einkommen) und eine Reduzierung des Zinsniveaus.

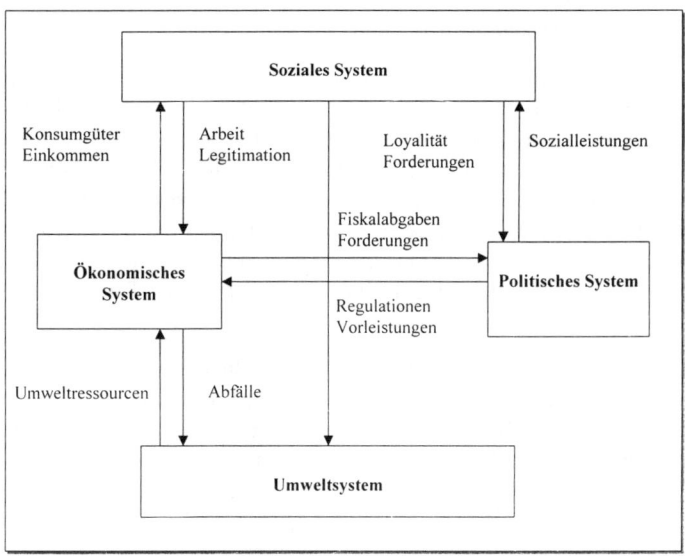

Abb. 15: Systemanalytische Modellierung von Wirtschaft, Politik und Gesellschaft

Die Keynes'schen Erkenntnisse wurden in der Folge von Hicks und Hansen zu einer wirtschaftspolitischen Konzeption umgebaut (oder auch verfälscht, wie manche meinen) und mit der Neoklassik zur so gen. **neoklassischen Synthese** verbunden. Ausgangspunkt für die wirtschaftspolitischen Schlussfolgerungen ist die auf Keynes zurückgehende Erkenntnis, dass die Marktwirtschaft nicht zur Stabilität hin tendiert, sondern instabil ist, diese Instabilitäten nicht absorbieren kann – somit exogenen Störungen nicht über Selbstheilungskräfte des Marktes bewältigen kann –, ja durch das Verhalten der privaten Akteure Instabilitäten selbst generiert bzw. von außen kommende noch verstärkt.

Zur Instabilität der Marktwirtschaft tragen vor allem die Unternehmen bei. Nach der Stimmungshypothese (Renditenerwartungen) unterliegt deren Investitionsverhalten großen Schwankungen, welche sich multiplikativ auf die Wirtschaft auswirken und somit Ausgangspunkt für Konjunktureinbrüche sind. Aber auch die Konsumenten agieren prozyklisch, da nach Keynes'scher Konsumhypothese die Konsumausgaben vom laufenden Einkommen abhängig sind und somit in einer Rezession zurückgehen. Auch die private Geldnachfrage ist kurzfristig instabil, selbst bei unverändertem Einkommen und Zins.

Daraus folgt, dass bei fehlender effektiver Nachfrage dem **Staat** eine **Stabilisierungsaufgabe** zukommt, die er durch ein **antizyklisches Ausgabeverhalten** zu erfüllen hat. Dies bedeutet in einer Rezession ein bewusstes Eintreten für höhere Staatsausgaben (Ausgabenerhöhung) und/oder geringere Staatseinnahmen (Steuersenkungen). In beiden Fällen kommt es zu Einkommenserhöhungen und zu multiplikativen Konsum- und weiteren Einkommenseffekten. Dies bewirkt auch eine optimistischere Einschätzung der Unternehmen hinsichtlich der zukünftigen Wirtschaftsentwicklung und fördert damit deren Investitionsvornahmen. Somit lässt sich – immer auf Grund der getroffenen Annahmen durch entsprechende Nachfragesteuerung („Demandmanagement") – die fehlende Vollauslastung und Vollbeschäftigung in der Wirtschaft wieder herstellen.

Das daraus resultierende **Budgetdefizit** ist eine diskretionäre Maßnahme zur Erhöhung der effektiven Gesamtnachfrage, die die fehlende private Nachfrage kompensiert. Das zyklische Ausgabeverhalten des privaten Sektors wird durch ein antizyklisches des Staates neutralisiert. Die Finanzierung dieser Staatsausgaben hat kaum Auswirkungen auf die private Wirtschaft, denn nach keynesianischer Ansicht ist das Geldangebot eher exogen (Geldschöpfungsmöglichkeit des Bankensystems) und dessen Steuerung durch die Nationalbank nur bedingt möglich. Somit treten kaum Zinswirkungen auf (Zinserhöhungen) und damit auch kaum Beeinträchtigungen der privaten Investitionen.

Wie schon weiter oben erwähnt, ist auch die Geldnachfrage instabil, sodass Geldpolitik nur eine geringe Wirksamkeit aufweist und den Zinssatz kaum beeinflusst. Money doesn't matter. Dies gilt vor allem für realwirtschaftliche Effekte, d. h. für Auswirkungen auf das reale Bruttoinlandsprodukt.

Die unter der Bezeichnung „**Schuldenbremse**" in der zweiten Hälfte der 90er Jahre in der Schweiz entwickelte regelgebundene Budgetierung ist ein gutes Beispiel für die wirtschaftspolitisch Kombination von längerfristiger Sicht, klarer Regelbindung der Politik und kurzfristiger Flexibilität. Die Schuldenbremse **trägt sowohl dem keynesianischen als auch neoklassischen Argumenten Rechnung und entspricht auch der Vorstellung einer wirtschaftspolitischen Regelbindung mit Rückkoppelung** („Feedback").

Ziel ist ein mittelfristig ausgeglichenes Budget und damit das Einfrieren der nominellen Nettoverschuldung des Bundes. Man sollte daher eigentlich von **Realschuldenabbau** sprechen, denn in einer wachsenden Volkswirtschaft bewirkt die Schuldenbremse einen Rückgang der Nettoverschuldung des Staates in Prozent des Bruttoinlandsproduktes. Dieser ist zur Wiederherstellung des budgetären Finanzierungsspielraumes auch dringend erforderlich.

In der weiteren Folge käme es zu einer Entlastung des Staatshaushaltes durch den sinkenden Anteil des Schuldendienstes am Budget. Nur so können die verlorengegangen Handlungsspielräume der Fiskalpolitik („antizyklische Finanzpolitik") allmählich wieder zurückgewonnen werden.

Wie internationale Vergleiche zeigen, hat hohe Staatsverschuldung und die strukturelle Starrheit der Staatsausgaben in den meisten Ländern die ursprüngliche Funktion des Budgets als Konjunktursteuerungsinstrument bereits zunichte gemacht. Da auch die Geldpolitik als Steuerungsinstrument ausgefallen ist[42], steht damit das Werkzeug der makroökonomischen Wirtschaftspolitik praktisch nicht mehr zur Verfügung.

Wenn heute gelegentlich vom **Scheitern des Keynesianismus** die Rede ist, so ist dazu folgendes zu sagen. Keynes ist nur durch Missbrauch seiner Empfehlungen in Verruf gekommen, und nicht weil seine Empfehlungen falsch gewesen wären. Rufen wir uns doch in Erinnerung: Ursprünglich war vorgesehen, dass der Staat destabilisierende Entwicklungen der privaten Nachfrage jeweils durch Veränderung seiner eigenen Ausgaben kompensiert und so die Konjunkturschwankungen glättet. Im Klartext: Dass der Staat im Konjunkturabschwung Budgetdefizite eingeht und in der Hochkonjunktur diese Defizite durch Budgetüberschüsse wieder wettmacht. Nur so wird diese Wirtschaftspolitik auf Dauer wiederholbar.[43]

Keynesianisch ist die **Schuldenbremse** in dem Sinn, dass sie in Rezessionszeiten Budgetdefizite zulässt bzw. sogar zu einem Bestandteil der Budgetregel macht, bei besserer Konjunkturlage jedoch Überschüsse verlangt, um so die Wiederholbarkeit des Einsatzes der budgetären Stabilisierungspolitik in Zeiten der Rezession zu ermöglichen. Gleichzeitig trägt sie jedoch auch den Argumenten der neoklassischen Wirtschaftspolitik Rechnung, indem sie nicht nur die Staatsverschuldung **real** fortlaufend reduziert, sondern den Unternehmen und Haushalten einen **längerfristigen Planungshorizont** anbietet und so deren Erwartungen stabilisiert. Durch die derzeit betriebene **Stop-and-Go-Politik*** wird nur Unsicherheit geschaffen.

Die **Schuldenbremse** kommt **in zwei Varianten** zur Anwendung: der Ausgabenregel und der Saldoregel.

Die **Ausgabenregel** verfolgt das Ziel einer nominalen Verschuldungsbegrenzung und erfasst lediglich das Wachstum der Ausgaben. Die Einnahmenseite bleibt unberücksichtigt. Hingegen werden die konjunkturpolitischen Aspekte des Budgets und die Begrenzung der Staatsquote stärker berücksichtigt. Als Faustregel gilt, dass die Ausgaben nicht stärker zunehmen dürfen als das trendmäßige Wachstum des BIP*.

Die **Saldoregel** verlangt demgegenüber, dass die **Schweizer Finanzrechnung** bei wirtschaftlicher Normallage ausgeglichen abzuschließen hat. Die Saldoregel entspricht dem wirtschaftspolitischen Postulat nach einer leicht überschaubaren Regelbindung mit Feedback.

Im Grunde bedeutet die **Regelbindung in der Budgetierung**, dass sich das Parlament und die jeweilige Regierung freiwillig Regeln auferlegen. Die **Wirtschaftspolitik** sorgt dadurch für **mehr Transparenz**. Indem die Entscheidung über den Budgetsaldo quasi aus dem üblichen politischen Entscheidungsverfahren herausgenommen wird, verbessert man die Entscheidungsbasis für die Wirtschaft. Dem Hauptkritikpunkt der Regelbindung, dass sie nicht auf von außen kommende („exogene") Störungen („Schocks") reagieren kann und daher zu einer Destabilisierung wirtschaftlicher Größen führt, wird durch die Festlegung des Budgetsaldos in Abhängigkeit von der Konjunkturlage (man nennt dies auch „Feedback-Schleife")

---

[42] Die Geldpoltik versteht ihre Aufgabe besonders in Europa nur mehr im Sinne einer langfristig orientierten Stabilisierungspolitik und zögert auf kurzfristige Schocks zu reagieren.
[43] Von steigenden Dauerdefiziten des Staates war bei Keynes jedenfalls nie die Rede. Die Kritiker von Keynes sollten vielleicht doch wieder einmal Keynes im Original lesen und nicht einfach falsche Argumente nachbeten!

Rechnung getragen. Überzogene Ansprüche auf das BIP* können bei der „Saldoregel" leichter abgewehrt werden. Man könnte diese fiskalische Selbstbindung auch vergleichen mit der Delegation geldpolitischer Maßnahmen durch die Regierung an eine unabhängige Institution, nämlich die Zentralbank.

Nominallöhne und Güterpreise werden vor allem nach unten rigid angesehen (Gewerkschaftsmacht, Unternehmensmacht). Somit ist Arbeitslosigkeit, sieht man von bestimmten Fällen ab, eine Folge zu hoher Reallöhne! Die durch den Staat geschaffene und initiierte höhere effektive Nachfrage wirkt daher auch inflationär, da ihr keine rezessionsbedingten Preis- und Lohnsenkungen im entsprechenden Ausmaß vorangegangen sind. Zur Sicherung der Vollbeschäftigung ist daher ein gewisses Ausmaß an Inflation unabdingbar.[44]

Die bisher skizzierten Maßnahmen zur Behebung einer Rezession sind nun seitenverkehrt im Falle einer Hochkonjunktur anzuwenden. Antizyklische Fiskalpolitik bedeutet in dieser Situation bewusste Ausgabenkürzungen und Einnahmenerhöhungen in den öffentlichen Haushalten. Die damit einhergehende Verringerung des Budgetdefizites bzw. mögliche Erzielung eines Budgetüberschusses lässt den finanziellen Spielraum für zukünftige rezessionsbedingte Staatseingriffe unangetastet.

Die Bekämpfung der Inflation wird gleichfalls über die Nachfragesteuerung erreicht. **Inflation** ist entweder nachfrageinduziert („demand pull") – beruht daher auf einer Erhöhung der Gesamtnachfrage – oder kostenbedingt („cost push"). Für erstere ist die Nachfragesteuerung, für zweite eine entsprechende Einkommenspolitik zuständig.

Zusammenfassend ist für die keynesianische Stabilisierungskonzeption festzuhalten, dass, ausgehend von einer angenommenen **Instabilität der Marktwirtschaft** (Investitions-, Konsum- und Geldnachfrageverhalten), Schwankungen in den wirtschaftlichen Aktivitäten ausgelöst werden. Die damit einhergehende Änderung in der effektiven, d. h. kaufkraftmäßig vorhandenen, Gesamtnachfrage ist für Zwecke der wirtschaftlichen Stabilisierung durch kurzfristiges diskretionäres Gegensteuern des Staates mit Hilfe einer **antizyklischen Fiskalpolitik** zu kompensieren. Die Rolle der Geldpolitik ist gering und hat nur begleitenden und unterstützenden Charakter.

Dieser uneingeschränkte **Glaube an die Steuerbarkeit der Wirtschaft** bis hin zu einer bei Kenntnis aller Zusammenhänge über fiskalische Feindosierung möglichen Feinsteuerung der Wirtschaft war in den 50er und 60er Jahren fast allgemein akzeptiertes Paradigma und Dogma in der Mainstream-Ökonomie. Es führte zur Entwicklung immer umfangreicherer ökonometrischer Modelle, mit deren Hilfe man glaubte, eine Steuerung der Wirtschaft problemlos bewältigen zu können.

Das Monetaristische Paradigma

Der Monetarismus als Gegenposition zur Keynesianischen Wirtschaftspolitik ist untrennbar mit **Milton Friedman** verbunden. Wenn man den Keynesianismus als Revolution sieht, vor allem gegen die „(neo-)klassische Lehrmeinung", dann ist der

---

[44] In diesem Zusammenhang ist auf die „Phillips-Kurve" zu verweisen, die einen negativen Zusammenhang zwischen Inflationsrate und Arbeitslosigkeit postuliert.

Monetarismus die Gegenrevolution mit Rückbesinnung auf und Wiedereinsetzung der „Neoklassik" als Handlungsanleitung für die Wirtschaftspolitik.

Um den Begriff „Monetarismus" näher zu verstehen, ist ein kleiner Exkurs in die Geldtheorie erforderlich. Nach klassischer Meinung ist Geld ein bloßer „Schleier", der über der realen Ökonomie liegt. Geldpolitik hat keinen Einfluss auf die realen Größen einer Wirtschaft, somit keinen Einfluss auf das reale BIP. Es wirkt gemäß **Quantitätstheorie**

$$M \times v = P \times Y$$

mit M als Geldvolumen, v als Umlaufgeschwindigkeit des Geldes, P als Preisniveau und Y als reales BIP (P×Y somit nominelles BIP) nur auf das Preisniveau, da man in der Klassik von einer konstanten Umlaufgeschwindigkeit ausgegangen ist. Eine Erhöhung der Geldmenge (durch geldpolitische Maßnahmen) erhöht ausschließlich das Preisniveau, führt zwar zu einer Zunahme des nominellen, aber nicht des realen BIP. Somit wirkt eine Erhöhung der Geldmenge inflationär, eine Verringerung demgemäß deflationär.

Während die Keynesianer die Quantitätstheorie als nicht relevant ansehen, da zum einen die Geldmenge nicht im notwendigen Ausmaß als steuerbar angesehen wird, zum anderen geldpolitische Maßnahmen den Zinssatz beeinflussen und damit über die Investitionstätigkeit auch reale Auswirkungen haben, wird die Quantitätstheorie von Friedman in den Grundzügen beibehalten. Die **Umlaufgeschwindigkeit** allerdings ist von einer Reihe von Größen, u. a. auch von der **Inflationsrate**, abhängig. Eine Erhöhung der Geldmenge bewirkt demnach zunächst eine überproportionale Erhöhung des Preisniveaus, da sich auch die Umlaufgeschwindigkeit des Geldes erhöht, welche allerdings letztendlich wieder auf ihren (durch die Zahlungsgewohnheiten einer Wirtschaft bestimmten) Ausgangswert zurückgeht. Somit kommt es bei einer **Geldmengenvermehrung** (z. B. 10 %) anfänglich zu einer höheren Inflationsrate, als es der Geldmengenerhöhung entspricht (z. B. 15 %), und anschließend zu einem deflationären Prozess (-5 %), damit das Preisniveau letztendlich „nur" um 10 % steigt.

Reale Wirkungen hat eine diskretionäre Geldpolitik nur unter der stillschweigenden Annahme, dass die Individuen von geldpolitischen Maßnahmen „überrascht" werden, sie sie somit nicht erwartet haben. Nach entsprechenden Anpassungsprozessen in den Erwartungen und in den Güter- und Arbeitsmärkten sind dauerhafte reale Auswirkungen nicht gegeben. Die kurzfristigen realen Auswirkungen (höheres reales BIP, höhere Beschäftigung) verpuffen und die Wirtschaft kehrt zu ihren **natürlichen** Größen (natürlicher Output, Potential, natürliche Arbeitslosigkeit) zurück, während das Preisniveau auf dem gegenüber der Ausgangssituation höheren Niveau verbleibt.

Diese bereits in den 50er und 60er Jahren entwickelte Konzeption wurde Ende der 60er und mit Beginn der 70er Jahre („Erdölkrise") zur beherrschenden wirtschaftspolitischen Konzeption. Dazu trugen folgende Sachverhalte bei:

- zunehmende **Skepsis** in Bezug auf die Effizienz und Wirksamkeit der Fiskalpolitik;

- abnehmender Glaube an die Steuerbarkeit der Wirtschaft mit Hilfe staatlicher Eingriffe;
- Auftreten einer Kombination von **Stagnation und Inflation**.

Die Skepsis in Bezug auf die Fiskalpolitik resultierte aus der Erkenntnis, dass

- die Höhe der **Staatsausgaben und der Staatseinnahmen** nur in geringem Maße beeinflussbar ist, vor allem in Bezug auf dämpfende Maßnahmen, wodurch in Zeiten einer Hochkonjunktur das Budgetdefizit nicht genügend zurückgenommen werden kann (bedingt durch politischen Druck), weshalb in Rezessionsjahren von einem bereits hohen Ausgangsdefizit ein zusätzliches „**Deficit-spending**" erforderlich ist, was zu Problemen in der Staatsverschuldung führt und die daraus resultierenden Rück- und Zinszahlungen die Manövriermasse des Budgets weiter einschränkt;
- selbst bei antizyklischem Agieren eines staatlichen Haushaltes der gesamte Staatshaushalt durchaus **prozyklisch** wirken kann;
- das **Timing*** von fiskalpolitischen Maßnahmen schwierig ist, da ihnen häufig ein langer **time lag** (Innenlag) eigen ist, wodurch ein rasches Reagieren auf Änderungen im Konjunkturklima nicht möglich ist und die Wirkungsverzögerungen ganz allgemein weder kurz, noch konstant, noch prognostizierbar sind;
- **Crowding-out-Effekte** auftreten, wobei über Zinsmechanismen private Ausgaben durch staatliche Ausgaben verdrängt werden und im Extremfall produktive private Investitionen durch „unproduktive Schreibtische" ersetzt werden.

Funktionsprobleme aus dem Einsatz des geldpolitischen Instrumentariums wurden ebenfalls erkannt, und zwar

- die relativ langen Wirkungsverzögerungen und deren fehlende Konstanz,
- die Abhängigkeit der Wirkung davon, welche monetäre Variable als Steuerungsgröße verwendet wird (Zentralbankgeld, M1, M3, Zinsniveau),
- das Problem, dass die Geldpolitik wie ein Strick wirkt, an dem man zwar ziehen, aber nicht stoßen kann, weil man das Bankensystem nicht zur Annahme von liquiden Mitteln zwingen kann,
- der monetaristische Einwand gegen eine diskretionäre Geldpolitik, die kurzfristige Realeffekte (Aktivitätsschwankungen) auslöst, langfristig hingegen bloße Nominaleffekte (Preissteigerungen) bewirkt,

weshalb sich nach monetaristischer Ansicht eine diskretionäre Geldpolitik verbietet.

Mit dem Problem des **Timing** ist auch verbunden, dass der Glaube, mit entsprechenden großen makroökonomischen Modellen zu einer Feinsteuerung der Wirtschaft gelangen zu können, verloren ging. Man erkannte, dass eine staatliche Steuerung der Wirtschaft nicht im erwünschten Ausmaß möglich ist, da das Verhalten der einzelnen Akteure (Konsumenten und Investoren, aber auch des Auslandes) nicht exakt prognostizierbar und darüberhinaus auch Änderungen, vor allem ausgelöst durch Änderungen in den Erwartungen, unterworfen ist.

Hinzu kam das Phänomen der **Stagflation**, d. h. einer wirtschaftlichen Situation, die in Rezessionen neben hohen Arbeitslosenraten auch hohe Inflationsraten aufwies. Das Keynesianische Instrumentarium ist aber darauf konzipiert, entweder die Inflation (Nachfragesenkung) oder die Arbeitslosigkeit (Nachfrageerhöhung) zu bekämpfen. Beides gleichzeitig führt zu einem Dilemma. Die monetaristische Doktrin versprach zumindest eine erfolgreiche Bekämpfung der Inflation.

Weiters wird von den Monetaristen gegen die Keynesianer vorgebracht:

- Vernachlässigung **monetärer Faktoren** bei der Erklärung von Konjunkturschwankungen;
- Nichtberücksichtigung von **Erwartungen** und deren Auswirkungen auf die Inflation (Inflationserwartungen z. B. als Determinante bei Lohnverhandlungen);
- eine zu **kurzsichtige Betrachtungsweise** und Nichtberücksichtigung langfristiger Auswirkungen von Maßnahmen.

Denn die **zentrale Hypothese der Monetaristen**[45] lautet, dass die **Marktwirtschaft stabil** ist, sie auch mit exogenen Störungen fertig wird und automatisch wieder zur Gleichgewichtslage (natürliches BIP, natürliche Arbeitslosenrate) zurückkommt, sofern sie nicht durch staatliche Eingriffe daran gehindert wird.

Als Argumente lassen sich vorbringen, dass

- der **Konsum** nicht vom laufenden Einkommen (wie bei Keynes), sondern von einem **permanenten Einkommen**, d. h. von einer Vorstellung über ein für die Zukunft zu erwartendes dauerhaftes Einkommen abhängig ist, weshalb die makroökonomischen Konsumausgaben auch bei gesamtwirtschaftlichen Aktivitätsschwankungen ziemlich stabil bleiben;
- die **Investitionen** der Unternehmen vom **realen Zinssatz** abhängig sind und dieser ebenfalls stabil ist, weshalb Schwankungen in den Investitionsausgaben durch eine vertrauens- und stabilitätsfördernde Wirtschaftspolitik vermieden werden können, wozu in erster Linie eine regelgebundene Geldpolitik beiträgt, die die Inflationserwartungen stabilisiert;
- auch die **Geldnachfrage** stabil ist, sofern eine vorhersehbare, regelgebundene Geldpolitik betrieben wird.

Abweichungen von den langfristigen Stabilitätswerten treten in dieser Betrachtung der Wirtschaft immer nur dann auf, wenn die tatsächliche Entwicklung (z. B. der Inflation) mit der erwarteten nicht übereinstimmt. Dies ist immer dann der Fall, wenn diese Größen nicht korrekt antizipiert werden können, weshalb die staatliche Wirt-

---

[45] Lit. 90 Oettl.

schaftspolitik alles daran zu setzen hat, eine korrekte Antizipation vor allem der Inflationsrate zu ermöglichen.

Dies setzt voraus, dass die Geldpolitik regelgebunden und nicht diskretionär eingesetzt wird. Die geldpolitischen Instanzen haben demnach eine potentialorientierte Geldpolitik zu verfolgen, d. h., die Geldmenge mit einer vorweg angekündigten Wachstumsrate („Geldmengenziel") ansteigen zu lassen. Eine gemäß dem natürlichen BIP wachsende Wirtschaft muss somit – ein gewisses Maß an statistischer Inflation vorausgesetzt, sagen auch die Monetaristen für eine wachsende Wirtschaft voraus – mit der natürlichen Wachstumsrate der Wirtschaft (z. B. 3 %) plus der langfristig tolerierbaren Inflation (z. B. 2 %), somit insgesamt jährlich und kontinuierlich mit einer Erhöhung der Geldmenge um 5 % (auf Grund des gewählten Beispiels), versehen werden.

Da somit das private Nachfrageverhalten prinzipiell stabil ist, der private Sektor somit keine sich verstärkende Schwankungen auslöst und darüberhinaus sogar auf ihn einwirkende Störungen absorbiert, müssen auftretende Konjunkturschwankungen eine andere Ursache haben. Diese orten die Monetaristen in der staatlichen Wirtschaftspolitik Keynesianischer Konzeption – vor allem diskretionärer Art – durch den Staat und die Notenbank.

Die Unkenntnis der Wirkung bzw. Wirkungslosigkeit der Fiskal- bzw. Geldpolitik zusammen mit der prinzipiellen Unbestimmtheit der Wirkungsverzögerungen und der Änderungen in den Erwartungen (adaptive Erwartungen anstelle von exogenen Erwartungen) der Wirtschaftssubjekte führt häufig zu einer prozyklischen Wirkung von an sich antizyklisch konzipierten wirtschaftspolitischen Maßnahmen. Vereinfacht gesprochen ist nun der Staat Auslöser von Konjunkturschwankungen.

Während nach extremer monetaristischer Ansicht die **Fiskalpolitik** bestenfalls **wirkungslos**, häufig aber bedingt durch Wirkungsverzögerungen und Crowding-out schädlich ist, lösen geldpolitische Maßnahmen – Veränderungen in der Wachstumsrate des Geldangebots – kurzfristige und längerfristige Preisanpassungen aus. Eventuell auftretende, kurzfristige reale Wirkungen sind nicht von Dauer. Diskretionäre geldpolitische Maßnahmen des Staates bzw. der Notenbank sind daher zu vermeiden, da sie die Wirtschaft destabilisieren.

Da nach dieser Konzeption monetäre Impulse stärkere Auswirkungen haben als fiskalische, bezeichnet man deren Anhänger auch als Monetaristen.

Die Monetaristen vertrauen somit auf die Selbstheilungskräfte des Marktes, lehnen diskretionäre wirtschaftspolitische Maßnahmen zur Steuerung der Wirtschaft ab, wollen den staatlichen Einfluss auf die Wirtschaft beseitigen oder zumindest einschränken, und fordern Regelbindungen für die Wirtschaftspolitik vor allem im Bereich der Geldpolitik, die zur makroökonomischen Steuerung der Wirtschaft in Form der potentialorientierten Geldpolitik heranzuziehen ist.

Das angebotsseitige Paradigma

Die angebotsorientierte Wirtschaftspolitik[46] („supply side economics") ist auch unter dem Begriff Reaganomics bekannt, obwohl angebotsorientierte Maßnahmen schon unter Jimmy Carter ergriffen wurde. Populär wurden sie erst unter Ronald Reagan zu Beginn der 80er Jahre. Aber auch unter Thatcher wurde in Großbritannien eine stark angebotsorientierte Wirtschaftspolitik betrieben („Thatcherismus").
Das Grundkonzept kann man in etwa so zusammenfassen. Stagflation, Wachstumsschwäche, strukturelle Arbeitslosigkeit, geringe Produktivität und Verlangsamung des Wirtschaftswachstums (Kennzeichen der Weltwirtschaft zu Beginn der 80er Jahre) lassen sich nicht nachfrageseitig (keynesianisch), sondern nur angebotseitig bewältigen. Nach Ansicht der Angebotstheoretiker wird über Unternehmensförderungen, Deregulierungen, Privatisierungen, Steuer- und Kostenentlastungen die Produktion zunehmen, die Beschäftigung gesteigert, das Einkommen erhöht, das Wirtschaftswachstum angeregt und die Investitions- und Innovationstätigkeit gefördert.
Im Zentrum stehen wirtschaftspolitische Maßnahmen, die effizienz- und produktivitätssteigernd, leistungsorientiert, wettbewerbsfördernd und durch eine konstante Geld- und Fiskalpolitik die Erwartungen der Akteure stabilisieren.

Im Einzelnen wurden in den USA – und später auch in Europa – folgende Maßnahmen ergriffen, die als Ausfluss der angebotsorientierten Konzeption angesehen werden können:

- Herabsetzung der Grenzsteuerbelastung, um die Arbeitsmotivation zu stimulieren, die Investitionen zu erhöhen und das Wirtschaftswachstum anzuregen;
- Kürzungen der unternehmensbezogenen Steuern;
- Kürzung der Staatsausgaben, wobei angenommen wird, dass im Zusammenwirken mit Steuerkürzungen die daraus resultierenden Produktions- und Einkommenserhöhungen wieder zu höheren Steuereinnahmen führen („Laffer-Kurve");
- Deregulierung, um die marktwirtschaftlichen Kräfte zu stärken (Energie, Transport, Luftverkehr);
- Einschränkungen bei den Sozialausgaben und staatlichen Sozialleistungen;
- Suche nach Privatisierungsmöglichkeiten auch für bisher als öffentliche Güter geltende staatliche Leistungen (Telekommunikation, Post);
- Rücknahme des staatlichen Einflusses auf die Wirtschaft.

4.3. Supranationale Makrosteuerung C

Die Europäische Union entstand durch den in **Maastricht** 1992 unterzeichneten Vertrag über die Europäische Union, um den mit der Gründung der **Europäischen**

---

[46] Lit. 91 Oettl 153ff..

Gemeinschaften eingeleiteten Prozess der europäischen Union auf eine neue Stufe zu heben. Damit sieht der **Zielkatalog** der Europäischen Union wie folgt aus:

- die Förderung eines ausgewogenen und dauerhaften wirtschaftlichen und sozialen Fortschritts, insbesondere durch Schaffung eines Raumes ohne Binnengrenzen, durch Stärkung des wirtschaftlichen und sozialen Zusammenhalts und durch Errichtung einer Wirtschafts- und Währungsunion, die auf längere Sicht auch eine einheitliche Währung umfasst;
- die Behauptung ihrer Identität auf internationaler Ebene, insbesondere durch eine gemeinsame Außen- und Sicherheitspolitik, wozu auf längere Sicht auch die Festlegung einer gemeinsamen Verteidigungspolitik gehört, die zu gegebener Zeit zu einer gemeinsamen Verteidigung führen könnte;
- die Stärkung des Schutzes der Rechte und Interessen der Angehörigen ihrer Mitgliedstaaten durch Einführung einer Unionsbürgerschaft;
- die Entwicklung einer engen Zusammenarbeit in den Bereichen Justiz und Inneres;
- die volle Wahrung des gemeinschaftlichen Besitzstandes und seine Weiterentwicklung, wobei geprüft wird, inwieweit die durch diesen Vertrag eingeführten Politiken und Formen der Zusammenarbeit mit dem Ziel zu revidieren sind, die Wirksamkeit der Mechanismen und Organe der Gemeinschaft sicherzustellen.

Zur Erfüllung des letzten Punktes wurde 1996 eine Regierungskonferenz in Turin einberufen. Die Regierungskonferenz wurde anberaumt, um einige im Maastricht-Vertrag nicht ausreichend geregelte Bereiche, wie insbesondere die Innen- und Justizpolitik sowie die Gemeinsame Außen- und Sicherheitspolitik vor dem Hintergrund der ersten praktischen Erfahrungen weiterzuentwickeln. Zudem erschien es erforderlich, auf die für die Unionsbürger zentralen Herausforderungen auf den Gebieten Beschäftigung, Soziales, Umwelt, Gesundheit, Verbraucherschutz auf europäischer Ebene zu reagieren. Schließlich sollte die Regierungskonferenz institutionelle Reformen für den Fall einer Erweiterung der Union beschließen.

Der **Vertrag von Amsterdam** (1997) änderte bzw. ergänzte die Bestimmungen des bestehenden EU-Vertrages (EUV) bzw. des EG-Vertrages (EGV) vor allem in folgenden Bereichen:

- Schaffung eines eigenen **Beschäftigungszieles** im EGV, der die Berücksichtigung beschäftigungspolitischer Ziele in der Gemeinschaftspolitik stärkt und einen Koordinierungsmechanismus zur Bekämpfung der Arbeitslosigkeit vorsieht;
- Integration des Maastrichter **Sozialabkommens** in den EGV (nun Geltung für alle 15 Mitgliedstaaten) sowie Ergänzung dieser Sozialbestimmungen, insbesondere in Hinblick auf die Gleichbehandlung von Frauen und Männern;
- Stärkung der **Umweltschutzziele** in der Gemeinschaftspolitik und der Möglichkeit der Einführung höherer nationaler Umweltstandards;

- neue bzw. weiterentwickelte Vertragsbestimmungen in den Bereichen Grundrechtsschutz, Nichtdiskriminierung, Verbraucherschutz, Gesundheit, Tierschutz, Datenschutz, Transparenz;
- Präzisierung des Subsidiaritätsprinzips;
- Übernahme der Bereiche Freizügigkeit, Asyl, Migration und justitielle Zusammenarbeit in Zivilsachen in den EGV;
- Integration der Bestimmungen des **Schengen-Abkommens** in den Rahmen der EU;
- Stärkung der Zusammenarbeit in den sonstigen Bereichen der Innen- und Justizpolitik, insbesondere zur Bekämpfung der organisierten Kriminalität;
- weitere Schritte zur Besserung der Handlungsfähigkeit in der Gemeinsamen Außen- und Sicherheitspolitik;
- Verankerung von Aufgaben des Krisenmanagements und der Konfliktverhütung im EUV sowie Zusammenarbeit zwischen EU und WEU zur Umsetzung dieser Operationen;
- Ausweitung der Mitentscheidung des **Europäischen Parlaments**, Verringerung der Zahl und Straffung der Rechtsetzungsverfahren, geringfügige Ausweitung der Anwendung qualifizierter Mehrheitsentscheidungen im Rat; Festlegung, dass weitere institutionelle Reformen zum Zeitpunkt der EU-Erweiterung durchgeführt werden;
- Verankerung der Möglichkeit einer engeren Zusammenarbeit einer Gruppe von Mitgliedstaaten in bestimmten Bereichen der Ersten und Dritten Säule („Flexibilitätsklausel").

In einem größeren Kontext lässt sich der Vertrag von Amsterdam folgendermaßen einordnen. Die **Einheitliche Europäische Akte** (EEA 1985) war der Vertrag des **Binnenmarkt**es, **Maastricht** (1991) derjenige der **Währungsunion**.

In Amsterdam fiel auch der Startschuss für den Erweiterungsprozess, der sich aus den Beitrittsgesuchen aus Ost- und Mitteleuropa ergibt. Denn die EU hat sich politisch verpflichtet, die Verhandlungen mit den beitrittsfähigen Ländern aufzunehmen.

Man benutzt für die **Aufgabenbereiche** der EU die Säulenmetapher.

1. Säule: besteht aus den Arbeitsbereichen der EG, EGKS und EURATOM, somit in erster Linie der **EG** innerhalb der **EU**.
2. Säule: betrifft die Zusammenarbeit der EU-Staaten in der Außen- und Sicherheitspolitik, die im Vertrag der EU festgelegt ist.
3. Säule: ist durch die Zusammenarbeit in den Bereichen Justiz und Inneres gebildet, die ebenfalls im EU-Vertrag niedergelegt ist.

Somit bestehen verwirrenderweise eine Vielzahl von Namen mit unterschiedlichen Aufgabenbereichen:

Europäische Gemeinschaft: EG, umfasst die ehemalige EWG
Europäische Gemeinschaften: EG + Montanunion+ Euratom
Europäische Union: EU, Europäische Gemeinschaften plus Bestimmungen über die Wirtschafts- und Währungsunion (WWU) plus Gemeinsame Außen- und Sicherheitspolitik (GASP) plus Zusammenarbeit in den Bereichen Justiz und Inneres.

Die den drei europäischen Gemeinschaften übertragenen Aufgaben werden von folgenden **Institutionen** wahrgenommen:

Europäisches Parlament (EP): Es wird von den Bürgern der EU direkt gewählt.

Rat der EU: Er ist kein „Organ" der EU. In der **EEA** wurde der Rat institutionalisiert: Der Europäische Rat gibt der Union die für ihre Entwicklung erforderlichen **Impulse** und legt die allgemeinen politischen **Zielvorstellungen** für diese Entwicklung fest. Des Weiteren bestimmt er die Grundsätze und die allgemeinen Leitlinien der **GASP**.

Somit ist der Europäische Rat derzeit eine eigene Institution, losgelöst vom Rat der Minister und ihm übergeordnet und weisungsberechtigt. Die in lockerer Form und unter Verzicht auf jeglichen institutionellen Formalismus geführten Beratungen haben dazu beigetragen, ihn als **europäische Gipfelkonferenz** zu sehen. An dieser nehmen stets auch die Außenminister teil.

Er ist eine Institution der Rechtsetzungsbefugnis und der Entscheidungsbefugnis und gleichzeitig das Gremium, in dem die Vertreter der Regierungen der 15 Mitgliedstaaten ihre Interessen geltend machen können und sich um Kompromisse bemühen. Es gibt Ministerräte zu einer Vielzahl von Themen, wie Rat der Agrarminister, Rat der Verkehrsminister, Rat für Wirtschaft und Finanzen („ECOFIN"), Rat für Umwelt.

Im Rat tagend erlassen die Mitgliedstaaten **Rechtsvorschriften** für die Union, setzen ihr **politisches Ziele, koordinieren** ihre nationalen Politiken und regeln Konflikte untereinander und zwischen ihnen und anderen Institutionen. Im Rat vollzieht sich der Ausgleich der Einzelinteressen der Mitgliedstaaten mit dem Gemeinschaftsinteresse. Auch wenn im Rat vor allem die Interessen der Mitgliedstaaten eingebracht werden, so sind die Ratsmitglieder doch auch auf die Ziele und Notwendigkeiten der EU im Ganzen verpflichtet.

Der Rat trägt zugleich Merkmale einer **supranationalen** und einer **zwischenstaatlichen Organisation.** In bestimmten Angelegenheiten entscheidet er mit **qualifizierter Mehrheit,** in anderen kann er nur **einstimmig** entscheiden. In den meisten Bereichen (Landwirtschaft, Fischerei, Binnenmarkt, Umwelt, Verkehr) beschließt der Rat mit qualifizierter Mehrheit. Einstimmigkeit ist u. a. für Beschlüsse über die Bereiche Steuerrecht und Industrie erforderlich. Desgleichen ist Einstimmigkeit für die zweite (GASP) und dritte Säule (ZBJI) erforderlich, es sei denn, es geht um die Durchführung einer gemeinsamen Aktion (qualifizierte Mehrheit).

Zur Unterstützung der Arbeit im Rat ist ein **Ausschuss der Ständigen Vertreter der Regierungen der Mitgliedstaaten** (Coreper) eingerichtet worden, dem Beamte der Mitgliedstaaten angehören. Er hat die Aufgabe, die Entscheidungen des Rates vorzubereiten und die Aufträge des Rates auszuführen. Die Bedeutung dieses Ausschusses ist sehr groß; er tagt wöchentlich.

Vor den EEA hatte praktisch jeder Mitgliedstaat ein Vetorecht. Mit den EEA ist das Mehrheitsprinzip stärker als vorher zur Geltung gebracht worden. Für Bestimmungen über die Steuern, die Freizügigkeit der Arbeitskräfte und die Rechte und Interessen der Arbeitnehmer gilt weiterhin Einstimmigkeit. Qualifizierte Mehrheiten gibt es für Beschlüsse, die mit der Errichtung und dem Funktionieren des Binnenmarktes zu tun haben.

Europäische Kommission: Sie spielt aufgrund der ihr zugewiesenen Aufgaben eine zentrale Rolle in der Politik der EU. Von ihr beziehen die übrigen Institutionen einen wesentlichen Teil ihres Antriebs und ihrer Ziele.

Der **Europäische Gerichtshof** (EuGH) in Luxemburg ist das oberste Gericht der Gemeinschaft. Er sichert die Wahrung des Rechts bei der Auslegung und Anwendung. Der Gerichtshof kann von den Mitgliedstaaten, den Gemeinschaftsorganen sowie natürlichen und juristischen Personen angerufen werden. Durch eine enge Zusammenarbeit mit den nationalen Gerichten im Rahmen des Vorabentscheidungsverfahren gewährleistet er eine einheitliche Auslegung des Gemeinschaftsrechts in der EU. Zur Entlastung des EuGH wurde ein Gerichtshof erster Instanz geschaffen. Allgemein können beim Gerichtshof zwei Arten von Rechtssachen anhängig gemacht werden, nämlich **direkte Klagen** oder **Vorabentscheidungsverfahren** von Gerichten der Mitgliedstaaten, die eine Entscheidung über ein gemeinschaftsrechtliches Problem zum Erlass ihres Urteils für erforderlich halten.[47]

Der **Europäische Rechnungshof** prüft die Rechtmäßigkeit, Ordnungsmäßigkeit und Wirtschaftlichkeit aller Einnahmen und Ausgaben der EU und unterstützt das EP und den Rat bei deren Haushaltskontrolle.

Der **Wirtschafts- und Sozialausschuss** (WSA) ist teilweise in das Gesetzgebungsverfahren der EU eingebunden. Es ist ein Ausschuss aus Fachleuten jener Interessengruppen, die von den Gesetzen der EU betroffen sind (Produzenten, Landwirte, Verkehrsunternehmer, Arbeitnehmer, Kaufleute, Freiberufler). Der WSA hat die Möglichkeit, schon im Stadium des Gesetzesentwurfs, eine Meinung zu äußern und Rat und Kommission auf deren Wunsch fachlich zu beraten. Seine Aufgabe liegt somit in erster Linie in einer **beratenden Funktion**. Die Befassung des Ausschusses durch die Kommission oder Rat erfolgt obligatorisch oder fakultativ, doch kann der Ausschuss auch aus eigener Initiative Stellungnahmen abgeben. Das Anhörungsrecht bezieht sich nun auch auf die Bereiche Beschäftigung, Sozialfragen und Gesundheitswesen.

---

[47] Lit. 91 Oettl.

Der **Ausschuss der Regionen** (AdR) besteht aus Vertretern regionaler und lokaler Körperschaften. Er muss in bestimmten Fällen gehört werden (Regionalpolitik, Bildung, Kultur, transeuropäische Netze, Infrastrukturbereich, Beschäftigung, Umwelt, Verkehr). Durch den Unionsvertrag als beratendes Organ eingesetzt, hat sich der Ausschuss als energischer Verfechter des **Subsidiaritätsprinzip** profiliert. Dieses Prinzip besagt im wesentlichen, dass Entscheidungen stets auf der niedrigstmöglichen Verwaltungsebene, d. h. in größtmöglicher Nähe zum Bürger, zu treffen sind.

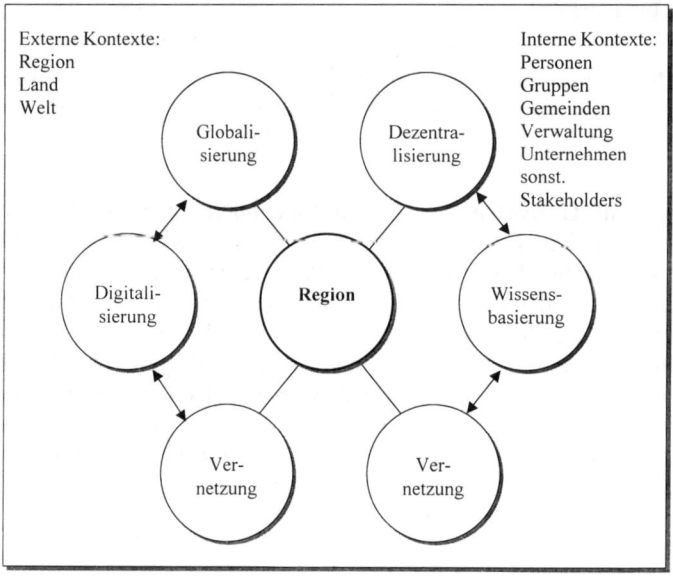

Abb. 16: Die Region zwischen externen und internen Netzen nach Willke

Europäische Investitionsbank: Sie ist die Finanzierungsinstitution der EU und gewährt langfristige Darlehen für Investitionen, die eine ausgewogene wirtschaftliche Entwicklung und Integration fördern.

Die **Römischen Verträge** von 1957 definierten als EU-Kompetenzen lediglich den Gemeinsamen Agrarmarkt, die Wettbewerbspolitik, die Außenhandelspolitik und die Transportpolitik. Aufgrund der Einheitlichen Europäischen Akte 1987 kamen die **Kohäsionspolitik** und die **Umweltpolitik** hinzu. Im Maastrichter Vertrag wurden schließlich im Bereich der **Geld- und Währungspolitik** neue Koordinationskompetenzen für das neu geschaffene Europäische Währungsinstitut festgelegt sowie eine gemeinsame Außen- und Sicherheitspolitik beschlossen. Im Delors-Weißbuch 1993 wird schließlich für die Kommission eine Art Rahmenplanungskompetenz im Bereich der transeuropäischen Netze (Energie, Verkehr, Telekom) gefordert.

Durch einstimmigen Beschluss des Rates kann eine Kompetenzübertragung in den Fällen erfolgen, in denen **supranationale EU-Aktivitäten** zur Erfüllung der Vertragsziele für notwendig gehalten werden. Die Ausführung der Beschlüsse bleibt allerdings den Nationalstaaten vorbehalten. Für die verschiedenen Politikbereiche kommt der EU-Ebene aus ökonomischer Sicht nur dort eine Kompetenz zu,

- wo dies für das Funktionieren des Binnenmarktes notwendig ist, z. B. Beihilfenaufsicht, Rahmenrichtlinien zur Vermeidung von Öko-Dumping;
- wo die Gefahr einer durch Standortwettbewerb bedingten Aufweichung von Qualitätsstandards in der Regulierungspolitik besteht, z. B. Bankenaufsicht oder Umweltnormen, aber auch im Bereich der Verkehrspolitik (Wettbewerbsverzerrungen durch günstige Steuer- und Emissionsregeln);
- wo länderübergreifende Spillover-Effekte von Produktions- oder Konsumaktivitäten vorliegen;
- wo internationale Netzwerkeffekte vorliegen, z. B. Telekom (Rahmenkompetenz);
- wo internationale EU-weite Skaleneffekte vorliegen, z. B. EU-weite einheitliche Flugsicherung.

Die EU darf nur in den Politikbereichen tätig werden und handeln, in denen ihr die Verträge ausdrücklich eine Befugnis erteilen. Im Vertrag von Maastricht wurde das **Prinzip der Subsidiarität** verankert und im Vertrag von Amsterdam präzisiert. Es besagt, dass die Union nur Aufgaben an sich ziehen darf, die sie besser erfüllen kann als die Mitgliedstaaten.

- In den Politikbereichen, in denen der EU vertraglich eine ausschließliche Kompetenz (z. B. Agrarpolitik, Verkehrspolitik, Wettbewerbsrecht, Außenhandelspolitik) zusteht, kann sie uneingeschränkt tätig werden, muss aber den Grundsatz der Verhältnismäßigkeit beachten.
- In den Politikbereichen, in denen der EU keine ausschließliche Kompetenz zusteht, soll sie nur tätig werden, wenn die gesetzten Ziele nicht ausreichend durch die Mitgliedstaaten im Rahmen ihrer Verfassungsordnung erreicht werden können.
- Maßnahmen der Gemeinschaft sind nur dann gerechtfertigt, wenn gemeinsames Handeln diese Ziele besser verwirklichen lässt.

Die **Rechtsakte** der Union werden vom Rat oder – im Rahmen des Mitentscheidungsverfahrens – vom Rat und Parlament gemeinsam verabschiedet. Es gibt folgende Arten von Rechtsakten:

Verordnungen: Sie sind unmittelbar und unionsweit gültig, in allen Teilen verbindlich und stehen über dem nationalen Recht. Verordnungen werden vom Rat erlassen, Durchführungsverordnungen vom Rat oder von der Kommission.

Richtlinien: Richtlinien verpflichten die einzelnen Mitgliedstaaten, nationale Gesetze oder Verordnungen so zu ändern oder neu zu erlassen, dass das in der Richtlinie benannte Ziel erreicht wird.

Entscheidungen: Sie sind in allen ihren Teilen für diejenigen verbindlich, an die sie gerichtet sind. Eine Entscheidung kann an alle Mitgliedstaaten, einen Mitgliedstaat, ein Unternehmen oder eine Einzelperson gerichtet sind.

Empfehlungen und Stellungnahmen: Sie sind nicht rechtsverbindlich.

Die **Rechtsetzungsverfahren** der zu erlassenden Akte sind die der Konsultation, der Zusammenarbeit, der Mitentscheidung und die für internationale Abkommen, mit unterschiedlicher Einbindung des EP.

Bei **internationalen Abkommen** (z. B. Beitritt, Assoziierung) gibt es eine Empfehlung der Kommission und einen Beschluss im Rat mit Verhandlungsrichtlinien. Die Ergebnisse erfordern eine befürwortende Stellungnahme des Europäischen Parlaments (EP).

Im Verfahren der **Konsultation** legt die Kommission einen Vorschlag vor, der an den Rat und an das EP geht. Im EP kommt es zu einer Lesung und daraufhin zu einer Stellungnahme. Die Beschlussfassung erfolgt im Rat, je nach Materie, einstimmig, mit einfacher Mehrheit oder mit qualifizierter Mehrheit.

Im Verfahren der **Zusammenarbeit** kommt es nach dem Vorschlag der Kommission zu einer ersten Lesung im EP. Der Rat legt einen „Gemeinsamen Standpunkt" fest, welcher Gegenstand der zweiten Lesung im EP ist. Das EP kann den Gemeinsamen Standpunkt annehmen, oder mit absoluter Mehrheit ändern oder ablehnen. In letzteren Fällen überprüft die Kommission den Vorschlag und übernimmt ev. Änderungen. Jetzt kann der Rat in zweiter Lesung endgültig beschließen, und zwar mit qualifizierter Mehrheit, wenn der überprüfte Vorschlag der Kommission unverändert angenommen wird, einstimmig, wenn der Rat Änderungen vornimmt. Wurde der Gemeinsame Standpunkt vom EP abgelehnt, kann der Rat nur einstimmig beschließen. Kommt es innerhalb einer Frist zu keiner Ratsentscheidung, ist der Vorschlag der Kommission abgelehnt. Dieses Verfahren gelangt beispielsweise in den Bereichen Forschungs- und Umweltpolitik, Europäischer Fonds für regionale Entwicklung, Zusammenarbeit mit Entwicklungsländern zur Anwendung.

Das **Mitentscheidungsverfahren** ermöglicht dem EP eine Mitentscheidung oder **Kodezision**. Das Verfahren gleicht dem der Mitwirkung bis zur zweiten Lesung des Gemeinsamen Standpunktes im EP. Kommt es dabei zu einer Änderung, muss der Rat einen Vermittlungsausschuss einberufen, wenn er die Änderungen ablehnt. Kommt es im Vermittlungsausschuss zu keiner Einigung, ist der Entwurf abgelehnt. Kommt es zu einem gemeinsamen Entwurf, dann gibt es eine dritte Lesung im EP und im Rat. Stimmen beide Organe zu, ist der Entwurf angenommen. Lehnt ihn ein Organ ab, dann ist er verworfen. Das EP kann somit Gesetzesentwürfe zu Fall bringen. Mitentscheidung ist u. a. für die Bereiche Freizügigkeit, Verbraucherschutz, Bildung, Kultur, Gesundheit, transeuropäische Netze vorgeschrieben.

Die im Vertrag über die Europäische Union festgeschriebene **Wirtschafts- und Währungsunion** (WWU) trat mit 1.1.1999 in Kraft. Mit diesem Tag wurden **unwiderrufliche Umrechnungskurse** der Währungen der Teilnehmerstaaten zum **Euro** festgelegt, der ab diesem Zeitpunkt die Währung der Teilnehmerstaaten darstellt. Die bisherigen nationalen Währungen, also z. B. der Schilling und die D-Mark wurden damit zu „Denominationen" des Euro, auch wenn zunächst weiterhin nationale Banknoten ihre Gültigkeit haben (wahrscheinlich bis zum 30.6.2002).

Mit 1.1.1999 wurde die dritte Stufe der WWU erreicht. Vorausgegangen sind bereits zwei der insgesamt drei Stufen zur WWU. Die **erste Stufe** (1990) liberalisierte den Kapitalverkehr und sah eine Koordination der Wirtschafts- und Währungspolitik vor. Im Vertrag über die Europäische Union verpflichteten sich die Staaten, ihre Wirtschaftspolitik als eine „Angelegenheit von gemeinsamem Interesse" zu betrachten und sie zu koordinieren. In der **zweiten Stufe** (1994-1998) mussten sich die EU-Staaten bemühen, die Aufnahmebedingungen („Konvergenzkriterien") für die Währungsunion zu erfüllen. Ferner wurde das **Europäische Währungsinstitut** (EWI) in Frankfurt gegründet, das den Aufbau der europäischen Zentralbank organisatorisch vorbereitete. Seit 1994 hat es gemeinsame Grundzüge der Wirtschaftspolitik als Empfehlung gegeben.

Milestones der europäischen Integration im Überblick

1952	Gründung der Europäischen Gemeinschaft für Kohle und Stahl mit einer supranationalen Behörde (Hohe Behörde)
1957	Gründung der Europäischen Wirtschaftsgemeinschaft und der Europäischen Atomgemeinschaft. Der EWG-Vertrag begründet eine überstaatliche Gemeinschaft von Staaten zur Errichtung eines Gemeinsamen Marktes und zur Koordinierung der Wirtschaftspolitiken der Mitgliedstaaten. Kernstück der EWG ist die Schaffung der Zollunion.
1971	Werner-Plan als erster Versuch zur Errichtung einer Wirtschafts- und Währungsunion.
1979	Schaffung des Europäischen Währungssystems EWS mit dem Ziel, in Europa eine Zone geldpolitischer Stabilität mit stabilen aber anpassbaren Wechselkursen zu schaffen.
1987	Die Einheitliche Europäischen Akte (EEA) treten in Kraft. Sie verpflichten die Gemeinschaft zur Vollendung des Binnenmarktes bis 1992 und legen die Wirtschafts- und Währungsunion als Zielvorstellung fest.
1991	Der Europäische Rat verabschiedete in Maastricht den Vertrag über die Europäische Union. Dieser tritt 1993 in Kraft.
1993	Binnenmarkt tritt in Kraft
1995	Österreich tritt der EU bei. Der Europäische Rate bestätigt in Madrid den 1. Jänner 1999 als Termin für den Beginn der Wirtschafts- und Währungsunion. Für die einheitliche Währung wird die Bezeichnung Euro festgelegt.
1997	Der Europäische Rat nimmt in Amsterdam die Verordnungen zur Einführung des Euro, den Stabilitäts- und Wachstumspakt und die Erklärung zum neuen Wechselkursmechanismus an und ergänzt den EG-Vertrag um ein Kapitel zur Beschäftigungs- und Sozialpolitik. In Luxemburg beschließt der Europäische Rat, Verhandlungen mit 6 beitrittswerbenden europäischen Ländern (Ostöffnung) aufzunehmen.
1998	Im Mai 1998 Beschluss des Europäischen Rates, dass 11 Mitgliedstaaten (Belgien, Deutschland, Spanien, Frankreich, Irland, Italien, Luxemburg, die Niederlande, Österreich, Portugal und Finnland) den Euro am 1.1.1999 einführen.
1999	Unwiderrufliche Festsetzung der Umrechnungskurse (Wechselkurse) für die an der Währungsunion teilnehmenden Länder. Euro als gemeinsame Währung der 11 Teilnahmestaaten an der Währungsunion.
2002	Beginn des Umlaufs der Euro-Banknoten und der Einziehung der nationalen Banknoten.

Im Jahre 1998 wurden die maßgeblichen Weichen gestellt. Im März 1998 berichteten die Kommission und das EWI (Europäisches Währungsinstitut), inwieweit Mitgliedstaaten bei der Verwirklichung der Wirtschafts- und Währungsunion ihren Verpflichtungen bereits nachgekommen sind (Verbot der Staatsfinanzierung durch die Zentralbank und Gewährleistung deren Unabhängigkeit). Ferner wurde geprüft, ob ein hoher Grad an **dauerhafter Konvergenz** erreicht ist.

Maßstab hierfür war, ob folgende Kriterien – die vielzitierten, aber nicht immer erreichten – **Maastricht-Kriterien** erfüllt waren:

1. Erreichung eines hohen Grades an **Preisstabilität**, ersichtlich aus einer Inflationsrate, die der Inflationsrate jener – höchstens drei – Mitgliedstaaten nahekommt, die auf dem Gebiet der Preisstabilität das beste Ergebnis erzielt haben.
2. Eine auf **Dauer tragbare Finanzlage der öffentlichen Hand**, ersichtlich aus einer öffentlichen Haushaltslage ohne übermäßige Defizite. Die Kommission überwacht die Entwicklung der Haushaltslage und der Höhe des öffentlichen Schuldenstandes und prüft insbesondere die Einhaltung der Haushaltsdisziplin anhand von zwei Kriterien, nämlich

    ob das **Verhältnis des öffentlichen Defizits zum BIP** einen bestimmten Referenzwert überschreitet, es sei denn, dass

    –entweder das Verhältnis erheblich und laufende zurückgegangen ist und einen Wert in der Nähe des Referenzwerts erreicht hat,

    –oder der Referenzwert nur ausnahmsweise und vorübergehend überschritten wird und das Verhältnis in der Nähe des Referenzwertes bleibt;

    ob das **Verhältnis des öffentlichen Schuldenstands zum BIP** einen bestimmten Referenzwert überschreitet, es sei denn, dass das Verhältnis hinreichend rückläufig ist und sich rasch genug dem Referenzwert nähert.
3. Einhaltung der normalen Bandbreiten des **Wechselkursmechanismus** des Europäischen Währungssystems seit mindestens zwei Jahren **ohne Abwertung** gegenüber der Währung eines anderen Mitgliedstaats.
4. Dauerhaftigkeit der von dem Mitgliedstaat erreichten Konvergenz und seiner Teilnahme am Wechselkursmechanismus des Europäischen Währungssystems, die im Niveau der **langfristigen Zinssätze** zum Ausdruck kommt.

In einem Protokoll des EG-Vertrages werden diese **vier Konvergenzkriterien** näher spezifiziert: Das Kriterium der **Preisstabilität** bedeutet, dass ein Mitgliedstaat während des letzten Jahres vor der Konvergenzprüfung eine durchschnittliche Inflationsrate (gemessen am Verbraucherpreisindex auf vergleichbarer Grundlage) aufweisen muss, die um nicht mehr als **1,5 Prozentpunkte** über der Inflationsrate jener – höchstens drei – Mitgliedstaaten liegt, die auf dem Gebiet der Preisstabilität das beste Ergebnis erzielt haben.

Das Kriterium der **Finanzlage der öffentlichen Hand** bedeutet, dass zum Zeitpunkt der Prüfung keine Ratsentscheidung vorliegt, wonach in dem betreffenden Mitgliedstaat ein übermäßiges Defizit besteht. Die Referenzwerte sind **3 % für das Verhältnis zwischen dem öffentlichen Defizit und dem BIP und 60 % für das Verhältnis zwischen dem öffentlichen Schuldenstand und dem BIP.**

Das Kriterium der **Konvergenz der Zinssätze** bedeutet, dass im Verlauf von einem Jahr vor der Prüfung in einem Mitgliedstaat der durchschnittliche langfristige Nominalzins um nicht mehr als 2 Prozentpunkte über dem entsprechenden Satz in jenen – höchstens drei – Mitgliedstaaten liegt, die auf dem Gebiet der Preisstabilität das beste Ergebnis erzielt haben. Die Zinssätze werden anhand langfristiger Staatsschuldverschreibungen oder vergleichbarer Wertpapiere gemessen.

Es soll noch hinzugefügt werden, dass von den obigen Kriterien („Maastricht-Kriterien") eigentlich nur das der Preisstabilität ein Ziel im Sinne des magischen Vielecks der Wirtschaftspolitik ist, die anderen Kriterien hingegen Mittel oder Zwischenziele für die Erreichung anderer Ziele darstellen.

Die **Budgetpolitik** der einzelnen EU-Mitgliedstaaten in der **dritten Stufe der Währungsunion** unterliegt auf Grund eines Vorschlages Deutschland einer weiteren Überwachung. In **Dublin** beschloss Ende 1996 der Europäische Rat den so gen. **Stabilitäts- und Wachstumspakt.** Durch den Pakt sollen übermäßige Haushaltsdefizite in der Euro-Zone vermieden werden. Er sieht Sanktionen vor, die Staaten vor eventuellen Abweichungen von ihrem Stabilitätsprogramm abschrecken sollen.

Die Euro-Staaten müssen ein **Stabilitätsprogramm** zur Überwachung vorlegen. Dieses Stabilitätsprogramm soll enthalten:
1. Eine Darstellung der mittelfristigen Haushaltsziele.
2. Eine Beschreibung der budgetären Maßnahmen, mit welchen die Haushaltsziele erreicht werden sollen.
3. Zusätzliche budgetäre Korrekturmaßnahmen im Fall von Zielabweichungen.
Dieses war erstmals im Jahr 1999 vorzulegen.

Wenn laut Auffassung der Kommission ein **übermäßiges Defizit** besteht, erstellt sie einen Bericht und leitet ihn an den Wirtschafts- und Finanzausschuss (ECOFIN) weiter. Wenn der Rat beschließt, dass tatsächlich ein übermäßiges Defizit besteht, so empfiehlt er dem betroffenen Mitgliedstaat, innerhalb von vier Monaten die erforderlichen Maßnahmen zu ergreifen. Der ECOFIN geht davon aus, dass das Defizit innerhalb von 12 Monaten nach seinem Eintritt korrigiert wird. Geschieht dies nicht, muss der Mitgliedstaat eine zinslose Einlage bei der EU tätigen. Sollte das Defizit weiterhin übermäßig sein, wird die Einlage in ein Bußgeld umgewandelt. Ausnahmen gibt es für starke konjunkturbedingte Abwärtsbewegungen sowie für unvorhersehbare und unkontrollierbare Ereignisse, wie landesweite Katastrophen.

Für die noch nicht an der WWU teilnehmenden EU-Ländern wird ein Wechselkursmechanismus **EWR 2** mit dem **Euro als Anker** eingeführt, an den diese Länder über bilaterale Leitkurse direkt an den Euro gebunden sind. Eine Schwankungsbreite von +/– 15 % ist vorgesehen, bei deren Überschreitung grundsätzlich und automatisch in unbegrenzter Höhe interveniert wird. Die Leitkurse sollen ständig überprüft und gegebenenfalls auch angepasst werden.

Man kann sich dabei die Erkenntnisse aus der **Theorie der optimalen Währungsräume** zu Nutze machen und folgende **Szenarien** herausgreifen, die sich aus dem Verlust des nationalen Einflusses auf die Geld- und Währungspolitik und der Einschränkung der Fiskalpolitik in einer Währungsunion ergeben.

Schocks: Schocks können asymmetrisch sein, wenn z. B. ein Erdölschock für ein Nichterdölland zu Abwertungs-, für ein Erdölland zu Aufwertungstendenzen führt. Sind hingegen Länder ähnlich strukturiert, so ist eine gemeinsame Politik auch bei festen Wechselkursen leichter möglich.

Präferenzen: Länder, die sich beispielsweise gegenüber der Inflationsbekämpfung unempfindlicher geben, verlieren an Wettbewerbsfähigkeit und geraten unter Abwertungsdruck. In einer Währungsunion ist eine Abwertung aber nicht möglich.

Budgetdefizite: In einer Währungsunion entfällt die Inanspruchnahme der Notenpresse zur Budgetfinanzierung. Budgetdefizite müssen über Schuldenaufnahme finanziert werden. Die Möglichkeit über die nationale Geldpolitik das Zinsniveau günstig zu beeinflussen (z. B. Niedrigzinspolitik) entfällt.

Die in der Literatur als **Kriterien für einen optimalen Währungsraum** genannten Voraussetzungen, wie Faktormobilität, Offenheitsgrad der Wirtschaft und hoher Diversifikationsgrad in Produktion und Export trifft für die EU derzeit nur zum Teil zu.

Mit dem Euro könnte aber eine **Stabilitätskultur** in Europa entstehen, die im Interesse stabiler und sinnvoll gestalteter wirtschaftlicher Rahmenbedingungen unbedingt notwendig wäre. Dies wäre zugleich auch eine Antwort auf die gegenwärtige Entwicklung der Weltwirtschaft und ihre Globalisierung. Zwar kann man mit dem Euro allein das Problem der Arbeitslosigkeit nicht in den Griff bekommen, aber ohne den Euro würde im Kampf gegen die Arbeitslosigkeit ein entscheidendes Instrument fehlen. Die WWU sollte der europäischen Wirtschaft, dem europäischen Binnenmarkt zu neuer Dynamik verhelfen und die Abhängigkeit von den USA Schritt für Schritt verringern.

Mit 1.1.1999 ging formal die Geldpolitik auf das **Europäische System der Zentralbanken** (ESZB) über. Damit beendete das EWI seine Tätigkeit. Das ESZB setzt sich aus der **Europäischen Zentralbank** (EZB) sowie den nationalen Zentralbanken zusammen. Vorrangiges Ziel des ESZB ist es, die **Preisstabilität des Euro** zu gewährleisten. Die grundlegenden Aufgaben des ESZB bestehen darin, die **Geldpolitik** der Gemeinschaft festzulegen und auszuführen, die Devisengeschäfte durchzuführen, Währungsreserven zu halten und zu verwalten und das reibungslose Funktionieren der Zahlungssysteme zu fördern. Die EZB wiederum erhebt mit Unterstützung der nationalen Zentralbanken die statistischen Daten, die für die Erfüllung dieser Aufgaben notwendig sind.

Der **EZB-Rat** hat jene Entscheidungen zu treffen, die notwendig sind, damit das ESZB seine Aufgaben erfüllen kann. Im wesentlichen heißt das, dass der EZB-Rat die Geldpolitik des Euro-Währungsraumes einschließlich der geldpolitischen Zwischenziele, Leitzinssätze und der Bereitstellung von Zentralbankgeld im ESZB festlegt. Beschlüsse werden in der Regel mit einfacher Mehrheit gefasst. Der EZB-Rat besteht aus dem Direktorium der EZB sowie den Gouverneuren der nationalen Zentralbanken. Das Direktorium besteht aus dem Zentralbankpräsidenten, dem Vizepräsidenten und vier weiteren Mitgliedern.

Als geldpolitische Strategie stehen ein **Geldmengenziel** (Vorgabe einer Geldmenge bzw. eines Wachstums derselben nach Vorbild der Deutschen Bundesbank) und ein **Inflationsziel** (nach Vorbild der Bank of England) zur Debatte. Würde das jeweilige Ziel überschritten, würde die EZB durch Zinserhöhung eingreifen. Aller Voraussicht nach wird man sich für eine Kombination aus Geldmengenziel und Inflationsziel entscheiden.

Zu den geldpolitischen Instrumenten, die von der EZB und den nationalen Zentralbanken eingesetzt werden können, gehören **Offenmarktgeschäfte, Darlehens- und Kreditgeschäfte** und **Mindestreserven**. Die **Währungsreserven** der an der Euro-Zone teilnehmenden Ländern werden im Rahmen des ESZB gehalten und verwaltet. Ein Teil dieser Reserven, maximal 50 Mrd. Euro, wird direkt von der EZB verwaltet. Der größere Teil der Währungsreserven des ESZB verbleibt bei den nationalen Zentralbanken. Als Währungsreserven können nur Währungen von Drittländern, somit vor allem Dollar und Yen verwendet werden, nicht jedoch Währungen der Mitgliedstaaten, Euro, IMF-Reservepositionen oder Sonderziehungsrechte.

4.4. Regionale Steuerung D

Die zu lösenden regionalpolitischen Probleme sind komplexer geworden. Statt jedoch dieser erhöhten Komplexität mit verbesserten Analysemethoden und innovativen Ideen zu begegnen, hat man wirtschaftspolitisch – um es in der Boxersprache zu formulieren – „das Handtuch geworfen" und flüchtet in einen Pragmatismus, der sich durch punktuelle, kurzfristige und kurzsichtige Maßnahmen auszeichnet. Die jeweilige Politik ist geprägt von „Feuerwehraktionen", vielfach in der Form von „Äkschn". Es wird nicht mehr **agiert**, sondern nur mehr **reagiert**.

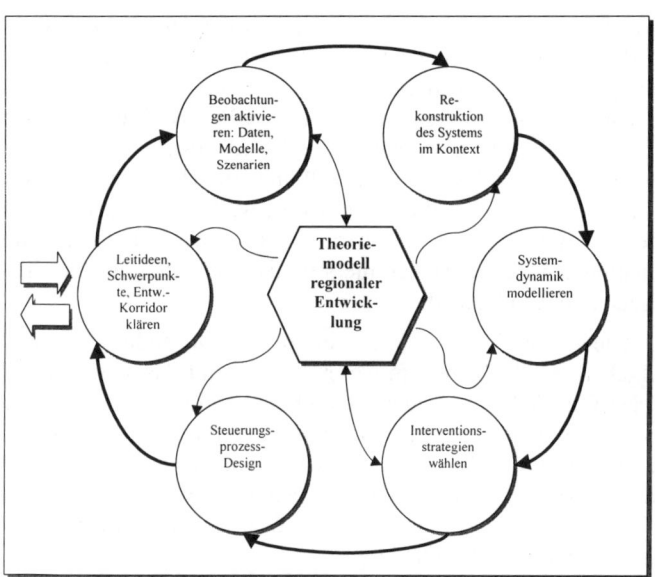

Abb. 17: Der Prozess der regionalen Entwicklung nach Willke

Der Begriff **Region** ist ein Konstrukt und sollte im Sinne der Systemtheorie durch Kommunikationsgrenzen beobachtbar sein. Doch leider dominieren hier eher Sprachspiele nach Wittgenstein.

Fragen, die sich in diesem Zusammenhang ergeben:

- Wo liegen die Grenzen einer Region?
- Was ist ein kreatives regionales Milieu?
- Wie sieht es aus mit der Reichweite der getroffenen regionalpolitischen Maßnahmen?
- Welche regionalen Perspektiven sollen ermöglicht werden?
- Innerhalb welcher Zeitspanne sollten welche Projekte verwirklicht werden? Der Faktor Zeit wird bei der Lösung regionaler Probleme zu einem immer wichtigeren Einflussfaktor angesichts des Wettbewerbes der Standorte und Regionen. Ein durch die Nachlässigkeit der Politiker in ein anderes Land abgewanderter „Cluster" kann nicht mehr zurückgeholt werden.

Regionalpolitische Interventionen zeichnen sich durch ein hohes Maß an Komplexität aus. Schritt für Schritt muss die bestehende Komplexität reduziert werden.

- Oft erfolgt nur eine lineare Beeinflussung der bestehenden Strukturen und Prozesse, doch ist die Dynamik einer Region nur durch sehr differenzierte und aufeinander abgestimmte Maßnahmen steuerbar.
- Dazu kommt noch, dass geeignete politische Strukturen – z. B. „think tanks" zur Politikvorbereitung – fehlen, um regionalpolitische Strategien zu entwickeln und operativ zeitgerecht umzusetzen.
- Erschwerend wirkt auch die schwindende Bedeutung des Einflusses von Territorialität durch die zunehmende interregionale und internationale Verflechtung.
- Gebremst wird eine Neuorientierung der Regionalpolitik in Richtung Effektivität und Effizienz schließlich durch politische Interessengruppen („Lobbies"), die sich darauf konzentrieren, politische Anliegen ihrer Mitglieder durchzubringen bzw. die Abschaffung von bestehenden Vorteilen zu verhindern, und zwar ohne Rücksicht auf etwaige gesamtwirtschaftliche Nebenwirkungen.

Regionales Management[48] braucht Visionen und realistische Leitbilder, die sich nach und nach in Strategien niederschlagen und zu nachhaltigen Strukturen führen: **„structure follows strategy."** Um die Qualität der regionalen Wirtschaftspolitik zu verbessern, müssen regionale Koordinationseinrichtungen geschaffen werden. Dabei geht der strategische Fokus vielfach in Richtung Kosten, Bürgernähe, Innovation und Kooperation.

---

[48] Jekel, Th., Regionalmangement und Regionalmarketing. - Theoretische Grundlagen kommunikativer Regionalplanung, SIR-Schriftenreihe, Band 18, Salzburg 1998.

Regionale Steuerung kann nur dann erfolgreich sein, wenn folgende Erfahrungsregeln beachtet werden:
1. Entwicklung einer gemeinsamen Vision („mission statement")
2. Berücksichtigung der Bedürfnisse der Bürger („Stakeholder"-Orientierung)
3. Programmentwicklung („activities")
4. Formulierung eines Maßnahmenkataloges und Abstimmung der Maßnahmen der einzelnen Ressorts („policy coherence")
5. Wissensmanagement unter Berücksichtigung des in einer Region in großem Ausmaß verfügbaren schweigenden Wissens („tacid knowledge")
6. Konsequente Umsetzung der Programme und Einzelprojekte („implementation")
7. Schließen der Lücke zwischen den Politikern und den Bürgern einer Region[49]

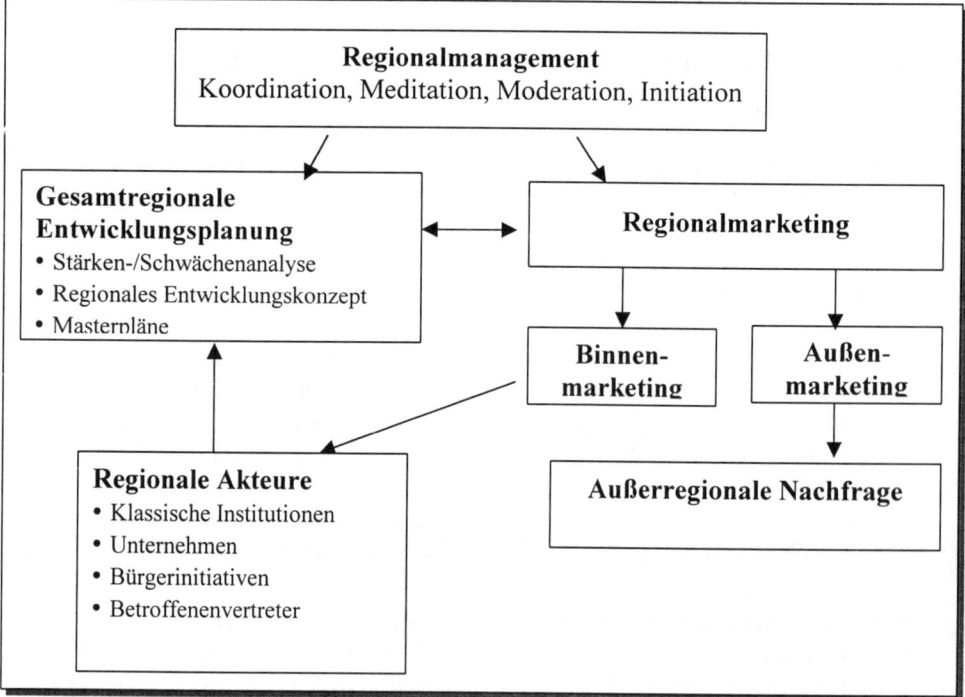

Abb. 18: Bausteine für ein Regionalmanagement nach Weichhart (adaptiert)

---

[49] Lit. 73 Michele/Resch/Ruckensteiner.

4.5. Globale Steuerung E

Unter **Globalisierung** versteht man die weltweite grenzüberschreitende Vernetzung wirtschaftlicher Aktivitäten. Die Motive der Unternehmen, die sich entschließen, Grenzen zu überschreiten und mit anderen Unternehmen – teilweise ehemaligen Konkurrenten – zusammenzuarbeiten, sind vielfältig:

- Unterschiedliche Rechtssysteme in den einzelnen Staaten, die die Ausnützung von ökonomischen und rechtlichen Vorteilen ermöglichen.
- Unterschiedliche Kosten der menschlichen Arbeit in den einzelnen Staaten. Sehr oft erfolgt daher eine Verlagerung der Produktion in so genannte „Niedriglohnländer".
- Stagnation der Nachfrage auf „alten" Absatzmärkten führt in vielen Fällen zu einer Verlagerung der Produktion in andere Länder. Nur durch Globalisierung ist noch eine wachsende Wertschöpfung möglich.
- Die Umweltschutzauflagen sind in den einzelnen Ländern unterschiedlich und verleiten zur „Abwanderung" in jene Länder, wo die Auflagen weniger streng und billiger sind.

„Es entbehrt nicht einer gewissen Ironie, dass in dem Augenblick, indem die Wirtschaftswissenschaften die soziale Gebundenheit wirtschaftlichen Handelns systematisch in ihre Theorienbildung einzubinden beginnen, weite Teile der sozialwissenschaftlichen Globalisierungsdiskussion[50] derartige Bindungen implizit erneut für obsolet erklären."

Bei eingehender Analyse der wichtigsten OECD-Länder lässt sich gegenwärtig vor allem ein wesentliches politisches Gestaltungsprinzip erkennen, das gewissermaßen die Tiefenstruktur bildet: die **Dialektik von Regionalisierung und Globalisierung.**

Auf den ersten Blick könnte man den Eindruck gewinnen, dass es sich dabei um zwei einander widersprechende Entwicklungen, zwei völlig verschiedene Geschichten („stories") handelt. Bei beiden „stories" verliert der jeweilige Zentralstaat zusehends an Bedeutung, wobei aber die Begründung jeweils eine andere ist. Dies sind zugleich zwei sehr gute Beispiele dafür, wie stark ökonomische Logik auseinander driften kann.

Story No. 1: Hier ist es das Gewicht und der Druck regionaler und kommunaler Kräfte, die Verstärkung regionaler Identität und die Wiederbelebung der regionalen Wirtschaftszusammenhänge durch starke Unternehmerpersönlichkeiten[51], die den Zentralstaat ins Abseits drängen und seine Kompetenzen in Frage stellen und beschneiden. Der Sachverhalt kann mit zahlreichen überwältigenden empirischen Belegen untermauert werden: die italienischen, regionalen Netzwerke und Industrie-

---

[50] Rehfeld, D., Räumliche Dimensionen globaler Unternehmensstrategieen, in: Brose,H.G. /Voelzkow,H., Institutioneller Kontext wirtschaftlichen Handelns und Globalisierung, Marburg 1999.
[51] Lit. 33 Gollegger sowie Lit. 58 Leitl.

distrikte, Silicon Valley, Baden-Württemberg oder Jütland sind nur einige Beispiele.

Story No. 2: Hier gewinnen globale, weltweit wirkende Kräfte allmählich die Oberhand und bringen den jeweiligen Zentralstaat durch die Öffnung der Grenzen immer mehr unter Druck. Bei dieser Story sind wirtschaftliche Prozesse bestimmt durch transnational und global wirkende Akteure („global Players"). Im Einzelnen sind dies: Banken und unüberschaubare Firmenkonglomerate, globale Finanzinstitutionen, Kommunikations-Netzwerke, einflussreiche Lobbies und Foren sowie die dort agierenden Autoritäten (z. B. das Davoser Weltwirtschaftsforum). Und die Evidenz der empirischen Belege und Beispiele ist auch hier in der Tat überwältigend.

Auf der Suche nach einem plausiblen Erklärungskontext, der die Dialektik von Regionalisierung und Globalisierung einigermaßen widerspruchsfrei verarbeiten kann, bietet sich auch hier die **Regulationstheorie** an.

Globalisierung zwingt in vieler Hinsicht zur einer Neuorientierung des Denkens. Dabei ist Globalisierung an sich nichts Neues. Ansätze zur Globalisierung der Handelsbeziehungen hat es bereits zu Beginn des Jahrhunderts gegeben. Die politische Steuerung durch die einzelnen Nationalstaaten gestaltet sich zusehends schwieriger.

Zu den Ökonomen, die sich sehr umfassend mit Fragen der **Globalisierung** und den damit verbundenen Auswirkungen auf die Arbeitswelt beschäftigt haben, gehört **André Gorz**. 1923 in Wien geboren, verbrachte er die Kriegsjahre in der Schweiz und lebt in Frankreich. Die transnational agierenden **global Players*** sind nicht mehr standortgebunden. Sie siedeln sich dort an, wo ihr Gewinn am höchsten ist, unter anderem in Steueroasen. Mit der Globalisierung hat sich das Kapital von allen gesellschaftlichen und humanen Geboten befreit. Es kennt nur noch das Gebot der Gewinnmaximierung. „Früher sagte man, dass eine Gesellschaft, ein Land umso reicher und stärker sei, je reicher und stärker seine Unternehmen sind. Jetzt gilt eher das Umgekehrte: je stärker das Kapital, umso schwächer die Gesellschaft; je reicher das Unternehmen, umso ärmer die Bevölkerung. Das kann so nicht mehr lange weitergehen."

Gorz erblickt in den internationalen Finanzmärkten **ein Instrument zur Unterlaufung der nationalen Makrosteuerung.** „Täglich werden rund 1400 Milliarden Dollar auf Devisenmärkten gewechselt. Nur vier Prozent der Transaktionen entsprechen der Abrechnung von Waren- und Dienstleistungsumschlag. Der Rest ist rein spekulativ: Geld vermehrt sich, indem es nichts anderes kauft und verkauft als Geld selbst. Die Wirtschaft wird in den Dienst inhalts- und substanzloser Geldvermehrung gestellt. Sie wird gezwungen, nach dem Prinzip der größtmöglichen, kurzfristigen Rendite zu handeln. Sie wird dem politischen Einfluss, der demokratischen Gestaltungsmacht der Gesellschaft entzogen. Die Handlungs- und Entscheidungsfähigkeit der Regierungen, der Politik, wird auf wichtigen Gebieten derart eingeengt, dass die Regierungen, die Politik, total diskreditiert sind. Die Macht des Geldes, der Finanzmärkte, erhebt sich über die gesellschaftspolitische Macht des Staates und ersetzt den Gesetzgeber, den Willen des Volkes, durch so genannte Marktgesetze, die von niemandem verantwortet werden und für deren Auswirkungen niemand zur Rechenschaft gezogen werden kann. Das ist die gegenwärtige Lage. Aus ihr gibt es keinen nationalen Ausweg. Wohl aber einen supranationalen. Ein supranationales Staatengebilde von der Größe der EU könnte den Vorrang der Politik, die demokratisch kontrollierbare gesellschafts- und wirtschaftspolitische Handlungsfähigkeit für seine Mitgliederstaaten wiederherstellen. Die EU könnte zum Beispiel nach Einführung des Euro die spekulativen Devisentransaktionen durch eine neue Steuer – die sogenannte **Tobin Tax** – weitgehend drosseln. All das wünschen die Finanzmächte natürlich zu verhindern."[52]

James Tobin, geb. 1918, ist der Meinung, dass eine geringfügige Steuer eine überzogene Spekulation auf den internationalen Finanzmärkten („Kasino-Kapitalismus") abschwächen könnte.

Für seine Beiträge zur Portfoliotheorie erhielt **James Tobin** gemeinsam mit **Harry Markowitz** 1981 den Nobelpreis. Die Portfoliotheorie versucht zu beschreiben, wie Anleger ihr Geld am besten anlegen und auf verschiedene Vermögensarten verteilen. Im Wesentlichen lassen sie sich von zwei Einflussfaktoren leiten: von der Höhe des Ertrages – wobei der Ertrag umso höher ist, je größer das Risiko ist – und vom Gesamtumfang der eingegangenen Risiken.

Das hier beschriebene Verhaltensmuster hat Tobin auf den Staat übertragen und gezeigt, wie man durch die Aufnahme und Rückzahlung von Krediten die Konjunkturentwicklung steuern kann. Seine Hypothesen hat Tobin[53] in dem Buch „Grundsätze der Geld- und Staatsschuldenpolitik" niedergeschrieben. Das Buch war ursprünglich für amerikanische Parlamentarier bestimmt. Kernthese ist, dass die Geld- und Schuldenpolitik untrennbar verbunden sind, weil sie gemeinsam auf die Geld- und Kreditmärkte wirken und – in den USA – die Aufgaben der Zentralbank („Federal Reserve Board") von denen des Finanzministeriums nicht getrennt werden können.

In Europa sind demgegenüber die institutionellen Verhältnisse anders gelagert. Budgeterstellung und Verschuldung fällt hier in die Kompetenzen von Regierung und Parlament der einzelnen EU-Länder, während für die Geldpolitik die Europäische Zentralbank zuständig ist. Eine solche Arbeitsteilung hält Tobin für problematisch, weil beide Institutionen unterschiedliche Ziele verfolgten und überdies in der Regel keine ausreichende Koordination erfolge. Tobin ist der Meinung, dass das „Jobwunder" in den Vereinigten Staaten auf die gute Zusammenarbeit der Institutionen und die bessere „Governance" zurückzuführen sei.

Die weltweite Einhebung einer Tobin-Steuer würde – nach Meinung von Andrè Gorz – die weltwirtschaftlichen Transaktionen in keiner Weise behindern, doch ihre Einführung setzt den politischen Willen aller Staaten dazu voraus – und die nötige Macht. Aus dem Aufkommen aus der Tobin Tax könnten die Sozialausgaben finanziert werden. „Das soziale Netz muss umgebaut werden und neue Grundlagen erhalten. Aber bei diesem Umbau – nicht Abbau – muss man sich auch fragen, warum es scheinbar unfinanzierbar geworden ist. Die Länder der EU sind in den letzten zwanzig Jahren um 50-70 % reicher geworden. Die Wirtschaft ist viel schneller gewachsen als die Bevölkerung. Trotzdem zählt die EU jetzt zwanzig Millionen Arbeitslose, fünfzig Millionen Arme, fünf Millionen Obdachlose usw. Was ist mit dem zusätzlichen Reichtum geschehen? Von den Vereinigten Staaten weiß man,

---

[52] Lit. 152 Gorz.
[53] Lit. 133 Tobin.

dass das siebzigprozentige Wirtschaftswachstum allein die wohlhabendsten 10 % der Bevölkerung bereichert hat. Diese 10 % haben 96 % des zusätzlichen Reichtums erhalten. Ganz so arg ging es in Europa nicht zu, aber auch nicht viel besser. In Deutschland sind die Gewinne der Unternehmen seit 1979 um 90 % gewachsen, die Löhne um 6 %. Aber das Lohnsteueraufkommen hat sich im Laufe der letzten zehn Jahre verdoppelt; das Körperschaftssteueraufkommen hat sich halbiert. Die meisten transnationalen Firmen, wie z. B. Siemens oder BMW, zahlen im Inland keine Steuern mehr. Sie verbuchen ihre Gewinne dort, wo die Steuergesetze für sie am günstigsten sind. Das ist die Globalisierung. Und sie verlagern ihre Produktion dorthin, wo die Löhne für eine vergleichbare Arbeitsqualität am niedrigsten sind. Und die hohen Gewinne, die damit erzielt werden, werden zu einem beträchtlichen Teil nicht in Forschung, Bildung und Anlagen investiert, sondern für Geldgeschäfte und Devisenspekulationen verwendet. Und da soll man die Reden über die Unfinanzierbarkeit des Sozialstaats ernst nehmen? Es wird am Ende überhaupt nichts mehr finanzierbar sein, weder das soziale Netz noch die Schulen, die Universitäten, die materielle und kulturelle Reproduktion, wenn die Unternehmen immer weniger Menschen beschäftigen, immer geringere Lohnsummen ausschütten und auch kaum noch Steuern zahlen. Solange sich diesbezüglich nichts ändert – und die Tobin Tax könnte da schon einiges bewirken – werden es sich die Leute mit Recht nicht gefallen lassen, dass man ihnen die Sozialleistungen, die Renten und Gehälter reduziert."

Demgegenüber ist **Uwe Jens**[54] der Auffassung, dass es unsinnig wäre, die Globalisierung mit all dem, was dazu gehört, aufhalten zu wollen. „Die Amerikaner haben z. B mit dem Shareholder-Value-Konzept dafür gesorgt, die Kapitalproduktivität außerordentlich zu steigern. Hier besteht in der Bundesrepublik noch Nachholbedarf. Wir weisen jedoch im Vergleich zu den Vereinigten Staaten eine deutlich höhere Arbeitsproduktivität auf, und das ermöglicht uns im Bereich der Sozialpolitik eine eigenständige Nuancierung – in beiden Regionen, in Nordamerika und in Europa, müsste in erster Linie dafür gesorgt werden, die so gen. Ressourcenproduktivität zu steigern. Es scheint so, als hätte das Shareholder-Value-Konzept einen „Kampf der Produktivitätsfaktoren" und der dahinter stehenden Menschen um einen größeren Anteil am Sozialprodukt ausgelöst. Unter diesem Aspekt wären die politischen Weichen so zu stellen, dass ein größerer Anteil des Sozialprodukts für die wichtigen ökologischen Probleme unserer Gesellschaft bereitgestellt wird."

Der sektorale Strukturwandel wird heute immer weniger von der nationalen Entwicklung geprägt als vielmehr von global oder regional tätigen Unternehmen, die sich an den globalen Branchenleadern messen und ausrichten. Immer mehr Unternehmen bewegen sich auf einem globalen Markt, der sie treibt. Eine Analyse- und Investitionsmethode nach Ländern versagt, weil global getriebene und wirkende Unternehmen nur auf globaler Ebene beurteilt werden können. Eine Neuausrichtung der Steuerungskonzepte ist angeraten.

„Von Seiten der Wissenschaft kann uns heute die evolutorische Wirtschaftstheorie und die neue Institutionenökonomie wesentlich bessere Anregungen geben als die immer noch vorherrschende Neoklassik. Wenn wir in Zukunft Auswüchse bestimmter Konzepte, die sich auch als Ideologien entpuppen können, verhindern wol-

---

[54] Lit. 42 Jens 15.

len, benötigen wir bessere Spielregeln oder eine klare Rahmensetzung für die Wirtschaft. Die wichtigste Spielregel ist aus meiner Sicht die Wahrung eines funktionsfähigen Wettbewerbes auf jedem einzelnen Markt. Nur dann hat der Verbraucher Einfluss auf die Produktion und ist eine wichtige Macht gegenüber der anbietenden Wirtschaft. Der nationale Staat behält das Recht, notfalls auch auf verkrusteten oder zum Monopol neigenden Märkten mit allen Instrumenten zu intervenieren. Dafür benötigen wir z. B. in Europa wie in den Vereinigten Staaten eine wirksame Entflechtungsstrategie. Die privatwirtschaftlichen Konzerne müssen wissen, dass sie den 'ordnungspolitischen Rubikon' überschreiten, wenn sie auf ihrem Markt ein Monopol errichten wollen. Bereits Joseph A. Schumpeter wies darauf hin, welche überragende Bedeutung den gesellschaftlichen Institutionen, dem Ordnungsrahmen und den Spielregeln für eine gedeihliche Entwicklung der Marktwirtschaft zukommt. Wenn viele Märkte, aber lange nicht alle, heute Weltmärkte geworden sind, dann muss das nicht schrecken. Für die Regeln, die international aufgestellt werden müssen, brauchen wir zunächst Überzeugungsarbeit. Aber langfristig führt kein Weg an internationalen Bestimmungen zur Sicherung des Wettbewerbs und zur Verminderung der weltweiten Unternehmenszusammenschlüsse („Mergers & Acquisitions") vorbei. Zunächst und vor allem müssen wir aber das eigene Haus in Ordnung bringen und eine Politik betreiben, die unsere Wirtschaft fit macht für die neuen weltwirtschaftlichen Herausforderungen."[55]

Globale Interventionen durch Internationale Organisationen

Bereits im Jahre 1944 kam es auf amerikanische Veranlassung zur Gründung von internationalen Organisationen mit dem Ziel, systematisch eine neue Weltwirtschaftsordnung aufzubauen. Ausgangspunkt der Überlegungen war die Erkenntnis, dass **monetäre Stabilität, Währungskonvertibilität, freier Handel** und **gesicherter Zahlungsverkehr** sowohl für die Weltwirtschaft wie auch für alle Beteiligten günstig sind. Die aus der Zwischenkriegszeit gewonnenen Erfahrungen mit Protektionismus, Bilateralismus, Abwertungen und Devisenbewirtschaftung zeigte, dass damit ökonomische Krisen verschärft und politische Krisen mitausgelöst werden und allen Beteiligten Nachteile bringen.

Zusätzlich zur politischen Ordnung, welche die Vereinigten Staaten über die Vereinten Nationen zu erreichen gedachten, wurde eine Währungsordnung, eine Finanzordnung und eine Handelsordnung konzipiert und institutionell gestaltet. Im Rahmen der **Bretton-Woods-Konferenz** wurde versucht, eine **internationale Währungsordnung** und eine **internationale Finanzordnung** zu schaffen. Die dafür zuständigen Institutionen bzw. Organisationen waren und sind der **Internationale Währungsfonds** (IMF, IWF) und die Internationale Bank für Wiederaufbau und Entwicklung (IBRD), auch **Weltbank** genannt.

Die **internationale Handelsordnung** sollte in einer Internationalen Handelsorganisation (ITO) verwirklicht werden („Havanna Charta"). Die Gründung dieser Organisation scheiterte am amerikanischen Kongress, aber die wichtigsten Bestimmungen wurden in eine Vereinbarung eingebracht, nämlich dem Allgemeinen Zoll- und Handelsabkommen, besser bekannt unter dem Namen GATT. Mit Beginn des Jah-

---

[55] Lit. 42 Jens 16.

res 1995 kam es doch zur Bildung einer eigenen Organisation als Nachfolger des GATT, nämlich zur Gründung der Welthandelsorganisation WTO.

Die Aufgaben des **Internationalen Währungsfonds** (IWF) lassen sich stichwortartig wie folgt aufzählen:

- Zusammenarbeit auf dem Gebiet der Währungspolitik
- Ausweitung und ausgewogenes Wachstum des Welthandels
- Förderung der Stabilität der Währungen, Aufrechterhaltung geordneter Währungsbeziehungen, Vermeidung von Abwertung aus Wettbewerbsgründen
- Errichtung eines multilateralen Zahlungssystems, Beseitigung von Devisenverkehrsbeschränkungen
- Hilfe bei Zahlungsbilanzungleichgewichten
- Verkürzung der Dauer von Zahlungsbilanzungleichgewichten

Ursprünglich war jedes Mitgliedland verpflichtet, mit dem IMF für seine Währung eine Gold- oder Dollarparität zu vereinbaren und den Kurs der Währung innerhalb einer vorgeschriebenen Bandbreite (ursprünglich plus/minus 1 %, später 2¼ %) zu halten. Dies bedeutete eine Interventionsverpflichtung der Zentralbanken. Eine Paritätsänderung (Aufwertung oder Abwertung) war bei einem fundamentalen Ungleichgewicht der Zahlungsbilanz nach Konsultation des IMF möglich. Dieses System fixer Wechselkurse ist als **Bretton-Woods-System** in die Geschichte eingegangen.

Der Zusammenbruch des Systems fester Wechselkurse hatte seine Ursache in anhaltenden Zahlungsbilanzdefiziten der Vereinigten Staaten (60er Jahre) und umfangreichen kurzfristigen Kapitalbewegungen. 1971 wurde die Goldkonvertibilität des US-Dollar durch Nixon aufgehoben. 1973 gingen die meisten Industriestaaten zu flexiblen Wechselkursen zumindest gegenüber dem US-Dollar über.

Derzeit sind 182 Länder Mitglied beim IMF, wofür ein Mitgliedsbeitrag zu leisten ist, nämlich die **Quote**. Sie ist in der Recheneinheit des Fonds, das ist das so gen. Sonderziehungsrecht („special drawing right"), ausgedrückt.

Die Quoten ergeben einen „**Pool**", auf den der IMF zurückgreifen kann, um Mitgliedsländer bei finanziellen Problemen Kredite gewähren zu können. Die Höhe der Quote bestimmt auch das Ausmaß, bis zu dem ein Land Kredite aufnehmen kann, und das Stimmrecht. Sie orientiert sich am BIP, der Leistungsbilanz sowie den Währungsreserven des Mitglieds. Mindestens alle 5 Jahre kommt es zu einer Quotenüberprüfung und zumeist auch Quotenerhöhung. Normalerweise sind 25 % der Quote in SZR oder in bestimmten Währungen und 75 % in Landeswährung einzuzahlen.

Die Aktivitäten des Währungsfonds umfassen die Beobachtung, Finanzhilfen und technische Hilfen. Unter „**surveillance**" wird die Beobachtung und Überwachung der Wechselkurspolitik der Mitgliedstaaten verstanden. Dabei wird auch geprüft, ob die wirtschaftliche Entwicklung und die Wirtschaftspolitik vereinbar sind mit der Erreichung eines stetigen Wachstums und binnenwirtschaftlicher wie außenwirtschaftliche Stabilität. Als multilaterale „surveillance" wird auch der zweimal im

Jahr erscheinende World Economic Outlook gesehen. Die **Finanzhilfe** erfolgt in Form von Krediten und Darlehen an Mitgliedstaaten mit **Zahlungsbilanzproblemen**, um Anpassungen und Reformen zu unterstützen. **Technische Hilfe** wird durch Expertisen gegeben sowie durch Hilfeleistungen in den verschiedensten Bereichen wie bei der Implementierung einer Geld- und Fiskalpolitik, dem Ausbau und die Gestaltung von Institutionen sowie der statistischen Datengewinnung und -verbesserung.

Die Finanzhilfe erfolgt über sogenannte **Fazilitäten** und mit Ausnahme von ESAF durch so gen. **Ziehungen**. Darunter versteht man, dass ein Mitgliedstaat Währungen anderer Mitgliedsländer oder Sonderziehungsrechte gegen eigene Währung erhält. Innerhalb eines bestimmten Zeitraumes muss die eigene Währung dann wieder mit SZR oder spezifizierten anderen Währungen zurückgekauft werden. Da der IMF Gebühren dabei einhebt, ist die Ziehung einem verzinslichen **Devisenkredit** mit Rückzahlungsverpflichtung gleichzusetzen. Es gibt reguläre, konzessionäre und spezielle Fazilitäten.

Zu den regulären Fazilitäten zählen die **Beistandskredite** („stand-by-arrangements") – eine kurzfristige Zahlungsbilanzhilfe für temporäre oder zyklische Defizite – und die **erweiterten Fondsfazilitäten** („extended fund facilities"). Damit werden Kredite für mittelfristige Zahlungsbilanzhilfen unter der Auflage eines auf 3 Jahre angelegten Programms zur Behebung des Zahlungsbilanzungleichgewichtes gewährt.

Konzessionäre Zahlungsbilanzhilfe wird Entwicklungsländern mit niedrigem Pro-Kopf-Einkommen im Rahmen der **erweiterten Strukturanpassungsfazilität** („enhanced structural adjustment facility") zu einem niedrigen Zinssatz gewährt, sofern in Zusammenarbeit mit der Weltbank und dem Entwicklungsland ein wirtschaftspolitisches Rahmenkonzept erarbeitet wird. Es handelt sich dabei um echte Darlehen und keine Ziehungen auf Währungen von Mitgliedstaaten.

Die Modalitäten für die Inanspruchnahme der Fondsmittel bestehen aus der Kredittranchenpolitik („credit tranche policy"), einer Politik der Soforthilfe („policy on emergency assistance") und einer Politik der Schulden- bzw. Schuldendienstreduktion. Unter der **Kredittranchenpolitik** kann ein Mitgliedstaat 4 Kredittranchen von je 25 % seiner Quote in Anspruch nehmen. Bei Ziehung der Tranche muss der Kreditnehmer Maßnahmen zur Überwindung seiner Zahlungsbilanzschwierigkeiten nachweisen. Anträge auf Ziehungen in den höheren Tranchen erfordern ein tragfähiges **Programm zur Behebung struktureller Zahlungsbilanzungleichgewichte**. Dies soll sicherstellen, dass die kreditnehmenden Länder nicht nur Zahlungsbilanzdefizite finanzieren können, sondern in der Zukunft diese auch vermeiden. Die Verbindung von Kreditvergabe mit wirtschaftspolitischen Auflagen wird von den Entwicklungsländern vielfach als Diktat kritisiert. Die vom IMF unterstützten Stabilisierungsprogramme bringen tiefe Einschnitte in die Wirtschafts- und Finanzstruktur der kreditnehmenden Länder und führen häufig zu deutlichen Einkommenseinbußen, vor allem bei wirtschaftlich schwächeren Bevölkerungsgruppen. Die Trennung zwischen Zahlungsbilanzhilfe und Entwicklungshilfe wird zunehmend unschärfer und damit auch die Aufgabenteilung zwischen dem IMF und der Weltbankgruppe.

In den 80er Jahren übernahm der IMF die führende Rolle beim Management und in der Bewältigung der **internationalen Schuldenkrise**. Ein neuer Schwerpunkt kam in den 90er Jahren mit der Unterstützung der **Reformländer** hinzu. Und jüngst erst musste der IMF wieder Feuerwehr in **Südostasien**[56] und in **Russland** spielen. Es wurden Bereitschaftskredite zur Unterstützung der erforderlichen, zumeist vom Währungsfonds vorgeschlagenen, wirtschaftlichen Programme gewährt. Dabei kam der Währungsfonds, wie in der Vergangenheit schon häufig, wieder ins Schussfeld der **Kritik**. Während Kritiker die Rezepturen des IMF für veraltet halten und das vom Währungsfonds verlangte Austeritätsprogramm und Hochzinspolitik für die Verschärfung der Krise in Südostasien verantwortlich machen, attestieren andere, dass der Währungsfonds richtig reagierte, wenn auch das Ausmaß der Krise anfänglich unterschätzt worden sei. Schwerwiegend ist aber auch die Kritik am Währungsfonds, dass durch die quasi automatische Währungsfondshilfe die Mitgliedsländer weniger sorgfältig in ihrer Stabilitätspolitik agieren, weil sie sich bei Scheitern derselben an den Währungsfonds wenden könnten. Es wird somit dem Währungsfonds der Vorwurf gemacht, **moral hazard*** entstehen zu lassen und damit zu fördern.

Die auf der Bretton-Woods-Konferenz gegründete **Internationale Bank für Wiederaufbau und Entwicklung** hatte ursprünglich die Aufgabe, den Wiederaufbau Europas nach dem 2. Weltkrieg zu finanzieren. Bis 1950 setzte die Bank ihre Mittel zur Unterstützung Europas ein. Nach der Gründung des Marshall-Planes widmete sie sich aber überwiegend der Förderung der Entwicklungsländer. Die Aufgaben der Bank liegen derzeit in der Förderung der wirtschaftlichen und sozialen Entwicklung durch Darlehensvergaben, in der wirtschaftlichen Beratung und technischen Hilfe. Außerdem dient sie auch als Mittler für Investitionen Dritter.

Die Bank vergibt **Darlehen** an Länder mit relativ hohem Pro-Kopf-Einkommen für Projekte wie z. B. Straßen, Schulen und Spitäler. Die Darlehen werden zu kommerziellen Bedingungen an die Mitglieder und vor allem an die Regierungen vergeben (oder gegen staatliche Garantie), sofern privates Kapital zur Finanzierung produktiver Investitionen nicht verfügbar ist. Zumeist kommt es zu einer **Kofinanzierung** der von der Weltbank und IDA geförderten Projekte. Seit den 90er Jahren führt die Bank (gemeinsam mit der IDA) ein für jedes Land individuelles Verfahren zur Überwachung der laufenden Kreditprogramme durch. Gemeinsam mit anderen Organisationen verwaltet die Bank auch die **globale Umweltfazilität**, die Entwicklungsländern unentgeltliche Leistungen sowie konzessionäre Finanzierungsmittel für den globalen Umweltschutz gewährt.

Die **Internationale Entwicklungsorganisation** (International Development Association, IDA) ist eine Schwesterorganisation der IBRD. Sie wurde 1960 errichtet, um die ärmsten Entwicklungsländer zu unterstützen. Ihre Aufgabe besteht somit in der Förderung der Entwicklung in den am wenigsten entwickelten Mitgliedstaaten, wobei als Kriterium das Pro-Kopf-Einkommen dient. Die zinsenlosen Kredite haben eine Laufzeit zwischen 35 und 40 Jahren und 10 tilgungsfreien Jahren. Gefördert werden vor allem Infrastrukturprojekte sowie wirtschaftliche Anpassungsmaßnahmen und der Umweltschutz. Ein Sonderhilfsprogramm für einkommensschwache und hochverschuldete afrikanische Staaten südlich der Sahara wurde eingerich-

---

[56] Lit. 91 Oettl.

tet. Die IDA finanziert sich aus Regierungsbeiträgen, Gewinnen der IBRD und Rückzahlungen von IDA-Krediten.

Bereits 1956 wurde die **Internationale Finanz-Korporation** (IFC) als erste Schwesterorganisation der IBRD gegründet, um auch den **privaten Sektor** verstärkt fördern zu können. Ihre Aufgabe ist die Förderung produktiver privater Unternehmen vor allem in den Entwicklungsländern durch Teilfinanzierung privater Investitionsprojekte (25 % der Projektkosten) zu Marktkonditionen ohne Rückzahlungsgarantie einer Regierung, durch Beschaffung von Fremd- und Beteiligungskapital für Privatunternehmen (Übernahmegarantien) sowie durch technische Hilfe und Beratung von Unternehmen und Regierungen. Die Laufzeit der Darlehen liegt zwischen 3 und 13 Jahren mit bis zu 8 tilgungsfreien Jahren und die Verzinsung richtet sich nach Marktgegebenheiten und variiert von Land zu Land und von Projekt zu Projekt.

Die **Multilaterale Investitionsgarantie-Agentur** trat 1988 in Kraft. Ihre Aufgabe liegt in der Förderung privater Direktinvestitionen in den Entwicklungsländern durch Garantien gegen nicht-kommerzielle Risiken solcher Investitionen, insbesondere Einschränkung des Währungstransfers, Enteignung, Krieg und zivile Unruhen. Außerdem nimmt sie Förder- und Beratungsdienste war. Auch die MIGA ist eine Schwesterorganisation der IBRD.

1996 wurde das **International Centre for Settlement of Investment Disputes** gegründet. Seine Aufgabe ist es, internationale Investitionsströme anzuregen und zu erhöhen, indem sie als eine Art Streitschlichtungsstelle zwischen Regierungen und ausländischen Investoren dient.

Gemeinsame Aufgaben dieser fünf Organisationen sind die **Förderung der wirtschaftlichen Entwicklung** in ihren weniger entwickelten Mitgliedstaaten durch Finanzhilfe, durch Beratung und als Katalysator für die Unterstützung durch Dritte. Weltbank und IDA verpflichteten sich zur Bekämpfung der Armut und spielen eine maßgebliche Rolle bei der Koordinierung der Entwicklungshilfe.

Repräsentanten des IMF und der Weltbank plädieren immer wieder für mehr **soziale Gerechtigkeit** in der Weltwirtschaft. Das Ziel müsse darin bestehen, die Einkommensunterschiede zwischen den Ländern abzubauen und mehr Menschen in den Strom der Weltwirtschaft zu integrieren. Denn ohne Gerechtigkeit gebe es weltweit keine Stabilität. Die Globalisierung bringt nicht nur Chancen, sie verlangt, dass sich die Partner ihrer Verantwortung bewusst würden. Die asiatischen Länder müssen sich um die Gesundung ihrer Leistungsbilanzen kümmern, die europäischen Ländern um die Flexibilisierung der Arbeitsmärkte und die Reform der Sozialhaushalte.

Die bereits nach dem 2. Weltkrieg geplante internationale Handelsorganisation konnte erst nach Abschluss der Uruguay-Runde 1994 und der Inkraftsetzung der **Welthandelsorganisation** (World Trade Organization, WTO) 1995 verwirklicht werden.

Die WTO ist die Nachfolgeorganisation des **Allgemeinen Zoll- und Handelsabkommens** (General Agreement on Tarifs and Trade, GATT), welches von 1947 bis 1994 bestand. Die Bestimmungen des GATT wurden in erweiterter Form in die WTO übernommen. Ziele und Aufgaben des früheren GATT und nunmehr der WTO sind die Herbeiführung eines weltweiten Freihandels, mit dessen Hilfe die ökonomischen Ressourcen optimal genutzt und verwendet werden und wodurch in allen Ländern eine Steigerung des Lebensstandards, der Beschäftigung und der Realeinkommen erreicht wird. Es gelten folgende Prinzipien:

1. **Gegenseitigkeit** („Reziprozität"): Die handelspolitischen Leistungen, die sich die Länder gegenseitig einräumen, müssen gleichwertig sein.
2. **Liberalisierung**: Abbau von Zöllen und nichttarifären Handelshemmnissen.
3. **Nichtdiskriminierung**, insbesondere das Prinzip der Meistbegünstigung: Danach sollen alle Zoll- und Handelsvorteile, die sich die Länder gegenseitig einräumen, allen Mitgliedsländern zugute kommen.

Nichttarifäre Handelshemmnisse können u. a. folgende Ausprägungsformen aufweisen: Kontingente, gesundheitliche Bestimmungen, industrielle Normen, Staatsbeihilfe, Umweltschutzauflagen. Der Grundsatz der **Meistbegünstigung** gilt nicht für Zollpräferenzen, die den Entwicklungsländern gemäß den Bedürfnissen ihrer wirtschaftlichen Entwicklung gewährt werden. Mengenmäßige Einfuhrbeschränkungen sind bei Zahlungsbilanzschwierigkeiten erlaubt. Das GATT ließ den Zusammenschluss zu Zollunionen und Freihandelszonen zu, die damit praktisch zu einer Ausnahme von der Meistbegünstigung wurden. Nach der WTO ist diese Ausnahmemöglichkeit etwas eingeschränkt.

Während sich das GATT nur auf den Handel mit Waren bezog, umfasst die WTO auch Dienstleistungen und geistiges Eigentum. Seit der Gründung der WTO kam es in zähen Verhandlungsrunden auch zur Liberalisierung der Märkte für Telekommunikation, Finanzdienstleistungen und Multimedia.

Die **Hauptaufgaben der WTO** sind:
- die Administrierung und Implementierung multilateraler Handelsvereinbarungen,
- Forum für multilaterale Verhandlungen,
- Streitschlichtungsstelle für internationale Handelszwiste,
- Überwachung der nationalen Handelspolitiken.

In den nächsten Jahren soll über eine weitere Liberalisierung des Handels mit Dienstleistungen und Agrargütern verhandelt werden. Während die EU und Japan für eine umfassende neue Verhandlungsrunde sind, bei der über den weiteren Abbau von Zöllen, Richtlinien für Auslandsinvestitionen, eine weltweite Wettbewerbsordnung sowie über die Vergabe von Regierungsaufträgen verhandelt werden soll, wollen die Vereinigten Staaten die jeweiligen Themen einzeln behandeln, weil sie in einer umfassenden Runde den Versuch der Europäer sehen, den weiteren Abbau von Agrarsubventionen hinauszuschieben.

Die **OECD** umfasst die europäischen Staaten sowie die USA, Kanada, Japan, Australien und Neuseeland und dient der Förderung der wirtschaftlichen und sozialen Entwicklung der Mitgliedstaaten, der Koordination ihrer Maßnahmen sowie auch der koordinierten Unterstützung von Entwicklungsländern.

Die **Aufgaben der OECD** sind vielfältig und reichen von

- der Zusammenarbeit in der allgemeinen Wirtschafts- und Währungspolitik
- über die Koordinierung der Hilfe für die Entwicklungsländer und hilfsbedürftigen Mitgliedstaaten und
- die Erörterung handelspolitischer Fragen bis zur
- Behandlung politischer und technischer Probleme im Energie-, Verkehrs-, Agrar- und Arbeitskräftebereich.

Neben einem Rat mit einstimmigen Beschlüssen, gibt es eine Vielzahl von Fachausschüssen und Arbeitsgruppen, in denen die eigentliche Arbeit erfolgt. Die Wichtigkeit der Organisation lässt sich am besten dadurch umreißen, wenn man sie als **Forum einer permanenten internationalen Konferenz** sieht, auf der ein ständiger Informations- und Meinungsaustausch über die aktuellen wirtschafts- und währungspolitischen Probleme erfolgt.

Eine für das einzelne Mitgliedsland bedeutende Aktivität besteht in der jährlichen Beurteilung der Wirtschaft und Wirtschaftspolitik in den **OECD-Wirtschaftsberichten**.

5. Benchmarking als Werkzeug zur Veränderung der Rahmenbedingungen

Die volkswirtschaftlichen **Rahmenbedingungen** wurden seit Beginn der 90er Jahre zu einem immer wichtigeren **Wettbewerbsfaktor**. Diesbezüglich erfolgreiche Länder weisen u. a. folgende Merkmale auf: unbürokratischer Marktzugang, flexible Arbeitsmärkte, raschere Anpassung der volkswirtschaftlichen Rahmenbedingungen an neue Erfordernisse. Was wir in Europa als „**Framework Benchmarking**" bezeichnen, nennt man in den USA „**policy watch**".[57]

Alle größeren Strukturreformen in der öffentlichen Verwaltung im Ausland haben mit Benchmarking begonnen, da sie eine raschere Erneuerung verkrusteter Strukturen durch einen Druck „von außen" ermöglichen.

Betriebswirtschaftliche **management tools** werden in den letzten Jahren in verstärktem Maße dazu herangezogen, die raschere Umgestaltung der volkswirtschaftlichen Rahmenbedingungen voranzutreiben: Leanmanagement, Reengineering, Controlling, Outsourcing, Contracting, Evaluation, Changemanagement, Speedmanagement etc., um hier nur einige, besonders häufige Begriffe aus dem „englischen Garten" zu nennen.

---

[57] Siehe etwa Rebecca, M., Blank, Policy Watch, in: Journal of Economic Perspectives, Vol. 8. 1994, S. 183ff..

Benchmarking ist ein Konzept, das auf der Idee einer lernenden und mit Vergleichen arbeitenden Organisation beruht. Man möchte von den „**jeweils Besten**" lernen und sucht nach der jeweils besten Lösung eines Problems. Es ist ein Instrument zur kontinuierlichen Beobachtung und Beurteilung der eigenen Situation im Vergleich zur weltweiten „**best practice**" und ein wirksames Mittel zur Stärkung der eigenen Wettbewerbsfähigkeit. Benchmarking geht jedoch über die Wettbewerbsanalyse hinaus, indem es Verständnis schafft für die Prozesse, die **Spitzenleistungen** hervorbringen.

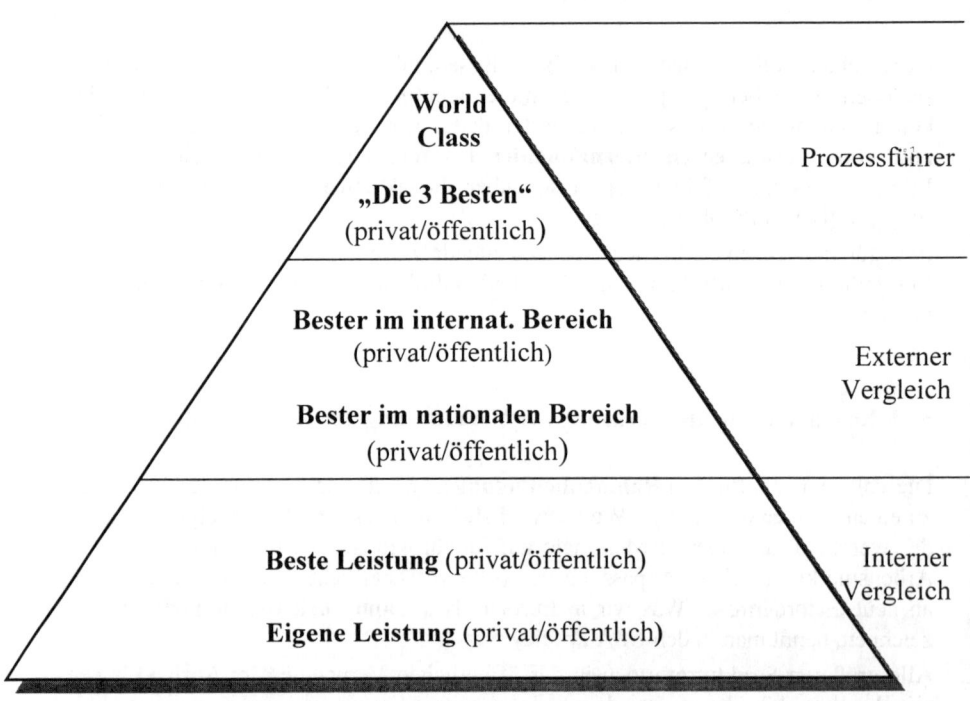

Abb. 19: Benchmarking-Pyramide

Benchmarking erstreckt sich nach Winklhofer[58] über 3 Phasen bzw. 6 Stufen:

1. Phase: interner Vergleich
- Vergleich der eigenen Leistung im Zeitablauf
- Ermittlung der besten Leistung innerhalb einer Behörde

2. Phase: externer Vergleich
- beste Leistung im nationalen öffentlichen Vergleich
- beste Leistung im internationalen öffentlichen Bereich

3. Phase: Suche nach dem Prozessführer
- beste Leistung in einem Land, wobei auch private Leistungsanbieter miteinbezogen werden können
- weltbeste Leistungserstellung („state of the art")

Benchmarking kann auf der Ebene der Unternehmen, auf Branchenebene oder auf der Ebene der gesamtwirtschaftlichen Rahmenbedingungen angewandt werden.
Benchmarking auf der Ebene der Rahmenbedingungen erlaubt eine bessere Bewertung sowohl der Effektivität als auch der Effizienz der staatlichen Wirtschaftspolitik. Es ist ein Instrument der Wettbewerbsanalyse und ein Prozess fortlaufenden Vergleichens der eigenen Rahmenbedingungen mit denen anderer Länder.
Benchmarking auf der Ebene der Rahmenbedingungen ist bisweilen schwierig, weil die Auswirkungen einer spezifischen Politik von jenen anderer politischer Maßnahmen nur schwer getrennt werden können.

Beispiele für Benchmarking von Rahmenbedingungen[59]

1. Die **EU-Kommission** hat die Erfahrungen der Mitgliedstaaten mit Benchmarking auf der Ebene der Rahmenbedingungen zusammengetragen. Sie hat außerdem mit den Mitgliedsländern ein Benchmarkingprogramm im Rahmen des Ausschusses für Beschäftigungs- und Arbeitsmarktpolitik in Angriff genommen. Wird Benchmarking auf die wichtigsten Standortfaktoren angewendet, bietet es einen Ansatzpunkt für die Bewertung von Wirtschaftsstandorten.
2. In **Australien** wurden Grundsätze für erfolgreiches Benchmarking der öffentlichen Verwaltung entwickelt:
   1. Einbindung aller Beteiligten
   2. Wissen über die Prozessabläufe in der eigenen Organisation
   3. Auswahl von Prozessen, die näher untersucht werden sollen
   4. Entwicklung geeigneter Indikatoren zur Leistungs- und Ergebnismessung
   5. Auswahl der geeigneten öffentlichen und privaten Benchmarking-Partner
   6. Verständnis für das Zusammenspiel von Ergebnis- und Prozess-Benchmarking

---

[58] Lit. 150 Winklhofer 35.
[59] Lit. 70 Pilz.

7. Balance zwischen Stabilität und notwendiger Veränderung
8. Schaffung von Anreizen („incentives"), um Veränderungen zu bewirken
9. Schaffung einer neuen (Benchmarking-) Kultur
10. Verknüpfung von Benchmarking und regelmäßiger Evaluierung von Programmen und Politiken.

3. In einer großangelegten Strukturreform wurde in den **Niederlanden** als erste Maßnahme zur Verbesserung der niederländischen Rahmenbedingungen der Überregulierung der Kampf angesagt. Für neue Rechtsnormen mit betriebswirtschaftlichen Auswirkungen ist heute die so genannte Auslandsprüfung die Regel. Dabei wird untersucht, in welchem Ausmaß geplante Rechtsvorhaben im Ausland geregelt sind. Das Ziel: Gesetzesvorhaben, die die holländische Wirtschaft im internationalen Wettbewerb benachteiligen würden, sollen nicht umgesetzt werden. Das niederländische Wirtschaftsministerium[60] hat ferner eine **Pilot-Studie** veröffentlicht, die aufzeigt, wie das Benchmarking von Rahmenbedingungen durchgeführt werden kann.

4. In **Schweden** wurde Mitte der 90er Jahre mit einem Benchmarking für die Finanzgebarung von 253 Bundesbehörden begonnen. Die Durchführung erfolgte durch den schwedischen Rechnungshof, der anhand standardisierter Fragebögen die einzelnen Daten erhoben hatte. Für die betroffenen Behörden bestand Auskunftspflicht. Erfasst wurden zahlreiche Indikatoren, darunter Dauer, Höhe und Zinsaufwand für Außenstände, die Auftragsvergabe und das Cash-Management. Anschließend wurden die einzelnen Behörden gemäß ihrer Leistung in eine neunteilige Skala eingestuft. Anfangs wurden nur aggregierte Daten veröffentlicht. Im neuesten Bericht sollen die jeweiligen Behörden namentlich genannt worden sein. In Australien und Großbritannien bestehen ähnliche Systeme.

Die **Universität Stockholm** hat diese Benchmarking-Initiative der schwedischen Regierung einer Evaluierung unterzogen. Dabei hat sich gezeigt, dass drei von vier befragten Behörden die vom Rechnungshof ausgewählten Indikatoren als sinnvoll erachten. Die betroffenen Behörden sprachen sich auch mehrheitlich für die namentliche Veröffentlichung der Daten aus. Allerdings meinte die Hälfte der Befragten, dass es trotz Benchmarkings zu keinen Veränderungen kommen werde.

5. **Großbritannien** hat sich ebenfalls dem Benchmarking-Ansatz verschrieben und sich nicht gescheut, öffentliche Einrichtungen mit privaten Anbietern zu vergleichen. „The Citizen's Charter" ist ein Zehn-Jahres-Programm, das die Effizienz und Effektivität des öffentlichen Sektor steigern soll. Resultat ist unter anderem ein Qualitätswettbewerb für Behörden. 1996 lagen über 2700 gültige Anmeldungen vor. Die Auswahlbedingungen sind streng: Die Behörden müssen unter anderem belegen, dass sie bei geringen Kosten hohe Standards erfüllen, ihre Kunden informieren und auf Service Wert legen. Sie müssen weiters den Nachweis erbringen, dass ihre Kunden mit den Behördenleistungen zufrieden sind und sich ihr Service im Jahresvergleich verbessert hat. Zumindest ein innovativer Ansatz zur Verbesserung des Services ohne Mehrkosten für den

---

[60] Ministry of Economic Affairs, Benchmarking in the Netherlands: a Test of Dutch Competitiveness, Den Haag 1995.

Steuerzahler muss geplant sein. 451 britische Behörden haben diese Standards 1996 erreicht. Sie dürfen für drei Jahre das „Charter Mark" als Auszeichnung für exzellente Verwaltungsarbeit führen. Nur wer nach diesen drei Jahren die strengen Qualitätskriterien neuerlich erfüllt, erhält die Auszeichnung für weitere drei Jahre.

Eines der Ergebnisse der **„Citizen Charter"** ist die verbindliche Übernahme einiger Benchmarks: Seit April 1997 müssen zahlreiche Behörden Briefe binnen bestimmter Zeit beantworten, Termine einhalten, eine zentrale Auskunftsstelle einrichten und Beschwerden nach vorgegebenen Standards abwickeln. Man ist um Qualitätssicherung bemüht.

Die „Audit Commission" spielt eine führende Rolle im **Ergebnis-Benchmarking** von lokalen öffentlichen Einrichtungen wie Schulen, Notfalldiensten und Spitälern in Wales und England. Die Ergebnisse werden jährlich veröffentlicht. Die von der „Audit Commission" verwendeten Benchmarks sind unter anderem die Bearbeitungszeit von Briefen und Anträgen, der Anteil einwandfrei abgewickelter Behördenvorgänge, der Anteil ausstehender Steuern, die durchgeführten Kontrollen in Prozent der insgesamt zu inspizierenden Einheiten, die Anzahl ausgeliehener Bücher in Bibliotheken im Verhältnis zur Bevölkerungszahl sowie der Anteil aufgeklärter Verbrechen.

6. In **Frankreich** veröffentlicht die Arbeitgebervereinigung CNPF unter dem Leitmotiv „Cartes sur table" alljährlich umfangreiche Vergleiche, die einem systematischen **Benchmarking staatlicher Rahmenbedingungen** sehr nahe kommen. Der Schwerpunkt liegt auf Kostenindikatoren. Bezüglich der öffentlichen Verwaltung werden die Anzahl der für eine Firmengründung benötigten Formulare, die Anzahl überhaupt im Umlauf befindlicher Formulare, Produktivitätszuwächse öffentlicher Unternehmungen und Staatsquoten erhoben.

7. **Finnland** hat in einem breit angelegten Unterfangen die Leistungen und Programme öffentlicher Behörden untersucht. Dabei wurde unter anderem Mitte der 90er Jahre eine 1987 durchgeführte Umfrage über die Zufriedenheit der Bevölkerung mit den Leistungen der Behörden wiederholt. In über zehn Studien wurde weiters untersucht, wie sich die drastisch reformierte öffentliche Verwaltung seit der Einführung ergebnisorientierten Managements, Zuständigkeitsveränderungen und Zusammenlegungen von Behörden entwickelt hat.

Sonstige Benchmarking-Initiativen auf EU-Ebene

Auf europäischer Verbandsebene hat der European Round Table of Industrialists, eine Vereinigung der europäischen Großindustrie, eine Vorreiterrolle eingenommen und ein Benchmarking der staatlichen Rahmenbedingungen gefordert, sich aber hauptsächlich auf Kostenaspekte konzentriert. Die **UNICE** als Dachvereinigung der europäischen Industrie- und Arbeitgeberverbände hat von der EU ebenfalls die **klare Fokussierung auf staatliche Rahmenbedingungen** gefordert, insbesondere eine Durchleuchtung der öffentlichen Verwaltung angeregt und eine Arbeitsgruppe eingerichtet.

Benchmarking-Initiativen der OECD[61]

Die OECD hat bereits einige Anläufe unternommen, um Benchmarking stärker im Bewusstsein der Regierungen zu verankern. Von besonderen Interesse ist die Entwicklung so genannter **Public-Performance-Indikatoren**, die die OECD zumindest andiskutiert hat. Gemeinsam mit der BIAC, der internationalen Arbeitgebervereinigung der OECD-Mitgliedstaaten, wurden Benchmarks für das Regulierungswesen überlegt. Eine vergleichbare Debatte läuft im Economic Freedom Network, das seit mehr als einem Jahrzehnt die Messbarkeit von Rahmenbedingungen erforscht.

Jede staatliche Behörde, die versuchen möchte, besser zu werden, sollte sich vornehmen, selbst Benchmarks zu setzen, an denen sich andere orientieren sollen. Angestrebt wird eine permanente Verbesserung. Voraussetzung dafür ist der Aufbau einer ständig lernenden Organisation mit kurzen Aktions- und Reaktionszeiten.

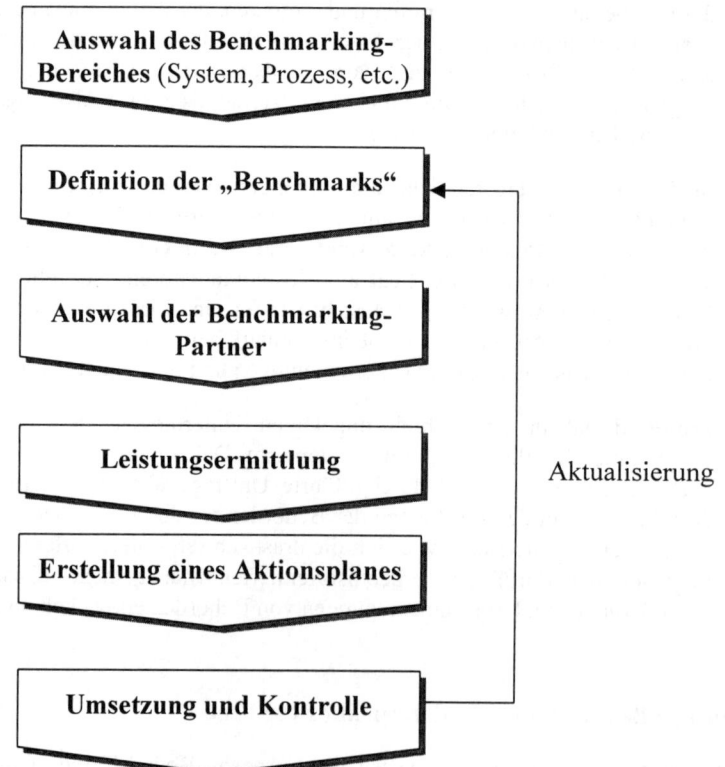

Abb. 20: Benchmarking-Prozess

---

[61] Lit. 70 Pilz.

Die **wesentlichen Schritte**, um Benchmarking im öffentlichen Sektor erfolgreich einzusetzen sind:

- Auswahl des Objekts, das analysiert und verglichen werden soll (Aktivität, Produkt, Methode, Prozess), Durchführung einer Stärken-Schwächenanalyse;
- Auswahl der öffentlichen Behörde zur Durchführung einer Stärken/ Schwächenanalyse; dabei ist es wichtig festzulegen, welche Ähnlichkeiten hinsichtlich Gewährleistung der Vergleichbarkeit gegeben sein müssen;
- Datengewinnung und Aufdeckung, auf welchen Gebieten die verglichenen Unternehmen/Behörden stark sind, warum sie es sind und wie sie es wurden; danach muss festgestellt werden, wo die eigenen Stärken und Schwächen liegen;
- Festlegung und Durchführung der Verbesserungsschritte zur Nachahmung der besten Problemlösung.

Benchmarking „in a nutshell":
Benchmarking als Instrument der Analyse ist an sich nichts Neues. Schon immer hat man bestimmte Sachverhalte national und international verglichen und nach brauchbaren wirtschaftlichen Problemlösungen Ausschau gehalten. Neu ist, dass Benchmarking nunmehr in systematischer Form auf allen Ebenen (Unternehmen, Branchen, Rahmenbedingungen) zur Anwendung gelangt und die Europäische Kommission die ersten Schritte gesetzt hat, um Benchmarking innerhalb der EU zu institutionalisieren. Auch geht die Anwendung über rein ökonomische Anwendungsfälle hinaus, indem auch politische Prozesse und legistische Regelungen einem Benchmarking unterworfen werden.

- Benchmarking hilft beim Identifizieren des Machbaren und dem Optimieren der Kernprozesse sowohl bei Unternehmen als auch im Bereich der öffentlichen Verwaltung.
- Benchmarking leistet einen wichtigen Beitrag zur Einebnung der vermeintlichen „Gräben" zwischen dem privaten und dem öffentlichen Sektor.
- Benchmarking verstärkt die Wirksamkeit von Controlling. Traditionelle Controlling-Systeme widerspiegeln die Resultate der Vergangenheit und nicht den strategischen Gestaltungsspielraum der Zukunft. Es müssen folglich neue, zukunftsorientierte Zielgrößen bzw. Kriterien im Sinne strategischer Benchmarks Eingang in das Controlling-System finden.
- Benchmarking schont die verfügbaren Ressourcen, da es auf gemeinsamen, länderübergreifenden Kooperationen zwischen den Mitgliedsländern (EU und OECD) beruht.
- Ist der passende Benchmarking-Partner gefunden, bedarf es freilich harter, geduldiger Arbeit, um die zu vergleichenden Strukturen, Prozesse oder Verfahren echt vergleichbar zu machen, will man nicht „Äpfel mit Birnen" vergleichen.
   Ob eine Region, eine Volkswirtschaft oder eine Wirtschaftsunion nun tatsächlich den **Zustand einer nachhaltigen Wettbewerbsfähigkeit** erreicht, wird davon abhängen.

- Wie das **volkswirtschaftliche Controlling**, die richtige Steuerung der Rahmenbedingungen, funktioniert: weder Übersteuerung (zuviel Regulierung) noch Untersteuerung (schwache Regulatoren) sollte angestrebt werden.
- Ob die **Sozialpartner** sich an nationalen Notwendigkeiten orientieren und konzertiert vorgehen oder nur die Ziele ihrer Lobbies verfolgen.
- Wie die horizontale und vertikale **Vernetzung** der Unternehmen und Branchen erfolgt (Clusterbildung, Keiretsu).
- Ob **Staat und Wirtschaft** wirklich kooperieren („Private-Public-Partnership") und es zwischen den österreichischen Gebietskörperschaften zu einer nachhaltigen „Klimaverbesserung" kommt („Public-Public-Partnership").
- Ob **Wertschöpfungsketten** auch über die bisherigen Regions- und Ländergrenzen hinaus verfolgt werden.
- Wie die einzelnen **Managementkonzepte** und management tools, die gerade en vogue sind, aufeinander abgestimmt werden, also inwieweit integratives Management betrieben wird.
- Ob neben dem **Shareholder Value** auch der **Employment Value** zum Tragen kommt. Die Maastricht-Kriterien sind zwar auch Benchmarks, aber **einseitig** auf die Bedürfnisse der Finanzmärkte ausgerichtet.
- Ob die bestehenden Strukturen und Prozesse – insbesonders im öffentlichen Sektor – permanent nach der **Kaizen**-Methode verbessert und den neuen weltwirtschaftlichen Erfordernissen angepasst werden.

Der Einsatz von Benchmarking in der öffentlichen Verwaltung könnte einen wesentlichen **Beitrag zur Verbesserung der gesamtwirtschaftlichen Rahmenbedingungen** leisten, indem nicht nur die Sozial- und Umweltverträglichkeit, sondern auch die Wirtschaftsverträglichkeit einer Evaluierung zu Grunde gelegt wird.

Die volkswirtschaftlichen Rahmenbedingungen in Deutschland

Die über Jahrzehnte immer weiter vorangetriebene **Aufgabenvermengung von Bund und Ländern** und die dazu entwickelte, heute kaum noch durchschaubare, Umverteilungsmaschinerie haben das Land in seiner Gesamtheit geschwächt statt gestärkt und seinen Bürgern um vermeintlicher Vorteile willen letztlich Einbußen gebracht.

- Geringe Transparenz, problematische Einzelregelungen
- Erhebliche Nivellierungswirkungen
- Konfiskatorische Grenzbelastungen
- Verschuldungsanreize
- Fehlende Steuerautonomie der Länder

Der bestehende Finanzausgleich bietet den ausgleichsberechtigten Bundesländern **keine Leistungsanreize** zur Hebung ihres örtlichen Steueraufkommens, da Gelder von außen die Einnahmen des Landes ohne eigene Anstrengungen auf ein bundesdurchschnittliches Niveau bringen. Auch ein Zwang zum Sparen und zur Anpassung der Ausgaben an die finanziellen Möglichkeiten vermisst man bei der derzeitigen Regelung.

In einem funktionsfähigen System des Wettbewerbsföderalismus sollte die ausschließliche **Gesetzgebungskompetenz von Bund und Ländern** die Regel und eine konkurrierende Gesetzgebung die Ausnahme sein. Wo Einheitlichkeit wirklich unabdingbar ist, genügt in vielen Fällen eine Rahmengesetzgebung des Bundes, die sich auf die vereinheitlichungsbedürftigen Aspekte beschränkt und nicht alle Einzelheiten zentral regelt.

Der derzeitige deutsche Finanzausgleich ist vor allem bei der Lösung der allokativen Aufgaben überfordert, die im Zusammenhang mit dem **Wettbewerb der Regionen** beschrieben wurden. Zwei wichtige Gründe dafür sind, dass die geographischen Grenzen der administrativen Einheiten (Länder, Gemeinden) oft nicht mit dem Wirkungsbereich ihrer Tätigkeiten übereinstimmen und die Gebietskörperschaften als monopolistische Allesanbieter kein hinreichend differenziertes und präferenzgerechtes Angebot kollektiver Güter bereitstellen können.

Wie in allen föderalen Bundesstaaten bildet auch in Deutschland das Ausmaß an **Solidarität zwischen den Gliedstaaten** seit jeher einen politischen Zankapfel. Akzentuiert wurde das Problem, als sich durch die Wiedervereinigung die außerordentlichen Transferzahlungen vervierfachten und mittlerweile jährlich ca. 40 Mrd. DM betragen.

In einem neuen Anlauf haben daher die „Zahler"-Länder **Bayern, Baden-Württemberg und Hessen** beim Verfassungsgerichtshof in Karlsruhe eine **Klage eingebracht**, um einen „gerechteren" Finanzausgleich zu erreichen.

Das Verfassungsgericht hatte an dem weiter oben beschriebenen Drei-Phasen-System grundsätzlich **nichts** auszusetzen, beanstandete aber in seinem Urteil vom 11. November 1999 im Einzelnen:

- Der Deutsche Gesetzgeber ist aufgerufen, für mehr **Klarheit und Transparenz im Finanzausgleich** zu sorgen.
- Insbesondere sei es erforderlich, dass der Bundestag und der Bundesrat **verfassungskonforme Maßstäbe** für die föderale Finanzverfassung entwickelt und diese dann in einem **Maßstäbegesetz** zusammenfasst.
- Die **finanzielle Gemengelage** sei sehr **unübersichtlich** und sollte entflochten werden.
- Das Gericht hat Bedenken, ob das Kriterium der **Gewichtung nach der Einwohnerzahl** (Bevölkerungsdichte) in einer finanziellen Bilanz föderaler Solidarität tatsächlich anwendbar ist. Vor allem im Hinblick auf die neuen Bundesländer sei zu prüfen, ob eine Ballung der Bevölkerung tatsächlich einen Mehrbedarf je Einwohner im Vergleich zu einem dünn besiedelten Flächenland rechtfertigt.
- Das Verfassungsgericht plädiert für mehr **Wettbewerbsföderalismus**. Die Länder sollten um die beste Wirtschaftspolitik wetteifern und deren Früchte auch ernten dürfen.

- Dem Finanzausgleich muss eine **mittelfristige Planung der Ausgaben** in den Ländern zu Grunde liegen.

- Last but not least muss das **finanzstärkste Bundesland** auch nach den diversen Umverteilungen **an der Spitze** bleiben, nur der Unterschied zu den andern Bundesländern soll sich verringern.

Unter dem Titel „Entflechtung 2005" hat die Bertelsmann-Kommission im März 2000 **Vorschläge zur Optimierung der deutschen Rahmenbedingungen** vorgelegt.

Mit dem Zusatz „2005" soll auch auf die anstehende Notwendigkeit einer **Neuregelung der Finanzbeziehungen zwischen Bund und Ländern in der Bundesrepublik Deutschland** erneut hingewiesen werden. Ende 2004 läuft zudem der Solidarpakt aus, der die Sonderbedarfszuweisungen von Bund und Länder an Berlin und die fünf neuen Bundesländer wegen teilungsbedingter Sonderlasten regelt. Dies sollte als Chance einer generellen Neuordnung der kritischen Aspekte unserer aktuellen föderalen Verfassungslage und -praxis begriffen werden.

Die Notwendigkeit solcher Maßnahmen und Konzepte zeigt sich sowohl im politischen als auch im wirtschaftlichen Kontext: Politisch werden die dringend notwendigen, kurzfristigen und flexiblen Reformprozesse der Zukunft auch in Deutschland nur in einem **entflochtenen Staatswesen** möglich sein; ökonomisch hat dieses System seine kritischen Punkte vor allem in den Ausgleichsregelungen der Finanzverfassung, bezüglich derer das Bundesverfassungsgericht in Sachen Finanzausgleich im November 1999 grundsätzliche „Maßstäbe" angemahnt hat.

Generell widerspricht der hohe Verflechtungsgrad der Entscheidungsebenen dem **Grundgedanken des Föderalismus, nämlich dem Prinzip eigenverantwortlichen Handelns von Bund und Ländern**, durch welches die Möglichkeit zum Test unterschiedlicher politischer Lösungsansätze im Bundesstaat erst eröffnet wird. Der Föderalismus kann in diesem Sinne – richtig genutzt – ein lernfähiges und selbstlernendes System zugleich sein. Er ist auch für die Zukunft ein potentielles Erfolgsmodell, sofern er versteht, seine Stärken zu nutzen. Diese liegen in konsequenter Subsidiarität, klarer Strukturierung politischer Handlungsebenen sowie dem Mut zu Wettbewerb und Vielfalt von Lösungsentwürfen. Nur durch Mut zu neuen Ansätzen kann der politische Stillstand beendet werden.

Sowohl bei der Festlegung der Maßstäbe als auch bei den Vorschlägen selbst hat sich die Kommission an Beispielen aus dem Ausland orientiert. Die Studie der Bertelsmann-Kommission beruht ebenfalls auf **Benchmarking** – die Autoren sprechen von einem permanenten „Blick über den Tellerrand" und benützen zahlreiche ausländische „Benchmarks" zur Absicherung der eigenen Vorschläge.

Um die ökonomisch schwächeren Bundesländer finanziell in die Lage zu versetzen, ihre Verpflichtungen bei der Aufgabenwahrnehmung zu erfüllen, sind somit für die wirtschaftlich stärkeren Länder aus dem geltenden Finanzausgleichssystem immer höhere Belastungen erwachsen. Eine **Entflechtung der Aufgabenstrukturen von Bund und Ländern** und eine **Stärkung der Gesetzgebungskompetenzen der Länder** kann diesem Missstand abhelfen.

Mehr gesetzgeberische Eigenverantwortung der Länder impliziert nämlich, dass die Länder ihre Aufgaben auch selbst finanzieren müssen. Sie versetzt die Länder so in die Lage, ihren Aufgabenbestand ihrer Wirtschaftskraft anzupassen. Gleichzeitig ermöglicht dies erst eine Reform der geltenden Finanzverfassung, die eine übermäßige Belastung der fünf „Zahlerländer" ausschließt. Dabei muss natürlich stets das gebotene Maß an Solidarität gegenüber den derzeitigen Empfängerländern gewährleistet werden.

Auf der Grundlage dieser Überlegungen werden zunächst **fünf Maßstäbe** vorgeschlagen.

- Klare Zuordnung von Verantwortung
- Durchschaubarkeit der politischen Strukturen
- Verbesserung der Beteiligungsmöglichkeiten
- Stärkung der Entscheidungsfähigkeit
- Wahrung der Gemeinschaftlichkeit

Die volkswirtschaftlichen Rahmenbedingungen in Österreich

Die volkswirtschaftlichen **Rahmenbedingungen**, insbesondere das vom Staat zu gestaltende regulatorische Umfeld, wurde seit Beginn der 90er Jahre zu einem immer wichtigeren **Wettbewerbsfaktor**. Diesbezüglich erfolgreiche Länder weisen u.a. folgende Merkmale auf: unbürokratischer Marktzugang, flexible Arbeitsmärkte, raschere Anpassung der volkswirtschaftlichen Rahmenbedingungen an neue Erfordernisse, Bereitschaft zum Lernen („propensity to learn") von anderen...
In Österreich wird zwar seit Mitte der 80er Jahre über eine Änderung der wirtschaftspolitischen **Rahmenbedingungen** und eine notwendige **Entbürokratisierung** sehr viel geredet, die konkreten politischen Strukturen haben sich jedoch nur unwesentlich geändert. Politikwissenschaftler nennen das vornehm **„optische Politik"**. Sie beschränkt sich im Wesentlichen auf die **Ankündigung** eines ordnungspolitischen „Handlungsbedarfes".
Die **Regelungsdichte** hat in Österreich in den letzten Jahren weiter zugenommen. Der Umfang der Bundesgesetzblätter ist von 2.281 Seiten im Jahr 1960 auf 4.500 Seiten im Jahr 1990 gestiegen und betrug im Jahr 1995 9.500 Seiten! Ein weiteres Beispiel: In Österreich hat jedes Bundesland seine eigene Bauordnung. Dazu kommt noch, dass auch die Gemeinden zusätzliche Bebauungsvorschriften festlegen. Es bestehen zahlreiche **bürokratische Hürden**, die vor allem die Gründung von neuen Unternehmern erschweren:

- In den USA dauert die Registrierung einer **Ges. m. b. H.** 3 Tage, in Deutschland 10, in Österreich hingegen 60 Tage.
- kostspielige **Beurkundungen** der Gesellschaftsverträge: In den USA kostet die Registrierung einer Ges. m. b. H. umgerechnet öS 3.600,--, in Deutschland öS 5.000,--, in Österreich hingegen öS 30.000,--!
- Dazu kommt noch das Fehlen eines funktionierenden **Kapitalmarktes** zur Beschaffung von Risikokapital.

- Vor allem aber bestehen nach wie vor zahlreiche **Marktzutrittsbarrieren** durch ein kompliziertes Gewerberecht.
- Hohe **Lohnnebenkosten** und andere Sozialversicherungsregelungen beeinträchtigen die Wettbewerbsfähigkeit.
- Die österreichischen **Arbeitsmärkte** sind zudem stark staatlich reguliert und dies „kostet" der österreichischen Volkswirtschaft Arbeitsplätze.

Die volkswirtschaftlichen Rahmenbedingungen in der Schweiz

1. Während in Österreich und Deutschland über eine Verbesserung der politischen und rechtlichen Rahmenbedingungen bloß diskutiert wird, wurden in der Schweiz sehr weitgehende Reformen in den letzten Jahren begonnen, deren Ziel es ist, die internationale **Wettbewerbsfähigkeit des Landes** nachhaltig zu verbessern. Die Schweizer Reformen sind geradezu ein **Musterbeispiel** dafür, wie man einen Bundesstaat reformieren könnte.

2. Seit 1994 praktiziert die Schweiz eine vernetzte **integrative Budgetpolitik**, die simultan die Ausgaben-, Einnahmenentwicklung sowie die gesamtstaatliche Verschuldung in ihren Fokus einbezieht. Man vermeidet kurzsichtige Sparpakete und hat erkannt, dass nur **Strukturpakete** die Verschuldung einbremsen können und eine nachhaltige **Budgetkonsolidierung** gewährleisten. Die damit verbunden Probleme und Einschränkungen werden in der **Öffentlichkeit** und in den Medien ausführlich diskutiert. Als Nebenwirkung resultiert daraus mehr **Transparenz** hinsichtlich der komplexen Abläufe und eine **bessere politische Kultur**.

3. Das Modell der **Wirkungsorientierten Verwaltungsführung** (WoV) ist eine sehr gut gelungene, auf die Schweizer Verhältnisse gut abgestimmte Variante von **New Public Management**. Es ist ein Denkmodell, das eine kontinuierliche Verbesserung der Abläufe in der öffentlichen Verwaltung ermöglicht. Es bildet gleichzeitig die Basis für eine **neue Staatsleitungsstrategie**.

4. Die wesentlichen Bausteine des staatlichen Managements sind dabei: klare **Zielvereinbarungen** im öffentlichen Sektor, **systemische Vernetzung der einzelnen Reformbereiche** im „Baukastenprinzip", Wissensmanagement und Controlling* sowie bessere Kommunikation, Koordination und Kooperation zwischen den Gebietskörperschaften. Zur **Umsetzung der Reformen** bedient sich die Schweiz eines straffen **Projektmanagements**. Dazu gehört auch die Einhaltung des zeitlichen „Reformfahrplanes". Nur nebenbei sei erwähnt, dass das Tempo der Umsetzung der politischen Programme – für österreichische Verhältnisse – in der Tat atemberaubend ist: **sieben umfassende Strukturreformen in maximal zehn Jahren** (1994-2003).

5. In der Schweiz hat man erkannt, dass der Staat seine Verpflichtungen in Richtung **bessere Koordination** („Public Governance") und Management der gesamtwirtschaftlichen Rahmenbedingungen verstärkt wahrnehmen muss. Wird diese wichtige Aufgabe vernachlässigt, so wird der Staat selbst zu einem **Teil des Problems**, d. h., er verursacht infolge schlechter gesamtwirtschaftlicher

Rahmenbedingungen höhere Staatsausgaben, geringere Staatseinnahmen sowie Wohlfahrtseinbußen.

6. Die Schweiz ist in den letzten Jahren zum Vorreiter einer **kohärenten Wirtschaftspolitik** geworden, die erst kürzlich von der OECD bei allen Mitgliedsländern heftig eingefordert wurde.[62]

Bemerkenswert sind die Schweizer Reformen aus 3 Gründen:

erstens, dass man in der Schweiz seit der Mitte der 90er Jahre davon abgegangen ist, den bestehenden Finanzausgleich nur punktuell zu verändern, und nun eine sehr weitgehende **Vernetzung mit anderen Reformprojekten** anstrebt.

zweitens, dass man das sehr gut koordinierte Reformpaket bis zum Jahr **2003** umsetzen möchte. Dies ist vor allem auf das straffe Projektmanagement, eine gut organisierte **„task force"** und – last but not least – den Willen der politischen Akteure zur Erneuerung der rechtlichen und politischen Rahmenbedingungen zurückzuführen.

drittens, dass die Schweiz seit vielen Jahren systematisch Benchmarking betreibt und jede im Ausland auffindbare „best practice" sofort bei den eigenen Strukturen berücksichtigt.

6. Das Management der rechtlichen Rahmenbedingungen

In den USA werden die **Folgekosten von Gesetzen**[63] und zum Teil auch der Nutzen von Rechtsnormen berechnet und veröffentlicht. Die involvierten Behörden haben einen hohen Standard entwickelt, legen Wert auf Transparenz und informieren über ihre Vorhaben und Erfolge die US-Bürger via Internet. Alternativen zu traditionellen Geboten und Verboten werden ebenso geprüft wie die Vereinfachung von Rechtsnormen. Zeit- und Geldeinsparung für Bürger und Unternehmen sind Behördenangaben zufolge beachtlich.

Die USA sind in den jüngsten Jahren mehrmals initiativ geworden, um die Effizienz und Effektivität ihres juristisches Regelwerks unter ökonomischen Gesichtspunkten zu durchleuchten. In diesem Zusammenhang kommen folgende **Grundsätze** zur Anwendung:

- Verringerung der Anzahl der Rechtsbestimmungen und transparente Überarbeitung existierender Rechtsnormen mit dem Ziel der Kostensenkung, Vereinfachung und besseren Koordinierung;[i]
- Bürokratieabbau und Kostenreduktion durch bessere Rechtsdurchsetzung und Einsatz neuer Technologien. Alle Agencies* müssen neue Formulare elektronisch anbieten. 40 Prozent der von Agencies erlassenen Rechtsnormen sollen entweder gestrichen, vereinfacht und/oder verbessert werden.

---

[62] Lit. 85 OECD.
[63] Lit. 9 Bendl.

- Entwicklung von Alternativen zur traditionellen Verboten und Geboten, u. a. durch intensivere Beratungen mit betroffenen Kreisen;
- seit 1982 wurden die Folgekosten von Rechtsnormen für öffentliche Haushalte berechnet, seit 1996 werden auch die Auswirkungen auf Unternehmen erfasst. Zahlreiche geplante Rechtsnormen wurden auf Grund von Kostenschätzungen umformuliert. Ein Beispiel: Anstatt alle Schiffe zu kontrollieren, überprüft die Küstenwache nur die gefährlichsten. Die jährlichen Kosten sollen auf ein Drittel gesunken sein.
- Von der traditionellen „Command and Control"-Gesetzgebung wird immer öfter Abstand genommen. Ein Beispiel: Eine Gesundheitsbehörde überprüft Labors nur dann, wenn es bei den jüngsten Kontrollen Beanstandungen gegeben hat. Unternehmen, die sich korrekt verhalten, brauchen die relevanten Daten nur schriftlich bekannt zu geben und sparen die Inspektionskosten.
- Die Vereinfachung der Steuerformulare, die von den Bürgern auszufüllen sind. Gesetze sollen so formuliert werden, dass sie jedermann versteht. Die Securities and Exchange Commission hat deshalb ein „Plain English Handbook" herausgegeben. Das Bureau of Land Management hat alle bestehenden Richtlinien und Regulierungen mit dem Ziel der sprachlichen Vereinfachung überarbeitet. Verfasser von Rechtstexten werden von Sprachexperten geschult.

Gesetzgeber und US-Behörden haben in den jüngsten Jahren die Information über die von ihnen erlassenen bzw. geplanten Rechtsnormen verbessert. Dazu einige Beispiele:

mehr Transparenz bei der Rechtsetzung; neue Rechtsvorhaben werden im Internet angekündigt und zur Diskussion gestellt, Stellungnahmen dazu ebendort veröffentlicht. Wichtige Informationsquellen für Kostenschätzungen sind Kongress-Hearings, bei denen unter Eid ausgesagt werden muss. Kostenschätzungen sind öffentlich zugänglich, die Autoren werden genannt.

Um das Ausmaß der Regulierungsdichte festzuhalten, wurden in den USA in der politischen Diskussion unter anderem die folgenden Kennzahlen verwendet, um das Ausmaß an Regulierung zu erfassen:

- Anzahl der Seiten der veröffentlichten Rechtsnormen,
- Anzahl der mit Regulierungsangelegenheiten beschäftigten Staatsangestellten,
- Anzahl der für die erforderliche Schreibarbeit benötigten Stunden,
- Kosten der Befolgung,
- direkte und indirekte Kosten für die Betroffenen und den Staat.

Als **direkte Folgekosten** gelten in den USA z. B. Lohnkosten, Ausbildungskosten und die Kosten des Kapitaleinsatzes, wenn diese Kosten bestimmten Projekten zugeordnet werden können.

Indirekte Folgekosten („Opportunitätskosten") sind z. B. Produktivitätseinbußen und verringerte Wettbewerbsstärke, zeitliche Verzögerungen sowie die Fehlallokation von Ressourcen.

US-Behörden berechnen in der Regel nur die direkten zusätzlichen Kosten („incremental costs"). Die indirekten Kosten und der Nutzen von neuen Rechtsvorhaben werden nicht von allen Behörden erfasst, da die Berechnung der Kosten schwierig ist und der Nutzen vom Initiator der Rechtsnorm belegt werden muss.

Die Grundvoraussetzung der Folgekostenschätzungen ist eine entsprechende Transparenz. Alle Daten, Modelle und Annahmen müssten offengelegt und damit nachvollziehbar werden. Alternativen müssten diskutiert und deren ökonomische Auswirkungen dargelegt werden. Der Prozess erstreckt sich über drei Phasen:

1. Prüfung der Notwendigkeit der angestrebten Rechtsnorm
Folgeschätzungen hätten grundsätzlich darzulegen, ob ein Marktversagen vorliegt und eine Rechtsnorm daher gerechtfertigt erscheint. Tiefreichende Begründungen für ein neues Rechtsvorhaben seien vor allem für die folgenden Vorschriften erforderlich:

- Preiskontrollen, Produktions- oder Verkaufsquoten in Wettbewerbsmärkten;
- verpflichtende Qualitätsstandards für Güter und Dienstleistungen;
- Zugangsbeschränkungen zu Beschäftigung und Produktion.

Ein Marktversagen an sich rechtfertigt noch keine neue Rechtsnorm. Zu prüfen ist, ob nicht Alternativen zum gleichen Ergebnis führen könnten. So können z. B. Gebühren oder Subventionen oder andere ökonomische Anreize für bestimmte Handlungen zielführender sein als neue Vorschriften.

2. Prüfung von Alternativen
Performance Standards gibt es in den USA für die Bereiche Gesundheit, Arbeits- und Umweltschutz: Sie schreiben den Rechtsunterworfenen zwar das Ziel, nicht jedoch den Weg, vor. Mit anderen Worten: Unternehmen können selbst entscheiden, wie sie bestimmte Richtlinien erfüllen. Sie werden sich dabei unter anderem von Kosten, Effizienz und Effektivität leiten lassen.
Mehr Marktanreize: Im allgemeinen sind diese kostengünstiger als die traditionellen Gebote und Verbote. Beispiele: Gebühren, Subventionen, handelbare Lizenzen, Versicherungen.
Unterschiedliche Verteilung der Verpflichtungen: Höhere Lasten auf jene zu verteilen, die diese auf Grund ihrer ökonomischen Stärke am leichtesten verkraften könnten, ist keine effiziente Maßnahme. Dadurch werden gerade die produktivsten Sektoren geschwächt.
Alternative Termine der Inkraftsetzung: Die Kosten geplanter Rechtsnormen lassen sich in vielen Fällen bedeutend senken, wenn die Unternehmen mehr Zeit für die Umsetzung bzw. Umstellung haben.
Kontrollen: Kosten lassen sich z. B. dadurch senken, dass die Kontrolle stichprobenartig erfolgen und nach dem Wahrscheinlichkeitsprinzip kontrolliert wird.
Informationsfluss: Viele Regelungen können durch stärkeren Informationsfluss ersetzt oder kostengünstiger gestaltet werden. Gegenüber Verboten und Geboten haben Informationen den Vorteil der größeren Auswahl für die Konsumenten. Ferner

sind Testverfahren oder standardisierte Ratings, denen sich Unternehmen freiwillig unterwerfen können, möglich.

3. Kosten-Nutzen-Analysen

Kosten und Nutzen jeder Alternative werden in Bezug zu einem Referenzwert gesehen. Dieser Wert ergibt sich im Wesentlichen aus der Annahme über eine Situation ohne die geplante Rechtsnorm. Kosten und Nutzen sollten dabei jeweils in konstanten und diskontierten Summen angegeben werden. Ein Problem ergibt sich vor allem daraus, dass die Schätzungen der Kosten und Nutzen aus unterschiedlichen Perioden stammen. Auch betreffen die Kosten und der Nutzen in der Regel nicht die gleichen Gruppen.

Oft ist es erforderlich Kosten und Nutzen zu diskontieren. Nutzen, der in einer kurzen Zeitspanne anfällt, hat einen höheren Vorteil, wenn er reinvestiert wird und Effizienz und Effektivität sofort verbessert werden kann. Kosten und Nutzen, die als Folge eines Gesetzes erst in vielen Jahren anfallen werden, sind weniger bedeutsam als Kosten und Nutzen, die sofort spürbar sind. Je später sie anfallen, desto unsicherer ist es, dass sie überhaupt entstehen. Eine Gegenüberstellung von Kosten und Nutzen aus unterschiedlichen Zeitperioden ist daher problematisch.

Die geringere Bewertung zukünftiger Kosten und Nutzen erfolgt im Wege einer Abzinsung („Diskontierung") zukünftiger Kosten und Nutzen. Der Grund: Das Geld, das zur Finanzierung der Folgekosten eines Gesetzes erforderlich ist, würde – am Finanzmarkt investiert – Zinsen abwerfen.

Beispiel für den „Sinn" der Diskontierung: Wenn die Folgekosten eines Gesetzes heute 1000 Einheiten betragen und der Marktzinssatz bei 5 Prozent liegt, dann muss das Gesetz morgen einen Nutzen von 1050 (1000 plus 5 Prozent) stiften, damit sich das Gesetz wirtschaftlich lohnt.[64] Je weiter der Nutzen zeitlich entfernt anfällt, desto höher muss der Nutzen sein, bzw. desto geringer ist daher ein bestimmter Nutzen zu bewerten. Mit den Kosten ist es genauso.

Diese Form der Diskontierung wird allgemein angewendet, ist aber umstritten: Mit der Wahl des Verzinsungsfaktors lässt sich das gewünschte Ergebnis beeinflussen. Im allgemeinen werden kurzfristig wirksame Projekte bzw. Gesetze bevorzugt; je höher der gewählte Diskontsatz desto stärker die Verzerrung. Das ist insbesondere bei Umweltgesetzen und Umweltschutzprojekten von Bedeutung. Deren Nutzen fallen oftmals erst in der Zukunft an. Die Kosten entstehen jedoch in der Gegenwart, müssen daher nicht abdiskontiert werden und fallen in voller Höhe ab.

4. Bewertung der Risken und Opportunitätskosten

Riskenschätzungen sollen die Wahrscheinlichkeit des Eintretens eines bestimmten Risikos beurteilen und das Risiko, dem betroffene Bevölkerungsgruppen ausgesetzt sind, bewerten.

Bei Alternativen sollten Details über Tragweite, zeitliche Aspekte und Wahrscheinlichkeiten angegeben werden. Es sollte klar sein, ob bestimmte Maßnahmen wieder

---

[64] Der Einfachheit halber wurde hier angenommen, dass nur morgen und nicht auch übermorgen ein Nutzen als Folge des Gesetzes entsteht.

rückgängig gemacht werden können. Dabei ist es wichtig, nicht nur die Kosten aufzuzeigen, sondern auch den Zeitpunkt der Entstehung dieser Kosten.

Bei Maßnahmen zur Erhöhung der Sicherheit soll die Wahrscheinlichkeit des Eintretens der befürchteten Risken angegeben werden. Wichtigste Datenquelle für **Opportunitätskosten*** sind erzielte Marktpreise. Dabei kommt das Prinzip **willingness-to-pay*** zur Anwendung. Der Vorteil besteht darin, dass mit überprüfbaren Resultaten gearbeitet werden kann. Als Nachteil erweist sich, dass die Marktpreise oft unter dem echten Wert für die Gesellschaft liegen. Wo keine Märkte bestehen, sind Schätzungen erforderlich.

Ausführlich mit Riskenbewertung und Opportunitätskosten hat sich die **Heritage Foundation** beschäftigt. Dieser amerikanische „think tank" vergleicht in mehreren Publikationen die Kosten pro gerettetem Menschenleben, die durch rechtliche Maßnahmen verursacht werden. Einige Ergebnisse:

- In der medizinischen Behandlung in den USA kostet die Verlängerung eines Menschenlebens um ein Jahr durchschnittlich 19.000 USD. Zum Vergleich: Neue gesetzliche Maßnahmen zur Verringerung eines bestimmten Giftes in den USA würden bei gleichem Resultat 2,8 Mio. USD kosten.
- Mit Reihenuntersuchungen auf Krebs ließe sich – statistisch betrachtet – um rund 25.000 USD ein Menschenleben retten. Die Sanierung stillgelegter Uran-Minen habe bei Kosten von 35 Mio. USD die Wahrscheinlichkeit **eines** Todesfalles um 50 Prozent gesenkt.

In den Berechnungen der OECD, der EU-Kommission und US-Behörden werden im Zusammenhang mit den **Kosten von Rechtsnormen** meist die folgenden **fünf Kategorien** angegeben:

- Effizienzkosten von Umweltschutzbestimmungen;
- Effizienzkosten auf Grund des Sozialrechts: Konsumentenschutz, nukleare Sicherheit, Arbeitnehmerschutz, Pensionen;
- Effizienzkosten auf Grund des Wirtschaftsrechts: Landwirtschaft, Telekommunikation, Transport, Energie, Finanz, Bau und internationaler Handel;
- Transferkosten auf Grund wirtschaftsrechtlicher Bestimmungen: inklusive Exportförderungen und landwirtschaftlicher Stützungen;
- Verwaltungskosten beim Ausfüllen von Steuerformularen.

C. Bausteine für eine Politische Ökonomie

> „Weisheit besteht in der
> Kunst des Weglassens"
>
> William James

1. Wirtschaften als Inanspruchnahme von Ressourcen: Menschliche Fähigkeiten, Natur, Kapital und Wissen als Inputfaktoren

Es gibt kaum einen Bereich der ökonomischen Theorie, der so **sensibel** ist wie der der so genannten **Inputfaktoren**. Definitorische Festlegungen haben hier besonders weitreichende Konsequenzen. Wer traditionelle Ökonomie studiert, wird bald merken, dass viele Ökonomen die Sprache als Werkzeug einsetzen, so dass das eigentliche Anliegen der ökonomischen Wissenschaft, nämlich die Beschäftigung mit dem Menschen, seinen Wünschen, Interessen und Bedürfnissen in den Hintergrund gedrängt wird. Es wird zwar immer wieder behauptet, der Mensch stünde im Mittelpunkt, doch bei näherem Zusehen stellt sich heraus, dass der Mensch eigentlich allen nur im Wege steht. Und sehr oft sprechen nicht wir **die Sprache der Ökonomie**, sondern die ökonomische Sprache **spricht uns**.

Man vermeidet die Begriffe Arbeiter, Bodenbesitzer und Kapitalisten und spricht stattdessen von den Produktionsfaktoren Arbeit, Boden und Kapital. Aus Erzeugern und Käufern werden Angebots- und Nachfrageströme und schliesslich wird nur mehr - in der Sprache der Mathematik - mit Variablen, Parametern und Funktionen argumentiert.

Nun ist zwar Abstraktion in allen Wissenschaften ein Werkzeug zur besseren Herausarbeitung der fundamentalen Strukturen, doch darf diese Abstraktion nicht so weit gehen, dass grundlegende Bausteine der Ökonomie verlorengehen. Sehr oft verbirgt sich im Hintergrund der **Grundsatz, dass nicht ist, was nicht sein darf!**

Rudolf Eder hat in unterschiedlichen Zusammenhängen immer wieder darauf hingewiesen, dass Arbeit nicht einfach ein beliebiger Produktionsfaktor ist, sondern dass alles, was in der Wirtschaft geschieht, das Ergebnis menschlicher Entscheidungen und menschlichen Handelns ist.

Während ein **Bedürfnis** den Wunsch, das Verlangen oder das Gefühl bezeichnet, etwas nötig zu haben oder einer Sache zu bedürfen, meint **Bedarf** eben konkret das Gewünschte, Benötigte oder Verlangte. Der Begriff Bedarf sagt nichts aus über die Dringlichkeit oder die Rangfolge der Bedürfnisse und lässt auch offen, ob die verfügbaren knappen Ressourcen für die Deckung eines bestimmten Bedarfes ausreichen.

Das **Denken in Alternativen** ist ein wichtiger Baustein der ökonomischen Sachlogik. Bevor knappe Ressourcen in Projekten gebunden werden, müssen Projekte kritisch auf Kosten, Zeitbedarf und technische Machbarkeit („feasibility") überprüft werden. Die Begriffe „knappe Ressourcen", „Alternativnutzen" bzw. „Opportunitätskosten" ermöglichen es, komplizierte Prozesse zu strukturieren und besser verständlich zu machen.

Darüberhinaus arbeiten die Ökonomen sehr häufig mit dem Begriff **Opportunitätskosten**. Die Ökonomie unterscheidet sich in diesem Punkt von anderen Wissenschaften. Jede Tätigkeit bedeutet zugleich Verzicht auf etwas anderes, weshalb man grundsätzlich davon ausgehen sollte, dass alle Handlungen Kosten verursachen. Nur sind diese sehr oft im Zeitpunkt der Entscheidung noch nicht bekannt. In der Sprache der Spieltheorie formuliert, bedeuten Opportunitätskosten nichts anderes als ein „Nullsummenspiel". Sie entsprechen dem Wert der Güter oder Dienstleistungen, die mit Hilfe dieser Ressourcen alternativ hätten erzeugt werden können.

Beispiel: Die Kosten der **Produktion von Automobilen** entsprechen somit dem Wert der Güter und Leistungen, die mit Hilfe der eingesetzten Ressourcen alternativ (in der besten Verwendung) hätten erzeugt werden können. Die Kosten des Stahleinsatzes in der Automobilindustrie sind daher zu bestimmen als Wert des Stahleinsatzes in anderen Verwendungsmöglichkeiten (z. B. Fahrradindustrie, Maschinenindustrie, Erdölindustrie, Eisenbahnindustrie usw.).

Der Opportunitätskostenansatz kann überall dort herangezogen werden, wo ein Einsatz knapper Mittel erfolgt. Somit ist auch die persönliche Entscheidung, entweder ein Buch oder eine Tageszeitung zu lesen, als Alternative zu sehen, weil hierfür ein Einsatz des knappen Faktors „Zeit" erfolgt. Das Lesen eines Buches „kostet" beispielsweise das Vergnügen, sich ein Fußballspiel im Fernsehen anzusehen.

David S. Dahl, von der Federal Reserve Bank of Minneapolis[1], hat sechs Thesen formuliert, um Vorteile und Nachteile des Umganges mit knappen Ressourcen aufzuzeigen:

These 1:
„There is No Such Thing as a Free Lunch": Um etwas zu erhalten, was man möchte, muss man etwas anderes aufgeben.
These 2:
„Thinking Incrementally": Entscheidungen werden getroffen, indem zusätzliche Kosten mit zusätzlichem Nutzen verglichen werden.
These 3:
„Markets Coordinate Consumption and Production": Preise sind wichtige Signale, die Änderungen von Angebot und Nachfrage anzeigen.
These 4:
"Relative Price Changes Guide Decision Making": Um die Signalfunktion der Preise zu verstehen, muss man relative Preisänderungen von Änderungen des Preisniveaus unterscheiden können.

---

[1] The Region, Dezember 1998.

These 5:
„Trade Promotes Growth": Ohne Handel wird der Nutzen der Arbeitsteilung nicht wirksam.

These 6:
„Market can fail": Eigentumsrechte sind die Basis für Markttransaktionen; daneben hat der Staat auch eine Rolle in der Beseitigung von Marktungleichgewichten, aber auch bei der Herstellung einer gesellschaftlich akzeptierten Einkommensverteilung.

Zehn Geschäftsfelder

Die wirtschaftswissenschaftliche Basismetapher der „Knappheit" ist schon so abgedroschen und wird meist abstrakt und „ohne Fleisch und Blut" abgehandelt, dass wir uns für eine andere Art der Darstellung der Grundproblematik entschieden haben.

Im Folgenden werden wir die menschlichen Bedürfnisse, die die Grundlage allen Wirtschaftens bilden, **zehn Geschäftsfeldern** zuordnen. Dabei handelt es sich selbstverständlich nur um eine beispielhafte Aufzählung. Die Leserinnen und Leser werden aufgefordert, nach neuen Geschäftsfeldern Ausschau zu halten bzw. das Spektrum der **Produkte/Berufe/Branchen** zu erweitern. Es ist ja ein offenes System.

Wirtschaftliche Tätigkeiten können nicht immer eindeutig einem bestimmten Geschäftsfeld zugeordnet werden. Dadurch kommt es zu Überschneidungen, aber gleichzeitig auch zu Verstärkungswirkungen.

1. Geschäfte mit dem Leben
1. Zielrichtung: Deckung von existentiellen Grundbedürfnissen des Menschen (z. B. Essen, Wohnen).
2. Davon berührte Produkte/Berufe/Branchen: Bauwirtschaft, Landwirtschaft, Nahrungsmittel- und Getränkeindustrie etc..

2. Geschäfte mit dem „Überleben"
1. Zielrichtung: Suche nach Strategien zur Konfliktbewältigung, Behandlung von Krankheiten.
2. Davon berührte Produkte/Berufe/Branchen: Krankenhäuser, Schulmedizin, Komplementärmedizin, Psychotherapie, Ersatzteilmedizin („Transplantation"), Pharmaindustrie, Bücher und Zeitschriften.

3. Geschäfte mit dem Tod
1. Zielrichtung: Krieg, Genuss, Verdrängung.
2. Davon berührte Produkte/Berufe/Branchen: Waffen- und Rüstungsindustrie, Tabakanbau, Zigarettenindustrie, Drogenerzeugung und Drogenhandel.

4. Geschäfte mit humanitären Zielen, Tieren, seltenen Arten und Pflanzen
1. Zielrichtung: Hier geht es um humane Grundbedürfnisse des Menschen, die befriedigt werden sollen. Grundsätzlich geht es hier auch um Dienstleistungen

im weiteren Sinn an der Gemeinschaft (Mäzenatentum, Charity etc.). Bisweilen wird dieses Bedürfnis allerdings auch ausgenützt und es werden „Gutmenschen" zur Kasse gebeten. Weiters Handel mit Lebendvieh, dass europaweit „herumgekurvt" wird; Züchtung und Handel mit Haustieren.

2. Davon berührte Produkte/Berufe/Branchen: Bücher und Zeitschriften, Kunst und Kultur, Theater und Konzert, Religionsgemeinschaften, „Fundraising" für das Rote Kreuz, das Schwarze Kreuz, das Grüne Kreuz, für die Dritte Welt, den Kosovo etc., etc., etc.. Tierhandel, Transportgewerbe, Fleischindustrie, Tierfutterindustrie, Gentechnologie, Baumschulen, Gärtnereien etc..

5. Geschäfte mit der Angst

1. Zielrichtung: Sicherheitsbedürfnis befriedigen und Vorsorgemassnahmen ergreifen.
2. Davon berührte Produkte/Berufe/Branchen: Versicherungen, Geldanlage, Sicherheitsschlösser, Tresore, Vermögensbildung, Altersvorsorge, staatliche und private Polizei, Projektüberwachung, Rechtsanwälte, Notare.

6. Geschäfte mit Luxus, Eitelkeit und Freizeit

1. Zielrichtung: Ablenkung, Verdrängung und Zeitvertreib; oft nimmt die Nachfrage nach bestimmten Gütern gerade deshalb zu, weil diese einen „auffälligen" (hohen) Preis haben („Veblen-Effekt" oder „Prestige-Effekt").
2. Davon berührte Produkte/Berufe/Branchen: Schmuck und Juwelen, Tourismus, Luxushotels, Yachten und Kreuzfahrten, Alkohol, Prostitution, Casinos, Lotto, Bekleidung und Pelze, Pornoschriften, Sportartikelindustrie, Sportwetten (Fußballtoto, Pferderennen), Fußball, Tanzschulen und Discos, Kinos, Theater, Fernsehen, Massagesalons, Bräunungsstudios, Schönheitschirurgie etc..

7. Geschäfte mit der Mobilität

1. Zielrichtung: Bedürfnis nach Ortsveränderung.
2. Davon berührte Produkte/Berufe/Branchen: Autoindustrie, Erdölindustrie, Bauindustrie, Eisenbahnen, Schifffahrt, Luftfahrt, Tourismus, Sprachschulen, Kofferindustrie etc..

8. Geschäfte mit dem Umweltschutz

1. Zielrichtung: Vermeidung und/oder Beseitigung von Umweltschäden.
2. Davon berührte Produkte/Berufe/Branchen: Müllbeseitigung, Mülltransport („Mülltourismus"), Kläranlagen, Filteranlagen, Erzeugung von Lärmschutzwänden.

9. Geschäfte mit Kommunikation und Neugier

1. Zielrichtung: Mitteilungsbedürfnis und Bedürfnis nach Kontakten.
2. Davon betroffene Produkte/Berufe/Branchen: Computer (Hard- und Software), Handys, Fernsehen, Zeitungen, Internet etc..

10. Geschäfte mit Geld

1. Zielrichtung: Hereinnahme von Geld und Zurverfügungstellung von Geld; durch die Bezahlung von „Zinsen" für Geld, das man nicht hat, aber braucht, kann man Zeit „kaufen".
2. Davon berührte Produkte/Berufe/Branchen: Banken und Versicherungen, Spielcasinos, Vermögensverwaltungen, Wetten (Lotto, Fußballtoto, Pferderennen).

Spricht man von „Wirtschaften" so verbergen sich dahinter folgende Sachverhalte:

- Die **Ausschöpfung des Wirtschaftspotentials**, das in einer bestimmten Gemeinde, einer Region, einem Land möglich ist. Dabei geht es hier zunächst nur darum, bestehende Bedürfnisse zu erkennen und – wenn die Artikulation bestimmter Bedürfnisse noch nicht deutlich genug ist – diese Bedürfnisse entsprechend zu wecken.
- Die **Abschöpfung der verfügbaren Liquidität** der Haushalte mit dem Ziel, diese wieder in monetäre Kreisläufe zurückzuführen. Der Großteil der Liquidität stammt aus der Erzielung von Einkommen, die durch die Mitwirkung an Produktionsprozessen entstanden. Dazu kommt noch die Möglichkeit, reale oder monetäre Vermögensbestände zu Geld zu machen oder einen Kredit aufzunehmen.[2]
- Suche nach weiteren **Beschäftigungsmöglichkeiten** und **Möglichkeiten der Einkommenserzielung**.

Die **Produktionsfaktoren** waren zunächst noch stark orts- und personengebunden. Politische Interventionen zur Sicherung oder Steigerung der Wohlfahrt richteten sich daher zunächst ausschließlich auf eine Steigerung des Produktionspotentials an **Bodennutzung** und **Arbeitskraft**. Adam Smith war es, der das **Kapital** als dritten Produktionsfaktor ins Zentrum der ökonomischen Analyse rückte. In dem Maße, in dem Land und Arbeit ihre Bedeutung als Produktionsfaktoren immer mehr verlieren, hat sich gleichzeitig infolge der reichlichen Verfügbarkeit des Faktors Kapital eine **neue ökonomische Sachlogik** preisgesteuerter Zahlungen entwickelt, die zu einer permanenten Ausweitung des monetären Sektors geführt hat und noch immer führt, nicht zuletzt dank des Einflusses einer sehr leistungsfähigen Informationstechnologie.

Die bisher in fast allen Lehrbüchern anzutreffende **Klassifikation der Güter** in private und öffentliche Güter, die vor allem auf den Einfluss von **Richard Musgrave** zurückgeht, ist revisionsbedürftig, da es keine feststellbaren inhärenten Eigenschaften gibt, die ein Gut **eindeutig** zu einem privaten oder einem öffentlichen Gut machen. Die Qualifizierung eines Gutes beruht vielmehr auf einer kollektiven politischen Entscheidung.

Helmut Willke hat in diesem Zusammenhang auch vorgeschlagen, dass eine andere Kategorie von Gütern laufend an Bedeutung gewinnt, die zwischen den privaten und öffentlichen Gütern liegt. Willke nennt sie „kollaterale Güter".

---

[2] Diese Idee kommt – wie so vieles —aus den USA. Beispiel: Um das Fluggeschäft anzukurbeln, hat man beispielsweise den Slogan "fly now – pay later" erfunden.

Die Logik preisorientierter Zahlungen nimmt dabei immer weniger Rücksicht auf den Umstand, dass Menschen Arbeit suchen und brauchen, um existieren zu können oder dass bestimmte Regionen mangels produktiver Nutzung an Bedeutung verlieren und zu Problemzonen werden. Demgegenüber nehmen monetär ausgerichtete ökonomische Pseudoaktivitäten wie Fusionen, Übernahmen etc. laufend an Bedeutung zu.

Ein Produktionsfaktor blieb bisher unerwähnt, der sich seit Beginn der 90er Jahre zu einem wichtigen und kritischen Faktor entwickelt hat: das **Wissen**. Dabei kommt es in letzter Zeit zu einer **Aufsplitterung** der relevanten Wissensbestände in

- das in Regelsystemen verfügbare systemische Wissen,[3]
- das Verfügungswissen,
- das kollektive Orientierungswissen sowie
- das Organisationswissen.

2. Wirtschaften als Produktionsprozess

Unter **Produktion** versteht man die Umwandlung von Sachgütern und Dienstleistungen in andere Güter. Die **Produktionstheorie** wieder versucht zu klären, von welchen Einflussfaktoren Investitionen abhängen, wie Produktionsprozesse ablaufen und welche Produkte als Ergebnis der Produktion unterschieden werden können. Die Produktionstheorie gliedert sich daher in eine Investitionstheorie, eine Produktionstheorie im engeren Sinn und in eine Theorie der Produkte.

Dabei sind eben zwei Perspektiven der Analyse denkbar: von einem bestimmten Produktionsergebnis – auch als **Output** bezeichnet – auszugehen und danach zu fragen, von welchen Faktoren die Erstellung dieses Produktionsergebnisses abhängt, oder zu untersuchen, in welcher Weise die Variation des Produktionsfaktoreinsatzes – auch **Input** genannt – das Produktionsergebnis beeinflusst.

Wirtschaften im Produktionsbereich ist geprägt von **Input-Output-Beziehungen**. Ein Ökonom, der sich ein Leben lang diesem Paradigma gewidmet hat, war **Wassily Leontief** (1906-1999).

Leontief war ein pragmatischer Ökonom. „Ökonomen", so sagt er, „müssen sich die Finger schmutzig machen, indem sie direkt mit rohem Datenmaterial arbeiten." Für die von ihm entwickelte Input-Output-Analyse erhielt er 1973 den Nobelpreis. In seinem Buch „Input-Output Economics", das 1966 erschien, stellt Leontief seine Analysemethode in mehreren Essays vor. Er zeigt auf, wie unterschiedliche Kombinationen von Rohstoffen und Arbeitsleistungen („Input") das Endprodukt („Output") einer Unternehmung beeinflussen.

Oder er belegt, wie aus den Ressourcen eines Landes ein Sozialprodukt wird. Eine Input-Output-Analyse ermöglicht die Beschreibung der gegenseitigen Verflechtungen zwischen den einzelnen Sektoren eines komplexen ökonomischen Systems. Das gilt für eine einzelne Fabrik ebenso wie für eine Stadt, eine Region, ein Land oder

---

[3] Dazu gehören u. a. Expertensysteme, Gutachten etc..

die ganze Welt. Zudem ermöglicht die Input-Output-Analyse die Abschätzung der wirtschaftlichen Folgen von wirtschaftspolitischen Eingriffen.

In einer Matrix werden die einzelnen Sektoren einmal in der senkrechten Leiste abgetragen und einmal horizontal in derselben Reihenfolge – wie auf einem Schachbrett. Liest man diese Matrix waagrecht, kann man verfolgen, wohin eine Branche ihren Output, also ihre fertigen Produkte, liefert. Liest man sie senkrecht, erkennt man , woher eine Branche Produkte bezieht, welche Produkte und wie viele. Man kann zum Beispiel ablesen, wie viel Stahl, Gummi und Glas benötigt werden, um Autos mit einem bestimmten Wert zu bauen.

Leontief war nicht der erste, der versucht hat, die Wirtschaft eines ganzen Landes darzustellen. 1758 fertigte der Franzose **Francois Quesnay** Skizzen eines geschlossenen Wirtschaftskreislaufs, das „Tableau économique". Leontief gelang es, aus dem groben Kreislaufkonzept ein aussagekräftiges Messinstrument zu formen. Eines der aufsehenerregendsten Erkenntnisse, die er mit Hilfe der Input-Output-Analyse formulierte, wurde später als **Leontief-Paradoxon** bezeichnet.

Er wies nach, dass die USA trotz ihres Kapitalreichtums und ihres hohen technischen Niveaus 1947 hauptsächlich arbeitsintensive Erzeugnisse exportierten. Damit widersprach er der bis dahin geltenden Ansicht, dass kapitalstarke Länder sich auf kapitalintensive Güter spezialisieren würden. Er erklärte das mit der größeren Produktivität amerikanischer Arbeiter.

Seinen Analyseansatz nutzte Leontief auch für Aussagen über künftige Entwicklungen. Das Kriegsende, so sagte er kurz vor Ende des Zweiten Weltkrieges voraus, würde zu einem deutlichen Anstieg von Produktion und Beschäftigtenzahl führen. Die Prognose erstaunte die Fachwelt, die die Stahlindustrie als Kriegsindustrie betrachtete. Tatsächlich überstieg die Stahlnachfrage des wachsenden privaten Konsums den sinkenden Bedarf des Militärs nach dem Krieg.

„Manche Forscher", soll Leontief einmal gesagt haben, „sind wie Flugzeuge, die abheben, kreisen und niemals wieder landen."

In welcher Weise die Produktionsfaktoren innerhalb einer **Produktionsfunktion** kombiniert werden, hängt im Wesentlichen von den angewandten **technischen Produktionsverfahren** ab. Damit ein technischer und/oder ökonomischer Fortschritt eintritt, ist eine **Innovation**, d. h. die erstmalige Anwendung des betreffenden Verfahrens innerhalb von Produktionsprozessen, notwendig. Zwischen der Invention (Entwicklung bzw. Erfindung) und der Innovation eines Verfahrens liegt meistens ein bestimmter time lag, der im Wesentlichen von den Markterfordernissen und dem Finanzierungsspielraum des Unternehmens abhängt. Ebenso besteht ein time lag zwischen der Innovation und der Propagation, d. h. der Anwendung des Verfahrens durch andere Unternehmen, die dieses Verfahren (als ein privates Informationsgut) im Lizenzwege erworben haben.

Legt man als Einteilungskriterium des technischen Fortschritts zu Grunde, in welchem Umfang die Produktionsfaktoren Arbeit und Kapital zur Innovation notwendig sind, so lassen sich drei Arten von technischem Fortschritt unterscheiden:

- arbeitssparender technischer Fortschritt,
- kapitalsparender technischer Fortschritt,
- neutraler technischer Fortschritt.

Entscheidendes Kriterium ist dabei die Veränderung der Kapitalintensität. Steigt die Kapitalintensität, so liegt arbeitssparender, sinkt sie, so liegt kapitalssparender technischer Fortschritt vor. Neutraler technischer Fortschritt liegt vor, wenn die Kapitalintensität unverändert bleibt.

Spricht man von einer **Innovation**, so meint man also damit die Umsetzung einer neuen nützlichen Idee von ihrer Entstehung bis zur praktischen Anwendung. Innovationen stellen einen unternehmerischen Lernprozess der Aufnahme, Selektion, Anwendung und Verwertung von Wissen und Informationen dar, „die Fähigkeit, neue Kombinationen zu erkennen und durchzusetzen" (Schumpeter). Innovationen decken ein breites Spektrum ab: es geht um Produkte und Prozesse, Technologien, neue Methoden der Marktforschung, generell um die bessere Koordination aller Unternehmensbereiche auf dem Markt. Innovation geht daher über die „Erfindung" neuer Produkte und Dienstleistungen weit hinaus. Wichtige Innovationsbereiche sind Management und Organisation, Werbung und Verkaufsförderung, die Herausarbeitung von Kernkompetenzen und ihre öffentlichkeitswirksame Verankerung im Firmenimage.

3. Wirtschaften als Wertschöpfungsprozess

Der Begriff der **Wertschöpfung** steht im Zentrum der Ökonomischen Theorie. Wertschöpfung ist die Maßgröße für die Leistungskraft einer Volkswirtschaft. Sie wird im Rahmen von Volkswirtschaftlichen Gesamtrechnungen (VGR) berechnet.

Volkswirtschaftliche Gesamtrechnungen sind angewandte Kreislaufanalysen. Durch sie sollen die quantifizierbaren Wirkungen, die von ökonomischen Transaktionen in einer bestimmten Periode (meist ein Jahr) ausgehen, erfasst werden. Zu diesem Zweck müssen makroökonomische Aggregate gebildet werden und zwar in zweifacher Hinsicht: Einerseits müssen die individuellen Wirtschaftseinheiten zu Sektoren zusammengefasst werden („institutionelle Aggregation"), andererseits müssen aus mikroökonomischen Einzelgrößen makroökonomische Aggregate gewonnen werden („funktionelle Aggregation").

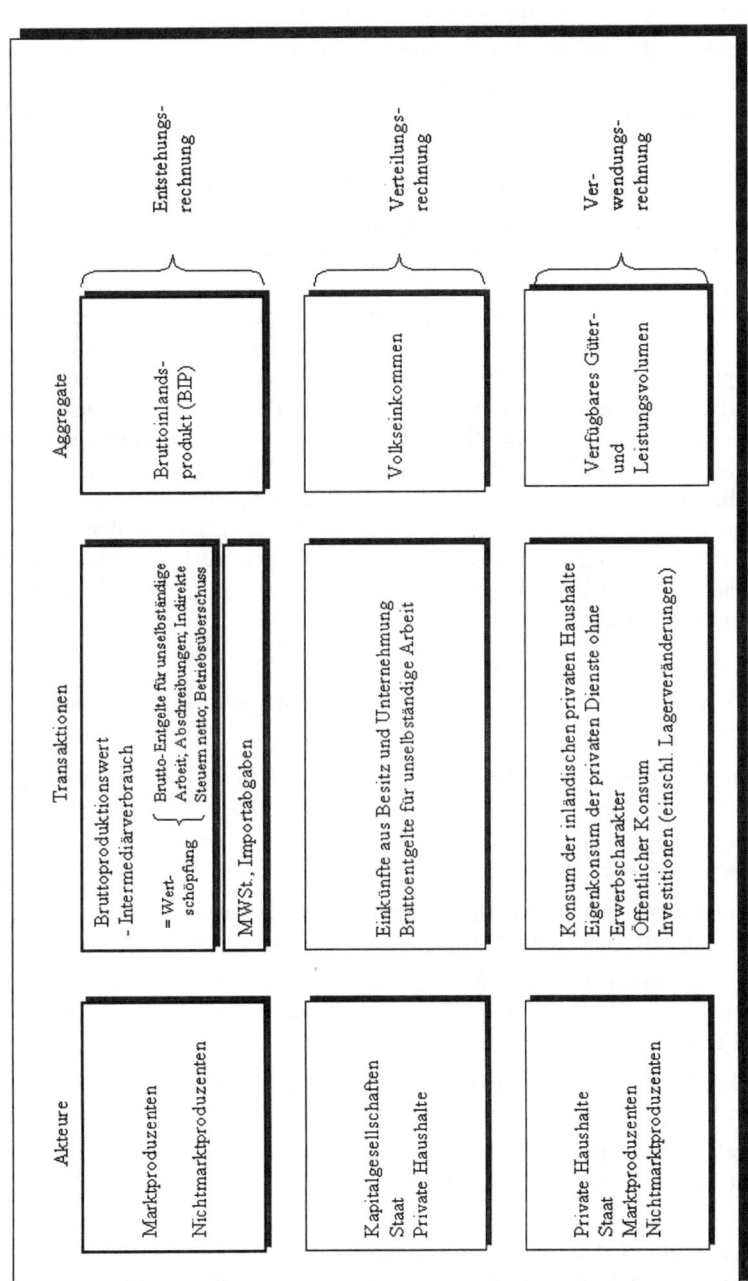

Abb. 21: Akteure, Transaktionen und Aggregate in der VGR

Volkswirtschaftliche Gesamtrechnungen braucht man:
1. zur Auswahl und zum Testen von makroökonomischen Hypothesen,
2. als Information für wirtschaftspolitische Entscheidungen,
3. als Kontrollgrundlage zur Überprüfung, ob und inwieweit bestimmte wirtschaftspolitische Ziele erreicht wurden oder nicht.

Die Volkseinkommensrechnung gibt Aufschluss über die gesamtwirtschaftliche Struktur des Volkseinkommens bei seiner Entstehung, Verteilung und Verwendung; die Volksvermögensrechnung ermittelt das Volksvermögen bzw. seine Komponenten, wie das nicht reproduzierbare Sachvermögen (Boden, Bodenschätze), das volkswirtschaftliche Anlagevermögen, das Gebrauchsvermögen und die Nettoauslandsposition; die Input-Output-Rechnung wird vor allem verwendet, um die intersektoralen Güterströme und damit die Interdependenzen zwischen den einzelnen Industrien sichtbar zu machen; die Geldstromanalyse („Finanzierungsrechnung") stellt die beobachtete Änderung der nach bestimmten Merkmalen klassifizierten Kreditbeziehungen zwischen den finanziellen und nicht finanziellen Sektoren einer Volkswirtschaft dar, d. h., es wird aufgezeigt, auf welchen Kanälen sich die einzelnen Sektoren Finanzmittel beschaffen oder solche bereitstellen; die Zahlungsbilanz schließlich erfasst alle vorgenommenen wirtschaftlichen Transaktionen zwischen dem In- und Ausland.

Im Folgenden die wichtigsten Begriffe der **Volkseinkommensrechnung**:

Bruttoproduktionswert (BPW): Wertsumme der in der Berichtsperiode von den (Markt-, Nichtmarkt-) Produzenten erzeugten (bereitgestellten) Güter (Waren, Dienstleistungen; einschließlich selbsterstellter Anlagen, landwirtschaftlichen Eigenverbrauchs und Eigenwohnung).

Intermediärverbrauch (Vorleistungen): Güter (Waren, Dienstleistungen), die von den Produzenten im Produktionsprozess eingesetzt werden.

Nettoproduktionswert (NPW, Wertschöpfung): BPW minus Vorleistungen. Die Summe der NPW ergibt nach Berücksichtigung der Mehrwertsteuer und der Importabgaben das Bruttoinlandsprodukt (BIP).

Abschreibungen: Kalkulierbare Entwertung durch Abnutzung und Veralterung. Bewertung zu Wiederbeschaffungskosten.

Indirekte Steuern: Alle Steuern, die kalkulatorisch in die Produktionskosten der Industrien und sonstiger Produzenten eingehen (z. B. Zölle, Verbrauchssteuern).

Mehrwertsteuer: Hat in der VGR nur Durchlaufcharakter und wird daher von der Volkswirtschaftlichen Gesamtrechnung (VGR) dort nicht berücksichtigt; da sie in den heimischen Endverwendungspreisen aber enthalten ist, muss sie aus Abstimmungsgründen zum BIP zugezählt werden. Ähnliches gilt auch für die Importabgaben, die als Bestandteil importierter Vorleistungen behandelt werden und daher in der Wertschöpfung nicht enthalten sind.

Subventionen: Laufende Transferzahlungen der öffentlichen Verwaltung an Industrien. Sie werden in der VGR mit den indirekten Steuern aufgerechnet.

Betriebsüberschuss: BPW minus Vorleistungen, minus Brutto-Entgelte für unselbstständige Arbeit, minus indirekte Steuern, plus Subventionen, minus Abschreibungen (= Saldo des Produktionskontos).

Brutto-Entgelte für unselbstständige Arbeit: Bruttoeinkünfte der Arbeiter und Angestellten aus ihrem Arbeitsverhältnis, einschließlich Arbeitgeberbeiträge zur Sozialversicherung; Familienbeihilfen und die betreffenden Fondsbeiträge gehören nicht dazu.

Einkünfte aus Besitz und Unternehmung: Alle anderen Einkünfte als Brutto-Entgelte für unselbstständige Arbeit mit Entgeltcharakter. Als Empfänger kommen Kapitalgesellschaften, der Staat und private Haushalte in Betracht. Die Erfassung ist vor oder nach Abzug der Zinsen für die Staats- und Konsumentenschuld möglich, die mit der Produktion nichts zu tun haben (wegen der Faktoreinkommensbeziehungen mit dem Ausland nicht identisch mit dem Betriebsüberschuss).

Faktoreinkommen aus dem/an das Ausland: Zahlungen, die als Brutto-Entgelte für unselbstständige Arbeit oder Einkünfte aus Besitz und Unternehmung aus dem/an das Ausland erfolgen.

Privater Konsum: Ausgabensumme der privaten Haushalte für Güter und Dienstleistungen.

Öffentlicher Konsum: Überschuss der Produktionskosten der öffentlichen Verwaltung über die Erlöse und Erträge aus der Bereitstellung von Gütern und Dienstleistungen gegen Entgelt.

Brutto-Anlageinvestitionen: Bauten (einschließlich Wohnbauten) und dauerhafte Ausrüstungsgüter für Produktionszwecke. – Zu den Investitionen im weiteren Sinn gehören auch die Lagerinvestitionen (Lagerveränderung).

Exporte/Importe (i. w. S.): enthalten auch den Reise- und Dienstleistungsverkehr.

Transfers: Darunter werden unentgeltliche (einseitige) Zahlungsströme aller Art verstanden. Es werden laufende (wiederkehrende) und Kapitaltransfers (einmalige) unterschieden. Die Transfervorgänge sind weitaus am wichtigsten beim Transaktor Staat: Laufende Transfereinnahmen sind hier direkte und indirekte Steuern; Transferausgaben der Sozialtransfer (an private Haushalte), die Subventionen (an Industrien) u. a..

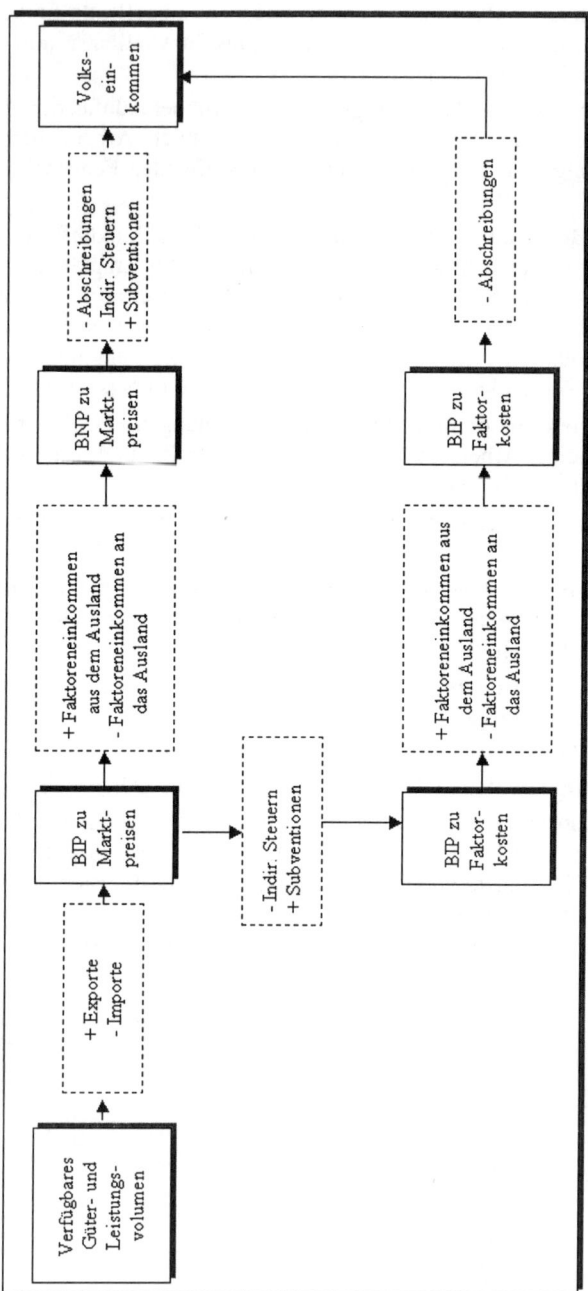

Abb. 22: Das Volkseinkommen im Definitionszusammenhang

4. Wirtschaften als Konsumprozess

Aufgabe der Konsumtheorie ist es, alle jene Einflussfaktoren in ihrer gegenseitigen Verknüpfung darzustellen, die ein bestimmtes Konsumniveau und eine bestimmte Konsumstruktur bewirken.

Die Ziele der Konsumenten lassen sich wie folgt gruppieren:

1. **Einkommensziele**. Hierbei geht es um die Maximierung und Stetigkeit von Einkommensströmen über die Zeit.
2. **Liquiditätsziele**. Im Rahmen von Liquiditätszielen erstreben Haushalte eine Bestand an finanziellen Mitteln, der ausreicht, um geplante Konsumtransaktionen entweder auf Grund des erzielten Einkommens oder auf dem Kreditwege finanzieren zu können. Man spricht in diesem Fall auch von der so genannten Transaktionskasse. Daneben werden Haushalte bestrebt sein, auch finanzielle Mittel für die Zwecke ertragbringender Geldanlagen bereitzuhalten, sie werden daher Teile der verfügbaren Liquidität in einer so genannten Spekulationskasse halten.
3. **Produktziele**. Haushalte sind bestrebt, jene Produkte bzw. Dienstleistungen zu erwerben, die am besten geeignet sind, ihre speziellen Bedürfnisse zu befriedigen. Sie werden dabei jene vorziehen, die ihren Erwartungen in Hinblick auf Preis, Qualität und Quantität am besten entsprechen.

Konsumhandlungen und Konsumeffekte:

- **rationale Konsumhandlungen**: Hier gehen der Konsumhandlung eingehende Kosten- und Nutzenüberlegungen voraus. Die wesentlichen Bestimmungsfaktoren der Konsumnachfrage sind: die Bedürfnisstruktur und die Nutzeneinschätzung („Präferenzen"), der Preis, die Qualität, das Einkommen, der Zinssatz und der Vermögensbestand.
- **Impulshandlungen**: Dies sind Konsumhandlungen, die spontan – ohne umfassende Entscheidungsvorbereitung – getätigt werden.
- **Gewohnheitshandlungen**: Hier wäre als markantes Beispiel der **Sperrklinkeneffekt** von **James Duesenberry**[4] anzuführen. Demzufolge richtet sich das Konsumniveau immer nach dem zuletzt erreichten Niveau. Die Konsumenten versuchen, dieses Niveau auch dann zu halten, wenn es zu einem Einkommensrückgang kommt.
- **sozial abhängige Handlungen**: die Konsumnachfrage hängt hier von den Handlungen anderer Konsumenten bzw. dem sozialen Umfeld ab.

Besonders häufig feststellbare Effekte sind:

- der **Mitläufer-Effekt**: Die Nachfrage nach einem Produkt bzw. einer Dienstleistung nimmt deshalb zu, weil auch andere Konsumenten das Produkt nachfragen.

---

[4] Duesenberry, J., Income, Saving and the Theory of Consumer Behaviour, Cambridge/Mass. 1949.

- der **Veblen-Effekt**: Die Nachfrage nach einem Produkt bzw. einer Dienstleistung nimmt deshalb zu, weil das betreffende Produkt mehr kostet als andere Produkte.
- der **Snob-Effekt**: Hier nimmt die Nachfrage nach einem Produkt bzw. einer Dienstleistung vor allem deshalb ab, weil das betreffende Produkt schon von vielen Konsumenten nachgefragt wird.

Handlungsmöglichkeiten oder Alternativen: Darunter versteht man sich wechselseitig ausschließende Möglichkeiten, zwischen denen Konsumenten wählen können. Aussagen wie „er hatte keine andere Wahl" bedeuten aus der Sicht des Ökonomen nichts anderes als Hinweise auf die Ungleichwertigkeit von Alternativen: Die zweitbeste Alternative ist in diesem Fall deutlich schlechter als die beste Alternative.

5. Wirtschaften als Konkurrenzprozess

Wettbewerb ist ein Prozess, der durch das Handeln jener Unternehmer in Gang gesetzt wird, die ihre Marktposition als unbefriedigend erachten und sie deshalb zu verändern suchen. Um den gewünschten Wettbewerbsvorteil zu erlangen, kann der Preis gesenkt, die Qualität verbessert, die Werbung verstärkt, die Absatzmethode verändert, der Service perfektioniert werden. Zum „Pionier-Unternehmer" wird ein Anbieter, dessen Aktivität nicht nur eine marginal verbesserte Leistung zur Folge hat, sondern zu Innovationen führt, die erhebliche Kostenersparnisse ermöglichen („Prozessinnovationen") oder neue Produkte hervorbringen, die den bisher angebotenen deutlich überlegen sind („Produktinnovation").

Wettbewerb ist für jedes Marktsystem unerlässlich. Nur er gewährleistet, dass ein marktgerechtes Angebot kostengünstig produziert und preisgünstig bereitgestellt wird.

Die Kernaussage des Prinzips des institutionalisierten **Wettbewerbs** besteht darin, dass der Wettbewerb unter bestimmten Bedingungen – geeignete Spielregeln vorausgesetzt – auch die Basis für eine nachhaltige Kooperation darstellen kann. Dabei ist zu berücksichtigen, dass der Begriff Wettbewerb von Haus aus nicht eindeutig festgelegt ist. Es gibt Situationen, in denen eine Kooperation unerwünscht ist (z. B. Mafia, Kartelle, Korruption, Vetternwirtschaft etc.). Die in diesen Fällen stattfindenden Kooperationen gehen zu Lasten Dritter. Umgekehrt gibt es Formen des Wettbewerbes, die erwünscht sind, weil sie Dritten zugute kommen. Eine dieser Formen ist die Marktwirtschaft.

Wettbewerbspolitische Interventionen müssen nach **Horst Siebert**[5] so organisiert werden, dass Beschränkungen und Zwänge beim Entscheidungsprozess mitberücksichtigt werden. Dies bedeutet, den dezentralen Entscheidungsträgern einen größeren Entscheidungsspielraum einzuräumen und an Stelle diskretionärer Entscheidungen der Politik und von Gruppen sich des Wettbewerbs als gesellschaftlichem Organisationsprinzips zu bedienen. „Die Kunst der Politik wird darin bestehen,

---

[5] Lit. 124 Siebert 14.

stärker Wettbewerbselemente in den verschiedensten Bereichen der Gesellschaft einzuführen, sodass die wettbewerblichen Prozesse mehr oder weniger selbstverständlich werden. Mehr Wettbewerbselemente werden auch zwischen den Regionen gebraucht, sodass neue Problemlösungen regional gefunden und ausprobiert werden können, die – wenn sie sich bewährt haben – dann auch von anderen Bundesländern übernommen werden können. Dieser kompetitive Föderalismus mit dem Wettbewerb als Entdeckungsverfahren setzt voraus, dass eindeutige Abgrenzungen der Aufgaben-, der Ausgaben und Einnahmenkompetenz zwischen Bund und Bundesländern vorgenommen werden, dass man vom Mischsystem der Finanzierung abgeht, sowie dass man die Angleichung der Finanzkraft zwischen den Ländern auf einem deutlich niedrigeren Niveau als bisher verankert und damit der statischen, kurzfristig orientierten Ergebnis-Ähnlichkeit der Lebensverhältnisse weniger Gewicht gibt."

Die Schwierigkeiten einer Übertragung neoklassischer Erkenntnisse auf wettbewerbspolitische Entscheidungen führten zum Konzept des **funktionsfähigen Wettbewerbs** und dabei wiederum zum Ansatz der **workable competition**, wie er von **John Bates Clark** entwickelt wurde. In seiner Weiterentwicklung zum **Harvard-Ansatz** der Wettbewerbspolitik spielt das SCP-Paradigma eine zentrale Rolle. Danach erfolgt die Beurteilung, ob ein funktionierender Wettbewerb vorliegt, anhand von Kriterien der Marktstruktur (Structure), des Marktverhaltens (Conduct) und des Marktergebnisses (Performance).

Nach Ansicht der **Chicagoer Schule (Stigler, Demsetz, Posner)** ist das Leitbild des funktionsfähigen Wettbewerbs zur Fundierung der Wettbewerbspolitik nicht tauglich und daher in konkret wettbewerbspolitische Handlungen nicht umsetzbar. Als Beispiel wird auf das Antitrustverfahren gegen IBM in Amerika verwiesen, wo nach zehn Jahren die US-Wettbewerbsbehörde nicht im Stande war, eine Entscheidung zu fällen, die theoretisch und empirisch genügend fundiert gewesen wäre, um einem gerichtlichen Prozess standzuhalten. Im Vertrauen auf die Selbstheilungsfähigkeit von Märkten will die Chicagoer Schule auch wettbewerbspolitisch möglichst wenig staatliche Eingriffe und vertraut auf „survival of the fittest". Nach ihr ist die Marktstruktur nicht relevant und sind Unternehmenskonzentrationen nicht von vornherein schädlich, sondern wegen Ausnutzung von Skalenökonomien zumeist nützlich im Sinne einer produktiven Effizienz. Eine Firma, die sich ohne staatlichen Schutz langfristig gegenüber ihren Konkurrenten durchsetzt, ist effizient, selbst wenn sie als einzige auf dem Markt übrig bleibt. Vertreter dieser Richtung wenden sich daher auch gegen eine Fusionskontrolle und sie sehen in Preiskartellen und Oligopolen kein ernsthaftes Wettbewerbsproblem, denn zum einen sind Kartelle tendenziell instabil und zum anderen ohne Marktzutrittsschranken nutzlos.

Wie überhaupt die Chicagoer Schule für **Deregulierung** wichtiger Infrastrukturbereiche (Post, Bahn, Elektrizitätsversorgung) eintritt. Durch eine Entflechtung („unbundling") von Leistungen und deren organisatorischen Ausgliederungen ist auch in diesen Bereichen Wettbewerb und damit Effizienzsteigerung möglich. Aktuelle Beispiele wären der Telekombereich mit konkurrierenden Netzwerkbetreibern, der Eisenbahnverkehr, wo an private Nutzer Transportkapazitäten verkauft werden können, und die Elektrizitätsversorgung mit der Möglichkeit (für Großabnehmer), sich kostengünstigen Strom aus dem Ausland zu sichern und über das nationale Netz geliefert zu bekommen.

Bei einer **Wettbewerbskontrolle** geht es darum, den Wettbewerb zwischen Unternehmen dahingehend zu überwachen, dass den einzelnen unternehmerischen Handlungseinheiten innerhalb der vorhandenen Marktstruktur ein möglichst großes Maß an freier Entscheidungsmöglichkeit im Sinne eines offenen Leistungswettbewerbes gewährleistet bleibt. Durch das **Kartellrecht** sollen Unternehmen davon abgehalten werden, den Markt oder Teile davon durch Absprachen aufzuteilen oder abzuschotten.

Unter einem **Kartell** ist eine Übereinkunft oder eine sonstige abgestimmte Verhaltensweise wirtschaftlich selbstständiger Unternehmer zu verstehen, durch die eine Beschränkung des Wettbewerbs bewirkt werden soll oder tatsächlich bewirkt wird. Es gibt zwar kein ausdrückliches Verbot von Kartellen, jedoch bedürfen Kartelle vor ihrer Durchführung einer kartellgerichtlichen **Genehmigung**, wobei vor Erteilung die Durchführung des Kartells verboten ist. Voraussetzung für eine Genehmigung ist u. a., dass das Kartell volkswirtschaftlich gerechtfertigt ist, wozu die gesamtwirtschaftlichen Effekte und Auswirkungen des Kartells zu prüfen und insbesondere die Interessen der Letztverbraucher ins Kalkül zu ziehen sind. Kartelle werden gegebenenfalls auch nur befristet erlaubt.

Um das mögliche Entstehen unerwünschter Marktmacht verhindern zu können, ist die **Anzeige-** bzw. **Anmeldepflicht von Zusammenschlüssen** vorgesehen. Der Unterschied zwischen diesen besteht darin, dass die Durchführung eines anmeldepflichtigen Zusammenschlusses vor Abschluss des Anmeldeverfahren verboten ist.

Weiters ist auf das internationale **Wettbewerbsrecht** und dessen Regelungen in der EU hinzuweisen. Die Union ist gemäß Vertrag zur Gründung der Europäischen Gemeinschaft verpflichtet, ein System zu errichten, das den Wettbewerb innerhalb des gemeinsamen Marktes vor Verfälschung schützt. Zur Durchsetzung dieser Verpflichtung stehen folgende Mittel zur Verfügung:

- Kartellrecht,
- Missbrauch marktbeherrschender Stellungen,
- Fusionskontrolle,
- staatliche Beihilfen,
- Wettbewerbsrecht öffentlicher Unternehmen.

Hinsichtlich des Kartellrechtes gilt prinzipiell ein **Kartellverbot**, wovon Ausnahmen unter bestimmten Voraussetzungen möglich sind. Wichtig ist, dass das Verbot auf Tatbestände zielt, welche „den Handel zwischen Mitgliedstaaten zu beeinträchtigen geeignet sind und eine Verhinderung, Einschränkung oder Verfälschung des Wettbewerbs innerhalb des gemeinsamen Marktes bezwecken oder bewirken." Somit werden darunter nur Wettbewerbsbeschränkungen erfasst, die den Handel zwischen Mitgliedstaaten beeinträchtigen. Daher ist innerstaatliches Kartellrecht nicht nur möglich, sondern auch notwendig, wobei im Konfliktfall ein uneingeschränkter Vorrang des Europäischen Wettbewerbsrechtes gilt.

Das **Missbrauchsverbot** verbietet die missbräuchliche Ausnutzung einer beherrschenden Stellung, soweit diese dazu führen kann, den Handel zwischen den Mitgliedstaaten zu beeinträchtigen. Beispiel für eine missbräuchliche Ausnutzung wäre, wenn ein Großunternehmen höhere Preise verlangt oder kleinere Konkurrenten aus dem Markt drängt.

Nach einer Verordnung des Rates sind Unternehmenszusammenschlüsse von gemeinschaftsweiter Bedeutung, die eine marktbeherrschende Stellung unter erheblicher Behinderung des Wettbewerbs begründen oder stärken, verboten („Fusionskontrolle"). Ein Zusammenschluss unterliegt nur dann der Kontrolle durch die EU-Kommission, wenn er unionsweite Bedeutung hat.

Kein Zusammenschluss von gemeinschaftsweiter Bedeutung liegt jedoch vor, wenn alle Beteiligten mehr als zwei Drittel ihres gemeinschaftsweiten Umsatzes in ein und demselben Mitgliedstaat erzielen.

Die EU verbietet auch grundsätzlich **Beihilfen** gleich welcher Art, wenn sie durch die Begünstigung bestimmter Unternehmen oder Produktionszweige den Wettbewerb verfälschen, soweit sie den Handel zwischen den Mitgliedstaaten beeinträchtigen. Sie sind zwar nicht generell verboten, sondern unterliegen einer **Beihilfenaufsicht**. Dadurch kann die Kommission vor allem regionale und sektorale Beihilfen gemäß einem Kriterienkatalog erlauben.

Zulässig sind Beihilfen sozialer Art an einzelne Verbraucher, Beihilfen zur Beseitigung von Schäden durch Naturkatastrophen u.ä.. Abgesehen davon müssen Beihilfen stets bestimmten Unternehmen oder bestimmten Gebieten innerhalb eines Staates zur Verfügung gestellt werden. Grundsätzlich sollen sie nur in **förderungswürdigen Gebieten** vergeben werden. In der Regel werden Beihilfen auch genehmigt, wenn damit die Interessen der EU insgesamt gefördert werden oder wenn das Projekt ohne öffentliche Mittel nicht durchgeführt werden könnte. Genehmigungsfähig sind im allgemeinen Beihilfen zur Förderung eines bestimmten Wirtschaftszweiges oder einer Region. Unzulässig sind Betriebsbeihilfen, die einer Firma zur Deckung ihrer laufenden Kosten gewährt werden, ohne dass dies mit einem Umstrukturierungsplan oder Aussicht auf Besserung verbunden wäre. Viele bestehende Beihilfen gelten als geringfügig und können daher weitergewährt werden.

In diesem Zusammenhang ist auch das **öffentliche Auftragswesen** zu erwähnen. Da es auch innerhalb der Gemeinschaft üblich gewesen war, öffentliche Aufträge nur an heimische Unternehmen zu vergeben, sollte auch in diesem Bereich Wettbewerb über eine gemeinschaftsweite **Marktöffnung für öffentliche Aufträge** Einzug halten (Nichtdiskriminierung und Veröffentlichung der Ausschreibungen im Amtsblatt der EU ab einem Schwellenwert).

Die Mitgliedstaaten der EU sind auch bei **öffentlichen Unternehmen** zur Einhaltung der Wettbewerbsvorschriften verpflichtet. Sie müssen alle finanziellen Transaktionen mit diesen Unternehmen offen legen. Für die Bereiche Telekommunikation und Luftverkehr wurden Richtlinien erlassen, um den Wettbewerb auf den Märkten zu stärken, die von öffentlichen Unternehmen beherrscht werden.

Zuständig für die Wettbewerbspolitik der EU ist die **Kommission**. Sie handelt entweder aus eigener Initiative oder auf Grund von Beschwerden (von Mitgliedstaaten, Unternehmen, Privatpersonen). Vereinbarungen, die möglicherweise gegen den EG-Vertrag verstoßen, müssen der Kommission im vorhinein gemeldet werden. Die Unternehmen können einen „Negativtest" beantragen, d. h., die Kommission bescheinigt nach Prüfung des Antrags, dass die betreffende Vereinbarung wettbewerbsrechtlich unbedenklich ist, oder eine „Freistellung", d. h., eine den Wettbewerb beschränkende Vereinbarung wird genehmigt, wenn sie für die Allgemeinheit erhebliche Vorteile mit sich bringt.

Die Kommission verfügt über weitreichende Ermittlungsbefugnisse. Die Mitarbeiter der Kommission können unangekündigt Unternehmen besuchen und Einsicht in die Geschäftsunterlagen verlangen. Wird ein Verstoß gegen die Wettbewerbsregeln festgestellt, so können Geldbußen bis zu 10 % des Jahresumsatzes verhängt werden. Gegen die Entscheidung der Kommission kann Klage vor dem EuGH erhoben werden.

Zur ökonomischen Seite wettbewerbsrelevanter Tatbestände. Die häufigsten **Kartelle** sind **Preiskartelle**, wonach sich die Mitglieder verpflichten, einen einheitlichen Absatzpreis zu verlangen oder einen vorgegebenen Mindestpreis zu unterbieten. Häufig werden zusätzliche Vereinbarungen über die Erzeugungsmengen (Quotenkartell) und die Absatzgebiete (Gebietskartell) getroffen. Kartelle werden von außen wie von innen **bedroht**. Von außen durch die Anlockung neuer Unternehmen, die den hohen Kartellpreis geringfügig unterbieten und damit den Absatz der Kartellmitglieder verringern. Diese wehren sich z. B. durch Exklusivverträge, Lieferboykotts, Treuerabatte u. a. m.. Von innen werden Kartelle bedroht, weil die Mitglieder in Verfolgung ihres Eigennutzes dazu neigen, die Kartellvereinbarungen zu umgehen bzw. dagegen zu verstoßen. Letzteres wird dann praktiziert, wenn Verstöße unentdeckt bleiben oder nicht pönalisiert werden können. Dafür kann das bis dato mächtigste Kartell, die **OPEC**, als Beispiel dienen. In diesem Preis- und Quotenkartell ist es individuell (d. h. für das einzelne Mitgliedsland) vorteilhaft, die offizielle Quote zum offiziellen Preis abzusetzen und eine Mehrförderungen zu einem etwas geringeren Preis auf den Markt zu bringen. Agieren alle Länder so, kommt es unweigerlich zu einem Preisverfall. Wir stehen vor dem Phänomen des Gefangenendilemmas und seiner Problematik einer Entscheidung zwischen individueller und kollektiver Rationalität.

Abgestimmtes Verhalten entsteht zumeist aus dem Versuch, ein Kartellverbot zu umgehen. Man spricht auch von einem Frühstückskartell. Häufig wird der marktstärkste Konkurrent stillschweigend als Preisführer akzeptiert und die anderen Unternehmen passen sich an dessen Verhalten an.

Marktbeherrschende Unternehmen können nach Schumpeter auch als erfolgreiche Pionierunternehmen durch Innovationen entstehen. Die daraus resultierende, kurzfristige Monopolstellung ist bei funktionierendem Wettbewerb nicht von Dauer. Allerdings kann es Unternehmen durch leistungsfremde Praktiken gelingen, die Imitationsphase zu verhindern und eine marktbeherrschende Stellung zu verlängern. Schutz durch Patente und Lizenzen begünstigen marktbeherrschende Unternehmen, ermöglichen es aber andererseits, dass damit erst die Forschungs- und Entwicklungskosten finanzierbar sind.

Unternehmenszusammenschlüsse können horizontal oder vertikal erfolgen. Im ersten Fall schließen sich Unternehmen gleicher Branche und Fertigungsebene zusammen, im zweiten Fall Unternehmen vor- oder nachgelagerter Fertigungsstufe. Fusionen branchenfremder Unternehmen führen zu **Konglomeraten** oder Mischkonzernen. Der Zusammenschluss erfolgt durch Aufkauf eines Unternehmens, aber auch durch freiwilliges Fusionieren über gegenseitigen Aktientausch. Bei einem Aufkauf kann dies mit Einverständnis des Übernahmeunternehmens sein („friendly takeover") oder auf Widerstand des Unternehmens bzw. des Managements stoßen ("hostile takeover"). In diesem Fall macht der Übernehmer („raider") ein Angebot an die Aktionäre, ihnen die Aktien über den Kurswert zu kaufen. Die Finanzierung erfolgt zumeist über Kredite, also Fremdkapital.

Eine von einer feindlichen Übernahme bedrohte Firma kann Gegenmaßnahmen ergreifen, z. B. einen **„white knight"*** zur Hilfe holen, die Stimmrechte beschränken, neue Aktien ausgeben, an das Management hohe Prämien und Aktien der eigenen Firma ausschütten und somit alles tun, um die Kosten für den raider zu erhöhen. Ja sogar ein Übernahmeangebot an die potentielle Übernehmerfirma ist möglich.

Fusionen, Mergers und Leveraged-buy-outs waren in den 80er Jahren vor allem in den USA weit verbreitet. In den 90er Jahren kam es verstärkt zu Fusionen und Zusammenschlüssen von Firmen in einzelnen Geschäftsfeldern und Teilbereichen („strategische Allianzen") unter Beibehaltung der Selbstständigkeit der einzelnen Firmen und auch gegenseitiger Konkurrenz in anderen Teilbereichen.

Die einzelnen Gründe für Unternehmenskonzentrationen und Fusionen sind:

- Finanzierungsnachteile kleiner und mittlerer Unternehmen bzw. – aus anderer Perspektive – Finanzierungsvorteile großer Unternehmen;
- Größenvorteile („economies of scale");
- Diversifikationsvorteile („economies of scope");
- staatliche Rahmenbedingungen, wie z. B. steuerliche Begünstigungen;
- Markteintrittsbarrieren, welche durch den Kauf eines Unternehmens überwunden werden können.

Die EU hat festgelegt, dass ein Land international wettbewerbsfähig ist, wenn es folgende Kriterien erfüllt:

- seine Produktivität steigt etwa gleich stark oder stärker an als die seiner wichtigsten Handelspartner mit vergleichbarem Entwicklungsstand;
- es gelingt ihm, sein außenwirtschaftliches Gleichgewicht unter den Bedingungen einer offenen Marktwirtschaft mit freiem Wettbewerb zu bewahren; und
- es verwirklicht einen hohen Beschäftigungsstand. In diesem Zusammenhang kommt den Arbeitskosten eine große Bedeutung zu, vor allem im Vergleich mit anderen Ländern gleicher Entwicklungsstufe und ähnlicher Wirtschaftsstruktur.

6. Wirtschaften als Kooperationsprozess

Sucht man in volkswirtschaftlichen Lehrbüchern im Stichwortverzeichnis nach dem Begriff „Kooperation", so wird man in den meisten Fällen enttäuscht. Viele „Leerbuchautoren" hinken der Entwicklung um etliche Jahre hinten nach. Dabei ist das, was wir im Alltagsleben unter „Kooperation" verstehen, nämlich etwas gemeinsam zu unternehmen und sich gegenseitig zu unterstützen, relativ häufig anzutreffen.

Sobald Menschen und/oder Organisationen um eines gemeinsamen Zieles willen zusammenarbeiten, ihre Kräfte und Ressourcen bündeln, um dadurch das gemeinsame Ziel besser zu erreichen, spricht man von **Kooperation**, in neuerer Zeit auch von **strategischen Allianzen oder Partnerschaften**. Den Mehrertrag, der durch Kooperation entsteht, nennt man „Kooperationsrente". Und so kann es vorkommen, dass Konkurrenten von heute schon morgen strategische Partner sind (z. B. in der Luftfahrt die **Star Alliance**), nur um diese Rente zu lukrieren. **Wolfgang Stützel** und **Rolf-Dieter Grass** haben dies sehr früh erkannt und in ihren Lehrbüchern berücksichtigt. „Wo heute Konkurrenz herrscht, erklären sich die Wettbewerber vielleicht schon morgen zur kooperativen Zusammenarbeit bereit, und wo heute Bereitschaft zur Zusammenarbeit vorhanden ist, kann morgen schon der schärfste Wettbewerb erfolgen."[6]

Die oben angeführte **Kooperationsrente** lässt sich definieren als positiver Ertragsunterschied zwischen der Situation einer Kooperation und einer Nicht-Kooperation. Beispiel: Einzelne Mitglieder der **Wiener Philharmoniker**[7] mögen als Einzelsolisten ganz gute Honorare „einspielen", eine Kooperationsrente können sie erst im Rahmen des Neujahrskonzertes lukrieren, das alljährlich am 1. Jänner weltweit vom ORF in Rundfunk und Fernsehen ausgestrahlt wird, und mit dem 500 Millionen Menschen erreicht werden.[8]

Eine nachhaltige Kooperation zwischen verschiedenen Partnern ist erst dann möglich, wenn diese bereit sind, ihre wirklichen Interessen und Präferenzen zu offenbaren („revealed preference"). Normalerweise wartet jeder der Partner mit der Offenlegung seiner wirklichen Absichten, weil er hofft, dass der andere dies vorher tut und ihm aus dem Abwarten ein Vorteil erwächst. Auch hier kann man spieltheoretische Ansätze zur Erklärung des Verhaltens heranziehen.[9]

Häufig kommt es erst dann zu einer nachhaltigen Kooperation, wo es um die Reduzierung negativer externer Effekte geht, die mit der Herstellung eines Gutes bzw. der Erbringung einer Dienstleistung verbunden sind.

7. Wirtschaften als Prozess der Koopkurrenz

Zu den beiden zuletzt besprochenen Formen des Wirtschaftens tritt nun eine Mischform, die aus beiden Bereichen Elemente übernimmt, weil die Erfahrung gezeigt hat, dass dadurch – unter bestimmten Bedingungen – den jeweiligen Haushalten bzw. Unternehmen ein wirtschaftlicher Vorteil (Nutzen) erwächst. Dieser resultiert im Falle der **Koopkurrenz** (= Kooperation + Konkurrenz) aus dem Umstand, dass ursprüngliche Konkurrenten (z. B. Ersatzteillieferanten in der Automobilindustrie) in dem Augenblick zu „Systemlieferanten" mutieren, sobald in einer Region ein „Cluster" organisiert wurde.

---

[6] Lit. 130 Stützel/Grass 160.
[7] Lit. Michele/Resch/Ruckensteiner.
[8] Die Umwegsrentabilität des traditionellen Neujahrskonzertes ist beträchtlich.
[9] Siehe Abschnitt A Spieltheorie.

Cluster[10] sind Unternehmensnetzwerke, die Synergien und Kooperationsmöglichkeiten zwischen Unternehmen verschiedener Branchen und Wirtschaftsklassen (z. B. Beratungsfirmen, Betreibern, Finanziers, Universitäten und Institutionen) gewinnbringend nutzen. Die jeweiligen Cluster werden dabei jeweils nach jener Branche benannt, die in dem Netzwerk dominiert: z. B. Automobilcluster, Holzcluster, Skicluster, Eisenbahnschienencluster etc.. Cluster umfassen auch zuliefernde Unternehmen anderer Branchen sowie im thematischen Umfeld operierende Forschungszentren und Bildungseinrichtungen. Ziel ist die Steigerung der Konkurrenzfähigkeit ganzer Regionen, da verstärkt in globalen Zusammenhängen gedacht werden muss.

Nicht jede Kooperation von Unternehmen über einen bestimmten Zeitraum hinweg ist ein Cluster. Forschungsgemeinschaften, Produktionsverbünde, Einkaufsgenossenschaften oder Private-Public-Partnerships, die seit langem bekannt sind und sich nun plötzlich als Cluster bezeichnen, zählen nicht dazu.

Ein Cluster muss bestimmte **Merkmale** erfüllen:

- wirklicher Kooperationswille aller beteiligten Unternehmen;
- durch multilaterale Projekte werden unterschiedliche Interessen von Unternehmen und Institutionen gebündelt und auf ein Ziel ausgerichtet;
- die Teilnahme an den Aktivitäten ist freiwillig und zielt auf die Zusammenarbeit im strategischen und operativen Management;
- staatliche Unterstützung muss sich auf Anschubfinanzierung („seed financing") beschränken;
- ein Netzwerkmanagement auf einer Informations- und Kommunikationsplattform sorgt für den permanenten Antrieb;
- bevor ein Cluster selbsttragend funktioniert, ist ein professionelles Clustermanagement notwendig. Zwei bis drei Jahre dauert es im Durchschnitt, bis sich ein Cluster selbst trägt.

Zu berücksichtigen ist ferner, dass nicht jede Branche und nicht jede Region für die Clusterbildung geeignet ist. Wenn ein Cluster gut aufgezogen und eingeführt ist, kann er einerseits die öffentliche Hand entlasten und andererseits eine positive Sogwirkung für die ganze Region ausüben. Am besten funktionieren Cluster, in denen Unternehmen kooperieren, die in der Wertschöpfungskette hintereinander angesiedelt sind. Dabei ist eine **Wertschöpfungskette** definiert als eine system(at)ische Aneinanderreihung von meist selbstständig gebliebenen Unternehmen, die durch ein Produkt (z. B. das Automobil oder die Erzeugung von Eisenbahnschienen) verbunden sind. Dabei kommt der organisatorischen **Koordination der Schnittstellen** („Schnittstellen"-Management) zwischen den einzelnen Unternehmen eine große Bedeutung zu.

---

[10] In der Statistik bezeichnet man als Clusteranalyse ein Klassifikationsverfahren zur Herausarbeitung von Gruppen („Clustern"), die in sich homogen und untereinander hingegen möglichst heterogen sind. Beispiele: Besuchergruppen bei Festspielen, Zielgruppen im Marketing etc..

Die in einem Cluster operierenden Unternehmen arbeiten bei einzelnen Vorhaben so zusammen, dass sie ihre **Performance*** verbessern können. In verschiedenen Geschäftsprozessen wie Beschaffung, Produktion oder Vertrieb kommt es zu einer besseren Kooperation und Koordination, wodurch Kosten und Ressourcen gespart werden können.

8. Wirtschaften als Prozess der Umschichtung von Strömen und Beständen (Geld, Finanzierung, Vermögensbildung)

Eine geldbasierte Infrastruktur ist wichtig für jede Form des Wirtschaftens. Geld eignet sich hervorragend als Mittel der Steuerung komplexer Sozialsysteme. „Geld ist sozial definiert (und durch die politische Rahmenordnung abgesichert) als generalisierte Ressource, die im qualitativen Rahmen der Re commerciae (der legalerweise[11] handelbaren Güter) und im quantitativen Rahmen seines Wertes die freie Befriedigung der Begierde nach den angenehmen Dingen des Lebens ermöglicht. Der HiFi-Fan kann ein Vermögen für seine Apparate ausgeben, ein Gourmet für Kaviar, eine Professorin für Bücher."[12]

Infolge der „symbiotischen" Verbindung zwischen Geld und physischer Bedürfnisbefriedigung ist Geld besonders **steuerungswirksam**. **Willke** spricht in diesem Zusammenhang von „professionellen Deformationen", vor denen niemand gefeit ist, weder der operierende Chirurg noch der Input-Output-Analytiker. „Die Vorteile der Möglichkeit einer positiv sanktionierenden Feinsteuerung sind nicht zu haben ohne die Schattenseiten einer 'Monetarisierung' der Person und einer Vermarktung der Lebenswelt."[13]

Aufgabe der Geldtheorie ist es, Dependenzen und Interdependenzen zwischen monetären und güterwirtschaftlichen Prozessen zu erklären. Das Anliegen ist ein dreifaches: einmal geht es darum, zu ermitteln, welche Faktoren das Geldangebot bzw. die Geldnachfrage beeinflussen; ferner soll untersucht werden, wie ein bestimmtes Geldangebot bzw. eine bestimmte Geldnachfrage das Güterangebot bzw. die Güternachfrage beeinflusst; und schließlich geht es darum zu analysieren, wie sich ein bestimmtes Güterangebot bzw. eine bestimmte Güternachfrage auf das Angebot bzw. die Nachfrage nach Geld auswirkt.

Der Bereich der **monetären Ökonomie** ist sehr weit zu fassen. Er umfasst alle mikro- und makroökonomischen Beziehungen zwischen der Geldwirtschaft und der Güterwelt innerhalb einer Volkswirtschaft wie auch gegenüber dem Ausland. Doch ist es bis heute nicht gelungen, eine allgemein gültige geldtheoretische Konzeption zu etablieren und darauf aufbauend ein allgemein gültiges und stets erfolgsversprechendes geldpolitisches Rezept für die Zentralbanken zu entwickeln. Der Grund dafür sind unterschiedliche institutionelle Rahmenbedingungen, Bankenstrukturen und Verhaltensweisen der Wirtschaftssubjekte in den einzelnen Volkswirtschaften; und darüberhinaus innerhalb einer Volkswirtschaft im Ablauf der Zeit. Daher können

---

[11] Durch diesen Ansatz wird es auch möglich, legales Geld von illegalem Geld (z. B. aus dem Drogenhandel) abzugrenzen.
[12] Lit. 149 Willke 182.
[13] Lit 149 Willke 184

gleichzeitig in verschiedenen Volkswirtschaften wie auch in verschiedenen Perioden in einer Volkswirtschaft unterschiedliche geldtheoretische Ansätze eine befriedigende Erklärung geldwirtschaftlicher Zusammenhänge und geldpolitischer Wirkungen liefern.

Als **Liquidität** bezeichnet man die Fähigkeit eines Wirtschaftssubjekts, jederzeit seinen Zahlungsverpflichtungen nachzukommen. Sie setzt voraus, dass jemand Vermögenstitel besitzt, die in Form von Bargeld, Giralgeld, Geldsurrogaten (z. B. Termin- und Spareinlagen, Geld- und Kapitalmarktpapiere, Kreditkarten) oder Vermögensanlagen (z. B. Grundstücke, Häuser) gehalten werden oder jederzeit über einen Kredit verfügen kann. Der Liquiditätsgrad dieser Vermögenstitel ist jeweils von ihrer Umwandelbarkeit in und Verwendung als Zahlungsmittel abhängig (Bargeld und Giralgeld repräsentieren den höchsten Liquiditätsgrad). Der Liquiditätsgrad der Geldsurrogate verringert sich in dem Maße, in dem es schwieriger und risikoreicher wird, diese in Geld umzuwandeln. Je größer die Umtauschkosten sind, die entstehen, wenn Geldsurrogate zu Geld gemacht (monetarisiert) werden, desto geringer ist demnach die Geldnähe des betreffenden Surrogates.

Mit **Kredit** lässt sich die zeitweilige Überlassung von Kaufkraft durch den Kreditgeber (Gläubiger) und die Verpflichtung des Kreditnehmers (Schuldner) zu vereinbarungsgemäßer Zinszahlung und Rückerstattung des Kreditbetrages definieren. Dabei hat der vom Kreditnehmer zu entrichtende Zins die Funktion, das Kapital (Geldkapital) an den Ort der besten Verwendung zu lenken und einen Ausgleich zwischen dem Liquiditätsverzicht des Kreditgebers und dem erwartenden Ertrag der Kapitalnutzung durch den Kreditnehmer zu schaffen. Der Kredit tritt in mannigfaltiger Form auf: kurzfristige Bankkredite und Lieferantenkredit, langfristige Bankkredite und Schuldverschreibungen u. a. m.. Krediten unterschiedlicher Bonität und Fristigkeit entsprechen Zinsen in unterschiedlicher Höhe.

Kapital wird durch Konsumverzicht, also durch Sparen gebildet und kann entweder von einem Wirtschaftssubjekt selbst genutzt oder in Form des Kredits an andere Wirtschaftssubjekte zur temporären wirtschaftlichen Nutzung übertragen werden.

Unter dem **Geldvermögen** oder der Nettoposition eines Wirtschaftssubjektes versteht man die Summe aller Bargeldbestände (Münzen und Banknoten) zuzüglich aller Forderungen abzüglich aller Verbindlichkeiten. Das Geldvermögen eines Wirtschaftssubjektes kann positiv (= Forderungssaldo = Nettogläubigerposition), negativ (= Schuldensaldo = Nettoschuldnerposition) oder null sein. Das Geldvermögen ist eine Netto-Bestandsgröße.

Nach ihrer Wirkung auf das Geldvermögen der beteiligten Wirtschaftssubjekte lassen sich ökonomische Transaktionen ihrer Wirkung nach in zwei Kategorien einteilen, und zwar in Leistungstransaktionen und Finanztransaktionen:

Zu den **Leistungstransaktionen** gehören der Tausch von Gütern gegen Forderungen und die Übertragung von Forderungen ohne Gegenleistung. Jede mit einer Leistungstransaktion einher gehende Zunahme des Geldvermögens heißt Einnahme, jede Abnahme des Geldvermögens Ausgabe, z. B. der Verkauf eines Gutes führt beim Verkäufer zu einem Forderungszuwachs oder einer Schuldenverminderung, erhöht damit sein Geldvermögen und ist eine Einnahme; für den Käufer ist dieselbe Transaktion eine Ausgabe, da sich seine Forderungen verringern bzw. seine Schulden erhöhen und somit sein Geldvermögen abnimmt.

Finanztransaktionen sind ausschließlich Tausch von Forderungen (z. B. der Kauf von Effekten, die Rückzahlung einer Schuld, die Emission von Obligationen (Schuldverschreibungen) oder die Abhebung von einem Sparguthaben ändern das Geldvermögen der Beteiligten nur der Zusammensetzung nach, nicht jedoch der Höhe. Mit Finanztransaktionen sind daher weder Einnahmen noch Ausgaben verbunden.

Bewegungen von Geld in Form von Bargeld und Sichtguthaben heißen **Zahlungseingänge** und **Zahlungsausgänge**. Sie können mit **Einnahmen** und **Ausgaben** zeitlich zusammenfallen, müssen es aber nicht. Bei einem Barverkauf z. B. fallen Einnahme und Zahlungseingang beim Verkäufer sowie Ausgaben und Zahlungsausgang beim Käufer zusammen. Beim Zielverkauf hingegen, fallen Einnahme und Zahlungseingang sowie Ausgabe und Zahlungsausgang zeitlich auseinander.

Unter **Finanzierung** versteht man die Beschaffung monetärer Mittel (Ressourcen) zur Bewältigung bestimmter Zielsetzungen.

Folgende Finanzierungsmöglichkeiten bestehen:

- **Eigenfinanzierung**: Die Finanzierung erfolgt hier entweder durch Zufuhr von Eigenkapital oder durch Ausgabe von Aktien und sonstigen Beteiligungspapieren. Wesentlich ist dabei, dass der Kapitalgeber Eigentumsrecht an der Unternehmung erwirbt.
- **Selbstfinanzierung**: Man versteht darunter die Aufbringung finanzieller Mittel im eigenen Tätigkeitsbereich, etwa aus nicht ausgeschütteten Gewinnen oder aus Abschreibungen.
- **Fremdfinanzierung** (Kreditfinanzierung): Die Finanzierung erfolgt hier über Bankkredite, Obligationen und dergleichen. Es entstehen fixe Zahlungen, die die Auswirkungen von Nachfrageschwankungen auf die Ertragssituation des Unternehmens noch verstärken (negative Wirkung auf die Liquidität der Unternehmung).[14]

Zu beachten ist in diesem Zusammenhang, dass sich die Selbstfinanzierung und Kreditfinanzierung keineswegs gegenseitig ausschließen. In der Regel ist es so, dass der Kreditbedarf umso stärker zunimmt, je größer die Möglichkeiten der Selbstfinanzierung sind, was vor allem mit dem Vorhandensein steuerlicher Anreize zusammenhängt. Der Grund für diesen Zusammenhang ist darin zu suchen, dass die nicht entnommenen Gewinne erst zur nachträglichen Konsolidierung der auf dem Kreditwege finanzierten Investitionen dienen.

Die **Geldpolitik** hat die Aufgabe, die Geld- und Kreditversorgung einer Volkswirtschaft so zu steuern, dass vom monetären Sektor keine störenden Einflüsse ausgehen.

Die Bedeutung und die Wirkung der Geldpolitik wird je nach dem gewählten Paradigma unterschiedlich beurteilt. Nach keynesianischer Meinung ist ihre Wirkung

---

[14] Beteiligungsfinanzierung und Fremdfinanzierung werden auch unter dem Begriff Außenfinanzierung zusammengefasst, weil in beiden Fällen das Kapital „von außen" kommt. Die Selbstfinanzierung könnte man hingegen als Innenfinanzierung bezeichnen.

gering, weshalb ihr zur dominierenden Fiskalpolitik nur eine Hilfsfunktion zukommt. Nach monetaristischer Meinung ist sie äußerst wirkungsvoll und muss gerade deshalb diszipliniert in Form einer regelgebundenen Geldpolitik eingesetzt werden.

Das zur Verfügung stehende Instrumentarium ist:

- Festlegung und Variation des Diskontsatzes und des Lombardsatzes;
- Offenmarktgeschäfte;
- Festlegung und Variation der Mindestreservesätze.

Der **Diskontsatz** ist jener Zinssatz, zu dem die jeweilige Zentralbank kurzfristige Kredite an die Geschäftsbanken gegen Einreichung und Diskontierung von Handelswechseln vergibt. Eine Erhöhung verteuert damit die Refinanzierungskosten der Banken, eine Senkung verbilligt diese Kosten.. Eine Hinaufsetzung des Diskontsatzes führt in der Regel zu einer Erhöhung der Kreditzinsen für die Bankkunden, somit zu einer Einschränkung der Kreditgewährung (tendenzielle Verringerung der Geldmenge) und bei zinsabhängigen Realinvestitionen zu einer Verringerung der Investitionsnachfrage und damit der makroökonomischen Gesamtnachfrage. Diese Maßnahme wirkt daher dämpfend auf die wirtschaftlichen Aktivitäten und vor allem auf die Inflation. Umgekehrt wirkt eine Verringerung des Diskontsatzes tendenziell belebend auf die Wirtschaft (zunehmende Kredittätigkeit mit geldmengenerhöhender und investitionserhöhender Wirkung).

Die Bedeutung des **Diskontsatzes** liegt in seiner Leitzinsfunktion, da das gesamte Zinsgefüge üblicherweise mit dem Diskontsatz eine gleichgerichtete Veränderung erfährt. Dies bewirkt aber, dass der Diskontsatz in einem System fester Wechselkurs zu einem Instrument der Außenwirtschaftspolitik wird, um gegebenenfalls den Wechselkurs zu halten, weil unter sonst gleichen ökonomischen Voraussetzungen Zinsdifferenzen zum Ausland zu unerwünschten Kapitalbewegungen (Kapitalflucht oder Kapitalsog) führen. Diese verringern oder erhöhen die Währungsreserven bei fixen Wechselkursen, üben Druck auf den Wechselkurs aus und erhöhen oder verringern die Zentralbankgeldmenge.

9. Strategischer Fokus: Infrastruktur, Standort und Raum

9.1. Problemstellung

Alle wirtschaftlichen Prozesse vollziehen sich in Raum und Zeit. Die zeitliche Dimension der Wirtschaft führt zu Wachstums- und Entwicklungsproblemen, die räumliche Dimension zu Verteilungsproblemen. Die unterschiedlichen Gegebenheiten eines Wirtschaftsraumes führen zu einer differenzierten Verteilung der Wirtschaftssubjekte (Unternehmen, Haushalte, Staat) innerhalb eines Gebietes. Gegenstand der Analyse ist hier die räumliche Allokation wirtschaftlicher Prozesse. Drei Arten von Problemen ergeben sich in diesem Zusammenhang:

- Wie sieht die räumliche Verteilung in einer bestimmten Region aus?
- Wie entsteht und entwickelt sich die räumliche Verteilung und welchen Einfluss hat sie auf wirtschaftliche Prozesse?
- Welche Möglichkeiten ergeben sich innerhalb der Raumwirtschaftspolitik zur Beeinflussung der räumlichen Struktur?

9.2. Begriffe

Grundsätzlich versteht man unter **Infrastruktur** Handlungsvoraussetzungen für private und öffentliche Handlungsträger. Jede Infrastruktur ermöglicht den Austausch von Gütern und Dienstleistungen zwischen verschiedenen Standorten und deren Eigentümern bzw. Nutzern.

Der Begriff Infrastruktur wurde um ca. 1960 aus dem militärischen Sprachgebrauch der NATO übernommen. Man verstand zunächst darunter den „ortsfesten Unterbau der militärischen Organisation" (z. B. Kasernen, Ausbildungsplätze, Versorgungsdepots etc.).

Die häufige Verwendung dieses Begriffs steht in krassem Gegensatz zur inhaltlichen Bestimmtheit des Begriffes, wobei grundsätzlich zwischen dem volkswirtschaftlichen und dem städtebaulichen Begriffsinhalt zu unterscheiden ist.

Zur **Infrastruktur eines Landes oder einer Region** können im weitesten Sinne die Gesamtheit der materiellen, institutionellen und personellen Ressourcen gezählt werden, welche der Allgemeinheit im Rahmen einer arbeitsteiligen Wirtschaft zur Verfügung stehen.

Alle **Infrastrukturbauten** sind naturgemäß immobil und in den meisten Fällen für eine ausgesprochen lange Nutzungsdauer von Jahrzehnten oder sogar Jahrhunderten angelegt. Die Unsicherheit bezüglich der zukünftigen Entwicklung der Nachfrage führt dadurch zu einem beträchtlichen **Investitionsrisiko**. Ohne Garantien in irgendeiner Form könnten entsprechende Projekte daher kaum rein privatwirtschaftlich realisiert werden. Das wäre wahrscheinlich oft selbst dann nicht der Fall, wenn die gesamtwirtschaftlichen Erträge der erbrachten Infrastrukturleistungen, über die ganze Nutzungsdauer betrachtet, zu einer interessanten Projektrendite führen könnten. Erschwerend kommt noch hinzu, dass viele Infrastrukturanlagen ausgesprochen kapitalintensiv sind und daher einen hohen Fixkostenblock aufweisen. Das führt oft dazu, dass sich letztlich nur ein einzelner Anbieter („natürliches Monopol") behaupten kann, welcher keinem Wettbewerb mehr ausgesetzt ist. Die Bereitstellung von Infrastrukturleistungen besitzt fast immer eine starke politische Komponente. Diese muss jedoch nicht zwingend zu einem staatlichen Angebot führen.

Volkswirtschaftlich versteht man unter Infrastruktur alle jene Einrichtungen, die notwendig sind, um wirtschaftliche Tätigkeit überhaupt erst zur Entfaltung zu bringen. Infrastruktur hat also insofern immer **Vorleistungscharakter**. **Reimut Jochimsen** unterscheidet drei Arten von Infrastruktur:
- **Materielle Infrastruktur**: Jene Teile des volkswirtschaftlichen Kapitalstocks, die zur Erstellung von Gütern und Leistungen durch private und öffentliche Akteure benötigt werden.

- **Immaterielle Infrastruktur**: Die rechtlich-soziale Ordnung, d. h. Gesamtheit aller Einrichtungen, Rechtsnormen, Traditionen und Gewohnheiten, die für die Koordination der Einzelpläne relevant sind.
- **Personale Infrastruktur**: Zahl und Ausbildungsniveau der Arbeitskräfte.

Standorte sind Verfügungs- und Eigentumsrechte von Personen über bestimmte, innerhalb von festgelegten Grenzen befindlichen, natürliche Ressourcen und infrastrukturelle Gelegenheiten. Der Begriff **Standortqualität** beschreibt dann in diesem Zusammenhang die relativen Ersparnisse, die sich bei der Beschaffung und beim Absatz von Gütern und Dienstleistungen sowie bei der Vermeidung von Eigentums- und Nutzungsstörungen ergeben.

Raumplanung zielt auf eine zweckmäßige Anordnung von Infrastrukturprojekten, welche die Gebietskörperschaften zu Investitionen verpflichten, und auf die Vornahme von Flächenwidmungen, welche die privaten Wirtschaftssubjekte zur Unterlassung bestimmter Standortnutzungen verpflichten. Durch die Versorgung weiter Landesteile mit leistungsfähigen öffentlichen Diensten kann eine dezentrale Siedlungsstruktur aufrechterhalten und der Tendenz zur Urbanisierung entgegengewirkt werden. Allerdings sind dieser raumplanerisch sicher sinnvollen Zielsetzung die damit verbundenen Kosten gegenüberzustellen. In der Praxis stellt sich immer mehr die Frage, ob dezentrale Infrastrukturleistungen nicht mit technologisch und organisatorisch innovativen Ansätzen wesentlich effizienter bereitzustellen wären.

9.3. Thesen

Die **Standortwahl eines Unternehmens** wird insbesondere von folgenden Faktoren beeinflusst:

- von der Art und Menge der zur Produktion benötigten Roh- und Betriebsstoffe;
- vom Produktionsverfahren und den damit unter Umständen verbundenen negativen externen Effekten (wie Lärmentwicklung, Luftverschmutzung, Gewässerverunreinigung und dergleichen mehr);
- von der Arbeitsintensität der Produktion und der jeweils benötigten Qualifikation der Arbeitskräfte (werden z. B. besonders qualifizierte Arbeitskräfte benötigt, so wird auch unter unternehmerischen Gesichtspunkten der Freizeitwert des betreffenden Standortes ins Kalkül gezogen werden müssen);
- von der Möglichkeit positiver, interner Ersparnisse (Degression der durchschnittlichen Produktionskosten durch steigende Kapazität);
- von Fühlungsvorteilen zu Zulieferern und Abnehmern und, was besonders wichtig ist, Fühlungsvorteile durch Versorgung mit zentralörtlichen Dienstleistungen wie beispielsweise Rechts- und Wirtschaftsberatung etc.;
- von steuerrechtlichen Gesichtspunkten sowie von der Lage der Absatzgebiete.

Grundsätzlich ist zwischen standortabhängigen und standortunabhängigen Unternehmen zu unterscheiden. Während standortunabhängige Unternehmen ihren Standort mehr oder minder „frei" wählen können, müssen standortabhängige Unternehmen, die Zulieferer standortunabhängiger Unternehmen sind, bei ihrer Standortwahl die gewählten Standorte der standortunabhängigen Unternehmen berücksichtigen.

Sowohl bei standortabhängigen als auch bei standortunabhängigen Unternehmen ist wieder zu entscheiden, ob das Unternehmen einem „basic" oder einem „non basic"-Sektor angehört. **„Basic"-Sektoren** sind solche Sektoren, die ihre Produkte zu einem überwiegenden Teil nicht am Produktionsort oder dessen Einzugsgebiet, sondern in einer gewissen Distanz davon (z. B. in einer anderen Region, einem anderen Bundesland oder im Ausland) absetzen. Zu den „basic"-Sektoren gehört der überwiegende Teil des primären Sektors, Teile des sekundären und tertiären Sektors (z. B. bestimmte staatliche Dienstleistungen, wie Verkehr, Fernsehen, Rundfunk usw.). Zu den **„non-basic"-Sektoren** gehören hingegen jene Sektoren, deren Produkte überwiegend am Produktionsort und dessen Einzugsgebiet zum Absatz gelangen. Es sind dies insbesondere das Baugewerbe, das Handwerk sowie der überwiegende Teil des tertiären Sektors (also Dienstleistungsbetriebe, wie Einzelhandel, Banken, Versicherungen sowie ein Teil der staatlichen Dienstleistungen, wie Gerichte, Schulen usw.). Für Unternehmen, die dem „non-basic"-Sektor angehören, ist das Absatzgebiet als Standortfaktor in verstärktem Maße zu berücksichtigen.

Folgende Faktoren beeinflussen die Standortwahl eines Haushaltes:

- die Distanz zum Arbeitsort;
- der quantitative Versorgungsgrad mit Wohnungen, die Qualität der Wohnungsausstattung;
- die Höhe der Wohnungsmiete im Zusammenhang mit einem bestimmten Einkommensniveau sowie die Verfügbarkeit von Siedlungsflächen;
- die Höhe der verfügbaren, für Haushalte relevanten, materiellen und personellen Infrastruktur;
- der Freizeitwert eines Wohnortes, der seinerseits bestimmt wird durch klimatische Bedingungen, Existenz bzw. Nichtexistenz negativer externer Effekte (Lärm, Schmutz usw.). Fehlen bzw. Vorhandensein von Naherholungsmöglichkeiten sowie Kultur und Bildungseinrichtungen (Theater, Schulen usw.).

Die Distanzempfindlichkeit bestimmter Güter- und Dienstleistungen ist eine der Hauptursachen von Agglomerationen, ihre Überwindung in der Agglomeration eine der wichtigsten Komponenten von externen Ersparnissen. Die Distanzempfindlichkeit von Dienstleistungen nimmt mit der technischen Vervollkommnung der Kommunikationsmittel in verstärktem Maße ab.

Bestimmte Agglomerationsvorteile können durch gleichzeitig auftretende Agglomerationsnachteile kompensiert werden und zur Wahl eines anderen Standortes führen. Die Neigung, den Standort eines Unternehmens in einem Agglomerationsgebiet zu wählen, nimmt mit wachsendem überregionalem Absatzvolumen ab.

Die **Verfügbarkeit, die Qualität und die Kosten der Infrastruktur** eines Landes oder einer Region sind von zentraler volkswirtschaftlicher und gesellschaftlicher Bedeutung.[15] Eine weitsichtig geplante und effizient erstellte Infrastruktur wird im internationalen Wettbewerb immer mehr zu einem entscheidenden Wettbewerbsvorteil. Dabei geht es jedoch nicht nur um die rasche und effiziente Realisierung neuer Infrastrukturprojekte, sondern vermehrt auch um den Betrieb, den laufenden Unterhalt sowie die Erneuerung und Anpassung der bestehenden Infrastruktur. Straßen und Bahnen, Wasser und Abwasser, Elektrizität und Telekommunikation, Schulen und Spitäler sind indes nicht nur für die Attraktivität eines Wirtschaftsstandortes und die Wettbewerbsfähigkeit von Unternehmungen wichtig, sondern bestimmen in hohem Maße auch die Lebensqualität der Bevölkerung.

Das Ziel ist, das Kosten/Nutzen-Verhältnis der Infrastrukturleistungen im Interesse der Allgemeinheit zu optimieren. Eine ausreichende und zukunftsorientierte Infrastruktur löst bedeutende Produktivitäts-, Wachstums- und gesellschaftlich-kulturelle Impulse aus. Sie ist unerlässlich für das tägliche Leben der Bevölkerung, die wirtschaftliche Tätigkeit von Unternehmen sowie die Organisation eines Staatswesens. Je enger Personengemeinschaften zusammenwirken, desto wichtiger wird eine bedürfnisgerechte Infrastruktur. Epochale wirtschaftliche und gesellschaftliche Entwicklungen waren denn auch stets mit einem Infrastrukturschub verbunden oder gar durch einen solchen ausgelöst (z. B. Wasserversorgung, Eisenbahn, Straßen). Infrastrukturleistungen stellen einerseits Vorleistungen im Produktionsprozess der Unternehmen dar (z. B. Transport, Wasser, Energie), andererseits erhöhen sie aber auch die Produktivität der Produktionsfaktoren Kapital und Arbeit.

Diese **Multiplikatorwirkung** von Investitionen in die Infrastruktur und die damit einhergehende Beschleunigung des wirtschaftlichen Wachstums ist von einer nicht zu unterschätzenden längerfristigen Bedeutung.

Neben diesen vom Infrastrukturangebot ausgehenden Wirkungen beeinflussen Infrastrukturprojekte auch die gesamtwirtschaftliche Nachfrageentwicklung. Die direkteste Verbindung besteht zur Bauwirtschaft. Von Infrastrukturprojekten gehen daher starke Impulse auf die Wertschöpfung und die Beschäftigung in diesem Sektor aus.

Art und Umfang der zukünftigen Nachfrage nach Infrastrukturleistungen sind hauptsächlich von der Bevölkerungsentwicklung, der wirtschaftlichen Prosperität, den daraus hervorgehenden Ansprüchen sowie nicht zuletzt vom technologischen Fortschritt abhängig. Der Anteil der Infrastrukturausgaben an der gesamten inländischen Wertschöpfung dürfte in Zukunft tendenziell jedoch sinken.

Auf Grund der in der Vergangenheit erfolgten Vernachlässigung der Unterhaltskosten sowie einem nach wie vor ansteigenden Bestand an Infrastrukturbauten ist jedoch bereits jetzt absehbar, dass in Zukunft eine deutliche Verlagerung der Neubaukosten zu den Erhaltungskosten erfolgen wird. Dies sollte in den Budgetansätzen der öffentlichen Hand stärker berücksichtigt werden.

Infrastrukturinvestitionen werden auf Grund der langen Entscheidungsprozesse, des nur schwer erfassbaren Nutzens sowie der fehlenden Langfristplanung der öffentlichen Hand oft vernachlässigt. Die Ursachen liegen in der Natur von Infrastrukturin-

---

[15] Lit. 178 Schweizerische Bankgesellschaft.

vestitionen und den meist sehr langwierigen politischen Entscheidungsprozessen begründet.

Im Gegensatz zu einer zentralistischen Staatsführung, wo Infrastrukturbauvorhaben meist sehr viel rascher verwirklicht werden können, braucht unsere direkte Demokratie in der Regel außerordentlich lange Entscheidungswege und so ist nur allzu verständlich, wenn hier immer wieder „Speedmanagement" gefordert wird. Größere Infrastrukturprojekte benötigen oft Jahrzehnte, bis sie verwirklicht sind und ein für die Öffentlichkeit sichtbarer Nutzen entsteht. Ausgaben für die Befriedigung kurzfristiger Bedürfnisse werden daher allzu leicht zukunftsorientierten Investitionen vorgezogen. Ferner ist ein großer Teil der Infrastruktur für den Bürger praktisch unsichtbar (Wasser, Gas) oder wird kaum wahrgenommen (Energie, Telekommunikation).

9.4. Mögliche Interventionen

Bausteine für eine effektive und effiziente Infrastrukturpolitik

Baustein 1:

Die Nachfrage nach Infrastrukturleistungen ist größer als das mit den verfügbaren Mitteln realisierbare Angebot.

Die Bedürfnisse nach mehr und besserer Infrastruktur sind immer und überall groß, nie lassen sie sich jedoch mit den stets nur begrenzt vorhandenen Mitteln vollständig befriedigen. Bedürfnisse sind daher nicht gleichzusetzen mit einem tatsächlichen Bedarf. Nicht alles, was sich die Öffentlichkeit wünscht, kann sie sich auch wirklich leisten. Die einer Volkswirtschaft bzw. der öffentlichen Hand für den Bau, den Betrieb, den Unterhalt und die Anpassung ihrer Infrastruktur zur Verfügung stehenden finanziellen Mittel sind begrenzt und bestimmen daher im Wesentlichen das realisierbare Angebot. Eine echte Nachfrage ist nur dort vorhanden, wo der Preis bzw. die Kosten gesamthaft und längerfristig betrachtet mit dem geschaffenen gesellschaftlichen und volkswirtschaftlichen Nutzen übereinstimmen. Die Nachfrage sollte jedoch immer erst dann befriedigt werden, wenn die dafür notwendigen finanziellen Mittel auf Grund vorhandener Prioritäten verfügbar gemacht werden können.

Baustein 2:

Die bestehende Infrastruktur ist effizienter zu nutzen. Die öffentliche Infrastruktur wird in vielen Fällen nicht nur sehr kostspielig erstellt und teuer betrieben, sondern oft auch suboptimal genutzt.

Bevor neue Infrastrukturbauten geplant und realisiert werden, ist daher generell zu prüfen, ob nicht zuerst Engpässe beseitigt und das Potential der vorhandenen Infrastruktur durch geeignete betriebliche und ergänzende bauliche Maßnahmen besser genutzt werden könnte. Beispiele dafür wären eine Verkehrsflussoptimierung durch elektronische Überwachungs- und Leitsysteme für Bahnen und Straßen, die privatwirtschaftliche Nutzung von öffentlichen Ausbildungsstätten an Wochenenden und während den Schulferien sowie die Schaffung von Tele-Heimarbeitsplätzen durch öffentliche Verwaltungen.

Baustein 3:

Infrastrukturleistungen der öffentlichen Hand müssen grundsätzlich einer langfristig vorhandenen Nachfrage entsprechen und die kollektiven Bedürfnisse optimal befriedigen.

Dabei sind nicht nur die erklärten Bedürfnisse der Wirtschaft und die vielschichtigen Wünsche der heutigen Bevölkerung miteinzubeziehen. Mindestens ebenso wichtig ist es, den antizipierbaren Bedarf zukünftiger Benutzergenerationen angemessen zu berücksichtigen und zwar über den ganzen, meistens sehr langen Lebenszyklus eines Infrastruktur-Bauwerkes. Dies verlangt planerische und politische Weitsicht. Die unausweichlichen Konflikte zwischen kurzfristigen Forderungen und langfristigen Zielsetzungen müssen, genau so wie beispielsweise die ökonomischen und ökologischen Prioritäten, in jedem Fall gesamtheitlich diskutiert und nachhaltig gelöst werden. Damit könnten bewusst die dem Infrastrukturbau inhärenten Zukunftsrisiken gemildert und das Kosten/Nutzen-Verhältnis längerfristig optimiert werden.

Baustein 4:

Qualitätsmanagement im Infrastrukturbau bedeutet, dass die Kosten der Erstellung, des Betriebes und des Unterhaltes über die ganze Lebensdauer zu optimieren ist.

Qualität im Infrastrukturbau heißt, über den gesamten Lebenszyklus gerechnet ein optimales Kosten/Nutzen-Verhältnis zu schaffen. Bereits bei der Formulierung eines Projektes muss die vom öffentlichen Auftraggeber tatsächlich verlangte Qualität nach den Grundsätzen von „Total Quality Management" (TQM) definiert und konsequent durchgezogen bzw. laufend – auf Grund der gemachten Erfahrungen – verfeinert werden.

Baustein 5:

Das Rechnungswesen der Gebietskörperschaften muss künftig die Konsumausgaben besser gegenüber den Investitionen abgrenzen. Auch der Grundsatz der Kostenwahrheit sollte stärker berücksichtigt werden.

Durch die Verbuchung aller Ausgaben einer Periode als Aufwand werden längerfristige Investitionen der öffentlichen Hand faktisch sofort zu Lasten der laufenden Rechnung vollständig abgeschrieben. Dies hat u. a. zur Folge, dass bei Sparzwängen nur allzu leicht die kapitalintensiven Investitionsprojekte gekürzt werden.

Baustein 6:

Infrastrukturinvestitionen sind durch die Erstellergeneration zu finanzieren, die Kosten jedoch anteilsmäßig von den Benutzergenerationen zu tragen.

Die Kosten für Infrastrukturleistungen sollten möglichst weitgehend von denjenigen getragen werden, welche auch einen direkten oder indirekten Nutzen daraus ziehen. Die vermehrte Anwendung dieses marktwirtschaftlichen Grundprinzips würde auch bei der öffentlichen Hand zu einem optimaleren Einsatz der beschränkten finanziellen Mittel führen.

Baustein 7:

Infrastrukturbauten sollten soweit als möglich nach privatwirtschaftlichen Grundsätzen geplant, erstellt und betrieben werden.

Der Staat muss dafür sorgen, dass die benötigten Infrastrukturleistungen der Bevölkerung und den Unternehmen zu den tiefstmöglichen Kosten zur Verfügung stehen. Dieses „Minimalkostenprinzip" bedeutet aber keinesfalls, dass der Staat alle dafür erforderlichen Leistungen auch selber erbringen muss. Denn Benutzer, Ersteller, Betreiber und Besitzer einer Infrastruktur müssen nicht identisch sein. Wichtige Schritte wären diesbezüglich die Trennung von Infrastruktur-Erstellung und -Betrieb sowie der freie Zugang („free access") zu den Netzen von Telekommunikation, Bahn und Energieversorgung. Daneben geht es aber auch darum, gesetzliche Markteintrittsbarrieren für private Unternehmen konsequent abzubauen.

Baustein 8:

Suche nach neuen Finanzierungsmodellen, die eine Kooperation privater und öffentlicher Partner („Private-Public-Partnership") ermöglichen.

Als Kernproblem für die Realisierung größerer Infrastrukturprojekte erweist sich immer mehr die Finanzierung. Private Infrastruktur-Projektfinanzierungen werden in verschiedenen Ländern schon seit Jahren praktiziert und gewinnen zunehmend an Bedeutung. Am häufigsten handelt es sich dabei um Abfallbeseitigungsanlagen oder die Energieerzeugung. Banken und private Investoren können jedoch nur die Finanzierung von marktwirtschaftlich strukturierten Infrastrukturprojekten oder Teilprojekten übernehmen. Nicht marktwirtschaftlich erbringbare Leistungen müssen immer mit einem Leistungsauftrag des Staates separat abgegolten werden. Neben fehlenden zuverlässigen Informationen über die zu erwartende Nachfrage und das dadurch bedingte „Marktrisiko" besteht dabei eines der Hauptindernisse darin, dass marktwirtschaftliche und gesellschaftspolitische Leistungen nicht klar genug definiert, erfasst und abgegrenzt sind.

Private Geldgeber sind grundsätzlich auch in der Lage, ein für sie überschaubares und dem Ertragspotential angemessenes Risiko zu übernehmen. Um solche organisatorisch, rechtlich und finanzierungstechnisch äußerst anspruchsvollen neuen Finanzierungsmodelle zu Stande zu bringen, ist eine sehr frühzeitige, enge und vertrauensvolle Zusammenarbeit zwischen der öffentlichen Hand als Auftraggeberin, dem Projektmanagement und den Banken unerlässlich.

Baustein 9:

Ein effizienter Infrastrukturbau erfordert interdisziplinäres Projektmanagement.

Erfolgreiche Infrastrukturbauprojekte benötigen ein technisch und betriebswirtschaftlich straffes Projektmanagement. Klare Zielvereinbarungen, Zielerreichungskontrollen („Management by Objectives") und Qualitätssicherung („Total Quality Management") sind dabei die wichtigsten management tools.

Baustein 10:
Durch eine Beschleunigung der öffentlichen Entscheidungsprozesse im Infrastrukturbereich könnten die Kosten von Infrastrukturprojekten gesenkt werden.

Auch das Kosten/Nutzen-Verhältnis von Infrastrukturleistungen für die Allgemeinheit könnte dadurch verbessert werden. Hier liegen noch Einsparungspotentiale, die verstärkt genutzt werden sollten.

Ein großes Problem besteht allerdings darin, den gemeinwirtschaftlichen Nutzen von Infrastrukturleistungen (z. B. der Rechtsprechung, Schulen etc.) objektiv zu ermitteln und zusätzlich zu den gegebenenfalls vorhandenen monetären Einnahmen in das Entscheidungskalkül einfließen zu lassen. Auf diesem Gebiet wären neue Ansätze der qualitativen Nutzenerfassung zu entwickeln, wie sie beispielsweise heute schon im Umweltschutz oder im Gesundheitswesen üblich sind.

10. Strategischer Fokus: Umwelt

10.1. Problemstellung

Die meisten menschlichen Aktivitäten (Produktion und Konsum) benötigen natürliche Ressourcen als „Produktionsfaktor" bzw. als Konsumgut. In den meisten Fällen kann die Ressource „Natur" kostenlos verbraucht werden. Da es sich bei der Natur um ein knappes Gut handelt, entstehen bei der Natur Opportunitätskosten. Der Großteil dieser Kosten wird jedoch nicht von den Verursachern selbst sondern von Dritten getragen. Bei der Luftverschmutzung ist dies die Allgemeinheit, die durch die Verschlechterung der Luftqualität in ihrer Lebensqualität beeinträchtigt wird. Man spricht deshalb auch von **negativen externen Effekten**.

Die Kosten der Umweltbelastung finden sich jedoch nicht in den betrieblichen Kostenrechnungen, d. h., die privaten Kosten der Erzeugung sind geringer als die der Gesellschaft anfallenden Kosten durch Umweltbelastung. Würde man diese Kosten berücksichtigen, würde die Angebotskurve der Industrie einen steigenden Verlauf aufweisen, d. h., die Produktion bewirkt steigende gesellschaftliche Grenzkosten, während die rein privaten Grenzkosten für die Industrie insgesamt konstant sind. Der Markt berücksichtigt von sich aus diese gesellschaftlichen Kosten nicht. Der Marktpreis spiegelt nur die privaten, nicht aber die gesellschaftlichen Grenzkosten wider. Der Marktpreis ist zu „gering", die Marktmenge zu „groß".

Das exponentielle Wachstum der Erdbevölkerung bedroht – wie noch nie zuvor in der Geschichte – die Erde, ihre Lebewesen und deren Lebensräume. Diese Entwicklungen nähern sich zum Teil bereits kritischen Größen. Allmählich – spät aber doch – findet das volkswirtschaftliche Leitbild einer durchgängigen Kreislaufwirtschaft Eingang in Forschungsprogramme. Immer deutlicher zeigt sich die Notwendigkeit, von linearen Stoffflüssen abzugehen und Stoffkreisläufe anzupeilen, um wertvolle Ressourcen zu schonen.

Die Produkthaftung des Herstellers wird sich in Zukunft auf den gesamten Zyklus eines Produktes erstrecken, von der Ressourcenbeschaffung über die Erzeugung bis hin zur Entsorgung und Rückführung der Wertstoffe in weitere Produktionsprozesse. Unter Produktqualität wird man daher künftig auch diejenige Qualität verstehen, die eine Wieder- oder Weiterverwendung von Stoffen ermöglicht.

Die Auswirkungen, die das Konzept der Stoffkreisläufe mit sich bringen wird, hat der **Club of Rome** bereits vor zwanzig Jahren als dritte große Revolution nach dem Übergang zur Landbewirtschaftung und der industriellen Revolution bezeichnet.

10.2. Begriffe

Im Zusammenhang mit dem Umweltschutz spricht man häufig von **nachhaltiger Entwicklung** („sustainable developement"). Man versteht darunter eine Entwicklung, die die Ansprüche an Natur und Umwelt auch der künftigen Generationen sicherstellen soll. Mit anderen Worten, es entstehen auch **gesellschaftliche Kosten zwischen den Generationen**. Im Idealfall sollten bei jeder wirtschaftspolitischen Entscheidung die Kosten und Nutzen sowohl in der Gegenwart als auch in der Zukunft berücksichtigt werden.

10.3. Thesen

Eine exakte Logistik für derartige Stoffkreisläufe fehlt nach wie vor, doch lassen sich gewisse Ansätze für eine Kreislaufwirtschaft allmählich erkennen. Das Frauenhofer-Institut für Materialfluss und Logistik in Dortmund wird sich in den nächsten Jahren verstärkt dieser Thematik widmen. Die Bausteine einer so konzipierten Kreislaufwirtschaft sind:

- Entwicklung eines Analyse-, Planungs- und Bewertungsmodelles für zyklische Strukturen, mit dessen Hilfe Kreislaufprozesse in ökonomisch-ökologischer und technischer Hinsicht aufgebaut und beurteilt werden können.
- Entwicklung neuer Demontagetechniken sowie Konzipierung von Demontagezentren bis hin zu neuen Werkzeugen und Maschinen zur Verarbeitung und Verwertung der rückfließenden Materialien sowie Verwendung neuer lösbarer und zerstörbarer Stoffe (unter Umständen mit so. gen. Sollbruchstellen) zur Erleichterung des Recyclings.
- Branchenübergreifende und von politischen Maßnahmen unterstützte Zusammenarbeit der Industrie, den Entsorgern und anderen Dienstleistungsunternehmen.
- Neue Kostenrechnungsmodelle, um die ökonomische Bedeutung von Wertstoffen transparent machen zu können.
- Bewusstseinsbildung durch Berichte in den Medien.

10.4. Mögliche Interventionen

Auch die Politiker haben in den letzten Jahren ihre Aufmerksamkeit verstärkt den Problemen der Kreislaufwirtschaft zugewandt, doch sind es oft nur punktuelle Interventionen, die aus dem Blickwinkel eines bestimmten Ressorts getroffen werden.

Was vielfach fehlt, ist zunächst eine **umfassende Vernetzung** als Basis politischer Entscheidungsprozesse. Der politische Planer muss sich darüber im Klaren sein, dass sein Gegenstand ein vernetztes System ist, das mit jedem seiner Elemente in multifunktionaler Wechselwirkung steht.

Und darüberhinaus sollte der Grundsatz stärker beachtet werden, dass die Vermeidung von volkswirtschaftlichen Schäden immer billiger kommt als die nachträgliche Beseitigung. Müllvermeidung vor Müllbeseitigung und bessere Produktplanung erleichtern das Recycling von Stoffen. Freilich lässt sich heute schon sagen, dass das Problem des **Recycling** in seiner Komplexität unterschätzt wurde.

Möglichkeit 1: Durch Verhandlungen[16]

Die Geschädigten und der Verursacher verhandeln miteinander und versuchen durch Kompensationsmaßnahmen den entstanden Schaden zu „reparieren". Die Verhandlungslösung ist jedoch vielfach nicht möglich, da in der Regel eine größere Zahl von Verursachern einer ebenso großen Zahl von Betroffenen gegenübersteht. Selbst wenn es gelingt, die Verursacher alle zu ermitteln, so scheitert die Verhandlungslösung meist an der Höhe der Verhandlungskosten.

Möglichkeit 2: Einhebung einer Steuer

Durch staatliche Besteuerung der Produktion in Form einer Wertsteuer (z. B. in Prozent des Verkaufspreises) versucht man, das Marktversagen zu korrigieren. Eine Steuer, die externe Effekte dieser Art korrigiert nennt man auch **Pigou-Steuer**. Eine Wertsteuer im Ausmaß eines entsprechend berechneten Prozentsatzes auf den Verkaufserlös bewirkt die **Internalisierung auch der gesellschaftlichen Kosten** und damit die Übereinstimmung von privaten und gesellschaftlichen Kosten. Der Preis wird auf das „richtige" Niveau angehoben und die Menge auf das „richtige" Maß reduziert. Die exakte Höhe einer „Pigousteuer" lässt sich jedoch nur bei genauer Kenntnis der quantifizierten externen Kosten bestimmen.

Vereinfacht ausgedrückt ist der Preis des umweltverschmutzend hergestellten Gutes niedriger, die Nachfrage und die Produktion demgemäß höher als bei Berücksichtigung dieser **externen Kosten**. Die Allokationsfunktion des Marktes ist gestört, die Internalisierungsfunktion nicht wirksam.

Die **Internalisierung der externen Kosten** zielt auf eine Wiederherstellung der Kostenwahrheit. Sie basiert auf dem Verursacherprinzip. Dies kann staatlicherseits durch Auflagen und Steuern erfolgen. Umweltabgaben gibt es in einigen Ländern im Verkehrsbereich (z. B. Straßenverkehrsbeitrag, Kraftfahrzeugsteuer, Mineralölsteuer) und in der Abfallwirtschaft (Altlastenbeitrag). Eine Ökologisierung des Steuersystems wird im Ansatz versucht bzw. gefordert.

---

[16] Lit. 176 Fisher/Ury/Patton.

Möglichkeit 3: Gebote und Verbote sowie die Festlegung von Eigentums- und Verfügungsrechten („Coase Theorem")

Das Problem der Sicherung von Arbeitsplätzen und Einkommen, der internationale Wettbewerbsdruck und die häufig mit geringeren Umweltstandards konfrontierte und somit kostenmäßig bevorzugte ausländische Konkurrenz führen aber oft zu einer Konfliktsituation zwischen Ökonomie und Ökologie.

Neben preispolitischen Maßnahmen sind Mengenbeschränkungen („Umweltstandards") von Emissionen oder Immissionen ein Instrument der Umweltpolitik. In diesen Bereich fallen auch Versuche mit Marktlösungen durch handelbare Rechte an Emissions- oder Immissionsmengen (Umweltzertifikate und -lizenzen). Das **Haftpflicht- und Schadenersatzrecht** ist gleichfalls ein Bestandteil der Umweltschutzmaßnahmen.

In dem Buch „Faktor VIER. Doppelter Wohlstand – halbierter Naturverbrauch" sammelten **Ernst Ulrich von Weizsäcker**, **Amory B. Lovins** und **L. Hunter Lovins** zahlreiche Beispiele, wie man mit den verfügbaren natürlichen Ressourcen besser umgehen könnte.[17] Es war dies ein weiteres Gutachten für den **Club of Rome**.

In konsequenter Fortsetzung dieses Konzeptes hat nun **Paul Hawken**, ein renomierter Unternehmensberater, gemeinsam mit dem Ehepaar **Amory und Hunter Lovins**, das Buch „Öko-Kapitalismus: die Aussöhnung von Technik, sozialer Verantwortung und nachhaltigem Wirtschaften im Einklang mit der Natur" herausgebracht. Darin wird allen Formen des Kapitals ein besonderer Wert zuerkannt. Die Dienstleistungen der Umwelt sind in diesem System kein zu vernachlässigender Produktionsfaktor mehr, sondern werden als die Basis angesehen, die wirtschaftliche Prozesse aufrechterhält. Innerhalb von fünfzig Jahren könnte sich der Lebensstandard weltweit verdoppeln, der Ressourcenverbrauch um achtzig Prozent zurückgehen, der Kohlendioxidgehalt der Atmosphäre zum ersten Mal seit zweihundert Jahren sinken und auch mehr Arbeit geschaffen werden. Ein **Öko-Kapitalismus**, so wie er hier beschrieben wird, ist **kein neues Utopia**, sondern eröffnet tatsächlich neue reale Möglichkeiten.[18]

Die Studie zeigt anhand einer Fülle von Beispielen, dass ein effizientes Wirtschaften möglich ist. Anhand von konkreten Konzepten und Lösungsvorschlägen zeigen sie auf, wie industrielle Prozesse in Kreisläufen gestaltet werden könnten, die über das Recycling von Altpapier und Glas hinausgehen.

---

[17] Lit. 161 Weizsäcker/Lovins.
[18] Lit. 162 Hawken/Lovins.

11. Strategischer Fokus: Märkte und Preise

11.1. Problemstellung

Unter einem **Markt** versteht man die Summe sämtlicher stattfindenden Tauschbeziehungen zwischen Anbietern und Nachfragern eines bestimmten Gutes oder einer Gruppe von Gütern innerhalb eines bestimmten Raumes für einen bestimmten Zeitpunkt, wobei die Tauschbeziehungen zu einem bestimmten Preis abgewickelt werden.

Aufgabe der **Markttheorie** ist die Strukturierung von Angebot und Nachfrage auf den unterschiedlichen Märkten. Insbesondere wird untersucht, welche einfachen und gegenseitigen Abhängigkeiten zwischen Anbietern und Anbietern, Nachfragern und Nachfragern sowie Anbietern und Nachfragern bestehen und welche Wirkungen sich bei bestimmten Marktkonstellationen ergeben, insbesondere wie die Preisbildung erfolgt.

Märkte können **drei Funktionen** erfüllen:

1. Preisbildungsfunktion

Durch den Austausch von Gütern bilden sich auf den Märkten Preise, deren Höhe in der Regel durch die Knappheit und Nützlichkeit des betreffenden Gutes sowie die Marktstellung der Marktteilnehmer bestimmt wird. Die Preisbildung ist jedoch keine Funktion, die immer auf Märkten festzustellen ist, da es durch staatliche Einflussnahme Märkte gibt, auf denen die Preisbildungsfunktion ganz oder teilweise eingeschränkt ist (öffentliche Tarife, Höchstpreise, Mindestpreise).

2. Koordinierungsfunktion

Die von bestimmten Wirtschaftssubjekten (Haushalte, Unternehmen) aufgestellten Wirtschaftspläne werden über den Markt zur Abstimmung gebracht. Das Ausmaß, in dem dies gelingt, entscheidet unter anderem über die Intensität von konjunkturellen Schwankungen.

3. Allokationsfunktion

Volkswirtschaftlich kommt den Märkten neben den beiden ersten genannten Funktionen auch die Funktion zu, die vorhandenen (knappen) Ressourcen so auf die produktiven und konsumtiven Zwecke zu verteilen, dass die Nutzenstiftung möglichst hoch ist. Dies gilt sowohl für den privaten als auch für den öffentlichen Sektor. Die Allokation der Ressourcen hängt von der Struktur der relativen Preise, also vom Preisgefüge, ab. Bleibt die Struktur der relativen Preise unverändert, so kommt es auch zu keiner Reallokation der Ressourcen. Eine Veränderung des Preisgefüges bedeutet in der Regel auch eine Veränderung der Nachfragestruktur.

11.2. Begriffe

Unter **Nachfrage** versteht man jene Menge an Gütern, die zu einem bestimmten Preis von bestimmten Wirtschaftssubjekten gekauft werden. Mit **Angebot** bezeichnet man jene Menge an Gütern, die zu einem bestimmten Preis von bestimmten Wirtschaftssubjekten verkauft werden möchten.

Von einem **Käufermarkt** spricht man, wenn sich der Käufer bei der Fixierung der Konditionen (Preis und sonstige Konditionen) in einer starken Position befindet. Von einem **Verkäufermarkt** spricht man, wenn sich der Verkäufer bei der Fixierung der Konditionen (Preis und sonstige Konditionen) in einer starken Position befindet.

Unter **Marktpreis** versteht man einen Preis, der auf Grund von bestimmten Angebots- und Nachfragekonstellationen ohne staatliche Interventionen zu Stande kommt. **Administrierte Preise** hingegen sind solche Preise, die von staatlichen Behörden in mehr oder minder größerer Unabhängigkeit von den tatsächlichen Marktverhältnissen entweder auf einem bestimmten Niveau fixiert werden (Tarifpreise) oder für die bestimmte Schwellenwerte (Höchst- und Mindestpreise) festgelegt werden. **Kaufpreise** sind alle jene Preise, die auf soundsoviele Geldeinheiten je Stück oder soundsoviele Geldeinheiten je Gewicht lauten. **Bestandshaltepreise** lauten hingegen auf einen bestimmten Betrag je Objekt für einen bestimmten Zeitraum (z. B. Mieten, Pachten, Zinssätze). **Absolute Preise** sind z. B. Kaufpreise, von **relativen Preisen** spricht man hingegen dann, wenn absolute Preise zueinander in Beziehung gesetzt werden, man also das Preisgefüge darstellen möchte.

11.3. Thesen

Die Orientierung an einem Preisführer kann sehr leicht den Übergang zu einer noch engeren Bindung zur Folge haben, nämlich zu direkten Vereinbarungen zwischen den Oligopolisten. Die Unternehmen arbeiten dann nicht mehr gegeneinander, sondern miteinander. Man spricht in diesem Zusammenhang auch von einer gemeinsamen Gewinnmaximierung (Kartelle). Die Anbieter wissen, dass sie voneinander abhängig sind. Der Gesamtgewinn und seine Verteilung wird im Oligopol durch ihr Verhalten bestimmt. Die Anbieter maximieren daher ihren Gesamtgewinn, wenn sie sich verhalten wie ein Angebotsmonopolist (sowohl bezüglich Preis als auch Menge). Ein einzelner Oligopolist kann zwar auf Kosten der anderen seinen Marktanteil vergrößern, sein Verhalten reduziert dann aber den gemeinsamen Gewinn aller.

Oligopolisten tendieren umso mehr zu einer gemeinsamen Gewinnmaximierung,
- je stärker die Abhängigkeit voneinander (sehr ähnliche Produkte und Produktionsmethoden, gleiche Marktanteile, kleine Zahl der Anbieter) ist,
- je schwieriger der Marktzutritt (Patente, Marken) ist,
- je leichter geheime Abkommen zu treffen sind und
- je ähnlicher die Erwartungen der Unternehmer betreffend zukünftiger Wirtschaftslagen sind.

Die Zusammenarbeit kann auf mündlichen Absprachen („Frühstückskartelle") oder aber auf Grund vertraglich vereinbarter Kartellabsprachen beruhen. Dadurch wird der freie Wettbewerb beeinträchtigt und es kommt zu einer Konzentration an wirtschaftlicher und unter Umständen politischer Macht. Die sich darauf für Konsumenten und freien Wettbewerb ergebenden Nachteile versucht der Staat z. B. durch Kartellgesetze zu verhindern.

11.4. Mögliche Interventionen

Monopole und Oligopole üben Marktmacht und können die Preise zu ihren Gunsten beeinflussen. Die Preise entsprechen nicht mehr den „wahren" Knappheitsrelationen. Die Allokationsfunktion ist gestört. Marktmacht ermöglicht Monopolisten, Oligopolisten und Kartellmitgliedern höhere Gewinne, wodurch die Verteilungsfunktion beeinträchtigt ist. Eine entsprechend gestaltete **Wettbewerbspolitik** hat zu verhindern, dass die Marktteilnehmer gesamtwirtschaftlich schädliche Monopole bilden bzw. sich zu Kartellen zusammenschließen.

Der Spezialfall eines **natürlichen Monopols** entsteht dann, wenn hohe Fixkosten in einem Wirtschaftszweig es einem einzigen Unternehmen über die Fixkostendegression ermöglichen, die gesamte Nachfrage am kostengünstigsten zu befriedigen. Beispiele dafür: Eisenbahn, EVU, Gaswerke, Post u.a.m. Werden diese Leistungen ursprünglich von mehreren Unternehmen angeboten, so kommt es zu einem Preiswettbewerb, da jede Produktionsausdehnung die Durchschnittskosten senkt.

Staatliche Eingriffe in das Marktgeschehen und in die Preisbildung kommen dann vor, wenn es nach Meinung des Staates zu unerwünschten Situationen kommt (zu hohe Preise für Mieten beispielsweise), wenn große Schwankungen auftreten, wenn verteilungspolitische Probleme auftreten (zu geringe Preise für landwirtschaftliche Produkte), wenn gesundheitspolitische Überlegungen dafür sprechen (Rauchwaren) oder wenn die Preise durch Marktmacht beeinflusst sind.

Preisniveau als Orientierungsgröße

Inflation als Verstoß gegen das Ziel Preisniveaustabilität führt zu unerwünschten Verteilungseffekten, verringert die Allokationseffizienz, verstärkt den Verteilungskampf (Lohn-Preis-Spirale), verringert den Wohlstand von Beziehern fixer Einkommen und wirkt wie eine Steuer.

Preisstabilität kann in einer Marktwirtschaft nicht bedeuten, dass alle Einzelpreise unverändert bleiben. Preise und deren Änderungen haben wichtige Lenkungsfunktionen innerhalb einer Marktwirtschaft.

Von der EU wurde ein **harmonisierter Verbraucherpreisindex** entwickelt, der die Grundlage für das Inflationskriterium des Maastricht-Vertrages war. Vor allem in den einzelnen Ländern unterschiedlich erfasste und berücksichtigte Dienstleistungen (eigentümergenützte Wohnungen, Gesundheit, Erziehung, Pauschalreisen, Versicherungen, soziale Dienstleistungen) erschweren einen EU-weiten Vergleich und werden teilweise bei der Berechnung ausgeklammert. Der HICP soll die Veränderung der Verbraucherpreise in einem makroökonomischen Sinne messen und vor allem zur Überwachung der Einhaltung des Maastricht-Kriteriums „Inflationsrate" dienen.

12. Strategischer Fokus: Beschäftigung und wirtschaftliche Entwicklung

12.1. Problemstellung

In der Geschichte der Ökonomie hat es unterschiedliche Kriterien für die Beurteilung der Wohlfahrt bzw. des Reichtums eines Landes gegeben.
Der **Merkantilismus** (16. bis 18. Jh.) sah vor allem in Geld- und Edelmetallbeständen die Ursache des Wohlstandes. Eine aktive Handelsbilanz war Garant für den Reichtum des Landes(herrn). Eine solche ließ sich durch wirtschaftspolitische Maßnahmen (Zölle, Monopole, Privilegien, Restriktionen u. a. m.) erreichen.
Mitte des 18. Jh. gab es durch die **Physiokraten** eine Gegenströmung, nach der einzig Grund und Boden Quelle des Reichtums ist. Aufbauend auf drei Klassen (classe propriétaire, productive und stérile) wird von Quesnay erstmals ein Wirtschaftskreislauf (Güter- und Einkommenskreislauf) dargestellt. Dieser gilt als Vorläufer der volkswirtschaftlichen Gesamtrechnung.

Faktor	Theorie	Logik	Ziel politischer Intervention
Land	Physiokraten	Landmehrung	Landgewinnung durch Kolonialisierung
Arbeit	Merkantilismus	Mehrwert durch Verarbeitungsdifferenzen	Arbeitsgewinnung d. Arbeitsteilung u. Qualifikation der Arbeit
Kapital	Kapital- und Geldtheorie	Mehrwert durch Zeit- und Risikodifferenzen	Keine Intervention
Wissen	Infrastrukturtheorie der Wissensproduktion	Mehrwert durch Wissensbasierung und Wissensdifferenzen	Wissensgewinnung d. Koordination in Ausbildung, F & E

Abb. 23: Logik der Produktionsfaktoren nach Willke

Adam Smith widmete sein Hauptwerk dem Gedanken der Wohlstandsvermehrung eines Landes („An Inquiry into the Nature and Causes of the Wealth of Nations", 1776). **Arbeit** ist nach Adam Smith Grundlage des Reichtums eines Landes. Sie hängt u. a. „von der Geschicklichkeit, Fertigkeit und Einsicht (ab), mit der (sie) ... im allgemeinen verrichtet wird..." und dies ist eine Wirkung der **Arbeitsteilung**. Demonstriert wird die produktivitätssteigernde und damit auch wohlfahrtsteigernde Wirkung der Arbeitsteilung anhand des berühmten Nadelbeispiels.

Macht ein Arbeiter alles selbst, dann konnte er zu Adam Smiths Zeiten täglich höchstens 20 Nadeln erzeugen. Zerlegung der Produktion in viele Schritte hingegen ermöglichte es 10 Arbeitern täglich 48.000 Nadeln herzustellen.

Eine auf Arbeitsteilung beruhende Marktwirtschaft ohne staatlichen Einfluss (invisible hand) bringt nach Adam Smith höchsten Wohlstand für ein Land (und auch für den Einzelnen). Arbeitsteiliges Wirtschaften wird aber nicht nur national, sondern auch international eingefordert, was zur Forderung nach **Freihandel** führt. Dem Staat verbleiben damit nur mehr die Aufgaben, für die innere und äußere Sicherheit zu sorgen sowie im Bereich der Verkehrsanlagen und im Unterrichtswesen tätig zu werden. Geld wird nicht mehr mit Reichtum gleichgesetzt, sondern als ein für eine arbeitsteilige Tauschwirtschaft unbedingt notwendiges Tauschmittel gesehen.

Auch wenn Wirtschaftswachstum nicht automatisch Wohlstandsvermehrung bedeutet, da immer wieder Zielkonflikte auftreten, so hat es doch wohlstandsfördernde Auswirkungen. Es erhöht die in einer Wirtschaft verfügbare Gütermenge, beeinflusst positiv das Volkseinkommen und die Beschäftigung, ermöglicht eine „bessere" Verteilung und erleichtert eine als notwendig erkannte Umverteilung der Einkommen.

12.2. Begriffe

Unter **Wirtschaftswachstum** versteht man im allgemeinen Sprachgebrauch die **Veränderung des realen Bruttoinlandsproduktes (BIP) zum Vorjahr** ausgedrückt in Prozent. Zur Bestimmung des jährlichen Wirtschaftswachstums benötigt man daher das reale BIP.
Ökonomisch verbindet man mit dem Begriff Wirtschaftswachstum eine langfristige Vorstellung, weshalb man häufig als Referenzperiode nicht ein Jahr, sondern einen längeren Zeitraum heranzieht, beispielsweise eine Dekade, und die durchschnittliche jährliche Veränderungsrate des realen BIP über diese Periode als Wachstumsrate bezeichnet.
Vollbeschäftigung ermöglicht eine intensivere Nutzung der Produktionsmöglichkeiten einer Wirtschaft, führt zu Einkommen und Kaufkraft bei den Beschäftigten und erhöht deren Wahlmöglichkeiten und Freiräume.
Vollbeschäftigung besteht, wenn es keine **unfreiwillige Arbeitslosigkeit** gibt. Nach der **ILO** (International Labour Office) ist arbeitslos jeder oder jede, der oder die im gegebenen Zeitpunkt über keinen Arbeitsplatz verfügt, arbeitsfähig ist, aktiv Arbeit sucht und unmittelbar zur Arbeitsaufnahme bereit ist.
Im **internationalen Vergleich** von Arbeitslosenquoten ist zu beachten, dass jedes Land andere Erhebungsmethoden, Definition und Bemessungsgrundlagen verwendet. Zwecks Vereinheitlichung werden Arbeitslosenquoten veröffentlicht, die auf internationalen Standards beruhen, die dem ILO-Standard oder den EUROSTAT-Richtlinien (Statistisches Amt der Europäischen Gemeinschaften) entsprechen. Gemeinsam ist ihnen, dass sie auf dem **Labour-Force-Konzept** beruhen und als Bezugspunkt das **Arbeitskräftepotential** verwenden. Darunter versteht man alle Personen, die für den Arbeitsprozess zur Verfügung stehen, somit die selbstständig wie unselbstständig Erwerbstätigen und die Arbeitslosen. Somit werden die Arbeitslo-

sen in Beziehung zu den gesamten Erwerbspersonen gesetzt. Die Ermittlung erfolgt nicht über die Arbeitsämter, sondern über eine Befragung. Trotz EUROSTAT sind diese Arbeitslosenquoten nur bedingt vergleichbar.

Nach dem international vergleichbaren **Labour-Force-Konzept** werden als erwerbstätig alle Personen definiert, die in der Woche vor der Befragung zumindest eine Stunde gegen Bezahlung gearbeitet haben, oder zwar nicht gearbeitet haben, aber einen Arbeitsplatz (auch als Selbstständiger oder mithelfender Angehöriger) hatten. Als arbeitslos gelten arbeitsuchende Nichterwerbstätige, die in den letzten vier Wochen vor der Befragung aktive Maßnahmen zur Arbeitssuche gesetzt haben und innerhalb von zwei Wochen verfügbar sind. Nach dem **Lebensunterhaltskonzept** werden hingegen unter „erwerbstätig" Personen mit einer wöchentlichen Normalarbeitszeit von mindestens 12 Stunden verstanden. Unter „arbeitslos" werden dabei jene Personen erfasst, die sich bei der Interview-Erhebung als vorgemerkte Arbeitslose bezeichnet haben.

Bei der **traditionellen Methode** ist dieser Bezugspunkt das **Arbeitskräfteangebot**, welches die unselbstständig Beschäftigten und die (beim Arbeitsamt) vorgemerkten Arbeitslosen erfasst.

12.3. Thesen

Das zentrale Anliegen der **Konjunkturforschung** besteht darin, zu erklären, weshalb es im Verlauf bestimmter ökonomischer Zeitreihen (wie Preisen, Kosten, Investitionen, Lagerveränderungen usw.) zu zyklischen Schwankungen kommt, sich also Expansions- und Kontraktionsphasen mit mehr oder minder grober Regelmäßigkeit – den „Konjunkturzyklen" – laufend abwechseln.

Im Einzelnen soll geklärt werden:

- Wieso es überhaupt zu zyklischen Schwankungen kommen kann?
- Welche exogenen oder endogenen Faktoren der Selbstverstärkung zu expansiven und kontraktiven kumulativen Prozessen führen?
- Wie die prozessrelevanten endogenen ökonomischen Variablen sachlich und zeitlich untereinander zusammenhängen bzw. verknüpft werden?

Gesamtwirtschaftliche Aktivitäten verlaufen nicht gleichförmig im zeitlichen Ablauf, sondern unterliegen charakteristischen Schwankungen, so genannten Konjunkturschwankungen, zumeist um eine trendhafte Entwicklung. Diese wird in Verwendung eines monetaristischen Begriffes mit der Entwicklung des **natürlichen BIP** gleichgesetzt und entspricht der langfristigen realen Wachstumsrate einer Volkswirtschaft. Man bezeichnet dieses natürliche BIP daher auch als **Potential** einer Wirtschaft („potential Output").

Trägt man das reale BIP logarithmisch auf der y-Achse auf, so wird diese konstante Wachstumsrate als Gerade abgebildet. Das im Zeitablauf erwirtschaftete **tatsächliche reale BIP** schwankt um dieses natürliche BIP.

Man unterscheidet folgende charakteristische Phasen: Beginnend mit einer **Hochkonjunktur** (größter positiver Abstand zwischen natürlichem und tatsächlichem BIP) tritt die Wirtschaft in eine **Abschwungsphase** ein, unterschreitet das natürliche BIP, wodurch es zur Unterauslastung vorhandener Kapazitäten und zur Zunahme der Arbeitslosigkeit kommt. Diese Abschwungsphase mündet in eine **Rezessionsphase** (größter negativer Abstand zwischen tatsächlichem und natürlichem BIP). Eine lang anhaltende und besonders gravierende Rezessionsphase wird auch als Depression bezeichnet. Eine einsetzende Erholungs- und **Aufschwungsphase** erhöht das reale BIP, die Auslastung der Produktionsfaktoren und somit auch die Beschäftigung und erreicht schließlich die Phase der Hochkonjunktur, auch **Boom** genannt. Zu beachten ist auch, dass die Abschwungsphase bzw. die Rezessionsphase nicht unbedingt mit einer Verringerung des realen BIP einhergehen muss („negatives Wachstum"), sondern häufig „bloß" zu einem unter die natürliche Wachstumsrate sinkenden weiterhin positiven Wirtschaftswachstum führt.

Die **Dauer eines Konjunkturzyklus** lässt sich entweder von Hochkonjunktur zu Hochkonjunktur oder aber auch vom Höhepunkt einer Rezession bis zur nächsten Rezessionsphase messen.

Konjunkturindikatoren werden in drei Gruppen eingeteilt:
1. Frühindikatoren
2. Lageindikatoren
3. Spätindikatoren

Frühindikatoren zeigen an, wie der Verlauf der Konjunktur in absehbarer Zeit, d. h. in den nächsten Monaten, sein wird, z. B. Auftragseingänge der Industrie, Baugenehmigungen im Hochbau, Aktienkurse. **Lageindikatoren** sind Beschreibungsmerkmale für den jeweiligen Stand der Konjunktur; Spätindikatoren hinken der Konjunkturentwicklung nach und zeigen oft noch Aufwärtsbewegungen, wenn bereits ein konjunktureller Abschwung eingetreten ist, z. B. industrielle Produktion. Dieser Klassifikation liegt die Vorstellung zu Grunde, dass die einzelnen Zeitreihen zu verschiedenen Zeitpunkten den oberen bzw. unteren Wendepunkt erreichen. **Spätindikatoren** sind z. B. Preise für die Güter der Lebenshaltung.

Im Gegensatz zur kurzfristigen Analyse konjunktureller Schwankungen haben **wachstumstheoretische Analysen** einen größeren Zeithorizont. Im Zentrum steht das Problem, von welchen Faktoren der Verlauf und die Intensität von Wachstumsprozessen bestimmt werden. Geht es im Bereich der Konjunkturtheorie darum zu entscheiden, auf welche Art das bestehende Produktionspotential genutzt und ausgelastet werden kann, so steht hier das Problem im Vordergrund, durch welche Faktoren das gesamtwirtschaftliche Produktionspotential qualitativ verbessert bzw. vergrößert werden kann. Im Rahmen der Wachstumsforschung wird insbesondere auch untersucht, was die Ursache von Strukturwandlungen ist und welche gesamtwirtschaftlichen Konsequenzen mit derartigen Strukturwandlungen verbunden sein können.

Drei Arten von Entwicklungsprozessen sind denkbar:

1. Positiv-evolutorische Prozesse (Wachstumsprozesse): diese sind durch einen Aufwärtstrend bestimmter ökonomischer Variablen gekennzeichnet. Die Nettoinvestition ist in diesem Fall positiv bzw. weist einen mehr oder minder großen Kapazitätseffekt auf.
2. Negativ-evolutorische Prozesse (Schrumpfungsprozesse): diese sind durch einen Abwärtstrend bestimmter ökonomischer Variablen gekennzeichnet. In einer schrumpfenden Wirtschaft unterbleiben die zum Wachstum notwendigen Reinvestitionen, d. h., die Reinvestitionen sind geringer als die verbrauchsbedingten Abschreibungen, die Nettoinvestitionen wird negativ.
3. Stationäre Prozesse: die ökonomischen Variablen weisen hier keinen eindeutig aufwärts oder abwärts gerichteten Trend auf. Die Reinvestitionen decken gerade die verbrauchsbedingten Abschreibungen; die Nettoinvestitionen und damit auch der Kapazitätseffekt sind in diesem Fall Null.

Die **Multiplikatorhypothese** beruht auf folgenden Überlegungen:

1. Durch vermehrte Ausgaben durch bestimmte Prozessregler (Investitionsausgaben der Unternehmer, Staatsausgaben, Ausgaben von Ausländern für den Kauf inländischer Produkte) kommt es zu einer Zunahme der Einnahmen bei anderen Prozessreglern.
2. Diese Prozessregler können sich veranlasst sehen, ihre Ausgaben zu erhöhen, so dass wieder bei anderen die Einnahmen zunehmen usw., so dass eine primäre Ausgabenänderung unter gewissen Voraussetzungen zu einer Einkommensänderung führt, die ein Mehrfaches der primären Ausgabenänderung beträgt.
3. Die auf diese Weise zu Stande kommende Beziehung zwischen einer (bewirkenden) Ausgabenzunahme und einer (bewirkten) Einnahmensteigerung – d. h. also einer überproportionalen Zunahme der Geldvermögen – bezeichnet man als Multiplikatoreffekt.

Im Zuge der Anwendung der Multiplikatorhypothese treten vor allem folgende Schwierigkeiten auf: Die Isolierung des Effektes einer Parameteränderung ist praktisch unmöglich, da die für eindeutige Ergebnisse notwendige Konstanz aller (möglicherweise) relevanten Einflussfaktoren höchst unwahrscheinlich ist; Multiplikatoreffekte erstrecken sich in der Realität über viele Perioden, deren einwandfreie Abgrenzung ein bisher ungelöstes Problem darstellt. Dies vor allem unter Berücksichtigung der Tatsache, dass laufend Multiplikatoreffekte ausgelöst werden, so dass die noch nicht beendeten Multiplikatoreffekte sich laufend überschneiden.

Besonders wichtig sind die Einkommensmultiplikatoren. Je nach den verschiedenen autonomen Anstößen unterscheidet man z. B. Investitionsmultiplikatoren und Budgetmultiplikatoren. Da das Budget ein besonders wichtiges wirtschaftspolitisches Mittel darstellt, werden auch Teilgrößen desselben in die Multiplikatoranalyse einbezogen. So errechnet man einen Staatsausgabenmultiplikator, einen Steuermultiplikator und einen Transfermultiplikator.

Der Investitionsmultiplikator gibt an, welche Steigerungen des Volkseinkommens durch eine Erhöhung der (autonomen) Investitionen eintreten. Er ist größer als 1, soweit die marginale Konsumquote positiv und kleiner als 1 ist.

Die **Akzeleratorhypothese** beschreibt die sekundären Kapazitätseffekte primärer Konsumausgabenänderungen. Es erfolgt eine funktionale Verknüpfung zwischen der Erhöhung der Nachfrage (bzw. des Volkseinkommens) und dem Niveau der Nettoinvestitionen. Die Änderungsrate der Nachfrage, multipliziert mit dem Akzelerator (einem Verhaltenskoeffizienten, der stark durch technische Gegebenheiten determiniert wird) ergibt die Höhe der durch die Änderungsrate der Konsumnachfrage bewirkten (induzierten) Nettoinvestition.

Die Höhe und der Zeitpunkt der Nachfrageänderung nach Investitionsgütern hängt ab von der Kapitalintensität der Produktion (Kapitalkoeffizient), dem Auslastungsgrad und der Lebensdauer der Produktionsanlagen, den Lagerbeständen der Investitionsmöglichkeit und der Investitionsbereitschaft oder von ausreichenden Finanzierungsmitteln, d. h. auch von einem elastischen Kreditangebot. Ferner werden auch die Kosten- und Gewinnentwicklung, zwei wichtige Motivationen ökonomischer Handlungen, eine wichtige Rolle spielen, die jedoch in der Akzeleratorhypothese nicht berücksichtigt werden.

Die **keynesianische Konjunkturtheorie** der Nachkriegszeit versteht Konjunkturschwankungen als Konsequenz von Nachfragefluktuationen bei kurz- bis mittelfristig ungleichgewichtig fixierten Preisen. Dieser Sichtweise setzte Lucas in einer Reihe von Beiträgen der späten sechziger und frühen siebziger Jahre ein gleichgewichtiges Modell gegenüber, das Angebotsaspekte und Preis- sowie Lohnveränderungen in den Vordergrund rückte. Mit diesen Arbeiten hat **Lucas** den Anstoß zur realen Konjunkturtheorie der achtziger und neunziger Jahre gegeben, deren Modelle eindeutig als Weiterentwicklungen des so genannten **Lucas-Modells** zu identifizieren sind.

Die Konjunkturtheorie von Lucas hat die folgenden drei wesentlichen Bestandteile: Erstens ist die so genannte Lucas-Angebotsfunktion zu nennen, die eine Abhängigkeit des Arbeitsangebotes von transitorischen Lohnschwankungen postuliert: Ist das Reallohnniveau vorübergehend hoch, dann wird es interessant, heute zu Gunsten von künftiger Freizeit vermehrt Arbeit anzubieten (intertemporale Substitution). Dieses Konzept kann allein natürlich keine Konjunkturschwankungen erklären. Dazu benötigt man eine Erklärung von Preis- und Lohnschwankungen. In diesem Zusammenhang kommt der zweite zentrale Bestandteil der Lucas'schen Konjunkturtheorie, nämlich unvollständige Information, zum Tragen. Preis- und Lohnfluktuationen werden durch zufällige Nachfrage- und Angebotsschwankungen verursacht. Die Natur der Fluktuationen ist jedoch für die Wirtschaftssubjekte nur mit einer Verzögerung zu erkennen. Dieser Umstand führt dazu, dass Geldangebotsveränderungen auch in einem Gleichgewichtsmodell mit flexiblen Preisen kurzfristig einen Einfluss auf Beschäftigung und Produktion haben, da (monetäre) Veränderungen des Preisniveaus mit (realen) relativen Preisveränderungen verwechselt werden. In diesem Ansatz müssen somit Erwartungen bezüglich der laufenden und künftigen Preis- und Lohnentwicklung gebildet werden. Bei der Modellierung der Erwartungsbildung findet man die dritte Besonderheit des Lucas-Modells, nämlich die Einführung der Hypothese der rationalen Erwartungen.

Die empirischen und theoretischen Modelle der Makroökonomie der fünfziger und sechziger Jahre stellten die erwarteten Werte als einfache Funktionen der in der Vergangenheit beobachteten Werte dar. Im Gegensatz zu dieser naiven Sichtweise werden bei einer rationalen Erwartungsbildung alle relevanten verfügbaren Information ausgenützt. Der Unterschied der beiden Konzepte kann am einfachsten an einem Beispiel deutlich gemacht werden. Nehmen wir an, dass nach einer Periode der Preisstabilität die Zentralbank eine expansive Geldpolitik ankündigt. Bei naiver Erwartungsbildung wird weiterhin von einer Nullinflation ausgegangen und die resultierenden Nominalzinssenkungen werden als Realzinsveränderungen mit Konsequenzen für Produktion und Beschäftigung interpretiert. Bei rationaler Erwartungsbildung werden die erwarteten Inflationsfolgen der Geldpolitik antizipiert, und sie hat keinen realen Einfluss. Nur bei einer nicht erwarteten Änderung der Geldpolitik ergibt sich in diesem Rahmen die oben beschriebene kurzfristige Realzinssenkung.

Das Beispiel zeigt, dass die Hypothese rationaler Erwartungsbildung einen entscheidenden Einfluss auf die Analyse wirtschaftspolitischer Maßnahmen hat.

Lucas hat ferner als erster auf die Konsequenz dieser Hypothese für die Verwendung konventioneller ökonomischer Modelle bei einer Politikevaluation, in der keine Unterscheidung zwischen erwarteten und unerwarteten Veränderungen gemacht wird, hingewiesen (so genannte Lucas-Kritik). So kann beispielsweise auf Grund einer hohen Korrelation von Veränderungen des Realeinkommens und des Geldangebots nicht automatisch auf die reale Wirksamkeit einer allenfalls systematisch auf reale Wachstumseffekte ausgerichteten Geldpolitik geschlossen werden. In diesem Zusammenhang ist an die **Phillips-Kurve** zu erinnern: Der darin empirisch festgestellte negative Zusammenhang zwischen Arbeitslosigkeit und Inflation brach unter dem Versuch, ihn wirtschaftspolitisch auszunützen, zusammen. Zusammenfassend muss festgehalten werden, dass die rationale Erwartungshypothese einen bleibenden signifikanten Einfluss auf die Makroökonomie hatte. Obwohl noch viele Unklarheiten bezüglich ihrer mikroökonomischen Begründung vorhanden sind, hat sie sich in der theoretischen Makroökonomie (auch in Modellen ohne Preisflexibilität) durchgesetzt. Ferner hat sie in der empirischen Makroökonomie zur Entwicklung einer Vielzahl von anspruchsvollen Verfahren geführt, die an Stelle der einfachen Korrelations- und Regressionsmethoden der fünfziger und sechziger Jahre getreten sind.

Folgende **Arten der Arbeitslosigkeit** sind zu unterscheiden:

1. Friktionelle Arbeitslosigkeit: Arbeitslosigkeit, die bei Arbeitsplatzwechsel entsteht und zwar zwischen dem Verlassen des alten Arbeitsplatzes und dem Antritt einer neuer Stelle in der gleichen Branche.
2. Konjunkturelle Arbeitslosigkeit: Arbeitslosigkeit, „die durch Nachfragerückgang" ausgelöst wurde.
3. Versteckte Arbeitslosigkeit: Arbeitslosigkeit, die entsteht, indem Arbeitskräfte aus dem Arbeitsprozess ausscheiden ohne sich arbeitslos zu melden bzw. Arbeitskräfte, die ohne Vollauslastung tätig sind.
4. Strukturelle Arbeitslosigkeit: Angebotslücken in bestimmten Sektoren stehen Nachfragelücken in anderen Sektoren gegenüber.

12.4. Mögliche Interventionen

Unter **aktiver Arbeitsmarktpolitik** versteht man Maßnahmen zur Anpassung der Struktur, vor allem der qualitativen Struktur, des Arbeitskräfteangebots an die Nachfrage. Dies geschieht im Rahmen der Arbeitsmarktverwaltung durch Förderung der Berufsausbildung, Weiterbildung und Umschulungen über Beihilfen an Arbeitskräfte wie Unternehmen.

Das Beschäftigungsproblem ist zu einer ernsthaften Herausforderung für alle OECD-Länder geworden. Die Organisation für wirtschaftliche Zusammenarbeit und Entwicklung widmete sich daher diesem Problem und machte länderspezifische Vorschläge für eine Beschäftigungsstrategie. Die OECD-Vorschläge beziehen sich auf:

Größere Flexibilität der Lohn- und Arbeitskosten
Förderung der Lohndifferenzierung, mehr Vereinbarungen auf Betriebsebene und Öffnungsklauseln, Erleichterung der Beschäftigung älterer Arbeitnehmer und Verringerung der Anreize zur Frühpensionierung.

Stärkere Arbeitszeitflexibilisierung und Lockerung der Beschäftigungsschutzwirkungen
Änderung von Bestimmungen, die die Basis für inflexible Arbeitspraktiken bilden, Liberalisierung der Bedingungen für die Erneuerung befristeter Arbeitsverträge, Erleichterung von Teilzeitarbeit und geringfügiger Beschäftigung, Reform des Kündigungsschutzes.

Abbau der Verzerrungen im Zusammenhang mit Arbeitslosengeld und ähnlichen Transferleistungen
Verringerung der Anreize zur Frühpensionierung, Kürzung der Arbeitslosengeldleistungen für Saisonarbeiter in der Tourismuswirtschaft, Verringerung der für Sozialhilfeempfänger bestehenden Negativanreize für die Aufnahme einer Erwerbstätigkeit und Entwicklung von Konzepten für beschäftigungsabhängige Lohnergänzungsleistungen.

Verbesserung der Qualifikation der Arbeitskräfte
Wahrung bzw. Wiederherstellung der Attraktivität des dualen Ausbildungssystems, Klärung der Beziehungen zum Hochschulwesen, Verkürzung und Reform der Hochschulausbildung und schwerpunktmäßige Ausrichtung auf stärker berufsbezogene Studiengänge, Erweiterung der Rolle der neuen Fachhochschulen.

Förderung der Entwicklung und Verbreitung von technischem Know-how
Förderung von Wagniskapitalmärkten und Abbau der regulierungsbedingten Hindernisse, Förderung der Technologieverbreitung.

Förderung eines positiven unternehmerischen Klimas
Erleichterung von Unternehmensneugründungen, Reform des Konkursrechts zur Erleichterung einer Reorganisation, Vereinfachung der Genehmigungsverfahren.

Verstärkung des Wettbewerbs auf den Produktmärkten
Förderung des Wettbewerbs in den netzgebundenen Sektoren, Abbau der Zugangsschranken bei der Bereitstellung lokaler Dienstleistungen und Gleichstellung öffentlicher und privater Anbieter, Fortsetzung der Privatisierungen, Einrichtung einer unabhängigen Wettbewerbsbehörde.

Nicht nur die OECD, sondern auch die EU wurde aktiv. Im **Vertrag von Amsterdam** 1997 wurde dem Thema **Beschäftigung** vor allem auf Initiative von Frankreich, Österreich und Schweden erstmals breiterer Raum gewidmet.

Auf der Ebene der Union sind **beschäftigungspolitische Leitlinien** festzulegen, die auf einer gemeinsamen Analyse der Lage und der Hauptausrichtung der Politik gründen. Diese Leitlinien sind dann in **nationale beschäftigungspolitische Aktionspläne** einzufügen.

1. **Verbesserung der Vermittelbarkeit**: Darunter werden u.a. genannt die Bekämpfung der Jugendarbeitslosigkeit und die Verhütung der Langzeitarbeitslosigkeit, der Übergang von passiven zu aktiven Maßnahmen, die Erleichterung des Übergangs von der Schule zum Beruf.
2. **Entwicklung des Unternehmergeistes**, worunter die leichtere Gründung und Führung von Unternehmen und ein beschäftigungsfreundlicheres Steuersystem zu verstehen ist.
3. **Förderung der Anpassungsfähigkeit der Unternehmen und ihrer Arbeitnehmer**. Dies bezieht sich auf die Modernisierung der Arbeitsorganisationen und die Förderung der Anpassungsfähigkeit der Unternehmen.
4. **Stärkung der Maßnahmen für Chancengleichheit**. Diesbezügliche Themen sind die Bekämpfung der Diskriminierung zwischen Frauen und Männern, die Vereinbarkeit von Beruf und Familie, die Erleichterung der Rückkehr in den Beruf und die Förderung der Eingliederung Behinderter in das Erwerbsleben.

13. Strategischer Fokus: Einkommensverteilung und soziale Entwicklung

13.1. Problemstellung

Die Verteilungstheorie stellte eine Brücke dar zwischen gemeinsamer Produktion und individuellem Konsum. Ziel verteilungstheoretischer Hypothesen ist zu erklären, welche Einflussfaktoren im Rahmen von Einkommensverteilungsprozessen wirksam werden, bzw. wovon die faktische (ex post) Verteilung der Einkommen abhängt. Die Ergebnisse differieren nicht unbeträchtlich und hängen vor allem von der Wahl der Verteilungskriterien (real-nominell, funktionell, personell, sektoriell) ab.

Von den zahlreichen einseitigen und wechselseitigen Wirkungen, die vom Bereich der Verteilungstheorie ausgehen bzw. hier einmünden, sollen folgende drei Wechselwirkungen herausgegriffen werden:

1. Zwischen der Produktion von Gütern und Dienstleistungen und der Einkommensverteilung besteht eine Wechselwirkung: einerseits beeinflussen das Produktionsniveau und die Produktionsweise die Einkommensverteilung, andererseits bestimmt aber auch die Einkommensverteilung über die Einkommensverwendung wieder die Produktionsstruktur und das Produktionsniveau.
2. Eine bestimmte Einkommensverteilung führt durch die Art der Einkommensverwendung zu einer bestimmten Vermögensverteilung, die ihrerseits wieder zu einer bestimmten Einkommensverteilung führt.
3. Eine bestimmte Einkommensverteilung bewirkt durch die Art der Einkommensverwendung zyklische Schwankungen bestimmter ökonomischer Zeitreihen, die zyklischen Schwankungen dieser Zeitreihen beeinflussen wieder Niveau und Struktur der Einkommensverteilung.

Mit der Frage nach der **Einkommensverteilung** ist nach dem Problem der Steuerbarkeit einer arbeitsteiligen Wirtschaft und der Problematik der Nachhaltigkeit der wirtschaftlichen Entwicklung das **dritte Hauptproblem der Ökonomie** angesprochen. Das Interesse der Ökonomen gilt hier zunächst nicht der Einkommenshöhe einer bestimmten Gruppe, sondern der **Verteilung der Einkommen auf alle Gruppen** einer Region, eines Landes, einer Wirtschaftsunion etc. Die Anteile, d.h. die Quoten dieser Gruppen und ihre Veränderungen im Zeitablauf sind der eigentliche **Gegenstand der Verteilungstheorie**. So war es schon bei David Ricardo und so ist es auch heute noch. David Ricardo war es, der seine 1817 veröffentlichten „Principles" mit der lapidaren Bemerkung begann, dass die Erforschung der Gesetze der Einkommensverteilung **die** eigentliche Aufgabe der Ökonomie sei.

13.2. Begriffe

Dem analytischen Ansatz der Verteilungstheorie folgend, müssen sämtliche Produktionsfaktoren für ihre Mitwirkung im Rahmen von Produktionsprozessen durch Entgelte entschädigt werden. Man bezeichnet diese Entgelte als Faktoreinkommen, Leistungseinkommen oder originäre Einkommen.

Diese stellen einen echten Zuwachs an ökonomischer Verfügungsmacht über Geld und/oder Güter dar und bilden das Bindeglied zwischen (mehr oder minder) gemeinsamer Produktion und individuellem Konsum. Die Verteilung der Faktoreinkommen, so wie sie sich durch marktmäßige und außermarktmäßige Entscheidung ex post ergibt bezeichnet man als **Primärverteilung**. Sie wird durch staatliche Maßnahmen modifiziert. Unter Sekundärverteilung versteht man jene Einkommensverteilung, die sich unter Berücksichtigung von staatlichen Umverteilungsmaßnahmen ergibt. Je nachdem, ob die Einkommensverteilung zwischen den verschiedenen sozialen Gruppen oder zwischen Personen bzw. Haushalten mit unterschiedlich hohem Einkommen erfolgt, spricht man von horizontalen bzw. vertikalen Umverteilungsmaßnahmen.

Die **Sekundärverteilung** schlägt sich in einer Veränderung des tatsächlich verfügbaren Einkommens – der Kaufkraft – der verschiedenen sozio-ökonomischen Gruppen nieder.

Unter Einkommensverteilung kann man, auf eine bestimmte Periode bezogen, den Prozess der Entstehung von Einkommen oder, auf einen bestimmten Zeitpunkt bezogen, die faktische Verteilung der Einkommen auf bestimmte sozioökonomische Gruppen verstehen. Die faktische Einkommensverteilung ist das (fiktive) Zwischenergebnis von permanenten Einkommensverteilungs- bzw. Umverteilungsprozessen. Als **Realverteilung** bezeichnet man die Verteilung des in physischen Einheiten gemessenen Produktionsergebnisses. **Nominalverteilung** ist jede Verteilung der aus Produktionsprozessen stammenden Ansprüche.

13.3. Thesen

Faktoreinkommen können im Rahmen von Produktionsprozessen auf drei Arten entstehen:

- durch Abgabe von Arbeitsleistungen gegen kontraktbestimmtes Entgelt an Unternehmen, private Haushalte oder öffentliche Haushalte;
- durch unternehmerische Tätigkeit;
- durch ertragbringende Anlage von Geld seitens der Haushalte und Unternehmen.

Arbeitnehmer beziehen in der Regel sowohl ein funktionales Arbeits- als auch ein funktionales Kapitaleinkommen. Funktionale Einkommensverteilung und die Einkommensverteilung nach Gruppen stimmen heute nicht mehr überein. Dies bedeutet, dass das Gegensatzpaar „Arbeitnehmer-Kapital" seinen analytischen Wert verloren hat.

Durch zunehmende staatliche Aktivität – und vermehrte Vermögensbildung in Arbeitnehmerhand – erfolgt eine immer stärkere Verlagerung von rein funktionalen Verteilungskriterien zu sozioökonomischen Verteilungskriterien.

Bei der Bemessung der **Höhe** der **Faktoreinkommen** können folgende Kriterien zur Anwendung gelangen:

- **Qualifikationskriterien**: im Entgelt werden Qualifikationsdifferentiale berücksichtigt.
- **Leistungskriterien**: Hier wird auf die tatsächliche Leistung abgestellt, die durch die Nutzung eines bestimmten (hohen oder niedrigen) Qualifikationspotential erfolgt.
- **Mühedifferentiale**: im Entgelt werden Entschädigungen eingebaut für besonders unangenehme Tätigkeiten (z. B. Tätigkeiten, die mit Lärm oder Schmutz verbunden sind).
- **Soziale Kriterien**: Das Faktoreinkommen darf eine bestimmte Mindesthöhe nicht unterschreiten. In der Regel liegt jedoch das Faktoreinkommen bereits auf Grund der Qualifikationskriterien und der Mühedifferentiale wesentlich über dieser Mindesthöhe.
- **Marktkriterien**: Das Verhältnis von Angebot und Nachfrage nach Arbeitskräften auf den einzelnen Arbeitsmärkten schlägt sich im Entgelt nieder.

- **Machtkriterien**: Das Kräfteverhältnis („bargaining power") zwischen den Arbeitgeber- und Arbeitnehmerverbänden beeinflusst die Höhe der Faktoreinkommen. Die Position der Arbeitnehmerverbände ist dabei umso besser, je knapper Arbeitskräfte sind.

- **Kreislaufkriterien**: Die Bemessung der Faktoreinkommen (insbesondere im Fall von geforderten Lohnerhöhungen) erfolgt sowohl was die Höhe als auch den Zeitpunkt der Einkommenszahlung anbelangt auf Grund von makroökonomischen Kriterien (z. B. Lohnleitlinien).

13.4. Mögliche Interventionen

Um einen gesellschaftlich unbefriedigenden Verteilungszustand zu beheben, kann daher staatlicherseits eine Umverteilung der Anfangsausstattungen vorgenommen werden. Diese Umverteilungspolitik muss selbstverständlich nicht über die physische Transferierung von Anfangsausstattungen von „Reichen" zu „Armen" erfolgen, sondern kann mit Hilfe von Steuern geschehen, wodurch Kaufkraft von den „Reichen" zu den „Armen" abwandert.

Das Problem liegt zum einen in der Art der Steuer, zum anderen in der Steuerbemessungsgrundlage. Ohne auf das Problem der optimalen Steuer näher eingehen zu können, sei darauf hingewiesen, dass die Einhebung einer Steuer zwei Effekte auslösen kann, nämlich Einkommenseffekte und Substitutionseffekte. Der Einkommenseffekt bewirkt eine Verringerung der Anfangsausstattung, somit einen für die skizzierten Umverteilungspolitik wünschenswerten Effekt. Der Substitutionseffekt wirkt über die Veränderungen der relativen Preise und führt zu Substitution und teilweiser oder ganzer Verdrängung beispielsweise eines besteuerten Gutes. Damit wird die Kaufentscheidung zwischen den Gütern beeinflusst. Die staatliche Aktivität ist nicht mehr neutral im Sinne einer marktwirtschaftlichen Allokation und Wohlfahrtsverluste sind unvermeidlich.

Umverteilungsbezogene steuerliche Eingriffe in das Wirtschaftsgeschehen bewirken in der Realität allokative Ineffizienzen. Somit stellt sich auch im Rahmen der Umverteilung wiederum das Problem zwischen Effizienz und Gerechtigkeit.

Der **Einkommenspolitik** kommt innerhalb der Stabilitätspolitik die Aufgabe zu, ihren Einfluss auf die Güter- und Faktorpreise geltend zu machen, um ein „stabilitätskonformes" Niveau dieser Preise zu erreichen. Konkret geht es dabei in erster Linie um eine **stabilitätskonforme Lohn- und Preispolitik**. Während die Lohnpolitik großteils von den Tarifpartnern gestaltet wird, ist für die Preispolitik der Markt zuständig und, falls dieser seine Funktionen nicht voll wahrnehmen kann, die Unternehmerseite. Tarifautonomie und freie Preisgestaltung stellen sich einer stabilitätskonformen Einkommenspolitik entgegen.

Staatliche Einkommenspolitik ist entweder konsensualer oder interventionistischer Art. **Konsensuale Einkommenspolitik** versucht eine Verhaltensabstimmung der Sozialpartner unter Zugrundelegung der gesamtökonomischen Situation anhand von Orientierungsdaten zu erreichen. Dazu gehören Überredungen, Maßhalteappelle, Informationen, unverbindliche Leitlinien, möglicherweise auch Drohungen. Bezweckt wird ein freiwilliges Eingehen der Sozialpartner auf einen stabilitätskonformen lohn- und preispolitischen Kurs. Diese informatorische Einkommenspolitik kann auch zu einer formalisierten Kooperation führen, wie sie in Österreich mit der Wirtschafts- und Sozialpartnerschaft gegeben ist.

Von einer **interventionistischen Einkommenspolitik** spricht man dann, wenn direkte staatliche Eingriffe in den Prozess der Lohn- und Preisbildung erfolgen. Dazu zählen aus stabilitätsrelevanten Gründen verhängte Höchst- und Mindestpreise, Höchstgrenzen für Steigerungsraten für Löhne und Preise, Lohnindexierungen, Preiskontrollen und – im Extremfall in Krisenzeiten – das Verhängen eines Lohn- und Preisstopps.

Diese Maßnahme wird in Marktwirtschaften nur in Extremfällen ergriffen, um beispielsweise einer sich beschleunigenden Inflation Herr zu werden. Eine solche Maßnahme wirkt zwar kurzfristig, kann aber langfristig nicht aufrecht erhalten werden, da die notwendigen administrativen Kontrollen auf Dauer nicht durchgehalten werden können. Außerdem kommt es zumeist zu Ankündigungseffekten (vor Aufnahme des Preisstopps werden die Preise noch kräftig erhöht) und Nachholeffekten (nach Ende des Preis- und Lohnstopps kommt es zu kräftigen Preis- und Lohnerhöhungen). Darüberhinaus kommt es durch die Außerkraftsetzung des Preismechanismus zu Fehlallokationen in den Ressourcen. Außerdem wird der Verteilungskonflikt von der ökonomischen auf die politische Seite verlagert, was u. U. zu zwar politisch effizienten, meist aber nicht zu ökonomisch effizienten Entscheidungen führt.

Letzteres gilt auch für das Instrument der **Lohnindexierungen**, wonach beispielsweise die Löhne auf alle Fälle im Ausmaß der Inflationsrate erhöht werden. Dadurch wird der Widerstand gegen inflationäre Tendenzen verringert, was die Preisauftriebskräfte stimuliert und das Inflationsklima noch weiter anheizt. Die Verteilungskämpfe werden nicht leichter, sondern zumeist härter, weil ein Teil des „Kuchens" bereits automatisch verteilt ist.

14. Strategischer Fokus: Außenwirtschaft

14.1. Problemstellung

Außenwirtschaftliche Beziehungen äußern sich in Transaktionen, an denen mindestens zwei Länder beteiligt sind. Ziel der Außenwirtschaftstheorie ist die Analyse dieser Beziehungen, die sich im Wesentlichen in drei Arten von Strömen niederschlagen.

1. Inputströme – Leistungstransaktionen
2. Outputströme – Leistungstransaktionen
3. Monetäre Ströme – Finanztransaktionen

In der Außenwirtschaftstheorie wird untersucht,
- auf welche Faktoren eine bestimmte außenwirtschaftliche Verflechtung zurückgeführt werden kann, was gleichzeitig Ansatzpunkte für eine wirtschaftspolitische Beeinflussung dieser Faktoren schafft;
- welche Wechselwirkungen zwischen den einzelnen Transaktionen bestehen.

Der Ausdruck Integration ist in seiner heutigen Bedeutung noch nicht sehr lange gebräuchlich. Nach **Machlup** kommt er vor 1940 nicht vor, denn man verstand vorher unter Integration betriebliche Zusammenschlüsse horizontaler oder vertikaler Art. Seit den 50er Jahren wird der Begriff mit einem definitiven Inhalt in Verbindung gebracht. Integration beschreibt demnach einen Zustand oder einen Prozess, der eine **Zusammenführung von Ländern** zu größeren ökonomischen Einheiten zum Inhalt hat.

Vereinfacht wird mit **Integration** eine Vorgangsweise beschrieben, bei der diskriminierende Handelspraktiken, die zwischen den teilnehmenden Ländern herrschen, aufgehoben und durch Kooperation und Koordination ersetzt werden. In welchem Ausmaß dies geschieht, hängt von der konkreten Ausgestaltung der Integrationsformen ab.

Man unterscheidet zwischen folgenden Ausprägungen der Integration:
- Präferenzabkommen
- Freihandelszonen
- Zollunionen
- Gemeinsame Märkte
- Wirtschafts- und Währungsunionen
- Politische Unionen

Präferenzabkommen werden zwischen autonomen Staaten zur gegenseitigen Begünstigung geschlossen und beziehen sich auf bestimmte Produkte. Es wird dem jeweils anderen Land eine bevorzugte Behandlung gewährt. Beispiele dafür sind die Präferenzabkommen mit Entwicklungsländern und aus der jüngsten Geschichte das Präferenzabkommen Österreichs mit Japan, wonach die Einfuhr japanischer Autos mit einem geringen Zollsatz belastet war, weil sich Japan verpflichtete, in einem bestimmten Ausmaß der japanischen Autoeinfuhren österreichische Zulieferungen (vor allem Semperitreifen) zu übernehmen.

In einer **Freihandelszone** heben alle Mitgliedsländer ihre handelsrestriktiven Praktiken untereinander auf – häufig nur in Bezug auf industriell gewerbliche Produkte –, bleiben allerdings hinsichtlich ihrer Außenhandelspolitik gegenüber Drittländern autonom. Beispiele sind EFTA, LAFTA, NAFTA. **Ursprungszeugnisse** verhindern, dass die Einfuhren aus Drittländern über das zollgünstigste Land der Freihandelszone erfolgt. Grenzen bestehen somit weiterhin.

In einer **Zollunion** gibt es wie in der Freihandelszone Freihandel zwischen den Mitgliedsländern, zusätzlich eine **gemeinsame Außenhandelspolitik** (Zölle) gegenüber Drittländern. Die EG (EWG) ist ein Beispiel für eine Zollunion, wenn sie auch derzeit bereits mehr als eine reine Zollunion ist. Der Autonomiebereich eines Staates wird in einer Zollunion stärker beschnitten als in einer Freihandelszone. Allerdings kann zumeist aus Gründen unterschiedlicher Steuern (Umsatzsteuern) weiterhin nicht auf Grenzkontrollen verzichtet werden.

Von einem **Gemeinsamen Markt** spricht man dann, wenn in einer Zollunion nicht nur der Warenverkehr ohne Beschränkungen ablaufen kann, sondern darüberhinaus auch die Faktormobilität gewährleistet ist. Es gelten die **vier Freiheiten**, nämlich für Waren, Dienstleistungen, Kapital und Arbeit. Neben Vereinheitlichung von

Vorschriften über Niederlassungen, Konzessionen u. a. m. drängt diese Situation auch auf eine zumindest ähnliche Steuer-, vor allem Mehrwertsteuerpolitik, da an den Grenzen keine Ausgleichsteuern mehr eingehoben werden.

Kommt zum Gemeinsamen Markt noch eine Harmonisierung der Wirtschafts- und Währungspolitik hinzu, dann spricht man von einer **Wirtschafts- und Währungsunion.**

Schreitet die Integration weiter, mit gemeinsamer Wirtschafts- und Währungspolitik, gemeinsamer Verteidigung, zentralem Parlament und einheitlicher Regierung, dann spricht man von einer **Politischen Union.**

14.2. Begriffe

So wie im nationalen Bereich unterscheidet man auch im grenzüberschreitenden Handel zwischen **Leistungs- und Finanztransaktionen.** Innerhalb der Finanztransaktionen ist zu unterscheiden zwischen solchen, die durch Leistungstransaktionen bewirkt werden und so genannten (autonomen) Finanztransaktionen sowie Finanztransaktionen, die durch andere Finanztransaktionen bewirkt werden. Umgekehrt können auch Finanztransaktionen die Voraussetzung für Leistungstransaktionen bilden. Die unterschiedlichen, sowohl von Leistungs- als auch von Finanztransaktionen ausgehenden Effekte, werden in einem Verrechnungssystem erfasst, das man traditionellerweise als **Zahlungsbilanz** bezeichnet, obwohl es sich dabei weder um eine Bestandsrechnung noch ausschließlich um Zahlungen handelt. Vielmehr handelt es sich bei der Zahlungsbilanz um eine Stromrechnung, die sämtliche ökonomischen Transaktionen aufzeichnet, die in einer bestimmten Periode zwischen In- und Ausland stattgefunden haben. Man bezeichnet diese Zahlungsbilanz auch als buchhalterische oder statistische Zahlungsbilanz.

In der **Handelsbilanz** sind die Warenexporte und -importe während eines Jahres enthalten. Liegt nun z. B. ein Exportüberschuss vor, dann spricht man von einem Aktivsaldo der Handelsbilanz oder einer aktiven Handelsbilanz. Die Forderungen aus Warenexporten waren also in der vergangenen Periode höher als die Schulden aus Warenimporten, die Netto-Auslandsposition hat sich erhöht. Um denselben Saldo wird auch die kurzfristige Kapitalverkehrsbilanz zunehmen. In der Dienstleistungsbilanz werden die Verkäufe und Käufe von Dienstleistungen berücksichtigt („unsichtbare Importe und Exporte"). Solche Dienstleistungen sind zum Beispiel der Tourismus, Versicherungsleistungen aber auch Importe und Exporte von Lizenzen und Patenten. Außerdem werden zu den Dienstleistungen auch die von Ausländern empfangenen und an Ausländer gezahlten Zinsen und Dividenden, die so genannten Kapitalerträge gezählt.

Die **Übertragungsbilanz** beinhaltet die Gegenbuchungen zu den Güter- und Forderungsbewegungen ohne ökonomische Gegenleistung von und an ausländische Wirtschaftssubjekte (z. B. Reparationen, Geldüberweisungen ausländischer Arbeitskräfte an ihre Familien, Ausgaben für Entwicklungshilfe). In unserem Schema sind die geleisteten Übertragungen kleiner als die empfangenen, die Übertragungsbilanz ist also aktiv. Fasst man die obigen Teilbilanzen der Zahlungsbilanz zusammen, so erhält man die **Leistungsbilanz.**

Auch im Handel mit dem Ausland fallen Leistung und Gegenleistung häufig zeitlich auseinander, es entstehen also Kreditbeziehungen. Die Entstehung und Tilgung von Verbindlichkeiten und Forderungen und auch die Änderungen ihrer Zusammensetzung erfasst man in der **Bilanz des langfristigen Kapitalverkehrs, der des kurzfristigen Kapitalverkehrs und in der Devisenbilanz.** Die Unterscheidung in lang- und kurzfristigen Kapitalverkehr wird üblicherweise so getroffen, dass Forderungen und Verbindlichkeiten bis zu einer Laufzeit von einem Jahr als kurzfristig, solche mit einer Laufzeit darüber als langfristig angesehen werden. Käufe und Verkäufe von Geldmarktpapieren (rediskontfähige Wechsel, Schatzanweisungen) werden jedoch auch bei einer längeren Laufzeit als ein Jahr zum kurzfristigen Kapitalverkehr gezählt. Käufe und Verkäufe von Aktien hingegen zählen immer zum langfristigen Kapitalverkehr. In der Devisenbilanz wird die Änderung der Auslandsposition der Zentralbank inkl. der eventuellen Änderungen ihres Goldbestandes ausgewiesen (die Änderungen der Devisenforderungen und Verbindlichkeiten aller anderen Inländer – auch der Geschäftsbanken – werden in der Bilanz des kurzfristigen Kapitalverkehrs erfasst).

Da, zumindest gedanklich, die Verbuchung der einzelnen Transaktionen in der Art einer doppelten Buchhaltung auf zwei Konten erfolgt, ist die Zahlungsbilanz als Summe der vier Teilbilanzen an sich stets ausgeglichen. In der Praxis muss allerdings eine **statistische Differenz** nicht aufgliederbare, erfassbare oder zuordenbare Transaktionen aufnehmen. In einer ersten Erstellung der Zahlungsbilanz ist diese statistische Differenz noch sehr groß. Spätere Informationen erlauben eine entsprechende Zuordnung zu den richtigen Posten, was eine beträchtliche betragsmäßige Verringerung zur Folge hat.

Aus dem Bestreben, eine Bilanz zu bekommen, die die charakteristische, langfristige außenwirtschaftliche Situation zeigt, fasst man gelegentlich die Leistungsbilanz mit der Bilanz des langfristigen Kapitalverkehrs zur **„Grundbilanz"** zusammen.

14.3. Thesen

Außenhandel, vor allem **Freihandel**, wirkt wohlfahrtsfördernd, auch dann, wenn ein Land alle benötigten Güter selbst herstellen könnte. Diese auf David **Ricardo** zurückgehende Hypothese bezeichnet man als **Theorie der komparativen Kostenvorteile**.

Nach diesem Prinzip ist Freihandel für alle beteiligten Länder dann vorteilhaft, wenn sich jedes Land auf die Produktion und den Export jener Güter spezialisiert, die es zu den relativ niedrigsten Kosten erzeugt – d. h., wo es komparative Vorteile aufweist –, und Güter importiert, für deren Produktion es relativ hohe Kosten aufzuwenden hat.

Ricardo verwendete als Beispiel dafür zwei Länder (England und Portugal) und zwei Güter (Wein und Tuch). Wir wollen ein etwas aktuelleres Beispiel wählen, nämlich USA und Japan sowie Computer und Autos. Die Produktion dieser Güter erfordert einen Ressourceneinsatz. Die Ressourcen jedes Landes sind aber begrenzt.

Die Ausgangssituation ist dadurch charakterisiert, dass die Produktion der beiden Güter (nur) einen Arbeitseinsatz (beispielsweise Manntage) benötigt, der in den

USA bei 30, in Japan hingegen bei 20 Manntagen zur Herstellung eines Computers liegt, während die Erzeugung eines Autos in den USA 30, in Japan hingegen nur 10 Manntage benötigt. Somit hat Japan in der Produktion beider Güter Kostenvorteile, man spricht auch von einem **absoluten Kostenvorteil**. Naiverweise könnte man annehmen, dass es für Japan am günstigsten wäre, beide Güter selbst zu erzeugen und keinen Handel mit den Vereinigten Staaten zu betreiben. Dem ist aber nicht so.

Die vorhandene Ressourcenmenge erlaubt in Amerika nur eine Erzeugung von 100 Computern oder von 100 Autos. Jeder Verzicht auf die Erzeugung eines Computers ermöglicht die Herstellung eines Autos (konstante Grenzrate der Transformation). Ein Auto kostet somit einen Computer wie umgekehrt ein Computer ein Auto kostet. Die Gesellschaft präferiert vor Aufnahme des Handels einen Gütermix von 50 Computern und 50 Autos.

In Japan können entweder 100 Computer oder alternativ 200 Autos erzeugt werden. Jeder Verzicht auf die Erzeugung eines Computers ermöglicht die Herstellung von zwei Autos. Ein Computer kostet somit zwei Autos und ein Auto demgemäß 0,5 Computer. Die Gesellschaft bevorzugt im Autarkiezustand 50 Computer und 100 Autos. Während die Produktion in den Vereinigten Staaten gegenüber der in Japan absolute Nachteile aufweist (höherer Ressourceneinsatz), ist relativ gesehen die Produktion von Computern in den USA günstiger als in Japan. In den USA muss für einen zusätzlich produzierten Computer auf ein, in Japan hingegen auf 2 Autos verzichtet werden. Die Vereinigten Staaten haben einen **komparativen Vorteil** in der Computererzeugung. Auf ähnlichen Überlegungen basierend ergibt sich ein komparativer Vorteil Japans bei der Erzeugung von Autos (ein Auto kostet in Japan 1/2 Computer, in den Vereinigten Staaten hingen einen Computer). Spezialisieren sich die Vereinigten Staaten auf die Produktion von Computer, so können sie 100 Computer erzeugen. Spezialisiert sich Japan auf die Produktion von Autos, dann kann es 200 Autos erzeugen.

Würden die USA nun 50 Computer gegen 50 Autos tauschen, dann wäre die selbe Güterausstattung wie in der Autarkie gegeben. Japan hingegen hätte dann 50 Computer und 150 Autos zur Verfügung und wäre eindeutig im Vorteil gegenüber einem Zustand ohne Handel (50 Autos mehr). Umgekehrt würde Japan 100 Autos gegen 50 Computer eintauschen, dann wäre mit 50 Computern und 100 Autos die gleiche Situation wie vor Aufnahme des Handels gegeben. Allerdings hätten nun die Vereinigten Staaten 50 Computer und 100 Autos zur Verfügung und somit einen Vorteil aus dem Handel.

Wenn daher das Austauschverhältnis zwischen Computern und Autos zwischen 1 Computer = 1 Auto und 1 Computer = 2 Autos liegt, beispielsweise 1,5, dann profitieren beide Länder vom Handel. So könnten 50 Computer gegen 75 Autos getauscht werden, wodurch die USA eine Güterversorgung von 50 Computern und 75 Autos (25 Autos mehr als unter Autarkie) und Japan eine solche von 50 Computern und 125 Autos (25 Autos mehr als unter Autarkie) aufweisen.

David Ricardo zog daraus den Schluss, dass eine internationale Arbeitsteilung auf Basis der komparativen Kosten für beide Länder vorteilhaft sei.

Die moderne Außenhandelstheorie erweitert diesen Modellansatz beträchtlich und ermöglicht auch über den Einfluss des Außenhandels auf Preise und Faktorentgelte die Aufhebung der ausschließlichen Spezialisierung auf ein Produkt. Es können in unserem obigen Beispiel daher durchaus auch in Japan Computer und in den USA

Autos erzeugt werden, der Außenhandel hingegen findet weiterhin mit dem Produkt statt, für dessen Erzeugung komparative Vorteile bestehen.

Wenn Außenhandel Vorteile mit sich bringt, stellt sich die Frage, welches Ergebnis ein Land aus dem Außenhandel erzielen soll. Auch wenn in der landläufigen Meinung Ausfuhren als „günstig" und Einfuhren als zumindest „weniger günstig" angesehen werden, ein Ausfuhrüberschuss somit als erstrebenswert gilt, ist die ökonomische Zielsetzung doch eindeutig auf ein **außenwirtschaftliches Gleichgewicht**, wie immer definiert, gerichtet. Welche Auswirkungen außenwirtschaftliche Ungleichgewichte haben, wird dann einsichtiger, wenn wir die Referenzgrößen zur Beurteilung des außenwirtschaftlichen Gleichgewichtes kennen gelernt haben.

Internationaler Handel bringt Vorteile für alle Beteiligten. Kein Land kann in einer vernetzten und arbeitsteilig organisierten Wirtschaft sinnvollerweise alles selbst herstellen („Autarkie"), sondern wird jene Produkte und Güter erzeugen, für die es am besten geeignet ist. Es werden aber nicht nur Waren gehandelt, sondern auch Dienstleistungen, wie sie z. B. der Fremdenverkehr erbringt. Ein Austausch mit dem Ausland findet darüber hinaus auch im Bereich des Kapitalverkehrs (Direktinvestitionen, Finanzkapitalanlagen) statt.

14.4. Mögliche Interventionen

Die **Außenwirtschaftspolitik** hat innerhalb der Stabilitätspolitik die Aufgabe, die außenwirtschaftliche Flanke einer Ökonomie bei einer monetären und/oder fiskalischen Stabilitätspolitik abzusichern.

Zu den **Instrumenten** der Außenwirtschaftspolitik zählen vor allem Zölle. **Zölle** können sowohl auf die Einfuhr wie auf die Ausfuhr sowie auf die Durchfuhr (Transit) erhoben werden. Sie können auf Mengen- oder auf Wertbasis erhoben werden. In der derzeitigen Zolllandschaft dominieren die Einfuhrzölle auf Wertbasis. Um zu verhindern, dass bei Preissenkungen ausländischer Güter der Zollschutz durchlöchert wird, können Gleitzölle („Abschöpfungen") eingeführt werden. Diese gibt es in der EU zum Schutz der Landwirtschaft und verhindern das Eindringen billiger ausländischer Agrarerzeugnisse.

Zölle sollen die heimische Wirtschaft oder Teile derselben vor (zu viel) ausländischer Konkurrenz schützen. Zwar sind sie global gesehen wohlfahrtshemmend, doch ermöglichen sie andererseits auch der durch Zoll geschützten Wirtschaft den Auf- und Ausbau einer konkurrenzfähigen Industrie.

Ein dauerhafter Schutz ist mit dem Freihandelsprinzip und somit letztlich auch mit dem Prinzip einer marktwirtschaftlichen Ordnung unvereinbar. Das GATT und nun die WTO als dem Freihandelskonzept verpflichtete Institutionen haben dazu beigetragen, die Zölle weltweit zu senken und auch handelshemmende Praktiken aufzuheben bzw. zu verringern.

Zu diesen handelshemmenden Praktiken gehören die **nicht-tarifären Handelshemmnisse**, wozu Kontingente, freiwillige Selbstbeschränkungen, Schutzklauseln, Normen und Sicherheitsbestimmungen, Vorschriften des Lebens- und Arzneimittelrechtes, diffizile und zeitraubende Methoden der Zollwertermittlung, Einhebung von Verwaltungsgebühren, Bevorzugung heimischer Anbieter bei staatlichen Auftragsvergaben, Einführung von Verbrauchssteuern (die vor allem importierte Güter betreffen) zählen. Neben einer Erschwernis der Einfuhr sind aber auch die entsprechenden Förderungen der Ausfuhr unter diesem Titel zu subsumieren, wie Ausfuhrsubventionen, steuerliche Entlastungen, Risikoübernahme durch den Staat, Förderung von Direktinvestitionen, Zuschüsse an die Exportwirtschaft u. a. m..

Im allgemeinen gilt, dass die Mannigfaltigkeit in den Möglichkeiten des Einsatzes nicht-tarifärer Handelshemmnisse, deren Willkürlichkeit, Unvorhersehbarkeit und häufige Unberechenbarkeit, den internationalen Handel stärker stören als Zölle und Kontingente (zumindest Globalkontingente). Sie sind es auch, die den Inhalt von internationalen Disputen ausmachen, die bis zu Handelskriegen eskalieren können.

Was die gemeinsame europäische Währung, den EURO, anbelangt, so sind die Meinungen noch gespalten, insbesondere was seine Bedeutung als handelspolitisches Instrument anbelangt. **André Gorz** beispielsweise, der in Frankreich für die **Einführung des Euros** gekämpft hat, erblickt darin eine Möglichkeit, mit dem Euro eine **autonome europäische Politik** zu betreiben und sich damit allmählich von der weltwirtschaftlichen Dominanz der USA zu emanzipieren. „Die EU ist der größte Markt der Welt. Sie wäre somit in der Lage, die Regeln für den Welthandelsverkehr weitgehend zu bestimmen. Ein sozial-ökologischer Gesellschaftsvertrag könnte auf diese Weise zum Vorteil aller Beteiligten global ausgedehnt werden. Dazu gibt es bereits einen Haufen Vorschläge und Veröffentlichungen. Der Euro ist ein unabdingbares Werkzeug für eine derartige Politik. Sie würde nicht nur ein humaneres Entwicklungsmodell einführen; sie würde auch dem neoliberalen angelsächsischen Kapitalismus den 'rheinischen Kapitalismus' gegenüberstellen: Ein Wirtschaftssystem, in dem es nicht immer um kurzfristige Gewinn- und Leistungsmaximierung geht, in dem die Entwicklung nicht einfach den so genannten Marktgesetzen überlassen wird. Das Projekt Europa und das europäische Gesellschaftsmodell weckt bei der aufsteigenden Generation der süd- und ostasiatischen Eliten großes Interesse. Die ganze Welt strebt eben nicht danach vom US-amerikanischen Finanzkapital, den Geboten der reinen Marktwirtschaft, des 'Kapitalismus pur', unterworfen zu werden."[19]

Fredmund Malik hingegen vertritt die Auffassung, dass weder die **Europäische Zentralbank** noch das **Europäische Zentralbankensystem** die Voraussetzungen erfüllen, die für einen stabilen Euro erforderlich wären.

Die **vier Hauptaufgaben** für die Sicherung der Währung und die Abwehr von Bankenkrisen wären seiner Meinung nach: erstens das Monopol der Geldausgabe; zweitens die Zurückweisung schlechter Sicherheiten gegen die Ausgabe von Noten; drittens die Bestimmung des Refinanzierungszinssatzes; und viertens – das Wichtigste – die jederzeitige Bereitstellung von Liquidität als „lender of last resort". Die EZB kann keine dieser Aufgaben erfüllen.

Die EZB entspricht von ihrer Stellung im System her in keiner Weise der Deutschen Bundesbank, wie das immer suggeriert wurde. Sie ist im Gegenteil machtloser Spielball der elf nationalen Zentralbanken, als deren willenlose Tochtergesellschaft sie konstruiert ist. Das sechsköpfige Direktorium der EZB kann ohne die elf Präsidenten der nationalen Zentralbanken der EU-Länder nicht handeln, die im EZB-Rat

---

[19] Lit. 152 Gorz.

automatisch die Mehrheit haben. Sie hat somit dieselbe Stellung wie die amerikanische Bundesbank vor 1933, was ein wesentlicher Grund für deren Hilflosigkeit bei der Bewältigung der Weltwirtschaftskrise war. Dort lernte man daraus. Als Folge wurde das gesamte Zentralbanksystem von Grund auf geändert und seine heutige Struktur geschaffen, die sich im LTCM-Fall einmal mehr bewährt hat. Nach diesem Modell wurde auch die Deutsche Bundesbank organisiert. Was wir in Europa jetzt aber als „dernier cri" haben, ist ein Rückschritt ins Jahr 1913, als die Missgeburt des ursprünglichen amerikanischen Zentralbanksystems auf die Welt kam.

Die EZB hat keine Mittel, um im Falle einer Währungskrise wirksam eingreifen zu können. Sie verfügt über 40 Milliarden Euro, was lächerlichen 5 Prozent der Aktiva der nationalen Zentralbanken von 800 Milliarden entspricht. Sie hat – welch ein Zufall – auch nur 1 Prozent des Personalbestandes der nationalen Zentralbanken, die (ausgenommen die Deutsche Bundesbank) ihr Personal nicht etwa jetzt abbauen, sondern im Gegenteil aufstocken.

Die Euro-Noten gibt nicht die EZB aus, sondern die nationalen Notenbanken. Anders als in den USA kann aber nicht zurückverfolgt werden, von welchem Land sie ausgegeben wurden, da sie nur die Unterschrift des EZB-Präsidenten tragen dürfen. Der Präsident der EZB ist somit eine Art Edelkastrat der Währungspolitik.

Ferner: Die EZB hat keinen Einfluss auf die Qualität der Sicherheiten, gegen die Euros emittiert werden. Die Deutsche Bundesbank hat für sich zwar ausdrücklich ausgeschlossen, schlechte Sicherheiten zu akzeptieren, aber sie hat keinerlei Einfluss auf das Verhalten der anderen Länder. Diese bestimmen selber, welche Papiere sie hereinnehmen – und sie brauchen sie nicht einmal offen zu legen.

Das Unangenehmste aber ist nach Malik der Umstand, dass es seit dem 1. Januar 1999 im Europäischen Währungssystem keinen „lender of last resort" gibt. Europa und seine neue Währung sind im Falle von Liquiditätskrisen schutzlos. Das Timing für die Beseitigung des wichtigsten Bollwerkes gegen Angriffe auf die Währung und gegen den Zusammenbruch von Banken, die heute ja nicht mehr national operieren, hätte „besser" – man blicke nach Asien und nach Lateinamerika – nicht sein können. Es gibt auch kein Pendant zum deutschen Bundesaufsichtsamt für das Kreditwesen. Europaweit hat man also nicht einmal die Information, die für die Einleitung von Rettungsaktionen nötig sind. Gemäß Maastricht-Vertrag werden weder das EZBS und schon gar nicht die EZB Überwachungsinformationen erhalten, die für ein brauchbares Risikomanagement nötig wären. Jederzeitiges und blitzartiges Handeln, wie es in Liquiditätskrisen unabdingbar ist, ist im neuen EZBS völlig unmöglich. Im einzigen Fall, wo Zentralismus wirklich notwendig ist – nämlich für den Schutz der Währung und zur Abwehr von Bankenkrisen –, haben die ansonsten allgegenwärtigen europäischen Zentralisten kläglich versagt. Der Euro wird schwach sein und der Franken stark.

D. Politische Ökonomie mit dem Zeithorizont 2005[20]

FOKUS 1: Auswirkungen des EURO auf den Immobilienmarkt mit dem Zeithorizont 2005

von Wulff Aengevelt

1. Ausgangslage

Einmalig in der Welt haben elf europäische Länder ihre Währung vereinheitlicht. Nach jahrzehntelangen synchronisierenden Vorbereitungen durchschreiten wir gegenwärtig eine letzte Adaptionszeit von 2-3 Jahren. Bereits in der Übergangsphase (1.1.1999 bis 31.12.2001) profitieren die Marktteilnehmer u.a. von festen Wechselkursen ohne bisher übliche Modalitäten und Risiken und von zukünftig einheitlicher Rechnungsführung und Preisauszeichnung. Nach kurzer Umstellungsphase (1.1.2002 bis 30.6.2002) ist der EURO dann alleiniges Zahlungsmittel in den Teilnehmerstaaten.

Die europäische Währungsunion reflektiert die Internationalisierung der Märkte, die sich in den letzten Jahren in dem zunehmend globalisierten Anlageverhalten der großen Player auf den Immobilienmärkten abzeichnet. In diesem Sinne ist die Einführung des EURO die konsequente währungstechnische Umsetzung der immer stärkeren Kapital- und Dienstleistungsströme zwischen den (west-) europäischen Ländern.

Durch die neue Währungskonvergenz ergeben sich eine Reihe deutlich verbesserter Rahmen- und Marktbedingungen für Kapitalanlagen in einem zunehmend einheitlichen europäischen Immobilienmarkt. Das betrifft insbesondere:

- den Wegfall von Wechselkursrisiken;
- den Wegfall von Kosten, die aus dem Devisenmanagement entstehen;
- die fortschreitende Angleichung der Wettbewerbs- und Rahmenbedingungen;
- die erforderliche Harmonisierung der wirtschafts- und finanzpolitischen Ziele im Sinne einer zukünftig Euro-gemäßen monetären Disziplin und als Folge daraus die zunehmende Konvergenz des Zinsniveaus.

---

[20] Referate, die im Rahmen des Workshops „Brave New Economic World 2005", Visions and Strategies am 21. und 22. Juni 1999 an der Università Ca' Foscari in Venedig gehalten wurden.

Neben dieser Verbesserung harter, messbarer Marktbedingungen spielt die Veränderung weicher Marktbedingungen eine mindestens gleich große Rolle. Das Bewusstsein eines gemeinsamen, starken europäischen Marktes stimuliert die Bereitschaft von Kapitalanlegern, in europäischen Mitgliedsländern außerhalb der eigenen Landesgrenzen zu investieren. Der entscheidende Faktor dabei ist die euroinduzierte, deutlich höhere Markttransparenz. So sind Kosten- und Produktivitätsunterschiede zwischen den Ländern ohne die ansonsten notwendigen Wechselkursanpassungen vergleichbar. Chancen und Risiken für Investitionen in verschiedenen europäischen Regionen werden damit wesentlich schneller und deutlicher sichtbar. Der psychologische Output des EURO schlägt sich entsprechend in einem zunehmend veränderten Anlageverhalten wider: Beispielsweise rücken auch für Kleinanleger die Märkte der europäischen Nachbarländer viel stärker ins Blickfeld als bisher. Interessanterweise ist dabei die Frage, ob diese Länder gegenwärtig bereits oder erst zukünftig zur EURO-Zone gehören, zweitrangig. So werden in europaweiten Renditevergleichen auch die Immobilienmärkte von London, Stockholm, Moskau und Zürich miteinbezogen. Auch spielen bei Anlage- und Performancevergleichen die jungen Immobilienmärkte Ungarns, Tschechiens und Polens eine große Rolle. Länder also, in denen die Einführung des EURO erst in ferner Zukunft liegt. Dies zeigt, dass die Internationalisierung der Immobilienmärkte nicht vor den EURO-Grenzen Halt macht, der EURO wohl aber für eine wachsende Zahl von Anlegern die psychologischen Barrieren für Investitionen außerhalb der Landesgrenzen abbaut.

2. Trends auf dem europäischen Immobilienmarkt

Der Trend zur stärkeren Verflechtung der Immobilienmärkte der EU-Länder hat sich in den letzten Jahren erheblich verstärkt:

1. Die Konvergenz des Zinsniveaus (und der Kapitalmarktrenditen) zieht eine analoge Entwicklung der Zinserträge des Immobilienmarktes nach sich: Infolge der sich schrittweise weiter harmonisierenden juristischen und wirtschaftlichen Rahmenbedingungen ist ein verstärkter Druck zur Angleichung der Renditen in den jeweiligen Nutzungssparten zu erwarten. Gleichzeitig zeichnet sich damit ein Trend zu einem schnelleren Umschlag des in Immobilien gebundenen Kapitals ab.
2. Die Immobiliennachfrage sowohl von EU-Ausländern als auch von Inländern in den anderen EURO-Ländern wächst erheblich. Die Zahl und Volumen grenzüberschreitender Transaktionen nehmen zu. Die Immobilienmärkte der EU-Länder wachsen damit fraglos enger zusammen.
3. Sowohl für große institutionelle und private Investoren als auch für mittlere Anleger ergeben sich damit wesentlich bessere Chancen zur Diversifizierung ihres Immobilien-Portfolios.
4. Eurobedingt wird der länderübergreifende immobilienwirtschaftliche Wettbewerb der Regionen und Standorte erheblich forciert. Das betrifft auch alle wirtschaftspolitischen Einflussfaktoren, die sich auf das Renditeniveau auswirken. Dabei spielen die steuerlichen und rechtlichen Rahmenbedingungen für den Im-

mobilienhandel eine wesentliche Rolle. Länder mit hohen Transaktionsbarrieren, zum Beispiel durch sehr lange Zeiträume bis zur Realisierung steuerfreier Veräußerungsgewinne, reduzieren ihre Attraktivität für große Investoren.

5. Die Chancen zur Erzielung höherer Renditen werden durch eine europaweite Diversifikation des Immobilien-Portfolios insgesamt verbessert. Das gilt analog auch für die Ausbildung von Qualitätsklassen, Sicherheitsstufen und Wachstumsperspektiven. Bei der Angleichung der Renditen auf europäischer Ebene ist indessen zu beachten, dass dabei nicht nur einseitig auf die erzielbaren Zinserträge abgestellt wird. Vielmehr ergibt sich die Gesamtrendite einer Immobilieninvestition aus zwei entscheidenden Komponenten:

1. dem Zinsanteil, der sich aus dem Reinertrag und den steuerlichen Abschreibungsmöglichkeiten bezogen auf die Investition ergibt.

2. dem Wertentwicklungspotential, das sich vor allem aus der inflationär bedingten sachwertgesicherten und damit real konstant bis moderat wachsenden Kaufkraft des in die Immobilie investierten Kapitals (im Vergleich zur mittleren Kaufkraftentwicklung) ergibt. Im Wertermittlungsverfahren schlägt sich dieser Renditeanteil im kalkulierten Wiederverkaufswert der Immobilie z. B. nach Auslaufen der Miet-/Pachtverträge oder Objektrestrukturierung bzw. Umnutzung nieder.

Eine indessen lediglich nur „Cash-flow" orientierte Betrachtung – häufig bei der Diskussion zu den Auswirkungen des EURO auf die Immobilienmärkten im Vordergrund – spiegelt nur eine, wenn auch sehr wichtige Zielrichtung des Handelns der Marktakteure wieder. Neben der Höhe der zu erzielenden laufenden Mietzinsen spielt der bei jeder Immobilienanlage zu kalkulierende Wiederverkaufswert eine entscheidende Rolle bei der Renditeberechnung. Wertstabilität und Wertentwicklungspotential werden indessen von der Makro- und Mikrolage bestimmt. Dabei gilt allgemein die zur Beurteilung von Investitionen bekannte Formel: „Je höher das Wertentwicklungspotential, desto niedriger der Zinsanteil, je höher der Zinsanteil, desto niedriger das Wertentwicklungspotential". In diesem Sinne gleichen sich die Renditen von Immobilienanlagen in vergleichbarer Art und Lage in den EU-Ländern mittelfristig an, auch wenn sie sich derzeit noch erheblich unterscheiden.

Hier ist indessen festzustellen, dass hochverzinsliche Immobilieninvestitionen in der Regel mit höheren Risiken behaftet sind. Die Markterfahrungen der letzten Jahre zeigen, dass die großen institutionellen und privaten Investoren deshalb nicht nur Immobilien mit hohen Zinserträgen suchen, wenngleich Erwerbschancen für hochverzinsliche Immobilienanlagen in Portugal, Frankreich, den Beneluxländern oder Großbritannien stark genutzt werden. Vielmehr gehören zu einer guten, langfristig erfolgreichen Mischung eines Immobilien-Portfolios sowohl risikoreichere Anlagen mit hohen Renditen („cash cows") als auch wertstabile Investments mit vergleichsweise moderaten Zinserträgen bei höherer Wertsteigerung und Drittverwendungsfähigkeit. Entsprechend hat das ausländische Erwerbsinteresse z. B. am deutschen Immobilienmarkt trotz vergleichsweise niedrigerer Zinserträge in den letzten Jahren zugenommen. Hintergrund dafür ist das im europäischen Vergleich hohe Wertentwicklungspotential, infolge der ausgewogenen polyzentralen Struktur des Landes gegenüber hauptstadtlastigen Ländern mit einer dominanten immobilienwirtschaftlichen Kernregion wie z. B. Großbritannien (London), Frankreich (Paris), Belgien (Brüssel), Österreich (Wien).

3. Unterschiedliche Rahmenbedingungen auf europäischer Ebene

Auch nach der Umstellungsphase und Einführung des EURO als alleinigem Zahlungsmittel bestehen in den einzelnen Teilnehmerstaaten für den Immobilienerwerb derzeit und mittelfristig noch höchst differenzierte Rahmenbedingungen. Hier ist beispielsweise auf die Kaufnebenkosten, die laufenden steuerlichen Belastungen etc. hinzuweisen. Darüber hinaus ist der Blick auch auf die fiskalische Behandlung der Veräußerungsgewinne (Spekulationssteuer) zu richten.

Kaufnebenkosten: Bei Erwerb einer Immobilie im sogenannten „Euroland" fallen üblicherweise Kosten durch Grundbucheintrag, Notargebühren, Grunderwerbssteuer, Mehrwertsteuer (i. d. R. bei gewerblichen Objekten) und gegebenenfalls Maklerprovision an. Im allgemeinen gilt, dass sich die bei Erwerb anfallenden Nebenkosten nach dem Kaufpreis bemessen. Pauschalbeträge werden i.d.R. nicht erhoben. Die z. T. gestaffelten Prozentsätze sind dabei länderweise nicht nur unterschiedlich bemessen, sondern fallen – im Gegensatz zur Trennung in der Bundesrepublik Deutschland – mitunter zusammen. So sind z. B. in Frankreich die Gebühren für den Grundbuch-Registereintrag in den Notargebühren enthalten.

Laufende Kosten: Noch differenzierter als die Kaufnebenkosten sind die laufenden Abgaben, die auf den Eigentümer einer Immobilie zukommen. Hier ist sinnfällig die Grundsteuer herauszuheben. Ihre Ermittlung setzt stark abweichend an sehr unterschiedlichen Bemessungsgrundlagen an. So wird z. B. in Deutschland die Grundsteuer nach dem steuerlichen Einheitswert der Immobilie ermittelt, in Finnland nach dem Grundstückswert, in Irland nach dem Vermögenswert und in Italien nach dem Katasterertragswert. In Belgien wird z. B. keine Grundsteuer erhoben, sondern eine direkte und indirekte Immobiliensteuer. Konvergierende Bemessungsansätze stehen also noch aus.

Besteuerung von Veräußerungsgewinnen: Auch hier bestehen bislang keine einheitlichen Regelungen. Sowohl die z. T. vorhandenen Spekulationsfristen, nach deren Ablauf der Veräußerungsgewinn steuerfrei ist, als auch die Veräußerungsgewinnsteuer sind länderweise unterschiedlich bemessen. Generell werden gewerbliche und private (hier wird vermietetes und eigengenutztes Wohneigentum unterschieden) Immobilientransaktionen unterschiedlich behandelt.

Die in den elf Teilnehmerländern existierenden individuellen Abgaben und Steuern beim Erwerb, bei der Bestandshaltung und beim Verkauf von Immobilien werden von der Währungsumstellung auf mittlere Sicht nicht berührt. Auch nach dem 01.07. 2002 ist bis auf weiteres von unterschiedlichen Belastungen und Methoden auszugehen. Die wirtschaftspolitischen Rahmenbedingungen werden sich damit auf absehbare Zeit weiterhin maßgeblich zwischen den EU-Ländern unterscheiden.

4. Chancen des deutschen Immobilienmarktes

Bei der prognostizierten Angleichung der Renditen auf europäischer Ebene ist deshalb stets die Gesamtrendite als Summe aus Zinsanteil und Wertentwicklungspotential zu berücksichtigen. Berücksichtigt man beide Faktoren, sind die Chancen von Investmentobjekten z. B. auf dem deutschen Immobilienmarkt viel besser einzuschätzen als die lediglich „Cash-flow" orientierten Betrachtungen häufig suggerieren. Genauso wenig wie zum Beispiel die Kapitalisierungsfaktoren von Geschäftshäusern in Citylagen mit denen in Stadtrandlagen je identisch sein können, ist zu erwarten, dass sich die Kaufpreismultiplikatoren vergleichbarer Immobilientypen in den EU-Ländern völlig angleichen. Hier besitzt Deutschland im Unterschied zu anderen europäischen Ländern den Vorteil einer ausgewogenen polyzentralen Struktur und damit ein erhebliches Potential für wertstabile Immobilieninvestitionen, verteilt auf eine relativ große Zahl gleichgewichtiger Standorte. Entfallen beispielsweise in Frankreich und Großbritannien jeweils rund die Hälfte der Immobilienumsätze auf die Großregion um die Hauptstadt, erzielt kein deutscher Großraum eine höhere Umsatzquote als 4,5 %. Darüber hinaus erzielen die 15 wichtigsten deutschen Immobilienzentren insgesamt nur einen Anteil von rund einem Drittel des Gesamtumsatzes des Landes.

Gleichwohl war das Interesse ausländischer Kapitalanleger an Investitionen in den großen deutschen Immobilienzentren in den letzten Jahren relativ verhalten. Hintergrund waren die Einschätzungen der Marktzyklen in Deutschland: So zeichnete sich an den meisten Standorten nach einer Phase der Marktüberhitzung Anfang der 90er Jahre ein erheblicher Rückgang der Zinserträge ab. Zudem spielten internationale Anleger ungeachtet der außerordentlich hohen Investitionstätigkeit auf den Immobilienmärkten der neuen Bundesländer in den letzten Jahren eine nur bescheidene Rolle.

Insgesamt verblieb der Anteil ausländischer Kapitalanleger an den jährlichen Investitionen institutioneller Investoren auf deutschen Immobilienmärkten meist unter 3 %. Hier zeichnet sich EURO-bedingt indessen ein Umdenken ab: Wurde 1997 das gesamte Investitionsvolumen ausländischer Kapitalanleger in Deutschland auf rund DM 0,5 Mrd. geschätzt, betrug es 1998 bereits rund DM 1,5 Mrd. Dieser Aufwärtstrend wird sich auch 1999/2000 fortsetzen. Dabei konzentriert sich gegenwärtig das Interesse ausländischer Investoren vorrangig auf die etablierten deutschen Immobilienzentren mit hohem Wertentwicklungspotential. Dies sind vor allem Frankfurt am Main, Düsseldorf, Berlin, Hamburg und München. Bei einem weiteren konjunkturellen Aufschwung in Deutschland, der allerdings sehr stark von wirtschaftspolitischen Entscheidungen abhängig ist, wird sich das Interesse ausländischer Kapitalanleger an Investmentprodukten in den deutschen Immobilienzentren weiter verstärken. Dafür sprechen die sich deutlich im Aufschwung befindlichen Marktentwicklungszyklen in München, Düsseldorf, Frankfurt/Main, Berlin und Stuttgart, wie auch das wirtschaftliche Gewicht der Bundesrepublik Deutschland in Europa.

5. Resümee

Der EURO bringt der Immobilienwirtschaft der Teilnehmerländer durch Wegfall von Währungsrisiken und -grenzen und durch Angleichung immobilienwirtschaftlicher Rechts- und Erwerbsvorschriften für private und institutionelle Kapitalanleger innerhalb der EG einen kräftigen internationalen Schub und erheblichen Aufschwung. Die Entwicklung ist in vollem Gange: Deutsche institutionelle und private Investoren interessieren sich zunehmend für Länder mit bislang höherer Immobilienrendite wie Großbritannien, Niederlande, Frankreich, Österreich und die iberische Halbinsel. Gleichzeitig verstärkt sich aber auch das Interesse ausländischer Kapitalanleger, z. B. aus den USA, an den EURO-Immobilienmärkten.

Mittelfristig werden sich die Immobilienrenditen dadurch europaweit angleichen. So zeigen sich in anderen Ländern gegenwärtig bereits Tendenzen, dass sich das Zinsertragsniveau verringert (Beispiel Niederlande: - 1 bis - 1,25 Prozentpunkte). Dabei liegt das deutsche Zinsertragsniveau zwar nach wie vor unter dem anderer europäischer Länder, was aber durch das vergleichsweise höhere Wertentwicklungspotential (Wiederverkaufswert) ausgeglichen wird. Ein höherer Cash-flow, wie er im Augenblick auf den Immobilienmärkten in Frankreich, Spanien und Portugal erzielt werden kann, ist in der Regel mit vergleichsweise höheren Leerstandsrisiken und kürzeren Vertragslaufzeiten verbunden, so dass hier bei zeitnahem Wiederverkauf der Immobilie mit Erlösrückgängen kalkuliert werden muss. Die Botschaft vor Eintritt in das Jahr 2000 lautet: Der EURO hat die Weichen für die europäischen Immobilienmärkte neu gestellt, der „Immobilien-Zug" fährt dabei langfristig ohne Zweifel in Richtung „Erfolg"!

Literaturverzeichnis
Baumann, W. (Hrsg.), Immobilien und Steuern: aktuelle Entwicklungen; internationale und östereichische Rahmenbedingungen; Finanzierungs- und Steuermodelle, Wien 1996
Bischoff, B., Grundstückswerte in den neuen Bundesländern: wie sich ungeklärte Eigentumsfragen auf Verkehrswerte auswirken, Berlin 1994

FOKUS 2: Harmonisierung der Unternehmenssteuern versus nationales Steuerrecht 2005

von Peter Beisteiner

1. Ausgangssituation

Die Diskussion der Steuerharmonisierung in der EU setzt die Differenzierung zwischen direkten und indirekten Steuern voraus. Der Prozess der gemeinschaftlichen Steuerharmonisierung begann 1967 mit Maßnahmen zur Vereinheitlichung der Umsatzsteuer. Neben den Umsatzsteuern sind nahezu ausschließlich Verbrauchssteuern und Abgaben Themen einer Steuervereinheitlichung. Begründet liegt dies in der Gesetzgebungskompetenz der Gemeinschaft. Der definitive Harmonisierungsauftrag des Art. 99 des EG-Vertrages bezieht sich ausschließlich auf Regelungen der Rechtsvorschriften im Bereich der Umsatzsteuer, der Verbrauchsaufgaben und sonstigen indirekten Steuern. Die bisher erfolgten Harmonisierungsschritte standen unter der Generalnorm soweit sie für die Errichtung und das Funktionieren des Binnenmarktes notwendig sind. Die bis heute am weitesten gediehene Harmonisierung des Mehrwertsteuersystems ist nach wie vor nicht abgeschlossen. Dies sowohl in Bezug auf eine weitere Angleichung der Steuersätze als auch im Hinblick auf die Realisierung des konzipierten „Ursprungslandprinzips". Auf dem Gebiet der direkten Steuern fehlt eine ausdrückliche Regelung im EG-Vertrag. Die Souveränität der Mitgliedsstaaten auf dem Gebiet des Steuerrechts bleibt somit vom Gemeinschaftsrecht grundsätzlich unberührt. Zur Anpassung der direkten Steuern können daher nur die Bestimmungen über die allgemeine Rechtsangleichung herangezogen werden. Die Harmonisierungskompetenz der EU ist bei den direkten Steuern nur mittelbar über Rechts- und Verwaltungsvorschriften machbar.

Für die politische Realität bedeutet dies:
  (1) Nationale Steuerregelungen werden nur dann tangiert, wenn die Harmonisierung für das Funktionieren des gemeinsamen Marktes erforderlich ist.
  (2) Alle Harmonisierungsmaßnahmen dürfen nur einstimmig beschlossen werden.

Das Prinzip der Einstimmigkeit ist in der Praxis eine Barriere, die insbesondere im Bereich der Unternehmensbesteuerung überwunden werden muss. Dementsprechend hat die Diskussion über den Harmonisierungsbedarf im Bereich der Unternehmensbesteuerung eine untergeordnete Rolle gespielt. Erst die Ergebnisse des 1992 im Auftrag der EU erstellten so gen. Ruding-Ausschuss zeigt, dass Steuerunterschiede zwischen den Mitgliedsstaaten bei Investitions- und Standortentscheidungen multinational tätiger Unternehmen wesentliche Bedeutung haben. Im Bereich des Finanzsektors führen unterschiedliche nationale Besteuerungsnormen zu massiven Wettbewerbsvor- bzw. -nachteilen. Trotz der Anerkenntnis des Subsidiaritätsprinzips wurde hier mehrheitlich Handlungsbedarf festgestellt.

Der Steuerwettbewerb unter einzelnen Mitgliedsländern und die Einführung der Gemeinschaftswährung Euro haben die Diskussion der Steuerharmonisierung der Unternehmensbesteuerung auf die Tagesordnung der EU gebracht.

Österreich hat seinen ersten EU-Vorsitz dazu gewählt, um Fortschritte in der Steuerharmonisierung zu erzielen.

Im konkreten kamen folgende Steuerthemen auf die Agenda der österreichischen Präsidentschaft:

(1) Bekämpfung des schädlichen Steuerwettbewerbs
   a) Verhaltenskodex
   b) Sicherung einer effektiven Mindestbesteuerung für grenzüberschreitende Zinszahlungen
   c) Beseitigung der Quellensteuer für Zinsen und Lizenzgebühren zwischen verbundenen Unternehmen
(2) Energiebesteuerung
(3) Weiterentwicklung auf dem Gebiet der Mehrwertsteuer

Zusammenfassung

Die Entwicklung der Harmonisierung der direkten Steuern zeigt folgendes Bild:

Erstmals 1990 sind auf dem Gebiet der direkten Steuern zwei Richtlinien ergangen, die kurz als die Mutter/Tochterrichtlinie und die Fusionsrichtlinie im Schrifttum bezeichnet werden.

Damit sind alle verbindlichen Regelungen genannt.

Als Diskussionspapiere bestehen seit 1992 die Empfehlungen des Ruding-Ausschusses, der:

(1) Vorschläge zur Gleichbehandlung inländischer und ausländischer Dividenden und
(2) Modelle für ein gemeinsames Körperschaftssteuersystem erarbeitet hat.

Weiters liegen Dossiers zur Bekämpfung des schädlichen Steuerwettbewerbs, der Zinsbesteuerung und der Quellensteuerfreiheit für Zins- und Lizenzzahlungen und der verbundenen Unternehmen vor.

2. Visionen

Die vorliegende Ausgangssituation soll Visionen zur Verbesserung der Steuersysteme keine Fesseln anlegen.

Vision 1
Einführung effektiver Besteuerungssysteme zur Erreichung einer annähernden Kostenwahrheit in den Sektoren Ressourcenbesteuerung und in der Transportwirtschaft.

Vision 2
- Vereinfachung und Vereinheitlichung der nationalen Steuersysteme, Senkung der Unternehmenssteuern nach verbindlichen EU-Richtlinien.
- Spürbarer Abbau bürokratischer Strukturen auf EU und nationaler Ebene.
- Einführung effektiver Kontrollsysteme der Steuerverwendung und Sanktionsmöglichkeit gegenüber den verantwortlichen Behörden.

Vision 3
Kompetenzerweiterung der Gemeinschaft zur einheitlichen Bekämpfung internationaler Steuerflucht und Steuerdumping.

ad 1
Der Einführung umweltrelevanter Steuern werden die vertraglich gesicherten Grundfreiheiten der Gemeinschaft entgegengehalten. Die Ingangsetzung einer Wertediskussion kann langfristig zu Meinungsänderung und somit zur Einführung effektiver „Ökosteuersysteme" führen.

ad 2
Die Reduktion der Unternehmenssteuern, die Vereinheitlichung der nationalen Steuersysteme und deren Redimensionierung ist Bedingung für eine erfolgreiche Positionierung der EU im globalen Steuerwettbewerb. Die Forderung nach dem Abbau bürokratischer Strukturen und die damit einhergehende Senkung staatlicher Verwaltungskosten ist eine Grundvoraussetzung für die Akzeptanz der Besteuerung durch den Bürger. Die einzelnen Mitgliedsländer haben bis heute praktisch noch nicht realisiert, dass durch die Etablierung einer neuen Zentralverwaltung in „Brüssel" eine weitere Gesetzgebungs- und Verwaltungsebene entstanden ist. Die Anpassung der nationalen Verwaltungsstrukturen muss unter diesem Gesichtspunkt überdacht werden. Historisch begründete föderale Strukturen mit eigenen politischen Repräsentanten, einer länderbezogenen Steuergesetzgebung etc., beanspruchen unnötige Steuermittel und behindern die Entwicklung neuer „grenzüberschreitender" Regionen. Die Einführung effektiver Kontrollsysteme der Steuerverwendung und besonders die Sanktionsmöglichkeit gegenüber den verantwortlichen Behörden könnte systembedingte „Steuerverschwendung" reduzieren.

ad 3
Die Kompetenzerweiterung der europäischen Gemeinschaft zur Bekämpfung internationaler Steuerflucht und Steuerdumping soll den in allen Industriestaaten erkennbaren Exodus der Steuerzahler einschränken.
Die Problematik der Steuerflucht ist kein EU-spezifisches Problem. Die Steuerbehörden der Vereinigten Staaten haben nicht zuletzt aufgrund starker nationaler Behördenkompetenz erhebliche Erfolge in der Bekämpfung des Steuerbetruges erreichen können.

3. Strategie

Grundsätzlich lassen sich zwei Wege zur Realisierung einer Steuerharmonisierung beschreiben.

3.1. Politische Konsensfindung innerhalb der Gemeinschaft

Die Harmonisierung der direkten Steuern kann nur durch Änderung der in Art. 3b EG-Vertrag fixierten Grundsätze der Subsidiarität und Erforderlichkeit ermöglicht werden. Während indirekte Steuern auf Waren und Dienstleistungen relativ losgelöst von nationalen Strukturen belastet werden können, erstrecken sich die direkten Steuern auf das Einkommen und Vermögen der einzelnen Bürger in den Nationalstaaten. Die nationalen Vorstellungen von Steuergerechtigkeit, Umverteilungsgerechtigkeit etc. hängen eng mit der Rechts- und Gesellschaftsordnung und somit „mit der nationalen Identität" eines Mitgliedsstaates zusammen. Dieser Umstand spiegelt sich auch in der aktuellen Harmonisierungsdebatte wider. Als Beispiel kann die Diskrepanz bei der Akzeptanz von Ökosteuern zwischen den südlichen und mittel- und nordeuropäischen Mitgliedern zitiert werden. Im Bereich der direkten Steuern gibt es erhebliche gesellschaftspolitisch begründete Auffassungsunterschiede zwischen den anglikanischen und mitteleuropäischen Teilnehmern.

Somit ist die politische Spannungslinie zwischen den Befürwortern absoluter nationaler Steuerhoheit und den Vertretern einer zentralen Steuerpolitik definiert.

3.2. Harmonisierung durch Rechtsprechung des EuGH

Als Weg der kleinen Schritte können Harmonisierungsbestrebungen durch Änderung der Rechtsprechung des EuGH bezeichnet werden. Bei Analyse der Grundsatzentscheidungen zu direkten Steuern des EuGH zeigt sich, dass unter Berufung auf die Einschränkungen der Grundfreiheiten des EGV höchstgerichtliche Entscheidungen gefällt wurden, die Diskriminierungen von EU-Bürgern durch nationale Steuergesetze im direkten Steuerbereich aufgehoben haben. Unter Hinweis auf die Beschränkung der Niederlassungsfreiheit, Beschränkung der Kapitalverkehrssteuerfreiheit und Beschränkung der Dienstleistungsfreiheit wurden zahlreiche nationalstaatliche Steuerregelungen außer Kraft gesetzt bzw. deren Änderung bewirkt.

Literaturverzeichnis

Clemens, R./**Paulini,** M., Harmonisierung der indirekten Steuern im europäischen Binnenmarkt, Stuttgart 1991

Herzig, N. (Hrsg.), Harmonisierung der Körperschaftsteuersysteme in den EU-Staaten, Köln 1994

Hey, J., Harmonisierung der Unternehmensbesteuerung in Europa, ein Vorschlag unter Auswertung des Ruding Berichts und der US-amerikanischen „integration debate", Köln 1997

FOKUS 3: Benchmarking wirtschaftlicher Rahmenbedingungen für Unternehmer und Unternehmen 2005 - Ein venezianisches Manifest

von Erwin Bendl

1. Einleitung

1.1. Benchmarking als Werkzeug

Benchmarking ist eines jener Schlagworte in der wirtschaftspolitischen Diskussion, das wieder in aller Munde ist. Während Benchmarking auf Unternehmensebene längst praktiziert, in der Fachliteratur umfangreich dokumentiert und in weiten Bereichen „ausdiskutiert" ist, drängt die Anwendung zur Standortsicherung auf volkswirtschaftlicher Ebene erst in jüngerer Zeit ins Rampenlicht.

Der Begriff ist schnell erläutert, aber erst Beispiele machen ihn greifbar. Benchmarking ist – vereinfacht ausgedrückt – ein laufendes Monitoring einzelner Ergebnisse und Leistungen, die unter vergleichbaren Bedingungen erbracht werden. Ziel ist es, von den besten Ergebnissen zu lernen, diese best-practices – wo angebracht – zu übernehmen und damit insgesamt die Effizienz und Effektivität zu steigern. Insofern führt Benchmarking zu einer laufenden Verbesserung. Benchmarking lässt sich innerhalb einer Institution durchführen. Interessanter ist in der Regel der Vergleich mit anderen Organisationen; jeweils mit dem Ziel, sich selbst zu optimieren und die beste Praxis anzustreben. Gegenüber der herkömmlichen Wettbewerbsanalyse hat Benchmarking den Vorteil, Verständnis für die Prozesse, die Spitzenleistungen ermöglichen, zu schaffen. Sowohl Prozesse als auch Resultate können einem Benchmarking unterzogen werden.

Ein Beispiel: Angenommen ein Unternehmen verfügt über mehrere Betriebsstätten, die überall das gleiche Gut erzeugen. Einige dieser Betriebe werden in der gleichen Zeit mehr Produkte erstellen, geringere Kosten verzeichnen und bessere Qualität liefern. Andere Betriebsstätten werden weniger erfolgreich sein. Die Unternehmensleitung kann es damit belassen. Sie kann aber auch ausfindig machen, warum bestimmte Betriebe besser abschneiden und diese best-practices auf die anderen Niederlassungen anwenden. So gesehen wird aus Benchmarking ein Benchlearning.

Wesentlich häufiger wird sich ein Unternehmen mit der Konkurrenz vergleichen. Wenn im eigenen Betrieb die Lieferfristen vier Wochen benötigen und Mitbewerber ihre Kunden in drei Tagen beliefern können, besteht großes Verbesserungspotential. Selbst branchenfremde Betriebe bieten sich für Vergleiche an, denn viele wichtige Unternehmensleistungen müssen unabhängig vom Geschäftsfeld erbracht werden.

Benchmarking setzt weder ein akademisches Studium noch kaufmännisches Geschick voraus. Jeder Konsument betreibt eine Art Benchmarking, indem er Qualität, Service und Preis verschiedener Hersteller vergleicht und danach entscheidet, wie er sein begrenzt verfügbares Einkommen am besten ausgibt.

In den jüngsten Jahren wird Benchmarking von einigen Ländern auf nationalstaatlicher Ebene angewandt. Damit hat Benchmarking den Sprung von der Betriebs- zur Volkswirtschaft vollbracht. Ziel ist die Stärkung der Standortattraktivität und der Wettbewerbsfähigkeit. Insofern ist Benchmarking ein neuerer Ansatz.

1.2. Von der Inputmessung zur Outputbewertung in Australien

Einige Länder haben bereits vor einigen Jahren begonnen, mittels Benchmarking von Rahmenbedingungen die Wettbewerbsfähigkeit ihrer Volkswirtschaft zu optimieren. So hat Australien nicht nur seinen Gesetzesdschungel durchforstet, um Wettbewerbsnachteile seiner Wirtschaft gegenüber dem Ausland auszugleichen, sondern auch die Effizienz und Effektivität der nationalen Infrastruktur erhoben und mit ausländischen Referenzwerten verglichen. Die Datensammlung war anfangs schwierig, weil auf kein bestehendes System zurückgegriffen werden konnte.

Insbesondere die Leistung der Häfen wurde durchleuchtet. Sie sind von zentraler Bedeutung für die australische Wirtschaft. Beim Kohlenumschlag konnte der beste australische Hafen problemlos mit der internationalen Konkurrenz mithalten. Andere australische Häfen jedoch waren von diesen Werten weit entfernt. Besonders schlecht war die Situation der australischen Containerhäfen. Als Benchmark diente vor allem die Anzahl der pro Kran und Stunde bewegten Container und die dafür entstehenden Kosten. Ein Blick in jüngere Statistiken zeigt, dass thailändische Häfen pro Kran und Stunde doppelt so viele Container bewegen wie australische Anlagen. Gleichzeitig waren die Kosten in Australien rund dreimal so hoch.

Aufgrund der ermutigenden Erfahrungen mit Benchmarking wurden immer weitere Bereiche in das australische System eingebunden. 1995 wurden die behördlichen Voraussetzungen für eine Unternehmensgründung unter die Lupe genommen. Für den Weg in die Selbstständigkeit waren weniger Papiere erforderlich als in Nordamerika oder Japan, doch reichte in manchen Regionen der USA und Kanada ein einziger Antrag bei einer zentralen Behördenstelle, um eine Reihe von Gewerbeberechtigungen zu erhalten und Formalitäten abzuwickeln. Das entsprechende Gesetz hat Australien als Vorbild zur Rechtsvereinfachung herangezogen. In anderen Bereichen hat sich Australien an Neuseeland orientiert, d. h. ganz der Idee des Benchmarkings entsprechend die jeweils beste Regelung auf australische Verhältnisse und Bedürfnisse übertragen.

Pionierleistungen erbringen die Australier noch auf einem anderen Gebiet: Werden in zahlreichen traditionellen Statistiken nur Inputs – etwa Investitionen – verglichen, so messen die Australier in immer mehr Bereichen das Ergebnis. Ein Beispiel: Ein in der Gesundheitspolitik üblicher Indikator ist die Höhe der Gesundheitsausgaben gemessen am Bruttoinlandsprodukt. Die Australier messen zusätzlich die Häufigkeit postoperativer Erkrankungen, da sich daraus Aussagen über die Qualität der vorangegangenen medizinischen Betreuung ableiten lassen. Auch die Wartezeit des Patienten auf einen Operationstermin, die durchschnittliche Behandlungsdauer sowie die Zufriedenheit der Patienten wurden als Benchmarks ausgewählt. Im Bereich der Bildung werden nicht nur die Kosten pro Schüler oder Studenten, sondern das vermittelte Wissen, die Anzahl der Schüler pro Lehrer und die Zufriedenheit der Schüler erhoben. Vergleichbare Untersuchungen liegen von der OECD vor.

Die Benchmarking-Initiativen haben sich günstig auf die Wettbewerbsposition

Australiens ausgewirkt. Trotz Asienkrise hat Australien in den 90er Jahren ein überdurchschnittliches Wachstum erzielt.

Benchmarking-Leitlinien für die öffentliche Verwaltung Australiens

Aus den Erfahrungen der involvierten Beamten hat die „Performance Improvement Group" des australischen Finanzministeriums die folgenden zehn Grundsätze für erfolgreiches Benchmarking der öffentlichen Verwaltung aufgestellt (redaktionell bearbeitet):

1. Einbindung aller Beteiligten
2. Wissen über und Verständnis für die Arbeitsabläufe in der eigenen Organisation
3. Auswahl von Prozessen, die für interne und externe „Kunden" von Interesse sind
4. Entwicklung geeigneter Indikatoren zur Leistungs- und Ergebnismessung
5. Auswahl der geeigneten öffentlichen und privaten Benchmarking-Partner
6. Verständnis für das Zusammenspiel von Ergebnis- und Prozess-Benchmarking
7. Balance zwischen Stabilität und notwendiger Veränderung
8. Schaffung von Anreizen, z. B. durch teilweise Weitergabe von Einsparungen oder Wettbewerb mit anderen privaten oder öffentlichen Anbietern
9. Schaffung einer neuen (Benchmarking-) Kultur, in der keine Furcht vor Wettbewerb und Vergleich besteht
10. Verknüpfung von Benchmarking und regelmäßiger Evaluierung von Programmen und Politiken, da beides zur ständigen Verbesserung führt

1.3. Infrastruktur-Benchmarking in den Niederlanden

Auch die Niederlande gelten als Vorreiter des Benchmarking von Rahmenbedingungen. Zunächst wurden Stärken und Schwächen der niederländischen Volkswirtschaft untersucht und mit den Werten in anderen Staaten verglichen. Das Ergebnis: Das Bildungswesen entsprach nicht mehr den Anforderungen des Marktes, die Hafenanlagen waren kompetitiv, auf den Hauptverkehrsstraßen zum Meer staute sich hingegen der Verkehr. Trotz hoher Sparquote wurde wenig investiert. Viele Unternehmen klagten über die Gesetzesflut. Erst durch den internationalen Vergleich wurde das wahre Ausmaß der Probleme deutlich.

In einer groß angelegten Reform wurde als erste Maßnahme zur Verbesserung der niederländischen Rahmenbedingungen der Überregulierung der Kampf angesagt. Für neue Rechtsnormen mit betriebswirtschaftlichen Auswirkungen ist heute die sogenannte Auslandsprüfung die Regel. Dabei wird untersucht, in welchem Ausmaß geplante Rechtsvorhaben im Ausland geregelt sind. Das Ziel: Gesetzesvorhaben, die die holländische Wirtschaft im internationalen Wettbewerb benachteiligen würden, sollen nicht umgesetzt werden.

1.4. Benchmarking der Finanzgebahrung in Schweden

Einen innovativen Ansatz hat Schweden hinsichtlich der Finanzgebarung seiner Behörden gewählt. Während der österreichische Rechnungshof in erster Linie stichprobenweise prüft, setzt der schwedische Rechnungshof seit Anfang der 90er Jahre auf eine Querschnittsprüfung mittels standardisierter Fragebögen. Der Vorteile: Bei gleichzeitiger Prüfung vergleichbarer Behörden lassen sich best-practices finden. Diese dienen schlecht geführten Behörden als Modellfall. Damit mutiert der Rechnungshof vom Kontrolleur zum Berater, zeigt nicht nur Schwächen auf, sondern stellt ein Werkzeug zur Optimierung zur Verfügung.

Für die schwedischen Behörden besteht Auskunftspflicht. Erfasst werden zahlreiche Indikatoren, darunter Dauer, Höhe und Zinsaufwand für Außenstände, die Auftragsvergabe und das Cash-Management. Anschließend werden die einzelnen Behörden gemäß ihrer Leistung in eine neunteilige Skala eingestuft. Anfangs werden nur aggregierte Daten veröffentlicht, später wurden die jeweiligen Behörden namentlich genannt. In Australien und Großbritannien bestehen ähnliche Systeme.

Die Universität Stockholm hat diese Benchmarking-Initiative der schwedischen Regierung einer Evaluierung unterzogen. Dabei hat sich gezeigt, dass drei von vier befragten Behörden die vom Rechnungshof ausgewählten Indikatoren als sinnvoll erachten. Die betroffenen Behörden sprachen sich auch mehrheitlich für die namentliche Veröffentlichung der Daten aus. Allerdings meinte die Hälfte der Befragten, dass es trotz Benchmarkings zu keinen Veränderungen kommen werde.

Ein vergleichbares Benchmarking hat Schweden für 284 lokale Behörden entwickelt. Darüber hinaus wird die Erstellung des Bundeshaushaltes sowie die Familienbeihilfen-Politik mit Benchmarks aus den EU-Mitgliedsstaaten verglichen.

1.5. Benchmarking zur Qualitätsverbesserung in Großbritannien

Großbritannien hat sich ebenfalls dem Benchmarking-Ansatz verschrieben und sich nicht gescheut, öffentliche Einrichtungen mit privaten Anbietern zu vergleichen.

„The Citizen's Charter" ist ein Zehn-Jahres-Programm, das die Effizienz und Effektivität des öffentlichen Sektors steigern soll. Resultat ist unter anderem ein Qualitätswettbewerb für Behörden. Pro Jahr liegen 2000 bis 3000 gültige Anmeldungen vor. Die Auswahlbedingungen sind streng: Die Behörden müssen unter anderem belegen, dass sie bei geringen Kosten hohe Standards erfüllen, ihre Kunden informieren und auf Service wert legen. Sie müssen weiters den Nachweis erbringen, dass ihre Kunden mit den Behördenleistungen zufrieden sind und sich ihr Service im Jahresvergleich verbessert hat. Zumindest ein innovativer Ansatz zur Verbesserung des Services ohne Mehrkosten für den Steuerzahler muss geplant sein.

Mehrere 100 britische Behörden erreichen jedes Jahr diese Standards. Sie dürfen für drei Jahre das „Charter Mark" als Auszeichnung für exzellente Verwaltungsarbeit führen. Nur wer nach diesen drei Jahren die strengen Qualitätskriterien neuerlich erfüllt, erhält die Auszeichnung für weitere drei Jahre.

Eines der Ergebnisse der „Citizen Charter" ist die verbindliche Übernahme einiger Benchmarks: Seit April 1997 müssen zahlreiche Behörden Briefe binnen bestimmter Zeit beantworten, Termine einhalten, eine zentrale Auskunftsstelle einrichten und Beschwerden nach vorgegebenen Standards abwickeln.

Die „Audit Commission" spielt eine führende Rolle im Ergebnis-Benchmarking von lokalen öffentlichen Einrichtungen wie Schulen, Notfalldiensten und Spitälern in Wales und England. Die Ergebnisse werden jährlich veröffentlicht. In Absprache mit den betroffenen Behörden wurden über 200 Indikatoren ausgewählt und die verwendeten Methoden veröffentlicht. Im März 1995 waren die ersten Daten verfügbar. Sie werden in der Regel unkommentiert veröffentlicht. Das Medienecho ist groß. Viele Bürger haben dadurch einen Eindruck über die individuelle Leistung lokaler Behörden gewonnen, oft aber erst aufgrund der publizierten Ergebnisse erkannt, welche Vielfalt an Leistungen der öffentliche Sektor erbringt. Einige Schlusslichter vergangener Untersuchungen haben in der Zwischenzeit deutlich aufgeholt.

Die von der „Audit Commission" verwendeten Benchmarks sind unter anderem die Bearbeitungszeit von Briefen und Anträgen, der Anteil einwandfrei abgewickelter Behördenvorgänge, der Anteil ausstehender Steuern, die durchgeführten Kontrollen in Prozent der insgesamt zu inspizierenden Einheiten, die Anzahl ausgeliehener Bücher in Bibliotheken im Verhältnis zur Bevölkerungszahl sowie der Anteil aufgeklärter Verbrechen.

1.6. Kostenschwerpunkt in Frankreich

In Frankreich veröffentlicht die Arbeitgebervereinigung CNPF unter dem Leitmotiv „Cartes sur table" alljährlich umfangreiche Vergleiche, die einem systematischen Benchmarking staatlicher Rahmenbedingungen sehr nahe kommen. Der Schwerpunkt liegt auf Kostenindikatoren. Bezüglich der öffentlichen Verwaltung werden die Anzahl der für eine Firmengründung benötigten Formulare, die Anzahl überhaupt im Umlauf befindlicher Formulare, Produktivitätszuwächse öffentlicher Unternehmungen und Staatsquoten erhoben.

1.7. Benchmarking öffentlicher Verwaltung in Finnland

Finnland hat in einem breit angelegten Unterfangen die Leistungen und Programme öffentlicher Behörden untersucht. Dabei wurde unter anderem Mitte der 90er Jahre eine 1987 durchgeführte Umfrage über die Zufriedenheit der Bevölkerung mit den Leistungen der Behörden wiederholt. Mittlerweile ausgegliederte und privatisierte Bereiche haben gegenüber 1987 deutlich besser abgeschnitten. In über zehn Studien wurde weiters untersucht, wie sich die seit 1987 drastisch reformierte öffentliche Verwaltung seit der Einführung ergebnisorientierten Managements, Zuständigkeitsveränderungen und Zusammenlegungen von Behörden entwickelt hat.

1.8. Benchmarkinginitiativen auf EU-Ebene

Die EU hat seit dem Vorsitz Irlands Benchmarking thematisiert und gedankliche Vorarbeit geleistet. Benchmarking sollte nach Plänen der Gemeinschaft auf allgemeiner Unternehmensebene sowie für einzelne Sektoren und für die Rahmenbedingungen erfolgen. Für die EU-Kommission ist Benchmarking ein wesentliches Werkzeug, um Ursachen der europäischen Wettbewerbsschwäche festzustellen und Maßnahmen abzuleiten. Mehrere Studien wurden durchgeführt.

Österreich hat sich über das Wirtschaftsministerium eingesetzt und vorgeschlagen, den Schwerpunkt der Benchmarking-Aktivitäten der EU auf staatliche Rahmenbedingungen zu legen. Unter österreichischer Führung wurde ein Benchmarking der Betriebsanlagengenehmigungen durchgeführt. In diesem Zusammenhang sollte auch festgehalten werden, dass einzelne österreichische Verwaltungseinrichtungen in Teilbereichen verschiedene Benchmarking-Projekte durchgeführt haben.

Auf europäischer Verbandsebene hat der European Round Table of Industrialists, eine Vereinigung der europäischen Großindustrie, eine Vorreiterrolle eingenommen und ein Benchmarking der staatlichen Rahmenbedingungen gefordert, sich aber hauptsächlich auf Kostenaspekte konzentriert. Die UNICE als Dachvereinigung der europäischen Industrie- und Arbeitgeberverbände hat von der EU ebenfalls die klare Fokussierung auf staatliche Rahmenbedingungen gefordert und mehrere Benchmarking-Berichte vorgelegt. Auf den jüngsten Bericht wird weiter unten eingegangen.

1.9. Benchmarking-Vorstoß der OECD

Die OECD hat wiederholt Benchmarking zum Thema gemacht und die Erfahrungen einzelner Länder publiziert. Von besonderen Interesse ist die Entwicklung sogenannter Public Performance Indikatoren, die die OECD zumindest andiskutiert hat. Gemeinsam mit der BIAC, der internationalen Arbeitgebervereinigung der OECD-Mitgliedstaaten, wurden Benchmarks für das Regulierungswesen überlegt. Ein Ergebnis dieser gemeinsamen Diskussion ist eine Befragung über die Auswirkungen und Qualität der Regulierung in mehr als einem Dutzend Mitgliedstaaten. Für Österreich ließen sich aufgrund dieser Untersuchung die administrativen Folgekosten von Regulierungen auf rund fünf Prozent des Bruttoinlandsproduktes schätzen.

In einer älteren OECD-Untersuchung über die Effizienz des Postwesens wurden zeitgleich Pakete von den USA nach Europa, zwischen verschiedenen europäischen Staaten und von Europa in die USA versandt. Diese Vorstufe des Benchmarkings brachte erstaunliche Kosten- und Zeitunterschiede zutage. Ähnliche Untersuchungen hat die europäische Konsumentenschutzorganisation BEUC durchgeführt. Besondere Beachtung sollten die von der OECD entwickelten Indikatoren zur Messung der Flexibilität der Arbeitsmärkte finden. Weitere Vorstöße der OECD werden angesichts sinkender Budgets wesentlich vom bekundeten Interesse der Mitgliedstaaten abhängen.

2. Ausgangslage für Unternehmer in Europa

2.1. Überregulierung mindert Wohlstand

Unternehmer riskieren, was andere nicht zu riskieren bereit sind. Vielfach nicht nur ihre berufliche Zukunft, sondern auch ihr privates Vermögen.

Unternehmer schaffen mit ihren Unternehmen Arbeitsplätze und Mehrwert. Dennoch wird ihre Bedeutung für die Gesellschaft viel zu wenig geschätzt. Erfolgreiche Unternehmer werden mitunter als „Mann bzw. Frau des Jahres" gesellschaftlich gewürdigt, manchmal gelten sie aber nur als neureiche Aufsteiger. In erfolgreichen TV-Krimiserien im Stil eines „Derrick" sind die Täter meist Freiberufler oder Selbstständige, selten Arbeitnehmer.

Überregulierung lenkt Unternehmer und ihre Mitarbeiter von produktiven Tätigkeiten wie Marketing oder Absatz ab. Entweder schreiben Unternehmen durch den Verkauf ihrer Waren und Dienstleistungen Gewinn und tragen damit zum Wohlstand bei, oder die schöpferische Leistung von Unternehmen wird durch Überregulierung und Bürokratie gebremst. Eine umsichtige Wirtschaftspolitik wird deshalb – um das überdurchschnittlich hohe schöpferische Potential von unternehmerischen Persönlichkeiten voll zu unterstützen – bürokratische Auflagen und den Umfang der Regulierung auf ein Mindestmaß reduzieren. Geschieht dies nicht, dann sinkt die Wertschöpfung. So gesehen untergräbt so manche wohlgemeinte Regelung das Wohlstandspotential.

Auch aus verteilungspolitischer Sicht ist Überregulierung kontraproduktiv. Die Regelflut kann am ehesten von zahlungskräftigen Kreisen umgangen werden. Nur wer über ausreichend Kapital oder eine gewisse Geschäftsgröße verfügt, kann sich teure Berater oder legale Umgehungskonstruktionen leisten. Auf der Strecke bleiben kleine und mittlere Unternehmen. Helmut Maucher, der frühere Topmanager des Nahrungsmittelkonzerns Nestlé, bringt es auf den Punkt: „Es liegt nämlich durchaus in unseren Möglichkeiten, ganze Abteilungen von Juristen, Verbindungsleuten zu den Behörden und Lebensmitteltechnologen anzustellen, die es uns gestatten, mit all den Reglementen zu Rande zu kommen. Anders stellt sich hingegen die Frage für die kleinen und mittelständischen Unternehmer, die sich diese Art von unproduktiven Kosten nicht leisten können und sich infolgedessen jedes neue Engagement sehr genau überlegen müssen. Gerade sie sind es, die unter der Last der Reglemente, Steuern und Verordnungen am meisten leiden und am dringendsten auf Flexibilität angewiesen sind." Wahrscheinlich steckt hinter vielen Regulierungen gute Absicht, doch bedeutet „fast getroffen" nichts anderes als „voll daneben".

Die Erledigung von Tätigkeiten, die aus persönlicher Sicht nicht produktiv sind, erfolgt nicht kostenlos. Immerhin könnten Unternehmer ihre Zeit weit sinnvoller investieren. Dazu ein anschauliches Beispiel: Im wohl bekanntesten Roman von Mark Twain ist der Protagonist Tom Sawyer gezwungen, zum Ausgleich für seine Lausbubenstreiche den Zaun seiner Tante Polly frisch zu streichen. Aus Sicht des jungen Tom macht dieser Job nicht viel Sinn, denn eigentlich würde Tom viel lieber mit seinen Freunden herumtollen oder am Ufer des Mississippi neuen Abenteuern entgegensehen. Dieser Opportunitätskosten bewusst, ändert Tom seine Strategie und bringt seine Spielkameraden mit etwas Überzeugungskraft dazu, für ihn den Zaun zu streichen und ihn dafür auch noch mit Murmeln und anderen „Schätzen" zu bezahlen. Da Tom sich seiner Opportunitätskosten bewusst war, hat er seine Strategie geändert. Die von seiner Tante ausgedachte Strafe wurde von Tom in eine persönlichen Vorteil umgewandelt. Tom hat rational – Kosten minimieren, Nutzen maximieren – gehandelt.

Erfolgreiche Unternehmen agieren ähnlich. Ein immer dichter werdendes Netz an Arbeitnehmerschutzbestimmungen und hohe Lohnnebenkosten führt logischerweise dazu, dass Unternehmen zusehends Leihpersonal beschäftigen, Unternehmensbereiche auslagern oder die Expansion im Ausland erfolgt. Wer der Entwicklung der Gentechnik in Österreich Prügel in den Weg wirft, darf sich nicht wundern, wenn Forschung abwandert, im Ausland expandiert und dort die Wertschöpfung erhöht wird.

Je mehr Ressourcen (z. B. Zeit, Mitarbeiter) Unternehmen in unproduktive Aufgaben wie der Erfüllung bürokratischer Auflagen binden müssen, umso weniger steht für die eigentlichen schöpferischen unternehmerischen Aufgaben zur Verfügung. Bürokratie und Überregulierung bremsen Wertschöpfung.

Am deutlichsten werden die Folgen staatlicher Überregulierung durch die vom Economic Freedom Network (Gwartney et al.) veröffentlichten Untersuchungen über Wirtschaftsfreiheit und Wirtschaftswachstum. Ökonomisch freie Länder belassen ihren Unternehmen mehr Spielraum und erzielen damit ein doppelt so hohes Bruttoinlandsprodukt pro Kopf wie Staaten mittlerer Wirtschaftsfreiheit. Österreich liegt im weltweiten Ranking an 24. Stelle, im EU-Vergleich auf Platz elf.

Ferner gilt: je höher die wirtschaftliche Freiheit, desto höher der Wohlstand pro Kopf der Bevölkerung (Gwartney/Lawson/Block 1996). Grubel (1998) hat weitere Zusammenhänge zwischen ökonomischer Freiheit einerseits und Beschäftigung bzw. Lebenserwartung u. dgl. mehr nachgewiesen.

2.2. Selbstständigkeit in Österreich

Nachdem dargelegt wurde, dass Überregulierung wohlstandsmindernd wirkt und schnell wachsende Unternehmen einen bedeutenden Beitrag zur Wertschöpfung beisteuern, ist an dieser Stelle eine detaillierte Analyse der Selbstständigkeit in Österreich angebracht. Nachstehend wurden dazu sieben Thesen formuliert:

These 1: Selbstständigkeit ist ein Minderheitenprogramm. Befragungen zeigen, dass die Gründung eines eigenen Unternehmens für weite Schichten der österreichischen Bevölkerung kein Ziel ist. Die folgenden Umfrageergebnisse verdeutlichen die Einstellung der Österreicher zum Unternehmertum:

1. Zwei Drittel der 14 bis 24jährigen schließen eine Zukunft als Selbstständige für sich aus. Unternehmertum sei zu riskant und anstrengend, darüber hinaus fehle es an Kapital, geben die befragten Jungösterreicher an. Gleichzeitig haben Jugendliche von Unternehmern eine hohe Meinung. Sie seien fleißig, ideenreich und fortschrittlich (Meinungsforschungsinstitut „Fessel-GfK", veröffentlicht 1998).

2. In einer weiteren Erhebung bezeichnen immerhin 39 % der Österreicher die Erleichterung von Unternehmensgründungen als vorrangiges Thema der Bundesregierung. Das ist aber nur Platz zwölf bei 37 Antwortmöglichkeiten. Zum Vergleich: Die Schaffung neuer Beschäftigungsmöglichkeiten und Sicherung bestehender Arbeitsplätze kamen auf 80 bzw. 88 % (Meinungsforschungsinstitut „market", veröffentlicht 1998).
3. Nach Ansicht der Österreicher sollen Personen mit höherem Einkommen (59 %), Industrieunternehmen (35 %) und Unternehmen (17 %) mehr Steuern zahlen. Nur 14 Prozent fordern höhere Erbschaftssteuern (Meinungsforschungsinstitut „market", veröffentlicht 1999). Vermögen, das ohne eigenes Zutun entstand, hat offenbar einen höheren Wert in der Gesellschaft. Wohlstand, der von Unternehmen und Erfolgreichen erarbeitet wurde, gilt weniger.

Kaum überraschend ist daher, dass 1998 auf 100 unselbstständig Erwerbstätige nur eine Unternehmensgründung entfällt.

These 2: Für die Politik sind Unternehmer keine Kernkunden. Im Vergleich zu den 60er Jahren sind die Selbstständigenquoten in Österreich eindeutig gefallen. Außerhalb der Landwirtschaft war 1965 jeder achte Beschäftigte selbstständig, heute ist es jeder Dreizehnte. Im langfristigen Vergleich entspricht dies einem jährlichen Rückgang um rund ein Prozent. Im gleichen Zeitraum ist die Zahl der unselbstständig Beschäftigten um rund 0,8 % jährlich gestiegen. Noch dramatischer wirkt die Analyse, wenn Landwirte, die ja auch unternehmerisch tätig sind, miteinbezogen werden.

Jahr	ohne Landwirtschaft		Selbstständigenquote
	Selbstständige	Unselbstständige	
1965	321,600	2381234	11,9
1975	237,300	2657240	8,2
1985	211,300	2759658	7,1
1995	231,600	3068186	7,0
1999			7,1 (Schätzung)

Quelle: ÖStat/Wifo

Günstiger fällt der Vergleich über einen kürzeren Zeitraum aus. Seit Mitte der zweiten Hälfte der 80er Jahre steigt nämlich die Anzahl der Selbstständigen in absoluten Werten wieder. In den allerjüngsten Jahren hat sich das Wachstum sogar beschleunigt. Eine wesentliche Ursache dafür ist die angespanntere Lage auf dem österreichischen Arbeitsmarkt. Wenig verwunderlich ist daher, dass bereits die Hälfte der Unternehmensgründungen auf Selbstbeschäftigungen – also Ein-Mann-Betriebe – entfallen.

Was sind die Ursachen für den langfristigen Rückgang der Selbstständigen? Ein Erklärungsansatz lässt sich von F.A. Hayek ableiten. Die meisten unter uns seien Angestellte großer Organisationen und verwenden auf Anweisung anderer Mittel, die sie selbst nicht besitzen, analysierte er Ende der 50er Jahre in den Schweizer Monatsheften. Da ihre Ansichten angesichts der großen Zahl an Wählern die Politik bestimmten, gestalte „die staatliche Politik diese abhängigen Stellungen immer mehr und die Position der Unabhängigen immer weniger anziehend". Das Anwachsen des Unselbstständigenheeres führe zu einer immer kleiner werdenden Wirtschaftsfreiheit, da ein Unselbstständiger es als recht und billig betrachte, „wenn Handlungsweisen beschränkt werden, die für ihn ohnedies nicht in Betracht kommen." Letztlich würde sich der Unselbstständige aber selbst benachteiligen, da seine Freiheit von der Vielzahl unabhängiger Arbeitgeber abhänge. „Eine einzige Hierarchie von Angestellten bedeutet das Ende der Freiheit", formulierte Hayek.

These 3: Doppelt so viele informelle als formelle Unternehmer. Österreich verfügt bei acht Millionen Einwohnern über rund 240.000 formelle Unternehmer. Hinzu kommt ein wachsendes Heer informeller Unternehmer („Pfuscher"), über deren Anzahl und die dafür geeigneten Erfassungsmethoden Uneinigkeit herrscht. Werden selbstständige Landwirte, formelle und informelle Unternehmer zusammengezählt, dann ist – über den Daumen gepeilt und zugegebenermaßen stark vereinfacht dargestellt – etwa jeder sechste Österreicher im erwerbsfähigen Alter zumindest teilweise unternehmerisch im weiteren Sinn tätig. Hauptursachen für das Anwachsen der Schwarzarbeit in Österreich sind Überregulierung und Steuerlast. Nach einer aktuellen Umfrage wird „Pfusch" nur von einem Viertel der Österreicher als „nicht vertretbar und unmoralisch" eingestuft (Meinungsforschungsinstitut „market", 1999). Die österreichische Politik zieht andere Schlüsse und reagiert mit der Einrichtung neuer Kontrollbehörden.

Anzahl der Selbstständigen im weiteren Sinn	
„Formelle" Unternehmer	240.000
„Informelle" Unternehmer („Pfuscher")	460.000*
Selbstständige Landwirte	130.000
Selbstständige im weiteren Sinn	830.000

Moderate Annahme. Manche Quellen sprechen von 600.000.

These 4: Bisher ergriffene Maßnahmen haben keine Gründerwelle ausgelöst. Das vielfach zur Erhöhung der Unternehmensgründung vorgeschlagene und umgesetzte Plus an Förderungen, Beratung oder Finanzierungsmöglichkeiten oder die vielstrapazierten Imagekampagnen haben trotz Teilerfolgs keine substantielle Gründerwelle ausgelöst. In Anlehnung an Paul Watzlawick kann die bisherige Politik als „mehr desselben" zusammengefasst werden. Bekämpft werden Symptome, die Ursachen bleiben weitgehend unangetastet.

In Österreich sind Unternehmen nach wie vor massiven Benachteiligungen im Steuerrecht ausgesetzt. Dazu einige Beispiele: Obwohl das Jahr nur zwölf Monate aufweist, müssen Unternehmer eine 13. Umsatzsteuer-Vorauszahlung leisten und gewähren damit dem Staat ein zinsenloses Darlehen. Für das österreichische Unikat eines 13. und 14. Monatsgehalts gilt ein außerordentlich niedriger und arbeitnehmerfreundlicher Steuersatz von einheitlich sechs Prozent. Auch in ihrer sozialrechtlichen Absicherung sind Unternehmer benachteiligt, beispielsweise beim Karenzgeld. Zahlreiche weitere Steuern werden Unternehmern vom Staat aufgebürdet. Die Fülle der aufgezwungenen administrativen Tätigkeiten verringert die Produktivität.

In jüngerer Zeit wurde die Situation in Teilbereichen verbessert. Jungunternehmer, die vorher ein Dienstverhältnis hatten, können seit kurzem Ansprüche aus der Arbeitslosenversicherung für die Zukunft erhalten. Weiters wird Jungunternehmern unter gewissen Voraussetzungen eine Reduktion ihrer Beiträge zur Sozialversicherung gewährt.

In einem Punkt sind Unternehmer im Vorteil. Sie können Ausgaben schon dann steuerlich absetzen, wenn sie betrieblich veranlasst sind. Unselbstständige können Ausgaben als sogenannte Werbungskosten nur absetzen, wenn die Aufwendungen unbedingt erforderlich sind, um die Erwerbstätigkeit ausüben zu können.

These 5: Arbeitnehmervertreter vollziehen einen Paradigmenwechsel. Bemerkenswerterweise fordern mittlerweile auch traditionelle Interessenvertreter der Arbeitnehmer eine Gründerwelle und mehr Freiraum für die Unternehmer. Das ist in dieser Form für Österreich neu und verdeutlicht das Aufbrechen traditioneller Grenzen. Wer früher als Arbeitnehmer freiwillig der Gewerkschaft oder als Pflichtmitglied der Arbeiterkammer angehörte, wird als Unternehmer Pflichtmitglied bei der Wirtschaftskammer. Selbst die Grünen rufen nach der Gründerwelle.

These 6: Die Statistik lässt viele Fragen unbeantwortet. Im Grunde ist über die Effekte von Unternehmensgründungen in Österreich empirisch und statistisch wenig bekannt. Offizielle Statistiken haben in vielen Fällen wenig Aussagekraft. Europäische Standards, die einen internationalen Vergleich ermöglichen würden, fehlen. So ergibt sich Raum für Deutungen in viele Richtungen:

1. In Tirol führten Sozialpartner über die Medien Debatten über die richtige statistische Erfassung und Interpretation der Firmengründungen. Die Arbeiterkammer als Interessensvertretung von Arbeitnehmern behauptete, dass Neugründungen zu einem Drittel nur Umgründungen seien. Die Wirtschaftskammer hingegen warnte vor einer „falsche(n) Darstellung der Betriebsgründung" und einem „Verwirrspiel".

Gewerkschaften, Sozialdemokraten und Grüne für Gründerwelle

• *„Im Zulassungsverfahren selbst soll durch Wegfall der Eintragungsgebühren und Vereinfachungen beim Prüfungszugang ein erleichterter Gewerbezugang eingeräumt werden."*
(Positionspapier von Arbeiterkammer und Gewerkschaftsbund zum österreichischen Aktionsplan für Beschäftigung 1998)

• „*Die Wirtschaftsförderung solle zudem so umgestaltet werden, dass Selbstständigen, die erstmals unternehmerisch tätig werden, die Lohnnebenkosten bei Anstellung von Mitarbeitern im ersten Jahr zurückerstattet werden. Ebenfalls gefordert wurde eine Entrümpelung des Gewerberechts.*"

(Der Tiroler Präsident der Arbeiterkammer laut „Austria Presse Agentur")

• „*(Die SPÖ) wolle jedoch entsprechende Maßnahmen in den Bereichen Infrastruktur, Forschung und Unternehmensgründung setzen. Im Rahmen der Steuerreform soll die Betriebsübergabe von Unternehmen erleichtert werden.*"

(Bundeskanzler Klima bei der SPÖ-Klubtagung laut „Austria Presse Agentur")

• „*... erhofft sich (Bundeskanzler) Klima eine Gründerwelle mit zahlreichen neuen Arbeitsplätzen.*"

(„Sozialdemokratische Korrespondenz")

• „*Zur Förderung der Unternehmensgründung sei eine Abgabenreform nötig.*"

(Der Wiener Bürgermeister (SPÖ) laut „Austria Presse Agentur")

• „*Unternehmensgründungen gehören mit zu den wichtigsten beschäftigungspolitischen Instrumenten. Deshalb müssen wir auf allen Ebenen jene Hebel in Bewegung setzen, die eine Gründerwelle in Österreich möglich machen.*" „*Die Rahmenbedingungen müssen so sein, dass Unternehmensgründungen erleichtert werden. (...) Gleichzeitig müssten bürokratische Hemmnisse zur Gründung von Unternehmen noch weiter abgebaut werden.*"

(Der SPÖ-Bundesgeschäftsführer laut „Austria Presse Agentur" bzw. „Sozialdemokratischer Korrespondenz")

• „*Der Grüne Bundessprecher Alexander van der Bellen forderte ein Gesamtkonzept zur Förderung junger Unternehmer, um endlich die 'Gründerwelle' einzuleiten.*"

(„Austria Presse Agentur")

2. Gemäß einer häufig zitierten Studie überleben drei Viertel der Neugründungen in Österreich die ersten fünf Jahre. Das könnte ein europäischer Spitzenplatz sein. Aus der Perspektive des Gläubigerschutzes hingegen betreffen knapp die Hälfte der Insolvenzen des Jahres 1997 Unternehmen, die 1990 und später gegründet wurden. Anzumerken ist freilich, dass nur rund 6 Prozent der Neugründungen innerhalb von fünf Jahren insolvent werden. Nicht jede gescheiterte Gründung mündet in einer Zahlungsunfähigkeit.

3. Die Beschäftigungsimpulse von Unternehmensgründungen in Österreich sind wenig erforscht. Gemäß einer Studie über Unternehmensgründungen eines Jahres werden in den ersten fünf Jahren 2,4 Arbeitsplätze für unselbstständig Beschäftigte geschaffen. Unter Miteinbeziehung des Gründerteams werden damit allein durch die Gründungen eines Jahrganges 44.000 Arbeitsplätze innerhalb von fünf Jahren direkt geschaffen. In der politischen Diskussion wurden 100.000 bis 200.000 neue Arbeitsplätze durch Unternehmensgründung über den Zeitraum von mehreren Jahren angepeilt. Vor diesem Hintergrund ist

das Ziel des österreichischen Aktionsplanes für Beschäftigung, bei dem Unternehmensgründungen nur eine Säule darstellen und der durch ein ganzes Bündel von Maßnahmen nur 100.000 zusätzliche Arbeitsplätze für einen Zeitraum von fünf Jahren vorsieht, nicht besonders ehrgeizig.

Nicht nur statistische Erfassungs- und Interpretationsprobleme erschweren es, sich einen Überblick über die tatsächliche Situation zu verschaffen. Auch die Neigung, in Studien und Arbeitskreisen erfolgreiche Jungunternehmer zu Wort kommen zu lassen, verzerrt das Bild. Gescheiterte Selbstständige werden selten zu Diskussionen eingeladen oder befragt.

Erfolgreiche Unternehmer behaupten gerne, dass sich ein echter Entrepreneur von bürokratischen Barrieren nicht abhalten lasse und einen Weg finde. Dieser Weg ist mitunter steinig und lang, das verlorene Potential (z. B. Beschäftigung) kann hoch sein.

These 7: Hohe Eintrittsbarrieren bremsen innovative Jungunternehmer. Während der Österreicher Joseph A. Schumpeter bereits vor Jahrzehnten wesentlich zur wirtschaftswissenschaftlichen Diskussion des Unternehmerbegriffs und der für ihn damit verbundenen Innovationskraft beigetragen hatte, scheinen seine Ideen und Analysen in seiner Heimat auf wenig fruchtbaren Boden gestoßen zu sein. Ihm zufolge verdrängt der mit Innovationen einhergehende Prozess der schöpferischen Zerstörung überholte Produktionsverfahren, Organisationssysteme und Waren bzw. Dienstleistungen. Neuere und bessere Produkte setzen sich durch, bringen Fortschritt und verdrängen den alten Standard. Für Schumpeter ist „Unternehmer" ein Prädikat, das nur innovativen Persönlichkeiten zusteht. Wettbewerb ist dafür wesentliche Voraussetzung.

Eine der Hauptursachen für die geringe Selbstständigenquote in Österreich sind jedoch die hohen Barrieren beim Markteintritt, die wettbewerbshemmend wirken. Österreichs Rechtslage tendiert dazu, unternehmerische Tätigkeiten nur bei Vorliegen formaler Eignungskriterien zuzulassen. Durch den fehlenden Wettbewerb profitieren eingesessene Unternehmen. Neu in den Markt dringende Mitbewerber müssen hohe bürokratische und juristische Hürden bewältigen und sind damit gezwungen, Ressourcen in unproduktiven Tätigkeiten zu binden. Spielerische Evolution und Innovation sowie schöpferische Zerstörung im Sinne Schumpeters wird durch die in Österreich vorherrschende Politik öffentlicher Regelung gebremst. Der nachfolgende Fall ist dafür ein gutes Beispiel:

Ein Salzburger Jungunternehmer hatte bei der zuständigen Behörde das „Handwerk Denkmal-, Fassaden- und Gebäudereiniger, eingeschränkt auf Treppenreinigung" angemeldet. Die Ausübung wurde dem neuen Selbstständigen jedoch versagt. Grund war ein negatives Gutachten der Standesvertretung des chemischen Gewerbes. Zwei Akademiker kommen in ihrer mehrseitigen Stellungnahme zum Schluss, dass die angestrebte Tätigkeit – nämlich das Putzen von Stiegen – „Kenntnisse über das Kehren, Feucht- und Nasswischen (...) sowie Kenntnisse des richtigen Antistatierens etc." voraussetzt und „der beabsichtigte Tätigkeitsbereich qualifizierten handwerklichen Könnens bedarf, wie dies nur im Rahmen einer langjährigen sowohl schulischen als auch praktischen Ausbildung erworben werden kann." In seiner Berufung hat der Unternehmer vorgebracht, dass Generationen von Reinigungsfrauen bislang ohne Diplom ausgekommen sind. Die Behörde zweiter Instanz hat die Berufung mit Hinweis darauf, dass um ein Handwerk – wenn auch eingeschränkt – angesucht wurde, abgelehnt und erkannt, dass nichts dagegen sprechen könnte, dieselbe Tätigkeit unter dem Titel „einfache Raumpflegearbeiten nach Hausfrauenart" anzumelden und durchzuführen. Dieser Empfehlung ist der Unternehmer gefolgt. Eineinhalb Jahre nach der Erstanmeldung hat er seine unternehmerische Tätigkeit aufnehmen können.

Die rechtlichen Schritte für Unternehmensgründungen werden in vielen Fällen ohne echten Mehrwert verzögert. Ein Beispiel: Für die Gründung einer Gesellschaft mit beschränkter Haftung herrscht Notariatszwang; Rechtsgeschäfte mit unbeschränkter Haftung können ohne Notar abgeschlossen werden.

Die Wirtschaftspolitik sollte alles daran setzen, Eintrittsbarrieren zum Unternehmertum rigoros zu streichen. Das muss sich auf alle relevanten Bereiche beziehen, also auch auf die Steuer-, Sozial- und Umweltpolitik. Das ist die Wurzel des Problems. Die in Österreich häufigen und hohen Anforderungen an formale Ausbildungskriterien sind in vielen Fällen überzogen. Sie dienen eher dem Schutz vor Wettbewerb als der Weiterentwicklung der Wirtschaft.

Die hohen Überlebensquoten österreichischer Jungunternehmen sind auch Ausdruck dieses streng reglementierten Zugangs und geringer Dynamik. Zulassungsbeschränkungen bedeuten letztlich, dass marktferne Bürokratie über die Gründung eines Unternehmens entscheidet und für sich die Bevormundung initiativer Bürger in Anspruch nimmt. In Österreich macht das geflügelte Wort die Runde, dass Bill Gates in Österreich schon deshalb gescheitert wäre, weil man ihm die Arbeit in seiner Garage behördlich untersagt hätte.

Auch die Austrittsbarrieren sind in Österreich hoch. Gescheiterte Unternehmer werden im Zuge von Insolvenzverfahren vergleichsweise häufig betrügerische und fahrlässige Straftatbestände vorgeworfen. Der Abbau von Mitarbeitern kann aufwendig und kostenintensiv sein.

2.3. Entrepreneurship in Europa

Der jüngste Benchmarking-Bericht des Europäischen Dachverbandes der Arbeitgeber- und Industriellenvereinigungen UNICE zeigt, dass Unternehmer auch in anderen europäischen Ländern stiefmütterlich behandelt werden. Ständig werden ihnen neue Lasten und Kosten aufgebürdet, die die Wettbewerbsfähigkeit ihrer Unternehmen schwächen.

Wettbewerbsfähigkeit wird nachfolgend anhand von vier großen Bereichen beschrieben, und zwar (2.3.1.) unternehmerische Dynamik, (2.3.2.) Inputkosten, (2.3.3.) Staatsmanagement und (2.3.4.) Technologie- und Wissensmanagement. Eine Gliederung nach anderen Kapiteln wäre ebenso möglich gewesen. Basis ist der oben genannte Benchmarking Report der UNICE, an dessen Erstellung der Autor mitgearbeitet hat.

2.3.1. Unternehmerische Dynamik

Landläufig herrscht die Meinung vor, dass in den USA weit mehr Unternehmer tätig sind als in Europa. Statistische Daten darüber sind nicht eindeutig, häufig alt und wenig vergleichbar. Mangels besserer Daten muss dennoch damit Vorliebe genommen werden. Zweifellos gibt es in Europa Regionen, die den US-Durchschnitt übertreffen.

Zwischen 1988 und 1994 lag der Anteil der neugegründeten Unternehmen in Prozent der existierenden Unternehmen bei 9,9 Prozent. Die USA kommen für den gleichen Zeitraum auf eine Gründungsquote von 11,4 Prozent. Österreich liegt mit etwa 8,6 Prozent unter diesem Wert. Eine häufig zitierte Untersuchung (Birch 1996) kommt zum Schluss, dass in amerikanischen Regionen mit überdurchschnittlich hohem Wachstum, mehr Unternehmen eröffnet und geschlossen werden als anderswo. So gesehen ist fraglich, ob die hohe Überlebensrate von Unternehmensgründungen in Österreich tatsächlich so positiv ist.

Die Gründung einer GmbH dauert in den USA eineinhalb Wochen, in Europa elf Wochen. Die Kosten in den USA liegen etwa bei 500 Euro, in Europa ist es mehr als dreimal soviel. Wer in Europa ein Unternehmen gründet, muss in vielen Ländern mit langen Verfahren und hohen Kosten rechnen. Österreich ist keine Ausnahme. Hinsichtlich des erforderlichen Mindestkapitals für die Gründung einer GmbH liegt Österreich im europäischen Spitzenfeld. Zur Verdeutlichung: Richard Branson, einer der erfolgreichsten Unternehmer Großbritanniens („Virgin"), soll sein Imperium mit einem Startkapital von nur 2000 Pfund gegründet haben.

Die unternehmerfeindliche Haltung in Kontinentaleuropa manifestiert sich auch in der Besteuerung des Firmenverkaufs. Unternehmer gehen Risken ein. Dafür steht ihnen auch ein angemessener Gewinn zu. Wird der Verkauf eines Unternehmens hoch besteuert, dann verliert Selbstständigkeit an Attraktivität. Der Verkauf eines durchschnittlichen mittelständischen Unternehmens wird in den USA mit weniger als zehn Prozent versteuert, hat eine Modellrechnung der UNICE ergeben. Im europäischen Mittel fallen Steuern im Ausmaß von rund 18,1 Prozent an. Österreich liegt mit 24,7 Prozent deutlich über diesem Durchschnitt.

Wachstumsstarke Gazellen schaffen Jobs

Eine besondere Rolle für die wirtschaftliche Entwicklung eines Landes nehmen die schnell wachsenden Unternehmen („Gazellen") ein. Stimmen die Rahmenbedingungen, dann können sich Unternehmen besonders rasch entwickeln und überdurchschnittliches Wachstum erzielen.

Bei mittelständischen Gazellen mit einer Unternehmensgröße von 100 bis 1000 Mitarbeitern haben die USA klar die Nase vorn. Fast jedes fünfte mittelständische US-Unternehmen wächst überdurchschnittlich stark. Im verfügbaren EU-Durchschnitt (Dk, D, S, UK, B, NL) können nur 4 Prozent der mittelständischen Unternehmen als Gazelle bezeichnet werden (EIM 1998).

Offenkundig ist, dass Gazellen Arbeitsplätze schaffen. Die OECD (1998) formuliert: „The bulk of new jobs created are in a small number of fast growth firms."

Über das Ausmaß an Gazellen in Österreich ist wenig bekannt. Einige Gazellen sind in „Growth Plus - Europe's 500" organisiert. Österreichische Unternehmen sind in dieser Organisation sogar überdurchschnittlich stark vertreten.

So wie in den USA dürften Gazellen in Österreich weder Großkonzern noch Neugründung sein:

1. Österreichs größte Unternehmen erzielen im internationalen Vergleich relativ geringe Umsätze. In vergleichbaren Volkswirtschaften wie den Niederlanden, der Schweiz, Belgien und Schweden erzielen die größten Unternehmen teilweise beträchtlich höhere Umsätze (IWI 1998).

2. Mittel- bis langfristig spielt auch das Ausmaß der Neugründungen ein Rolle bei der Entwicklung von Gazellen. In den ersten fünf Jahren weisen Neugründungen in Österreich im Schnitt jedoch nur ein bescheidenes Beschäftigungswachstum auf. Einer amerikanischen Untersuchung zufolge (Birch 1996) haben allerdings Bundesstaaten mit überdurchschnittlich hohem Wirtschaftswachstum hohe Gründungsraten und niedrigere Überlebensquoten.[1]

Gemäß einer Untersuchung von Czipin & Partner (1998) haben die Mitgliedsunternehmen von „Growth Plus - Europe's 500" von 1991 bis 1996 ihre Mitarbeiterzahl um die Hälfte erhöht. Gazellen brauchen rasch neue Mitarbeiter, die unternehmerisch denken, belastbar und gut ausgebildet sind. Hohe Lohnnebenkosten drücken diese Nachfrage und bremsen das Wachstum.

Dem von Joseph A. Schumpeter gepriesene Markt als Entdeckungsverfahren kommt nach Durchsicht der spärlich verfügbaren Untersuchungen schnell wachsender Unternehmen eine wesentliche Rolle für den wirtschaftlichen Fortschritt zu.

UNTERNEHMERISCHE DYNAMIK	USA	JP	AUT	EU-15
Gründungsquote in Prozent existierender Unternehmen 1988 - 94	11,4	4,6	8,6	9,9
GmbH-Gründung 1996 (Dauer in Wochen/Kosten in Euro)	1,5/500			11/1600 EU-8
„Gazellen" in Prozent der mittelständischen Unternehmen 1990 - 1994 (Umsatzwachstum 100% und mehr in drei Jahren)	19	2		4 EU-6
Besteuerung von Unternehmensübergaben in Prozent (KMU-Modellrechnung)	9,9		24,7	18,1

Quelle: UNICE

---

[1] Der Gründer von „Europe's 500", Bert Twaalfhoven, betitelte seinen Vortrag beim Jahreskongress dieser Vereinigung im März 1998 mit: „How I lost 55 Million Dollars". Von seinen 45 Unternehmensgründungen seien 17 gescheitert. Die anfallenden Gewinne seiner erfolgreichen Unternehmungen hätten die Verluste bei weitem überschritten. Twaalfhoven hat den Markt als Entdeckungsverfahren verstanden.

2.3.2 Inputkosten

Europäische Unternehmen müssen auf wichtigen Gebieten mit weit höheren Kosten rechnen als Mitbewerber in den USA. Patentgebühren sind in Europa um 175 Prozent höher als in den USA. Der Güterverkehr auf europäischen Straßen kostet um 38 Prozent mehr als in den USA, für Strom liegt der Aufwand in Europa um die Hälfte über dem US-Niveau. Festnetztelefonie kostet in Europa um 212 Prozent mehr. Die Internetgebühren liegen in Europa um über die Hälfte über den amerikanischen Preisen.

Diese höheren Kosten sind Ergebnis der zahlreichen Regulierungen in Europa, höherer Lohnnebenkosten und geringeren Wettbewerbs. Hohe Inputkosten verteuern die Gesamtkosten und verringern damit die Wettbewerbsfähigkeit. Hohe Lohnnebenkosten ziehen tendenziell den Ersatz menschlicher Arbeit durch Maschinen nach sich und können sich damit negativ auf die Beschäftigungslage auswirken.

Inputkosten USA 1997/98=100	USA	EU-15
Patente	100	275
Güterverkehr auf der Straße	100	138
Strom	100	153
Telefon Festnetz/mobil	100/100	312/227
Internet	100	154

Quelle: UNICE

2.3.3. Staatsquote

Eine hohe Beteiligung der öffentlichen Hand am Wirtschaftsgeschehen, lässt weniger Raum für private Unternehmen. Je höher der Anteil des öffentlichen Konsums, desto geringer ist die wirtschaftliche Freiheit privater Haushalte und Unternehmer. Die ausufernde Umverteilungspolitik hat zahlreiche negative Effekte und beraubt, jene, die Wohlstand erarbeiten, der Früchte ihrer Arbeit – oft ohne die Lage der Bedürftigen im erwünschten Ausmaß zu verbessern. Aus diesem Blickwinkel ist Umverteilung Strafe für Erfolg.

Im weltweiten Vergleich weisen Industriestaaten wenig überraschend eine hohe Staatsquote auf. Österreich liegt deshalb im weltweiten Ranking des Fraser Instituts (Gwartney et al.) vor Italien, Frankreich, Dänemark und Schweden abgeschieden auf Platz 112. Im EU-Vergleich ist Österreich an elfter Stelle gereiht.

Die Gruppe um das Fraser Institut hat auch in einer weiteren, für das amerikanische Repräsentantenhaus erstellten Studie nachgewiesen, dass Länder mit hoher Staatsquote nur ein geringes Wachstum erzielen. Grob gesprochen bedeuten zehn Prozent mehr Staatsanteil, ein Prozent weniger Wachstum.

Länder mit niedrigen Staatsquoten weisen deutlich höhere Wachstumsraten auf als Staaten mit massiver öffentlicher Intervention. Zehn Prozent mehr Staatsquote bedeuten ein Prozent weniger Wachstum. (Gwartney/Lawson/Holcombe 1998)

Die Staatsausgabenquote ist in den jüngsten drei Jahrzehnten in den USA bei rund 31 Prozent praktisch konstant geblieben, während sie in den EU-Staaten im gleichen Zeitraum um zehn Prozentpunkte auf rund 48 Prozent gestiegen ist. Österreich liegt einmal mehr über dem EU-Durchschnitt.

Bei der öffentlichen Verschuldung in Prozent des Bruttoinlandsproduktes liegt Österreich (64 %) zwar unter dem Mittel der EU-Staaten, aber immer noch vor den USA (57,4 %). Jeder Bezieher eines privaten Einkommens in Österreich stehen statistisch betrachtet eineinhalb Bezieher öffentlicher Einkommen im weiteren Sinne gegenüber. In den USA sind es nur halb so viele!

Staatsanteile	USA	JAPAN	AUT	EU-15
Staatsausgabenquote 1970/1998	31,7/31	19,4/37,2	53,6	36,9/47,7
Öffentliche Verschuldung in Prozent des BIP 1998	57,4	99,9	64	75,2
Zahl der Bezieher öffentlicher Einkommen i.w.S. im Verhältnis zu in der Privatwirtschaft Beschäftigten	0,8		1,5	1,5

Quelle: UNICE

2.3.4. Technologie- und Wissensmanagement

Auch beim Technologie- und Wissensmanagement hinkt Österreich nach. Der allgemeine Beitrag von Technologie und Wissen zu Wohlstand und Lebensqualität dürfte in Österreich nicht bewusst sein. Wie sonst könnte es sein, dass die Telekommunikationssparte zögerlich und spät liberalisiert und das rechtliche Rahmenwerk Gentechnikforschung und -anwendung de facto auf Eis gelegt wurde.

Unternehmerisches Wissen nimmt im öffentlichen Bildungssystem keinen breiten Raum ein. An Österreichs Universitäten entstehen erst jetzt Lehrstühle für Entrepreneurship. In den USA gibt es jedes Jahr viermal mehr Absolventen eines MBA-Programmes als in Europa. Amerikanische Unternehmen beschäftigen je 10.000 Arbeitnehmer 59 Forscher, in österreichischen Unternehmen liegt der Vergleichswert bei 18 Forschern (EU 23).

Während statistisch betrachtet in den USA auf 1000 Einwohner 450 Computer kommen, liegt der Vergleichswert in Europa bei der Hälfte (Österreich 246). Auch bei Patentanmeldungen führen die USA mit 4 Anmeldungen je 10.000 Einwohner. Österreich liegt mit 2,3 Anmeldungen unter dem EU-Durchschnitt.

Technologie- und Wissensmanagement	USA	JAPAN	AUT	EU-15
Lehrstühle für Entrepreneurship	350		1	25
MBA-Absolventen pro Jahr (1997)	94.000			25.000
Forscher in Unternehmen je 10.000 Beschäftigte 1996	59	58	18	23 EU-14
Internet hosts pro 1000 Einwohner 1998	29	11	16	11
Computer pro 1000 Einwohner 1997	450	228	246	215
Patentanmeldungen pro 10.000 Einwohner 1996	4	7	2,3	2,6

2. Modelle

Abschließend werden einige grundsätzliche Überlegungen zur Neuorientierung der wirtschaftspolitischen Geisteshaltung in Österreich als Modelle verpackt dargelegt. Im Gegensatz zum traditionellen – meist mathematisch interpretierten – Verständnis von Modellen wurden hier Romanfiguren als Rahmen gewählt. Modelle müssen bekanntermaßen nicht wahr, sondern nur hilfreich sein. Die nachfolgenden sind darüber hinaus auch noch leichtverständlich.

Drei Modelle sollen ein etwas anderes Licht auf wesentliche Bereiche der Wirtschaftspolitik lenken:

1. Das d'Artagnon-Prinzip ist Selbsthilfemodell für die Wirtschaft. Es verdeutlicht die Bedeutung gemeinsamer Werte für die Stärke eines Unternehmens.
2. Die Gulliver-Erfahrung verdeutlicht, dass jedes Gesetz und jede Verordnung Kosten verursacht und diese daher vorher mit Sachverstand abgewogen werden sollten.
3. Steve Jobs schließlich versinnbildlicht das Potential kalkulierter Risikobereitschaft.

3.1. Das d'Artagnan-Prinzip

Als der ehrgeizige d'Artagnan zur Zeit Ludwigs des 13. aus der Provinz in Paris eintrifft, schließt er nach kurzem Duell Freundschaft mit drei Elitesoldaten aus der Leibgarde des Königs – den Musketieren. Athos, Porthos, Aramis und d'Artagnan – „eine verschworene Gemeinschaft von vier tapferen, unternehmungslustigen und tatendurstigen jungen Männern" – riskieren in der Folge in zahlreichen Abenteuern und Dutzenden Kämpfen Kopf und Kragen. So zumindest berichtet Alexandre Dumas in seinem berühmten Roman „Die drei Musketiere".

Was die vier Helden miteinander verbindet und sie dazu bewegt, ihr Leben für einander einzusetzen und körperliche Strapazen auf sich zu nehmen, sind gemeinsame

Werte: für König, Vaterland, Liebe und Freundschaft und gegen die Leibgarde des Kardinals. D'Artagnan erkennt die „einzigartige, vierfache Kraft" dieser Haudegen und ist sich rasch mit seinen Freunden einig: „Alle für einen, einer für alle!"

Aufgrund ihrer gemeinsamen Anliegen und Ziele sind die Musketiere bereit, ihr Bestes zu geben und selbst große Wagnisse einzugehen. Die Musketiere warten nicht darauf, dass andere Entscheidungen treffen, sondern ergreifen selbst die Initiative. Stets sind sie bereit, ihr Bestes zu geben und für einander zu kämpfen. Gemeinsame Werte sind die Triebfeder dazu. Ihr Motto fasst diese Grundhaltung zusammen.

Zwar sind die vier Soldaten in manchen Punkten alles andere als Vorbilder, fühlen sie sich doch zu verheirateten Damen ebenso hingezogen wie zu einem schnellen Duell oder einem Übermaß an Wein; diese Wesenszüge stehen aber hier nicht im Mittelpunkt der Betrachtung, geht es doch um ein Modell und nicht um eine Kopie. Und auch Dumas stellt als Autor klar, dass das manchmal grobe Verhalten der Musketiere aus der Zeit heraus verstanden werden sollte.

Das Motto, das die Musketiere im 17. Jahrhundert verband, hat heute weit größere Bedeutung als es auf den ersten Blick scheinen mag. „Alle für einen, einer für alle!" bedeutet natürlich, Know-how miteinander zu teilen. In der wissensorientierten Gesellschaft, in die wir hineinwachsen, kommt gemeinsamen Werten eine zentrale Bedeutung zu.

Beim Vorgesetzten-Mitarbeiter-Modell traditioneller Prägung verbindet die beiden Protagonisten mitunter recht wenig. Im Extremfall schafft einer an, entscheidet, überwacht und korrigiert; der andere schiebt Verantwortung ab, führt nur auf Anweisung aus und wartet auf dieselbe. Vor allem die öffentliche Verwaltung mit ihrem starren und strengem Dienstrecht ist dafür ein gutes Beispiel. Bei vielen traditionellen Arbeiten[2] lässt sich die Leistung leicht und vor allem sehr schnell nachweisen. Beim Maurer, der ein Haus baut, dem Fabriksarbeiter, der am Fließband steht, oder der Handelsangestellte, der Waren verkauft, ist Erfolg oder Misserfolg für Dritte bald ersichtlich. Beim Maurer kann der Baufortschritt schnell oder langsam sein, der Fließbandarbeiter unterstützt den Fertigungsprozess oder er verlangsamt ihn und die Verkäuferin hat am Monatsende in bestimmten Ausmaß zum Umsatz beigetragen. Ob diese Mitarbeiter ihr Bestes gegeben haben und ihre Leistung stimmt, ist leicht erkennbar.

Anders sieht die Situation bei wissensorientierten Berufen aus. Ob Programmierer dösen oder Konzepte entwerfen, Internet-Experten zum Spaß im Netz surfen oder den Markt beobachten und Politikberater aus Langeweile oder Notwendigkeit Tageszeitungen lesen, ist auf den ersten Blick für Außenstehende nicht erkennbar. Auch ob sie über neues Wissen verfügen und dieses in vollem Umfang in die Organisation einbringen ist nur in Ansätzen überprüfbar. Gedanken sind frei. Ist die Beziehung zu Vorgesetzten und Kollegen gestört, ist Minderleistung die logische Folge. Ob diese Berufsgruppen ihr Know-how nach bestem Wissen in ihre Organisation einbringen oder nicht, ist schwer überprüfbar. Offensichtlich wird mangelnde Effizienz und Effektivität jedenfalls dann, wenn diese Minderleistung einen gewissen Schwellenwert erreicht hat. Ohne gemeinsame Werte fehlt oft die Motivation.

---

[2] Die Unterscheidung zwischen traditionellen und wissensorientierten Berufen ist hier vereinfacht dargestellt. In der Praxis sind die Übergänge fließend.

Kommt es im Anschluss zur inneren Kündigung, geht der Organisation und letztlich der Gesellschaft Wohlstandspotential verloren.

Mit anderen Worten: Motivierte Mitarbeiter werden all ihr Wissen und ihre Kraft in die Organisation einbringen. Teilen die einzelnen Mitglieder dieser Organisation dieselben möglichst ranghohen Werte – wie immer diese auch ausgestaltet sein mögen –, dann wird die Motivation hoch sein. Das ist der zentrale Punkt! Reduzieren sich die gemeinsamen Werte auf die monatliche Gehaltsüberweisung, den Urlaubsantritt und das Dienstende, dann fehlt die Motivation, sich selbst und sein Wissen in vollem Umfang in die Organisation einzubringen. Dieser Umstand ist an sich nicht neu. Entscheidend ist jedoch, dass eine innerliche Verweigerung in einer wissensorientierten Gesellschaft viel größere Auswirkungen hat, als in der traditionellen Produktionsgesellschaft und gemeinsamen Werten somit eine größere Rolle zukommt.

3.2. Die Gulliver-Erfahrung

Einer seiner abenteuerlichen Reisen in wundersame Länder führt den britischen Seefahrer Lemuel Gulliver nach Brobdingnag, dem Land der Riesen, schreibt Jonathan Swift in der ersten Hälfte des 18. Jahrhunderts in seinem Klassiker „Gulliver's Reisen". In diesem sonderbaren Staat berichtet er dem König über die politischen Gegebenheiten in seiner Heimat. Über Wahlen, Parlamentarismus, Gesetzgebung, Justizsystem und so manche damit verbundene Schwierigkeit.

Mit Interesse und Verwunderung folgt der König in mehreren Audienzen den Ausführungen Gullivers über das politische System in seiner Heimat – ein System, dass dem Monarchen offensichtlich kompliziert, unausgewogen und langatmig erscheint. Gulliver berichtet von mehreren Tausend Büchern, in denen in seiner Heimat über die *Kunst* des Regierens berichtet wird. Für den König ist der Kunstbegriff unverständlich, sei doch nur Hausverstand zum Regieren erforderlich.

Nachdem Gulliver lange und ausführlich über die politischen Bräuche in seiner Heimat berichtet hat, erfährt dieser schließlich von drei Prinzipien des einfachen Rechtssystems im Land der Riesen: (i) Kein Gesetz darf mehr Wörter haben, als das Alphabet an Buchstaben umfasst. (ii) Alle Gesetze müssen auf einfachste und verständliche Weise formuliert sein. (iii) Das Verfassen von Gesetzeskommentaren gilt als schweres Verbrechen.

Die drei Grundprinzipien entstammen einer Satire des 18. Jahrhunderts, das reale Leben von heute ist zweifellos komplizierter als zu Lebzeiten von Jonathan Swift. Dennoch liegt in diesen pointierten Prinzipien ein Körnchen Weisheit.

Weltweit werden am laufenden Band immer mehr Gesetze verabschiedet. Österreich ist dabei keine Ausnahme. Nur in Ausnahmefällen werden seriöse Kosten-Nutzen-Analysen oder Risikoabschätzungen erstellt. Allein die administrativen Folgekosten von Gesetzen liegen für die österreichische Wirtschaft wie eingangs erwähnt bei fünf Prozent des Bruttoinlandsprodukts. Immer umfangreicher und detaillierter werden die Rechtsvorschriften. Was gutgemeint war, entpuppt sich bei näherer Betrachtung oft als völlig untauglich, verwaltungs- und kostenintensiv.

Einige Länder haben deshalb begonnen, ihre Gesetzgebungsmaschinerie nach Grundsätzen der Effizienz und Effektivität zu überprüfen:

1. Australien hat Gesetze mit einem Ablaufdatum versehen (sunsetting legislation). Nur wenn sich diese Rechtsnormen bewährt haben, werden sie erneut verabschiedet. Das garantiert, dass Gesetze nach einige Jahren auf ihren Erfolg und ihre Sinnhaftigkeit überprüft werden. Australien hat auch den bestehenden Rechtsbestand auf Wettbewerbsnachteile gegenüber den wichtigsten Handelspartnern überprüft.
2. Die Niederlande haben die Auslandsprüfung in den Gesetzwerdungsprozess integriert: Untersucht wird, wie Handelspartner den gleichen Sachverhalt regeln.
3. Kanada veröffentlicht alljährlich eine Übersicht über Rechtsetzungsvorhaben des kommenden Jahres. Durch Planung soll Anlassgesetzgebung auf ein Mindestmaß reduziert werden.

Eine Reihe von Ländern erstellt Gesetzesfolgenabschätzungen und berücksichtigt auch die Auswirkungen auf Unternehmen, Arbeitsplätze und Umwelt. Am weitesten fortgeschritten ist das System in den USA. In Österreich sind Gesetzesfolgenabschätzungen hinsichtlich Auswirkungen auf öffentliche Haushalte zwar verpflichtend vorgesehen, werden aber nur zögerlich seriös durchgeführt. Auswirkungen auf Unternehmen werden derzeit noch nicht berechnet, Absichtserklärungen liegen jedoch von mehreren Parlamentsparteien vor.

Mit anderen Worten: Das Rechtssystem ist in den meisten Industriestaaten im Laufe der Zeit immer teurer geworden. Effizienz und Effektivität der Rechtsnormen werden erst in wenigen Ländern seriös überprüft. Die administrativen Folgekosten für österreichische Unternehmen sind hoch. Eine Vereinfachung des Rechtssystems aus ökonomischer Perspektive würde die Finanzierungs- und Zeitbudgets von Unternehmen entlasten. Die Wirtschaft hätte wieder mehr Zeit für produktive Tätigkeiten, das Wohlstandspotential könnte besser ausgeschöpft werden.

3.3. Das Steve-Jobs-Modell

Steve Jobs, Mitentwickler des legendären „Apple"-Computers, hat im Laufe seiner unternehmerischen Karriere eine Reihe von Misserfolgen hinnehmen müssen. Als er mit dem „Apple" die Benutzerfreundlichkeit von Computern revolutionierte, hatten EDV-Firmen in aller Welt schon längst die klügsten Köpfe und erfahrensten Experten beschäftigt. Trotzdem ist es einem Außenseiter gelungen, mit seinen Produkten und seinen Ideen eine Branche grundlegend zu verändern. Jobs hat seine Visionen durchgezogen hat sich mit dem „Apple" selbst ein Denkmal gesetzt.

Nicht alle seine Entscheidungen waren so erfolgreich wie jene, die zur Markteinführung des „Apple" führen sollte. Der Computerpionier hat mit seinen Entwicklungen nicht nur Geld verdient, sondern durch weniger erfolgreiche Geschäftspolitiken auch Vermögen verloren. Jobs wurde deshalb Jahre später einmal gefragt, ob er nicht so manche seiner geschäftlichen Entscheidungen im Nachhinein in einem anderen Lichte sehen würde. Natürlich gebe es Tausend Dinge, antwortete Jobs, die er gern anders entschieden hätte. Aber am meisten bedauere man stets das, was man ein Leben lang *nicht* getan habe, etwa die Dame seines Herzens nie zum Tanz aufgefordert zu haben.

Was einer der bedeutendsten Unternehmer dieses Jahrhunderts damit wohl meint, ist, dass Entscheidungen immer auch einen Fehlschlag bedeuten können. Wer sich nie für Risken entscheidet, wird auch nie Erfolg haben. Männer wie Jobs – etwa der zuvor erwähnte Bert Twaaflhoven – haben große Risken auf sich genommen und in Summe mehr gewonnen als verloren – auch wenn nicht jede Entscheidung richtig war.

Die Friedmans haben in diesem Zusammenhang bereits festgehalten, dass große unternehmerische Persönlichkeiten wie Ford, Edison oder Eastman ähnliche Risken in Kauf genommen hätten: „Of course, there were many losers along the way – probably more losers than winners. We don't remember their names. (...) And win or lose, society as whole benefited from their willingness to take a chance."

Mit anderen Worten: Eine positivere Einstellung zum Risiko würde auch der österreichischen Volkswirtschaft neue Impulse verleihen. Insbesondere das strenge Insolvenzrecht sollte gelockert und der Zugang zu Märkten (Gewerbeberechtigung etc.) erleichtert werden. Die Eigenverantwortung der Bevölkerung sollte respektiert und unterstützt werden.

4. Zusammenfassung

Einige Länder, die Europäische Union und die OECD haben begonnen, Benchmarking als Werkzeug zur Verbesserung der wirtschaftlichen Rahmenbedingungen einzusetzen. Im Vordergrund steht dabei die Absicht, von den besten Praktiken zu lernen und wo angebracht erprobte Modelle aus dem Ausland im eigenen Land anzuwenden. Benchmarking eröffnet die Möglichkeit zu einer laufenden Qualitätsverbesserung. Da es von realen Erfolgsbeispielen ausgeht, ist die beste Praxis nicht Utopie, sondern grundsätzlich erreichbar. Wo aufgrund politischer, gesellschaftlicher oder wirtschaftlicher Gegebenheiten das Anstreben der besten Praxis nicht sinnvoll ist, sollte zumindest die zweit- oder drittbeste Praxis angestrebt werden.

Die österreichische Politik hat in den vergangenen Jahrzehnten Arbeitnehmer im Verhältnis zu Unternehmern kontinuierlich besser gestellt. Damit wurde es vergleichsweise attraktiver, als Arbeitnehmer statt als Selbstständiger tätig zu werden. Im langfristigen Vergleich sind die Selbstständigenquoten gefallen. Erst in jüngerer Zeit gründen mehr Österreicher ein Unternehmen und angesichts steigender Arbeitslosenzahlen hat die österreichische Politik auf der Suche nach neuen Beschäftigungsmöglichkeiten den Wert des Unternehmertums wiederentdeckt.

In der Vergangenheit zielten Förderungsmaßnahmen in erster Linie auf die Linderung von Symptomen und waren damit Lippenbekenntnis. Sie folgten der Politik des „mehr desselben". Kernursachen wie zum Beispiel hohe Eintrittsbarrieren blieben – abgesehen von Teilbereichen – unangetastet. Im Vergleich zu anderen Ländern stellt die österreichische Gesetzeslage hohe formale Ansprüche an Unternehmensgründer. Das bremst Wettbewerb und hemmt Innovationen. Im Ergebnis verzichtet Österreich auf zusätzliches Wachstum.

Die Kosten einer Unternehmensgründung sind in Österreich zu hoch, die Dauer für die Amtsverfahren ist zu lange. Die Kosten für Patente, Straßenverkehr, Strom, Telekommunikation und Internet liegen in Europa um ein Mehrfaches über dem US-Niveau. Ausufernde Staatsquoten lassen in Europa weniger Platz für Unternehmer und beschränken die wirtschaftliche Freiheit. Bei wichtigen wissens- und technologiepolitischen Kennzahlen liegen die USA mit Abstand vor den EU-Staaten.

Im Ergebnis nutzt Europa sein Wohlstandspotential nicht voll aus. Grob gesprochen liegt das Wohlstandsniveau in den USA fast um die Hälfte über dem EU-Durchschnitt. Die Arbeitslosenrate ist in Europa doppelt so hoch wie in den USA. Die Erwerbsquote ist in den USA in den vergangenen drei Jahrzehnten gestiegen, in Europa hingegen gefallen. Der hohe Staatsanteil in Europa und die mit ihm einhergehende Umverteilungsmaschinerie hat dazu geführt, dass Europäer bis Ende Juli arbeiten müssen, um alle Steuern zu bezahlen. Amerikanische Arbeitnehmer haben ihren tax-free-day schon Mitte Mai erreicht und verdienen anschließend nur noch für die eigene Tasche. Europäer müssen somit über zwei Monate länger arbeiten, ehe sie alle Steuern und Abgaben bezahlt haben. Dennoch wird in Europa weniger Wohlstand pro Kopf erarbeitet als in den USA.

STEUER- UND ABGABENBELASTUNG	USA	JAPAN	AUT	EU
Abgabenquote 1997	28,5	28,4	44,4	42,8
Tax-free-day 1998	16. Mai	4. Mai	23. Juli	26. Juli

Literaturverzeichnis

Bendl, Thesen zur österreichischen Gründerwelle, in: Schweizer Monatshefte 4/1999

Bendl, Folgenschätzung von Gesetzen in den USA, in: Conturen 3/1998

Bendl, Benchmarking und Best-Practices in der öffentlichen Verwaltung, in: Wirtschaftsstandort Österreich, herausgegeben vom Bundesministerium für Wirtschaftliche Angelegenheiten, Wien 1998

Birch/Haggerty/Parsons, Who's Creating Jobs?, Cambridge MA 1997 (zitiert nach OECD 1998)

Birch/Haggerty/Parsons, Entrepreneurial Hot Spots, Cambridge MA 1996 1997 (zitiert nach OECD 1998)

Czipin & Partner, Erfolgsfaktoren für Wachstum und Arbeitsplätze, Wien 1998

Dumas, Die drei Musketiere, Frankfurt 1999 (Paris 1887)

EIM, An International Comparison of Hypergrowth Enterprises, Zoetermeer 1998 (zitiert nach UNICE 1999)

Friedman/Friedman, Free to Choose, Orlando 1990

Grubel, Economic Freedom and Human Welfare: Some Empirical Findings, in: The Cato Journal, 2/1998

Gwartney/Lawson, Economic Freedom of the World, Interim Report 1998/99, Vancouver 1998

Gwartney/Lawson/Block, Economic Freedom of the World 1975 - 1995, Vancouver 1996

Gwartney/Lawson/Holcombe, The Size and Functions of Government and Economic Growth, herausgegeben vom Joint Economic Committee, Washington 1998

Hayek, Freiheit und Unabhängigkeit, in: Schweizer Monatshefte 2/1959

Industriewissenschaftliches Institut, Die internationale Position österreichischer Großunternehmen, Wien 1998

Industriewissenschaftliches Institut, OECD/PUMA-Unternehmensumfrage – Das Regulative Umfeld von Klein- und Mittelbetrieben, Wien 1999

Maucher, Deregulierung aus Sicht eines international tätigen Unternehmens, in: Neumann-Spallart, Dieter: SOS im Regelwald – 26 Beiträge zur Deregulierung, Wien 1996

OECD, Review on Entrepreneurship, Paris 1998

Schlender, The Three Faces of Steve, in: Fortune 1998-11-09

Swift, Gulliver's Travels, Oxford 1998 (Dublin 1735)

UNICE, Fostering European Entrepreneurship – Benchmarking Report 1999, Brüssel 1999

FOKUS 4: Die Bankenwelt im Jahre 2005

von Ernst Bleier

1. Ausgangslage

Ein gut funktionierendes Bankwesen kann als Nervensystem einer Volkswirtschaft bezeichnet werden. Zur Aufrechterhaltung dieser zentralen Aufgabe ist die permanente Anpassung an die nationale und internationale wirtschaftliche Entwicklung unerlässlich. Noch wichtiger als dies ist die Einstellung auf die sich wandelnden Kundenbedürfnisse bzw. Kundenwünsche. Nur die kompromisslose Kundenorientierung ermöglicht den langfristigen Bestand einer Bank, allenfalls sogar einer ganzen Bankengruppe. Die Ausgangslage ist jedoch vor allem dadurch gekennzeichnet, dass der quantitativen Versorgung der Märkte mit Bankdienstleistungen der Vorzug gegeben wurde. Daraus resultiert, dass heute in vielen Ländern und insbesondere in Österreich eine erhebliche Bankendichte besteht.

1.1. Europa und insbesondere Österreich ist quantitativ bankmäßig überversorgt[1]

Bankendichte		
	Bevölkerung pro Filiale	Filialen
Deutschland	1.369	59.929
Österreich	1.721	4.691
Schweiz	2.062	3.430
Italien	2.279	25.250
Frankreich	2.306	25.464
Norwegen	2.789	1.584
Finnland	3.157	1.630
Schweden	3.586	2.467
Spanien	14.865	2.647
Dänemark	37.676	2.178

---

[1] Die Presse 25.1.2000, „Steht die klassische Bankfiliale bald vor dem Aussterben?".

Es liegt auf der Hand, dass diese Bankstellendichte zu einem Kostendruck führt. Dies ist umso schwerwiegender als die meisten Bankstellen als „Universalbanken" geführt werden, die alle Bankdienstleistungen jederzeit für „jeden" vorhalten. Das Angebot der einzelnen Institute unterscheidet sich nur in Details. Den für den Kunden wirklich sichtbaren Unterschied macht der Service, die Freundlichkeit, die menschliche Komponente eben. Bei den großen europäischen Retailbanken (Deutsche Bank, ABN Amro) hat die Schließungswelle bereits eingesetzt. In Österreich ist von einer Schließungswelle derzeit keine Rede. Auch die Fusionen in der Vergangenheit haben zu keiner nennenswerten Reduzierung der Bankstellen geführt.

1.2. Zinsspannengeschäft verfällt

Die Spanne zwischen Einlage- und Kreditzinsen war über Jahrzehnte die tragende Säule des Bankertrages. Die Umschichtung von Primärmitteln in Wertpapierveranlagungen einerseits und das Ausweichen in niedrig verzinsten Fremdwährungskredite sowie der Wettbewerbsdruck im klassischen Kreditgeschäft hat zu einer kontinuierlichen Verkleinerung der Zinsspanne geführt. Mit einer Verbesserung ist nicht zu rechnen, sodass die Banken gezwungen sind, andere Ertragsquellen zu erschließen. Das Schlagwort hierzu heißt Dienstleistungsertrag. Dieser unterscheidet sich vom kontinuierlich (nachhaltig) fließenden Zinsertrag dadurch, dass er nur für einen konkreten Geschäftsabschluss meist einmalig erzielt wird.

1.3. Bankkunden wenden sich verstärkt anderen Finanzdienstleistern zu

Trotz der gegebenen Bankstellendichte wenden sich immer mehr Bankkunden anderen Finanzdienstleistern wie Strukturvertrieben etc. zu. Nicht-Bank-Anbieter wie Handelshäuser, Autohandel, Versandhandel etc. haben einen beträchtlichen Teil des Privatkredit- und Leasinggeschäftes an sich gezogen. Dies kann man nicht nur auf die Unzufriedenheit mit den Öffnungszeiten der Banken zurückführen. Laut einer in der Zeitschrift FORMAT veröffentlichten Umfrage sind Ende 1999 50 % der Bankkunden mit den Öffnungszeiten unzufrieden. Dies wurde von den Banken auch erkannt, was zur Erarbeitung von neuen Vertriebssystemen geführt hat.

1.4. Euro – bisher nur bescheidene Auswirkungen auf Zahlungsverkehr

Im Zusammenhang mit der Euro-Umstellung wurde bei vielen Bankkunden die Erwartungshaltung nach Verbilligung und Vereinfachung (Beschleunigung) des Zahlungsverkehrs geweckt. Diese wurden bisher nicht im erwarteten Ausmaß erfüllt. Die Gebühren sind für die Kunden unverständlich hoch und für die Banken nicht kostendeckend. Die Dauer der Überweisungswege ist vielfach unbefriedigend lange.

1.5. Starre Entlohnungs- und Pensionssysteme als Damoklesschwert

Die Entlohnungs- und Pensionssysteme stammen überwiegend aus Zeiten ungehemmten Wachstums mit hoher Zinsspanne. Erfolgsabhängige Einkommensbestandteile spielen nur eine marginale Rolle. Pensionslasten wirken weit ins nächste Jahrtausend als Fixkostenblock hinein. Die einzelnen Banksektoren sind davon unterschiedlich stark betroffen.

1.6. Vertriebsstrukturen, Organisation und Kommunikationsstrukturen sind vielfach veraltet

Die ungehemmte Zweigstellenexpansion der späten sechziger und siebziger Jahre stellt sich heute als Sackgasse dar. Kapazitäten an Raum, EDV und Personal werden zum Teil für Stoßzeiten vorgehalten. Alternative Vertriebswege wurden nicht ausreichend entwickelt. In organisatorischer Hinsicht wurden vielfach gegebene Abläufe auf EDV übertragen ohne das Potential der neuen Möglichkeiten auszuschöpfen.

2. Visionen

2.1. Der Universalbankenbegriff ist neu zu definieren.

Universalbank zu sein, heißt jede Bankdienstleistung jederzeit für jeden Kundenbedarf bereitzuhalten. Es ist leicht einzusehen, dass dies in gegenwärtig verbreiteten Filialsystem kostenmäßig nicht durchzuhalten ist (z. B. Ausbildungskosten). Bei der Bereithaltung eines Universalbankangebotes werden neben den Ressourcen der Bankfiliale – die z. B. 50 % des Kundenbedarfes direkt abdeckt – die Möglichkeiten der elektronischen Medien den restlichen Bedarf der Kunden befriedigen helfen. Dies zunächst mit Unterstützung durch Filialmitarbeiter, später wird dies nur im eingeschränkten Umfang erforderlich sein.

Die Dienstleistungen der künftigen „Universalbanken"[2] sind zum Teil von Kooperationspartnern zugekauft, entsprechen jedoch den Standards der vertreibenden Bank (qualitätsgeprüft). „Alles aus einer Hand" heißt nicht mehr aus eigener „Produktion" sondern „geprüfte Qualität".

2.2. Persönliche Kundenbetreuer auf selbstständiger Basis ergänzen Vertrieb über Filialen

Bis zum Jahre 2005 ist auch in Österreich mit einer Reduktion der Geschäftsstellen zu rechnen. Je größer das Institut desto höher wird die Schließungsquote sein. Es gibt Prognosen, dass bis zum Jahre 2010 nur noch 40 % des Bankgeschäftes über die Filialen laufen wird. Wollen die Banken die restlichen 60 % des Geschäftes nicht Branchenfremden überlassen, so werden sie einen eigenen Vertriebsweg mit selbstständigen Beratern aufbauen müssen. „Hausbesuch" ist teuer aber effektiv und entspricht der Serviceerwartung der Kunden.

---

[2] Kemmetmüller W./Schmidt M. (Hrsg.), Genossenschaftliche Kooperationspraxis, Wien 1998.

2.3. Rückläufiges Kreditgeschäft wird durch Vermittlung von Eigenkapital ersetzt

Die sinkende Zinsspanne enthält keine Risikoprämie mehr, aus der Kreditrisiken getragen werden können. Dies deshalb, weil die Realverzinsung für Einlagen zu hoch ist. Die Entwicklung des Wertpapiergeschäftes zeigt, dass Anleger eher bereit sind das Risiko mitzutragen, als weitere Ertragseinbußen hinzunehmen. In diesem Falle kommt den Banken eine Vermittlungsfunktion zwischen Anleger und Beteiligungsnehmer[3] zu. Woraus die fehlenden Erträge des Kreditgeschäftes wettgemacht werden können. Mit anderen Worten: es zeichnet sich ab, dass die Vermittlung von Eigenkapital für Unternehmen eine wesentliche Geschäftssparte sein wird.

2.4. Jede Information ist überall gleichzeitig verfügbar. Geschäftchance aus Informationsvorsprung ist verloren gegangen

Jedem Kunden ist die Beschaffung von Informationen über sämtliche Sparten des Bankgeschäftes auch außerhalb der Banken, insbesondere über Internet, aber auch über vielfältige Publikationen möglich. Inhaltlich ist der Informationsvorsprung als Geschäftchance verloren gegangen. Jedenfalls bei Kunden, die bereit und interessiert sind, die dann gegebenen Informationsmöglichkeiten zu nutzen. Vielfach wird die Information von den Banken selbst im Wege des Internet oder in Form von Publikationen bereitgestellt.

2.5. „Lebensberechtigung" für Banken als Helfer bei der Auswahl des bedarfsgerechten Programmes und als Garant für sichere Abwicklung

Obwohl es möglich sein wird, heutige Produktionsleistungen von Nicht-Bank-Anbietern zu beziehen, wird die über Jahrzehnte aufgebaute Vertrauensbasis Grund dafür sein, diese doch bei den Banken einzukaufen. Einerseits wird die Kenntnis der Lebenssituation der Kunden helfen, ein bedarfsgerechtes Dienstleistungsprogramm (z. B. Vorsorge) zusammenzustellen. Andererseits werden die Banken auch im Jahre 2005 als Garanten für die sichere Abwicklung geschickt werden. Allerdings wird es unumgänglich sein für jede Abwicklung (auch den Zahlungsverkehr) kostendeckende Preise zu verrechnen.

2.6. Ertrag nur noch für direkt nachvollziehbare Leistung

Die Verrechnung von Gebühren und Spesen sowie variabler Zinssätze, deren unmittelbarer Zusammenhang mit einer konkreten Leistung nicht ersichtlich ist, wird von den Kunden nicht mehr akzeptiert werden. Im Gegenzug wird die heute vielfach kostenlose Beratung eine Bepreisung erfahren, und dies von den Kunden auch akzeptiert werden, wenn es gelingt, den Nutzen darzustellen.

---

[3] Grohmann, H., Kredit direkt von Investor, in: Bankmagazin 11/99.

3. Strategien

Universalbanken, die sich in ihrer strategischen Zielsetzung zum selbstständigen Fortbestand über das Jahr 2005 hinaus entschlossen haben, müssen sich hinsichtlich ihres Dienstleistungsangebotes, der zu bedienenden Kundensegmente und der Region in der sie tätig sein wollen, neu definieren. Es wird aus Kostengründen nicht möglich sein, für jeden jederzeit alles bereit zu halten.

Die Konzentration auf ausgewählte Kundensegmente einer definierten Region wird es ermöglichen, deren Bedarf besonders gut zu kennen und diesen eine maßgeschneiderte Lösung zu liefern. Dies ist ein typisches Beispiel für eine erfolgreiche Kundenpartnerschaft.[4]

3.1. Aufrüstung der Kommunikationstechnologie

Die fallenden Kosten für Datenspeicher ermöglichen es, bisher nicht gekannte benutzerfreundliche Beratungssoftwarepakete einzusetzen. Netzwerke haben strategischen Stellenwert. Investitionen werden verstärkt in diesem Bereich stattfinden. Die erforderliche Mitarbeiterqualifikation unterliegt einem Wandel dahingehend, dass nur wenige hochkarätige Spezialisten jedoch viele kommunikative dienstleistungswillige Mitarbeiter benötigt werden. Das nächste große Investitionsvorhaben heißt permanente Aus- und Weiterbildung der Mitarbeiter in fachlicher und personeller Hinsicht.

3.2. Aufbau eines Vertriebsnetzes mit selbstständigen Unternehmern

Grundgedanke ist die Differenzierung der Vertriebswege nach der Kostenverträglichkeit mit einzelnen Zielgruppen sowie die Synchronisierung des wirtschaftlichen Ergebnisses eines Vertriebsweges mit den individuellen Einkommen der Mitarbeiter. Das erfordert neben erfolgsabhängigen Einkommenstangenten für Filialmitarbeiter den Aufbau von Vertriebswegen mit ausschließlicher Erfolgshonorierung ohne Fixkosten. Diese stehen nicht in Konkurrenz zu den Geschäftsstellen sondern unterstützen diese dadurch, dass sie neue Zielgruppen, ein erweitertes Marktgebiet oder spezielle Dienstleistungen verkaufen.

3.3. Auf Kundennutzen konzentrieren und diesen transparent machen

Kunden und Mitarbeiter sind überwiegend emotional gesteuert, was wenig bedacht wird. Der Nutzen einer guten Beratung wird oft erst nach Jahren von Kunden erkannt. Zunächst wird nur der geleistete Kundendienst (Servicequalität) wahrgenommen. Bei jedem Angebot ist die Frage zu stellen: „Was nützt es dem Kunden?" Wer sich am besten in die Situation des Kunden hineindenken kann, wird das Geschäft machen. Die Lösung des Kundenproblems steht im Zentrum der Beratung und des Verkaufs.

---

[4] Hofinger, H./Karner, A. (Hrsg.), Markterfolg durch genossenschaftliche Kundenpartnerschaft, Wien 1999.

3.4. Ballast abwerfen – Fixkostenreduktion

Überlebende Banken werden deutlich schlanker, schneller, produktiver und kundenorientierter sein. Bauliche Investitionen werden stark zurückzunehmen sein. Die Vertriebskosten werden stärker erfolgsabhängig zu definieren sein. Dies bedeutet für die selbstständigen Vertriebspartner und Mitarbeiter zwar geringere Fixbezüge, jedoch die Chance auf deutlich höhere Gesamteinkommen. Das Problem der abnehmenden Kontaktfrequenz mit Kunden wird durch neue Ansprachestrategien gelöst werden.

Ein großes Feld für die Reduktion bzw. Vermeidung von Fixkosten bietet das Eingehen von Kooperationen statt eigener Produktions- und Vertriebseinheiten.

3.5. Hemmschwelle für Kooperation überwinden

Kooperation ist die wirkliche Alternative zur Verursachung von Fixkostenblöcken sowohl in der „Produktion" von Dienstleistungen als auch im Vertrieb. Der Kostendruck – insbesondere im Zahlungsverkehr, der Wertpapierabwicklung, dem Auslandsgeschäft etc. – wird helfen, die Hemmschwelle für Kooperationen zu überwinden. Kooperation setzt Vertrauen voraus, welches zumindest innerhalb der Banksektoren gegeben sein sollte oder kurzfristig geschaffen werden könnte. Voraussetzung dafür ist allerdings der Abschied von Prestigeinvestitionen. In Zukunft werden betriebswirtschaftlich kalkulierte Entscheidungen dominieren.

Literaturverzeichnis

Erfolgreiches führen & verkaufen, Nafa Verlags GmbH, Nürnberg
Grohmann, H., Kredit direkt vom Investor, in: Bankmagazin 11/99
Hofinger H./**Karner** A. (Hrsg.), Markterfolg durch genossenschaftliche Kundenpartnerschaft, Wien 1999
Kemmetmüller, W./**Schmidt**, M. (Hrsg.), Genossenschaftliche Kooperationspraxis, Wien 1998
Klein, P., Dezentral/global – Entwicklungstendenzen der Banken in Frankreich; Perspektiven der Volksbanken international, in: Die Gewerbliche Genossenschaft, S. 2 ff., Heft 6, 1999
Die Presse, „Steht die klassische Bankfiliale bald vor dem Aussterben?", 25.1.2000
Priewasser, E., Die Priewasser-Prognose, Bankstrategien und Bankmanagement 2009, Frankfurt/Main 1994
Priewasser, E., Die Banken im Jahre 2000, 2. Auflage, Frankfurt/Main 1986
St. Gallen Consulting Group, in: Trend, 28.1.2000

FOKUS 5: Beschäftigung in der Europäischen Union und Aussichten auf 2005

von Manfred Oettl

1. Der Rahmen der europäischen Beschäftigungspolitik

Mitte der 70er Jahre löste in Europa[5] das sklerotische Zeitalter[6] das sog. „Goldene Zeitalter"[7] der 50er und 60er Jahre ab. Dieser Rückgang wirtschaftlicher Dynamik in Europa ist nach Olson eine Folge der zunehmenden Bedeutung von Interessengruppen und deren hemmenden Einfluss auf Wirtschaftswachstum und technischen Fortschritt[8].

Jedenfalls regte die Eurosklerose die Kommission der Europäischen Gemeinschaft und deren Präsidenten an, zu ihrer Überwindung die europäische Integration weiter voranzutreiben, was in weiterer Folge über die Einheitlichen Europäischen Akte[9] (EEA) zum Binnenmarkt und über den Vertrag von Maastricht[10] zur Währungsunion führte.

Die unter dem Namen „Maastricht-Kriterien" bekannt gewordenen Konvergenzkriterien für die Teilnahme an der Währungsunion betrafen die Preisstabilität, eine auf Dauer tragbare Finanzlage der öffentlichen Hand, die Währungsstabilität und die langfristigen Zinssätze. Kritik an diesen Kriterien wurde insofern geäußert, als durch die Konzentration auf die Preisstabilität und die Finanzlage der öffentlichen Hand, auf die Beschäftigungssituation nicht entsprechend Rücksicht genommen wurde, und zur Erfüllung dieser Kriterien Maßnahmen zu setzen waren, die der Beschäftigungslage kurzfristig nicht eben förderlich sind[11].

---

[5] Unter dem Kürzel Europa ist im folgenden das Europa der 15 Mitgliedstaaten der Europäischen Union gemeint.
[6] Der Ausdruck „Eurosklerose" wurde durch den von Olson verwendeten Begriff der „institutional sclerosis" in seinem Buch „The rise and decline of nations" (1982) angeregt und von Giersch in einem Artikel in der Wirtschaftswoche „Gegen die Eurosklerose" vom 12. August 1983 wahrscheinlich erstmalig verwendet. Siehe dazu auch Olson (1996), 81
[7] Vgl. dazu Crafts & Toniolo (1996), 3
[8] Siehe Olson (1982) und (1996). Anderer Ansicht ist Paqué (1996).
[9] Darin verpflichtete sich die Gemeinschaft, bis zum 31. Dezember 1992 den Binnenmarkt, d.h. einen Raum ohne Binnengrenzen, in dem der freie Verkehr von Waren, Personen, Dienstleistungen und Kapital gewährleistet ist, zu verwirklichen.
[10] Vertrag über die Europäische Union, dem der Europäische Rat im Dezember 1991 in Maastricht zustimmte und welcher am 1. November 1993 in Kraft trat.
[11] Oberhauser (1996) schreibt von einer geknebelten Beschäftigungspolitik. Nach Heylen et al. (1995) sollte die Arbeitslosenquote ein Konvergenzkriterien sein, wogegen sich Vinals und Jimeno (1998) aussprachen.

Ein gemeinsamer Binnenmarkt und eine gemeinsame Währung erfordern eine koordinierte Wirtschaftspolitik und aus einer solchen koordinierten Wirtschaftspolitik ließ sich die Beschäftigungspolitik nicht länger ausklammern. Somit wurde als nächster Schritt im Vertrag von Amsterdam der Beschäftigung ein eigener Titel gewidmet[12], wonach die Förderung der Beschäftigung eine „Angelegenheit von gemeinsamem Interesse" ist[13].

Auf der Tagung des Europäischen Rates[14] in Luxemburg, Dezember 1997, kam es zu einer Sondersitzung über Beschäftigungsfragen und zur Ausarbeitung einer koordinierten Beschäftigungsstrategie, deren Rahmen die Grundzüge der Wirtschaftspolitik, die beschäftigungspolitischen Leitlinien und die Nationalen Aktionspläne bilden[15]. Die daraus abzuleitende koordinierte Strategie berücksichtigt die Beschäftigungsproblematik bei Festlegung und Durchführung der Gemeinschaftspolitiken und -aktionen und richtet Koordinierungsmechanismen auf Gemeinschaftsebene ein, zu denen die Schlussfolgerungen des Europäischen Rates auf Basis eines gemeinsamen Jahresberichtes des Rates und der Kommission, die Festlegung von Leitlinien für die Beschäftigung im Einklang mit den Grundzügen der Wirtschaftspolitik[16] und die Prüfung der Umsetzung derselben sowie die Einsetzung eines Beschäftigungsausschusses zählen, um die Beschäftigungspolitiken der Mitgliedstaaten zu fördern.

Die auf der Tagung des Europäischen Rates in Luxemburg angenommenen beschäftigungspolitischen Leitlinien für das Jahr 1998, 19 an der Zahl, leiten sich aus 4 Schwerpunkten ab:

- Verbesserung der Beschäftigungsfähigkeit, insbesondere für Jugendliche und Langzeitarbeitslose
- Entwicklung des Unternehmergeistes durch die Erleichterung der Gründung und des Führens von Unternehmen
- Förderung der Anpassungsfähigkeit der Unternehmen und ihrer Arbeitnehmer, insbesondere durch flexiblere Arbeitsverträge

---

[12] Der Vertrag von Amsterdam wurde auf der Tagung des Europäischen Rates in Amsterdam, Juni 1997, beschlossen und trat am 1. Mai 1999 in Kraft. Auf dieser Tagung wurde aber auch eine vorzeitige Anwendung des neuen Beschäftigungstitels beschlossen. Es ist dies der Titel VIII des Vertrages zur Gründung der Europäischen Gemeinschaft (EGV).
[13] § 126 EGV.
[14] Der Europäische Rat setzt sich aus den Staats- oder Regierungschefs der Mitgliedstaaten zusammen und tagt mindestens zweimal im Jahr. Er ist de facto das wichtigste Entscheidungsorgan.
[15] Siehe dazu und zum folgenden Kommission (2000) Beschäftigung.
[16] Die Grundzüge der Wirtschaftspolitik werden jährlich veröffentlicht und im Sommer verabschiedet, die des Jahres 2000 auf der Tagung des Europäischen Rates in Feira, Juni 2000. Sie konzentrieren sich auf die mittel- und langfristigen Auswirkungen der Strukturpolitiken und auf die Reformen zur Förderung des wirtschaftlichen Wachstumspotentials, der Beschäftigung und des sozialen Zusammenhalts sowie auf den Übergang zur wissensbasierten Wirtschaft. Siehe dazu Kommission (2000) Grundzüge 2000.

- Stärkung der Maßnahmen für die Chancengleichheit von Frauen und Männern mit dem Ziel einer höheren Erwerbsbeteiligung von Frauen.

Die für das Jahr 1999 auf 21 erweiterten Leitlinien verstärken die Anstrengungen in den Bereichen der aktiven arbeitsmarktpolitischen Maßnahmen, des lebensbegleitenden Lernens, der Schaffung von Arbeitsplätzen im Dienstleistungsbereich und des Ausgleichs zwischen Berufsleben und Familienleben[17]. Die Leitlinien für das Jahr 2000 blieben in der Anzahl unverändert, doch wurden einige der bestehenden Leitlinien angepasst und präzisiert[18].

Die Leitlinien bilden die Grundlage konkreter und administrativer Maßnahmen der einzelnen Mitgliedstaaten zur Erfüllung der in den Leitlinien angesprochenen Ziele, welche in den Nationalen Aktionsplänen – kurz NAP genannt – der einzelnen Mitgliedstaaten ihren Niederschlag finden. Die ersten dieser NAP wurden im Mai/Juni 1998 vorgelegt, von der Kommission geprüft und im gemeinsamen Bericht zur Beschäftigung für 1998[19] bewertet. Im Frühjahr 1999 wurden die NAP von den Mitgliedstaaten adaptiert, erweitert und ergänzt und im Beschäftigungsbericht 1999[20] wiederum einer Evaluierung und Überprüfung unterzogen. Seit kurzem (Mai/Juni 2000) gibt es die aktualisierten NAP 2000[21].

Die Leitlinien, die NAP und die Beschäftigungsberichte sind Teil des sog. Prozesses von Luxemburg, der ersten Säule der europäischen Beschäftigungsstrategie. Die zwei anderen Säulen sind der Prozess von Cardiff und der Prozess von Köln, gleichfalls nach Tagungen des Europäischen Rates (Juni 1998 in Cardiff und Juni 1999 in Köln) benannt.

Gemäß dem Prozess von Cardiff ist die Förderung und Schaffung von Arbeitsplätzen an Reformen zur Verbesserung der Wettbewerbsfähigkeit und des Funktionierens der Märkte für Güter, Dienstleistungen und Kapital gebunden, da damit ein anhaltendes und dauerhaftes und Wachstum erzielt werden kann.

Der Prozess von Köln fordert einen Dialog aller Akteure, die für Lohnverhandlungen sowie für die Geld-, Haushalts- und Finanzpolitik zuständig sind auf Basis der halbjährlichen Wirtschaftsvorausschätzungen (Frühling und Herbst) der Kommission. Dieser Europäischen Beschäftigungspakt bezweckt und fordert eine

---

[17] Rat (1999) Leitlinien 1999
[18] Kommission (1999) Leitlinien 2000. Die von der Kommission vorgeschlagenen beschäftigungspolitischen Leitlinien für das Jahr 2000 wurden auf der Tagung des Europäischen Rates in Helsinki im Dezember 1999 gebilligt. Der aktuelle Stand der Leitlinien ist als Anhang im Vorschlag der Kommission enthalten.
[19] Kommissicm (1999) Beschäftigungsbericht 1998
[20] Rat (1999) Beschäftigungsbericht 1999
[21] Unter http://europa.eu.int/comm/employment_social/empl&esf/ees_de.htm findet sich unter dem Titel „Europäische Beschäftigungsstrategie" eine Verbindung zu den einzelnen NAP (dort mit MAB bezeichnet) der Jahre 1998, 1999 und 2000, welche als pdf-file verfügbar sind.

- Finanzpolitik, die sowohl die Prinzipien des Stabilitätspaktes[22] beachtet als auch die Staatshaushalte zugunsten von Investitionen und wettbewerbsfähigen Arbeitsplätzen umstrukturiert,
- kontrollierte Entwicklung der Löhne und Gehälter mit an den Produktivitätszuwachs gebundenen Erhöhungen und eine
- auf Preisstabilität ausgerichtete Geldpolitik.

Die Beschäftigungspolitik ist damit in das Zielsystem des Stabilitäts- und Wachstumspaktes sowie in das der Europäischen Zentralbank eingebunden. Aus diesem Grund fordern die Grundzüge der Wirtschaftspolitik stets einen entsprechenden makroökonomischen Policy-mix, der Wachstum, Beschäftigung und Preisstabilität sicher stellt[23].

2. Die Notwendigkeit einer europäischen Beschäftigungspolitik

In den „goldenen" 60er Jahren wies Europa eine Arbeitlosenquote von durchschnittlich 2,2% auf, während die Quote in den Vereinigten Staaten mit 4,7% mehr als doppelt so hoch war. Auch die 70er Jahre sahen Europa noch in einer besseren Beschäftigungssituation mit einer durchschnittlichen jährlichen Arbeitslosenquote von 4% gegenüber 6,4% in den Vereinigten Staaten. Die schon erwähnte Eurosklerose in den 80er Jahren hingegen ließ die Arbeitslosenquote in Europa auf durchschnittlich fast 9% explodieren, während sie in Amerika zwar leicht auf 7,1% anstieg, aber unter dem europäischen Wert blieb. Die 90er Jahre führten zu einer weiteren Öffnung der Schere. Während die Arbeitslosenquote in den Vereinigten Staaten auf 5,6% zurückging, stieg sie in Europa auf fast 10%.

Die äußerst schwierige Lage am europäischen Arbeitsmarkt wurde von der Politik als Herausforderung angenommen und die Beschäftigung zum Ziel mit der höchsten Priorität in der EU erklärt. Man war und ist sich bewußt, dass eine unkoordinierte einzelstaatliche Beschäftigungspolitik, losgelöst von anderen wirtschaftspolitischen Zielen, das Arbeitsmarktproblem nicht lösen kann und dass die ökonomischen Rahmenbedingungen von entscheidender Bedeutung sind[24]. Aus diesem Grund

---

[22] Nach der Verordnung (EG) Nr. 1466/97 des Rates vom 7. Juli 1997 über den Ausbau der haushaltspolitischen Überwachung und der Überwachung und Koordinierung der Wirtschaftspolitik hat jeder an der Währungsunion teilnehmende Mitgliedstaat ein Stabilitätsprogramm vorzulegen, das eine wesentliche Grundlage für Preisstabilität und für ein starkes, nachhaltiges und der Schaffung von Arbeitsplätzen förderliches Wachstum bildet und darin Angaben über das mittelfristige Ziel für einen nahezu ausgeglichenen Haushalt oder einen Überschuß sowie den Anpassungspfad in Richtung auf diese Ziele für den Saldo des öffentlichen Haushalts und die voraussichtliche Entwicklung der öffentlichen Schuldenquote zu machen. Stabilitätsprogramme waren bis zum 1. März 1999 vorzulegen und müssen jedes Jahr aktualisiert werden.
[23] Kommission (2000) Grundzüge 2000, Kapitel 3.
[24] Europäischer Rat (1997) Sondertagung Luxemburg. „Es gibt keine tatsächlichen und dauerhaften Aussichten für eine Förderung der Beschäftigung ohne günstige wirtschaftliche

wurde auf dem Sondergipfel in Luxemburg eine Koordinationsstrategie entwickelt, die letztlich in den Europäischen Beschäftigungspakt mündete.

In allen Studien, Vorbereitungspapieren und Analysen der Kommission kommt immer wieder der Hinweis auf die wesentlich günstigere arbeitsmarktrelevante Situation in Amerika vor, d.h. die Beschäftigungssituation in Amerika dient als Benchmark für die Evaluierung der europäischen Arbeitsmärkte und für die lang-

Durchschnittliche jährliche Arbeitslosenquote

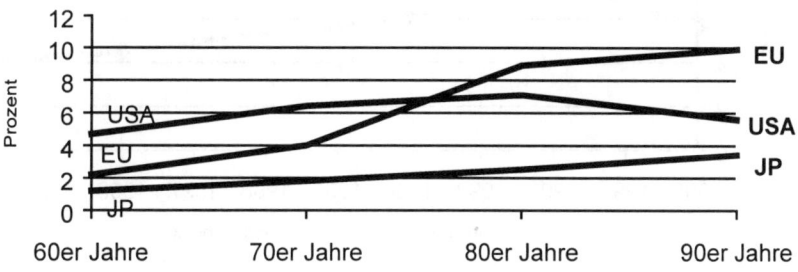

Quelle: EC economic data pocket book und eigene Berechnungen

fristigen Ziele[25], weil Amerika nicht nur geringere Arbeitslosenquoten, sondern auch höhere Beschäftigungsquoten aufweist[26].

Waren es 1994 noch fast 20 Millionen Personen, die in Europa ohne Beschäftigung waren, so konnte die Zahl der arbeitslosen Personen bis zum Jahre 1999 auf 15,5 Millionen reduziert werden, die Arbeitslosenquote somit von 11,1% auf 9,1% gesenkt werden. Neben dem allmählichen Greifen beschäftigungspolitischer Maßnahmen, die durch die NAP vorgenommen werden, ist die konjunkturelle Entwicklung in Europa und international hauptverantwortlich dafür. Für das Jahr 2000 wird ein weiterer Rückgang auf 8,5% angenommen. Trotzdem bleibt der Abstand zu

---

Rahmenbedingungen, die wiederum das Vorhandensein eines gesunden gesamtwirtschaftlichen Rahmens und eines echten Binnenmarkts voraussetzen."
[25] Auf der Tagung des Europäischen Rates in Lissabon im März 2000 wurde das Ziel einer vollbeschäftigten europäischen Wirtschaft und eine Erhöhung der Beschäftigungsquoten auf amerikanisches Niveau für das Jahr 2010 vorgegeben. Europäischer Rat (2000) Lissabon
[26]. Die Arbeitslosenquote entspricht dem prozentualen Anteil der Arbeitslosen an der Erwerbsbevölkerung (Summe der Beschäftigten oder Erwerbstätigen und Arbeitslosen), wobei für die EU die zivile (d.h. in Privathaushalten lebende), für die USA und Japan die gesamt Erwerbsbevölkerung genommen wird. Arbeitslos sind gemäß ILO Personen von 15 Jahren und mehr, die ohne Arbeit sind, verfügbar sind, um innerhalb der folgenden zwei Wochen eine Arbeit aufzunehmen und irgendwann in den vergangenen vier Wochen aktiv Arbeit gesucht oder eine Arbeit gefunden haben, die sie zu einem späteren Zeitpunkt beginnen werden. Die Beschäftigungsquote ist der Anteil der Erwerbstätigen an den in Privathaushalten lebenden Personen zwischen 15 und 64 Jahren (bzw. an der jeweiligen Altersgruppe).

Amerika, dessen Quote das erklärte Ziel der europäischen Beschäftigungspolitik bleibt, mit über 4,5 Prozentpunkten beträchtlich. Für eine Arbeitslosenquote von 4% in Europa müßten von den Anfang des Jahres 2000 14,6 Millionen Personen ohne Beschäftigung mehr als die Hälfte, nämlich rund 8 Millionen, einen Job bekommen.

Arbeitlosenquoten in den 90er Jahren

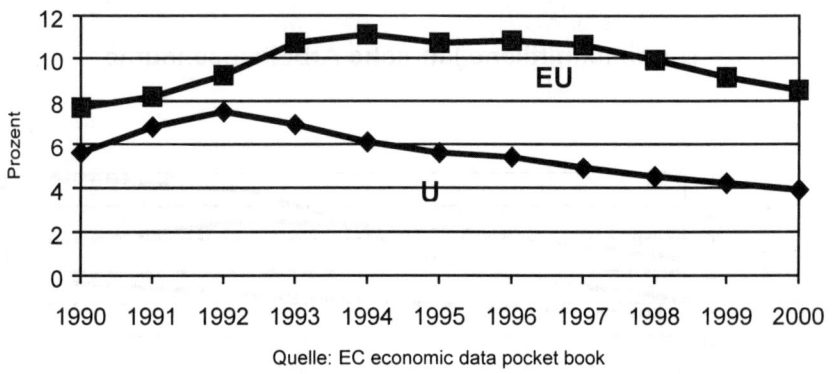

Quelle: EC economic data pocket book

Von den Mitgliedstaaten der EU weisen im April 2000 nur Luxemburg (2,2%), die Niederlande (2,9%) und Österreich (3,3) saisonbereinigte Arbeitslosenquoten unter der 4%-Marke auf, während Spanien, Italien, Griechenland, Finnland und Frank-

Wirtschaftswachstum in den 90er Jahren

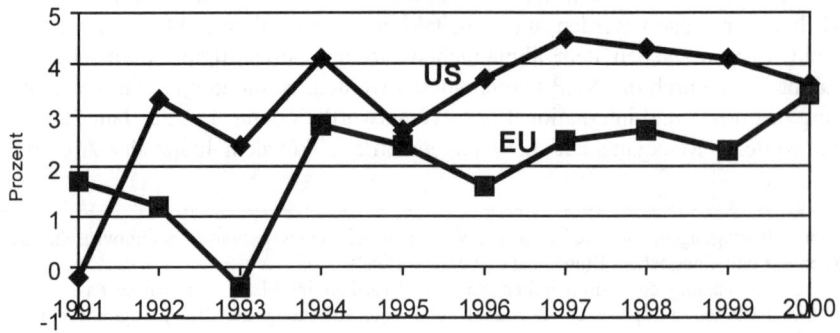

Quelle: EC economic data pocket book

reich zweistellige Werte haben[27].

---

[27] Eurostat, Pressemitteilung Nr. 64/2000

Die ungünstigere Beschäftigungssituation in Europa läßt sich mit dem niedrigeren Wirtschaftswachstum begründen. Der Aufschwung der amerikanischen Wirtschaft in den 90er Jahren bescherte dieser höhere Wachstumsraten des realen BIP, an die Europa erst im Jahre 2000 anschließen konnte. Dadurch hat sich auch der Wohlstandsabstand, gemessen am BIP je Einwohner, zu den Vereinigten Staaten von 37% auf 52% erhöht[28]. Für diesen Wohlstandsabstand ist aber nicht nur das höhere Wirtschaftswachstum, sondern auch die bessere Nutzung der vorhandenen Arbeitsressourcen verantwortlich. Amerika hat nicht nur, im Gegensatz zu Europa, das Ziel der Vollbeschäftigung nahezu erreicht, es hat auch wesentlich mehr Beschäftigungsmöglichkeiten für seine Bevölkerung aufzuweisen, was sich in höheren Erwerbsquoten ausdrückt.

Als Beschäftigungspotential wird die Wohnbevölkerung eines Landes im Alter von 15 bis 64 Jahre angesehen. Es teilt sich in die Erwerbspersonen – zu denen die Er-

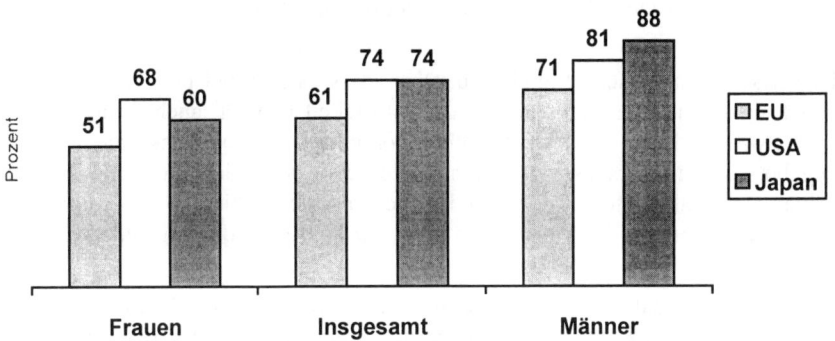

Quelle: Kommission (1998) Erwerbsquoten

werbstätigen und die Arbeitslosen gehören – und in die Nicht-Erwerbspersonen. Der Anteil der Erwerbstätigen am Beschäftigungspotential wird als Erwerbs(tätigen)quote bezeichnet. Erwerbsquoten werden aber auch geschlechtsspezifisch (für Frauen und für Männer) und altersspezifisch (für Jugendliche von 15 bis 24 Jahre alt, für das Haupterwerbsalter von 25 bis 54 Jahre und für ältere Personen im Alter von 55 bis 64 Jahre) ermittelt wodurch eine detailliertere und fundiertere Analyse der Beschäftigungssituation möglich wird.

1973 lag die Erwerbsquote in der EU noch bei 65,5% und war damit höher als in den USA. Während die Erwerbsquote in den USA seit dieser Zeit tendenziell zunimmt und 1997 74% erreichte, nimmt sie in der EU tendenziell ab und lag 1997 bei 60,5%. Diese niedrige Quote ist nicht nur auf die wesentlich höhere Arbeitslo-

---

[28] Das BIP je Einwohner zu Kaufkraftparitäten der EU des jeweiligen Jahres gleich 100 gesetzt ergibt für das Jahr 1991 ein US-Wert von 137, für das Jahr 2000 hingegen bereits 152, wie aus „EC economic data pocket book" (diverse Ausgaben) entnommen werden kann.

sigkeit in der EU zurückzuführen, denn auch wenn in der EU 1997 die Arbeitslosenquote gleich hoch wie in Amerika gewesen wäre (nämlich 4,9% statt 10,6%), hätte die Erwerbsquote in Europa sich nur von 60,5% auf 64% erhöht[29] und bei weitem noch nicht die amerikanische Quote erreicht.

Von den Mitgliedstaaten der EU erreicht nur Dänemark mit 78% eine höhere Gesamtbeschäftigungsquote als die Vereinigten Staaten. Großbritannien mit 71% und Österreich mit 70% kommen in die Nähe. Die geringste Quote hat Spanien (59%). Ähnliches gilt für die Erwerbsbeteiligung der Männer. Während in Amerika 81% der Männer im Alter von 15 und 64 Jahren erwerbstätig sind, sind es in Dänemark 84% und in Österreich immerhin 80%. Das EU-Schlußlicht ist wiederum Spanien mit 64%. Die 68% der amerikanischen Frauen, die am Erwerbsleben teilnehmen, stehen in Dänemark 71% und in Schweden ebenfalls 68% gegenüber. Die spanischen (34%) und italienischen (37%) Frauen haben in Europa die niedrigsten Beschäftigungsquoten aufzuweisen.

3. Ursachen der europäischen Beschäftigungssituation

Es herrscht semantische Einigkeit darüber, dass es sich bei der europäischen Arbeitslosigkeit um eine strukturelle Arbeitslosigkeit handelt, auch wenn dieser Begriff etwas unklar ist und sich auf mikroökonomischen Strukturfaktoren bezieht, die angebots- wie nachfrageseitig wirken, wozu Schocks und institutionelle Rigiditäten zählen. Unvollkommene Güter- und Arbeitsmärkte verhindern ein Markträumen und drücken den Reallohn über jenen Wert, der Vollbeschäftigung bedeutet.

Dies ist die Ansicht einer thematischen Studie über Arbeitslosigkeit in Europa, welche der Jahresbilanz 1999 der EU-Wirtschaft beigegeben ist und wonach die „hohe und anhaltende Arbeitslosigkeit in Europa ... interpretiert (wird) als Ergebnis der Wechselwirkungen verschiedener ungünstiger Angebots- und Nachfrageschocks mit Arbeitsmarktinstitutionen und Produktmarktregelungen, die gegenüber Veränderungen der Wirtschaftsbedingungen nicht genügend anpassungsfähig sind"[30]. Grundtenor ist somit, dass wenn Angebots- und Nachfrageschocks auf arbeitsmarktrelevante Regelungen treffen, die eine Anpassung des Arbeitsmarktes verzögern und behindern, es zu einer hohen und anhaltenden Arbeitslosigkeit kommt, zu deren Bekämpfung Strukturreformen unumgänglich sind. Kandidaten für diese institutionellen Hemmnisse sind Lohnverhandlungssysteme, Lohndifferenzierungen, Mindestlöhne, den Faktor Arbeit belastende Abgaben und Sozialleistungssysteme sowie Beschäftigungsschutzregelungen. Damit wird der Olsonsche Ansatz spezifiziert.

Wenn somit in Amerika die Arbeitslosigkeit gering ist, muss der amerikanische Arbeitsmarkt dynamisch und flexibel sein, und wenn in Europa die Arbeitslosigkeit

---

[29] Kommission (1998) Erwerbssquoten. Die 14%-Punkte Unterschied in der Beschäftigungsquote entsprechen 34 Millionen Arbeitsplätze
[30] Kommission (1999) Jahresbilanz 1999, Studie Nr. 1, 127.

hoch ist, muss der europäische Arbeitmarkt rigid und unflexibel sein. Dies ist die sich daraus ergebende Schlußfolgerung, die nach Nickell nicht ganz falsch ist[31].

Allerdings ist die Meinung der Ökonomen nicht einheitlich, was die Gründe und Ursachen der strukturellen Arbeitslosigkeit anlangt, wie eine Kontroverse im Economic Journal zeigt. Während Phelps und Zoega sowie Nickell[32] die obige Ansicht vertreten, ist sie nach Davidson[33] eine Folge des durch den Übergang vom fixen zum flexiblen Wechselkurssystem in den 70er Jahren bewirkten Rückganges in der Investitionsquote. Karanassou und Snower[34] betonen in ihrer „Kettenreaktions-Theorie" die langfristigen Auswirkungen exogener Schocks auf die Arbeitsmärkte.

Das theoretische Instrumentarium zur Untersuchung von Arbeitsmärkten unter unvollkommener Konkurrenz ist von Layard, Nickell und Jackman erarbeitet worden[35] und basiert auf einem Reallohn-Beschäftigungs-Diagramm, mit einer steigenden, konvexen Lohnsetzungskurve (Reallohnforderungen der Arbeitskräfte in Abhängigkeit von der Beschäftigung) als Angebotskurve und einer linear fallenden Preissetzungskurve der Unternehmen (deren Preis und somit Beschäftigungsentscheidung vom Nominallohn und vom Kapitalstock abhängt) als kurzfristige Nachfragekurve. Konstante Skalenerträge und Kapitalstockanpassungen ergeben eine horizontale langfristige Arbeitsnachfragekurve. Die sich im Schnittpunkt der drei Kurven ergebende Arbeitslosigkeit kann durch Verschiebungen der Preissetzungskurve und/oder der Lohnsetzungskurve nach innen im Zusammenwirken mit der langfristigen Arbeitsnachfragekurve zu einer dauerhaft geringeren Beschäftigung führen.

Nach den Autoren der Studie waren es drei Schocks, die solche Verschiebungen bewirkten, nämlich

- die Produktivitätsabschwächung zu Beginn der 70er Jahre zusammen mit den beiden Erdölschocks (1974 und 1979),
- der Realzinsanstieg anfang der 80er Jahre und
- Verschiebungen der Arbeitsnachfrage wegen technologischer Veränderungen,

wofür sie auch empirische Belege erbringen[36]. Die damit ausgelösten Verschiebungen der Lohnsetzungskurve zusammen mit institutionellen Arbeitsmarktrigiditäten erklären die hohe Arbeitslosigkeit in den 70er und 80er Jahren.

---

[31] Nickell (1997), 55. In seinen Schlußfolgerungen (73 f) ist hohe Arbeitslosigkeit u.a. mit großzügigen Arbeitslosentgelten, hoher Steuerbelastung des Faktors Arbeit, hohen Mindestlöhnen und geringem Ausbildungsniveau verbunden.

[32] Nach Phelps und Zoega (1998) ist die Arbeitslosigkeit in den OECD-Ländern aufsteigende Realzinsen, hohe Steuern und Sozialausgaben sowie großzügige Arbeitslosenentgelte zurückzuführen. Nach Nickell (1998) ist der Lohndruck gleichfalls eine Auswirkung von Systemen großzügiger sozialer Absicherung und Familienunterstützungen, von Arbeitsmarktrigiditäten mit Einfluß auch des Systems der Lohnbestimmung.

[33] Davidson (1998)

[34] Karanassou und Snower (1998)

[35] Layard et al. (1991), vor allem im Kapitel 8. Siehe auch Kommission (1999) Jahresbilanz 1999, Studie Nr. 1, 138-141.

[36] Vgl. Kommission (1999) Jahresbilanz 1999, Studie Nr. 1, 141 ff. und die dort angeführte Literatur.

Die in den 90er Jahren anhaltende ungünstige Entwicklung in den Arbeitsmärkten läßt auf neue Schocks und das langfristige Weiterwirken alter Schocks „begünstigt" durch weiterhin bestehende institutionellen Rigiditäten, nämlich den bereits erwähnten Hemmnissen, schließen. Dabei wird ist das gewerkschaftliche Verhalten bei Lohnverhandlungen angesprochen, denn wenn „Lohnverhandlungensmechanismen hauptsächlich die Interessen der Erwerbspersonen widerspiegeln, die einen Arbeitsplatz besitzen, dann besteht eine Tendenz zur Perpetuierung der negativen Arbeitsmarktauswirkungen eines vorübergehenden ungünstigen Schocks, da die Reallohnforderungen an die nunmehr geringere Anzahl der Beschäftigten (Insider) angepasst werden"[37].

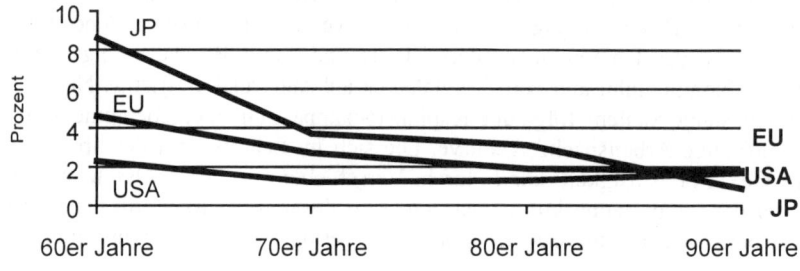

Quelle: EC economic data pocket book und eigene Berechnungen

Eine produktivitätsorientierte Lohnpolitik kann daher die Situation im Arbeitsmarkt verschärfen, wenn der Produktivitätsfortschritt eine Folge des Beschäftigungsrückganges ist und nicht auf technischem Fortschritt basiert, vor allem dann, wenn sie einheitlich angewendet wird und nicht zwischen qualifizierten und weniger qualifizierten Arbeitskräften differenziert. Die daraus resultierende geringe Lohnstreuung macht ungelernte Arbeitskräfte „zu teuer" und führt zu verstärkter Arbeitslosigkeit von Personen geringer Qualifikation[38].

Strukturreformen sind somit nach Meinung dieser Studie unumgänglich notwendig, um die Beschäftigungssituation in Europa zu verbessern, weshalb es nicht weiter wundert, wenn ein Plädoyer für eine makroökonomische Politik gehalten wird, die der des Europäischen Beschäftigungspaktes entspricht.

---

[37] Kommission (1999) Jahresbilanz 1999, Studie Nr. 1, 142 und die dort angegebene Literatur.
[38] Vgl. Kommission (1999) Jahresbilanz 1999, Studie Nr. 1, 147 ff und die dort angegebene Literatur.

Die beschäftigungspolitischen Leitlinien tragen dem Einfluß institutioneller Rigiditäten als beschäftigungserschwerende Regelungen insofern Rechnung, als in der Säule 1, Verbesserung der Beschäftigungsfähigkeit, ausdrücklich eine Überprüfung der Sozialleistungs- und Steuersysteme zwecks Förderung der Beschäftigungsfähigkeit der Arbeitskräfte (Leitlinie 4), die Einbindung der Sozialpartner (LL 5 und LL 6) sowie die Qualifikationsverbesserungen der Arbeitskräfte (LL 6 bis LL 8) vorgesehen sind. In der Säule 2, Entwicklung des Unternehmergeistes, findet sich die Forderung nach einer beschäftigungsfreundlicheren Gestaltung der Steuersystem (LL 14) mit einer schrittweisen Senkung der Steuerbelastung der Arbeit und der

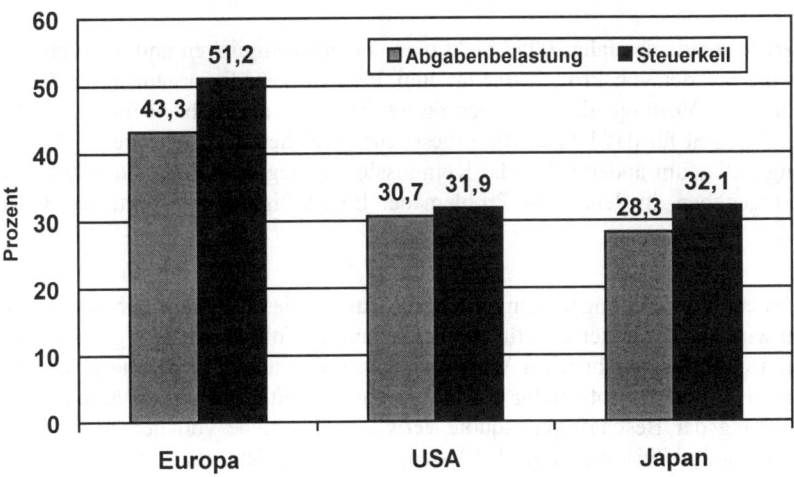

Lohnnebenkosten[39].

Dieser zuletzt angesprochene Punkt, nämlich die Steuerbelastung des Faktors Arbeit, ist auch Inhalt einer weiteren Studie in der schon erwähnten Jahresbilanz 1999[40].

Unbestritten, wenn auch in den quantitativen Auswirkungen nur schwer erfaßbar, ist der Einfluß der Abgabenbelastung und des Steuerkeils auf die Beschäftigung. Während die Abgabenbelastung (Abgabenaufkommen in Relation zum BIP) in Europa im Durchschnitt 43,3% ausmacht, ist sie in den Vereinigten Staaten mit 30,7% um fast ein Drittel geringer[41]. Die Spannweite in der EU bewegt sich zwischen 31,7% in Irland und 55,8% in Schweden (Österreich 46,7%).

---

[39] Vgl. Kommission (1999) Leitlinien 2000.
[40] Kommission (1999) Jahresbilanz 1999, Studie Nr. 2.
[41] Kommission (1999) Jahresbilanz 1999, Studie Nr. 2, 168 f.. Die höhere Abgabenbelastung in Europa entsteht durch die hohen Sozialversicherungsbeiträge, wobei allerdings in den US-Daten die Beiträge zu privaten Sozialversicherungssystemen nicht inkludiert sind.

Noch gravierender ist der Unterschied beim sog. Steuerkeil, definiert als Anteil des Nettolohnes an den die Produzenten treffenden Bruttoarbeitskosten[42]. An dieser Kennzahl gemessen ist die steuerliche Belastung des Faktors Arbeit in Europa noch wesentlich stärker als an der reinen Abgabenbelastung ablesbar. Mit fast 52% ist sie in Europa um 20%-Punkte höher als in den Vereinigten Staaten, wobei die Werte in den Mitgliedstaaten der EU zwischen 39,7% in Irland und Großbritannien und 61,7% in Schweden liegen (Österreich 57%). Auch großzügige Sozialleistungssysteme, wie sie in Europa anzutreffen sind, bleiben nicht ohne Einfluß auf die Arbeitslosigkeit, wie neuere Untersuchungen zeigen[43]

4. Aussichten auf das Jahr 2005

Warum gerade das Jahr 2005? Sieht man von einer impliziten und internen Vorgabe für die auf der von Prof. Kyrer im Juni 1999 in Venedig organisierten Konferenz gehaltenen Vorträge ab, bietet sich dieses Jahr auch als Halbzeit für das vom Europäischen Rat für das Jahr 2010 vorgesehene Erreichen des Zieles der Vollbeschäftigung an[44]. Zum anderen hat die Kommission strategische Ziele für 2000-2005 bekanntgegeben, in denen das Problem der Beschäftigung von zentraler Bedeutung ist[45].

In einem Vorbereitungsdokument für die Tagung des Europäischen Rates in Lissabon wird als Voraussetzung für das Erreichen der Vollbeschäftigung ein dauerhaftes durchschnittliches jährliches Wachstum von mindestens 3% für die gesamte Europäische Union als notwendig erachtet und gleichzeitig auf das zusätzliche Ziel der Erhöhung der Beschäftigungsquote verwiesen[46], welche von derzeit durchschnittlich 61% auf 70% im Jahre 2010 steigen soll (die der Frauen von 51% auf über 60%).

---

[42] Zum Steuerkeil werden die Sozialversicherungsbeiträge der Arbeitgeber und –nehmer, die Einkommensteuer sowie indirekte Steuern auf den Verbrauch gezählt.
[43] Siehe Kommission (1999) Jahresbilanz 1999, Studie Nr. 2, 172 ff. und die dort angegebene Literatur.
[44] Europäischer Rat (2000) Lissabon: „Die Union hat sich heute ein neues strategisches Ziel für das kommende Jahrzehnt gesetzt: das Ziel, die Union zum wettbewerbsfähigsten und dynamischsten wissensbasierten Wirtschaftsraum der Welt zu machen – einem Wirtschaftsraum, der fähig ist, ein dauerhaftes Wirtschaftswachstum mit mehr und besseren Arbeitsplätzen und einem größeren sozialen Zusammenhalt zu erzielen."
[45] Kommission (2000) Strategische Ziele. In der Einleitung heißt es: „In wirtschaftlicher und sozialer Hinsicht muss unsere Priorität die Bekämpfung der Arbeitslosigkeit sein.". Unter Punkt 3, Auf dem Weg zu einer neuen wirtschafts- und sozialpolitischen Agenda, wird das Erreichen von Vollbeschäftigung als Ziel der Wirtschafts- und Sozialpolitik und das Senken der Arbeitslosigkeit auf ein Niveau, das von den leistungsfähigsten Ländern bereits erreicht wurde, nochmals als Priorität für ein koordiniertes Vorgehen auf EU- und nationaler Ebene festgeschrieben.
[46] Dokument des Vorsitzes (2000)

Dieses Doppelziel hofft man über die Schaffung von Arbeitsplätzen im Dienstleistungssektor, die Umkehr bei der Tendenz zum vorzeitigen Ausscheiden aus dem Arbeitsmarkt und aus der Erhöhung des Anteils weiblicher Arbeitnehmer zu erreichen.

Einer zusätzlichen Schaffung von Arbeitsplätzen im Dienstleistungssektor gilt die Hoffnung auf eine bessere gesamtwirtschaftliche Beschäftigungssitution in der EU. Von der erwerbsfähigen Bevölkerung im Alter von 15 bis 64 Jahre in der EU (252 Millionen) sind 40% im Dienstleistungssektor beschäftigt, gegenüber 54% in den Vereinigten Staaten (184 Millionen erwerbsfähige Bevölkerung). Die um 14%-Punkte höhere Erwerbsquote in Amerika ist somit ausschließlich der höheren Beschäftigung im Dienstleistungsbereich zuzuschreiben. Die relativ geringe Entwicklung des Dienstleistungssektors in der EU und der Mangel an qualifizierten Arbeitskräften für die Informationstechnologie fanden daher auch Eingang in die Schlussfolgerungen der Europäischen Ratstagungen in Lissabon und Santa Maria da Feira[47].

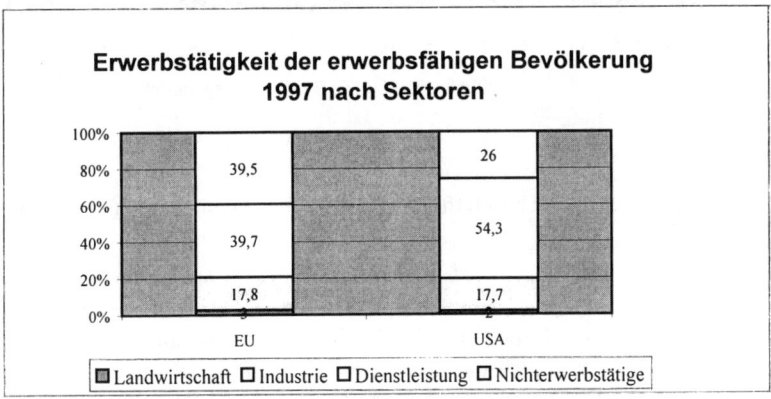

Quelle: Kommission (1998): Erwerbquoten

Zwischenzeitlich ist die gesamte Beschäftigungsquote von 60,5% auf 62,1% im Jahre 1999 gestiegen (von 70,5% auf 71,6% bei den Männern und von 50,5% auf 52,6% bei den Frauen). Mit einem durch die günstige konjunkturelle Entwicklung genährten weiteren Anstieg der Beschäftigungsquote kann in den folgenden Jahren gerechnet werden, so dass ein Anstieg auf 65% und darüber im Jahre 2005 als nicht unrealistisch erscheint, doch wird das nur möglich sein, wenn die Erwerbsquote der Frauen stärker zunimmt als die der Männer.

Zu Beginn des Jahres 1999 hatten 155,3 Millionen Personen einen Arbeitsplatz. Von diesen hatten 82% eine Vollzeitbeschäftigung und 18% eine Teilzeitbeschäftigung. Teilzeitbeschäftigung ist eine Angelegenheit der Frauen, die 80% der Teil-

---

[47] Europäischer Rat (2000) Santa Maria da Feira

zeitjobs ausüben[48]. Soll daher - wie vorgesehen - die Erwerbsquote der Frauen zunehmen, so wird auch das Angebot an Teilzeitarbeit steigen müssen und darüber hinaus den Frauen die Möglichkeit geboten werden, Familie und Beruf zu vereinba-

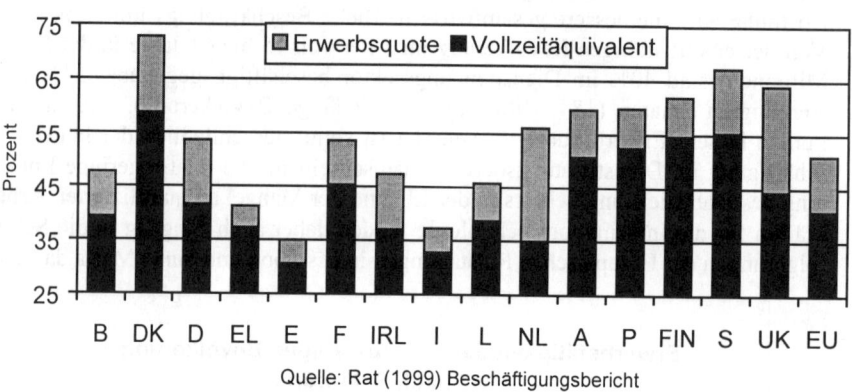

ren, wie es die 4. Säule der beschäftigungspolitischen Maßnahmen (LL 19 bis 22)[49] vorsieht.

Wie aus der Graphik leicht erkennbar ist, haben jene Länder höhere Erwerbsquoten der Frauen aufzuweisen, in denen die Teilzeitbeschäftigung ausgeprägt ist (Unterschied zwischen Erwerbsquote und Erwerbsquote in Vollzeitäquivalent). Ob es allerdings gelingt, die Erwerbsquoten der Frauen in jenen Mitgliedstaaten mit traditionell geringer Frauenbeschäftigung zu erhöhen, eine Voraussetzung für die Erfüllung der Zielvorgabe für das Jahr 2010 von 60% im EU-Durchschnitt, ist eine nicht einfach zu beantwortende Frage. Jedenfalls wäre für 2005 eine Erwerbstätigenquote der Frauen von mehr als 55% EU-weit wünschenswert und mit Hilfe der Konzentrierung auf die Durchsetzung der entsprechenden Leitlinien und einer gewissen Mentalitätsänderung auch schaffbar.

Der letzte Punkt, nämlich Maßnahmen zur Verhinderung des Ausscheidens von älteren Arbeitskräften ab 55 Jahre aus dem Erwerbsleben hat nicht nur Auswirkungen auf die Beschäftigungsquoten, sondern auch auf die öffentlichen Haushalte, Rentenversorgungs- und Sozialversicherungssysteme. Mit dem Anheben des Pensionsantrittsalters allein wird die Situation nicht zu bereinigen sein, denn dann droht eine Substitution von Pensionsempfängern durch Arbeitslose. Hier sind die Vorschläge

---

[48] Eurostat (2000) Pressemitteilung 56.
[49] Gender Mainstreaming, Abbau der geschlechtsspezifischen Unterschiede am Arbeitsmarkt, Erleichterung der Vereinbarkeit von Familie und Beruf, Erleichterung der Rückkehr ins Erwerbsleben.

der EU noch wenig konkret[50], doch ist das Problem nicht nur unter dem Beschäftigungsaspekt zu sehen, sondern vor allem unter dem der Finanzierung. In einer weiteren Studie in der Jahresbilanz 1999 werden die Auswirkungen geringer Erwerbs-

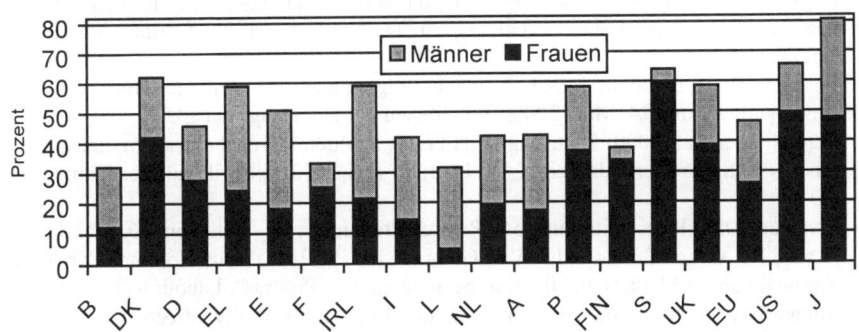

Quelle: Kommission (1998) Beschäftigungsquoten

quoten in der Altersklasse der 55 bis 64-jährigen zusammen mit der zu erwartenden alternden Bevölkerungsstruktur analysiert und der Schluß gezogen, dass wenn sich die Beschäftigungsquoten nicht verändern, angesichts der Alterung der Bevölkerung mit dramatischen Folgen zu rechnen ist und das Problem auftritt, „wie die erwerbstätige Bevölkerung in der Lage sein wird, die zusätzlichen Transferleistungen zur Versorgung der nicht erwerbstätigen Bevölkerung zu finanzieren"[51].

Vollbeschäftigung bis zum Jahre 2010 scheint prinzipiell erreichbar zu sein, doch wird dieses Ziel nicht einfach zu erreichen sein. Eine wachstums- und stabilitätsorientierte Wirtschaftspolitik ist eine ebenso notwendige Voraussetzung dazu wie eine weitere Deregulierung in den Produkt- und Arbeitsmärkten sowie eine Qualifikationsoffensive zusammen mit einer Qualifizierungsbereitschaft der Arbeitskräfte bis hin zum Schlagwort des lebenslangen Lernens. Für das Jahr 2005 bietet sich eine Zwischenbilanz mit (hoffentlich) anschließender Erfolgsprognose an.

---

[50] Weiche Formulierungen wie „Förderung von mehr Aktivität im Alter, um dem frühzeitigen Ausscheiden aus dem Arbeitsmarkt entgegenzuwirken", Rat (2000) Dokument, sind dafür zu wenig.
[51] Kommission (1999) Jahresbilanz 1999, Studie Nr. 3, 195.

Literaturverzeichnis

Crafts N. and G. Toniolo (1996) „Postwar growth: an overview", in N. Crafts and G. Toniolo (eds.), Economic growth in Europe since 1945. Cambridge University Press, 1-37.

Davidson P. (1998) „Post Keynesian Employment Analysis and the Macroeconomics of OECD Unemployment", The Economic Journal, 108, 448, 817-831.

Europäischer Rat (1997) Sondertagung Luxemburg „Sondertagung des Europäischen Rates über Beschäftigungsfragen, Luxemburg 20./21. November 1997, Schlußfolgerungen des Vorsitzes".

Europäischer Rat (2000) Lissabon „Schlußfolgerungen des Vorsitzes, Europäischer Rat (Lissabon), 23. und 24. März 2000". pdf-file auf der Homepage der EU,

Europäischer Rat (2000) Santa Maria da Feira „Schlußfolgerungen des Vorsitzes, Europäischer Rat (Santa Maria da Feira), 19. Und 20. Juni 2000". pdf-file auf der Homepage der EU

Eurostat (2000) Pressemitteilung 56 „Pressemitteilung Nr. 56/2000 vom 16. Mai 2000.

Heylen F., A. Van Poeck and J. Van Gompel (1995) „Real versus Nominal Convergence: National Labour Markets and the European Integration Process", Labour 9 (1), 97-119.

Karanassou M., D.J. Snower „How Labour Market Flexibility affects Unemployment: Long-Term Implications of the Chain Reaction Theory", The Economic Journal, 108, 448, 832-849.

Kommission (1998) Erwerbsquoten „Bericht über die Entwicklung der Erwerbsquoten 1998. Beschäftigungsleistung in den Mitgliedstaaten". pdf-file auf der Homepage der EU,

Kommission (1999) Beschäftigungsbericht 1998 „Beschäftigungspolitiken in der EU und in den Mitgliedstaaten. Gemeinsamer Bericht 1998". Luxemburg. pdf-file auf der Homepage der EU

Kommission (1999) Jahresbilanz 1999, Studie Nr. 1 „Arbeitslosigkeit in Europa: Ursachen und Herausforderungen", Europäische Wirtschaft Nr. 69, 123-157.

Kommission (1999) Jahresbilanz 1999, Studie Nr. 2 „Abgaben- und Sozialleistungssysteme als Anreiz zur Arbeitsaufnahme und Arbeitsplatzbeschaffung", Europäische Wirtschaft Nr. 69, 159-183.

Kommission (1999) Jahresbilanz 1999, Studie Nr. 3 „Die langfristigen wirtschaftlichen und budgetären Auswirkungen einer alternden Bevölkerungsstruktur", Europäische Wirtschaft Nr. 69, 185-214.

Kommission (1999) Leitlinien 2000 „Bericht für beschäftigungspolitische Maßnahmen der Mitgliedstaaten im Jahr 2000 – Vorschlag". pdf-file auf der Homepage der EU,

Kommission (2000) Beschäftigung „Beschäftigung: Gegenwärtiger Stand und Perspektiven

Kommission (2000) Grundzüge 2000 „Empfehlung der Kommission für die Grundzüge der Wirtschaftspolitik der Mitgliedstaaten und der Gemeinschaft im Jahr 2000". Brüssel, 11.4.2000, ECFIN/209/00-DE

Kommission (2000) Strategische Ziele „Mitteilung der Komission an das Europäische Parlament, den Rat, den Wirtschafts- und Sozialausschuß und den Ausschuß der Regionen. Strategische Ziele 2000-2005. ‚Das Neue Europa gestalten'", Brüssel, 9.2.2000, KOM(2000) 154 endgültig.

Layard R., St. Nickell, R. Jackman „Unemployment. Macroeconomic Performance and the Labour Market". Oxford University Press 1991.

Nickell St. (1997) „Unemployment and Labor Market Rigidities: Europe versus North America", Journal of Economic Perspectives, 11, 3, 55-74.

Nickell St. (1998) „Unemployment: Questions and some Answers", The Economic Journal, 108, 448, 802-816.

Oberhauser A. (1996) „Geknebelte Beschäftigungspolitik – eine Folge der Maastricht-

Kriterien", Mitteilungen aus der Arbeitsmarkt- und Berufsforschung, 19 (2), 228-236.

Olson M. (1982) The Rise and Decline of Nations: Economic Growth, Stagflation and Social Rigidities. Yale University Press.

Olson M. (1996) „The varieties of Eurosclerosis: the rise and decline of nations since 1982", in N. Crafts and G. Toniolo (eds.), Economic growth in Europe since 1945. Cambridge University Press, 73-94.

Paqué K.H. (1996) „Why the 1950s and not the 1920s? Olsonian and non-Olsonian interpretations of two decades of German economic history", in N. Crafts and G. Toniolo (eds.), Economic growth in Europe since 1945. Cambridge University Press, 95-106.

Phelps E.S., G. Zoega (1998) „Natural-rate Theory and OECD Unemployment", The Economic Journal, 108, 448, 782-801.

Rat (1999) Beschäftigungsbericht 1999 „Gemeinsamer Beschäftigungsbericht 1999, Teil I, Europäische Union", 13607/99 SOC 438 ECOFIN 268. „Teil II, Die Mitgliedstaaten", 13607/99 SOC 438 ECOFIN 268 ADD 1. pdf-file auf der Homepage der EU,

Rat (1999) Leitlinien 1999 „Entschließung des Rates zu den beschäftigungspolitischen Leitlinien für 1999".

Rat (2000) Dokument „Beschäftigung, Wirtschaftsreformen und sozialer Zusammenhalt – Für ein Europa der Innovation und des Wissens", Dokument des Portugiesischen Vorsitz der Europäischen Union, Lissabon, Januar 2000, 5256/00. http://www.portugal.ue-2000.pt

Rotte R. and K.F. Zimmermann (1998) „Fiscal restraint and the political economy of EMU", Public Choice 94 (3-4), 385-406.

Vinals J. and J.F. Jimeno (1998) „Monetary Union and European Unemployment", in Frieden J., D. Gros and E. Jones (eds.), The new political economy of EMU. Rowman & Littlefield, 13-52.

FOKUS 6: Globalisierung: Bestehende und zu erwartende Probleme mit dem Zeithorizont 2005

von Rudolf Eder

Das Phänomen „Globalisierung" ist neu. Viele Politiker verwenden den Begriff, um zu zeigen, dass sie voll dabei sind, „in" sind und „globalisierungskonform" denken. „Aufgeklärte" Konsumenten der Informationsindustrie sind bemüht, sich bestens zu informieren, um mitreden zu können. Aber worüber?

In diesem Beitrag werden Fragen erörtert, die für die Orientierung der Wirtschaftspolitik und die Europapolitik hinsichtlich der Globalisierung Bedeutung haben:

1. Was verbirgt sich eigentlich hinter dem Begriff Globalisierung?
2. Globalisierung: Herausforderung für den Nationalstaat und die Nationalökonomie.
3. Bestimmt die Globalisierung die Zukunft Europas oder zähmt Europa die Globalisierung?

1. Was verbirgt sich eigentlich hinter dem Begriff Globalisierung?

Zwischenstaatliche Wirtschaftsbeziehungen werden seit langer Zeit gepflogen. Sie konnten – wenn ein entsprechender Anreiz gegeben war – von Regierungen nur schwer unterbunden werden. So berichtet uns Adam Smith, welche Volkswirtschaftspolitik zu seiner Zeit betrieben wurde: „Unseren Wollfabrikanten ist es mehr als allen anderen Industrien gelungen, die Legislative zu überreden, dass die Wohlfahrt der Nation auf dem Erfolg und der Ausdehnung ihres Gewerbes beruhe. Sie erhielten nicht nur ein Monopol gegen die Konsumenten in einem gänzlichen Verbot der Einfuhr von Wollwaren des Auslandes, sondern auch noch ein anderes gegen die Schafzüchter in einem ähnlichen Verbot der Ausfuhr von Schafen und Wolle. Über die Strenge vieler der zum Schutz des Fiskus bestehenden Gesetze, die gewisse Handlungen, welche vorher stets als unschuldig betrachtet wurden, mit schweren Strafen belegen, ist mit Recht geklagt worden. Aber die grausamsten unserer fiskalischen Gesetze, wage ich zu behaupten, sind mild und glimpflich im Vergleich mit manchen von denen, welche das Geschrei unserer Kaufleute und Fabrikanten von der Legislative zum Schutz ihrer albernen und drückenden Monopole erpresst hat. Wie die Gesetze des Drako, können diese samt und sonders mit Blut geschrieben heißen."

Nach Akte 8 Elizabeth's cap. 3 „verwirkt der Exporteur von Schafen, Lämmern oder Böcken das erste Mal seine Habe, leidet ein Jahr Gefängnis, und dann wird ihm in einer Marktstadt an einem Markttage die linke Hand abgehauen und öffentlich angenagelt; die zweite Übertretung gilt als Felonie und wird demgemäß mit dem Tode bestraft."[1]

Die Strafen waren nicht immer und überall so hart, aber es gab genügend Hemmnisse, die von Wirtschaftseinheiten jedoch umgangen wurden, wenn damit entsprechende Vorteile verbunden waren.

Die Wirtschaftswissenschaft brachte nach und nach Beweise für Vor- und Nachteile von wirtschaftlichen Transaktionen über die Landesgrenzen und beeinflusste so die Wirtschaftspolitik. Da immer Argumente für und gegen die Liberalisierung einzelner Transaktionen geltend gemacht werden konnten, gab es im Laufe der Zeit immer wieder einen Wechsel zwischen Liberalismus und Protektionismus in der Außenwirtschaft. Staaten wie die USA und Großbritannien bilden hier keine Ausnahme.

Nach 1945 stellte sich heraus, dass Staaten, die Elemente der freien Marktwirtschaft pflegten, wirtschaftlich größere Erfolge erzielten als Zentralverwaltungswirtschaften. Diese Erfolge beziehen sich in erster Linie auf die Binnenwirtschaft. Aber auch der Außenhandel und mit ihm die internationale Arbeitsteilung entwickelten sich rasch und trugen wesentlich zur Wohlstandssteigerung der beteiligten Länder bei.

Auch diese Entwicklung hat stattgefunden, obwohl es viele Handelshemmnisse und hohe Zölle gab. Durch systematischen Abbau von Barrieren und staatlichen Subventionen konnte der Außenhandel ständig ausgebaut werden. Es wurden auch Exporte ermöglicht, die ohne Subventionen nicht zustande gekommen wären. Die Folge waren Fehlentwicklungen und Strukturverzerrungen, die einzelne Volkswirtschaften schwer belastet haben und noch heute belasten.

Etwas verzögert entwickelten sich der langfristige und kurzfristige Kapitalverkehr unter ähnlichen Bedingungen und mit noch nicht absehbaren Folgen.

Die gute wirtschaftliche Entwicklung (Wirtschaftswunder in Deutschland und Österreich) verbunden mit guten Exportchancen führte zur Anwerbung von Fremdarbeitern. Statt produktivitätssteigernd und damit auch arbeitssparend zu investieren, wurde auf die Löhne durch erhöhtes Fremdarbeiterangebot Druck ausgeübt. Die Industrie hat es in dieser Zeit verabsäumt, notwendige Strukturanpassungen vorzunehmen. Der „Import von Fremdarbeitern" (Arbeit wurde zum handelbaren Produktionsfaktor gemacht) leitete einen Immigrationsprozess ein, der – noch gefördert von anderen Ereignissen in den Nachbarstaaten, Oststaaten und den Entwicklungsländern – eine geradezu gefährliche Entwicklung erfahren hat.

Diese Entwicklung unserer Außenwirtschaft wurde von den Medien durchwegs positiv dargestellt und folglich von den Bürgern auch positiv gesehen, obwohl sie aus volkswirtschaftlicher und gesellschaftspolitischer Sicht in mancher Hinsicht schon bedenklich war.

Es zeichnete sich immer stärker der Siegeszug des Neoliberalismus in allen Bereichen ab. Der wirkliche Durchbruch wurde aber erst durch den Zusammenbruch der Sowjetunion und des realen Sozialismus eingeläutet.

Dazu einige Hintergrundinformationen: Der Marshallplan verdankte seine Entstehung und Realisierung einem sehr unromantischen, aber einleuchtenden Ziel der

---

[1] Smith, A., Untersuchung über das Wesen und die Ursachen des Volkswohlstandes, 3. Bd., Berlin 1878, S. 190 f..

amerikanischen Führung: „Die ehemaligen Gegner (Deutschland, Japan, Italien) mussten genauso wie die ehemaligen Verbündeten (GB, Frankreich und Holland) so schnell wie möglich wiederaufgebaut werden, um den Kapitalismus erhalten und die zur Eindämmung des Kommunismus erforderlichen großen militärischen Anstrengungen mittragen zu können."[2] Die Auslandshilfe wurde in den USA oft damit verteidigt, „sie sei der billigste Weg, antikommunistische Truppen anzuwerben."[3] Es kann nicht behauptet werden, dass der Kommunismus für die USA selbst je wirklich eine Gefahr dargestellt habe. Doch die bloße Existenz einer konkurrierenden Ideologie zwang die „kapitalistischen" Länder allesamt in eine Defensivhaltung. Dieser Zwang bewirkte den Ausbau der Sozialpolitik besonders in Westeuropa. Hier hatten Kommunismus und Sozialismus die größten Chancen, den Kapitalismus zu überflügeln. Eine ausgewogene Kombination von Elementen der Marktwirtschaft mit Sozialpolitik – man denke an die soziale Marktwirtschaft Ludwig Erhards – zeitigten dann auch den Erfolg, der die Menschen der sozialistischen und kommunistischen Staaten von der Überlegenheit des „westlichen Systems" überzeugte.

Nach dem Zusammenbruch der Sowjetunion änderte sich die Lage vollständig. Ralf Dahrendorf warnte 1995 das britische Oberhaus in seinem Bericht „On Wealth Creation" vor der neuerlichen Ausbreitung der „old corruption" des Frühkapitalismus.[4]

Was geschah wirklich? Wodurch unterscheidet sich die Globalisierung von der Entwicklung, die bis zu diesem Zeitpunkt Liberalisierung oder Internationalisierung genannt wurde?

Es gibt inzwischen viele Untersuchungen zur Globalisierung. Thurow sieht in einer globalen Wirtschaft eine, „in der alles überall jederzeit produziert und verkauft werden kann".[5] In diesem Sinne bedeutet Globalisierung, dass alle Güter dort hergestellt werden, wo ein Kostenminimum und ein Gewinnmaximum realisiert werden kann. Eine solche Definition erfasst aber nicht den Kern des Phänomens. Für die Globalisierung ist – zur Unterscheidung von der Internationalisierung – vielmehr kennzeichnend,

- dass alle sozialen Rücksichtnahmen entfallen,
- dass volkswirtschaftliche Ziele – hervorzuheben wären: Vollbeschäftigung, Einkommens- und Vermögensverteilung und soziale Sicherheit – der Idee der Liberalisierung untergeordnet werden und
- dass sich nationale Interessen den Interessen der internationalen Finanzmacht unterzuordnen haben.

Das Zeitalter der Globalisierung könnte als Zeitalter der gelungenen Hypokrisie bezeichnet werden, denn die Folgen der Globalisierung sind eigentlich unverständlich und widersinnig: In Zeiten des kalten Krieges und einer ständigen Bedrohung konn-

---

[2] Thurow, L.C., Die Zukunft des Kapitalismus, 3. Auflage, Regensburg, Düsseldorf 1998, S. 16.
[3] Thurow, L.C., Die Zukunft des Kapitalismus, 3. Auflage, Regensburg, Düsseldorf 1998, S. 16.
[4] Siehe: Dohnanyi, K. v; Im Joch des Profits. Eine deutsche Antwort auf die Globalisierung, Stuttgart 1997, S. 261 f..
[5] Thurow, L.C., Die Zukunft des Kapitalismus, 3. Auflage, Regensburg, Düsseldorf 1998, S. 158.

ten sich Staaten wie Österreich, Schweden und Deutschland den Luxus eines sicheren Pensionssystems, Arbeitsplatzsicherheit und jeden anderen Zweig sozialer Sicherheit leisten. Jetzt – nach Beseitigung des Feindbildes und des feindlichen Systems – muss alles in Frage gestellt werden.

Aufrüttelnd sind Tatsachen wie die folgenden – allerdings nur dann, wenn man über sie nachdenkt:

- „In ganz Westeuropa entstand in den Jahren 1973 bis 1994 in der Gesamtbilanz nicht ein einziger neuer Arbeitsplatz."[6]
- „Würden die Europäer, die zwar nicht mehr erwerbstätig, aber vom Alter her erwerbsfähig sind, in die Statistik einbezogen, läge die Arbeitslosenquote für Europa bei mindestens 20 Prozent."[7]
- „In den Vereinigten Staaten stieg das Bruttoinlandsprodukt (BIP) inflationsbereinigt von 1973 bis Mitte 1995 um 36 Prozent. Der Stundenlohn von Arbeitern und Angestellten in nichtleitender Position – das ist die Mehrheit aller Erwerbstätigen – ging in dieser Zeit jedoch um 14 Prozent zurück."[8]

Diese Aufzählung könnte mit zahllosen Beispielen aus Österreich, Deutschland und anderen Staaten fortgeführt werden.

„Die Art am oberen Ende der Nahrungskette – 'nur die Stärksten überleben' – wird dominanter, größer und stärker."[9]

Die Gutmenschen verdammen den Rassismus der kleinen Leute, stellen aber selbst Millionen von Menschen an den Rand der Gesellschaft. Durch die Verwendung des Begriffes 'Faktor Arbeit' können ethische Bedenken vermieden werden. Der Faktor Arbeit kann losgelöst von Menschenrechten und Menschenwürde behandelt werden. „Unsere Wirtschaft braucht eine große Gruppe unserer Bürger einfach nicht."[10]

In der Literatur sind inzwischen viele negative Folgen der Globalisierung analysiert worden:

a) Vermögenskonzentrationen,
b) Konzentration internationaler (globaler) Wirtschaftsmacht,
c) Ausschaltung der Konkurrenz durch Firmenzusammenschlüsse,
d) ruinöse Konkurrenz der Staaten (Steuerbegünstigungen etc.),[11]
e) Stärkung von Spekulanten, die mit Krediten – auch von Arbeiterbanken, staatlich gestützten Banken und Sparkassen – riesige Einkommen erzielen, ohne den geringsten Beitrag zur Wertschöpfung zu leisten,
f) Verschärfung der internationalen Konkurrenz zwischen Arbeitnehmern bei gleichzeitiger Bildung von Monopolen zur Ausschaltung der Konkurrenz zwischen international tätigen Unternehmern (global Players),

---

[6] Council of Economic Advisers: Economic Report of the President 1995, Washington, D.C. 1995. S. 314.
[7] Thurow, L.C., Die Zukunft des Kapitalismus, 3. Auflage, Regensburg, Düsseldorf 1998. S. 13.
[8] Thurow, L.C., Die Zukunft des Kapitalismus, 3. Auflage, Regensburg, Düsseldorf 1998. S. 13.
[9] Thurow, L.C., Die Zukunft des Kapitalismus, 3. Auflage, Regensburg, Düsseldorf 1998. S. 19.
[10] Thurow, L.C., Die Zukunft des Kapitalismus, 3. Auflage, Regensburg, Düsseldorf 1998, S. 47.
[11] Fels, G., Globaler Markt – Lokale Herausforderung, in: Ruloff, Dieter (Hrsg.); Globalisierung – eine Standortbestimmung, Chur/Zürich 1998, S. 77 ff..

g) Bedrohung von Klein- und Mittelbetrieben,
h) schrittweise Ausschaltung der Volkswirtschaftspolitik,
i) Bedrohung des Nationalstaates,
j) Verleumdung und fortschreitende Beseitigung der nationalen Solidarität,
k) Verringerung des Wohlstandes,
l) Abbau der Demokratie,
m) Vernichtung traditioneller Werte u.a..

2. Globalisierung: Herausforderung für den Nationalstaat und die Nationalökonomie.

„Globalization is quite often spoken of as if it were a force of nature, but it is not."[12] Ein überwiegender Teil der Menschen ist jedoch davon überzeugt, dass Globalisierung Schicksal oder Naturgewalt ist. Es ist schwierig, den Menschen klar zu machen, dass Globalisierung Menschenwerk ist. Es ist aber ebenso schwierig, den Menschen klar zu machen, dass Freihandel, freier Kapitalverkehr, Wanderungsfreiheit und andere Prinzipien missverstanden, besonders aber missbraucht und somit für eine Volkswirtschaft sogar verhängnisvoll sein können. Für die Entwicklungsländer fordert Rodrik: „Governments and policy advisors alike have to stop thinking of international economic integration as an end in itself. Developing nations have to engage the world economy on their own terms, not on terms set by global markets or multilateral institutions."[13]

Nach Giddens haben Staaten (Regierungen), Unternehmen und andere Gruppen die Globalisierung aktiv gefördert.[14] Rodrik stellt die Frage: „To whom will national economic policymakers be accountable?"[15] Rodrik meint: „The implicit answer provided by the globalization model is that they will be accountable to foreign investors, countryfund managers in London and New York, and a relatively small group of domestic exporters. In the globalized economy, these are the groups that determine whether an economy is judged a success or not, and whether it will prosper."[16] Ist das Zufall oder Plan? Jedenfalls haben Regierungen der ganzen Welt durch die Verschuldung ihrer Länder ihre eigenen Staatsbürger dazu verpflichtet, vielleicht für ewig Tribut zu zahlen. Durch vielfach unbegründete Liberalisierung und Privatisierung wurden wichtige Bedingungen für die Globalisierung geschaffen. Vielfach lässt sich nachweisen, dass Staatsvermögen geradezu verschenkt wurde. Handelt es sich um Missbrauch der Macht?

Viele Gegner des Sozialismus hatten den dringlichen Wunsch, den Einfluss des Staates zu verringern. Aber gerade die Altsozialisten – jetzt Sozialdemokraten ge-

---

[12] Giddens, A., The Third Way. The Renewal of Social Democracy, Cambridge, Oxford and Malden 1998, S. 33.
[13] Rodrik, D., The new global economy and developing countries: Making openness work, Washington 1999. S. 4.
[14] Giddens, A., The Third Way. The Renewal of Social Democracy, Cambridge, Oxford and Malden 1998. S. 33 ff..
[15] Rodrik, D., The new global economy and developing countries: Making openness work, Washington 1999. S. 4.
[16] Ebenda.

worden – stürmten über das Ziel hinaus. Sie wollten beweisen, dass sie längst keine Sozialisten mehr waren – und noch weniger noch sind – und privatisierten und deregulierten auch dort, wo es weder angebracht noch sinnvoll war und auch dort, wo es volkswirtschaftlich verantwortungslos und schädlich war.

Die wirtschaftspolitischen Maßnahmen – dieser Eindruck kann nicht unterdrückt werden – waren nicht auf die Realisierung volkswirtschaftlich orientierter Ziele gerichtet.

Dass damit vielfach zum Nachteil der Volkswirtschaft gehandelt wurde, konnte und kann nicht verborgen bleiben.

Es wurden in vielen Staaten Fehler begangen, da man die Folgen der Globalisierung nicht rechtzeitig erkannte oder nicht erkennen wollte und sogar heute nicht zur Kenntnis nehmen will.

Zusammenfassend wird festgehalten, dass die Globalisierung ein Menschenwerk mit überwiegend negativen Wirkungen für die Mehrheit der Bevölkerung darstellt. Dieses Menschenwerk wird von jenen Akteuren gesteuert, die unmittelbare Gewinner sind. Diese Entwicklung wird von vielen Mainstream-Ökonomen mitgetragen. Doch die Verlierer sind in der ganz großen Überzahl. Ihre Interessen sollten von den von ihnen gewählten Regierungen vertreten werden.

Wenn von der Opposition entsprechende Forderungen gestellt werden, wird einheitlich geantwortet, dass gegen die Globalisierung nicht gehandelt werden könne. Der Mensch hätte sich einfach anzupassen: Gürtel enger schnallen, Umschulung usw..

Es ist eine Tatsache, dass ein Staat wie Österreich nur beschränkte Möglichkeiten hat, der Globalisierung entgegenzutreten.

Meist werden nicht einmal die wenigen, noch gegebenen Möglichkeiten genützt. Noch weniger scheint bedacht zu werden, dass andere Länder die gleichen Probleme haben und somit ebenfalls an einer Lösung interessiert sein müssen. Für die Entwicklungsländer fordert Dani Rodrik, dass Politiker ihr Denken über wirtschaftliche Entwicklung nicht durch „internationale Wirtschaftsintegration" dominieren lassen sollen.[17] Ein Zusammenhang zwischen Öffnung einer Volkswirtschaft und Wirtschaftswachstum lasse sich nicht beweisen.[18]

Die Lösungen können und sollten daher gemeinsam mit anderen Staaten Europas gesucht werden.

3. Bestimmt die Globalisierung die Zukunft Europas oder zähmt Europa die Globalisierung

Thurow meint, dass Europa den Wettlauf um den ersten Platz als führende Industrieregion der Welt im 21. Jahrhundert wegen seiner sehr starken Ausgangsposition

---

[17] Rodrik, D., The new global economy and developing countries: Making openness work, Washington 1999. S. 1.
[18] Ebenda: S. 2.

gewinnen könnte. „Europa müsse es nur gelingen, beim augenblicklichen Spielstand die richtigen Züge ... zu planen."[19]

Probleme, die auf nationaler Ebene besser gelöst werden können, müssen den nationalen Regierungen zugeordnet werden. Brüssel kann gewisse Aufgaben nicht übernehmen.

Viele Probleme der Globalisierung sind eindeutig nur durch Zusammenarbeit lösbar. Der asymmetrische Standortwettbewerb der Nationalstaaten widerspricht der Idee eines funktionsfähigen Wettbewerbes. Durch den Standortwettbewerb der Nationalstaaten werden Reallöhne, gewisse Unternehmenssteuern und Sozialstandards immer weiter nach unten gedrückt. Der Umweltschutz wird vernachlässigt. Es muss klar gestellt werden, dass es am Ende dieser Abwärtsspirale keine Gewinner, sondern nur Verlierer geben wird. Eine solche Entwicklung untergräbt die ökonomischen, sozialen und ökologischen Grundlagen unserer Gesellschaft.[20]

Europa braucht einen neuen Grundkonsens. Funktionierende Nationalökonomien haben die Errungenschaften des Wohlfahrtsstaates ermöglicht. Es gibt Unterschiede zwischen den einzelnen Staaten, die deren Leistungsfähigkeit widerspiegeln. Innerhalb der staatlichen Gemeinschaft kann Solidarität gepflegt, der Wohlstand gesteigert und die soziale Sicherheit ausgebaut werden. Kein Land wünscht Bevormundung und Beglückung durch eine Zentralgewalt. Kein Land kann andere Länder wirklich reich machen. Jede Volkswirtschaft muss selbst den Wohlstand für die eigene Bevölkerung schaffen. Aber sinnvolle und friedliche Wirtschaftsbeziehungen zwischen Nationalstaaten und Regionen – das hat es bisher noch nie gegeben – können den Menschen der ganzen Welt Vorteile bringen.

Der Zukunft und ihren Wirkungen kann auch Europa nicht entrinnen. Das bedeutet aber nicht, dass wir uns tatenlos der Entwicklung hingeben müssen.

„Die Globalisierung und ihre sozialen Folgen werden zur nächsten
Herausforderung einer Politik der Freiheit."
(Dahrendorf, Ralf: An der Schwelle zum autoritären Jahrhundert,
in: Die Zeit. Nr. 47, vom 14. November 1997. S. 14 f.)

Literaturverzeichnis

Allen, G., Die Insider. Baumeister der „Neuen Welt – Ordnung", Preußisch Oldendorf 1995
Ayres, R.U, Turning Point. An End to the Growth Paradigm, London 1998
Beck, U., Risikogesellschaft. Auf dem Weg in eine andere Moderne, Frankfurt am Main 1986
Becker, S./**Sablokski**, T./**Schumm**, W., Jenseits der Nationalökonomie?.
Weltwirtschaft und Nationalstaat zwischen Globalisierung und
Regionalisierung, Berlin 1997

---

[19] Thurow, L.C., Die Zukunft des Kapitalismus, 3. Auflage, Regensburg, Düsseldorf 1998, S. 173.
[20] Vgl. Lafontaine, O., Globalisierung und internationale Zusammenarbeit, in: Politik der Globalisierung, Hrsg. Ulrich Beck, Frankfurt am Main 1998, S. 255.

Behrens, P./**Braun**, J. v./**Fischer**, B./**Gundlach**, E./**Körner**, H./**Langhammer**, R.J./**Marggraf**, R./**Menkhoff**, L./**Nunnenkamp**, P./**Schnatz**, B./**Schubert**, R./**Simonis**,U.E./**Veit**, W., Die Entwicklungsländer im Zeitalter der Globalisierung, Berlin 1996

Berger, P.L./**Luckmann**, T., Die gesellschaftliche Konstruktion der Wirklichkeit. Eine Theorie der Wissenssoziologie, Frankfurt am Main 1969

Blackwood, P., Das ABC der Insider. Diagnosen, Leonberg 1992

Dohnanyi, K. v., Im Joch des Profits. Eine deutsche Antwort auf die Globalisierung, Stuttgart 1997

Erhart, L., Wohlstand für Alle, Düsseldorf 1997

Fröbel, F./**Heinrich** J./**Kreye**, O., Die neue internationale Arbeitsteilung. Strukturelle Arbeitslosigkeit in den Industrieländern und die Industrialisierung der Entwicklungsländer, Hamburg 1977

Henneberger, F./**Vocke**, M./**Ziegler**, A., Direktinvestitionen im Ausland und Beschäftigung im Inland: Ergebnisse einer schriftlichen Befragung von Unternehmen der schweizerischen Maschinen-, Elektro- und Metallindustrie, in: Außenwirtschaft. Schweizerische Zeitschrift für internationale Wirtschaftsbeziehungen, Zürich: Verlag Rüegger, 53. Jahrgang, Heft 1, März 1998, S. 109

Kirchgässner, G., Globalisierung: Herausforderung für das 21. Jahrhundert, in: Außenwirtschaft. Schweizerische Zeitschrift für internationale Wirtschaftsbeziehungen, Zürich: Verlag Rüegger, 53. Jahrgang, Heft 1, März 1998. S. 29 - 50

Lawrence, R.Z./**Bressand**, A./**Takatoshi**, I., A Vision for the World Economy. Openness, Diversity, and Cohesion, Washington 1996

OECD, Globalisation of Industry. Overview and Sector Reports, Paris 1996

Palley, T.I., Plenty of Nothing. The downsizing of the American Dream and the case for structural Keynesianism, Princeton, New Jersey 1998

Reich, R.B, Die neue Weltwirtschaft. Das Ende der nationalen Ökonomie, Frankfurt am Main 1996

Rodrik, D., The new global economy and developing countries: Making openness work, Washington 1999

Ruloff, D. (Hrsg.), Globalisierung – eine Standortbestimmung, Chur/Zürich 1998

Saul, J.R., Der Markt frißt seine Kinder. Wider die Ökonomisierung der Gesellschaft, Frankfurt 1997

Thurow, L.C., The Future of Capitalism. How Todays Economic Forces Shape Tomorrow's World, New York 1996

Weizsäcker, E.U. (Hrsg.), Grenzenlos? Jedes System braucht Grenzen – aber wie durchlässig müssen diese sein?, Berlin 1997

FOKUS 7: Effizienz und Effektivität der Gesetzesproduktion mit dem Zeithorizont 2005

von Mario Kostal

1. Begriffsklärung

1.1. Effizienz/Effektivität

Henry Mintzberg[21] hat in dem Kapitel „Eine Bemerkung über das Schimpfwort **Effizienz**" in Anlehnung an Herbert Simon[22] folgendes festgestellt: Als „Effizienzkriterium" definiert er (Simon) „die Wahl einer Alternative, die aufgrund der eingesetzten Ressourcen die besten Ergebnisse erzielt". Anders gesagt, effizient zu sein bedeute, das Beste aus den verfolgten Zielen der Organisation zu machen – zum Beispiel das größte Wachstum, die zufriedensten Angestellten oder die besten Produkte. Effizienz meine den größten Nutzen bei gegebenen *Kosten*, oder in den Worten von McNamaras Senkrechtstartern im Pentagon in den zurückliegenden 60er Jahren: „den größten Treffer für den Einsatz". Nichts anderes versteht wohl auch der Duden unter Effizienz, wenn er Effizienz mit „Wirksamkeit und Wirtschaftlichkeit" definiert.[23]

Effektivität meint hingegen eine Soll-Ist-Relation, die mit Evaluierung und Zweckkritik geprüft werden kann.[24]

Ich werde versuchen, in meinen Vortrag beides, sowohl Effizienz- als auch Effektivitätsüberlegungen[25] einfließen zu lassen.

1.2. Gesetz

Einem Juristen den Gesetzesbegriff definieren zu lassen, ruft sofort die innere Gespaltenheit zwischen „**formellem**" und „**materiellem**" **Gesetzesbegriff** aus der Studierstube in Erinnerung, wobei der formelle Begriff auf das verfassungsgemäße Zustandekommen, der materielle auf die inhaltlichen Kriterien der jeweiligen Norm abstellt und daher alle rechtsverbindlichen generellen Anordnungen miteinbezieht (etwa auch Verordnungen).

Probleme im Hinblick auf den formellen Gesetzesbegriff bereitet der Umstand, dass auch die bis vor kurzem so hochgelobte Insel der Seeligen – Terra Austriaca – seit

---

[21] Mintzberg, Mintzberg über Management: Führung und Organisation, Mythos und Realität, 1991, S. 335.
[22] Simon, Adminstrative Behavior[2,] 1957, 14, S. 179.
[23] Duden, Lexirom.
[24] Mantl, Aufriß der Problemlage, in: Mantl (Hrsg), Effizienz der Gesetzesproduktion, Schriftenreihe des Zentrums für angewandte Politikforschung, Bd. 7, 1995, S. 39 f.
[25] Es ist mir eine besondere Freude und Ehre, diesen Vortrag meinem ehemaligen Rektor der Paris Lodron Universität Salzburg (PLUS), Efficiency-Strategien, Lehrer und Freund Alfred Kyrer widmen zu dürfen.

1.1. 1995 einer supranationalen Rechtsgemeinschaft angehört, der jedenfalls der formelle Gesetzesbegriff mit der Annahme seiner Erzeugung durch einen demokratisch legitimierten Gesetzgebungskörper (Parlament) nicht geläufig ist.

Infolge des EU-Beitritts drängen sich urplötzlich auch primäres und sekundäres Gemeinschaftsrecht auf den Markt, dem neben den Gründungs- und Beitrittsverträgen sowie den vom EUGH entwickelten allgemeinen Rechtsgrundsätzen, Verordnungen, Richtlinien und Entscheidungen als wichtigste Rechtsquellen zugerechnet werden. EU-Recht hat unmittelbare Geltung in den Mitgliedstaaten und genießt Anwendungsvorrang; dies bedeutet, dass in jedem Einzelfall das rechtsanwendende Organ festzustellen hat, ob EU- Recht zur Anwendung kommt und im Konfliktfall mit innerstaatlichem Recht, dem EU- Recht Vorrang (auch vor Verfassungsrecht) eingeräumt werden muss.

Es hieße daher (als „geborener Österreicher") die Augen vor der Realität zu verschließen, würde ich diesem Vortragsthema noch den streng formellen innerstaatlichen Gesetzesbegriff zu Grunde legen; als „gekorener Europäer" beziehe mich daher auf rechtsverbindliche generelle Anordnungen.

1.3. Gesetzesproduktion

Gesetzesproduktion bedeutet für den Juristen Prozessbeobachtung, nämlich Betrachtung derjenigen Verfahrensschritte, nach denen ein Gesetz rechtsgültig zu Stande kommt.

Aus der vorherigen Annahme eines materiellen Gesetzesbegriffes im Rahmen einer supranationalen Rechtsgemeinschaft ist daher zu folgern, dass auch das in die bisherigen Untersuchungen einbezogene bloß innerstaatliche „Gesetzgebungsverfahren" durch das supranationale „Normsetzungsverfahren" vervollständigt werden muss.

Allein aus den anfänglichen Versuchen einer Definitionsklärung ist klar geworden, dass das Vortragsthema nicht eine 30-minütige Workshopbehandlung sondern eher eine 30-stündige Seminarauseinandersetzung verdienen würde.

2. Ausgangslage

2.1. Quantitätsproblem

Bei *Honsell* ist nachzulesen,[26] dass bereits in klassischer Zeit in Rom das Gesetz als Schranke der privaten Handlungsfreiheit zugunsten des Gemeinwohls empfunden worden sei. Bereits damals war es Gelegenheitsgesetzgebung, mit der man versuchte, ad hoc Missstände zu beseitigen. Obwohl es damals noch wenige Gesetze gab, beklagten sich etwa *Livius*, *Sueton*, *Tacitus* und *Cicero* über die ungeheure Zahl, die grenzenlose Menge und Mannigfaltigkeit der Gesetze. Für Tacitus war die Vielzahl der Gesetze geradezu ein Zeichen staatlichen Verfalls: **„Corruptissima respublica, plurimae leges."**

Nichts anderes kann nach 2000 Jahren für die heutige Situation gesagt werden: Der Staatslehrer und Verfassungsrichter *Korinek* konstatiert, dass die österreichische

---

[26] Honsell, Vom heutigen Stil der Gesetzgebung, Salzburger Universitätsreden, 1979, Heft 67, S. 5.

Rechtsordnung unüberschaubar und ineffizient geworden sei. Je mehr von Deregulierung gesprochen werde, umso ärger werde es. Wir erlebten nicht nur den größten Umbau des österreichischen Rechts aller Zeiten, sondern auch den größten Regulierungsschub der Geschichte.[27]

Die Schaubilder und Mahnungen über das exponentielle Wachstum der Seiten im Bundesgesetzblatt, das aus Überschaubarkeitsgründen neuerdings bereits dreigeteilt wurde,[28] sind mannigfaltig, so wurden z. B. vom **Nationalrat von 1953 bis 1995 4963 Gesetze** beschlossen;[29] ich greife nur ein **Beispiel** aus meinem Lieblingsforschungsbereich, dem Universitätsrecht heraus, um die Situation zu verdeutlichen:

Um das **Studienrecht** in den letzten 30 Jahren zu regeln, bedurfte es eines Allgemeinen Hochschulstudiengesetzes, das für alle Studienrichtungen Geltung besaß, ferner 10 besonderer Studiengesetze, darüberhinaus mehr als 100 ministerieller Studienordnungen und ca. 350 von der jeweiligen Studienkommission erlassener Studienpläne.[30] Allein an den Außerkrafttretensregelungen des nunmehr erlassenen Universitätsstudiengesetzes, das einen wohl vorbildhaften Deregulierungs- und Dezentralisierungsschub in die Universitäten gebracht hat, kann man erkennen, wie unüberschaubar die Rechtsordnung selbst in einem, gemessen an der Gesamtrechtsordnung, doch eher untergeordneten Rechtsbereich geworden ist.

Die Zahl an Rechtsvorschriften erreicht jedenfalls mit der Übernahme des Rechtsbestandes der Europäischen Gemeinschaften (**acquis communautaire**) zum Zeitpunkt des Inkrafttretens des Beitrittsvertrags (1.1.1995) ein nicht mehr überbietbares Maß an Unüberschaubarkeit, zumal auch die äußerst beschränkten Zugangsmöglichkeiten zu diesen Rechtsquellen die laute Vermutung des „Akanwissens" im Raum stehen lassen. **Anfang der 90er Jahre wurde der acquis mit ca. 10.000 Rechtsakten (4000 Verordnungen, 1000 Richtlinien und 5000 Entscheidungen) geschätzt.**[31]

Die **Ursachen** des Quantitätsproblems sind wohl so mannigfaltig, wie das rechtliche und politische Staatsgefüge selbst. Nicht nur, dass es aufgrund der **Kompetenzlage** innerstaatlich, vereinfacht gesprochen, einen Bundesgesetzgeber und neun Landesgesetzgeber gibt, zusätzlich etwa mit den besonderen Ausdifferenzierungen im Bereich der Grundsatz- und Ausführungsgesetzgebung, unterliegt die Gesetzgebung auch heute noch großteils den rigiden Anforderungen des **Legalitätsprinzips** nach Art 18 B-VG.

Diese wohl historisch verständliche strikte Bindung der Verwaltung ans Gesetz nach jahrhundertelanger Willkürakte staatlicher Verwaltung wird etwa im Pla-

---

[27] Korinek, Überschaubarkeit der Rechtsordnung als Bedingung für deren Effizienz – Kritische Gedanken zur Situation der österreichischen Rechtsordnung, in: Mantl (Hrsg), Effizienz der Gesetzesproduktion, Schriftenreihe des Zentrums für angewandte Politikforschung, Bd. 7, 1995, S. 233.
[28] BGBl. 1996/660.
[29] Fischer, Qualitätsvolle Rechtserzeugung in realistischer Sicht, in: Mantl (Hrsg), Effizienz der Gesetzesproduktion, Schriftenreihe des Zentrums für angewandte Politikforschung, Bd. 7, 1995, S. 194.
[30] Vgl RV 588 BlgNR 20.GP., S. 49.
[31] Vgl Stadler, Österreichs Annäherung an die europäischen Gemeinschaften und die Bundesverfassung, ÖJZ 1989, 77; Fischer, Aufgaben und Organisation von EG, EFTA, OECD und GATT, NZ 1991, S. 258.

nungsrecht zusehends auch vom Verfassungsgerichtshof als nicht unbedingt notwendig angesehen (Schlagworte wie: verdünnte Legalität, finale Programmierung, Legitimation durch Verfahren mögen dies verdeutlichen), dennoch erfordert das Legalitätsprinzip in weiten Bereichen des staatlichen Handelns weiterhin ein entsprechend ausdifferenziertes Regelwerk.

Grundlage für die zunehmende Verrechtlichung ist gleichzeitig auch ein **hochkomplexer und komplizierter Leistungsstaat**, der jährlich in Österreich ein Bruttoinlandsprodukt von rund 2514 Milliarden Schilling (1997)[32] erarbeitet. In diesem Zusammenhang wird auch die Frage gestellt, ob seriöserweise überhaupt eine Reduzierung der Rechtsvorschriften angestrebt und in Aussicht genommen werden könne.[33]

2.2. Qualitätsproblem

Wurde bereits beim Rechtszugang „Akanwissen" als Folge des Quantitätsproblems konstatiert, trifft dies meines Erachtens umso mehr bei der Frage der Qualität von Rechtsvorschriften zu.

Sprachwissenschafter unterstellen dem **Gesetzgeber**, dass dieser gleichsam mit einem „idealen Adressaten" rechne, einer sachlich informierten und fachsprachlich geschulten, homogenen Zielgruppe, wie sie beispielsweise Zeichner von Schaltplänen für Transistorgeräte oder von Schnittmustern voraussetzen dürfen. Doch diese Übereinstimmung, diese „prästabilierte Harmonie" von Betroffenheit und Sachverstand bewähre sich nur für einen Bruchteil der Rechtsetzung, wobei sich Adäquatheit und Größe der Adressatengruppe nicht selten im Verhältnis der indirekten Proportionen befinde.[34]

Aus der **juristischen Fachsprache** als „Lexikon und Grammatik der Tatbestände" ergebe sich das **gesellschaftliche Problem**, dass die Rechtsordnung, die alle angehe, von kompetenten Sprechern verwaltet werde, die im Hinblick auf diese sprachlich vermittelte Verwaltung nicht demokratisch kontrolliert würden.[35]

Die von Sprachwissenschaftern am **häufigsten kritisierten Merkmale** sind:[36]

1. Vorliebe für überlange Perioden („Schachtelsätze");
2. inflationärer Gebrauch pronominaler Hinweise oder Ersatzformen („diesbezüglich"; „derselbe"; „der letztere");
3. undefinierte Fremdwörter;
4. Ausdrücke, die in der Standardsprache einen Bedeutungswandel (besonders eine semantische Verschlechterung oder Sinnentleerung) erfahren haben;
5. hoher Abstraktionsgrad;

---

[32] Quelle: ÖSTAT.
[33] Vgl Fischer, Qualitätsvolle Rechtserzeugung in realistischer Sicht, in: Mantl (Hrsg), Effizienz der Gesetzesproduktion, Schriftenreihe des Zentrums für angewandte Politikforschung, Bd 7, 1995, S. 196.
[34] Panagl, Rechtsetzung in sprachlicher und kommunikativer Hinsicht, in: Schäffer (Hrsg), Theorie der Rechtsetzung , 1998, S. 57.
[35] Podlech, Die juristische Fachsprache und die Umgangssprache, in: Petöfi/Podlech/von Sayigny (Hrsg), 1975, S. 180.
[36] Vgl Panagl, Rechtsetzung in sprachlicher und kommunikativer Hinsicht, in: Schäffer (Hrsg), Theorie der Rechtsetzung, 1988, S. 63.

6. Hang zu passiven Konstruktionen.

Auch Juristen üben stetig „Selbstkritik" an sprachlichem Stil und Unverständlichkeit juristischer Texte.[37] Neben dem **sprachlichen Verfall** sind es aber insbesondere die zunehmende **Kasuistik und komplizierte Verweisungstechniken.** Zu dieser Unsitte hat der Verfassungsgerichtshof festgestellt, dass der **Gesetzgeber der breiten Öffentlichkeit den Inhalt seines Gesetzesbeschlusses in klarer und erschöpfender Weise zur Kenntnis bringen muss,** „da anderenfalls der Normunterworfene nicht die Möglichkeit hat, sich der Norm gemäß zu verhalten. Diesem Erfordernis entspricht weder eine Vorschrift, zu deren Sinnermittlung **subtile verfassungsrechtliche Kenntnisse, qualifizierte juristische Befähigung und Erfahrung** sowie geradezu **archivarischer Fleiß** vonnöten sind, noch eine solche, zu deren Verständnis **außerordentliche methodische Fähigkeiten und eine gewisse Lust zum Lösen von Denksport-Aufgaben** erforderlich sind."[38]
Das Erfordernis der Rechtsklarheit wird auch in ständiger Rechtsprechung des EuGH judiziert.[39]
Lücken und Wertungswidersprüche verkomplettieren den gesetzgeberischen Dilettantismus, der jüngst in der 20. Novelle zur Straßenverkehrsordnung augenscheinlich dokumentiert wurde:[40]

"57. In § 103 wird folgender Abs. 2c eingefügt:
„ ... (2c) Dieses Bundesgesetz, BGBl. I Nr. 92/1998, ausgenommen § 95
Abs. 1b und 1c, **tritt mit xx. xxxxxxxx 1998 in Kraft.** § 95 Abs. 1b
und 1c, in der Fassung BGBl. I Nr. 92/1998, tritt in den einzelnen
Ländern mit dem Inkrafttreten des entsprechenden Landesgesetzes,
frühestens jedoch **mit xx. xxxxxxxx 1998 in Kraft;** die Zuständigkeit
zur Ausübung des Verwaltungsstrafrechtes für die bis zum
Inkrafttreten des jeweils entsprechenden Landesgesetzes begangenen
Übertretungen richtet sich nach den bisherigen Vorschriften."

58. (Verfassungsbestimmung) In § 103 wird folgender Abs. 2d
eingefügt:
„ ... (2d) **(Verfassungsbestimmung)** § 5 Abs. 6 in der Fassung BGBl. I
Nr. 92/1998 **tritt mit xx. xxxxxxxx 1998 in Kraft.** """

---

[37] Vgl etwa Honsell, Vom heutigen Stil der Gesetzgebung, Salzburger Universitätsreden, 1979, Heft 67; statt vieler Schäffer, Normeninflation und Gesetzesqualität, in: Neisser/Frieser (Hrsg): Hilflos im Paragraphendschungel, Eindämmung der Gesetzesflut und Vereinfachung der Gesetzessprache als politischer Auftrag, 1992, S. 49 - 67.
[38] VfSlg. 3130/1956 und 12420/1990.
[39] EUGH Rs. 32/79 (Kommission/Großbritannien), Slg. 1980, 2403; Rs. 102/79 (Kommision/Belgien), Slg. 1980, 1473; Rs. 248/83 (Kommission/Deutschland), Slg. 1985, 1459; Rs. 91/87 (Erzeugungsgemeinschaft Gutshof-Ei/Rheinland-Pfalz), Slg. 1988, 2541; Rs. C-96/95 (Kommission/Deutschland), Slg. 1997, I-1653.
[40] BGBl. I 1998/92.

3. Visionen

Angesichts dieser desaströsen Ausgangslage gehören gesetzliche Vermutungen über die Kenntnis von Rechtsvorschriften in den Bereich der Fiktion, so etwa die Bestimmung des § 2 ABGB, wonach sich niemand mit Rechtsunkenntnis entschuldigen kann, sobald ein Gesetz gehörig kundgemacht worden ist.
Visionen sind dringend notwendig!
Mit den Worten *Böhrets* assoziiere auch ich mit „**Gesetz**" immer noch Begriffe wie „**ewig**" oder „**ehern**". Gedanken an das Walten des Rousseau'schen volonté générale und an die endgültige Manifestation zeitloser Werte im Gesetz als einer iustitia et ratio scripta, die mir näher liegen als die trockene Betrachtung des Gesetzes als zeitbezogenes und zeitabhängiges Menschenwerk ohne jedes metaphysische Beiwerk, das keinen Anspruch auf Perfektion und Dauerhaftigkeit erhebt und sich als technisches Instrument der Gesellschaftsordnung begreift, das oft genug nur auf eine konkrete Situation reagiert und auch gar nichts anderes will.[41]
Gleichsam als in einem Brief ans Christkind 2004 wünsche ich mir daher vom „Gesetzgeber" den Menschen in den Mittelpunkt der Rechtsetzung zu rücken durch mehr Privatautonomie, durch mehr Rahmensteuerung und durch den Einsatz des Gesetzes als ultima ratio.

Zu den Visionen im Einzelnen:

3.1. Mehr Privatautonomie

Privatautonomie (Selbstbestimmung) wird allgemein als die weitgehende Gestaltungsmöglichkeit des Einzelnen bezeichnet, seine rechtlichen Beziehungen zur Umwelt nach seinem eigenen Willen frei zu gestalten. Die Grenzen der Privatautonomie werden dort angenommen, wo durch freies Parteihandeln die Rechtsordnung selbst, die in ihr verankerten Grundwerte oder sonstige höhere Zwecke gefährdet werden.[42] Privatautonomie entlastet den Gesetzgeber zugunsten des persönlichen Gestaltungsspielraumes, fordert aber vom Einzelnen zweifelsohne ein mehr an Verantwortungsbewusstsein und Toleranz gegenüber seiner „Umwelt". Das Gegenteil davon ist wohl der totale Verwaltungsstaat.

Meine erste Vision ist von grundlegendem **Freiheitsideal** geprägt und knüpft an den Umstand an, dass zusehends alle Lebensbereiche, die bislang im rechtsfreien Raum lagen, einer **Verrechtlichung** zugeführt werden, die, wenn sie einmal Platz gegriffen hat, immer detailliertere und erschöpfendere Ausprägungen erfährt.[43] Als Beispiel möge etwa die **Kondomprüfungsverordnung**[44] dienen, die u.a. folgendes normiert:

---

[41] Böhret, Gesetzgebung – Programmatische Ordnung oder tagespolitische Reaktion? in: Hill (Hrsg), Zustand und Perspektiven der Gesetzgebung, 1989, S. 55 - 80.
[42] Koziol/Welser, Bürgerliches Recht[10] I (1995), S. 82 f..
[43] Vgl Lammer, Grundfragen der Gesetzgebungslehre, in: Mantl (Hrsg), Effizienz der Gesetzesproduktion, Schriftenreihe des Zentrums für angewandte Politikforschung, Bd 7, 1995, S. 83.
[44] BGBl. 1990/630 idF BGBl. 1996/130.

„§ 9. (1) **Konsumentenpackungen haben Gebrauchsanweisungen zu enthalten, die zumindest folgende Angaben aufweisen:**

...

3. den Hinweis, dass das **Kondom so anzulegen ist, dass der vordere Teil des Kondoms für die Spermaaufnahme frei bleibt, ohne dass ein Luftpolster entsteht,**
4. den Hinweis, dass **das Kondom über die ganze Länge des erigierten Penis zu entrollen ist,**
5. den Hinweis, dass **der Anwender den Penis samt angelegtem Kondom unmittelbar nach Beendigung des Geschlechtsverkehrs, jedenfalls aber vor dem Erschlaffen des Penis zurückziehen soll und dabei das Kondom am Ende des Schaftes so festzuhalten hat, dass das Abstreifen verhindert wird, ...**"

Ehrlich, allein schon bei dem Gedanken, was „danach" alles zu beachten ist, könnte einem doch **im wahrsten Sinn des Wortes die Lust vergehen!**

3.2. Mehr Rahmensteuerung

Die Überlegungen zu meiner zweiten Vision knüpfen zwar nicht unmittelbar an die Quantität der Normen, sondern vielmehr an die **Intensität des Regelungsgehaltes** an. Angesprochen ist damit insbesondere die Problematik im Zusammenhang mit dem bereits eingangs erwähnten **Legalitätsprinzip (Art 18 B-VG),** wonach die gesamte staatliche Verwaltung nur auf Grund der Gesetze ausgeübt werden darf. Dies erfordert eine inhaltlich ausreichende Bestimmtheit gesetzlicher Regelungen zur Erlassung von Vollzugsakten.

Ich denke, dass demokratische Legitimation für die Begründung von Vollzugsakten sinnvoll und notwendig ist. Fraglich ist jedoch, in welchem Umfang und Ausmaß die Determinierung des Verwaltungshandelns erforderlich ist, wenn andererseits ausreichende rechtsstaatliche Einrichtungen bestehen, die eine Überprüfbarkeit des Verwaltungshandelns gewährleisten.

Die **neuere Gesetzgebung,** insbesondere im **Universitätsrecht,** gibt **Anlass zur Hoffnung,** indem sie versucht entsprechende Rahmenbedingungen zu schaffen, um den Vollzugsorganen wiederum mehr Gestaltungsspielraum, als dies Art 18 B-VG zuließe, einzuräumen. So sind etwa nunmehr die Universitäten nach § 2 Abs. 2 UOG 1993 befugt, **im Rahmen der Gesetze und Verordnungen, ihre Angelegenheiten autonom (weisungsfrei) zu besorgen.** Der Verfassungsgesetzgeber hat hier bewusst eine gegenüber Art 18 Abs. 1 B-VG abweichende Regelung getroffen, um den Universitäten einen „**weiteren Handlungsspielraum**" zu eröffnen.[45]

3.3. Das Gesetz als „ultima ratio"

Meine dritte Vision folgt dem Managementansatz „**was passiert, wenn nichts passiert?**". Ist der Gesetzgeber aufgrund seines Wählerauftrags tatsächlich verhalten, die Gesetzgebungsmaschinerie dauernd in Gang zu halten? Die Bundesverfassung weist dem Gesetzgeber lediglich die Gesetzgebungskompetenz im Sinne der Ge-

---

[45] RV 1125 BlgNR 18. GP.

waltentrennung zu, in welchem Ausmaß dieser jedoch seine Kompetenz auch wahrnimmt, liegt in dessen **rechtspolitischem Gestaltungsspielraum**.

4. Strategien

Im Rahmen der Strategieplanung halte ich mich an altbewährte Muster der Ablauforganisation, mögen sie auch modifiziert im heutigen Sprachjargon der Managementlehre als „Entscheiden im Managementzyklus" wiederkehren. **Planung, Entscheidung, Realisation und Kontrolle** sollen als Grundlage dienen, meine Visionen zu einer effizienteren/effektiveren Gesetzesproduktion umzusetzen.

4.1. Planungseffizienz/Effektivität

Zur Planung eines Gesetzesvorhabens zähle ich all jene Stadien, die sich im **Vorfeld der eigentlichen Beschlussfassung** genereller Normen abspielen. Das sind etwa all jene „**inoffiziellen Problemimpulse**", die letztendlich ein ineffizientes Gesetz entstehen lassen; der „typische Wählerauftrag" etwa gegenüber dem vom freien Mandat ausgezeichneten Abgeordneten im Hinterzimmer eines Wiener Kaffeehauses, wo „Wähler" sich über unbeliebte Konkurrenz im freien Wirtschaftsleben echauffiert und siehe da, nolens, volens eine (wie sich später herausstellt, verfassungswidrige) Bedarfsprüfungsklausel in eine Gesetzesnovelle Eingang gefunden hat.

Ferner etwa all jene **Arbeitspapiere**, die von der (semi-) professionellen Gesetzesvorbereitungsmaschinerie der Regierung letztendlich über Ministerratsbeschluss als **Regierungsvorlagen** ins Parlament gelangen. Gerade im Universitätsbereich können wir Arien dieses ineffizienten Vorbereitungsprozesses singen, wo von „grünen" über „orange" bis zu „schwarzen" und „weißen Papieren" Entwürfe produziert, unzählige Stellungnahmen von unzähligen Stellen in unzähligen Kommissionssitzungen verfasst, abgegeben – und letztendlich dann ins Parlament doch ganz was anderes gelangt ist und anstelle eines konsolidierten Gesetzeswerkes im Ausschuss nochmals zumindest formal fast jeder einzelne von 90 Paragraphen geändert und just vor der faktisch nicht stattgefundenen dritten „Lesung" nochmals an die zehn Abänderungsanträge großkoalitionär abgesichert, nachgeschoben werden. Wen wundert es da noch, dass von all den hehren Vorstellungen von einem demokratisch legitimierten, dem Allgemeinwohl dienenden Gesetz, wenig bis gar nichts übrig geblieben ist?

Planungseffizienz/Effektivität müsste bedeuten, bereits in der Vorbereitungsphase sich darüber Gedanken zu machen, welche **Alternativen zu einer rechtlichen Regelung** bereitstehen, ob eine rechtliche Steuerung für die konkrete Fragestellung notwendig ist. Dazu bedarf es primär Klarheit über Regelungsziel und Regelungsgegenstand. Erst in weiterer Folge sind jene **rechtstechnischen Mittel festzulegen, die der Erreichung des Regelungszieles dienlich sind**. Danach müsste ein **strukturierter, transparenter Rechtsplanungsprozess** eintreten, der letztendlich dazu führt, dass ein **in sich stimmiger Gesetzesentwurf** unter Darlegung der damit verbundenen **finanziellen Auswirkungen**[46] zur Beschlussfassung vorliegt.[47]

---

[46] Vgl die Richtlinien für die Ermittlung und Darstellung der finanziellen Auswirkungen neuer rechtssetzender Maßnahmen gemäß § 14 Abs. 5 des Bundeshaushaltsgesetzes BGBl. II 1999/50.

Um bei der Vision des ehernen Gesetzes zu verharren, müsste der Planungsprozess naturgemäß auch entsprechend zeitlich dimensioniert werden. Denn wie die Gesetzgebungspraxis zeigt, führt rasche, unüberlegte „Anlassgesetzgebung" (meist etwa die berüchtigten „Hüftschussinitiativen" direkt aus dem Parlament) zu „Husch-Pfuschgesetzgebung", die eine laufende Novellierungsnotwendigkeit geradezu herausfordert. Jüngste Beispiele ergeben sich aus dem StrukturanpassungsG 1996, einem Sammelgesetz in dem an die 90 Bundesgesetze gleichzeitig geändert worden und darüber hinaus auch neue Gesetze geschaffen wurden (z. B. BStFG, ElektrizitätsabgabenG, EnergieabgabenvergütungsG); ferner etwa aus der zunächst harmlos erscheinenden Druckfehlerberichtigung BGBl. I 1998/157 womit 29 Seiten (!) in der Anlage zum Bundesvoranschlag 1999 einer Berichtigung unterzogen worden sind. **Gut Ding soll eben Weile brauchen – gerade im Gesetzgebungsprozess!**

4.2. Entscheidungseffizienz/Effektivität

Der seinerzeitige Vizekanzler Dr. Busek hat 1991 den Vorschlag gemacht, als wirksamen Beitrag zur Verwaltungsreform in Österreich ein Jahr lang auf die Verabschiedung von Gesetzen zu verzichten.[48] Anstelle des Faktums, dass damals im darauffolgenden Jahr 160 Gesetze verabschiedet und 44 Staatsverträge genehmigt wurden, würde ich eine einschneidendere Rezeptur vorschlagen:
Der Gesetzgeber soll eine Legislaturperiode lang nicht nur keine Gesetze verabschieden, sondern darüber hinaus konsequent eine Rechtsbereinigung betreiben, indem er vier Jahre lang nur das Außerkrafttreten von Rechtsvorschriften beschließen möge. Auch das ist Ausnützung des politischen Gestaltungsspielraumes!
Es wäre jedoch bereits heilsam, wenn der Gesetzgeber selbst, und hier spreche ich vom Kernbereich des Gesetzgebungsverfahrens, nämlich von der Erlassung eines Gesetzes im formellen Sinne, den Wortlaut der Geschäftsordnung des Nationalrates (§§ 69 bis 74 GOGNR) wörtlich nehmen würde und auch **tatsächlich drei Lesungen** vornehmen würde – das würde bedeuten, auch im Plenum unmittelbar vor der Abstimmung über den Gesetzesantrag diesen noch einmal vor allen Abgeordneten **vorlesen zu lassen**, sodass jeder Abgeordnete gezwungen wäre, sich den zu beschließenden Inhalt zumindest einmal anhören zu müssen. Da könnte ich mir durchaus vorstellen, dass nicht nur bei Gesetzesnovellen zum Allgemeinen Sozialversicherungsgesetz, zum Einkommenssteuergesetz oder zum Gehaltsgesetz sich so mancher „klubentzwängte" Abgeordnete einfach sagen müsste, „das verstehe ich nicht" und eben keine Mehrheit für das Gesetz zustande kommen lässt.

4.3. Realisationseffizienz/Effektivität

Angesprochen ist die Umsetzung des Gesetzes durch die Verwaltungsorgane. Anders als in der Gesetzesvorbereitung sind rasche Entscheidungen gefordert, um den Willen des Gesetzgebers auf Grund eines konkreten Sachverhalts in die Wirklich-

---

[47] Vgl dazu eingehend Holzinger, Die Technik der Rechtsetzung, in: Schäffer (Hrsg), Theorie der Rechtsetzung, 1988, S. 277 ff..
[48] Vgl Fischer, Qualitätsvolle Rechtserzeugung in realistischer Sicht, in: Mantl (Hrsg), Effizienz der Gesetzesproduktion, Schriftenreihe des Zentrums für angewandte Politikforschung, Bd. 7, 1995, S. 193.

keit umzusetzen. Von den Verwaltungsorganen sollte unter Ausnützung der einschlägigen Interpretationsmethoden ein Maximum an Umsetzungswillen eingefordert werden. Dem Verwaltunspraktiker ist etwa aus dem Studienrecht bekannt, dass jede noch so klare gesetzliche Regelung in der Durchführung zu unüberwindbaren Hindernissen geführt werden kann, die letztendlich nur wieder durch Gesetzesnovellen einer scheinbaren Verbesserung zugeführt werden können. Das Abwarten von Durchführungsverordnungen oder Durchführungserlässen übergeordneter Verwaltungsorgane sind beliebte Spielwiesen rechtsunkundiger Bürokraten, die ein noch so gut gemeintes Gesetz in der Praxis gegenüber dem Rechtsunterworfenen in einem völlig falschen Licht erscheinen lassen. Nicht das stete Einfordern von noch präziseren Regelungen sind gefragt, sondern wiederum Gestaltungspotential bei der Auslotung von Entscheidungsfreiräumen.

Gesetze sind Spielregeln zur Gestaltung des menschlichen Zusammenlebens, von Menschen für Menschen gefertigt. Dass der Prozess der Umsetzung dieser Spielregeln nichts anderes bedeutet, als dass jede Art des Gesetzesvollzugs **Dienstleistung am Menschen** bedeutet, müsste die Maxime der Entscheidungspraxis jedes Verwaltungsorganes sein.

Zweifelsohne muss Verwaltung als Dienstleistung auch transparent gemacht – und gemessen werden.

4.4. Kontrolleffizienz/Effektivität

Damit ist eine „ex-post-Evaluierung" von Rechtsvorschriften angesprochen, jene Vollzugskritik, die einerseits auf **Kosten- und Nutzengesichtspunkte** der Produktivität und Wirtschaftlichkeit beim Personal- und Sachmitteleinsatz ansetzt. Dabei ist *Mantl* zuzustimmen, dass der Nutzen mit seiner individuellen und kollektiven Varianz schwer quantifizierbar ist, anders als der Ertrag. Anknüpfungspunkte sind die Kontrollmaßstäbe der Gebarungskontrolle, die neben der ziffernmäßigen Richtigkeit und der Übereinstimmung mit den bestehenden Vorschriften auf Sparsamkeit, Wirtschaftlichkeit und Zweckmäßigkeit abstellen. Letztendlich eine Analyse und Optimierung der Beziehung zwischen Mittelaufwand und Wirkung.[49]

Andererseits müsste aber auch eine Erhebung der Effektivität der Rechtsvorschriften erfolgen, also der Feststellung des Grades der Zielerreichung, einschließlich der möglichen Ursachen von Defiziten, ungeplanter Nebenwirkung sowie deren Ursachen.[50] Grundvoraussetzung einer solchen Effektivitätsmessung wäre aber wohl eine exakte Zieldefinition anlässlich der Beschlussfassung des Gesetzes.

5. Schlussbemerkung

Um meine Visionen auch Realität werden zu lassen, tun Effektivität und Effizienz in der Gesetzesproduktion gleichermaßen gut.

---

[49] Mantl, Aufriß der Problemlage, in: Mantl (Hrsg.), Effizienz der Gesetzesproduktion, Schriftenreihe des Zentrums für angewandte Politikforschung, Bd 7, 1995, S. 39 f..
[50] Holzinger, Die Technik der Rechtsetzung, in: Schäffer (Hrsg.), Theorie der Rechtsetzung, 1988, S. 285.

Aber gerade deshalb will ich **auch** mit *Mintzberg* schließen:

„Der Ruf nach Effizienz ist die Forderung nach Kalkulation, wobei Kalkulation Sparen und damit die Behandlung sozialer Kosten als Externalitäten bedeutet. Es bedeutet auch, dass die ökonomischen Interessen die sozialen beiseite schieben können. Im Grenzfall entsteht Effizienz als Kern einer Ideologie, bei der die ökonomischen Ziele dominieren, manchmal mit unmoralischen Konsequenzen."[51]

„In der Praxis wird Effizienz mit messbaren Kriterien in Verbindung gebracht. Ein effizientes Restaurant bringt Essen in dreizehn Minuten auf den Tisch. Ein effizientes Zuhause wärmt die Bewohner mit nur 3000 Liter Öl in einem kalten kanadischen Winter, aber nicht deren Herzen."[52]

Literaturverzeichnis

BGBl., Richtlinien für die Ermittlung und Darstellung der finanziellen Auswirkungen neuer rechtssetzender Maßnahmen gemäß § 14 Abs. 5 des Bundeshaushaltsgesetzes, BGBl. II, 1999
Böhret, Gesetzgebung – Programmatische Ordnung oder tagespolitische Reaktion?, in: Hill (Hrsg), Zustand und Perspektiven der Gesetzgebung, 1989
Fischer, Aufgaben und Organisation von EG, EFTA, OECD und GATT, in: Notariatszeitung, 1991
Honsell, Vom heutigen Stil der Gesetzgebung, in: Salzburger Universitätreden Heft 67, 1979
Koziol/Welser, Bürgerliches Recht I, 10 Auflage, 1995
Mantl (Hrsg), Effizienz der Gesetzesproduktion, in: Schriftenreihe des Zentrums für angewandte Politikforschung, Bd. 7, 1995
Mintzberg, Führung und Organisation, Mythos und Realität, 1991
Panagl, Rechtsetzung in sprachlicher und kommunikativer Hinsicht, in: Schäffer (Hrsg), Theorie der Rechtsetzung, 1998
Podlech, Die juristische Fachsprache und die Umgangssprache, in: Petöfi/Podlech/von Savigny (Hrsg), 1975
Schäffer, Normeninflation und Gesetzesqualität, in: Neisser/Frieser (Hrsg), Hilflos im Paragraphendschungel, Eindämmung der Gesetzesflut und Vereinfachung der Gesetzessprache als politischer Auftrag, 1992
Simon, Administrative Behavior 2, 1957
Stadler, Österreichs Annäherung an die Europäischen Gemeinschaften und die Bundesverfassung, in ÖJZ, 1989

---

[51] Mintzberg, Mintzberg über Management: Führung und Organisation, Mythos und Realität, 1991, S. 339.
[52] Mintzberg, Mintzberg über Management: Führung und Organisation, Mythos und Realität, 1991, S. 336.

FOKUS 8: Controlling im Unternehmen mit dem Zeithorizont 2005

von Wilhelm Pilz

1. Ausgangslage

Das **Unternehmen** ist die einzige und somit wichtigste gesellschaftliche Institution zur Schaffung von Wertschöpfung und Wohlstand.

Die Zeiten werden schwierig, wir werden es mit den größten **Transformationen** zu tun haben, die es je gab. Durch das Entstehen des europäischen Binnenmarktes und der großen ungesättigten osteuropäischen Märkte war man sehr optimistisch und erwartete einen gewaltigen Wachstumsschub bezüglich Konsum und Investitionsentwicklung. Diese Erwartungen wurden nicht erfüllt, im Gegenteil: Arbeitslosigkeit, deflationäre Tendenzen, kaum eine Hoffnung Richtung Osten wurde erfüllt, trotz massiver Hilfe kann nicht einmal in Ostdeutschland von blühenden Landschaften gesprochen werden; der Anpassungsdruck erstreckte sich früher über mehrere Generationen – heute trifft er geballt eine einzige Generation; keine andere Generation hatte bislang ein so hohes Wohlstandsniveau und einen so hohen Verwöhnungsgrad; große Verschuldung; die Komplexität wird immer größer – gutes Management muss aber das Geschäft so definieren, dass das Unternehmen einfach genug bleiben kann, um noch führbar zu sein.

Der „Wert" eines ökonomischen Gutes ist das, was der nächste Käufer zu bezahlen bereit ist.

Konsumgüter werden ein unzuverlässiger Pfeiler der Wirtschaftsentwicklung sein. Ähnlich verhält es sich mit Investitionsgütern, hier wird eher Substitution als Ausweitung stattfinden. Waren Rohstoffe früher noch der Schlüssel zur Macht, so werden sie in Zukunft kaum mehr eine Rolle spielen. Der einzige Rohstoff, der eine sehr große Rolle spielen wird, ist **Wissen**. Die Logistik ist weltweit in gigantischer Reorganisation.

Wir werden also eine fundamentale Verschiebung einer Wirtschaft, die auf Rohstoffen und manueller Arbeit beruht in eine Wirtschaft, die auf Wissen und Kopfarbeit basiert, erleben.

Aufgrund der großen Transformationen wird man in Zukunft mehr denn je durchdachte, ausbalancierte Konzepte brauchen, die sicherstellen, dass Management, Macht, Verantwortung und Haftung funktionieren. Gutes **Management** hat daher oberste Priorität. Es ist das wichtigste gestaltende, entwickelnde und steuernde Organ einer modernen Gesellschaft – dies umso mehr, als die nationalstaatliche Politik einer globalen Wirtschaft an klare Grenzen stößt. Management ist daher auch der wichtigste Beruf in einer Gesellschaft. Es müssen daher höchste Anforderungen gestellt, natürlich auch erfüllt werden.

Management alleine reicht aber nicht mehr aus, eine wirksame **Unternehmensaufsicht** wird immer wichtiger. Diese kann und soll führen, wobei dies aber sehr selten praktiziert wird, da es vorkommt, dass eine Person 5-10 Aufsichtsratsposten inne hat.

Macht korrumpiert bekanntlich, und absolute Macht korrumpiert absolut, daher darf Macht nicht absolut werden, sondern muss kontrolliert sein. Wenn die Geschichte eines beweist, dann, dass sich niemand selbst kontrollieren kann. Es gibt nur ein einziges Element, das durch die Geschichte den Unternehmen gemeinsam war, es ist dies das Element der **Haftung**. Ein Unternehmer ist, wer für seine Entscheidungen selbst haftet, und zwar unbeschränkt, solidarisch für alles, was in seiner Organisation vor sich geht, ohne Rücksicht auf das Verschulden und mit seinem ganzen Vermögen.

Heute arbeiten fast alle Menschen als Angestellte von Organisationen. Das damit gleichzeitig entstandene Problem des Haftungsverlustes, daher auch des potentiellen Verantwortungsverlustes, hat bisher eigentlich wenig Beachtung gefunden.

Es stellt sich die Frage, ob man die Haftung nicht wieder konstitutionell und unausweichlich in das Top-Management einbauen muss, so schwierig das auch sein mag. Wenn wir nur einen Bruchteil unserer Intelligenz, die wir für die Entwicklung des nicht mehr finanzierbaren Wohlfahrtsstaates investiert haben, diesem Problem zuwenden, dann werden Lösungen zu finden sein.

Das ist natürlich keineswegs nur ein Problem der Wirtschaft.

Daher sollte die Forderung lauten: Versperren wir den Führern aller gesellschaftlichen Organisationen jeden Fluchtweg aus der Verantwortung und der Haftung.

2. Visionen

Unternehmen im Industriezeitalter: Es wurden relativ einfache Transaktionen zwischen Kunden und Lieferanten durchgeführt.

Unternehmen im Informationszeitalter: Arbeiten mit integrierten, übergreifenden Geschäftsprozessen (z. B. Produktion aufgrund eines Kundenauftrages und nicht aufgrund eines Produktionsplanes).

Die Arbeit wird neu zu definieren sein und zwar sowohl was die Menge, die Flexibilität und die Qualität anbelangt – die Zukunft gehört „Kopfarbeitern". Die Arbeit wird nicht mehr an einen bestimmten Standort gebunden sein.

Die Mobilität des Faktors Arbeit wird zunehmen (mehrere Jobs nebeneinander). Verstärktes Outsourcing von Funktionen je nach Bedarf und Größe eines Unternehmens.

Faktor **Kapital**: Statt noch mehr Kasinokapitalismus sollen andere Möglichkeiten der Zurverfügungstellung von Eigenkapital geschaffen werden. Im übrigen: Was in Zukunft wieder stärker an Bedeutung gewinnen wird, ist der innere Wert eines Unternehmens gegenüber dem Wert, der sich aus der Börsenkapitalisierung ergibt.

Wichtiger als Kapital werden in Zukunft die **immateriellen** Vermögenswerte sein.

Sechs Schlüsselgrößen, die im **Verbund** eine rechtzeitige und zuverlässige Beurteilung eines Unternehmens erlauben:
1. Die Marktstellung (Kundenzufriedenheit, Bekanntheit, Substitutionskanäle, etc.)
2. Die Innovationsleistung
3. Die Produktivitäten (der Arbeit, des Geldes, der Zeit, des Wissens)
4. Attraktivität für gute Leute
5. Liquidität und Cash-flow
6. Profitabilität

Die **Zeit** ist der neue Produktionsfaktor: Speed Management (ohne Hektik) und eine zeitlich gute Logistik werden zu wichtigen Wettbewerbsfaktoren werden. Die Produktzyklen werden weiterhin immer kürzer werden. Die Fähigkeit, schnell und zuverlässig auf Kundenwünsche zu reagieren, gibt immer öfter den Ausschlag dafür, ob wertvolle Kundenbeziehungen entwickelt und erhalten werden können. Das Motto kann daher in Zukunft nur lauten: **Be first, be fast, be different!**

3. Strategien

Die **Balanced Scorecard** (BSC) ist ein strategischer Handlungsrahmen, der es in einer modernen Organisation auch in turbulenten Zeiten ermöglicht, die Binnensteuerung des Unternehmens mit dem immer komplexer werdenden Wettbewerbsumfeld zu koordinieren.

Die Zeiten eindimensionaler Steuerungen sind endgültig vorbei. Zwei Beispiele mögen dies erläutern:

Beispiel 1: Ein Pilot konzentriert sich während des Fluges lediglich auf **ein** Instrument, z. B. den Geschwindigkeitsmesser. Würden Sie mit einem solchen Bruchpiloten gerne fliegen, der vielleicht nur bei Schönwetter gut am Ziel ankommt?

Beispiel 2: Professionelle Piloten hingegen würden viele Navigationsgeräte und die damit verbundenen Informationen verarbeiten und so das Flugzeug sicher steuern. Also auch bei Schlechtwetter sicher landen.

Auch Manager brauchen – genauso wie Piloten – ein Instrumentarium, das die unterschiedlichen Veränderungen in der Umgebung und in der Unternehmensleistung anzeigt, um eine Navigation in Richtung Unternehmenserfolg zu ermöglichen. Die BSC ist in erster Linie ein Modell zur **Strategie-Umsetzung**. Sie berücksichtigt die Leistungen eines Unternehmens aus vier ausgewogenen Perspektiven:
- Finanzen (z. B. RuI, Return & Investment);
- Kunden (Zufriedenheit, Treue, Markt und Kundenanteil, Preisstrategien;
- Produkte, Mitarbeiter, Kommunikation etc. (Qualität, Reaktionszeiten, Kosten);
- Innovationen (Einführung neuer Produkte und Mitarbeiterzufriedenheit).

Die BSC befähigt Unternehmen, finanzielle Ziele zu verfolgen und gleichzeitig den Fortschritt zu überwachen, in dem Kompetenzen aufgebaut und immaterielle Vermögenswerte geschaffen werden als Grundlage für zukünftiges Wachstum.

Über strategisches Feedback kann das Management **lernen** und **korrigieren**. Zur **Steuerung** einer **Organisation** ist es erforderlich, dass aus der einmal festgelegten **Strategie** klar formulierte, messbare und kontrollierbare Steuerungsgrößen abgeleitet werden und diese in den erfolgsbestimmenden Perspektiven „ausbalanciert", dem Management/der Aufsicht, aber auch den Mitarbeitern die Richtung weisen. Die BSC ist ein neues Kennzahlen-System, das auch nicht-finanzielle Kennzahlen integriert. Es versucht, alle Planungs-, Steuerungs- und Kontrollprozesse in einer Organisation zu gestalten.

Durch die vernetzte **Mehrdimensionalität** der Steuerungsgrößen werden finanzielle Symptome mit den dahinter liegenden Ursachen verknüpft. Mit der BSC erfolgte ein Paradigmenwechsel im Controlling. BSC ermöglicht die Zusammenführung von Shareholder- und Stakeholder-Interessen.

4. Perspektiven 2005

1. Das Konzept der BSC ermöglicht, Zielfindungsprozesse, Zielkonkretisierungsprozesse und Zielumsetzungsprozesse zu unterstützen, und zwar top down.
2. Die BSC ist ein Weg, um von eindimensionalen Führungs- und Steuerungsprinzipien wegzukommen und mehrdimensionale Kriterien zu verknüpfen.
3. Die BSC ist ein Werkzeug zum Performance Measurement bzw. zur Fortschrittskontrolle, wobei eine der Grundvoraussetzungen ist, dass vorher klare Verantwortungsbereiche definiert wurden.
4. Durch eine BSC können monetäre und nicht monetäre Größen, quantitative und qualitative Einflussgrößen sowie harte und weiche Faktoren besser verknüpft werden.
5. BSC ermöglicht bessere Berücksichtigung von Ursache-Wirkungs-Ketten und eine schnellere Fokussierung der wesentlichen Probleme im Unternehmen.

Die BSC beinhaltet ein gewaltiges Integrationspotential für zum Teil sehr unterschiedliche management tools. Ob das BSC-Konzept erfolgreich ist, wird davon abhängen, in welcher Unternehmensumgebung es verwirklicht wird. Mit anderen Worten: Die Unternehmenskultur bestimmt den Erfolg.

Literaturverzeichnis

Eschenbach, R./**Haddad** T. (Hrsg.), Die Balanced Scorecard. Führungsinstrument im Handel. Ein Handbuch für den Praxiseinsatz in Zusammenhang mit PLAUT, International Management Consulting, Wien 1999
Hobi, A./**Hochuli**, T./**Zellweger**, S., Balanced Scorecard, ein Führungssystem auch für KMU, in: iomanagement, Nr. 12, 1999
Horváth, P./**Kaufmann**, L., Balanced Scorecard, ein Werkzeug zur Umsetzung von Strategien, in: Harvard Businessmanager, Nr. 5, 1998

Kaplan, R. S./**Norton**, D. P., Balanced Scorecard. Strategien erfolgreich umsetzen, Stuttgart 1997
Kaplan, R. S./**Norton**, D. P., Putting the Balanced Scorecard to work, in: Harvard Business Review, September-October 1993
Kaplan, R. S./**Norton**, D. P., The Balanced Scorecard. Measures That Drive Performance, in: Harvard Business Review, January-February 1992
Kaplan, R. S./**Norton**, D. P., Using the Balanced Scorecard as a Strategic Management System, in: Harvard Business Review, January-February 1996
Malik, F., Wirksame Unternehmensaufsicht, Corporate Governance in Umbruchzeiten, Frankfurt 1997

FOKUS 9: Zum Strukturwandel der Weltwirtschaft: Zeithorizont 2005

von Walter Penker

Für eine Prognose des Strukturwandels der Weltwirtschaft ist der Zeitraum bis 2005 natürlich äußerst kurz bzw. wäre normalerweise für ein derartiges Unterfangen als zu kurz anzusehen. Allerdings ist das Tempo, mit dem sich die Wirtschaft in den letzten Jahren verändert und internationalisiert hat, so groß geworden, dass eine neue Qualität darin zu sehen ist. Zwar ist die Weltwirtschaft seit jeher dem Wandel unterworfen – die Ökonomie kennt keinen Stillstand – doch die ökonomischen Veränderungen in den letzten Jahrzehnten waren so gravierend und erfolgten so rasch, dass selbst im nächsten Jahrfünft wesentliche Veränderungen der Weltwirtschaft zu erwarten sind.

1. Globalisierung – ein Prozess des Umbruchs

Der gewaltige Umbruch der Weltwirtschaft in den letzten Jahrzehnten, mit einer Verschiebung in der Standortgunst, mit Verlagerungen in den Handelsströmen und -strukturen, lässt sich im wesentlichen auf die folgenden Faktoren bzw. Tendenzen zurückführen:

- Die Handelshemmnisse sind dramatisch gesunken. So sind die Transport- und Kommunikationskosten in den letzten Jahrzehnten sehr stark gefallen. Nach Angaben des internationalen Währungsfonds sind die Flugkosten in den letzten 40 Jahren um zwei Drittel gefallen, die Telekommunikationskosten um 95 % und der Einsatz von Computern kostet pro Leistungseinheit sogar nur noch 0,5 % von damals.[1] Der Abbau politischer Spannungen zwischen Ost und West, die regionalen Integrationsbemühungen in Europa, in Nord- und Südamerika und die Stärkung der multilateralen Handelsordnung durch diverse Zollsenkungsrunden sowie durch die neue institutionelle Form der Welthandelsorganisation (WTO) haben viele Handelshemmnisse aus der Welt geschafft. Die Entwicklungs- und Schwellenländer haben ihre Außenhandelsstrategie grundlegend geändert und sich stärker geöffnet. Seit Mitte der 80er Jahre haben sich 30 Entwicklungsländer dem GATT angeschlossen, der Beitritt weiterer Länder (z. B. Chinas) steht bevor.
- Die internationale Arbeitsteilung erstreckt sich – über den traditionellen Güterhandel hinaus – zunehmend auf weitere Aspekte: Forschung und Entwicklung einerseits und die Produktion andererseits sind immer weniger auf direkte räumliche Nähe angewiesen, Dienstleistungen werden verstärkt handelbar. Die Fi-

---

[1] Vgl. Walz, F., Globalisierung – Auch ohne die Schweiz?, in: Schweizerischer Bankverein, Der Monat 1/2 - 1998, S. 20f.

nanzmärkte operieren weltweit und rund um die Uhr, Standorte werden austauschbar. Das Zusammenschmelzen der ökonomisch relevanten Entfernungen für Güter, Personen und Informationen erlaubt es, die Absatzmärkte und Produktionsstätten an den verschiedensten Stellen der Erde zu koordinieren und in Abhängigkeit von den jeweiligen Arbeits-, Kapital- und Energiekosten sowie den jeweiligen Steuer- und Umweltgesetzen zu optimieren.

- Der Umbruch in den Planwirtschaften Ost- und Mitteleuropas sowie die Öffnung Chinas bringen Regionen der Welt, die in der Vergangenheit mehr oder weniger abgesondert waren, in die internationale Arbeitsteilung ein. Bezieht man zusätzlich noch Indien mit ein, so vollzieht sich derzeit ein wahrhaft historischer Prozess, bei dem über 40 % der Weltbevölkerung in die Weltwirtschaft integriert wird. Das Arbeitsangebot der Weltwirtschaft nimmt dadurch fast schockartig zu, von daher verändert sich die Angebotsseite auf den Gütermärkten der Welt. Gleichzeitig ergibt sich daraus eine Markterweiterung von ungewöhnlichem Ausmaß, die neue Marktchancen vor allem für die Industrieländer eröffnet.[2]

Globalisierung bedeutet also, dass Marktsegmentierungen abgebaut werden, dass Märkte zunehmend vernetzt werden und damit die Interdependenz der Produktion in verschiedenen Ländern intensiver wird, und zwar durch den Austausch von Gütern und Dienstleistungen, durch internationalen Kapitalverkehr und durch Transfer von technischem Wissen. Der Allokationsmechanismus auf den Güter- und Faktormärkten funktioniert in zunehmendem Maße weltweit.[3] Dieser Umbruch in der Weltwirtschaft bedeutet somit mehr Konkurrenz, auch für die Arbeitsplätze in Österreich. Aber er bringt auch eine immense Ausweitung der Märkte mit sich, und dies heißt zusätzliche Absatzchancen für österreichische Exportprodukte. Die internationale Arbeitsteilung ist kein Nullsummenspiel, bei dem das eine Land an Marktanteilen gewinnt, was das andere verliert. Eine Zunahme der internationalen Arbeitsteilung heißt nicht, dass sich Länder gegenseitig Marktanteile und den Export wegnehmen, sondern dass sie sich gegenseitig durch Außenhandel sozusagen in ihrer Entwicklung hochschaukeln können. Vor allem deshalb, weil bereits über die Hälfte des Handels zwischen den Industrieländern intrasektoraler Handel ist, also Handel innerhalb eines Sektors, z. B. dem Automobilsektor.[4]

Die Vorteile aus dem internationalen Freihandel müssen nach der ökonomischen Theorie allerdings nicht gleichmäßig verteilt sein. Die ökonomische Theorie sagt nur, dass insgesamt ein höheres Wohlfahrtsniveau erreicht wird. Wer Gewinner o-

---

[2] Vgl. Siebert, H., Arbeitslos ohne Ende?: Strategien für mehr Beschäftigung, Wiesbaden 1998, S. 66.

[3] „Zum ersten Mal in der Geschichte der Menschheit steht uns eine globale Wirtschaft zur Verfügung, in der alles überall jederzeit produziert und verkauft werden kann. Für kapitalistische Volkswirtschaften bedeutet das, dass alle Produkte und Dienstleistungen jeweils dort hergestellt und erbracht werden können, wo die dafür entstehenden Kosten am niedrigsten sind. Die so entstandenen Produkte und Dienstleistungen können dann in den Teilen der Welt verkauft werden, in denen die Preise und Gewinne am höchsten sind. Schließlich sind die Minimierung der Kosten und die Maximierung der Gewinne das Herzstück des Kapitalismus. Sentimentale Bindungen an einen bestimmten Teil der Welt sind darin nicht vorgesehen." – Thurow, L.C., Die Zukunft des Kapitalismus, München 1996, S. 169.

[4] Vgl. Siebert, H., Arbeitslos ohne Ende? a.a.O. S. 79.

der Verlierer ist, mag im Einzelfall nicht so sehr von der Nationalität der Akteure und der Betroffenen abhängen, sondern davon, welchem Produktionsfaktor man das Einkommen verdankt. In unserer heutigen Situation sind die knappen Produktionsfaktoren nämlich nicht mehr menschliche Arbeit oder Kapital an sich, sondern hochqualifizierte Arbeit und exklusiv verwendbares Wissen.[5]

Wir steuern also auf eine Wirtschaftswelt zu, in der Ideen Masse als Haupteinflussfaktor ersetzen, und zwar auf zwei Wegen: Zum einen steigern Informationen, steigert Wissen den Wert von immer mehr Produkten und es entsteht eine Vielzahl neuer Ideenprodukte, zumeist am Computer entwickelt, und oft auch über den Computer verteilt. Zum anderen führt der schnell wachsende Softwareanteil in Produktion und Angeboten im Verein mit den Möglichkeiten digitaler Kommunikation zu einer immer größeren Vielfalt in der Herstellung. Die Massenproduktion, ein Kennzeichen der Industriegesellschaft, ist nicht mehr das Maß aller Dinge. Innovation, sowohl von Produkten als auch von Herstellungsprozessen, zielt vor allem auf Flexibilität. Neue Werte werden kaum noch durch Masse erzielt, sondern vor allem durch Differenzierung.[6] Und dies weltweit. Wobei der Prozess der Globalisierung irreversibel scheint.

Man darf jedoch nicht übersehen, dass der Prozess der Globalisierung, also die weltweite Verschmelzung von Märkten und Unternehmen, von Wissen und Kulturen auf dem Wege des Handelns mit Waren und Kapital bereits vor über hundert Jahren große Teile der Menschheit erreicht hat.[7] Bis zum ersten Weltkrieg war fast jeder Ort auf der Erde irgendwie mit Auslandsmärkten verbunden: über die Preise für Güter, über importierte Produktions- und Geschäftsmethoden, über ausländi-

---

[5] Vgl. Kramer, H., Auf dem Weg zur Globalisierung, in: Wirtschaftspolitische Blätter 6/1997, S. 538.

[6] Dies ist allerdings nicht so zu verstehen, dass die neue Ökonomie des Informationszeitalters alle industriellen Strukturen hinter sich ließe. So wie jede Gesellschaft heute noch agrarische Bestandteile hat und braucht, wird sich auch das industrielle Massenparadigma vielerorts halten., doch führt uns jede größere Innovation, jede technische Umwälzung seit einiger Zeit – im Gegensatz zur Zeit nach der industriellen Revolution – weiter aus der Industriegesellschaft heraus. - Vgl. Heuser, U.J., Tausend Welten. Die Auflösung der Gesellschaft im digitalen Zeitalter, Berlin 1996, S. 41 f.

[7] Bereits 1848 hatten Karl Marx und Friedrich Engels in ihrem Kommunistischen Manifest die Auswirkungen der Globalisierung beschrieben. „Die Bourgeoisie hat durch ihre Exploitation des Weltmarktes die Produktion und Konsumtion aller Länder kosmopolitisch gestaltet. Sie hat zum großen Bedauern der Reaktionäre den nationalen Boden der Industrie unter den Füßen weggezogen. Die uralten nationalen Industrien sind vernichtet worden und werden noch täglich vernichtet. Sie werden verdrängt durch neuen Industrien, deren Einführung eine Lebensfrage für alle zivilisierten Nationen wird, durch Industrien, die nicht mehr einheimische Rohstoffe, sondern den entlegensten Zonen angehörige Rohstoffe verarbeiten und deren Fabrikate nicht nur im Lande selbst, sondern in allen Weltteilen zugleich verbraucht werden. An die Stelle der alten, durch Landeserzeugnisse befriedigten Bedürfnisse treten neue, welche die Produkte der entferntesten Länder und Klimate zu ihrer Befriedigung erheischen. An die Stelle der alten lokalen und nationalen Selbstgenügsamkeit und Abgeschlossenheit tritt ein allseitiger Verkehr, eine allseitige Abhängigkeit der Nationen voneinander. Und wie in der materiellen, so auch in der geistigen Produktion. ...... Die Bourgeoisie reißt durch die rasche Verbesserung aller Produktionsinstrumente, durch die unendlich erleichterten Kommunikationen alle, auch die barbarischen Nationen in die Zivilisation. ...... Sie zwingt alle Nationen, die Produktionsweise der Bourgeoisie sich anzueignen, wenn sie nicht zugrunde gehen wollen." – Marx, K./Engels, F., Manifest der Kommunistischen Partei, Marx-Engels Werke Band 4, Berlin 1972, S. 466.

sches Kapital in der Infrastruktur.[8] Parallel dazu explodierten die technologischen Neuerungen, Autos und Filme, elektrisches Licht, Telefon, usw. beunruhigten und erstaunten die Menschen damals ebenso sehr wie heute die Elektronik, die Gentechnik oder das Internet.

2. Die Ressource „Wissen"

Das Geschäft der Industriezweige, die in den letzten Jahrzehnten ins Zentrum der Wirtschaft rückten, ist somit nicht die Produktion und Vertrieb von Objekten, sondern die Produktion und der Vertrieb von Wissen und Information. Das eigentliche Produkt der pharmazeutischen Industrie zum Beispiel ist das Wissen, Tabletten und Salben sind bloße Verpackungen für das Wissen. Heute gibt es Industriezweige der Nachrichtentechnik und der informationsverarbeitenden Geräte und Ausrüstungen wie Computer, Halbleiter oder Software. Es gibt Produzenten von Information und ihre Verteiler, wie z. B. Filme und Videokassetten und ähnliches.

Die „Superreichen" im herkömmlichen Kapitalismus waren die Stahlbarone des 19. Jahrhunderts. Die „Superreichen" des Booms nach dem 2. Weltkrieg sind die Computerhersteller bzw. die Softwareproduzenten wie z. B. Microsoft. Heute ist es nicht mehr möglich, mit dem Herstellen und Bewegen von Gütern riesige Gewinne zu erzielen. Reichtum produziert heute (fast) nur noch die Information und das Wissen. Die traditionellen Ressourcen Arbeit, Boden und Geld/Kapital werfen hingegen ständig geringere Gewinne ab.[9]

Die Welt hat sich von einer industriellen zu einer Informations- (Wissens-) Wirtschaft verwandelt, in der der Kauf und Verkauf von Informationen und Wissen den Großteil des weltweiten Sozialprodukts ausmacht. Wissen und Know-how bilden nunmehr die Basis der Wertschöpfung, der Wert des intellektuellen Kapitals übertrifft bei manchen Firmen den Wert des Sachkapitals bereits um ein Vielfaches. Das Kapital ist das Wissen, das in den Köpfen der Mitarbeiter steckt. Es ist daher kein Zufall, dass der Softwarehersteller Microsoft gegenwärtig das weltweit an der Börse am höchsten bewertete Unternehmen ist.[10]

Das Unternehmen wird als Wissenspool und als Manager von Wissen verstanden. Wie gut es diese Aufgabe erledigt, bestimmt seine Konkurrenzfähigkeit und Krisensicherheit.[11] So genanntes Knowledge-Management soll das zum Teil brachliegende Wissen aus den Köpfen der Mitarbeiter extrahieren, um daraus geldwerte Produkte zu kreieren. Schon jetzt führen z. B. deutsche Unternehmer nach einer Studie des internationalen Instituts für Lernende Organisation und Innovation (ILOI) in München bis zu 80 % der Wertschöpfung auf den Produktionsfaktor Wissen zurück.[12]

---

[8] Im Jahr 1913 verdiente z. B. Deutschland ein Drittel seines Wohlstandes im Auslandsgeschäft – ein Wert, den zwei Weltkriege und eine Weltwirtschaftskrise bis 1950 auf rund 8 % sinken ließen und der erst in den 60er Jahren wieder erreicht werden konnte. – Vgl. Gersemann, O./Poppe, P., Neue globale Ökonomie, in: Wirtschaftswoche Nr. 25 vom 17. 6. 1999, S. 39.
[9] Vgl. Drucker, P.F., Die postkapitalistische Gesellschaft, Düsseldorf 1993, S. 260 ff.
[10] Börsenkapitalisierungswert von Microsoft Ende Juli 1999 USD 41,9 Milliarden. – Vgl. DER STANDARD vom 28.7.1999, S. 2.
[11] Vgl. Proske, D., Wissensmanagement. Der Weg zur Performancesteigerung in Wirtschaft und Staat, in: Wirtschaftspolitische Blätter 2-3/1998, S 182.
[12] Vgl. DIE ZEIT, Nr. 13 vom 25. 3. 1999, CHANCEN S. 3.

Die Gewinner in der Informations- (Wissens-) Gesellschaft werden also diejenigen sein, die innerhalb ihrer Organisation (oder aber auch als unabhängiger Partner von Organisationen) die relevante Informationen bzw. Wissen am wirksamsten sammeln, analysieren und verteilen.

3. Explosion durch das Internet

Verstärkt wird diese Entwicklung durch die rasanten Fortschritte der Internet-Technologie. Das World Wide Web wird Ökonomie und Gesellschaft durcheinander wirbeln. Dieser Standard, der in Europa am Kernforschungszentrum CERN entwickelt und später in den USA verbreitet und kommerzialisiert wurde, feiert einen explosionsartigen Erfolg. Charakteristisch ist das exponentielle Wachstum, das ähnlich wie in biologischen Systemen verläuft. Jahrelang kaum wahrnehmbar, explodiert das Netzwerk scheinbar plötzlich in Teilnehmerzahl und wirtschaftlicher Bedeutung.[13]

In dem Maße, wie die Industrialisierung das Ausmaß der Land- und der Handarbeit reduziert hat, werden sich auch die heutigen Industriejobs aufgrund von Digitalisierung und Vernetzung wandeln. So arbeiten Ende der 90er Jahre in den USA nur noch 18 % aller Beschäftigten im industriellen Sektor, doch von diesen 18 % industrieller Arbeitnehmerschaft waren wiederum drei Viertel mit informationsbezogenen Tätigkeiten betraut.[14] Nur noch ein sehr geringer Teil der arbeitenden Bevölkerung ist heute tatsächlich in der industriellen Produktion tätig. Der große Rest arbeitet in einer Kommunikations- und Wissensgesellschaft, die sich mit Hilfe von Netzwerken zu einer Internet-Ökonomie weiterentwickelt. Mehr und mehr Jobs werden durch Netzwerktechnologien erfasst und umgeformt, bis die gesamte Wirtschaft vernetzt ist. So werden z. B. Autos schon heute in einer vernetzten Produktionsweise entwickelt, designt und hergestellt: Automobilbauer reduzieren ihre Entwicklungszeiten bereits dadurch, dass sie die Daten für einen neuen Wagen „parallel zum Lauf der Sonne" rund um den Globus von einem Entwicklungsbüro in den USA nach 8 Stunden weiterreichen zum nächsten Büro in Asien und dann zu einem Büro in Europa.[15]

Aus der Vernetzung heraus wächst eine neue Kommunikationsdynamik. Digitalisierung und Vernetzung verbessern und beschleunigen nicht nur den zielgerichteten Austausch von Kommunikation, sie werden vielmehr zur neuen Determinante der Ökonomie: der Austausch, die Kommunikation ist der Kern der wirtschaftlichen Tätigkeit. Dabei nimmt die Vernetzung rapide zu. Gegenwärtig zählt man weltweit etwa 150 Millionen vernetzte Computer (d. h. mit Zugriff auf das Internet), im Jahr 2005 werden bereits rund eine Milliarde Menschen per Internet verbunden sein.[16]. Wer nicht vernetzt ist, kann am digitalen Zeitalter nicht teilnehmen.

Auch die Business-Potentiale des Internet nehmen bisher nicht bekannte Dimensionen an. Das Internet und die damit verbundene Informations- und Kommunikati-

---

[13] Vgl. European Communication Council Report, Die Internet-Ökonomie, Strategien für eine digitale Wirtschaft, Berlin/Heidelberg 1999, S. 212.
[14] Ebenda S. 206.
[15] Ebenda S. 206.
[16] Vgl. Barrett, C.R., E-Business: Ein Blick in die Zukunft, in: Harvard Business manager 4/99, S. 9.

onstechnologie (IuK) wachsen doppelt so schnell wie die übrige Wirtschaft und schneller als jede andere Technologie. Nach der jüngsten Studie des European Information Technology Observatory – EITO – wurde 1998 mit einer Wachstumsrate von 8,9 % in Westeuropa sogar ein besserer Wert als in den USA erzielt. Diese Vorreiterrolle dürfte Westeuropa mit einem Wachstum von 8,2 % auch 1999 halten. Allerdings wird der Vorsprung dann etwas weniger ausgeprägt sein.[17][18]

Der westeuropäische IuK-Markt teilt sich je zur Hälfte in Informationstechnik (IT) und Telekommunikation (TK). Von diesem Gesamtmarkt werden nur noch 30 % durch Hardware gehalten, 60 % gehen auf Umsätze mit informationstechnischen Dienstleistungen und Telekommunikationsdiensten zurück, 10 % macht die Software aus. Stärkste Nachfrageschübe gehen allerdings von den neuen Diensten im Bereich von Electronic Commerce aus. Die Sonderstudie des EITO „Der E-Commerce Markt in Europa" sagt der elektronischen Geschäftstätigkeit in Europa eine geradezu explosionsartige Entwicklung voraus. Während 1997 lediglich 13 % der westeuropäischen Unternehmen E-Commerce einsetzten, waren es 1998 bereits 29 %. Bis Ende des laufenden Jahres rechnen die EITO Auguren mit einer Verbreitungsrate von 47 %. Die Wachstumsraten für Umsätze über das Internet sollen laut EITO zwischen 125 und 161 % pro Jahr liegen.[19] Das US-Marktforschungsunternehmen Forrester Research prognostiziert für das Jahr 2003 sogar Umsätze über das Internet in Höhe von 1800 bis 3200 Milliarden US-Dollar,[20] andere Studien sprechen von 1000 Milliarden US-Dollar;[21] 1998 wurden mittels E-Commerce nach aktuellen Schätzungen weltweit erst ca. 30 Milliarden US-Dollar umgesetzt.

Der Großteil der Umsätze wird dabei im Geschäft zwischen Unternehmen (business to business) getätigt werden,[22] während das Geschäft mit privaten Endkunden (business to consumer) etwa 10 bis 20 % betragen wird. Rund 4/5 des E-Commerce-Umsatzes werden auch in den nächsten Jahren in den USA erfolgen, 10 - 15 % entfallen auf Europa, rund 5 % auf Asien. Aufgrund des Aufholprozesses der übrigen Regionen (insbesondere Europas) sollte sich der Anteil der USA in den nächsten Jahren auf 65 % verringern.[23]

E-Commerce (business to business) führt aber auch zu einer Neuordnung der Wertschöpfungskette. Die Online-Medien ermöglichen den Unternehmen die Konzentration auf ihre Kernkompetenzen. Outsourcing liegt im Trend und zwar zu Recht: Was andere besser oder billiger können und was nicht zu den strategisch notwendigen Kompetenzen gehört, wird ausgelagert, um den Unternehmenswert (Shareholder Value) und den Unternehmenserfolg zu steigern. So kündigten zum Beispiel

---

[17] http://www.fvit-eurobit.de/PAGES/EITO/figures99/img007.htm
[18] http://www.fvit-eurobit.de/PAGES/EITO/figures99/img001.htm
[19] http://www.fvit-eurobit.de/PAGES/EITO/abstract/Ab-013.html, S. 2 von 2.
[20] Vgl. Hermanns, A./Sauter, M., Die neuen Herausforderungen der Internet Ökonomie – Chancen und Risiken des Electronic Commerce, in: WISU 6/99, S. 851.
[21] Vgl. Oschischnig, M., E-Commerce, Das Geschäft im Internet, in: Bank Austria Report 2/99, S. 15.
[22] IBM beispielsweise orderte im Jahre 1999 Leistungen in Höhe von 13 Mrd. Dollar via Internet von insgesamt 12.000 vernetzen Zulieferer. Nach einer Untersuchung einer weltweit tätigen Unternehmensberatung A.T. Kearny werden bereits im Jahr 2002 die weltweit agierenden Top-100-Unternehmen ein Business - to - Business - Volumen von 400 Mrd. Dollar über das Internet abwickeln. – Vgl. U. Groothuis, Gelbe Seiten in: Wirtschaftswoche Nr. 5 vom 27.1.2000, S. 101.
[23] Vgl. Oschischnig, M., E-Commerce, a.a.O., S. 15.

Ford und General Motors Ende 1999 an, ihren gesamten Einkauf von Vorprodukten künftig Online abzuwickeln.²⁴ Die Hoffnung bei dieser Umstrukturierung: nicht nur Kostensenkung sondern auch die Möglichkeit, den Kunden ein nach deren Wünschen maßgeschneidertes Auto zu liefern. Allein die durch E-Commerce im Jahr 2002 möglichen Kosteneinsparungen beziffert z. B. die Giga-Information-Group für die Firmen in der Neuen Welt mit rund 600 Mrd. Dollar.²⁵ Lag der Anteil der externen Wertschöpfung quer durch alle Branchen noch vor Jahren im Schnitt zwischen 20 und 30 %, rechnet die Unternehmensberatung A.T. Kearny bis zum Jahr 2005 mit einem Anstieg in einzelnen Industriezweigen um bis zu 50 auf 80 %. In der Automobil und Kunststoffindustrie liegt bereits heute der Anteil der externen Wertschöpfung bei 70 - 85 %.²⁶

Hinter diesem Wandel steht als treibende Kraft die zunehmende Macht des globalen Kapitalmarktes. Diese Macht resultiert aus seiner gewaltigen Größe und seiner ständigen Ausdehnung. Das Volumen liquider Finanzaktiva (Geldmarktprodukte, Anleihen und Aktien) wächst dreimal so schnell wie die Realwirtschaft. Im Jahr 1992 war das Volumen der liquiden Finanzaktiva weltweit etwa doppelt so groß wie das nominelle Jahres Bruttoinlandsprodukt (BIP) der OECD-Länder, das sich auf rund 16 Billionen US-Dollar belief. Im Jahr 2000 wird das Volumen der liquiden Finanzaktiva bereits dreimal so hoch sein wie das für jenes Jahr erwartete nominelle BIP der OECD-Länder in Höhe von 27 Billionen US-Dollar.²⁷

Umwälzungen dieser Größenordnung hat es bisher kaum gegeben. Künftig wird der globale Kapitalmarkt Angebot und Nachfrage nach Kapital weltweit ausgleichen und der Markt wird so riesig und die Marktaktivitäten werden so umfangreich sein, dass er in zunehmenden Maße die Kapitalbewegungen und damit Kapitalbewertung und Kapitalallokation diktieren wird. Im Zuge dieser Entwicklung wird sich die Funktionsweise und Struktur der Weltwirtschaft und der politischen Systeme der einzelnen Länder ändern. Die Kombination von hoher Kapitalmobilität und hohen risikobereinigten Erträgen führt nämlich weltweit zu Umschichtungen der Güter- und Dienstleistungsproduktion. Vor allem jene Unternehmen, die Produktivitätsvorteile zu bieten haben, versuchen durch ausländische Direktinvestitionen, Allianzen, Lizenzverträge, Aquisitionen und Fusionen daraus einen Nutzen zu ziehen.

4. Technologien der Zukunft

Welche sind nun voraussichtlich die Technologien, die in den nächsten Jahrzehnten die Triebkraft von Reichtum und Wohlstand sein werden, in welchen Branchen wird es einen Zuwachs von Arbeitskräften geben? Eine typische Liste solcher Schlüsseltechnologien bzw. Branchen stammt vom japanischen Ministerium für Handel und Industrie. Sie führt an:
- Mikroelektronik,
- Biotechnologie (inkl. Gentechnologie),

---

[24] Allein bei Ford summiert sich dieser Bezug von Komponenten und Materialien auf jährlich 80 Mrd. Dollar. – Vgl. Tenbrock, Ch., Hoffen auf dot.com, in: DIE ZEIT Nr. 5 vom 27.1.2000, S. 35.
[25] Ebenda S. 35.
[26] Vgl. Groothuis, U., Gelbe Seiten, a.a.O., S. 101.
[27] Vgl. Bryan, L./Farrell, D., Der entfesselte Markt: Die Befreiung des globalen Kapitalismus, Wien / Frankfurt 1997, S. 27.

- Materialwissenschaften,
- Telekommunikation,
- Ziviler Flugzeugbau,
- Maschinenbau und Roboter (inkl. Nanotechnologie),
- Computer (Hard- und Software).[28]

Nach Michio Kaku gehen diese Technologien, die in den nächsten Dekaden die Führungsrolle spielen sollen, ausnahmslos auf die Quanten-, Computer- und DNS-Revolution zurück,[29] wobei die Beziehungen zwischen diesen drei Disziplinen höchst dynamisch sind. Wenn ein Gebiet in eine Sackgasse zu geraten scheint, bietet sich häufig durch eine völlig unerwartete Entwicklung auf einem anderen Gebiet ein Ausweg an. So verzweifelten beispielsweise früher die Biologen bei dem Gedanken, die Baupläne des Lebens mit ihren Millionen Genen entschlüsseln zu sollen. Heute hingegen kann man durch die exponentielle Zunahme der Computerleistung das Sequenzieren von Genen mechanisch und automatisch ablaufen lassen, spätestens 2005 erwartet man die Entschlüsselung des menschlichen Genoms. Auf der anderen Seite weisen letzte Entwicklungen in der DNS-Technik auf eine ganz neue Computerarchitektur hin, bei der organische Moleküle die Rechenoperationen ausführen, wenn die Siliciumchips ihrerseits zu einem Hemmschuh werden, weil sie für die Computer der nächsten Generation zu leistungsschwach sind. Solche Synergieeffekte haben unter anderem zur Folge, dass das Tempo der wissenschaftlichen Entwicklung sich weiter beschleunigen wird.[30]

Die oben angeführten Technologien gründen sich somit alle auf so genannte Kopfarbeit und sind von geographischen Zwängen losgelöst. Ihren Standort wird also derjenige bestimmen, der es versteht, die nötige geistige Leistung an einem Ort zu organisieren und so diese Branche anzuziehen. Der Faktor Rohstoffvorkommen spielt hingegen keine Rolle mehr. Moderne Produkte verbrauchen einfach weniger Rohstoffe, Geräte wie Computer benötigen fast gar keine Rohstoffe. Heute und in Zukunft bestimmen beinahe ausschließlich Wissen und Fertigkeiten darüber, wo wirtschaftliche Aktivitäten stattfinden bzw. welche.

In den kommenden Jahren werden ganze Industriezweige durch die Datenautobahn aufsteigen und verschwinden. Da man heute die Stärken und Schwächen des Computers sehr genau kennt, kann man recht zuverlässig vorhersagen, welche Arbeitsplätze durch die Weiterentwicklung der Rechner unmittelbar gefährdet sein werden. Grundsätzlich sind drei Bereiche besonders betroffen:
- Tätigkeiten, die sich ständig wiederholen (die wichtigsten Opfer der Roboterentwicklung sind Fabrikarbeiter in der Massenproduktion);
- Tätigkeiten in der Verwaltung (Sachbearbeiter) und

---

[28] Vgl. Thurow, L.C., Die Zukunft des Kapitalismus, a.a.O., S. 101 f..
[29] „Entscheidend ist, dass diese drei wissenschaftlichen Umwälzungen nicht nur der Schlüssel zur wirtschaftlichen Weiterentwicklung im nächsten Jahrhundert sind – sie sind auch die dynamischen Triebkräfte von Wohlstand und Reichtum. Ob Staaten aufsteigen oder niedergehen, wird davon abhängen, ob sie diese drei Revolutionen in den Griff bekommen." – Kaku, M., Zukunftsvisionen, München 1998, S. 26.
[30] Ebenda S. 25.

– Tätigkeiten als Einzelhändler (z. B. Reisebüros, Buchhändler, Versicherungsvertreter).

Viele Berufe werden aber voraussichtlich auch im Zeitalter der Datenautobahn erhalten bleiben, die Nachfrage nach menschlichen Dienstleistungen scheint keine Grenzen zu kennen.[31] So lässt die wachsende Freizeit eine immer stärkere Nachfrage nach ständig neuen Formen der Unterhaltung entstehen, neue, heute noch gar nicht existierende Formen der Unterhaltung werden neue Industriezweige hervorbringen. Unterhaltung wird sich zu einem Leitprinzip entwickeln und in vielen Situationen eine Rolle spielen.[32] Ebenso wird in der Software-Entwicklung die Zahl der Arbeitsplätze zunehmen. Die Video-Branche zum Beispiel, die es vor ein paar Jahren noch gar nicht gab, ist heute größer als die gesamte Filmindustrie. Insbesondere die virtuelle Realität erfordert Software in großen Mengen. Auch für qualifizierte technische und handwerkliche Berufe (z. B. Bauarbeiter, Servicetechniker, Installateure u.ä.) wird es weiterhin Nachfrage geben. In diesen Bereichen wiederholt sich nämlich nicht ständig die gleiche Tätigkeit, sondern jede Arbeit erfordert flexible Arbeitsweise. Da die Bevölkerung immer älter wird, steigt schließlich der Bedarf an Pflegekräften, aber auch an Gesundheitsleistungen. In Zukunft will der reife Konsument gesund bleiben. Und darüber hinaus eröffnet die Biotechnologie Aussichten auf ganz neue Berufe, die man sich heute nur in ihren Umrissen ausmalen kann.

Es steht uns offensichtlich in den nächsten Jahrzehnten eine sechste lange Welle der Konjunktur („Kondratieff-Zyklus")[33] bevor, nach zwar weitgehender aber nicht völliger Ausschöpfung des Potentials des fünften Kondratieff, der Informationstechnologie. Ob es dabei nur um eine weitergehende Anwendung der IT geht oder um eine völlig neue Basistechnologie, lässt sich allerdings ebenso wenig mit Sicherheit voraussagen, wie man in den siebziger Jahren den Siegeszug der IT voraussehen konnte.

Literaturverzeichnis

Barret, C. R., E-Business: Ein Blick in die Zukunft, in: Harvard Business Manager 4/99
Bryan, L./**Farrell**, D., Der entfesselte Markt: Die Befreiung des globalen Kapitalismus, Wien/Frankfurt 1997
Drucker, P. F., Die postkapitalistische Gesellschaft, Düsseldorf 1993
European Communication Council Report, Die Internet-Ökonomie. Strategien für eine digitale Wirtschaft, Berlin/Heidelberg 1999
Hermanns, A./**Sauter**, M., Die neuen Herausforderungen der Internet Ökonomie – Chancen und Risiken des Electronic Commerce, in: WISU 6/99

---

[31] Vgl. Kaku, M., Zukunftsvisionen, München 1998, S. 148 ff..
[32] Vgl. Kotler, Ph., Skizzen: Märkte der Zukunft, in: Gibson, R. (Hrsg.), Rethinking the Future, Landsberg/Lech 1997, S. 289.
[33] Vgl. Ratz, K., Vor einem sechsten Kondratieff, in: Wirtschaftspolitische Blätter Heft 5/1997, S. 189 sowie L.A. Nefiodow, Der sechste Kondratieff: Wege zur Produktivität und Vollbeschäftigung im Zeitalter der Information, St. Augustin 1996.

Heuser, U. J., Tausend Welten. Die Auflösung der Gesellschaft im digitalen Zeitalter, Berlin 1996

Kaku, M., Zukunftsvisionen, München 1998

Kotler, Ph., Skizzen: Märkte der Zukunft, in: R. Gibson (Hrsg.), Rethinking the Future, Landsberg/Lech 1997

Kramer, H., Auf dem Weg zur Globalisierung, in: Wirtschaftspolitische Blätter 6/1997

Marx, K./**Engels**, F., Manifest der Kommunistischen Partei, Marx-Engels Werke Band 4, Berlin 1972

Nefiodow, L. A., Der sechste Kondratieff: Wege zur Produktivität und Vollbeschäftigung im Zeitalter der Information, St. Augustin 1996

Oschischnig, M., E-Commerce, Das Geschäft im Internet, in: Bank Austria Report 2/99

Proske, D., Wissensmanagement. Der Weg zur Performancesteigerung in Wirtschaft und Staat, in: Wirtschaftspolitische Blätter 2-3/1998

Ratz, K., Vor einem sechsten Kondratieff, in: Wirtschaftspolitische Blätter Heft 5/1997

Siegbert, H., Arbeitslos ohne Ende?: Strategien für mehr Beschäftigung, Wiesbaden 1998

Thurow, L. C., Die Zukunft des Kapitalismus, München 1996

Walz, F., Globalisierung – Auch ohne die Schweiz?, in: Schweizerischer Bankverein, Der Monat 1/2 – 1998

FOKUS 10: Hinter den Kulissen ökonomischer Rationalität: Sehnsüchte, Leidenschaften und Wahnvorstellungen im Unternehmen 2005

von Wolfgang Pichler

1. Einleitung

„Die Ökonomie als Wissenschaft vom menschlichen Verhalten gründet auf einem bemerkenswert kläglichen Postulat: auf dem des eigennützigen Individuums, das frei und rational zwischen alternativen Handlungsmöglichkeiten wählt, nachdem es deren voraussichtliche Kosten und Nutzen berechnet hat." (Albert O. Hirshmann, Entwicklung, Markt und Moral. Frankft./M. 1993).

Die Rationalitätsprämisse des homo oeconomicus wurde und wird zwar auch innerhalb der Ökonomie vielfacher Kritik unterzogen, letztlich vom Mainstream aber bestenfalls modifiziert, wie z. B. im Konzept der „bounded rationality" von Herbert Simons.

Die Bedeutung von Affekten, Phantasien, innerer Vorstellungsbilder und unbewussten Reaktions- und Verhaltensmustern für ökonomische Entscheidungen wird jedenfalls vom Mainstream nicht thematisiert.

Die Ökonomie hat sich bekanntlich seit 1870 für die Eleganz ihrer Präsentation zu Lasten der empirischen Relevanz ihrer Inhalte entschieden; sie konnte mit ihrem Formalisierungspotential an Reputation innerhalb der Sozialwissenschaften gewinnen, entwickelte sich aber mehr und mehr zu einer Glaubensgemeinschaft.

Anders gesagt: Der schöne Schein der ökonomischen Bühne mit ihren Versatzstücken der Modellwelten, der immer grandioseren modischen Fachterminologie, den immer neuen Verkleidungen altbackener Theorien, erzeugt ein Bild der Welt, ein Konstrukt, das in grobem Kontrast steht zur Realität hinter den Kulissen: Hier sind die Lichtverhältnisse schlecht, man stolpert über die Hinterbühne, es lauern Fallen und Verletzungen, die schönen Kostüme der Bühne verkommen zu alten Lumpen, es stinkt mitunter gehörig.

Übertragen auf den Zustand ökonomischer Wissenschaft heißt das: Die Ökonomie als Wissenschaft hat sehr viel Anstrengung auf den äußeren Schein verwendet, auf ihre Selbstdarstellung und auf die Verteidigung ihrer prestigeträchtigen Position innerhalb der Sozialwissenschaft zu lasten einer Erhöhung ihrer Realitätsnähe und empirischen Relevanz, so ist die Kluft zwischen der illusionären Welt auf der Bühne und der Realität hinter der Bühne immer größer geworden.

Die „Kulissen" der Effizienz, Rationalität, Managementtechniken etc., verstellen den Blick auf die inneren Realitäten der Ängste, Phantasien, Ohnmachtsgefühle, Depressionen, Feindseligkeiten, Größenvorstellungen, Verzweiflungen, geheimen Süchte und Wünsche.

Der ernüchternde Blick hinter die Kulisse ist nicht nur heilsam im therapeutischen Prozess eines einzelnen Menschen, sondern könnte auch heilsam sein für eine wissenschaftliche Disziplin: Auch sie – in diesem Fall die Ökonomie – wird sich auf Dauer die Lüge des falschen Scheins nicht leisten können, wenn es um Antworten auf die Überlebensfragen der Menschheit geht und die Ökonomie dabei relevante Beiträge leisten will. Das Gute beginnt immer mit der Suche nach der Wahrheit, oder mit Ingeborg Bachmann gesprochen: „Die Wahrheit ist dem Menschen zumutbar".

Für den gegenständlichen Anlass beschäftige ich mich mit einigen Aspekten der inneren Realität von Unternehmen als zentralen Akteuren unserer Kultur, den Entwicklungstendenzen und sozialen, kulturellen und politischen Folgen bzw. den Notwendigkeiten einer Umorientierung in der Zukunft.

2. Das falsche Selbst der Manager, oder: schöner Schein und elende Realität der Unternehmenskultur

In der Zeitschrift „Capital" werden regelmäßig Listen von 100 Büchern publiziert, die „man" als Top-Manager gelesen haben muss, um den Anschein von Belesenheit zu erwecken; dasselbe gilt für die Kenntnis von klassischer Musik, für Esslokale, Freizeitverhalten etc..

Fassade ist alles. Es geht nicht darum, jemand zu sein (oder zu werden) , sondern jemand zu scheinen. Bis hin zur Wahl der Ehepartnerin als Repräsentationsfigur wird alles dem äußeren Schein im Dienste einer bestimmten Außenwirkung, eines „Images", funktionell untergeordnet, das „falsche Selbst" als Karrierenotwendigkeit.

So beteuert ein Manager in einer therapeutischen Sitzung, müsste er wählen zwischen einem Spitzeneinkommen, aber ohne Status und Insignien der Macht und einem geringen Einkommen, aber ausgestattet mit Dienstauto, großem Büro und anderen Zeichen von Macht und Bedeutung würde er ohne Zweifel Letzteres wählen.

Der schöne Schein bestimmt die Außendarstellung von Managern, aber auch die von Unternehmen, wie sie in Hochglanzpapier – Unternehmensleitbildern mit ihren vollmundigen Grundsätzen daherkommen.

Der Kontrast zwischen der Außendarstellung und der Realität des Firmenalltags ist mitunter beeindruckend, die so erzeugte „Corporate Identity" ist eine des von allen geteilten „schönen Scheins", die Lüge im Dienste des Profits wird zu einem identitätsstiftenden Element:

In Bezug auf die Bedeutung der Mitarbeiter befinden wir uns in der Nähe von Menschenrechtserklärungen, Grundsätze der Kundenorientierung strotzen von Wünschen der Menschheitsbeglückung, die aufgelisteten ökologischen Ziele könnten in jedem grünen Parteiprogramm stehen.

Erstaunlicherweise werden solche Widersprüche zwischen Schein und Realität in der ökonomischen Wissenschaft nicht kritisch thematisiert, sondern im Gegenteil verstärkt: Die Ökonomie selbst fungiert als Zulieferer immer neuer Worthülsen, Overhead-Schemata und Verkaufstechniken, mit denen der äußere Schein sowohl den Mitarbeitern als auch der Öffentlichkeit erfolgreich verkauft werden soll: Der schöne Schein ist – auch – ein Element des „Corporate Design" der Ökonomie als Wissenschaft.

Der Präsident eines internationalen Konzerns lässt den Regionalchef für Brasilien zur Klärung von Meinungsverschiedenheiten aus Brasilien in die Schweizer Zentrale einfliegen, veranlasst ihn, im Vorzimmer zwei Stunden zu warten, und schickt ihn – ohne mit ihm gesprochen zu haben – wieder nach Brasilien zurück.

Perverse Rituale der Demütigung und Machtdemonstration, wie sie in dieser kleinen sadomasochistischen Szene sichtbar werden, sind – meist in viel drastischerer Form – Firmenalltag, wie er in keinem Lehrbuch der BWL aufscheint.

Anlässlich des Selbstmordes eines österreichischen Bankmanagers äußert sich der Betriebsberater und Wirtschaftspsychologe Othmar Hill zur inneren Verfassung der Spitzenmanager aus eigener Praxiserfahrung:

„Sie sitzen in ihren teuren Anzügen und fühlen sich elend. Und keiner gibt es zu."

„Dieses ganze Leistungssystem basiert auf Angst. Der Generaldirektor hat wesentlich mehr Angst als beispielsweise der Portier." Das Problem beginne bereits dabei, „dass man darauf abfährt, in eine Machtposition zu kommen. Wer Macht hat, hat's nötig. Ist man endlich in einer Spitzenposition, geht der Kampf erst richtig los."

Angespornt von der Gier, „immer höher hinauf zukommen, immer wichtiger zu sein, herrschen Gefühllosigkeit und Mangel an Psychohygiene im Umgang mit anderen vor. Es ist ein Dschungelklima, wo einer auf den anderen losgeht." „In dieser „Dschungel-Kultur" gibt es giftige Pfeile, Fallgruben, kleines Ungeziefer und große Tiere."

Das Familienleben kommt meist zu kurz. „Die Familien sind meist ein Arrangement. Die Frau lebt ihr Leben, und er bringt das Geld nach Hause." (Kurier, 30.4.1997)

Die Kluft zwischen rationaler (besser: rationalisierender) Theorie und neurotischer Praxis ist kein Gegenstand der Wirtschaftswissenschaft.

Das Programm der Aufklärung, vor 150 Jahren begonnen, wurde an der Schwelle zur Selbstaufklärung über die menschliche Natur gestoppt.

Die von Freud thematisierte Kränkung, dass wir nicht „Herr im eigenen Haus" sind, sondern unseren Affekten, Triebbedürfnissen, unbewussten Phantasien und frühkindlichen Prägungen ausgeliefert sind, und unser Verstand oft genug darauf reduziert ist, irrationale Handlungen zu rationalisieren, d. h. vor uns selbst als vernünftig darzustellen, ist schwer zu ertragen.

Hirnphysiologisch gesagt: Dass die alten Hirnteile des Hirnstamms, des Hypothalamus, unser Erleben und Verhalten so viel stärker beeinflussen als der Neocortex, mit dem wir „alles im Griff" zu haben meinen, ist ein inakzeptables Ärgernis, und musste in der modernen Wissenschaft vom Menschen der Verdrängung anheimfallen.

Wir neigen dazu, frühe Interaktionserfahrungen mit Vater und Mutter, frühe Erfahrungen mit triebbestimmten Wünschen, früh erworbene Formen der Angstbewältigung im späteren Leben zu wiederholen:

Im so gen. Wiederholungszwang reagieren wir in bedrohlichen oder belastenden Situationen immer wieder ähnlich, wir geraten immer wieder in ähnliche Schwierigkeiten, wir suchen immer wieder bestimmte Personen oder Konstellationen, um altbekannte „Muster" des Verhaltens wiederholen zu können.

Das Unternehmen als sozialer Ort mit seinem dichten Netz an Beziehungen und Strukturen, seiner Tradition, seinem Selbstverständnis und seiner äußeren Umwelt ist ein idealer Ort für die Reinszenierung unserer unbewussten inneren Dramen, die wir offenbar solange wiederholen müssen, bis wir sie verstehen.

Eine besonders wirksame Form der Wiederholung bezieht sich auf die unbewusste Übertragung infantiler Gefühle gegenüber frühen Bezugspersonen auf Beziehungen im späteren Leben: Wir haben eine ubiquitäre Bereitschaft, Wahrnehmungen, Gefühle, Phantasien unserer „inneren Welt" auf die jeweils „besten Kandidaten" in der Außenwelt zu übertragen.

Übertragungen finden aber nicht nur auf Personen statt wegen ihrer Charaktereigenschaften, sondern wegen ihrer Funktion, Position etc.. Auch auf Institutionen selbst (z. B. Universität, Unternehmen, Konkurrenz, Kundschaft, Chef, Mitarbeiter etc.) finden ständig Übertragungen statt. Letztlich ist die Übertragung nicht nur eine Einschränkung oder Verzerrung unserer Wahrnehmung, sondern die Voraussetzung für Beziehungs- und Liebesfähigkeit. (Was nicht heißen soll, dass sich die Liebe in einer verzerrten Wahrnehmung erschöpft!).

Die Wiederholungsneigung zeigt sich aber ganz allgemein darin, dass wir unbewusste Reaktions-, Erlebens- und Verhaltensmuster, wie selbstdestruktiv sie auch sein mögen, im späteren Leben immer und immer wieder wiederholen (müssen).

Um Frustrationen, Verlassenheitsängste, Ängste vor Liebesverlust, Gewissensängste etc. ertragen zu können, stehen uns im späteren Leben so gen. „Abwehrmechanismen" zur Verfügung, um belastende Situationen bewältigen zu können. Diese Ich-Leistung, Abwehrmechanismen zur Bewältigung von Angst einsetzen zu können, durchläuft ebenfalls eine Entwicklung: von „primitiven" Bewältigungsformen (dazu zählen z. B. Spaltung in gut und böse, Projektionen) hin zu reiferen Formen (wie z. B. Verdrängung, Vergessen, Verwechseln).

In schwierigen Lebenssituationen regredieren wir auf frühere Niveaus unserer Entwicklung (und damit auch auf primitivere Abwehrmechanismen). Regressionen werden immer dann – unbewusst – in Gang gesetzt, wenn das Angstniveau ansteigt:

In bedrohlichen ökonomischen Situationen für das Unternehmen, in bedrohlichen innerbetrieblichen Konfliktsituationen, bei Angst vor Arbeitsplatzverlust, Intrigen, Machtkämpfen, Angst vor Status- oder Gesichtsverlust, bei unklaren innerbetrieblichen Strukturen (Kompetenzwirrwarr, undurchschaubare Entscheidungsabläufe) etc.. Noch ein wichtiges Element, um Verhalten im Betrieb aus psychoanalytischer Sicht verstehen zu können: das Übertragungsphänomen.

Das psychoanalytische Entwicklungsmodell mit seinen Phasen der Triebentwicklung, der Entwicklung von Selbst- und Objektrepräsentanzen, der Triebfixierungen, der Entwicklung von Ichstärke und Gewissensbildung, der Entwicklung von Abwehrmechanismen zur Angstbewältigung etc. kann für die Konstruktion einer Persönlichkeitstypologie von Führungspersönlichkeiten genutzt werden.

Führungspersonen prägen mit ihrer Persönlichkeitsstruktur besonders stark die innere Dynamik und den „Charakter" eines Unternehmens: In einer Art Großgruppen-Dynamik findet eine Interaktion statt zwischen dem Top-Management und den „Mitarbeitern" mit gegenseitigen unbewussten (und bewussten) Erwartungen, Phantasien, Gefühlen. Trotz dieser hervorragenden Bedeutung der Persönlichkeitsstruktur von Topmanagern für das Unternehmen werden ihre Defizite an sozialer

Kompetenz im Diskurs um Effizienz, Rationalisierungspotentiale und Produktivitätsreserven (z. B. im Rahmen einer Unternehmensberatung) meist tabuisiert.

Menschen mit bestimmten Persönlichkeitsstrukturen streben eher Führungspositionen an als andere: Narzisstische, paranoid-schizoide und zwanghaft-autoritäre Persönlichkeiten sind auf Grund ihrer inneren Dynamik besonders stark auf Karriere, Macht und das Erreichen von Führungsrollen angewiesen: Die Führungsposition dient dann sozusagen als „Notlösung" für die neurotische, infantile Bedürftigkeit.

Die hier vorgetragene Typologie illustriert an Hand einiger Persönlichkeitsmuster die Auswirkungen neurotischer Führungspersönlichkeiten auf Innovationsfähigkeit, Flexibilität, Mitarbeitermotivation, Burn-out-Syndromen etc. in Unternehmen. Je stärker ausgeprägt die neurotischen Persönlichkeitseigenschaften des Führungspersonals sind, um so gravierender werden naturgemäß die Auswirkungen auf die Unternehmenspathologie insgesamt sein.

Im Selektionsprozess von Führungspersönlichkeiten werden dabei um so eher hochneurotische Persönlichkeiten ausgewählt werden, je neurotischer das bisherige Management ist, je neurotischer die Beziehungsmuster im Unternehmen schon sind, und je pathogener das soziale Milieu ist, in dem das Unternehmen tätig ist.

In diesem Sinn wird die Auswahl des Top-Managements in den nächsten Jahren zunehmend problematisch werden. Nach einer Studie des renommierten deutschen Unternehmensberatungsinstitutes Kienbaum aus 1994 leiden 60 % der deutschen Manager unter Neurosen.

3. Die drei wichtigsten Typen von Führungs- bzw. Unternehmenspathologien sollen im Folgenden kurz skizziert werden

3.1. Narzisstische Führungspersönlichkeit bzw. narzisstisches Unternehmen

Das frühkindliche Defizit ungenügender bzw. benützerischer, ausbeuterischer Liebe der narzisstischen Eltern selbst führt beim Kind zu übertriebener Selbstverliebtheit, Selbstbezogenheit: Vorstellungen der eigenen Großartigkeit und Besonderheit, maßlose Egozentrik, unstillbares Bedürfnis nach Bewundertwerden für die eigene Einzigartigkeit werden zu Charaktermerkmalen im späteren Leben.

Der Telekom-Chef Ron Sommer verriet Journalisten sein Rezept gegen die eigene Überheblichkeit: „Ich steige gelegentlich in den Hubschrauber und fliege über die Vulkanwelt auf Hawaii. Da schaue ich dann in die brodelnden Krater und weiß, wie klein ich bin. Ich kenne viele Manager, denen das gut täte." (Die Woche, 22.11.1996) Was für ein grandioser Weg, im Hubschrauber „gelegentlich" über die Vulkanwelt Hawaiis zu fliegen als Form der Auseinandersetzung mit den eigenen Größenphantasien.

Unfähig, ein echtes Interesse für andere Menschen zu entwickeln oder sich in die Lage anderer hineinzuversetzen, sind andere Menschen nur soweit von Interesse, als sie für die egozentrischen Bedürfnisse des Narzissten von Nutzen sind. Der narzisstische Beziehungsmodus ist daher ausbeuterisch, manipulativ und abwertend. Auch mit größter Vorsicht vorgebrachte Kritik kann nicht akzeptiert werden. Andere Menschen werden häufig in „nur Gute" und „nur Böse" eingeteilt, gegenüber den „nur Bösen" werden paranoide Phantasien entwickelt.

Auf Grund dieser Eigenschaften drängen Menschen mit narzisstischer Persönlichkeitsstruktur besonders stark in Führungspositionen: Dort umgeben sie sich vornehmlich mit Bewunderern und Jasagern (so gen. Komplementärnarzissten in kollusiver Beziehung zu den Führern), die in einer abhängigen und schwachen Position sind. Ihnen gegenüber wird eine gewisse Großzügigkeit geübt, solange sie ihre Funktion als Bewunderer erfüllen. Nicht instrumentalisierbare Mitarbeiter werden fallengelassen. Kreative und eigenständige Mitarbeiter werden daher rasch die Abteilung oder das Unternehmen verlassen, weil sie sich ausgebeutet und ausgenutzt fühlen, und in ihrer Potenz nicht geschätzt werden. Auf diese Weise dünnt das kreative und leistungsstarke Potential des Unternehmens immer mehr aus. Hinzu kommt, dass auf Grund der mangelnden Selbstkritik und der Großartigkeitsvorstellungen immer neue grandiose Projekte, Investitionsvorhaben begonnen werden („verliebt ins Beginnen"), die auf Grund des zunehmenden Realitätsverlustes (das ganze Unternehmen wird schließlich von der Phantasie der eigenen Großartigkeit beherrscht) das Unternehmen letztlich in den Ruin treiben.

3.2. Schizoid-paranoide Führungspersönlichkeit bzw. Unternehmen

Ein kaltes, unempathisches frühkindliches Milieu hat zur Erfahrung des Verlassenseins geführt, ein „Urvertrauen" in andere Menschen und die Welt konnte nicht entstehen. Die Mutter wurde als überwiegend gefühllos, kalt und böse oder als dominant-übergriffig wahrgenommen, der Schutz dagegen besteht nun in Distanzierung, emotionalem Zurückgezogensein, die Welt wird aus der Distanz und voller Misstrauen beobachtet.

In der späteren Wiederholung streben paranoide Persönlichkeiten Führungspositionen an, um mit Hilfe ihrer Positionsmacht phantasierte Feinde erkennen, kontrollieren und wirksam bekämpfen zu können.

Ein Großteil der Arbeitszeit und Arbeitsenergie wird verbraucht für das Aufspüren von Intrigen, Feinden und Schuldigen und ihrer raschen Bestrafung.

In der eigenen Arbeit herrschen Interesse an abstrakten, mechanisierten Abläufen vor, Entfremdung und Gefühle von Sinnlosigkeit und Leere.

Sprechen und Handeln klaffen in einem „schizoid-paranoiden Unternehmen" weit auseinander; solche Unternehmen sind besonders interessiert an abstrakten Firmenleitbildern, theoretischen Konzepten und Plänen (von oben!), denen die lebendige Umsetzung und Mitgestaltung durch die Mitarbeiter fehlt.

Auch hier kann sich das Misstrauen sehr leicht auf das ganze Unternehmen ausdehnen:

Es herrscht dann ein Klima des Misstrauens, der Intrigen und Machtkämpfe, großer Angst, Fehler zu machen, Neid und Eifersucht, fehlender Offenheit in der Kommunikation.

Kreative und potente Mitarbeiter sind weder erwünscht noch werden sie gefördert.

In kollusiver Verbindung (Jürg Willi) werden schwache, unkreative Mitarbeiter, die sich der Macht einer kalten, distanzierten Elternfigur (in der Übertragung) unterwerfen wollen, bevorzugt. Starke Mitarbeiter werden bald zu bedrohlichen Konkurrenten und Feinden, die solange bekämpft werden, bis sie sich unterwerfen und unkreativ werden oder von sich aus die Organisation verlassen.

Als Firmensanierer ist dieser Typus besonders geeignet: Paranoide Persönlichkeiten, versehen mit dem nötigen Größenwahn, fühlen sich in der Mission des Sanierers wohl und vertraut: Rasch werden Feindbilder entwickelt, Sündenböcke identifiziert, Entlassungen durchgeführt und neue Konzepte entwickelt; es handelt sich sozusagen um erfüllende „Fronterlebnisse". Nach dem Rausch der geschlagenen Schlacht wird das Feld für das mühselige Alltagsgeschäft geräumt.

3.3. Zwanghaft-autoritäre Führungskräfte

Sie werden beherrscht von der Trias Ordentlichkeit, Sparsamkeit und Eigensinn. Zwanghafte Personen werden selbst von sehr rigiden Gewissensanforderungen gequält, sie streben daher stets nach Perfektion; diese soll über ausgefeilte Kontrollsysteme, unsinnig exakte Verhaltensvorschriften, Geschäftsordnungen, peinlich genaue Regeln, Listen, Statistiken etc. erreicht werden. Hinzu kommt eine Unfähigkeit, sich von Altem zu trennen, neue Wege zu gehen.

Der Alltag des Unternehmens ist so erfüllt von der peinlich genauen Einhaltung von Regeln und ihrer Kontrolle; der Perfektionsanspruch und das Hängen am Alten verhindert große Entscheidungen, für das Wichtige fehlt der Blick und die Energie.

In der Beziehung zu den Mitarbeitern orientiert sich der zwanghaft-autoritäre Manager an den festgelegten Hierarchien, ist sehr statusbewusst und autoritär in seinem Kommunikationsverhalten. Mitarbeiter fühlen sich in einem derartigen hierarchischen und bürokratischen Kontrollsystem als „Untergebene", und reagieren mit Passivität, Dienst nach Vorschrift, orientiert an den kleinlichen Kontrollkriterien (z. B. der Pünktlichkeit).

Aus dynamischen Abteilungen werden mit einem zwanghaften Chef sehr bald bürokratische Abteilungen, orientiert an der Perfektionierung der Routine, ohne Kreativität, Innovation, demotiviert und gelähmt.

In der sadistischen Variante dieses Typs steht die Art der Machtausübung im Mittelpunkt: Sadistische Mechanismen des Quälens und der Schikane, sadomasochistische Herr-, Knecht-Beziehungen, Mobbing, Racheakte werden zum allgemeinen Kommunikationsstil solcher Unternehmen.

Reife Mitarbeiter können sich durch souveränes, nicht eingeschüchtertes Auftreten der masochistischen Unterwerfung entziehen, und werden dann von dieser Führungsperson respektiert oder gekündigt.

Diese Typologie könnte noch um weitere Typen erweitert werden: depressive, phobische etc.. Sie werden in Zukunft aber eine viel geringere Rolle spielen:

Der pathologische Wettbewerb wird vor allem die drei skizzierten Typen fördern, in denen Größenphantasien, paranoide Ideen und Machtexzesse ausgelebt werden – und in den objektiven Zwängen eines scheinbar naturnotwendigen globalen Wettbewerbskampfes eine rationale Rechtfertigung erfahren.

Nach der oben zitierten Kienbaum-Studie erreichen Unternehmen mit einem neurotischen Chef nur etwa ein Drittel der Umsatzrendite von Unternehmen mit einer „reifen" Führung.

4. Szenario für die kommenden Jahre (Unternehmen 2005): Neoliberalismus und Globalisierung – eine Kulturrevolution für Europa?

Seit etwa Anfang der achtziger Jahre kam es, ausgehend von USA und GB, zu einer grundsätzlichen Veränderung in der Wirtschaftsphilosophie, in der Einschätzung von Wettbewerb und Konkurrenz, in der Bedeutung ethischer Maßstäbe, in den Vorstellungen einer guten Gesellschaft, in der Bedeutung von Werten wie Gerechtigkeit und Fairness, in der Bedeutung des Staates als Produzent von Kollektivgütern und als Instanz für den Ausgleich sozialer Unterschiede.

Einen weiteren Antrieb erfuhr der jetzt entstehende „Turbo-Kapitalismus" durch den Zusammenbruch des real existierenden Sozialismus: Nunmehr war der Systemwettlauf entschieden, der Kapitalismus überlebte als einziges Wirtschaftssystem, ohne Alternative. Ab nun muss der Kapitalismus nicht mehr sein „menschliches Gesicht" zeigen, er muss sich nicht mehr gegenüber dem Kommunismus als nicht nur ökonomisch, sondern auch sozial überlegen erweisen, die ethische Rechtfertigung des Kapitalismus hat sich scheinbar erübrigt.

Diese prinzipielle Neuorientierung und Abkehr von den Grundsätzen der Sozialen Marktwirtschaft zeigt sich unter anderem an der Zurückreihung von Vollbeschäftigung als Primärziel der Wirtschaftspolitik zugunsten der Ziele Geldwertstabilität und Budgetkonsolidierung, an der steigenden Staatskritik (etwa der Neuen Politischen Ökonomie), an der Diskreditierung keynesianischer Theorie und Praxis (wo sind übrigens alle „keynesianischen" Ökonomen, speziell in Österreich, hin verschwunden?), am sinkenden Interesse an der „Entwicklung" der Entwicklungsländer, an den Konvergenzkriterien im Maastricht-Vertrag für den Beitritt zur Währungsunion.

Letztlich und am deutlichsten natürlich zeigt sich die Neuorientierung an der Revitalisierung der klassischen Wirtschaftstheorie im Neoliberalismus unter Reagan und Thatcher. Zwar können – auch triftige – ökonomische Gründe ins Treffen geführt werden, die keynesianische Orientierung in der Wirtschaftspolitik aufzugeben, aber der Wandel betrifft nicht nur technische Fragen der Beschäftigungspolitik, sondern ist umfassender: Er besteht darin, die wirtschafts- und gesellschaftsphilosophische Vision der letzten hundert Jahre, wie sie in Europa entwickelt wurde, nämlich den Versuch, individuelle Freiheit und Solidarität gleichzeitig zu verfolgen, zu ersetzen durch die Wettbewerbsphilosophie des Frühkapitalismus:

- tendenzieller Wegfall aller Schranken für die Verfolgung egozentrischer Interessen in harter Konkurrenz mit allen anderen;
- soziale Verantwortung, Solidarität, Fairness, Anstand verlieren ihre handlungsleitende Bedeutung im Sinne intrinsischer Motivation (anders gesagt: Die „guten Introjekte" und Identifikationen verlieren an Bedeutung.);
- zunehmende Freisetzung aggressiver Potentiale im Dienste der eigenen „Positionierung" („wir müssen uns positionieren" als Ausdruck der ständigen Bedrohung von Existenz und Position);
- ständige Verrechnung von Sieger- und Verliererauszahlungen in der gesellschaftlichen Matrix;

- ständige Bedrohung, ins gesellschaftliche „Abseits" zu geraten, ausgegrenzt zu werden;
- permanente Ausdünnung sozialer Sicherheiten der Existenz, des Arbeitsplatzes, der Politik etc.: Das Unternehmen kann keine Beschäftigungssicherheit (mehr) bieten, der Staat kann Arbeitslosigkeit nicht mehr bekämpfen, das Sozialsystem kann keine Garantien mehr bieten für Pensionen, für Gesundheitsleistungen etc.;
- menschliche Energien werden zunehmend aufgebraucht für den ökonomischen Überlebenskampf (surviving of the fittest), für politisches Engagement, Sozialkontakte, kulturelles Leben geht die Kraft verloren.

5. Sozialpsychologischer Erklärungsversuch für die Entwicklungstendenzen der letzten Jahre

Das (kollektive) Phantasma der „weichen Gesellschaft" war in Europa vorherrschend nach dem Grauen des 2. Weltkriegs und dem Nazi-Regime. Die europäischen Gesellschaften erinnerten sich ihres Bestandes an gesellschaftsintegrierende Ideologien:

Sozialpartnerschaft, Zusammenarbeit, Kooperation beim Wiederaufbau, Nie-wieder-Krieg-Parolen, Sozialstaatsdenken in allen politischen Lagern beherrschte die gesellschaftliche Szenerie der Nachkriegsjahrzehnte in Europa.

Der sozialpsychologische Gehalt dieses auf Kooperation, Interessenausgleich angelegten Nachkriegs-Sozialkontraktes scheint Mitte der 80er Jahre/Beginn der 90er Jahre verbraucht zu sein, das aggressive Potential gewinnt wiederum an Boden und beginnt sich in sublimierter Form auf wirtschaftlicher Ebene zu entladen: Die Tendenz zur „harten" Gesellschaft, Durchsetzung, Überleben der Tüchtigsten, Gewinner-Verlierer-Spiele setzen sich erneut durch.

Die Wettbewerbsidee erfährt gegenwärtig eine Fetischisierung: Der Wettbewerb ist kein Mittel mehr, um in Konkurrenz mit anderen bestmögliche Lösungen für die Gesellschaft zu produzieren (wie er in der Metapher der „unsichtbaren Hand" des Moralphilosophen Adam Smith interpretiert wurde), sondern aus einem Mittel wurde ein Selbstzweck: Unabhängig vom gesellschaftlichen Nutzen und der Sozialverträglichkeit der eigenen Handlungsweisen geht es nur mehr darum, als „Bester" durchs Ziel zu gehen.

Als Beleg für diese Behauptung verweise ich auf die unsinnigen „Hitparaden", die derzeit in allen möglichen Bereichen erstellt werden:

Die Boulevardpresse ermittelt permanent die „beste Universität", das „beste Institut", „the most confident doctor", das größte und stärkste Unternehmen, den erfolgreichsten Manager usw..

Es genügt nicht, „ein guter Arzt" oder eine „gute Universität" zu sein (und einen öffentlichen Diskurs zu führen, was denn einen „guten Arzt", „guten Lehrer" etc. ausmacht, und unter welchen strukturellen Bedingungen gute Ärzte, Lehrer etc. ausgebildet werden und gut arbeiten können, sondern es geht zunehmend nur noch um das Gewinner-Verlierer-Spiel als solchem, um das Überleben als Stärkerer, um die sadomasochistische Lust am Besiegen, am Ausgrenzen und letztlich am Vernichten der Schwächeren, der Verlierer.

Der Wirtschaftskrieg ist also in letzten Konsequenz ein Vernichtungskrieg:

Der Wettbewerbsfetisch führt letztlich zur Zerstörung von Werten, sozialen Bezügen und zur Fragmentierung der Gesellschaft in narzisstisch bestärkte, in ihrer Egozentrik ermutigte „Sieger" und deprimierte, beschämte und gedemütigte Verlierer, vielleicht – wie vielfach vermutet – im Verhältnis 20 : 80.

Im „World Competitivness Index" (WCI) wird jährlich eine „Hitparade" der Industrieländer nach ihrer Wettbewerbsfähigkeit erstellt, dabei gilt als ein Hauptindikator der „Grad der industriell-wirtschaftlichen Aggressivität" eines Landes.

Topmanager sprechen mit großer Selbstverständlichkeit über die Tatsache, dass wir uns in einem „Wirtschaftskrieg" befinden.

„Wirtschaftsführer gehören heute zu den engagiertesten Vertretern der Idee, dass unsere Welt von einem Wirtschaftskrieg beherrscht wird." (Gruppe von Lissabon, 133). Zitat ebenda von Louis Gallois, dem Vorstandsvorsitzenden des Airbus-, Raketen- und Hubschrauberherstellers Aero spatiale: „Wir müssen dem Wirtschaftskrieg ins Auge sehen." Nach seiner Ansicht beeinflusst die kriegsähnliche Entwicklung der globalen Ökonomie die Art der sich bildenden Firmenzusammenschlüsse und -allianzen.

In Frankreich wurde eine „Schule des Wirtschaftskrieges" gegründet (Ecole de guerre économique), in der Militärs und ehemalige Geheimdienstleute französische Jungmanager „fit" machen sollen für den Wirtschaftskrieg mit Amerika: Militärische Strategien für die Wirtschaft, Medienmanipulation, Störaktionen gegen die Konkurrenz, Desinformationskampagnen, Stärkung des Kampfgeistes sind explizite Ziele dieser Ausbildung. Neben den Preis- und Qualitätswettbewerb tritt so der Wettbewerb der globalen, militärähnlichen Strategien und Manöver.

In der Tat bietet das Studium der Kleinkriege um die territoriale Vorherrschaft und die Zusammenschlüsse zu immer größeren Einheiten im Zuge der Nationenbildung (etwa im Frankreich des 11. und 12.Jh.) unter Umständen eine aufschlussreichere Folie für das Verständnis gegenwärtiger Prozesse des vernichtenden und einverleibenden Wirtschaftskrieges als die ökonomischen Rationalisierungen mit Produktivitätskennzahlen, Skalenerträgen etc.: Wie es in der Nationenbildung um die Errichtung von zentralistischen Macht- und Gewaltmonopolen ging, so geht es gegenwärtig auch um die Errichtung von wirtschaftlicher Monopolmacht globaler Konzerne und überdies um die Außerkraftsetzung nationaler politischer Handlungsoptionen.

Das Wirtschaftssystem des Konkurrenzkapitalismus fördert gerade die aggressive und egozentrische Seite des Menschen zutage. So gesehen kann von einer Wechselwirkung gesprochen werden: Aggressive, destruktive menschliche Potentiale werden in der Wirtschaft als einem „Krieg mit anderen Mitteln" (und in dieser Hinsicht Ausdruck des zivilisatorischen Prozesses nach Norbert Elias) sublimiert, andrerseits durch die Bedingungen des Konkurrenzkapitalismus auch verstärkt.

Auch der religionsphilosophische bzw. kulturtheoretische Ansatz von Girard kann die tieferen Schichten der gegenwärtigen neoliberalen Tendenzen offen legen:

Mit der Zunahme der gesellschaftlich akzeptierten und erzeugten Gewaltbereitschaft werden kollektive Abwehrmechanismen im Umgang mit Gewalt für die Stabilisierung von Gesellschaften notwendig: Girard sieht darin die Wurzel der Tendenz zur Ausstoßung, Opferung von Gruppen, Nationen bis hin zu Kontinenten: Die kollektive Gewaltbereitschaft sucht sich ein Ventil, einen geeigneten Adressaten, auf den die kollektive Aggressionsbereitschaft gerichtet werden kann, einen Sündenbock: Solche Mechanismen der Sündenbocksuche gehören zum archaischen Material der menschlichen Kultur und sind unschwer im täglichen Verkehr (z. B. in der Nachbarschaft, in Betrieben, in der Gesellschaft) zu beobachten. Von Zeit zu Zeit (so alle paar Jahrzehnte? In jeder Generation zumindest ein Mal?) setzt sich eine „Grammatik der Härte" durch: Die sich aufstauende Gewaltbereitschaft fordert ihre Sühneopfer, Sündenböcke, verlangt nach Ausstoßung und Vernichtung.

Die Globalisierung und Internationalisierung des Handels, die Liberalisierung (etwa die vier Grundfreiheiten des Maastricht-Vertrages) stellen eine hilfreiche, aber nicht hinreichende Bedingung für diese Entwicklung dar: Bei gleichzeitiger Globalisierung politischer Rahmenbedingungen etwa durch wirksame, durchsetzbare internationale Abkommen ist wirtschaftliche Globalisierung durchaus vereinbar mit der Idee einer sozialen Marktwirtschaft mit weltweit angeglichenen Standards in der Sozialpolitik, im Arbeitnehmerschutz, in der Beschäftigungspolitik etc.. Als „Zwischenschritt" bieten sich regional begrenzte Schritte der Homogenisierung, z. B. für die Europäische Union, an.

Die Gleichsetzung von Globalisierung mit der Fetischisierung des Wettbewerbs und mit marktfundamentalistischen Positionen ist daher m. E. nicht zulässig.

6. Zukunftsperspektive: Globalisierung und Unternehmen 2005

Die „Amerikanisierung" der Wirtschaftsphilosophie in Abkehr vom traditionellen europäischen Weg des sogenannten Rheinischen Kapitalismus oder der Sozialen Marktwirtschaft wird weitergehen:

Die – zutreffende – Kritik am System der Sozialpartnerschaft, an den Ungerechtigkeiten, Sklerotisierungen und Ineffizienzen der Bürokratie, am übergroßen Einfluss der politischen Parteien etc. hat nicht dazu geführt, eine öffentliche Diskussion darüber zu führen, welche Aufgaben der Staat in Europa, aus der eigenen Tradition heraus , erfüllen soll, sondern es wurde das Kind mit dem Bade ausgeschüttet: Die Abstimmungsprozesse von eigennutzorientierten Individuen auf Konkurrenzmärkten sollten alle gesellschaftlichen Probleme lösen; und dies in einer Situation, in der gemeinsame, gesellschaftsintegrierende Wertsysteme nicht mehr verfügbar sind. Als gesellschaftsverbindende Systemelemente bleibt dann nur noch die „Spaßgesellschaft" für die Erfolgreichen („Fitten") und die Angstgemeinschaft für alle übrigen.

Die derzeit noch vorhandenen Reste einer Werthaltung in Europa sind die Überbleibsel der Wertsysteme des 19.Jh., von denen es heißt, sie hätten ihre Rolle ausgespielt.

Das Nachkriegssystem war ein tauglicher, ständig verbesserungsbedürftiger Versuch der Verbindung der Grundwerte der Freiheit mit dem Wert der sozialen Gerechtigkeit. In seiner Fortschreibung wäre dieses Modell geeignet, Entwürfe der „guten Gesellschaft" und des „guten Lebens" zu produzieren, in denen die Ökonomie –wieder – ihren instrumentellen Platz zugewiesen bekommt.

Die beschriebenen destruktiven Potentiale des Turbokapitalismus werden sich naturgemäß auf betrieblicher Ebene am deutlichsten manifestieren:

1. Das Top-Management hat an Handlungsspielraum gewonnen, narzisstische Größenphantasien von weltumspannender Bedeutung (eben gelegentlich über Vulkanwelten zu fliegen) werden im Zuge der Globalisierung bestens bedient, ebenso die Phantasien, weltweit durch Führungspositionen in weltumspannenden Konzernen immer größer, wichtiger, bedeutsamer zu werden. Diese Phantasien werden dann in „narzisstischen Konzernen" auch von den Mitarbeitern geteilt, die ökonomische Argumentation (z. B. Skalenerträge) wirkt der Wucht der Emotionen gegenüber eher dürftig. Ein anderes „Übernahme-Motiv" ist der Lustgewinn an der Einverleibung bisher feindlicher, konkurrierender Unternehmen: die Lust an ihrer oralsadistischen Verschlingung und damit Auslöschung und Vernichtung.

2. Das Problem der Auswahl sozial kompetenter, integrierter und nur durchschnittlich neurotischer Führungspersonen in Wirtschaft und Politik wird in Zukunft eines der zentralen Überlebensfragen kapitalistischer Gesellschaften sein: Nach den bisherigen Überlegungen wird sich die Auswahl von Führungspersonal immer mehr auf hochneurotisch strukturierte Persönlichkeiten verlagern: Bei steigendem Angstniveau bei den Mitarbeitern wird das Bedürfnis nach Führung (im Sinne kollusiver Mechanismen) zunehmen, andrerseits drängen in gesellschaftlichen Phasen eines steigenden kollektiven Angstniveaus narzisstische, stark macht-, erfolgs- und eigeninteressierte Persönlichkeiten besonders stark nach oben.

3. Persönliche Verantwortung für die sozialen (und ökologischen) Folgen wirtschaftlicher Handlungen werden zu überkommenen anachronistischen Kategorien, die zu beachten sich in Zeiten der Globalisierung eben niemand mehr leisten kann, Manager geraten sozusagen in einen „ökonomischen Befehlsnotstand".

   Zitat aus der Weltwoche, 19.2.1998: „Wer die Torheit begeht, an einer Party, unter Freunden oder anderswo von unternehmerischer Verantwortung zu sprechen, erntet Schweigen. Unternehmen können es sich nicht leisten, soziale Visionen zu entwickeln! Verantwortung, Ethik und Ideale gehören in die Sonntagsschule. ... . Die Manager von heute ... swingen im Megatrend zum Sound von Globalisierung, Flexibilisierung, Rationalisierung und Shareholder Value durch die Weltwirtschaft."

   Und: „Wer hätte es für möglich gehalten, dass man sich heute wieder Kapitalisten aus dem vorigen Jahrhundert herbeiwünscht."

4. Die Kultur des betrieblichen Interessenausgleichs wird immer mehr reduziert zugunsten quantitativer betrieblicher Erfolgskennzahlen nach dem Shareholder-Value-Prinzip:

   Orientierung an den monetären Aktienwerten bedeutet, quantitative kurzfristige Erfolgskriterien zu lasten qualitativer, langfristiger Perspektiven der „Unternehmenskultur" zu forcieren. Rücksichtsloses Schwachstellen-Controlling, „Freisetzen" von Arbeitskräften, „Verschieben" von Geschäftsanteilen ohne Achtung der Betroffenen wird die Folge sein.

   Aussage eines Schweizer Betriebsberaters (Weltwoche 12.6.1997): „Das Shareholder-Value-Denken hat Arges angerichtet. Vor drei bis vier Jahren hätte keiner von ihnen (den obersten Führungskräften) das Thema (ihrer Verunsicherung und Frustration) freiwillig angesprochen."

5. Die Erosion ethischer Standards beim Führungspersonal belegt etwa eine Untersuchung aus 1991 (Löhr/Steinmann, Grundlagen der Unternehmensethik, Stuttgart 1991):
Demnach gewinnen als Orientierungsmuster für Manager zunehmend folgende Ziele an Bedeutung:
Ich-Zentrierung,
Erfolg um jeden Preis,
materiell-hedonistische Grundorientierung,
Ethik lediglich relevant gesehen als persönliches Gewissensproblem (sozusagen als „Privatsache nach Feierabend"), bindungsloser Egoismus, Fehlen jeder sozialen Verantwortung als einem identitätsstiftenden Wert.

Öffentlich verkündete moralische Standards wie Humanisierung der Arbeitswelt, soziale Verantwortung etc. spielen bloß noch insoweit eine Rolle, als sie funktionell einsetzbar sind im Dienste der Profitmaximierung. Bezeichnenderweise wurde dafür der Terminus „funktionelle Ethik" eingeführt.

6. Sozialdarwinistische Verhaltensmuster gewinnen auch innerhalb der Betriebe an Bedeutung: Paranoide Phantasien, Misstrauen, Intrigen, Machtkämpfe um Positionen werden zunehmen.

7. Negative soziale und psychische Folgewirkungen werden zunehmen: Ansteigen des allgemeinen Angstniveaus im Management.

Zunahme des negativen Stress durch Überforderung, mangelnde Anerkennung, mangelnde Befriedigung sozialer Bedürfnisse in der Arbeitswelt; Unsicherheit und vielfältige Ängste nehmen zu. Mobbingstrategien, Burn-Out-Syndrome, depressive Zusammenbrüche werden gehäuft auftreten. Die feste Bindung von AN an ihr Unternehmen – für viele Arbeitnehmer ein wichtiger sozialer und psychischer Halt – wird ebenso verloren gehen wie ihre Loyalität.

Als „Notlösungen" bieten sich an: Alkoholismus, Drogenmissbrauch, Flucht in die – psychosomatische – Krankheit, innere Kündigung, Beziehungskrisen, Scheidungen etc. werden ebenfalls zunehmen.

Die Zeit 19.11.1998: Das Karlsruher Institut für Arbeits- und Sozialhygiene kommt nach einer Auswertung von über 6000 Gesundheits-Checks von Managern zu dem Schluss, dass 85 % der untersuchten Manager an Beschwerden ohne organische Ursachen leiden: Folgen von ungesundem Stress, Suchtverhalten (Alkohol, Nikotin, Drogenmissbrauch), Arbeitssucht, Depressionen, Ausgebranntgefühl.

8. Als das Forsa-Institut im Auftrag der Time/System Management Organisation Hamburg im August 1998 500 deutsche Führungskräfte über ihre Zukunftsperspektiven befragte, rechneten Dreiviertel der Befragten mit deutlich steigendem Leistungsdruck, bedingt durch „Leanmanagement" und Shareholder-Value-Zielvorgaben.

„Bei deutschen Unternehmen stehen derzeit ... die Themen Globalisierung, Wettbewerb und Leistungsfähigkeit im Vordergrund."
Prof. Siegrist, Stressforscher am Institut für medizinische Soziologie an der Universität Düsseldorf: „Das wird sich mittelfristig rächen." In den nächsten Jah-

ren sei mit weiterer Zunahme der stressbedingten Erkrankungen (Bluthochdruck, Herz-Kreislauf-Erkrankungen, Magen-Darm-Erkrankungen, Herzinfarkt, Krebs) zu rechnen.

Erste Kalkulationen in den USA: Arbeitsbedingter Stress kostet (Studie Ende der 80er Jahre) der US-Wirtschaft jährlich ca. 150 Mrd. Dollar!

Studie in Deutschland (Panse und Stegmann): Die Kosten für betrieblich erzeugten Stress in Deutschland werden jährlich auf über 100 Mrd. Mark geschätzt. Dabei gehen 20 Mrd. Mark für die – wirkungslose – Bekämpfung von Stress mittels Medikamente verloren: Wer Schlaftabletten nimmt, leidet auch am nächsten Tag noch an Stress und an Überforderung.

Der Fall Nick Leeson ist prototypisch für die Zunahme und den Umgang mit dem Stressproblem: Der Wertpapierhändler der britischen Traditionsbank Baring hatte sich wiederholt, aber erfolglos, über zuviel Stress beklagt. 1995 drehte er, völlig überfordert, durch, verstieg sich in Spekulationen, und stürzte die Bank mit 800 Mill. Pfund Verlust in den Ruin.

In Großbritannien löste dieser Fall ein Umdenken aus: Die Manager erkennen, dass Stress höheren Krankenstand und Fluktuation, geringere Kreativität und Produktivität bedeutet.

Die gezogenen Konsequenzen sind aber symptomatisch für die gegenwärtige Wirtschaftsphilosophie: Statt die Arbeitswelt stressfreier zu organisieren, werden bei immer mehr Firmen bei der Einstellung neuer Mitarbeiter Stress-Tests gemacht: Nur stress-resistente Mitarbeiter werden genommen!

9. Auseinanderdriften von Reich und Arm, von Erfolgreichen und an den Rand Gedrängten, d. h. die Gesellschaft wird an Integrationsleistung einbüßen (ebenso wie Unternehmen), „Ausstoßungs- und Sündenbockmechanismen" werden in den Betrieben (Intrige, Mobbing, Misstrauen, surviving of the fittest-Strategien) und in der Gesellschaft im ganzen zunehmen:

Leistungsschwächere Menschen, Behinderte, psychisch labile Menschen, ältere AN (Frauen über 35, Männer über 40) werden gänzlich an den Rand gedrängt (und mit einem Grundeinkommen abgespeist?) werden.

10. Der soziale Grundkonsens kann unter diesen Bedingungen nicht bestehen bleiben. Auf individueller Ebene wird er ersetzt werden durch Strategien der Absicherung von Macht und Position (Ellbogen-Gesellschaft), auf politischer Ebene werden die demokratischen Mechanismen in Gefahr geraten, wie immer, wenn das Angstniveau der Menschen eine bestimmte Grenze überschreitet. Die Lehren aus der Geschichte dieses Jh. weisen den Weg.

Was den Unternehmen durch die oben skizzierten Tendenzen an intrinsischer Motivation, Produktivität, Kreativität und Innovationspotential verloren geht, steht in keiner Bilanz und in keiner volkswirtschaftlichen Gesamtrechnung.

7. Was not – wendig ist

7.1. Zur Wiedererringung des politischen Gestaltungsraumes auf nationaler Ebene

Wenn und soweit der Befund über die gegenwärtige Situation und die künftigen Tendenzen zutrifft, stellt sich die Frage, was tut not, um den sozialen Zusammenhalt der Gesellschaft nicht weiter zu gefährden. Es drängt sich m.E. für das nächste Jahrhundert nicht nur die ökologische Frage in all ihrer – verdrängten – Brisanz auf, sondern auch eine neue Soziale Frage, in ihrer Bedeutung für das Überleben der Menschheit wesentlich brisanter als im 19.Jh. Die Idee des Wohlfahrtsstaates, gespeist aus den ideologischen (im besten Sinn!) Entwürfen der christlichen Soziallehre, des Sozialismus und des politischen Liberalismus hat sich mit seinen Bürokratisierungstendenzen, seiner Usurpation durch Parteien, Interessengruppen und durch seine Demokratiedefizite in vieler Hinsicht diskreditiert.

Die große historische Leistung dieses Entwurfes war die Integration der Arbeiterklasse in die bürgerliche Gesellschaft.

Eine ähnliche Integrationsanstrengung, d. h. Überwindung der aus Gewaltbereitschaft sich speisenden Impulse zum Wirtschaftskrieg, Wettbewerb um seiner selbst willen, Ausstoßung und Marginalisierung von „Sündenböcken" als Verlierer, ist auf nationaler und internationaler Ebene notwendig.

Dazu ist es geboten, einen grundsätzlichen Diskurs um das Öffentliche, Allgemeine und das Private zu führen:

Welche Anstrengungen der Daseinsbewältigung mutet die Gesellschaft dem Einzelnen zu? Hier bietet sich als Formel an: Dem Einzelnen ist das zuzumuten, was ihm auf Grund seiner „Ressourcenausstattung" zuzutrauen ist. Hierin liegt auch das psychisch Gesunde der Individualisierung: Dem Einzelnen wird auch etwas zugemutet, etwas abverlangt, aber nichts, was seine Kräfte übersteigt. Für die Frage der Staatsaufgaben könnte dieser öffentliche Diskurs unter Einschluss all dessen, was wir heute über Entwicklungspsychologie und Sozialpsychologie wissen, durchaus handlungsleitende Antworten liefern.

Eine weitere Frage, die für jede Gesellschaft / Generation immer wieder neu zu stellen ist, nie endgültig zu beantworten ist, betrifft die Frage der Fairness von Spielregeln und Verteilungen von Lebenschancen.

Eine dritte Frage auf nationaler Ebene betrifft das Problem des dritten Weges: Gibt es begehbare Wege zwischen Marktfundamentalismus und Bürokratisierung der Gesellschaft? Ansätze einer künftigen „Bürgergesellschaft", „zivilen Gesellschaft" u.ä., die einen gesellschaftlichen Raum jenseits von Markt und Staat im Sinne von Selbsthilfe und Selbstorganisation beansprucht, haben in einem Diskurs über die künftige Gesellschaft m.E. eine zentrale Bedeutung.

Das Ergebnis dieses öffentlichen Diskurses (für die Dauer dieses Diskurses könnte der Tagespolitik eine „Nachdenkpause" verordnet werden) könnte ein neuer Sozialkontrakt sein, ein neues gesellschaftliches Leitbild, in dem
- dem Staat und seinen Möglichkeiten der Politik und Bürokratie,
- den internationalen Institutionen,

- dem Marktwettbewerb,
- der Zivilgesellschaft mit ihren Möglichkeiten der Kooperation und Selbstorganisation derOrt ihres Gestaltungsraumes zugewiesen wird.

Insgesamt wird es darum gehen müssen, den politischen Gestaltungsanspruch auf nationaler Ebene gegenüber einer scheinbar naturgesetzlichen globalen Marktlogik zu verteidigen.

7.2. Eroberung politischer Gestaltungsfelder auf internationaler Ebene: Globalisierung der Politik

Der Globalisierung der Wirtschaft über Handelsvernetzungen, Liberalisierungen (von der Politik ermöglicht!), Firmenzusammenschlüssen etc. müssen vielfältige Formen der Globalisierung der Politik folgen.

7.2.1.Regionalisierung der Politik

Ein erster Schritt, der zum Teil schon möglich ist:

Nutzung der politischen Gestaltungsräume, die innerhalb regionaler Wirtschaftsblöcke wie der EU schon möglich sind: Innerhalb der EU können – politischer Wille der Mitgliedsstaaten vorausgesetzt, einheitliche Standards in der Sozialpolitik, im Bereich des Arbeitnehmerschutzes, in der Lohnpolitik, der Steuerpolitik, in der prioritären Behandlung des Zieles Vollbeschäftigung (als dem zentralen Problem der nächsten Jahre überhaupt) auch heute schon realisiert werden – als Ausdruck für die Verteidigung der Idee der Sozialen Marktwirtschaft in Europa. Die relative Autarkie dieses großen Wirtschaftsraumes kann und muss daher für autarke politische Gestaltungsoptionen genutzt werden. Technische Schwierigkeiten der Umsetzung, der Heterogenität des Raumes etc. stellen kein grundsätzliches Gegenargument dar, wenngleich u. U. Übergangsregelungen und Anpassungszeiten erforderlich sind.

Zunächst geht es aber um Visionen, Perspektiven und Zukunftsnotwendigkeiten an sich.

7.2.2 Globalisierung der Politik

Für eine Reihe von politischen Problemen sind regionale Lösungen ungenügend:

- für die Frage der Kontrolle internationaler Kapitalströme und ihren destabilisierenden Potentialen;
- für die Frage der Bekämpfung globaler Umweltgefahren;
- für die Frage der zunehmenden Wohlstandsdifferenzen zwischen armen und reichen Ländern: steigender Reichtum in der Triade, zunehmende Verarmung insbesondere der hochverschuldeten Ländern im Rest der Welt (entgegen der „all-win"-Ideologie).

Zwischenstaatliche Abkommen bzw. Abkommen zwischen regionalen Blöcken allein werden hier immer weniger ausreichen (zumal die Freiwilligkeit souveräner Staaten Voraussetzung ist):

Internationale Organisationen wie die UNO (die als friedensstiftende Organisation nach dem 2.Weltkrieg entstanden sind) sind auch heute gefordert:

Mit einheitlichen Standards ähnlich der UNO-Charta in allen Bereichen einer internationalen Finanz-, Wirtschaft-, Umwelt- und Entwicklungspolitik.

Und mit einem Reservoir von Sanktionsmöglichkeiten bei Verstößen gegen die Vereinbarungen durch Staaten oder Konzerne.

7.2.3. Globale Zivilgesellschaft

Schon derzeit bestehen internationale Netze, regionaler Verbund von NGOs`, internationaler Kooperationen zwischen nationalen Organisationen der Zivilgesellschaft, z. B. der Weltkirchenrat, internationale Umweltorganisationen, internationalen Arbeitnehmerorganisationen.

Diese Entwicklung wird in den nächsten Jahrzehnten im Sinne einer „Gegenmachtbewegung" an Bedeutung gewinnen.

8. Überlegungen zu einem Führungsleitbild 2005 aus psychoanalytischer Sicht

Sollten die Fragmentierungsphänomene, sozialen und ökologischen Folgekosten des Marktfundamentalismus zu rechtzeitigen Lernschritten führen, d. h. zur Einsicht, dass Wettbewerb in klar definierten Grenzen und für eng definierte Ziele durchaus gesellschaftlich nützlich ist, im derzeitigen exzessiven Wettbewerbsdenken aber überwiegend destruktive soziale Folgen zeitigt, wird auch ein Umdenken auf der Ebene der Unternehmensführung notwendig werden.

In diesem Zusammenhang stellt sich dann die Frage nach einem Unternehmensleitbild, das dem Anspruch von „Führung", von natürlicher akzeptierter Autorität mit der Fähigkeit, tatsächlich zu gestalten und zu führen, erfüllt.

Viele Führungskräfte äußern heute ihr Unbehagen über die ihnen auferlegte Gespaltenheit zwischen ihrer Funktion als Manager und ihren privaten Bedürfnissen und Anschauungen, zwischen ihrer beruflichen und privaten Person, zwischen dem, was der „Markt", der „Wettbewerb" von ihnen fordert, und dem, was sie für richtig halten und vor sich selbst vertreten können. Zwischen ihrem beruflichen Glanz und – häufig genug – ihrem privaten Elend.

Dieser innere Konflikt wird häufig mit dem Verweis auf die objektiven Zwänge, die Logik des Wirtschaftssystems, ruhiggestellt.

Tatsächlich befinden sich viele Manager, die über eine intakte Gewissensbildung verfügen, in permanentem Gewissenskonflikt und Orientierungslosigkeit über ihre berufliche Identität. Peter F. Drucker stellt aus seiner Erfahrung als Managementberater heraus fest: „Sie(die Topmanager) sind total verwirrt." (in: Manager in der nachkapitalistischen Ära, Harvard Business Manager, 4/93, 69 - 77)

Wie können Manager der Zukunft ihre innere Gespaltenheit überwinden, selbst ein gutes Leben führen, und dennoch am Markt erfolgreich sein?

Derzeit arbeiten Manager i. d. R. 60 bis 90 Stunden in der Woche, sie sind denselben Stresssyndromen, Burn-out-Syndromen, Alkoholproblemen, Problemen zerrütteter privater Beziehungen ausgesetzt wie ihre Mitarbeiter. Immer mehr erwecken nur mehr den Anschein von Effizienz und Tüchtigkeit, hinter ihrer Geschäftigkeit verbirgt sich aber allzu oft innere Leere, Gefühl der Sinnlosigkeit, ineffektive Hektik und Hilflosigkeit.

Dem Shareholder Value werden alle sozialen Werte untergeordnet, krisenfeste Beziehungen zu loyalen Mitarbeitern als Stütze in schwierigen Zeiten fallen weg, die Einsamkeit (oft subjektiv als heroische Haltung gesehen, dabei aber bloß Ausdruck wiederbelebter Verlassenheitserfahrungen) steigt.

9. **Welche Fähigkeiten braucht eine „reife Führungspersönlichkeit", um den divergierenden Ansprüchen der beruflichen und privaten Umwelt gerecht zu werden und überdies selbst noch ein gutes Leben führen zu können?**

1. Voraussetzung für „soziale Kompetenzen" ist die Fähigkeit, überhaupt Gefühle für sich selbst, für die eigenen Bedürfnisse, Nöte und Ängste zu haben: Wer sich selbst nicht kennt und fremd bleibt, wer seine eigenen Bedürfnisse nicht respektiert, wer auf sich selbst nicht achtet, kann diese Haltung auch anderen gegenüber nicht entwickeln:

    Er bleibt in Selbstentfremdung dazu verurteilt, die Selbstinszenierungen seiner inneren Realität immer und immer wieder zu wiederholen, ohne sie selbst zu erkennen oder zu verstehen. Goeudevert (S. 253): „Ich glaube, dass das 21. Jahrhundert sich wieder dem Menschen und seinen eigentlichen Bedürfnissen zuwenden wird."

2. Damit fehlt aber die Voraussetzung in einen echten, von authentischen Gefühlen geleiteten Kontakt zu anderen, zu den Mitarbeitern zu treten, sie in ihrer Eigenart zu respektieren und zu verstehen, und ihnen ein Milieu zu bieten, in dem sich ihr kreatives und motivationales Potential entfalten kann. In Kommunikationstrainings angelernte Sprechtechniken können den Mangel an Dialogfähigkeit nicht ersetzen. Goeudevert (S. 251): „Wenn Kommunikation als Einbahnstraße von oben nach unten begriffen wird als eine Art human engineering, bei dem die Entscheidung oben immer schon getroffen ist, und durch Gespräche nach unten nur abgesichert werden soll, dann wird Kommunikation nur als kosmetisches Schmiermittel eingesetzt. Sie bleibt so ein Instrument der Hierarchie und dient vor allem dem Zweck, den Willen dessen an der Spitze des Unternehmens bis zur untersten Ebene durchzusetzen."

    In innovativen Unternehmen haben „Kommunikations-Autisten" und Einzelkämpfer keine Chance mehr: Dialog- und Teamfähigkeit sind gefragt.

3. Eng damit zusammenhängend: Fähigkeit, den anderen in seinem Anderssein zu erkennen, zu verstehen und zu respektieren; dies setzt die Fähigkeit voraus, sich einzufühlen, d. h. sich partiell mit dem anderen identifizieren zu können. Je stärker die neurotische Deformation (z. B. narzisstische oder paranoide Störung), um so verzerrter wird die Wahrnehmung des anderen sein, die Einfühlung wird umso weniger gut möglich sein.

4. Die Fähigkeit, sozial verantwortlich zu denken und zu handeln, hängt ebenfalls vom Umgang mit der eigenen Person ab: Wer fähig geworden ist, auf die eigenen Bedürfnisse und Affekte zu achten, auch unangenehme oder abgelehnte Teile der eigenen Person zu akzeptieren und integrieren, wird auch eher fähig

und bereit sein, die ständige Anstrengung der Integration heterogener Gruppen, Personen, Impulse im Unternehmen sich und dem Unternehmen zuzumuten und der Versuchung der Ausgrenzung, Ausstoßung, Spaltung in gut und böse zu widerstehen.

5. Je integrierter und „reifer" die Person des Topmanagers ist, um so weniger muss er das Unternehmen und die Mitarbeiter benützen und missbrauchen für die Reinszenierungen seiner neurotischen Struktur. Er kann ohne Neid, Misstrauen und Angst starke und kreative Mitarbeiter neben sich ertragen, und sie in der Entfaltung ihres Potentials fördern; auf diese Weise werden dem Unternehmen Energien und Anregungen zugeführt anstatt sie vampirhaft, d. h. zur Befriedigung der eigenen Bedürfnisse zu entziehen.

6. Der reife Manager wird den Mut entwickeln, eigenständige Positionen zu vertreten, ohne ängstlich auf die Folgen für seine Karriere zu schielen. Goeudevert (S. 251): „Wir brauchen endlich Führungskräfte, die den Mut haben zu sagen was sie denken und was sie empfinden – auch wenn dies Widerspruch gegenüber dem obersten Chef bedeutet."

7. Eine reife Führungspersönlichkeit wird über ausreichende Fähigkeit verfügen, die Bedeutung der eigenen Person und des eigenen Tuns zu relativieren: frei nach Thomas Bernhard: Angesichts des Todes ist vieles lächerlich. Die Fähigkeit zur inneren Distanz ermöglicht eine reflektierende Haltung, aus der heraus dem Unentrinnbaren und Tragischen unserer Existenz auch mit Humor begegnet werden kann. Dies ist dann auch ein Weg, um die Spaltung in privates und berufliches Leben, wenn nicht aufzuheben, so doch zu verringern, und – um auf die anfängliche Metapher bezug zu nehmen – den Blick hinter die Kulisse ertragen und auf den „schönen Schein" verzichten zu können.

Eine Schlüsselqualifikation der Boston Consulring Group (BCG) für eigene künftige Mitarbeiter ist: Bescheidenheit (im Zweifel nicht ermittelt über aufwendige Psychotests o.ä., sondern über die schlichte Befragung des Empfangspersonals über den Eindruck, den der Betreffende hinterlassen hat).

10. Schlussbemerkungen

Führungspersönlichkeiten in Politik und Wirtschaft werden wesentlich über die Zukunft entscheiden. Letztlich sind sie es, die über den Gang der Geschichte (mit)entscheiden, von der Auswahl und Selektion des Führungspersonals wird auch in Zeiten der allgemeinen Demokratisierung viel abhängen.

Weder politökonomische Rahmenbedingungen noch die Auswahl von Führungspersonal in Politik und Wirtschaft sind Schicksal, sondern Resultat persönlicher und kollektiver Entscheidungsprozesse, aus dieser Einsicht ergeben sich Verantwortlichkeiten.

Traditionelle Orientierungen, die handlungsleitend waren in den letzten Jahrzehnten und Jahrhunderten sind verloren gegangen: Weder die Gottgefälligkeit des Lebens noch die Orientierung an nationalen Zielen können unserer Gesellschaft heute Orientierung geben.

Sollte unsere Kultur nicht in einer konsumistischen Spaßgesellschaft mit ihrer Gier nach immer noch mehr „Erlebnis-Optionen" in die knappe Lebenszeit zu packen und im Ausleben destruktiver Impulse in gnadenlosen Wirtschaftskriegen untergehen, bedarf es einer Neuorientierung in Wirtschaft und Gesellschaft.

Überlebensnotwendig dafür wird sein, den Imperialismus der Ökonomie, der Kosten-Nutzen-Kalküle, der Monetarisierung und Quantifizierung aller Aspekte des Lebens zu begrenzen, und Kunst, Kultur, Religion, Philosophie, Politik, soziale und persönliche Beziehungen dem Zugriff einer vorwiegend ökonomischen Logik zu entziehen.

Mein Schlusszitat richtet sich an alle, die weiterhin Anstrengungen auf sich nehmen, die sozialen und ökologischen Lebensbedingungen auf unserem Planeten zu sichern: „Wir müssen uns Sisyphos als glücklichen Menschen vorstellen."(Albert Camus, S. 128)

Literaturverzeichnis

Camus, A., Der Mythos von Sisyphos, Hamburg 1998

Die Gruppe von Lissabon, Grenzen des Wettbewerbs, Die Globalisierung der Wirtschaft und die Zukunft der Menschheit, München 1997

Giddens, A., Der dritte Weg, Frankfurt/M. 1999

Goeudevert, D., Wie ein Vogel im Aquarium, Aus dem Leben eines Managers, Reinbek 1998

Goleman, D., Der Erfolgsquotient, München, Wien 1999

Hesse/Schrader, Die Neurosen der Chefs, München 1998

Hirschman, A.O., Entwicklung, Markt und Moral, Frankfurt 1993

Lenz, G. (Hrsg.)/**Mertens**, W/**Lang**, H.J., Die Seele im Unternehmen, Berlin 1991

Sprenger, R.K., Mythos Motivation, Wege aus einer Sackgasse, Frankfurt, New York 1992

Staute, J., Das Ende der Unternehmenskultur, Firmenalltag im Turbokapitalismus, Frankfurt, New York 1997

FOKUS 11: Wissensmanagement 2005 – Der Weg zur Performancesteigerung in Wirtschaft und Staat

von Dieter Proske

Nach[1] Auffassung führender Experten haben wir die Informationsgesellschaft durchschritten und sind in die globale Wissensgesellschaft eingetreten. Wissen ist zum dominierenden Produktionsfaktor geworden und professionelles Wissensmanagement zur vorrangigen Führungsaufgabe. In der Praxis ist Wissen in den meisten Fällen jedoch noch immer eine schlecht gemanagte, ja geradezu verschwendete Ressource. Der vorliegende Beitrag gibt einen groben und pragmatischen Einblick in die junge betriebswirtschaftliche Disziplin des Wissensmanagements. Diese liefert uns nicht nur Hilfestellungen für einen besseren Umgang mit der wertvollen Ressource Wissen, sondern unterstützt auch organisationales Lernen und damit die Fähigkeit von Organisationen zur Bewältigung einer sich rasch verändernden und komplexer werdenden Wirklichkeit.

1. Von der Information zum Wissen

Ein guter Teil der Auswüchse der Informations- und Kommunikationsgesellschaft geht ganz offensichtlich auf die Asymmetrie zurück, mit der wir Information im Vergleich zu Wissen behandeln. Oder konkreter: Die Auswüchse der Informationsgesellschaft sind auf unsere mangelnde Fähigkeit oder Bereitschaft zurückzuführen, Wissen ähnlich wie Information unter Zuhilfenahme der modernen Technologien zu verarbeiten und Wissen darüberhinaus kommunizierbar zu machen. Wir haben zwar eine elektronische Informationsverarbeitung, aber keine elektronische Wissensverarbeitung. Wir kommunizieren in reichlichem Ausmaß Informationen, aber wir kommunizieren nicht in gleichem Ausmaß Wissen in einer verständlichen, konsensfähigen Aufbereitungsform, die die Perzeption auf breiter Basis ermögliche. Wissen ist der Katalysator, der dazu tendiert, die (Über-) Information unter Kontrolle zu halten, und übt seine **informationsökologische** Funktion aus, indem es die Information mit (Ursachen-Wirkungs-) Zusammenhängen anreichert und sie dadurch in bezug zu unseren tatsächlichen Problemen setzt. Als Metapher für die Anreicherung der Information durch Wissen eignet sich der Webstuhl, der eine verwirrende Zahl für sich allein bedeutungsloser Fäden nach einem bestimmten Muster zu Tuch verwebt. Erst dieses kann der unmittelbaren Verwendung zugeführt werden.

Abbildung 1 zeigt den sukzessive aufsteigenden Anreicherungsprozess vom Zeichen, über Daten und Information zum Wissen. Gelegentlich werden die Ebenen nach oben hin um Begriffe wie Weisheit, Intelligenz oder Reflexionsfähigkeit er-

---

[1] Bei dem folgenden Beitrag handelt es sich um eine erweiterte Fassung eines Artikels, der in den „Wirtschaftspolitischen Blättern" 2-3/1998 S. 180-189 erschienen ist.

weitert. Jede nächsthöhere Ebene bedarf der darunter liegenden als unerlässliche Voraussetzung, zusammen bilden sie die **Wissensbasis**.[2]

Abbildung 1: **Ebenen der Wissensbasis**, dargestellt am Leistungsbilanzergebnis

		Wissen		
Modell, das die Ursachen des Leistungsbilanz-ergebnisses und dessen Relevanz f. eine konkrete Problemstellung erklärt	>	↑	<	Vernetzung
		Information		
Leistungsbilanzergebnis Saldo 1995 = +4,5 Mrd. Schilling	>	↑	<	Kontext
		Daten		
4,5 Mrd. Schilling	>	↑	<	Syntax
		Zeichen		
"4", "5", ","	>	↑	<	Zeichenvorrat

Der Leistungsbilanzüberschuss von 4,5 Mrd. Schilling kann entweder ein positives oder ein negatives Signal sein, je nachdem ob er durch eine hohe Konkurrenzfähigkeit heimischer Exporteure im Ausland oder aber durch eine Nachfrageschwäche im Inland verursacht wurde. Fehlt die Mitteilung bzw. Kenntnis zugrundeliegender Zusammenhänge, wie dies in der Praxis häufig der Fall ist, dann wird die Information eher Verwirrung als Aufklärung stiften.

Damit wird deutlich, dass ein perfektes Daten- oder Informationsmanagement sinnlos ist, wenn die Organisation nicht über die Fähigkeit verfügt, die angebotenen Informationsmengen durch Anreicherung mit Wissen zur Problemlösung zu nutzen oder neues Wissen daraus zu entwickeln. Wissen ist der Stoff, mit dem wir unsere Zukunft gestalten. Daher verwundert es auch nicht, dass die enormen Ausgaben der Unternehmen für Informationstechnologie in den letzten Jahrzehnten bis dato keine entsprechend positiven Auswirkungen auf die Produktivität zur Folge gehabt haben (Fuhrer/Little, 1996). Information ohne zumindest gleichlaufenden Anstieg des Wissens bleibt zahnlos im Hinblick auf die Performance der Organisation.

---

[2] Eine der Grundvoraussetzungen für ein erfolgreiches Wissensmanagement ist, dass die Unterschiede zwischen den dargestellten Ebenen der Wissensbasis und ihre Verknüpfung durch den Anreicherungsprozess von den Entscheidungsträgern verstanden werden. Sonst besteht die Gefahr, dass die den Ebenen entsprechenden Organisationseinheiten entkoppelt werden, die (IT) sich somit ausschließlich dem Aufbau und der Pflege von Daten und Informationen widmet, die Personalentwicklung sich ausschließlich mit dem Aufbau individueller Fähigkeiten befasst und die Forschungsabteilung ausschließlich neue Produkte und Verfahren entwirft.

Im Wissenszeitalter stehen wir allerdings erneut vor der Tatsache, dass Wissen wie Information exponentiell zunimmt[3] und die Halbwertszeit gleichzeitig rapide sinkt. Wir sind damit in Gefahr, uns erneut in einer ineffizienten, kaum mehr zu bewältigenden Unübersichtlichkeit zu verstricken, wenn es uns nicht gelingt, klug mit Wissen umzugehen. Die Fortschritte auf dem Gebiet der Informationsverarbeitung (IT) und Artificial Intelligence (AI) sowie die junge Disziplin des Wissensmanagements und des organisationalen Lernens, die sich vorläufig noch fast ausschließlich am Unternehmenssektor orientiert, sollten in der Lage sein, uns dabei nennenswert zu unterstützen.

2. Die globale Wissensgesellschaft

Nach Auffassung führender Management Gurus haben wir die Informationsgesellschaft verlassen und sind in die globale Wissensgesellschaft eingetreten. Im Bereich der Wirtschaft weist sie u. a. folgende Charakteristika auf: Die Wissensintensität, die früher auf den Hochtechnologiebereich beschränkt war, ist nun auch in der gesamten Wirtschaft präsent.[4] Bereits einfache Basisprodukte und -prozesse werden durch Wissen aufgewertet, der immaterielle Anteil an der Wertschöpfung nimmt laufend zu. Der Wert des intellektuellen Kapitals übertrifft bei manchen Firmen den Wert des Sachkapitals bereits um ein Vielfaches.[5] Raum und Zeitdifferenzen verlieren an Bedeutung. Landesgrenzen, auch jene zwischen hochentwickelten und in Entwicklung befindlichen Ländern, bilden kaum mehr ein Hindernis für die Ausbreitung von Wissen. Die Produktentwicklungs- und -einführungszeiten werden laufend kürzer, Entscheidungen müssen immer rascher und unter Berücksichtigung eines komplexeren Umfeldes getroffen und implementiert werden. Eine potente, sich rasch weiterentwickelnde und leicht zugängliche Wissensbasis, sowie die Fähigkeit zur Umsetzung vorhandenen Wissens, bilden in dieser immer komplexer werdenden und rascher agierenden Welt die vorrangige Basis für den wirtschaftlichen Erfolg.

Es herrscht weitgehend Einigkeit, dass Wissen die traditionellen Produktionsfaktoren Arbeit und Kapital bereits an Bedeutung übertrifft und zum wichtigsten Produktionsfaktor geworden ist (Drucker 1993, Toffler 1990, Quinn 1992 u. a.). Das Unternehmen wird als Wissenspool und als Manager von Wissen verstanden. Wie gut es diese Aufgabe erledigt, wird bestimmt über seine Konkurrenzfähigkeit

---

[3] Während ein Gelehrter vor etwa 100 Jahren noch einen groben Überblick über das auch in fremden Fachgebieten vorhandene Wissen erlangen konnte, ist es heute kaum noch jemandem möglich über das eigene Fachgebiet voll Bescheid zu wissen. Wollte ein Wissenschafter heute sämtliche Fachliteratur lesen, die in seinem Gebiet erscheint, so würde die Zeit dazu nicht ausreichen, selbst wenn er daneben nichts anderes täte. Als einprägsames Beispiel für diese Situation des Wachstums und der damit verbundenen Segregierung von Wissen, bietet sich die Erstellung der Encyclopaedia Brittanica an. Währen die ersten beiden Auflagen noch von zwei Wissenschaftern erstellt wurden, arbeiten an der neuesten Edition dem Vernehmen nach bereits an die 10 000 ! Experten.

[4] Schätzungen aus den USA (Nonalsa/Takeuch, 1997) kommen zu dem Ergebnis, dass bereits 60 % aller Mitarbeiter von Unternehmen Wissensarbeit verrichten und vier von fünf Arbeitsplätzen aus den so genannten wissensintensiven Industrien stammen. Der Trend vom Handwerker zum „Kopfwerker" hält an.

[5] Skandia trägt dieser Tatsache Rechnung, indem sie in ihren Jahresberichten – übrigens mit großem Erfolg und beträchtlichem Imagegewinn – neben ihrer finanziellen Bilanz eine Bilanz des intellektuellen Kapitals der Firma (Kompetenzbilanz) veröffentlicht.

und Krisensicherheit. Als Konsequenz ist die Qualität der Unternehmensleitung in hohem Ausmaß an seiner Fähigkeit zu messen, den Umgang mit Wissen im Unternehmen positiv zu beeinflussen.

Für das Management von Volkswirtschaften, Regionen und Staaten gelten in weiten Bereichen ähnliche Schlussfolgerungen wie für den privaten Unternehmensbereich. Agieren sie doch grundsätzlich in der gleichen wissensintensiven, sich rasch verändernden, komplexen und globalisierten Welt. Auch hier bieten Wissensmanagement und Schaffung einer lernenden Organisation, einen Lösungsansatz für die Bewältigung dieser Herausforderungen sowie des damit zusammenhängenden drohenden **Orientierungsverlustes** in der praktischen Politik. Der Grund, warum der Staat aus der bisherigen einschlägigen Fachdiskussion eher mehr denn weniger ausgenommen worden ist, liegt zu einem nennenswerten Teil darin, dass dem Staat kein Veränderungszwang attestiert wird, da er nicht der Konkurrenz des Marktes unterworfen ist. Diese Auffassung ist jedoch falsch.

3. Wissensmanagement und lernende Organisation – eine pragmatische Darstellung

Ungeachtet seiner enormen Wichtigkeit, gehört Wissen[6] zu den am schlechtesten gemanagten Ressourcen (in Unternehmen genauso wie in vielen anderen Organisationen). In der Praxis hat Wissen, unterstützt durch seine immaterielle Natur, die Eigenschaft sich zu verflüchtigen. Es ist etwa nur in Köpfen von Organisationsmitgliedern vorhanden, die nicht in die Entscheidungsbildung involviert sind oder in Archiven von Abteilungen und Schreibtischladen von Organisationsmitgliedern, aus denen es niemals in die Entscheidungsbildung (und vielleicht auch niemals in den Kopf eines mit Alltagsarbeit überlasteten Mitarbeiters) einfließt oder in punktuellen Wissensinseln, die niemals miteinander vernetzt werden. Oft verlässt es die Organisation mit Mitgliedern, die aus der Organisation ausscheiden, oder aber gerät schlichtweg in Vergessenheit. Viele Gutachten müssten nicht mehr in Auftrag gegeben werden, wenn die schon vorhandenen Gutachten miteinander und mit dem in der Organisation vorhandenen Wissen verknüpft würden. Die Aufträge für viele Gutachten wären gezielter und konziser, wüsste man auch nur annähernd über das in der Organisation vorhandene Wissen Bescheid. Viele Ziele, die nicht erreicht wurden, hätten erreicht werden können, wenn man sie zuvor in Form des dafür benötigten Wissens definiert hätte, viele erforderliche Innovationen, die nicht stattgefunden haben, hätten stattgefunden, wäre das in der Organisation vorhandene Wissen in vernetzter Form einer größeren Zahl von Mitarbeitern verfügbar gewesen. Die meisten Konferenzen wären effizienter und effektiver, würde bloß das relevante Begriffswissen der Organisation (Terminologie) allgemein zur Verfügung stehen. Sie würden sich darüberhinaus nicht in allgemeinen und vagen Andeutungen verlieren (*da war doch einmal etwas, da habe ich etwas gehört...*), wenn das für die Organisation relevante Wissen in übersichtlicher Form und mit vertretbarem Aufwand verfügbar wäre. Doppelgleisigkeiten und ähnliche ineffiziente Verhaltensweisen

---

[6] Es muss erwähnt werden, dass das Wissen im Sinne des Wissensmanagements nicht nur das (theoretische) Lehrbuchwissen, sondern die Gesamtheit der Kenntnisse und Fähigkeiten, die Individuen zur Lösung von Problemen einsetzen, erfasst. Inkludiert sind damit auch praktische Alltagsregeln, Handlungsanweisungen, persönliche Erfahrungen und Einstellung u.ä.

würden sich in letzterem Fall fast automatisch auflösen. Die Möglichkeiten eigennütziger oder subjektiver Einflussnahmen von Beratern auf Entscheidungsträger wären vermindert, (willkürliche) hierarchische Machtausübung mit all ihren negativen Folgen würde durch Wissen stärker kontrolliert. Eine Vielzahl von weiteren Beispielen ließe sich anführen. Der Leser wird diesen plakativen Katalog vermutlich mit Beispielen aus der eigenen Praxis anreichern können.

Glaubhaften internationalen Schätzungen zufolge, dürfte das in Unternehmen vorhandene entscheidungsrelevante Wissen im Durchschnitt tatsächlich für Entscheidungen genützt werden. Das Bonmot *„Wenn Siemens wüsste, was Siemens alles weiß"* beschreibt die Situation treffend, wobei der Firmenname beliebig austauschbar ist. Die meisten Wirtschaftsunternehmen hatten bisher kaum eine Vorstellung davon, welches Wissen für ihren Erfolg von Bedeutung ist und wie sich dieses Wissen auf die Unternehmensbereiche, Funktionen und Mitarbeiter verteilt. Der holländische Lastwagenhersteller DAF etwa, musste so erst im nachhinein feststellen, dass er mit einer groß angelegten *Downsizing*-Maßnahme geschätzte 70 % seiner Wissensbasis verloren hatte. Ähnliche Fehler sind bei IBM und mehreren großen Chemiekonzernen dokumentiert.

Aus pragmatischer Sicht[7] und umfassend gesehen, befasst sich Wissensmanagement mit folgenden 8 Fragen (Bausteine des Wissensmanagements nach Probst et al. 1997)[8]:

- Festlegung von **Wissenszielen**, in Übereinstimmung mit den Unternehmenszielen.
- **Identifizierung** des in- und außerhalb des Unternehmens vorhandenen relevanten Wissens (Schaffung von Wissenstransparenz).
- **Schaffung** der (klimatischen und sonstigen) Voraussetzungen zur Entstehung **neuen Wissens** im Unternehmen bzw. dem **Erwerb von externem Wissen** (Bausteine 3 und 4).
- **Wissens(ver-)teilung** (Wissen am richtigen Ort und zur richtigen Zeit, Kommunikation von vorhandenem Wissen, um es für die gesamte Organisation nutzbar zu machen und damit auch Prozesse zur Entstehung neuen Wissens auszulösen).
- **Wissensbewahrung** (Speicherung in leicht zugänglicher Form).
- Schaffung von (klimatischen und sonstigen Voraussetzungen) für die **Nutzung des Wissens** (zur Nutzung anregen, die Nutzung erleichtern).

---

[7] Die anspruchsvollere Vision des Wissensmanagements dürfte es sein, dass letztlich alle Ziele, Aufgaben und Tätigkeiten des Unternehmens in dem dafür erforderlichen Wissen ausgedrückt werden, und dass der Darstellung des Unternehmens aus finanzieller Sicht, eine Darstellung aus dem Blickwinkel des Wissens zur Seite gestellt wird. Indikatoren wie Wissensproduktivität u.ä. wären den traditionellen Indikatoren gegenüberzustellen, Wissen müsste messbar und dadurch ähnlich wie die traditionellen Produktionsfaktoren behandelbar werden. Eine Bilanz des „intellektuellen Kapitals" wäre der traditionellen Bilanz gegenüberzustellen u.s.w..
[8] Im genannten Werk wird jeder der Bausteine umfassend, unter Einbeziehung von Instrumenten und Praxisillustrationen, auf 20 bis 40 Seiten behandelt. Die Ausführungen geben einen guten Einblick in die Möglichkeiten, die der Praxis im Bereich jedes Bausteins zur Verfügung stehen.

- **Messbarkeit von Wissen und seiner Zunahme** (= Lernerfolge). (Voraussetzung für Erfolgsbewertung etc.).

Aus der Sicht der praktischen Implementierung, weist das Wissensmanagement in Organisationen (Unternehmungen) zwei wesentliche Komponenten auf: eine **technische Komponente,** deren Ausprägung u.a. vom Fortschritt in der Informationstechnologie (IT) und den Entwicklungen im Bereich Artificial Intelligence (AI) mitbestimmt ist (Wissensdatenbank). Eine **verhaltensmäßige Komponente** (u. a. wissensorientierte, insbesondere auf Wissensteilung und Wissensbenutzung abgestellte Unternehmenskultur). Glaubt man dem chief knowledge officer von Novartis, einem Unternehmen bei dem Wissensmanagement schon sehr weit fortgeschritten ist, so macht die technische Komponente etwa 10 % und die Verhaltenskomponente 90 % eines erfolgreichen Wissensmanagement aus.

4. Wissensdatenbanken

Außer in Wissensdatenbanken ist Wissen im Unternehmen in verschiedenster Weise zu speichern. In traditionellen Ablagen einschließlich Bibliotheken, Organisationsanweisungen, Prozessen in der Unternehmenskultur, gemeinsamen Wertvorstellungen und entsprechenden Verhaltensweisen, informellen Organisationen usw.. Effizientes, modernes Wissensmanagement kommt allerdings um die Erstellung einer **Wissensdatenbank,** in die ein möglichst großer Teil des Wissens der Organisation einfließen und in **vernetzter Form** wieder verfügbar gemacht werden sollte, nicht herum. Durch die Vernetzung des Wissens steht nicht nur das eingespeicherte Wissen rasch und auf breiter Basis zur Verfügung, sondern es entsteht darüberhinaus neues, für Problemlösungen hochwertigeres Wissen. Die Wissensdatenbank bildet das **kollektive Gedächtnis der Institution**. In ihr sind die Erfahrungen der Organisation sowohl über die einzelnen Organisationseinheiten hinweg als auch im Zeitablauf in vernetzter Form verfügbar. Sie ist auch das Medium, über das **individuelles** in zumeist wertvolleres **kollektives Wissen,** und dieses wiederum in noch wertvolleres **organisationales Wissen** umgewandelt wird. Sowohl das für Wissensmanagement charakteristische Prinzip des Teilens mit anderen, als auch die ebenfalls charakteristische Idee der Vernetzung, findet hier einen Niederschlag. Die alternativen Begriffe für Wissensmanagement sind in der Praxis entsprechend K*nowledge-Networking* oder K*nowledge-Sharing.*

5. Verhaltensweisen

Die technische Seite zur Erstellung von Wissensdatenbanken ist gelöst und nicht teuer. Die weitaus schwierigere Aufgabe ist die fachliche Strukturierung und Verknüpfung des zu speichernden Wissens und seine laufende Wartung sowie die Änderung der Verhaltensweisen und Prozesse im Unternehmen. Diese Verhaltensweisen und Prozesse sollten u. a. bewirken, dass implizites (nicht kommunizierbares) Wissen), explizit gemacht wird, explizites, aber an Einzelpersonen gebundenes Wissen, der Allgemeinheit über die Wissensdatenbank zur Verfügung gestellt und das in der Wissensdatenbank verfügbare Wissen von den relevanten Stellen auch genutzt wird. Die Veränderung der Denk- und Verhaltensweisen in der Organisation und damit verbunden nicht zuletzt auch veränderte Anreizsysteme sind Gegenstand des erwähnten Hauptteiles des Wissensmanagements. Ein Mitarbeiter wird wenig Ambition haben, sein Wissen in die Datenbank einzubringen, wenn ihn dies von seinem Tagesgeschäft abhält, und er jedoch ausschließlich nach den Erfolgen in diesem Tagesgeschäft beurteilt wird.

Darüberhinaus stehen der Etablierung von professionellem Wissensmanagement in Organisationen vier *natürliche* Hemmschwellen entgegen, die vorrangig abzubauen sind:

- Die Hemmung Wissen mit anderen zu teilen (Wissen ist Macht). Es ist nicht einfach, das beste eigene Denken (oft der persönliche Wettbewerbsvorteil) für andere verfügbar zu machen – nicht nur die eigene Meinung.
- Die Hemmung, in ein neues, noch unsicheres Vorhaben zu investieren. Es bedarf der klaren Entscheidung, die Infrastruktur (Menschen, Technologie) bereitzustellen, die Wissensmanagement ermöglicht und damit Anfangskosten in Kauf zu nehmen, bevor noch die Ergebnisse sichtbar sind.
- Die Hemmung im eigenen Arbeitsbereich und in der Organisation als ganzes kontinuierlich Verbesserungen vorzunehmen. (Affinität zu eingespielten Gewohnheiten überwinden). Es ist nicht einfach, kontinuierlich neue Ideen zu synthetisieren und gleichzeitig die Gedanken von gestern entweder zu verbessern, zu bestätigen oder zu vergessen.
- Die Hemmung auf der Basis der Ideen anderer zu entscheiden (was nicht von mir kommt, kann nicht gut sein). Zusammenarbeiten, sich eingestehen, dass das Denken eines anderen vielleicht besser ist als das eigene.

Für die Überwindung dieser und anderer Hemmungen und für die erfolgreiche Einführung des Konzeptes insgesamt, gibt es eine Fülle von Instrumenten und/oder Empfehlungen und Erfahrungen, die in der Literatur und/oder in der Wissensbasis von Unternehmensberatern gespeichert sind. Wir wollen im Detail hier nicht darauf eingehen, ebenso wenig wie auf die sehr wichtigen Hilfsmittel zur Umwandlung von implizitem (subjektivem, mehr dem Ahnungs- und Gefühlsbereich zugehörigen, persönlichen) zu explizitem (leicht kommunizierbarem) Wissen. Nonaka/Takeuchi (1997) führen die Erfolge japanischer Unternehmen in den vergangenen Jahrzehnten auf ihre Fähigkeiten zurück, inplizites in explizites Wissen zu transformieren. Ebenso wird hier bewusst verzichtet, auf Definitionen einzugehen, die oft von einem Autor zum anderen und selbst beim gleichen Autor innerhalb des Zeitablaufs, variieren.

Als Beispiel angewandten Wissensmanagements sei hier statt dessen die Praxis bei Booz Allen & Hamilton kurz skizziert, wo Wissensmanagement vermutlich am erfolgreichsten implementiert wurde.

6. Das Booz Allen & Hamilton Beispiel

In den frühen neunziger Jahren, begann die Firma eine zentrale Wissensdatenbank *(Knowledge On-Line oder kurz KOL)* für rund 8000 in der Welt tätigen Mitarbeiter aufzubauen. In dieser sind das beste Praxiswissen und die Erfahrungsberichte der einzelnen Berater (ohne Kundenangaben) ebenso in strukturierter Form gespeichert, wie aufgearbeitetes externes Wissen, das für die Beratungstätigkeit Relevanz hat. Für die Beschaffung von Wissen aus externen Quellen sorgt eine eigene Organisation innerhalb der Firma, die *informational professional community*. Die fachliche Betreuung der Wissensdatenbank erfolgt durch eine Gruppe hochqualifizierter, erfahrener Mitarbeiter, deren Aufgabe es auch ist, das eingespeicherte Wissen auf seine relevanten Elemente zu kondensieren *(abstract writers)*. Es ist Teil der Unternehmenskultur, dass nur Wissen höchster Qualität eingespeichert wird. (Dies ist auch eine wichtige Voraussetzung für die bereitwillige Verwendung des Wissens durch andere). Das in diesem Wissensspeicher kumulierte und ständig wachsende Wissen der Firma ist von Beratern entsprechend ihrer Zugriffsberechtigung weltweit abrufbar und zur optimalen Bewältigung der eigenen Aufgaben nutzbar. Dem System angepasst, wurden auch die Karriereincentives geändert. Mitarbeiter werden nicht mehr ausschließlich auf der Grundlage ihrer Haupttätigkeit, sondern zusätzlich auf der Basis ihres Beitrags zum gemeinsamen Wissensspeicher beurteilt. Das System verfügt über eine Dokumentation der Zugriffe, sodass zahlenmäßig feststellbar ist, welche Wissenselemente besonders gefragt waren. Selbstverständlich steht die oberste Geschäftsleitung auch in der täglichen Praxis voll hinter dem System.

Booz Allen & Hamilton hat seit der Einführung dieses Systems die Qualität seiner Dienstleistungen bei gleichzeitiger Reduzierung des Zeitaufwandes signifikant erhöhen können. Nach 2 Jahren waren die Kosten bei weitem hereingespielt, und das System leistet einen beträchtlichen Nettobeitrag zum Geschäftserfolg.

7. Perzeption des Konzeptes und Erfahrungen in der privaten Wirtschaft – die Realität

Seit etwa Mitte der neunziger Jahre hat nicht nur die Entwicklung des Konzeptes, sondern auch seiner Verbreitung in der Wirtschaft rasche Fortschritte gemacht. So wie ehemals das verwandte Konzept *Total Quality Management*[9] entstand, entsteht das Konzept Wissensmanagement aus einer engen Zusammenarbeit von Wissenschaft und Wirtschaft. Eine rapide zunehmende Zahl von Unternehmen etabliert professionelles Wissensmanagement und das Konzept der *lernenden Organisation*[10]

---

[9] Mit Total Quality Management verbindet man Wissensmanagment und ebenso eine Gemeinsamkeit und Komplementarität wie mit dem Konzept des sich ständig verbessernden Unternehmens (CIF), dem japanischen Kaizen oder eben dem organisationalen Lernen. In allen Fällen bilden beständige Lern- und Verbesserungsbemühungen mit dem Ziel, dem Kunden eine bessere Leistung als der Konkurrent anzubieten, die Grundlage.

[10] Angewandtes Wissensmanagement wird gerne als Führungssystem für die lernende Organisation verstanden. Zuvor war das schon in die 80er Jahre zurückreichende Konzept des organisationalen Lernens – zum Teil auch wegen seines hohen Abstraktheitsgrades – kaum über den Status eines Spezialwissens des Human Resources Managements hinausgekommen (Eck 1996). Nach einer neueren Definitionsrichtung wird organisationales Lernen als die Erhöhung der organisationalen Wissensbasis verstanden. Das ist jenes konsensfähige Wissen der Organisation, das entweder allen

in der Praxis und setzt damit die Konkurrenten unter Zwang diesem Vorbild zu folgen. In Europa etwa wird professionelles Wissensmanagement bereits von Skandia, Hewlett Packard Europe, Novartis, Hoffmann La Roche, Dow Deutschland, BMW, Daimler Benz, Lufthansa, Deutsche Telekom, Nokia Telecommunications, At&T International, Winterthur Versicherung, Holderbank, Siemens, Deutsche Bank, sowie durch die nun fusionierte Schweizerische Bankgesellschaft und den Schweizer Bankverein praktiziert, um nur einige zu nennen.

Im Durchschnitt der Unternehmungen, die Wissensmanagement und lernende Organisation einführten, ergaben sich, nach einer Schätzung von Lucier/Torsillieri [1997], folgende Auswirkungen auf den Geschäftserfolg: Bei nicht ganz 20 % dieser Unternehmungen zeigten sich innerhalb von zwei Jahren beträchtliche positive Auswirkungen. Bei etwa 50 % waren die Auswirkungen nicht groß, jedoch immer noch zufriedenstellend, und beim restlichen Drittel waren keine signifikanten kurzfristigen Auswirkungen auf den Geschäftserfolg festzustellen. Eine Analyse ergab allerdings, dass im Fall der weniger erfolgreichen und der nicht erfolgreichen Fälle, wichtige Prinzipien des Wissensmanagements verletzt worden waren. Im besonderen fehlte es an einer klaren Zielformulierung, und/oder die Unterstützung durch das Top-Management war in der täglichen Praxis nicht in ausreichendem Ausmaß gegeben. Misst man den Erfolg nicht allein am harten Kriterium des Geschäftserfolges, sondern bezieht man etwa auch die Auswirkungen auf die innerbetriebliche Kommunikation und Kohärenz, sowie andere positive Langfristeffekte mit ein, so hat die Einführung bei der weitaus überwiegenden Zahl der Unternehmungen positive Nettoeffekte gebracht.

8. Perzeption des Konzepts in der staatlichen Administration – die Vision

Gibt es Argumente dafür, dass der Staat, der mit der gleichen Wirklichkeit konfrontiert ist wie die private Wirtschaft, sich den Herausforderungen des Wissenszeitalters nicht zu stellen braucht? Ich sehe keine. Auf dem Weg in die Wissensgesellschaft hätte der Staat aufgrund seiner gegenüber der privaten Wirtschaft längerfristigen, systemischen und auf Kontinuität ausgerichteten Aufgabenstellung sogar eine Vorreiterrolle zu übernehmen. Im globalen, wissensorientierten, dynamischen Umfeld, ist gerade deshalb auch die staatliche Administration als Wissenspool zu verstehen und die Regierungstätigkeit zum guten Teil als Wissensmanagement.

Warum sollte der Staat nicht, dort wo es angebracht ist, Konzepte nutzen, die vorerst vorwiegend für den Unternehmenssektor entwickelt worden sind? Im konkreten Fall sollte somit dem Konzept der Continously Improving Firm (CIF) das Konzept des Continously Improving Government (CIG) gegenübergestellt werden. Die – wie unten noch zu zeigen sein wird – notwendigen Reorganisationsbemühungen der staatlichen Administration würden dadurch nicht nur beträchtlich unterstützt, sondern erhielten auch eine dynamische, selbsttragende, Dimension.

Mitgliedern der Organsition gemeinsam ist oder auf das sie leicht zugreifen können. Organisationales Wissen wird als für Veränderungsprozesse und Innovationen wichtiger erachtet als individuelles- oder Gruppenwissen. Manche Autoren sehen in der lernenden Organisation sogar ein selbstentwickelndes System, das die Fähigkeit, seine Zukunft nach vorgegebenen Leitzielen zu gestalten und auf Umweltänderungen in geeigneter Weise zu reagieren, laufend erhöht, ohne dass diskretionäre Eingriffe des Managements erforderlich wären.

In vieler Hinsicht sind staatliche Institutionen für die genannten Konzepte sogar noch besser geeignet als der Unternehmensbereich. Die staatliche Administration war in weiten Bereichen (namentlich im Bereich politischer und wirtschaftspolitischer Maßnahmen) schon immer ein „think tank", oder hätte es zumindest sein sollen. Es bedarf für sie nicht erst der Wissensgesellschaft, um sich wissensmäßig zu reorganisieren und um die Maria Theresianische Kanzleiordnung (Aktenerledigungen) auf der das staatliche Wissensmanagement heute noch zu großen Teilen beruht, durch ein zeitgemäßes System zu ersetzen.

Was spricht dagegen, Wissenshemmnisse im Bereich der staatlichen Administration, wie etwa die zum Teil (macht-) politisch motivierte Organisations- und Entscheidungsstruktur und das stark hierarchisch orientierte und segregierte Berichtswesen, im Hinblick auf ihre Auswirkungen auf die organisationale Wissensbasis und Lernfähigkeit der Administration zu durchleuchten? Infolge des mehrmaligen Filtersystems auf den verschiedenen Hierarchiestufen ist die ursprüngliche Idee oft nicht mehr zu erkennen, wenn sie an der hierarchischen Spitze anlangt (wenn sie überhaupt anlangt). Was spricht dagegen, Wissensmanagement, ähnlich wie dies in privaten Unternehmen geschieht, einzuführen? Zumindest ebenso wie im Unternehmensbereich fehlt es im staatlichen Bereich an der Formulierung der gesetzten Ziele in erforderlichem Wissen, an der Teilung und Vernetzung von Wissen (*Knowledge Sharing*), an Wissenstransparenz, -bewahrung und -verfügbarmachung.

Kyrer (1996) hat an einer Fülle von Beispielen gezeigt, dass in Österreich das Wissen zur Lösung vieler Probleme durch die staatliche Administration vorhanden gewesen wäre. Es wurde jedoch nicht angewandt. Ein von Kyrer vorgenommener Dreiländervergleich (Österreich, Deutschland und Schweiz) zeigt, dass die Orientierung der Politik am vorhandenen Wissen, am *state of the art,* in Österreich am wenigsten ausgeprägt ist. Ein nicht unwesentlicher Grund für die suboptimale Nutzung von entscheidungsrelevantem Wissen war, dass dieses Wissen nicht zur richtigen Zeit, am richtigen Ort, in der richtigen Vernetzung bei den richtigen Personen verfügbar war. Professionelles Wissensmanagement erweist sich in allen genannten Punkten als die geeignete Arznei.

Wenn dagegen eingewandt wird, dass die staatliche Administration keinem Konkurrenzdruck und daher auch keinem Reorganisationszwang ausgesetzt ist, so ist dieser Einwand, wie schon an anderer Stelle angedeutet, heute nicht mehr zutreffend. Die nationale staatliche Verwaltung in den Mitgliedsländern der Europäischen Union ist in zweifacher Hinsicht unter Konkurrenzdruck geraten. Einerseits ist sie der Konkurrenz der Partner in den gemeinsamen Entscheidungsgremien der EU ausgeliefert, andererseits der Konkurrenz marktwirtschaftlicher Doktrinen und dem Druck der öffentlichen Meinung. Im ersten Fall wird gerade bei kleineren Ländern die Durchsetzungsfähigkeit in den gemeinsamen Gremien wesentlich von der Güte ihrer internen Koordination und von ihrer, durch Know-how fundierten Argumentationsstärke abhängen. Dies gilt zwar im besonderen Maße für jene Bereiche in denen die Politik vergemeinschaftet wurde, also namentlich für die Notenbankpolitik, grundsätzlich aber auch für alle EU-Entscheidungen, an denen die Nationalstaaten mitwirken. Moderne Methoden des Wissensmanagement bietet sich in allen Fällen sowohl zur besseren Koordination, als auch zum Upgrading der Argumentationsqualität und Durchsetzungsfähigkeit an. Sie unterstützen darüberhinaus die rasche und kenntnisreiche Beantwortung unerwartet auftretender Fragen, wie es im EU-Alltag immer wieder erforderlich ist.

9. EU-Wissensagentur

Angesichts der hohen Bedeutung der europäischen Integration für die teilnehmenden Nationalstaaten und der selbst für Fachleute und Entscheidungsträger in Wirtschaft und Verwaltung oft verwirrenden Vielfalt und Komplexität EU-relevanter Diskussionen und Sachverhalte, wäre als erster Teilschritt und gemeinsame nationale Anstrengung die Gründung einer auf der Basis modernen Wissensmanagements funktionierenden EU-Wissensagentur zu empfehlen. Als virtuelle Koordinationsstelle und Wissenspool für alles die EU betreffende (implizite und explizite) Wissen von Hunderten von dienstreisenden Beamten, politischen Funktionären, Wissenschaftern und sonst in EU-Fragen Engagierten. Es würde dadurch ein zentrales Bewusstsein Österreichs für EU-Angelegenheiten entstehen und ein Wissenspool von unschätzbarem Wert. Ein solcher Wissenspool würde Österreich nicht nur in der EU durchschlagskräftiger machen, sondern auch die Attraktivität des Landes für die beitrittswilligen mittel- und osteuropäischen Staaten erhöhen. Ganz abgesehen von dem Know-how das im Zuge der Errichtung anfällt und der österreichischen Administration im internationalen Vergleich in Fragen des Umgangs mit Wissen einen Konkurrenzvorsprung einräumt. Die Kosten einer solchen Agentur wären im Vergleich gering, umso mehr als durchaus auch eine Kapitalbeteiligung interessierter nichtstaatlicher Stellen möglich wäre. Ein solch mutiger und innovativer Ansatz der Politik entspräche der Aufgabe des Staates, Maßnahmen für die Bewältigung der Zukunft zu setzten, die von der privaten Wirtschaft im ersten Schritt nicht zu erwarten sind. Die EU-Wissensagentur wäre darüberhinaus ein Beitrag zu Transparenz und Demokratisierung.

10. Lernende Regionen und die Wissensnation

In Verbindung mit staatlicher Wirtschaftspolitik und Förderung, lässt sich das Konzept des Wissensmanagements darüberhinaus auch für Regionen und sogar für ganze Nationalstaaten anwenden. Die Literatur darüber und die Erfahrungen damit sind allerdings so gut wie nicht existent. Sieht man von den wenigen Erfahrungen, die man mit isolierten Elementen des Systems, etwa mit Technologiezentren gemacht hat, ab.

An der UNI Graz läuft zur Zeit eine durch EU-Mittel unterstützte Dissertation über die Mur-Mürz-Furche als lernende Region. Die bereits in Gang befindliche und von der Politik geförderte Teilung des Wissens in dieser Region, verbunden mit dem Aufbau einer mächtigen organisationalen Wissensbasis, sollte es ermöglichen, die in dieser Region seit langem vorhandenen wirtschaftlichen Probleme wirksamer zu lösen. Zusätzlich sollte die verbesserte Wissens-Infrastruktur, einschließlich der aus dem Projekt entstehenden höheren Qualifikation von Arbeitskräften, die Standortqualität der Region, auch ohne Steuer- und Sozialdumping, angehoben werden.

Analog dazu könnte man sich auch eine zukunftsweisende Politik vorstellen, die darauf ausgerichtet ist, **Österreich als wissensbasierte Nation** zu etablieren. Der Staat brauchte dabei nicht einmal als bedeutender Investor aufzutreten, sondern

könnte sich mehr oder weniger auf die Rolle des Promotors und Coachs beschränken.
Zum Abschluss sei noch angedeutet, dass die Wissensgesellschaft eine Machtverlagerung zu jenen, die das Wissen kontrollieren, mit sich bringen wird. Durch richtiges Management wird es jedoch möglich sein, daraus entstehende Auswüchse zu vermeiden sowie das hohe Demokratisierungspotential, das die Wissensgesellschaft in sich birgt, zu nutzen. Auch hier wird staatliche Aktivität und staatliches Knowhow gefragt sein. Der Staat wird u. a. darauf zu achten haben, dass Machtmissbrauch mit Wissen verhindert wird, und dass der grundsätzliche Zugang zum Wissen einer möglichst großen Zahl von Menschen offen steht.

Literaturverzeichnis

Drucker, P.F., Die postkapitalistische Gesellschaft, Düsseldorf 1993
Eck, C. D., Wissen – ein neues Paradigma des Managements/Wissensmanagement und Lernfähigkeit der Organisation als Schlüsselkompetenz des Managements, in: Die Unternehmung, Schweizerische Zeitschrift für betriebswirtschaftliche Forschung und Praxis 3, 156ff, 1997
Fuhrer, J.C./**Little**, J.S. (Hrsg.), Technology and Growth, Conference Series 40, Fed. Res. Bank of Boston 1996
Güldenberg, St., Wissensmanagement und Wissenscontrolling in lernenden Organisationen, Wiesbaden 1997
Kyrer, A., Das Titanic-Syndrom, Über das Schnüren von Sparpaketen in Österreich, in Deutschland und in der Schweiz oder Wasch' mir den Pelz, aber mach' mich nicht naß!, Wien 1995
Lucier, C.E./**Torsillieri** J.D., Why Knowledge Programs Fail: A.C.O.'s Guide to Managed Learning, in: Booz Allen & Hamilton Strategy and Business 9, 14-28, 1997
Nonaka, I./**Takeuchi**, H., Die Organisation des Wissens: wie japanische Unternehmen eine brachliegende Ressource nutzbar machen, Frankfurt 1997
Probst, G./**Raub**, St./**Romhardt**, K., Wissen managen: wie Unternehmen ihre wertvollen Ressourcen optimal nutzen, Frankfurt am Main 1997
Quinn, J.B., Intelligent Enterprise: A Knowledge and Service Based Paradign for Industrie, New York 1992
Senge, P.M., Fifth Discipline (The Art and Practice of the Learning Organization), New York 1990
Senge, P.M., The Fifth Discipline, Fieldbook. Strategies and Tools for Building a Learning Organization, New York 1990
Sunter, S., Wissen erfolgreich managen, in: Wirtschaft und Weiterbildung 5, 56 ff., abgedruckt in Booz Allen & Hamilton – booz in the news, Sept. - Nov. 1997.
Sunter, S., Das Wissen des Unternehmens strukturiert archivieren, in: Blick durch die Wirtschaft vom 14.10., abgedruckt in: Booz Allen & Hamilton – booz in the news, Sept. - Nov. 1997
Toffler, A., Machtbeben: Wissen, Wohlstand und Macht im 21. Jahrhundert, Düsseldorf 1990

FOKUS 12: Der Public-Performance-Index 2005 zur Erfassung des Strukturwandels im staatlichen Sektor

von Volker Rothschädl

1. Ausgangslage

Ein Programm zum Rückbau des Staates und die Forderung einer höheren „Performance" staatlicher Aktivität ist schnell formuliert. So einfach die Forderung nach weniger Staat ist, desto schwieriger ist deren Umsetzung.

Zahlreiche Beratungsfirmen haben Anfang der 90er Jahre damit begonnen, mit dem Ansatz der „Performance Measurement" zu arbeiten, und so hat dieses management tool – mit einiger Verzögerung – auch im Zusammenhang mit der Diskussion einer Reform der öffentlichen Verwaltung ihren Eingang gefunden.

Das Konzept der Performance Measurement taucht dabei u. a. in folgenden Zusammenhängen auf:

- Fragen der Effektivität der Wirtschaftspolitik;
- Fragen der Allokation knapper Ressourcen;
- Fragen der Produktivität der öffentlichen Wirtschaft (im Vergleich zum privaten Sektor);
- Ermittlung von Einsparungspotentialen in der öffentlichen Verwaltung.

Dabei wird geflissentlich übersehen, dass eine Behandlung dieser und ähnlicher Problemstellungen erst möglich ist, wenn man sich vorher darüber Klarheit verschafft hat, wie groß der Umfang staatlicher Tätigkeit überhaupt ist. Gelegentlich gewinnt man sogar den Eindruck, dass man die tatsächliche Höhe des staatlichen Umfang eigentlich gar nicht so genau wissen möchte. Man begnügt sich in der Regel damit, die diversen, vordergründigen Staatsquoten einfach fortzuschreiben. Dabei wird übersehen, dass die Kluft zwischen den tradierten Staatsquoten und der Realität laufend wächst.

2. Grundsätzliche Probleme der Performance-Messung im öffentlichen Sektor

Alles was nicht quantitativ „gemessen" werden kann, fällt derzeit durch den Rost. Dies lässt sich zum Teil mit der Dominanz ökonometrischer Forschungsmethoden erklären. Wir müssen im staatlichen Sektor erst wieder lernen, mit qualitativen Größen umzugehen. Auch müssen die verwendeten Werkzeuge (Evaluierung, Performance, Qualitätsmanagement, Benchmarking etc.) besser aufeinander abgestimmt werden.

Viele statistische Größen sind nicht verfügbar, sie können nur sehr vage geschätzt werden. Beispiele in diesem Zusammenhang: Umfang der Schattenwirtschaft, Größe des „Capital Budget", Abgrenzung des öffentlichen Konsums von den öffentlichen Investitionen, staatliche Bankhaftungen etc..

Möglichkeiten der indirekten „Messung" staatlicher Regulierung
- **Anzahl der Rechtsnormen und/oder deren Umfang.** Dies ist relativ einfach zu ermitteln und schafft Bewusstsein für Deregulierung. Die rechtliche Regelungsdichte hat in Österreich in den letzten Jahren weiter zugenommen.
- Erhebung des mit der Regulierung verbundenen **Zeitaufwandes** (in Stunden und Tagen), der den Unternehmen erwächst bzw. wie lange es dauert, bis die staatlichen Behörden bestimmte Anträge erledigen. Beispiel 1: Kosten, die den Unternehmen durch die Steuergesetzgebung erwachsen. Beispiel 2: In den USA dauert die Registrierung einer Ges. m. b. H. 3 Tage, in Deutschland 10, in Österreich hingegen 60 Tage.
- **Kosten** als Maß für die Regulierung. Dabei muss unterschieden werden zwischen den im staatlichen Bereich entstehenden eigenen Kosten der Regulierung, den Kosten die bei Dritten entstehen[11] und schließlich den sogenannten volkswirtschaftlichen Opportunitätskosten. Die Schätzung der Höhe des entgangenen Nutzens in Form von Wachstumseinbußen und/oder nicht entstandenen Arbeitsplätzen ist freilich mit einer großer Unsicherheit behaftet, auch wenn die Fiskaleffekte zunächst außer Acht gelassen werden.
- Ferner hat die OECD vor einigen Jahren einen innovativen Ansatz zur Messung der Regulierung entwickelt, der internationale Vergleiche erleichtert. Untersucht werden u.a. das **Ausmaß der Markteintrittsbarrieren** in bestimmten Dienstleistungsbranchen in ausgewählten Ländern. In einem ersten Schritt wurden die untersuchten Branchen in jedem Land gruppiert. Stark regulierte Märkte wurden mit 2, teilweise regulierte Märkte mit 1 und liberalisierte Märkte mit 0 bewertet. Anschließend wurde die Bewertung nach der Wertschöpfungsintensität der einbezogenen Branchen gewichtet und ein Zeitpunktvergleich für 1975 und 1990 durchgeführt. Damit wurde der **Grad der Regulierung** sowohl im internationalen Vergleich als auch im Zeitvergleich ermittelt. Nach dem gleichen Konzept wurde das Ausmaß an Preisregulierung und öffentlichem Eigentum in Schlüsselsektoren ermittelt. Im Gesamtergebnis wurde Australien, Neuseeland und Großbritannien die größte „Freiheit" bescheinigt. Dänemark war hier das Land mit der geringsten Deregulierung.

Verlangsamtes Wachstum, härtere Konkurrenz auf den Absatzmärkten und der Verlust von Marktanteilen sowie Standortverlagerungen in wirtschaftlich attraktivere Länder haben dazu geführt, dass viele Länder ihre Leistungsfähigkeit und damit ihre Wettbewerbsposition regelmäßig durch internationale Vergleiche der Rahmenbedingungen überprüfen.

---

[11] Die OECD verlangt seit Jahren eine Schätzung der Folgekosten von neuen Gesetzen und Verordnungen. Österreich begnügt sich hier meist mit dem Hinweis, dass keine oder nur geringe Kosten entstünden.

Da nunmehr auch Standorte zu einem zusätzlichen Wettbewerbsfaktor wurden und der Staat maßgeblich über die Rahmenbedingungen die Qualität dieser Standorte beeinflusst, müssen staatliche Aktivitäten laufend beobachtet und evaluiert werden.

Seit einigen Jahren sind nun amerikanische, kanadische und Schweizer Institute dazu übergegangen, **Freedom-Indizes** zu berechnen, um den Umfang an staatlicher Regulierung anhand einiger weniger Kennzahlen zu „messen". Auf diese Indizes soll im Folgenden kurz eingegangen werden.

3. Freedom-Indizes als Versuch der Ermittlung staatlicher Performance

Im Folgenden einige **Institutionen**, die regelmäßig ein Standort-Ranking vornehmen:

- **Der Freedom Index des Fraser Instituts** in Vancouver: Er wurde von Michael Walker und James D. Gwartney entwickelt und besteht aus einer 10-teiligen Skala, wobei der Wert 10 jene Länder charakterisiert, die über ein Höchstmaß an Freiheit verfügen.
- **Der Freedom Index der Heritage Foundation** in Washington wurde von Bryan T. Johnson und Thomas P. Sheehy gestaltet. Dieser Index mit 5-teiliger Skala bringt mit dem Wert 1 die größte wirtschaftliche Freiheit zum Ausdruck.
- **Der Freedom Index des Freedom House** in San Francisco wurde von Richard Messick konzipiert und hat eine Skala mit 16 Werten, wobei der Wert 16 die höchste wirtschaftliche Freiheit widerspiegeln soll.

Die von den Medien und einigen Ökonomen viel beachteten Freedom-Indizes sind jedoch mit einer **großen Vorsicht** zu genießen und zwar aus folgenden Gründen:

1. Sie verwenden unterschiedliche Skalen und sind daher nicht direkt vergleichbar.
2. Die Validität der einzelnen Indizes ist unzureichend geprüft, insbesonders welchen Stellenwert die einzelnen Kennzahlen im Gesamtindex eigentlich haben.
3. Sie arbeiten mit unterschiedlichen Eckdaten, die in den einzelnen Ländern unterschiedlich definiert sind.
4. Sie erstrecken sich auf eine unterschiedliche Anzahl von Ländern, die zwischen 62 und 100 schwankt, wodurch die Vergleiche zusätzlich erschwert werden und der Manipulation Tür und Tor geöffnet wird. Sie werden u.a. dazu verwendet, um etwa alljährlich auf dem Weltwirtschaftsforum in Davos bestimmte Standorte bzw. Länder unter Druck zu setzen.
5. Die Wettbewerbsfähigkeit wird methodisch unterschiedlich konzipiert: So definiert etwa das IMD, Lausanne, die Wettbewerbsfähigkeit als nachhaltige Unterstützung der Wertschöpfung eines Landes über die Rahmenbedingungen, während das WEF, Davos, die Institutionen und Politiken, die nachhaltig das Wachstum fördern, in den Vordergrund stellt.
6. Wie unterschiedlich einzelne Länder bei den einzelnenen Rankings eingestuft werden, soll am Beispiel Finnlands gezeigt werden. Das IMD reiht Finnland an

4. Stelle, das WEF auf Platz 19 und beim Freedom Index des Fraser Institute rangiert Finnland an 36. Stelle.

7. Der Zeitraum, innerhalb dessen verglichen wird, ist bei den einzelnen rankings ebenfalls unterschiedlich dimensioniert, er liegt zwischen 10 und 30 Jahren.

Aus dem Gesagten wird deutlich, dass aus den mit unterschiedlichen Ansätzen, Methoden und Bewertungskriterien erstellten und daher nicht vergleichbaren Rankings keine für die einzelnen Länder objektiven Anhaltspunkte oder gar umsetzbare Handlungsanleitungen gewonnen werden können.

Da im internationalen Vergleich der verschiedenen Freedom-Indizes keine Besserung der österreichischen Situation zu erhoffen ist, jene aber dringend und nachhaltig erforderlich erscheint, soll ein neuer Public-Performance-Index entwickelt werden.

4. Die staatlichen Rahmenbedingungen in Österreich

- Seit Mitte der 80er Jahre leidet die Wirtschaft unter ständig neuen bürokratischen Maßnahmen der staatlichen Verwaltung. Fortlaufend komme neue bürokratische Belastungen in Form zusätzlicher gesetzlicher Regelungen hinzu, die nur Zeit und Geld kosten und zu Lasten von Wachstum und Beschäftigung gehen.
- Dies trifft vor allem viele österreichische KMUs, die den Belastungen nicht ausweichen können. Große Konzerne – vor allem die „global players" finden demgegenüber immer Mittel und Wege, um die Belastungen anders zu kompensieren.
- Der tatsächliche Umfang staatlicher Aktivität wird geschickt kaschiert durch Umgliederungen, Ausgliederungen und „Scheinprivatisierungen" (Austrocontrol, AMS, Staatsschuldenverwaltung etc.).
- Da der Staat bestimmte Aufgaben mit dem verfügbaren Personal und Know-how selbst nicht mehr bewältigen kann, ist er gezwungen, den Weg des *Outsourcing* zu beschreiten. Beispiel: PKW-An-, Ab- und Ummeldung durch private Versicherungsunternehmen. Diese haben freudig zugegriffen. Sie werden dafür ja auch entsprechend entschädigt.
- Der Finanzminister hat 1999 eine neue „kreative" Buchhaltung ersonnen: Einerseits wird die Schattenwirtschaft neuerdings offiziell mit 2 % in der Volkseinkommensstatistik berücksichtigt und andererseits werden bestimmte Ausgaben der Gebietskörperschaften sowie der Fonds nicht mehr den staatlichen Schulden zugerechnet, nur um die Maastricht-Kriterien zu erfüllen.
- In weiten Teilen der österreichischen Verwaltung fehlen weiterhin klare Zielvereinbarungen, sowohl im strategischen als auch im operativen Bereich.
- Im Bereich der öffentlichen Verwaltung werden weiterhin Reformprojekte angekündigt, ohne dass sich im staatlichen Sektor weder quantitativ noch qualitativ wirklich etwas bewegt. Zuletzt ist dies im Dezember 1997 geschehen. Unter dem klingenden Titel „VIP" (Verwaltungs-Innovations-Programm) hat die Bundesregierung einige Pilotprojekte und ressortinterne Maßnahmen beschlossen.

Man übernimmt die Terminologie ausländischer Reformprojekte (New Public Management, Outsourcing, Contracting etc.), ohne dass sich in der Sache selbst etwas ändert.

5. Der Public-Performance-Index zur laufenden Beobachtung des Umfangs und der Qualität der staatlichen Verwaltung

Weil der Staat laufend seinen Bürgern und Unternehmen mehr verspricht als er hält, muss er regelmäßig einem systematischen Monitoring unterzogen werden. Unter Monitoring versteht man die laufende Beobachtung des Staates bei der Umsetzung von Projekten und/oder Programmen.

Mit dem **Public-Performance-Index** (PPI) kann man dem Staat ganz konkret auf die Finger schauen. Der PPI ist also eine Messsonde für Veränderungen im staatlichen Sektor aus der Perspektive der Wirtschaft. Damit kann sowohl der Umfang als auch die Qualität der staatlichen Dienstleistungen erfasst werden.

Monitoring behält das Ganze im Auge und untersucht, ob bei allen Einzelmaßnahmen der strategische Systemzusammenhang gewahrt bleibt. Durch systemische Vernetzung können Widersprüche zwischen den Teilelementen eines Systems aufgedeckt werden. Wesentliches Kriterium ist, ob es gelingt, die Elemente eines Systems so aufeinander abzustimmen, dass die Leistungsfähigkeit des Gesamtsystems hoch ist. Monitoring soll im Kern die Nachhaltigkeit und Stabilität der staatlichen Wirtschaftspolitik sicherstellen.

Der PPI besteht aus zwei Komponenten, einer qualitativen und einer quantitativen Komponente.

Diese qualitative **Komponente** soll durch Befragungen die Einstellungen der Bürger und Unternehmen hinsichtlich der Qualität der staatlichen Dienstleistungen erfassen.

Als **quantitativer Rohstoff** dient zunächst das bestehende Kennzahlenmaterial der amtlichen Statistik. Freilich müssen hier einige der so genannten Staatsquoten neu definiert werden, da die derzeit vorliegenden Staatsquoten nicht sehr aussagefähig sind.

- Staatsquoten und echte Staatsquote;
- staatliche Subventionen;
- pragmatisierte Beamte;
- nicht pragmatisierte Beamte;
- Gesamtschuldenstand aller Gebietskörperschaften inklusive außerbudgetärer Finanzierungen sowie Haftungsgarantien;
- öffentliche Unternehmen;
- Umverteilungsquote;
- öffentliche Investitonen;
- öffentlicher Konsum.

Aus den bestehenden „harten Daten" werden **fünf Teilindizes** gebildet, die zu einem Gesamtindex zusammengefasst werden. Dieser Wert wird erstmals für 1999 berechnet und gleich 100 gesetzt. Dies ist der Basiswert für die Beobachtung des Umfanges staatlicher Aktivität im Zeitraum bis 2005. Daneben erfolgt auch eine „Rückrechnung" (ex post-Prognose) bis 1994.

Literaturverzeichnis

Bayer, K., (et al.), Der Staat und seine Funktionen, Neue Formen der Erfüllung öffentlicher Aufgaben. Ergebnisse eines Forschungsprojektes des BM für Finanzen, Wien 1998

Gwartney J.D./Walker M., Economic Freedom of the World, Vancouver 2000

IMD, The World Competiveness Yearbook, Lausanne 1997

Klingebiel, N., Performance Measurement, Grundlagen – Ansätze – Fallstudien, Wiesbaden 1999

Messick, R., Freedom Index, Annual Report, Freedom House, San Francisco (1996)

OECD, Public Management Service, In Search of Results – Performance Management Practices in 10 OECD Countries, Paris 1996

OECD, PUMA Public Management, Occasional Papers, Performance Measurement in government: Issues and Illustrations, 1994, No. 5, Paris 1994

Rossmann, B., Leistungsmessung und Erfolgsmaßstäbe im öffentlichen Sektor, in: Wirtschaft und Gesellschaft, 23. Jahrgang (1997), Heft 2

Stübler, W. Staatsquoten 1998, in: Statistische Nachrichten, Heft 11, Wien 1999

FOKUS 13: The employment impact of communication and information technology in 2005: A possible application of the „long wave" concept?

von Walter Scherrer

1. The Nature of Long Waves

Since the end of the „golden age" in the mid 1970s the rate of economic growth has declined significantly while unemployment has markedly increased and has remained at high levels in most industrialised nations since then. Even during upswings of the business cycle labour market conditions have improved only moderately – if at all – so that it is tempting to view this period as the downswing of a long wave of economic development. Kondratieff (1926; english: 1935) concluded from the analysis of long time series of economic indicators that the economic development of nations can be characterized by long cycles of about half a century's duration. Although Kondratieff acknowledged that the concept of long waves had been developed earlier it was his study which initiated a controversy on the existence of long cycles of economic development.

From a large number of studies Goldstein (1988) calculated averages for the years to be considered the turning points. Thus the troughs of those cycles for which sufficient statistical data is available are in the years 1790, 1848, 1893 and 1940, while the peaks occurred in 1814, 1872, 1917 and 1968. These „exact" figures should be taken – following Kondratieff (1935, p.111) – only as point estimates within an interval of five to seven years. A major empirical property of long waves is that during upswings the number of years of prosperity are more numerous whereas years of recession/depression predominate during downswings. While major discoveries and inventions often occur during downswing periods the introduction and diffusion of new technologies and industries is the driving force of upswings which are amplified by the regional widening of markets.

Politics both in the U.S. and in Europe bet on the CI-technologies to maintain international competitiveness, to induce economic growth, and to generate employment. This is the core message of the U.S. government's plan to establish a nationwide information network which is associated with the name of the U.S. vice president Al Gore and it is also at the center of the EU-Commission's White Paper on *Growth, Competitiveness, Employment*. Following Freeman/Soete (1994, 42) CIT can be defined as a new techno-economic paradigm based on an interconnected set of radical innovations in computers, software engineering, control systems, integrated circuits and telecommunication.

Three questions are derived from the long wave concept and will guide the course of the paper: First, do communication and information technologies (CIT) have the technical and economic potential for becoming a driving force for another Kondratieff-wave? Second, what are the conditions in the society's institutional structure required for a diffusion of CIT to generate an upswing of a long wave? And third, what will the impact of CIT be on the level and structur of employment? Finally conclusions are drawn concerning the potential of the long wave concept for analysing the impact of technological change on long-term economic development.

2. Communication and Information Technology: Key to Another Long Upswing?

In his seminal work Kondratieff intended merely to *describe* the phenomenon of long waves; he did not claim having developed a *theory* of long waves. He emphasized the critical role of new technology for the long run development of capitalist economies and recognised that the endogenisation of the innovation process is crucial for a model of long term economic development. It is highly likely, he argued, that direction and intensity of technical change are determined by „the necessities of real life" and by the proceeding development of science and technique. Therefore it is not by coincidence that in numerous cases the same inventions and discoveries are made at the same time at different places and entirely different of one another (Kondratieff 1935, p.112).

But not inventions itself will initiate the upswing of a long wave but their application and diffusion throughout the economy. Therefore usually knowledge about the fundamentals of key technologies of a long wave had been existing already before it was applied in the economy on a large scale. So it was the case with the functional principles of the steam engine, of railways, electricity, and the combustion engine, and so it is the case with computer technology as a key technology for communication and information technologies which are potentially the engines of a long wave. Schumpeter (1939) emphasized the role of profit driven innovative entrepreneurs within this process. The first-time successful economic application of a new technology – which of course involves to take some risk by the innovator – yields a temporary extra profit which acts as an incentive for innovation. The diffusion of new technologies is augmented by imitation by other entrepreneurs which are forced by the market competition to follow suit. Investment of firms and households in new equipment and education, firms' investment in the reorganization of production, and investment in the build-up of new infrastructures consequently create an economic boom. So during the upswing demand for goods and services which incorporate the new technology grows faster than the supply. But as the diffusion process is continued the production capacity of the economy will be raised as improved methods of production are applied more widely, and demand growth will be limited by saturation effects. The resultant pressure on prices will reduce the entrepreneurs' incentive for further investment; economic growth is going to stagnate and the economy will turn into a downswing.

The diffusion of new technology can provide an explanation of long waves only if the impact of some innovations is strong enough as to cause major perturbations in the entire economy because many branches are affected directly or at least indirectly by the emergence of this technology. Kondratieff's analysis suggests that railways and electrical power met this requirement as both are sufficiently pervasive (they affect the entire economy) and its build-up and the adjustment of the production structure required a long time. So the first important question is: Does CIT have the potential for generating a long-term upswing?

Within the long wave concept three important kinds of branches can be distinguished (Perez 1981): In *motive branches* like the computer industry the key factors and other inputs directly associated with the new technology are produced; these industries' role is to maintain and deepen the relative cost advantage of the new technology. *Carrier branches* like the telecom network operators and providers of new services (e.g. multimedia, databanks) make intensive use of the key factor, are the branches best adapted to the „ideal" organization of production, induce a great variety of investment opportunities up- and downstream (among them and most important, great infrastructural investment) and, therefore significantly influence economic growth. Finally the diffusion of new technology affects the *induced branches* once the appropriate infrastructure is available and the social and institutional conditions for the application of the new technology are given.

Communication and information technology is characterized by its wide applicability to almost all sectors of the economy and its rapid diffusion. A few examples should get the proportions right.

1. Defining the CIT-sector as the sum of the markets for telecommunications equipment and services plus computer hardware, software, and services, the sector's total revenue comprised 1,37 trillion U.S. dollar in 1995 (ITU 1997). Throughout the 1990s the global information sector has grown faster than the overall economy; its contribution to the world's domestic product is more than 6 per cent.

2. In the development of some *motive branches* the speed of technological advancement has been impressive. The first memory chips introduced by Intel at the beginning of the 1970s held 1.000 digital bits of information while today's 16 MB D-RAMs have a capacity of 16 million bits. Further refinements and advances of technology can be expected and will continue to boost computer power.

3. The development of the telecom industry – an important *carrier branch* – in the OECD countries yields a less clear picture. ITU-data show that the share of telecom revenues in industrial countries' gross domestic product has been increasing during the last decade from approximately 1.85 per cent on average to approximately 2¼ per cent. As is expected from a long cycle perspective there is a strong upward trend in telecom gross investment over the past two decades, too. But in most industrialized countries (e.g. Canada, Belgium, Denmark, Norway, Switzerland, United Kingdom, Sweden, Italy) the peak of investment had been reached already in the late 1980s and early 1990s. This fits less neatly with the assumption that the telecom sector to be a significant carrier-branch.

4. The analysis of the growth impact of computer use – a major channel through which *induced branches* are affected by CIT –, finally, has been most intensively discussed. Recent studies suggest that the impact of computers on the overall economic growth rate is only very small – between a twenty fifth of a

percentage point (Romer 1988) and about one third of a percentage point (Oliner/Sichel 1994). First, this is due to the small share of computer equipment in the capital stock (e.g. approximately two per cent in the U.S. in 1993). In comparison railroads, the key technology of the third Kondratieff-cycle, accounted for about 18 per cent of the U.S. stock of business capital in 1890 (Sichel/Oliner 1994, p.314). Second, a large part of computer output comprises intermediate services which do not add directly to gross domestic product. Third, in some cases the improved quality of final output which is produced with computers is not captured by the national accounts.

5. The discussion of the growth impact of computers also raised some conceptual problems of measuring the economic impact of CIT and of deflating computer and software prices (Baily/Gordon 1988, OECD 1995). As the prices of investment goods have been increasing at a lower speed than the average price level the share of business investment in gross domestic product has developed much less dynamic in nominal terms than in real terms. This is largely due to the reduction of prices in computer equipment: In the United States the share of computer equipment in total business investment increased from 6.5 per cent in 1985 to 7.8 per cent in 1994 in nominal terms. Using a hedonic deflation method which is aimed at taking explicitly into account the improvement in computing and storage capacity and quality this share increased from 4.7 per cent to 20 per cent when expressed in real terms.

3. New Technology and Socio-Economic Change

3.1. The Need for Change

A distinctive feature of long wave research is that technological progress has never been conceived as a free good, or a residual to whittle away with, or something like manna from heaven. Kondratieff and Schumpeter considered technological progress as being largely determined by the interaction of economic, social, and institutional factors and impacts from natural sciences. This section discusses the role of non-economic forces for shaping the process of technological change during a long wave and addresses the question in particular why there is a clustering of innovations in key technologies at the begin of the *upswing* of the long cycle.

Some insights can be gained from a *macro*-(economic) explanation of long waves within a neoclassical frame by Neumann (1990) in which long cycles are driven by longrun changes in the rate of time preference. Upswings are characterized by buoyant investment activity indicating a low rate of time preference because investment requires to foregoe present consumption for improved future consumption possibilities. A low time preference is conducive to saving which provides the necessary financial capital for investment to spur economic growth. Therefore it is conducive to the diffusion of new technology, too. As income is increasing during the upswing, economic agents project the favourable economic performance into the future and raise their rate of time preference. The increased preference for present consumption and present income brings the distribution of (present and future) income on top of the economic and political agenda. Thus the upswing-period of rapid capital accumulation will be superseded by a period of distributional struggles with major state intervention in the income distribution. Saving and investment is reduced which turns the economy into a downswing. The change in the „Zeitgeist" does not become effective immediately but goes hand in hand with the change between accumulation – oriented generations (which predominate in upswings) and distribution – minded generations (which predominate in downswings). So the long duration of the cycle is a consequence of the time consuming process of generational change.

Not surprisingly the macroeconomic approach meets its limitations when problems of *structural* change – which are inherent to technical change! – are to be addressed. An adequate way to overcome these limitations is the use of the „technological style" concept which emphasizes the social and institutional dimensions of the long wave phenomenon. A technological style is „a kind of 'ideal type' of productive organization or best technological 'common sense'" and „the *particular historical form* of such a paradigm would evolve out of certain key technological developments, which result in a substantial change in the relative cost structure facing industry and which, at the same time, open a wide range of new opportunities for taking advantage of this particular evolution" (Perez 1983, p.361; emphasis by W.S.).

The diffusion of a new style requires the restructuring of the entire economy; it will affect the organization and location of production, the required skill profile of the workforce, the product structure of output, the buildup of new infrastructure. As the new style makes its way it causes changes in the distribution of income and social status. The potential loosers of the new style and their losses generally can be identified in advance much easier than those who will benefit from the new style and their gains. This causes inertia in the institutions of the society as those who are benefiting from the old style still dominate the institutions and will try to defend that style as long as possible. When the potential of the prevailing old style for generating productivity growth is exhausted and the economy is stagnating the institutions get adapted to the requirements of the new technological style. Consequently the second important question is: What are the major properties of the CIT-style and what are the requirements for adapting the socio-institutional structure to that style?

3.2. CIT and Socio-Economic Change

The most prominent features of the communication and information technology style can be summarised (nearly without any exaggeration) as follows: Integrated firms produce a quickly changing mix of services which are – combined with some physical goods – aimed at providing comprehensive solutions for customers. Flat horizontal structures and flexible production systems will characterize the individual firm's organization, production will be organised in networks of firms and performed by multi-skilled workers. Increased speed, storage capacity and flexibility, networking (Freeman/Soete 1994) and globalisation will determine the CIT-style and reduce production cost and the transaction cost of trade significantly. As many individuals will not be able to cope with information overload and will not be accustomed to interacting with electronic information applications, the new style confronts both economic agents and economic policy makers with new challenges.

Economic agents are faced with the need to overcome the fordist organization of production because a mere implantation of new technology into the existing organizational structure does not allow for fully taking advantage of its economic potential. During the last decade some post-fordist concepts of work organization which are attributable to the CIT-style already have broken their way in Europe and in the United States. The scepticism of economic agents about the implementation of new technologies can be exemplified by the interest in teleworking: „The technical hurdles of teleworking are largely conquered and the main limitations on its growth are now corporate scepticism about the costs and benefits of telecommuting and fear of losing control over employees" (1). Intensified competition on a global scale mostly due to the emergence of new competitors and further liberalisation of international markets certainly have acted as a driving force for the adaption of these concepts. An explanation from a long-wave perspective is that as the problems to maintain profitability under the old style became more pressing the principal willingness to adopt to the new style was increasing particularly among those firms which were exposed to international competition. With international economic integration having become more intense and the widespread use of CIT similar developments have been increasingly taken place in formerly sheltered sectors like retail trade, banking, and other service industries.

Economic policy therefore is confronted with a need to rethink its position in the economy. In an information-driven economy it seems quite natural that the government's role of a provider of information should be enhanced, but the increased complexity of the production process will most of all require to form a new understanding of government control and regulation. Globalisation of the economy (which is finally due to the application of CIT!) favours the regional separation of productivity gains on the one hand and profit and wage increases on the other hand. As direct control of industries shall not be feasible in a globalised economy any longer and the scope for protecting social groups and interests at the level of individual nations will be limited the need for tackling the problem of institutional adjustment at the supranational level has become more pressing. Comparing the capacity of international politics to adjust the institutions to the new style in the 1980s and 1990s with the situation in the 1940s the conclusion has to be drawn that the problem-solving capacity of international politics to pave the way for an upswing of a new long cycle is now significantly lagging behind this capacity at the begin of the fourth Kondratieff cycle. It is disappointing to compare the time spans needed for creating the Bretton Woods institutions, GATT and OEEC in the 1940s with the time spans which have been needed to found the WTO, to develop a weak institutional framework to combat global environmental problems on a global scale, and to compromise on the liberalisation of the telecom industry in the European Union.

The reasons for the slow pace of institutional adjustment are manyfold, the more diverse spectrum of voices in international politics in the 1990s being just one reason. Also the degree of uncertainty is high as far as the goals of policy and the appropriate instruments to prepare the institutional structure for the CIT-style are concerned. What is the „information society" to look like and what are the required institutional changes? What are the benefits of CIT and how will the benefits be distributed among the members of society? From a long wave perspective liberalising an important carrier branch like telecommunications – a process which has been taking place in most industrialised countries – is a straightforward strategy to accelerate growth of that key industry. But the process of liberalisation and flexibilisation reaches far beyond: What is the appropriate form and extent of flexibility which is required by the new style? Particularly in the labour field most social institutions which have emerged during the last decades might be called in question.

4. Employment and the Long Wave

Even if it could be taken for granted that CIT has the techno-economic and socio-institutional capacity to carry an upswing of the Kondratieff-cycle the analysis of CIT's impact on employment leaves the question open whether the compensating effects of new technology exceed its job displacement effects. The optimistic view holds that technical progress will save time and resources in production, and the cost reduction will release endogenous compensating forces. First, in competitive markets there is a tendency to pass on the reduction of production cost to the consumers via lower prices of goods thus improving purchasing power and stabilising demand for goods and consequently demand for labour. Second, the cost reduction caused by the use of new technology raises the firms' profits and thus increases their ability to accumulate capital and to employ displaced workers. Third, as investment in new equipment and infrastructure is necessary for implementing new technology, jobs will be created particularly in the capital goods sector. Fourth, the effects which compensate for job displacement effects of new technology will be augmented if it generates major product innovations. Therefore flexible labour markets ensure that unemployment will occur – if at all – only transitorily because endogenous forces bring the economy back to a high level of employment.

But if such endogenous forces will work sufficiently well is not undisputed. It was first Ricardo (1821, p.468) who discussed the employment impact of new technology critically when he wrote *on Machinery* that „the substitution of machinery for human labour, is often very injurious to the interests of the class of labourers". Capital accumulation is necessary for maintaining a high level of employment but it also reinforces the tendency towards accelerated implementation of labour saving technology. The critical role of employment in the investment goods industries for assessing the employment impact of new technology was emphasized by Lederer (1931). The transitory increase of employment during the process of restructuring the economy's capital equipment will soon be outweighed by the permanent labour saving effects of the capital goods which incorporate the new technology. While productivity and production potential are increased by investment it is not sure if demand for goods produced with the new equipment will follow. An automatic compensation via increased purchasing power rests not only on the assumption of labour market flexibility but also on the assumptions that demand is flexible, and that the "new" goods match with the demand patterns.

In *former* Kondratieff-cycles during the upswings investment in new technology and the complementary infrastructure triggered significant employment effects. Transitory obstacles to the increase of employment during the first years of an upswing can be shortages of specific skills which are essential in the context of the new technological style, and inertia of social institutions, in particular insufficient adaptability of work arrangements to the new style. When the new technology matured during the diffusion process its capacity to generate employment through investment vanished. A rising level of production generated increasing economies of scale and the standardisation of products and processes led to cost pressure and more intensive competition. This led firms to concentrate their research and development efforts on improving the efficiency of the production technology so that investment motives shifted from extending the production capacity towards cost cutting and labour saving replacement investment. Demand for labour thus was weak and would diminish further as in the beginning downswing of the long wave demand for consumer goods of the old style would meet market saturation.

Many features of this stylised pattern of the distribution of employment effects over time are confirmed by the economic development during the time span which comprises the fourth Kondratieff-cycle. But is this pattern to re-emerge in the fifth long cycle? For an appraisal of the future employment impact of CIT the analysis of some peculiarities and the comparison with past cycles might yield interesting insights in the employment impact of the implementation and diffusion of CIT.

1. The fifth Kondratieff-cycle will be the first one to be generated and carried not by the use of a material resource or energy but by the input of an *immaterial* resource (information) which might imply some weakening of the compensating forces. Information and organization structures exist within any organization at any time, and as these structures are immaterial per se they do not undergo the process of physical depreciation. So there is little „physical" need to replace an economically outdated organizational structure.

2. Employment in the computer equipment sector – a major *motive* branche – has grown by almost 15 per cent since the early 1980s creating close to 150.000 new jobs across the OECD area (Bayar/Montagnier 1996) but is still small. Broken down to the firm level among the top 25 information-communication companies only producers of CIT equipment have increased employment since 1992/93. Of course it can be expected that once information infrastructures are available this will lead to growing demand and thus employment will be generated in content-creating industries such as television/film programming and computer software. So for example, from 1992-2005, demand for computer analysts/programmers in the United States is forecast to double (ITU 1995) which marks an impressive relative growth indeed but the absolute numbers being far less impressive.

3. The motive and carrier industries' *demand for complementary goods and services* is significantly smaller than in the fourth Kondratieff cycle (e.g. the car industry's demand for intermediate goods). In addition, the car industry provided more job opportunities in the complementary service industries than the CI-industry does because the average economic life of a car is considerably longer than the average life time of most CIT-based goods. The „primary useful life" of CIT-equipment is estimated to end after 24-30 months, the end of technolgical life is reached within 36-48 months (2). Some CIT-based durable goods (like digital telephone exchanges) have improved functionality, reliability and quality of service so much that the demand for maintenance staff has been reduced significantly.

4. A specific feature of CIT is that the key technology is largely applied in the *carrier* industries like telecom, communication and information equipment

industry already in an *early phase* of the cycle. These industries are capital-intensive, and continuous improvements in quality and functionality of equipment ruduce labor intensity of production. Thus although output growth might be strong there will be not many jobs generated in these industries or even jobs will be lost in these industries. Employment in the world-wide telecommunications service industry for example is about five million persons and has declined by 6 per cent since 1982 (ITU 1995). While in the less developed areas of the world telecom employment has increased markedly it has been different in most industrialized nations (3): A first group of countries has experienced a steady decline of telecom employment since 1980 like Australia, Japan, the United States, Canada (about minus 30 per cent each), Belgium and Norway (about minus 10 per cent each). In a second group telecom employment has been dropping since the second half of the 1980s like the United Kingdom (minus 35 per cent since 1988) and Sweden (minus 20 percent since 1986). In a third group telecom employment now is between 3 per cent and 15 per cent higher than in 1980 but the employment trend is falling (i.e. the peak of telecom employment had been reached between 1988 and 1992) like in Austria, Switzerland, Denmark, Germany, Italy, the Netherlands and Spain. An analysis across industrialized countries shows that in the 1980s strong investment increases usually went hand in hand with employment gains while in the 1990s even higher investment would have been required to stabilize telecom employment.

5. CIT-based *product innovations* are often only of an incremental nature and improve the quality of already existing goods and services without generating an inherently new product. Genuine product innovations like telebanking and teleshopping so far lack the broad acceptance by the potential consumers.

6. Many innovations based on CIT are *process oriented innovations* or replace existing products and services. „Multimedia" is frequently considered *the* CIT-based growth industry of the future (e.g. Bayar/Montagnier 1996): Multimedia *systems/products* comprise hardware and software like video servers and optical storage media which are the technical basis for multimedia *applications* which provide solutions for specific customer needs. Multimedia *services* comprise the provision of information-related services which are offered by firms to other firms and consumers.

   Empirical estimates of job gains in the multimedia industry suggest that in the foreseeable future these gains will probably be moderate. For example in Germany the net job impact of multimedia until the year 2000 is estimated at about 100.000 to 200.000 jobs (4) while the total German media and communication industry (print and electronic media) is estimated to experience an annual employment increase of only ½ per cent until 2010 (Hummel/Saul 1997).

7. The universal applicability of CIT-based process innovations allows for labor productivity gains in all sectors of the economy. As in the downturn of a long cycle rationalization and cost reduction is the predominant investment motive the proliferation of CIT should have labor saving impact. If CIT are implemented thoroughly Thome (1997) estimates that – mostly in induced branches – more than six million currently existing jobs will be lost in the public and private sectors in Germany alone.

8. Finally and in contrast to the last Kondratieff-cycle the job-creating potential of the key technologies becomes in segments of the labor market effective in which unemployment is not a major problem but skill segments in which labor supply falls short of demand.

So the overall job impact of CIT might be relatively small in the medium term. This should not be too great a surprise as historical analogies of the diffusion of new key technology across the economy show that such a process takes a very long time (David 1990). Even the International Telecommunication Union holds that the generation that will build the global infrastructure for the information society may not see the benefits (ITU 1995, p.137). So a major medium term labour market issue raised by the diffusion of CIT is its impact on the structure of employment and skill requirements, on work organization, and tendencies towards a polarisation of the workforce.

5. The Significance of the Long Wave Concept

The long wave concept has never been embedded in the economic mainstream but it has been continually developed by a minority within the profession. An assessment of the labour market impact of CIT from a long wave perspective suggests that this technology's contribution to restoring full employment or at least to achieving a marked decrease in unemployment is likely to be weak in the foreseeable future. For the conduct of *economic policy* this means that complementary policies are necessary. The study of long waves suggests in particular the regional extension of the markets which could be achieved by investing in the development of areas with currently low purchasing power in the world markets. For economic policy making another last but not least psychologically important implication can be derived from the long wave concept: If an economy's development is characterized by long swings then long-term extrapolations of current trends are improper guesses of the future development. So there is no rationale in aggravating pessimism during downswings and in encouraging euphoria during upswings.

From a *methodological* perspective the long wave concept provides an appropriate framework even if unsettled issues concerning the statistical proof of the existence of long waves are considered. It is an appropriate framework for analysing long-term economic change and for formulating a research agenda on the labour market impact of CIT. Although the cyclical property of long term economic development is at its core, the long wave concept is founded on a non-deterministic world view as the dynamics of the economic system unfold as a consequence of evolutionary institutional change.

A major property of the concept is that it allows for periods in which labour saving effects of new technology exceed the compensating effects to be followed by periods in which compensating effects exceed labour saving effects. In this regard the long wave concept provides a meta-theory of social, technological, and economic development and a framework for the theoretical analysis of the new technology's specific properties. The concept is neither biased toward technophobia nor toward techno-euphoria, it is open to empirical research: Research is to identify conditions under which the compensating effects do meet job displacement effects of new technologies.

The long wave concept, finally, allows to integrate insights from a wide range of scientific disciplines and thus paving the way for re-introducing the historical dimension into long term economic analysis in particular. Historical analysis is useful for assessing the speed of diffusion and the long term impact of new technology in general (David 1990) and information technology in particular (Hall/Preston 1988).

Notes

(1) Financial Times Review of Information Technology, 04-12-1996.

(2) Financial Times Review of Information Technology, 05-11-1997, citing research of Gartner Group.

(3) The following figures are calculated from the ITU World Telecommunication Indicators data base on diskette.

Multi-Media-Practice Group of Roland Berger Consulting; in: VDI-Nachrichten, 02-02-1996.

References

Baily, M.N./**Gordon**, R.J., The Productivity Slowdown, Measurement Issues, and the Explosion of Computer Power, Brookings Papers on Economic Activity, 2; pp. 347-431, 1988

Bayar, V./**Montagnier**, P., The Information Technology Industry, OECD Observer No.198, February/March 1996

CEC - Commission of the European Communities, Growth, Competitiveness, Employment - the Challenges and Ways Forward into the 21st Century: White Paper, COM(93) 700 final (Brussels: CEC), 1993

David, P., The Dynamo and the Computer: An Historical Perspective on the Modern Productivity Paradox. American Economic Review, Vol.80 (2), pp. 355-361, 1990

Freeman, Ch./**Soete**, L., Work for all or Mass Unemployment. Computerised Technical Change into the 21st Century, London 1994

Goldstein, J., Long Cycles: Prosperity and War in the Modern Age, New Haven and London 1988

Hall, P./**Preston**, P., The carrier wave: new information technology and the geography of innovation, 1846 - 2003. London 1998

Hummel, M./**Saul**, Ch., Beschäftigungspotentiale neuer elektronischer Medien, ifo-Schnelldienst, 3; 3-18; 1997

International Telecommunication Union - ITU, World Telecommunication Development Report, Geneva 1995, 1997

Kondratieff, N.D., The long waves in economic life. The Review of Economic Statistics, Vol.XVII, No.6, November 1935.

Lederer, E., Technischer Fortschritt und Arbeitslosigkeit, Tübingen 1931

Neumann, M., Zukunftsperspektiven im Wandel. Lange Wellen in Wirtschaft und Politik, Tübingen 1931

OECD, Economic Outlook 57, June (Paris, OECD), 1995

Oliner, S.D./**Sichel**, D.E., Computers and Output Growth Revisited: How Big Is the Puzzle? Brookings Papers on Economic Activity, 2; 273-334, 1994

Perez, C., Structural change and the assimilation of new technologies in the economic and social system, Futures 15, 357ff, 1983

Ricardo, D., On the Principles of Political Economy and Taxation, 3rd ed., London 1821

Romer, D., Comment to Baily/Gordon, Brookings Papers on Economic Activity, 2; pp. 425-428, 1988

Schumpeter, J.A., Business Cycles: A Theoretical, Historical and Statistical Analysis, New York 1939

Thome, R., Arbeit ohne Zukunft? Organisatorische Konsequenz der wirtschaftlichen Informationsverarbeitung, Munich 1997

Tylecote, A., The long wave in the world economy, London 1991

FOKUS 14: Regionales Wachstum bis 2005 durch die Multimedia-Wirtschaft? Eine Analyse am Beispiel des Bundeslandes Salzburg

von Richard Schmidjell

Viele Regionen Europas haben in jüngster Zeit die Multimedia-Wirtschaft als Wachstumsfaktor erkannt; in ihren Programmen haben sie die besondere Förderung dieses Wirtschaftszweiges bzw. die Bildung von Multimedia-Clustern als neues Ziel festgelegt. Betriebe und Berufe in neuen Medien haben Zukunft, lauten die Wirtschafts- und Arbeitsmarktprognosen. Multimedia gilt als „Job-Maschine". Dabei ist bis heute nicht klar, welche Tätigkeiten und Unternehmen tatsächlich zu den sogenannten Multimedia-Berufen gehören und welche nicht. Die schöne neue Welt der Medien, der ständige technische Wandel macht eine Definition relativ schwierig.

Allgemein gilt, dass unter den Oberbegriff „Multimedia" alle Tätigkeiten fallen, die mit den neuen Medien direkt in Verbindung stehen, egal ob es sich um Web-Design, elektronische Bildverarbeitung oder die Vorbereitung von Videokonferenzen handelt. Über diese Kerndefinition hinaus herrschen allerdings unterschiedliche Meinungen, was der Multimedia-Branche zuzurechnen ist; vor allem die unterschiedlichen Definitionen sind es auch, die zu unterschiedlichen Prognoseergebnissen führen.

1. Euphorische Prognosen

Das Marktforschungsinstitut PROGNOS rechnet beispielsweise in seinem Deutschlandreport damit, dass bis zum Jahr 2020 im Maschinenbau und in der Elektrotechnik jede fünfte Stelle „verschwindet". Umgekehrt entstehen durch Dienstleister, z. B. in Softwarehäusern, bei Multimedia- und Internetdiensten, neue Arbeitsplätze. Im selben Zeitraum werden lt. PROGNOS in diesen Multimedia-Bereichen in Deutschland vom Jahr 2000 bis zum Jahr 2020 insgesamt 2,5 Mio. Menschen mehr arbeiten als heute. Sowohl große wie auch kleine Multimedia-Firmen bestätigen den Bedarf an Mitarbeitern und beklagen, dass entsprechend qualifizierte Mitarbeiter nicht zur Verfügung stehen. Allerdings hat die Entwicklung bzw. die Zunahme der im Multimedia-Bereich Beschäftigten in den letzten Jahren viele überzogene „Prognosen" entzaubert.

Das Deutsche Bundesministerium für Forschung geht bis zum Jahr 2010 von jährlich 20.000 neuen Arbeitsplätzen in der Multimedia-Wirtschaft aus; bis zum Jahr 2005 würde dies für Deutschland etwa 100.000 neue Arbeitsplätze bedeuten. Das Münchner INFO-Institut, das eine Branchenumfrage unter deutschen Softwarefirmen, Anbietern von Dienstleistungen im Bereich der Datenverarbeitung und der Multimedia-Wirtschaft durchgeführt hat, ermittelte, dass vier von fünf Multimedia-

Unternehmen bis zum Jahresende planen, neues Personal einzustellen und annehmen, dass sich dieser Trend über die nächsten drei Jahre fortsetzt.

Auf der anderen Seite stellen Skeptiker fest, dass Multimedia zwar Arbeitsplätze schafft und sichert, aber keine neuen Stellen schafft, sondern es nur zur Verlagerung der Beschäftigung kommt. Pessimisten, wie der amerikanische Sozialforscher Jeremy Rifkin, sind sogar davon überzeugt, dass die Informations- und Multimedia-Wirtschaft eher Arbeitsplätze vernichtet als solche schafft.

Unabhängig davon, welche Prognosen nun tatsächliche eintreffen, eines ist unbestritten: Der Einsatz von Computern, Inter- und Intranet, Web-Cams, E-Mail, Datenbanken, Netzwerken und der – auch in Österreich allmählich langsam zunehmende – elektronische Handel (Electronic Commerce) verändern die Wirtschaftswelt. Neue Unternehmen und neue Arbeitsmöglichkeiten entstehen, alte verschwinden, vorhandene Tätigkeiten wandeln sich – und das alles in einem doch relativ rasanten Tempo. Alle Regionen versuchen deshalb, auf diese Entwicklung zu reagieren.

Überträgt man die deutschen Prognosen auf Österreich, so müssten bis 2005, also in den nächsten fünf Jahren, ca. 10.000 neue Arbeitsplätze in Multimedia-Betrieben entstehen. Österreich hinkt aber in der Entwicklung des Multimedia-Bereiches nach. Der österreichische Technologiebericht 1999 stellt fest, dass es in Österreich – im Gegensatz zu Deutschland – bisher nicht gelungen ist, im Multimedia-Bereich eine Phase besonders dynamischen Wachstums auszulösen. Der Zeitpfad der Gründungszahlen der Multimedia-Betriebe folgt in Österreich der Tendenz aller österreichischen Neugründungen, währenddessen zwischen 1990 und 1996 die jährlichen Gründungszahlen des Multimedia-Bereiches dreimal größer als im Durchschnitt waren. Die Ursache ist nach Ansicht der Autoren des Technologieberichts 1999 darin zu suchen, dass neben Wien keine nennenswerte weitere, diesen Sektor begünstigende Agglomeration in Österreich existiert und der Dienstleistungsanteil insgesamt noch zu niedrig ist.

Die Prognosen sind Anlass für viele Regionen, wie auch für das Bundesland Salzburg, für sich Chancen in der Entwicklung des Multimedia-Bereiches zu sehen. Das 1998 beschlossene Wirtschaftsleitbild des Landes sieht als zentrale Aufgabe die Schaffung eines Multimedia-Clusters und die Ansiedlung neuer Betriebe in diesem Wirtschaftssektor vor.

2. Charakteristika der Multimedia-Wirtschaft

Die digitale Medienwirtschaft ist ein junger Wirtschaftszweig, der sich auch in seiner Struktur von herkömmlichen Branchen weitgehend unterscheidet. Kennzeichen hiefür sind nicht nur neue Wort- und Sprachkreationen für die Unternehmen dieses Marktes, wie „Virtual Company", „Freelancer", „Content-Producer" u.a., sondern auch die Tatsache, dass es national wie international weder einheitliche Begriffsbestimmungen, noch die Verwendung einheitlicher technischer Standards- oder Rahmenbedingungen gibt. Weiters unterscheidet sich der digitale Medienmarkt dadurch, dass es neben international tätigen Konzernen, bei denen derzeit ein weltweiter Konzentrationsprozess unvermindert anhält (z. B. Übernahme von CBS durch Viacom im September 1999), leistungskräftige, jeweils nur regional tätige, mittelgroße „Zulieferunternehmen" und, gleichsam oszillierend, es eine große Zahl von jungen, kleinen Unternehmen – zum Teil als Einmannbetriebe – gibt, die auch – relativ standortgebunden – dort ihren Unternehmenssitz wählen, wo sie dem potentiellen Auftraggeber am nächsten sind. Hinzu kommen „neue Selbstständige" bzw. „Freelancer", die auf Werkvertragsbasis für bestimmte Projekte arbeiten, ohne selbst eine Betriebsgründung durchgeführt zu haben.

Charakteristisch ist weiters, dass diese verschiedenen Unternehmen Partnerschaften für Projekte in unterschiedlicher Form bilden und diese nach Projektende wieder beendet werden. Diese Vielfalt von Projektgemeinschaften, die sich ständig ändern, bringt ein Fehlen vergleichbarer und aussagekräftiger Statistiken, etwa über Beschäftigungseffekte in einer Multimedia-Wertschöpfungskette, mit sich. Dies auch, weil es sich bei den „Projekt-Partner-Firmen" um Unternehmen handelt, die sonst nur teilweise im Multimedia-Markt tätig sind, weshalb die Beschreibung der Markt- und Branchenstruktur schwierig ist.

3. Arbeitsverhältnisse der Zukunft

Das Normalarbeitsverhältnis – ein unbefristeter Vollzeitarbeitsplatz mit Präsenz in einem Unternehmen mit Aufstiegschancen und kontinuierlicher Einkommensentwicklung – wird in Zukunft seinen prägenden Charakter in der Arbeitslandschaft verlieren; in keinem Bereich ist dies so deutlich wie in der jungen Dienstleistungsbranche Multimedia, die heute schon zeigt, wie ab dem Jahr 2005 und danach neue Formen von Arbeit und Beschäftigung sein können. Im Multimedia-Bereich ist „neue Selbstständigkeit" als Oberbegriff für die verschiedenen Formen atypischer Beschäftigung einerseits ein Symptom für die Dynamik und das Entwicklungsstadium der Branche, andererseits für die Virtualisierung der Produktion und Leistungsprozesse. Die neuen Arbeitsverhältnisse sind dabei – wie die Multimedia-Branche deutlich zeigt – nicht nur die Reaktion auf die von den Unternehmen gewünschte größere Beweglichkeit, sondern auch ein Kennzeichen von Wertewandel und neuen Arbeitszeitpräferenzen bei den hochqualifizierten Beschäftigten. Aus der Sicht des Unternehmens ist die „neue Arbeit" eine Antwort auf den Kostendruck und die projektorientierte Arbeit. Aus Sicht der Mitarbeiter ist schon heute festzustellen, dass gerade die auf dem Arbeitsmarkt besonders gesuchten Multimedia-Spezialisten – hochqualifiziert, jung, räumlich und geistig beweglich, eigenmotiviert – mehr Freiheit haben wollen, ihre Wünsche hinsichtlich Arbeitszeit, Art und Umfang der Tätigkeit sowie Bindungsdauer auch zu realisieren.

Wie kaum ein anderer Wirtschaftszweig greift die Medienbranche im großen Umfang auf freie Mitarbeiter und externe Dienstleister zurück. Eine in der Bundesrepublik Deutschland durchgeführte Erhebung (Michel Lutz T.: „Qualifikationsprofile und Qualifikationsbedarf in der professionellen Multimedia-Produktion", Essen, Köln 1996, Studie in Kooperation mit dem AIM – Ausbildung in Medienberufen) ergab, dass in einem Multimedia-Unternehmen in Deutschland im Durchschnitt zwölf feste und acht freie Mitarbeiter beschäftigt sind.

Neben der Beschäftigung freier Mitarbeiter, die in der Regel auf Projektbasis erfolgt, spielt in großen Medienunternehmen der Einkauf spezifischer Leistung von externen Dienstleistern eine Rolle. Während bei den freien Beschäftigten kreative Tätigkeiten den Schwerpunkt ihrer Arbeit bilden – hier überwiegen Autoren, Designer, Kameraleute usw. – werden externe Dienstleister (Subunternehmer) für das gesamte Spektrum an technischen und gestalterischen Aufgaben eines Medienproduzenten eingesetzt. Dabei muss es sich nicht um selbstständige Unternehmen, sondern auch um neue Selbstständige (genannt „Freelancer") handeln. Lediglich für kaufmännisch-administrative Aufgaben greifen Unternehmen nach wie vor überwiegend auf fest angestellte Mitarbeiter zurück.

4. Arbeit in Wertschöpfungsketten

Der Trend geht dabei eindeutig in Richtung der von vielen Kleinen, allenfalls mit wenigen Großen gebildeten virtuellen Unternehmen und internationalen Ausrichtung der Netzwerke. Die Multimedia-Branche profitiert dabei europaweit überdurchschnittlich von der aktuellen Gründerwelle – zum einen, weil das Equipment wenig Kapitaleinsatz im Vergleich zu anderen Technologiefeldern erfordert, zum anderen, weil die Produkte dieser Branche im Erfahrungshorizont der Computergeneration liegen. Nicht nur die Fluktuation von Existenzgründern ist allerdings groß, sondern auch das Entstehen von virtuellen Unternehmen im Netzwerk bzw. neue Formen der Kooperation, wie die Koproduktion oder das Copublishing: Das Produkt wird in enger Zusammenarbeit mit Entwicklern erstellt, die Kooperationspartner gehen mit ins Risiko und werden an den Erlösen beteiligt.

Maßgeblich für die neue Selbstständigkeit in der jungen Dienstleistungsbranche Multimedia ist allerdings die Kooperation mit etablierten, größeren Unternehmen der Medienwirtschaft einschließlich der Werbewirtschaft. Diese Tatsache reduziert die Chancen, Multimedia als Wachstumschance für viele Regionen zu sehen. Dass die Arbeit dank der Möglichkeiten der Telekommunikation, insbesondere im Multimedia-Bereich – von welchem Standort aus immer – auch verwirklicht werden kann, bedeutet nicht, dass jede Region an dem Wachstum der Multimedia-Wirtschaft Anteil haben kann.

Mangels eines entsprechenden Schemas der Gliederung der Multimedia-Wirtschaft soll die folgende Abbildung einen groben Überblick über das „Arbeitsmodell Multimedia-Wirtschaft" geben.

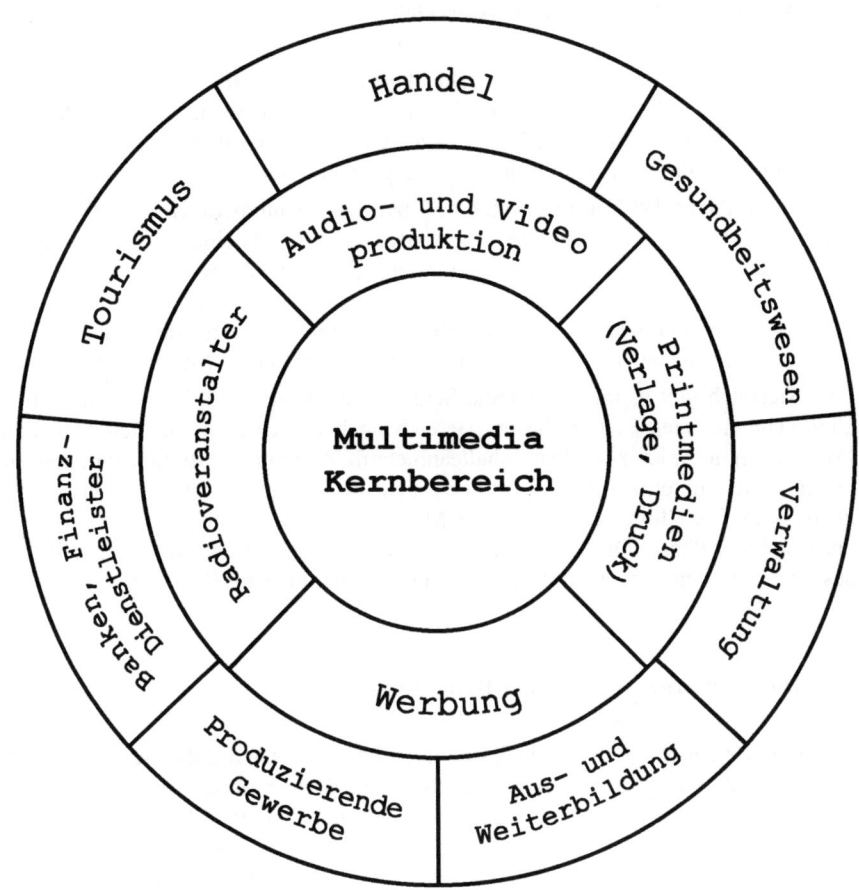

Kernbereich: Neue Medien, Multimedia, Internet, Datenmanagement

Erste Peripherie: Informationssysteme und Lern-Software

Zweite Peripherie: Anwender

Quelle: Hubert Burda Media

5. Multimedia-Wirtschaft in Österreich

In verdienstvoller Weise haben im Jahr 1997 K. Warta (ÖFZS), N. Knoll und M. Peneder (WIFO) im Rahmen einer Technologie-, Informations- und Politikberatungsstunde (TIP) erstmals die Perspektiven einer Cluster-Bildung in Österreich für den Bereich Multimedia-Kultur und -Konvergenz erhoben.

Von den im Jahr 1997 in Österreich 450 befragten Unternehmen haben 81 % geantwortet; 75 Antworten konnten ausgewertet werden, was eine Rücklaufquote von 17 % bedeutet; eine regionale Auswertung mit Bundesländerbezug besteht nicht. In der Studie wird festgehalten, dass es sich bei den antwortenden Unternehmen zu 80 % um sehr kleine Firmen mit nicht mehr als 10 Mitarbeitern handelt; auch die Umsätze von mehr als 80 % der Unternehmen waren unter ATS 5 Mio. im Jahr.

„In Österreich gibt es im Multimedia-Sektor eine Vielzahl von kleinen innovativen Unternehmen. Vieles ist in diesem Bereich noch in den experimentellen Stadien. Das Zusammenspiel zwischen Inhalteanbietern, Agenturen, Studios und traditionellen Medienunternehmen erfolgt noch nicht nach festen Mustern. Es lassen sich noch kaum fixe Cluster erkennen. Der Markt ist erst im Entstehen und damit in einer instabilen Phase. Die Unternehmer müssen ihre spezifische Rolle oft selbst erst ausloten", stellten dazu auch P. A. Bruck und A. Selhofer mit Recht fest.

6. Die Salzburger Multimedia-Betriebe

Die Betriebe der Medienwirtschaft sind auch im Bundesland Salzburg in keiner der „klassischen" Fachgruppen bzw. Branchen der Wirtschaftskammergliederung erfasst. In der Wirtschaftskammer sind die Unternehmen der Medienwirtschaft im wesentlichen in vier Fachgruppen, nämlich jene der Audiovisions- und Filmindustrie, der Werbe- und Marktkommunikation, der Drucker und der Unternehmensberatung und Datenverarbeitung, eingegliedert und haben in ihrer Fachgruppe – mit Ausnahme der Fachgruppe Audiovisions- und Filmindustrie – eine eher untergeordnete Bedeutung. Ihre Zuordnung zu den jeweiligen Fachgruppen ist eher zufällig und bestimmt sich durch die ursprüngliche Ausbildung des Unternehmers bzw. Geschäftsführers.

Im Sommer 1999 haben die jeweiligen Fachgruppen der Wirtschaftskammer Salzburg alle Ihre Mitglieder angeschrieben und um Mitteilung ersucht, ob sie sich selbst bzw. die von ihnen erbrachten Tätigkeiten der Multimedia-Wirtschaft zurechnen. Dabei wurden die Unternehmen gefragt, „ob sie sich als Unternehmen sehen, die im Rahmen ihrer Tätigkeit bzw. Dienstleistung überwiegend die Medien wie Text, Grafik, Audio und Video in ihren Anwendungen integrieren und dabei digitale Techniken als Operationsbasis nutzen."

Dabei haben sich 38 Unternehmen als Multimedia-Betriebe bezeichnet; dies entspricht etwa auch den in den einschlägigen Branchenverzeichnissen genannten Betrieben.

Die Erhebung der Mitarbeiter bei diesen Unternehmen hat ergeben, dass die Mitarbeiterzahl starken Schwankungen unterworfen ist: Gekennzeichnet sind die Unternehmen durch einen geringen Anteil an fixen bzw. unbefristeten Angestellten und einem hohen, stark variierenden Anteil an freien Mitarbeitern. Im Durchschnitt arbeiten in den Betrieben ca. drei fixe, in der Regel ganzjährig tätige Beschäftigte einschließlich des Unternehmers (im Durchschnitt 3,2 Beschäftigte je Betrieb). Je nach Auftragslage steigt die Gesamtbeschäftigtenzahl (ganzjährige Mitarbeiter und Teilzeitbeschäftigte bzw. „Freelancer") auf zwischen 10 bis 15 freie Beschäftigte (im Durchschnitt 13,7 Beschäftigte) an.

Von den befragten Unternehmen haben 26 Unternehmen Angaben zum Umsatz des Unternehmens gemacht. Der durchschnittliche Umsatz der Multimedia-Betriebe in Salzburg lag dabei im Jahr 1998 bei durchschnittlich S 3,5 Mio.

Interessant ist die Standortverteilung der Salzburger Multimedia-Unternehmen. Von den Betrieben befinden sich 26 in der Stadt Salzburg, alle übrigen in einem Umkreis von max. 30 Kilometern um die Landeshauptstadt. Zwar haben einzelne, den Multimedia-Dienstleistern in Salzburg zuzurechnende „Freelancer" auch weiter entfernte „Wohn-Arbeitsorte", z. B. im Pinzgau (Entfernung von Salzburg ca. 120 Kilometer) oder im Pongau (Entfernung ca. 60 Kilometer); sie haben jedoch durchwegs noch keine „gewerberechtliche" Firmengründung vollzogen und sind nicht Mitglieder der Wirtschaftskammer. Im Gespräch wurde von mehreren dieser zum Teil qualifizierten Dienstleister mitgeteilt, dass sie – wenn überhaupt – eine Firmengründung im Nahbereich der Stadt Salzburg, eher aber in München oder Wien, überlegen.

7. Räumliche Nähe ist wichtig!

Die Befragung der Unternehmen der Multimedia-Wirtschaft in Salzburg hat auch ergeben, dass in dieser Branche eine möglichst schnelle und problemlose Zusammenarbeit mit anderen Unternehmen entscheidend ist. 22 von den 38 Unternehmen, d. h. 58 % haben betont, dass neben den Möglichkeiten der Informations- und Kommunikationstechnologie (Internet, Intranet) für die Zusammenarbeit mit anderen Betrieben auch der rasche persönliche Kontakt wichtig ist. Die „technischen Möglichkeiten", dank der digitalen Kommunikations- und Informationstechnologie über weite Distanzen zusammenzuarbeiten, sind im Multimedia-Bereich nicht ausreichend. Für die Kreativität bei der Verwirklichung von Multimedia-Projekten ist nach Ansicht der Betriebe nach wie vor ein persönliches Gespräch, bei dem es um „Geistesblitze" zur Verwirklichung der Idee geht, wichtig. Die Salzburger Multimedia-Betriebe waren der Ansicht, dass erfolgreiche Multimedia-Projekte des „direkten Nahbereiches" bedürfen, um möglichst kreativ zu sein. Multimedia-Projekte gemeinsam mit Zulieferbetrieben zu verwirklichen, wird deshalb vor allem in Regionen möglich sein, deren Verkehrsinfrastruktur ein rasches Zusammentreffen aller Partner am Multimedia-Projekt ermöglicht.

Aus der Befragung lässt sich weiter der Schluss ableiten, dass Betriebe der Multimedia-Wirtschaft ihren Standort vor allem dort wählen, wo sie in unmittelbarer Nähe eines zentralen Ortes mit bestehenden Betrieben und Experten der Multimedia-Wirtschaft situiert sind. Die Möglichkeiten der Schaffung neuer Arbeitsplätze in peripheren ländlichen Regionen ist somit für die Multimedia-Wirtschaft nur in eingeschränktem Ausmaß möglich.

In den auf die Befragung folgenden Einzelgesprächen, vor allem mit Inhabern von kleineren Multimedia-Betrieben, wurde die Ansicht vertreten, dass eine „Projektzusammenarbeit" vom Standort Salzburg aus zwar noch mit Betrieben in München (gute Bahnverbindung) und Linz möglich sei, für den Raum Wien jedoch bei mehreren Projekten sich als zu zeitaufwendig erweisen würde. (Antwort: Besser ist es dann, den Standort nach Wien zu verlegen, um nahe an einem potentiellen, wichtigen Kunden zu sein).

Im Regelfall gestattet die technische Ausstattung der Multimedia-Betriebe eine derartige schnelle Standortverlegung. Problem einer Betriebsverlegung sind allerdings in der Regel die Wohnungssuche bzw. Wohnungskosten am neuen Standort.

8. Bedarfsanalyse bei Multimedia-Betrieben

Interessant ist eine Bedarfsanalyse der Betriebe der Multimedia-Wirtschaft, die auch im Rahmen einer Studie der SalzburgAgentur (MultiMedia – Digitale Medien Cluster Salzburg) angestellt wurde. „Was kann seitens der öffentlichen Hand geleistet werden, um den Multimedia-Sektor zu fördern?", lautet die an die Unternehmen gestellte Frage.

In erster Linie wurde von allen Betrieben bei der Befragung das große Wissensdefizit der potentiellen Kunden, vor allem im Bereich der Anwendungen der Multimedia-Wirtschaft, genannt. Eine große Zahl der Salzburger bzw. österreichischen Unternehmen weiß nicht, was es alles im Multimedia-Bereich gibt; es fehlt das Verständnis für professionelle Medienarbeit, aber auch das Wissen, welche Vorteile der Einsatz von Multimedia für Unternehmen bringen kann.

Von 74 % der Salzburger Betriebe (28 Unternehmen) wurde der Wunsch nach einer umfassenden Informationsstelle mit einer Auflistung der einzelnen Unternehmen und Dienstleistungsangebote mit Kostenaufstellung und Qualitätsbeurteilung geäußert. Wichtig wäre es, eine entsprechende Transparenz zu bekommen, wobei dies auch die Vergabe von öffentlichen Aufträgen im Multimedia-Bereich betrifft.

Nur 11 Betriebe bzw. 29 % der Befragten haben den Ruf nach direkter Förderung der österreichischen Multimedia-Firmen geäußert. Viel wichtiger erschien es, die Wirtschaft als potentielle Kundschaft über Multimedia-Produkte und ihre Vorteile in Werbung und E-Commerce aufzuklären.

Bei den mit etwa einem Drittel der befragten Unternehmen über die Beantwortung des Befragungsbogens hinaus geführten Gesprächen spiegelt sich in einzelnen Fällen die – auch bei österreichischen oder deutschen Technikern vielfach gegebene – Einstellung gegenüber den Kunden deutlich wider: Der Kunde wird kritisiert, weil er die Vorteile eines exzellenten Produktes, das ihm der Techniker bzw. der Multimedia-Betrieb anbietet, nicht versteht. Eine stärkere Marktorientierung und ein Relativieren der „Verliebtheit" in das eigene Produkt wären offensichtlich bei manchem Multimedia-Unternehmen wichtig!

Bei den Einzelgesprächen wurden – neben den bereits genannten Kritikpunkten – auch folgende Bereiche bemängelt:

Kritisiert wurde die Situation der Filmwirtschaft in Österreich und das Monopol des ORF als alleinigem Auftraggeber für das Fernsehen. (Hinsichtlich der immer spärlicher werdenden Produktionsaufträge des ORF könne von einem „Aushungern" der

Landesstudios zugunsten Wiens gesprochen werden.) Beklagt wurde auch, dass es immer schwieriger wird, wegen des stärkeren Konkurrenzdrucks im Raum München auch Aufträge von Münchner Produktionen zu erhalten.

Kritisiert wurde weiter, dass Verwaltungsabläufe für Dreharbeiten in Österreich viel zu schwerfällig sind und ein öffentliches Interesse an der Digitalisierung oder Archivierung von Film-, Bild- oder Tonmaterial in Österreich nur wenig gegeben ist. Vielfach wurde als positives Beispiel das Bundesland Bayern und die dort tätige „Bayrische Landeszentrale für neue Medien/BLM" genannt, die öffentliche Mittel gezielt zur Multimedia-Aufklärung, -Ausbildung und -Förderung einsetzt.

Die Chancen Salzburgs als europäischer Kulturstandort durch die Salzburger Festspiele, die Kunstuniversität Mozarteum, die Sommerakademie für Bildende Kunst u.a. werden für die Entwicklung und Förderung von Multimedia-Produkten nach Ansicht von 25 Betrieben (85 %!) nicht genutzt. Von den Betrieben wird auch Salzburgs „Dilemma" definiert: Einerseits besteht eine große Tradition in der Aufführung von Musik, die aber sehr ausgeprägt im Bereich der Reproduktion tätig ist und alle führenden Personen der weltweit tätigen Multimedia-Konzerne nach Salzburg bringt. Ihre Anwesenheit und zum Teil enge Bindung an Salzburg wird aber nur für den Tourismus, nicht aber für die Multimedia-Wirtschaft genutzt. Andererseits ist objektiverweise festzustellen, dass der Leistungsumfang der Multimedia-Firmen in Salzburg zu gering entwickelt ist, was auch auf die Monopolstellung des ORF und die Benachteiligung des Privatfernsehens, wie auch auf die geringen Multimedia-Produktionen von den (leider wenigen) Salzburger Industriebetrieben mit der Zentrale in Salzburg zurückzuführen ist. Während in Bayern die BLM regionales, terrestrisches Privatfernsehen fördert, ist dies im unmittelbar benachbarten Salzburg wegen des fehlenden Privatfernsehgesetzes überhaupt noch nicht möglich.

9. Beurteilung der regionalen Entwicklungschancen

Die Salzburger Unternehmen arbeiten derzeit für den regionalen Salzburger Markt, für Kunden im Raum Wien und in Bayern, vor allem in München. Von Salzburgs Betrieben sind nur vier als wirklich international anzusehen, die für Kunden in den USA und anderen europäischen Ländern arbeiten. Die Kunden kommen derzeit etwa zur Hälfte aus der Wirtschaft, und zwar Werbewirtschaft, TV-Radio-Produktionen sowie Werbemittel und -auftritte mit regionalem Update für internationale Firmen. Im „Wirtschaftsbereich" liegt auch der Schwerpunkt künftiger Marktchancen.

Erstaunlich ist, dass kein Unternehmen der Multimedia-Wirtschaft eine realistische Chance sieht, die Salzburger Festspiele als den „Kulturleitbetrieb" des Landes für die Multimedia-Branche zu sehen. Aus der Tatsache, dass die Salzburger Festspiele in Salzburg stattfinden, versprechen sich in der Regel die Multimedia-Unternehmen in Anbetracht der bisherigen Erfahrungen auch in Zukunft „wenig Geschäft". Typische Antworten sind dabei, dass sie als kleine Firmen keine Möglichkeit haben, dort „hinein" zu kommen, dass mehrfach versucht wurde, zusammen mit den Salzburger Festspielen in Teilbereichen etwas zu tun oder den Festspielen Leistungen anzubieten, sie aber keinen Erfolg hatten. Auch wurde angegeben, dass Multimedia-Produktionen für die Salzburger Festspiele durchzuführen deshalb unmöglich ist, da für Copyrights derart hohe Preise verlangt werden, die nur von internationalen Gesellschaften bzw. großen TV-Gesellschaften gezahlt werden können. Von den befragten 38 Firmen sagten nur zwei, wovon einer ein spezifischer Nischenbetrieb im Bereich der klassischen Musik ist, dass sie von den Salzburger Festspielen indirekt profitieren, nämlich durch die Reputation, die durch die Festspiele und den Mozart-Bezug zu Salzburg ausgelöst wird.

In der Regel produzieren die Salzburger Firmen Internetauftritte, CD-Rom-Produktionen, audiovisuelle Produktionen für Kunden. Fast alle Betriebe haben angemerkt, dass für sie einen Kunden zu finden, die wichtigste Herausforderung der Zukunft sein wird. Vor allem die jungen Firmen haben hier große Schwierigkeiten entsprechend vorzugehen.

Die Wachstumserwartungen der Multimedia-Firmen in Salzburg sind entsprechend moderat. Die Betriebe geben als Wachstumsziel die Verdopplung der Mitarbeiterzahl an. Ein zentraler Engpass für das Wachstum ist die Unsicherheit des Marktes, aber auch der österreichischen Arbeitsbedingungen, vor allem was Mitarbeiter im geringfügigen Beschäftigungsniveau betrifft. Wichtig ist für die Firmen, dass es weiterhin einen großen Pool von „Freelancern" gibt, so dass sie auftragsbedingt entsprechend zusätzliche Personen beschäftigen können.

Die Schwachstelle des Standortes Salzburg ist sowohl das Fehlen eines größeren Betriebes im Medienbereich, wie etwa eines TV-Senders oder eines größeren TV-Produzenten, als auch das Fehlen großer Industriefirmen als Kunden. Vielfach sind in Salzburg nur Filialen tätig, und die Entscheidungen von größeren Unternehmen fallen in den Firmenzentralen in Wien.

10. Der „menschliche Faktor" als Standortchance für Salzburg

Für die Multimedia-Firmen ist es wichtig, direkt am Zentrum der Entwicklung zu sein. Die Technologie entwickelt sich so rasch, dass der jeweils umgehende Ankauf der neuesten Software (Animation, 3D-Graphik u.a.) auch eine entsprechende finanzielle Belastung für kleine Firmen bedeutet. Die Finanzierungshürde ist deshalb dann oft gegeben, wenn attraktivere Produkte im Bereich des Web-Seiten-Designs und der CD-Rom-Produktion angeboten werden sollten.

Ein wesentlicher Wettbewerbsvorteil eines jeden Standortes ist aber – neben der Nähe industrieller Auftraggeber und der Verfügbarkeit von neuen Geräten und Software – die Kreativität und die technische und multimediale Ausbildung der Mitarbeiter. Hier hat Salzburg durch die Fachhochschule und den Pool von geschulten Studenten bzw. Absolventen in Zukunft eine große Chance. Bereits jetzt, bevor der erste Absolvent des Studiengangs „MultiMediaArt" die Fachhochschule verlassen hat (das Studium begann erst im Wintersemester 1996/97), bestehen bereits drei Multimedia-Firmen, die von Studenten gegründet wurden oder maßgeblich mit Studenten zusammen arbeiten. Durch die Einrichtung eines Praxissemesters im Rahmen des Fachhochschulstudiums ist in Zukunft ein wesentlich stärkerer „Streueffekt" an Kreativität im Multimedia-Bereich für Firmen im Nahbereich zu erwarten, der den Standort Salzburg begünstigt, wenn er mit entsprechenden Aktivitäten der Wirtschaftspolitik des Landes zur Förderung der Unternehmensgründung speziell im Multimedia-Bereich verbunden wird.

11. Netzwerk und Standortchancen

Von allen befragten Firmen wurde festgestellt, dass die Zusammenarbeit zwischen den Multimedia-Betrieben, aber auch das Wissen über das Angebot der anderen Firmen sehr gering ist. Die Unternehmen wünschen sich eine Stimulierung der Zusammenarbeit und beklagen das Fehlen eines Netzwerkes. Die meisten Firmen meinen, sie arbeiten in Salzburg nur mit den „ständigen" Partnern zusammen, sind sonst aber zu sehr in der Isolation und würden eine Schiene der Zusammenarbeit, wie etwa eine Multimedia-Plattform, wünschen. Zusammenarbeit ist bisher nur durch persönliche Beziehungen, wie etwa Grafikdesigner mit Druckereien, CD-Rom-Produzenten mit Software-Designern, gegeben.

Für fast alle Firmen sind es persönliche Gründe, die zur Standortwahl in Salzburg geführt haben. Die Unternehmensgründer sind aus der Region und schätzen die Lebensqualität. Mehrere kleinere Gesellschaften haben Verbindungen und Kooperationen mit Gesellschaften in den Zentralräumen Wien oder München.

Der Entwicklung Salzburgs zu einer international anerkannten Multimedia-Region stehen zahlreiche Bedenken entgegen, und es wird maßgeblicher Anstrengungen der regionalen Wirtschaftspolitik bedürfen, sie auszuräumen. Ohne entsprechende Aktionen des Landes ist zu erwarten, dass sich das Wachstum des Multimedia-Sektors, vor allem im Zentralraum Wien, abspielt, wo der einzige maßgebliche Fernsehveranstalter in Österreich seinen Sitz hat.

Vor- und Nachteile hat auch die SalzburgAgentur in ihrer zuvor genannten Studie zusammengefasst. Unter teilweiser Berücksichtigung auch dieser Vorschläge ergibt sich folgendes:

- Das Fehlen eines Leitbetriebes (z. B. eines privaten Fernsehveranstalters oder eines großen TV-Produzenten) ist die größte Schwäche der Wirtschaftsstruktur und kann durch ein entsprechendes Netzwerk nur schwer ersetzt werden.
- Der regionale Markt ist zu schmal für viele Firmen. Die Salzburger Betriebe nutzen überdies die jeweils neuesten Multimedia-Werkzeuge noch zu wenig.
- Der derzeitige Multimedia-Sektor ist nur fragmentarisch vorhanden und besteht aus kleinen isolierten Gesellschaften.
- Die Unterstützung von Multimedia-Aktivitäten ist aus der Sicht der Unternehmen viel zu „politisch verbunden" und Förderungen sind politisch orientiert.
- Der Fachhochschul-Studiengang ist ein entscheidender, sehr guter erster Schritt zur Hebung der Standortqualität, aber es bedarf weiterer Schritte, dass die Absolventen auch tatsächlich in Salzburg bleiben.
- Die technische Infrastruktur ist nicht den Bedürfnissen einer Multimedia-Region angepasst. Die Telekom-Benützergebühren sind zu hoch, Fernsehen und Radio in Österreich sind nach wie vor konzentriert auf den ORF und überreguliert. Die Kostendifferenz zwischen Multimedia-Leistungen in Salzburg und München (Salzburg ist knapp günstiger) ist zu klein, um einen Standortvorteil auszumachen.

- Für regionale Wirtschaftskompetenz sind neben den Standortgegebenheiten auch Visionen nötig. Im Bereich der Kulturwirtschaft besitzt Salzburg zwar große Werte in vielen Bereichen der Hochkultur, wie etwa die Salzburger Festspiele, das Mozarteum, die bildnerische Ausbildung, aber zuwenig Visionen für die zukünftige wirtschaftliche Umsetzung dieses Potentials in anderen Bereichen als im Tourismus.

Neben diesen Nachteilen gibt es aber drei Standortvorteile, die in Zukunft wichtige Werte für Bemühungen um eine Multimedia-Wirtschaft in Salzburg sind. Es sind dies:

- eine beachtliche Zahl von ca. 50 qualifizierten Multimedia-Absolventen, die ab dem Jahr 2000 jährlich die Fachhochschule verlassen;
- eine enge Verbindung mit der Kultur und deren eventuell doch mögliche, wesentlich stärkere Nutzung, vor allem was „Mozart" und die Festspiele betrifft;
- die gute Lebensqualität, die Leute von anderen Regionen anziehen kann.

Literaturverzeichnis

Bruck, P. A./**Selhofer**,H., Österreichs Content Industry, Wien 1997
Europäische Kommission, Generaldirektion XIII/E, Inhalt- und handgeschriebene Strategien in globalen Netzwerken, Luxemburg 1998
Jochum, M., Medien und Wissenschaft, Referat bei den Alpbacher Technologiegesprächen 26.08.1999
Kubicek/Braczyk/Klumpp/Müller/Neu/Raubold/Roßwegel (Hrsg.), Lernort Multimedia, Jahrbuch Telekommunikation und Gesellschaft 1998, Frankfurt
Ministerium für Wirtschaft und Mittelstand, Technologie und Verkehr **des Landes Nordrhein-Westfalen**, Kulturwirtschaft in Nordrhein-Westfalen: Kultureller Arbeitsmarkt und Verfechtung – 3. Kulturwirtschaftsbericht, Düsseldorf 1998
SalzburgAgentur (Hager, F../Hinterberger, G.), MultiMedia – Digitale Medien Cluster Salzburg (Kompetenzentwicklung im Bereich digitale Medien), Studie im Auftrag der Landesregierung Salzburg, Abteilung 15, Wirtschaft und Tourismus, Salzburg 1999
Scherrer, W., Informations- und Kommunikationstechnologien als Motor eines langfristigen Wirtschaftsschwunges?, in: Kurswechsel, Heft Nr. 2/1998
Warta, K./**Knoll**, N./**Peneder**, M., Multimedia, Kultur und Konvergenz; Perspektiven einer Clusterbildung in Österreich, Studie des Österreichischen Institutes für Wirtschaftsforschung und des Forschungszentrums Seibersdorf, Wien 1997 (97 Seiten)
Willke, H., Die Entwicklung im Multimedia-Bereich als Herausforderung regionalpolitischer Steuerung, Arbeitsbericht der Akademie für Technologiefolgenabschätzung, Stuttgart 1996 (59 Seiten)
Polt, W./**Paier**, M. (et al.), Österreichischer Technologiebericht 1999, Studie des Österreichischen Instituts für Wirtschaftsforschung und des Österreichischen Forschungszentrums Seibersdorf, Wien 1999

E. Epilog

Bausteine für eine **Neue Politische Ökonomie**:

- **Der Staat als Regulator** hat seine Macht missbraucht und muss wieder in die Schranken verwiesen werden. Ein Rückzug auf die eigentlichen Kernaufgaben staatlicher Tätigkeit ist dringend notwendig. Dies sollte sich in einer neuen Aufgabenteilung zwischen privaten und öffentlichen Institutionen niederschlagen.
- Die **Integration von ökonomischen und politischen Strukturen** ermöglicht eine bessere wirtschaftspolitische **Kontextsteuerung**.
- Wir brauchen neue **Formen der Kommunikation und Kooperation** zwischen den politischen, wirtschaftlichen und gesellschaftlichen Institutionen und Akteuren.
- In fast allen OECD-Ländern und in der EU stehen **Strukturreformen der politischen Institutionen** an, für die jetzt schon die politischen „Weichen" gestellt werden müssen. Der Anpassungsbedarf beträgt zirka fünf Jahre. Der **Zeithorizont ist also auch hier 2005**.
- Eine **ressortübergreifende Integration** von politischen und ökonomischen Strukturen ermöglicht die Erstellung von wirtschaftspolitischen Masterplänen.[1]
- **Fokussiertes, integratives Denken** erlaubt die Zusammenführung von bisher getrennten Theorie- und Politikbereichen. Wissensmanagement als Strategie der Zukunft kann hier wertvolle Beiträge leisten.
- Durch **Wissensmanagement** gelingt es besser, Verfügungswissen und Orientierungswissen zu integrieren. Als **Verfügungswissen** bezeichnet man das Wissen um Ursachen, Wirkungen und Arten der Intervention. Es gibt Antworten auf die Frage, was wir in einem bestimmten Feld überhaupt bewirken **können**. **Orientierungswissen** ist demgegenüber handlungsleitendes Wissen. Es fragt nach den sinnstiftenden Zwecken und sucht Antworten auf die Frage, was wir eigentlich **sollen**. Wir leben in einer Zeit, in der das **Verfügungswissen immer stärker** wird und das **Orientierungswissen immer schwächer**. Eine **Sinnkrise** ist die unausweichliche Folge.
- Eine schnellere **Umsetzung** der politischen Programme führt zu einem Upgrading der Qualität der Wirtschaftspolitik. Das Motto lautet hier: vom Wissen zum Handeln. Vor allem müssen die gesamtwirtschaftlichen Rahmenbedingungen so verbessert werden, dass ab 2005 eine Kontextsteuerung möglich wird.
- Wir müssen uns allmählich verabschieden von jeder Schwarz-Weiß-Malerei, nach der Formel: „Himmel oder Hölle", „Sünder oder Heilige", „linke und

---

[1] Dadurch wird die begrenzte Rationalität der Einzelperspektiven aufgegeben zu Gunsten einer neuen Systemrationalität im Sinne von Niklas Luhmann und Helmut Willke. Die Terminologie, die in diesem Zusammenhang Verwendung findet: negotiated economy, horizontale Koordination, Kontextsteuerung.

rechte Rituale", und uns vor jeder Übervereinfachung hüten. Was sich am Horizont abzeichnet ist eine **fuzzy logic***, die sehr wohl auch die Zwischen- und Grautöne berücksichtigt.

- Gegenwärtig wird die Idee einer **einheitlichen Sozialwissenschaft**[2] noch immer als kühne Vision angesehen, die sich nur schwer verwirklichen lässt. Zu sehr haben sich der theoretische Blickwinkel und das methodische Werkzeug auseinanderentwickelt. An den Universitäten sind viele sozialwissenschaftliche Disziplinen noch immer scharf getrennt. Jede Wissenschaft hat ihre eigenen Fachzeitschriften und die Forschungsergebnisse werden nach eigenen Kriterien bewertet.

- Die Hoffnung auf ein **Studium Generale der Ökonomie** sollten wir – trotz aller gegenteiligen Indizien – nicht aufgegeben. Ein Ansatz, der den Menschen vernünftiges Handeln unterstellt und auf dieser Grundlage gesellschaftliche Sachverhalte theoretisch und empirisch erklärt, könnte sogar ein Grundgerüst liefern, das auf andere sozialwissenschaftliche Disziplinen übertragen werden kann. Allerdings müssen zunächst noch viele Missverständnisse ausgeräumt werden und allen an diesem Projekt Beteiligten muss von Anfang an klar sein, dass wir durch „dicke Bretter" bohren...

- Die gegenwärtigen **gesellschaftlichen Probleme** machen jedoch nicht an akademisch definierten Grenzen halt, sondern verlangen nach fachübergreifenden Denkansätzen. Die Schwierigkeiten eine lebensfähige Umwelt zu erhalten, die Probleme der europäischen Integration oder die zunehmenden internationalen und interkontinentalen Wanderungen, erfordern eine **stärkere Vernetzung** wirtschaftlicher, rechtlicher, politischer und sozialer Einflussfaktoren.

- Der ökonomische **Mainstream*** hat sich gegenüber dem Umfeld völlig abgekapselt durch eine Kunstsprache und irrelevante Themenstellungen[3], die nur im Nahkampf zwischen Insidern ihre Bedeutung haben.

- Die Ökonomen müssen wieder **zurückfinden zu einfacher, aber inhaltsvoller Kommunikation** über politische und ökonomische Sachverhalte. Dies ist leichter gesagt als getan. Innerhalb der ökonomischen Zunft ist eine Kunstsprache entstanden, die alle ausschließt, die diese Sprache nicht – quasi als „Vatersprache" – beherrschen. Werfen wir einfach den **Ökoslang über Bord**, auch wenn einige Fachkollegen **aufheulen**. Ansonsten schließen wir all jene aus, die mehr über die Ökonomie erfahren möchten, und verzichten auf deren **schweigendes Wissen** („tacid knowledge"), das zur Lösung der anstehenden Probleme immer wichtiger wird.

- Der **Rationalansatz**[4] – so wie er in diesem Buch zur Anwendung gelangt – könnte **ein wichtiger Beitrag** zu einer **Vereinheitlichung der Sozialwissenschaften** darstellen. Er ist nicht auf ein bestimmtes Verhaltensschema fixiert, sondern ist erweiterungsfähig. Insbesondere muss das Argument entkräftet werden, dass der Rationalansatz ein statisches, mechanistisches Bild des Menschen

---

[2] Lit. 157 Frey/Bohnet.
[3] Ökonomen aus der Umgebung von Kurt W. Rothschild haben daher vor einigen Jahren erstmals die berechtigte Frage nach der Relevanz ökonomischen Denkens gestellt. Vgl. Lit. 168 Matzner/Novotny.
[4] Lit. 157 Frey/Bohnet.

zur Voraussetzung hat. In vielen Situationen ist das Gegenteil feststellbar: Entsprechende Anreize vorausgesetzt, agieren **rational** handelnde Menschen **innovativ**, suchen stets nach neuen Lösungen und überwinden auftauchende Schwierigkeiten durch **kreative Interventionen**.

- Die **Ökonomie** ist diejenige Disziplin innerhalb der Sozialwissenschaften, die sich mit der Produktion, Verteilung und Verwendung von knappen Gütern zur Befriedigung der Bedürfnisse der Menschen beschäftigt. **René Frey** ist der Auffassung, dass der Trend zur übermäßigen Spezialisierung die Bewältigung der heutigen (und künftigen) wirtschaftlichen und gesellschaftlichen Probleme noch schwieriger gestaltet. **Spezialisierung** ist zwar unter bestimmten methodischen Kriterien notwendig, widerspricht aber der **universitas**, der auch die Ökonomie als Einzeldisziplin verpflichtet bleibt. „Dies ist mit einer der Gründe, warum im Wirtschaftswissenschaftlichen Zentrum (WWZ) der Universität Basel im Zuge der Bildung einer eigenen Wirtschaftswissenschaftlichen Fakultät und des Departementes die Institute als starre Budgeteinheiten aufgelöst und durch informelle und flexiblere Abteilungen rund um die einzelnen Professuren abgelöst wurden."[5]

- Die in diesem Buch entwickelte **Neue Politische Ökonomie** richtet sich **gegen den ökonomischen Mainstream**, der nach wie vor Abweichungen bestraft und Anpassungen belohnt. Es ist ein **Plädoyer für mehr Kreativität** und Courage im politischen und ökonomischen Denken. Alternative Denkansätze – wie etwa die auf **Max Weber** zurückgehende soziologische Ökonomie – sollten wieder in die Diskussion einbezogen werden. Auch für die Wissenschaften ist Wettbewerb zwischen verschiedenen Denkansätzen ein brauchbares „Vehikel" der Evolution. Künftige Generationen werden die Ökonomen der Jahrtausendwende danach beurteilen, inwieweit es ihnen gelungen ist, die „ausgetretenen Pfade" wieder zu verlassen und die großen **offenen politischen, gesellschaftlichen und ökonomischen Fragen** zu beantworten.

- Möge das Anliegen, das der Basler Rektor **Jan M. Lochman** in seiner Auslegung der Stiftungsurkunde der Universität Basel von 1459 formulierte, jetzt und künftig gelten: „Die Universität begnügt sich offenbar nicht damit, eine Anstalt zum Züchten von tüchtigen Fachleuten zu sein; sie will vielmehr zu einer Gemeinschaft der Sinnsuchenden werden, zu einer officina humanitatis, zu einer **Werkstatt der Menschlichkeit**."

---

[5] Lit. 30 Frey 3.

F. Register

1. Literaturverzeichnis

„Wir alle kochen zu viel und
kommen nicht zum Essen"

Ernst Bloch

1. **Aengevelt**, W.O., Die Rolle des Berliner Modells für die Herausbildung des Immobilienmarktes in den neuen Bundesländern l991 - 1993, in: Wirtschaftsstandort Deutschland mit Zukunft, Wiesbaden 1994
2. **Arndt**, H.W., Bertelsmann-Kommission, Entflechtung 2005, Zehn Vorschläge zur Optimierung der Regierungsfähigkeit im deutschen Föderalismus, Gütersloh 2000
3. **Bauer**, H./**Klug**, F., Kosten- und leistungsbewußte öffentliche Verwaltung. Strategie und Maßnahmen, Wien 1996
4. **Bayer**, K. (et al.), Der Staat und seine Funktionen, Neue Formen der Erfüllung öffentlicher Aufgaben. Ergebnisse eines Forschungsprojektes des Bundesministerium für Finanzen, Wien 1998
5. **Becker**, G.S., Der ökonomische Ansatz zur Erklärung menschlichen Verhaltens, 2.Auflage, Tübingen 1993
6. **Becker**, G.S./**Becker**, G.N., Die Ökonomik des Alltags. Vom Baseball über Gleichstellung zur Einwanderung: Was unser Leben wirklich bestimmt, Tübingen 1998
7. **Beirat für Wirtschafts- und Sozialfragen,** Modernisierung des öffentlichen Sektors – Chancen und Grenzen von New Public Management, Nr. 77, Wien 1999
8. **Belz**, C. (Hrsg.), Management-Szenarien 2005, in: Thexis, Fachzeitschrift für Marketing, St.Gallen 1998
9. **Bendl**, E., Folgekostenschätzung von Gesetzen in den USA, in: Conturen Nr. 1, Wien 1998
10. **Bendl**, E., Mehr Wachstum durch wirtschaftliche Freiheit, in: Conturen Nr. 1, Wien 1999
11. **Beratergruppe für die Wirtschaft in Corporate Governance-Fragen an die OECD**, Corporate Governance: Verbesserung der Wettbewerbsfähigkeit und der Kapitalbeschaffung auf globalen Märkten, Paris 1998
12. **Bianchi**, M. (Hrsg.), La Pubblica Amministrazione di fronte all'Europa, Cesena 1998
13. **Binder**, B./**Enzenhofer**, V./**Strehl**, F./**Leitl**, B., Berechnung und Abschätzung der Folgekosten von Gesetzen in Österreich unter Berücksichtigung ausländischer Maßnahmen und Erfahrungen, Linz 1999

14. **Biwald**, P./**Maimer**, A., Leistungsorientiertes Kommunalmanagement. Band 1: Leitfaden Produkte, Band 2: Leitfaden Kennzahlen, Wien 1999
15. **Böhm-Bawerk**, E. v., Theorie des Kapitals und des Zinses, Wien 1998
16. **Bolton**, G./**Ockenfels**, A., ERC: A Theory of Equity, Reciprocity and Competition, in: American Economic Review, March 2000, S. 166ff.
17. **Budäus**, D., (et al.), New Public Management, Berlin/New York 1998
18. **Buschor**, E., Wirkungsorientierte Verwaltungsführung, Zürich 1993
19. **Clement**, W., Einführung in die allgemeine Wirtschaftspolitik, 2. Auflage, Wien 1995
20. **Corti**, M., Skizze für die Errichtung einer Denkfabrik für die Schweiz. Eine Rückbesinnung auf die eigentlichen Staatsziele, in: NZZ vom 30./31. Jänner 1999,S. 57
21. **Downs**, R.M./**Stea**, D., Kognitive Karten: Die Welt in unseren Köpfen, New York 1982
22. **Eder**, R., Volkswirtschaftliche Theorie des technischen Fortschritts, Berlin 1967
23. **Endres**, A., Staatliche Regulierung und ökonomische Theorie, in WiSt, Heft 4, 1988
24. **Etzioni**, A., Die faire Gesellschaft – Jenseits von Sozialismus und Kapitalismus, Frankfurt/M. 1996
25. **European Round Table of Industrialists (ERT)**, Benchmarking for Policy Makers. The Way to Competitiveness, Growth and Job Creation, Brüssel 1996
26. **Fehr**, E./**Schmidt**, K., Fairness, Competion and Cooperation, in: Quarterly Journal of Economics, 1999
27. **Fiedler**,F., Die Problematik der Ausgliederungen aus der Sicht des Rechnungshofes, Wien 1998
28. **Flexner**, K.F., Die aufgeklärte Gesellschaft – Wirtschaft mit menschlichem Antlitz, Wien 1996
29. **Frey**, B.S, Ökonomie ist Sozialwissenschaft. Die Anwendung auf neue Gebiete, München 1990
30. **Frey**, R.L., Privatisierung: Schreckgespenst oder Wundermittel, in: Uni Nova, Mitteilungen aus der Universität Basel, Nr. 77, Angewandte Ökonomie, Basel 1996, S.27ff.
31. **Frieling**, H.D., Bemerkungen zur Regulationstheorie und ihrer Rezeption, in: Vorlaufer, K./Thomi, W., Regulationstheoretische Perspektiven in der Geographie, 40.Jg., Heft 1/2, Frankfurt/M. 1996
32. **Galbraith**, J.K., The Good Society, The Humane Agenda, Boston/New York 1996
33. **Gollegger**, K., Ein Masterplan für Salzburg 2005, Salzburg 2000
34. **Gwartney**, J.D./**Lawson**, R./**Samida**, D., Economic Freedom of the World, Vancouver 2000
35. **Hammer**, R., Strategische Planung und Frühaufklärung, 3. Auflage, München und Wien 1998
36. **Hayek**, F.A., Der Weg zur Knechtschaft, Zürich 1948
37. **Heimburg**, Y.v. Fokussieren statt Verlieren, Landsberg a. Lech 1999
38. **Hirschmann**, A.O., Entwicklung, Markt und Moral. Abweichende Betrachtungen, Frankfurt/M. 1993

39. **Horváth**, P./**Kaufmann**, L., Balanced Scorecard – Ein Werkzeug zur Umsetzung von Strategien, in: Harvard Business Manager, Nr. 5, 1998
40. **Hotz-Hart**, B./**Mäder**, S./**Vock**, P., Volkswirtschaft der Schweiz, 2. Auflage, Zürich 1996
41. **Jaros**, K., Budgetausgliederungen – Eine Reise durchs „Wilde Absurdistan"? oder: Zauberformel versus Zauberlehrling, Salzburg 1998
42. **Jens**, U., Gesamtwirtschaftliche Implikationen des Shareholder-Value -Konzepts, in: ifo Schnelldienst, 53. Jg.,Nr. 11/2000
43. **Johnson**, H.G./**Weisbrod**, B.A., The Daily Economist, Englewood Cliffs 1973
44. **Kaplan**, R.S., Balanced Scorecard. Strategien erfolgreich umsetzen, Stuttgart 1997
45. **Kellermann**, P., Bedürfnis, Arbeit, Geld und Paradigmata. Eine soziologische Collage über handlungsleitende Grundanschauungen in Wirtschaft und Gesellschaft, in: Kellermann, P./Mikl-Horke, G., (Hrsg.), Betrieb, Wirtschaft und Gesellschaft. Soziologische Lehrstücke, Botschaften und Polemiken, Klagenfurt 1994
46. **Kerschagl**, R., Einführung in die Finanzwissenschaft, Wien 1968
47. **Keynes**, J.M., Allgemeine Theorie der Beschäftigung, des Zinses und des Geldes, 6. Auflage, Berlin 1983
48. **Koeppler**, K., Strategien erfolgreicher Kommunikation. Lehr- und Handbuch, München/Wien 2000
49. **Korinek**, K., Die Qualität der Gesetze – Staatsrechtliche und legistische Verantwortlichkeiten im GesetzgebungsProzess, Wien 1998
50. **Krahe**, A., Balanced Scorecard – Baustein zu einem Prozessorientierten Controlling, in: Controller Magazin, Heft 2/1999
51. **Krockow**, C., Tradition und Reform als Optimierungsproblem, in: Grete Klingenstein (Hrsg.), Krise des Fortschritts, Wien, Köln und Graz 1984, S. 91ff.
52. **Kyrer**, A. Vernetzte Wirtschaftspolitik und Masterpläne, in: Tichy, G./Matis, H./Scheuch, F., (Hrsg.), Wege zur Ganzheit, Berlin 1996, S. 439ff.
53. **Kyrer**, A., Das Titanic-Syndrom – über das Schnüren von „Sparpaketen" in Österreich, in Deutschland und in der Schweiz, Wien 1995
54. **Kyrer**, A., Das Werkzeug der Nationalökonomie, „Nationalökonomische Propädeutik", Wien/Stuttgart 1964
55. **Kyrer**, A., Reformen im Bereich der politischen und rechtlichen Rahmenbedingungen für öffentliche Haushalte. Die Schweiz als Referenzmodell, in: ÖHW – Das öffentliche Haushaltswesen in Österreich, Heft 4, 1999, S. 233ff.
56. **Kyrer**, A., Effizienz und staatliche Aktivität, Wien 1972
57. **Lawson**, T., Economics and Reality, London 1997
58. **Leitl**, C. (Hrsg.), Wirtschaft 2005. Für ein modernes Oberösterreich in Europa, Linz 1994
59. **Leontief**, W., Input-Output Economics, 2nd edition, Oxford and New York 1986
60. **Luhmann**, N., Die Wirtschaft der Gesellschaft, Frankfurt/M. 1988
61. **Machiavelli**, N., Il Principe/Der Fürst, Stuttgart 1986
62. **Malik**, F., Wirksame Unternehmensaufsicht. Corporate Governance in Umbruchzeiten, Frankfurt/M. 1997

63. **Malik**,F., Warum wirtschaften wir eigentlich? in: Malik on Management, Heft Nr. 8, St.Gallen 1998
64. **Mandl**, H./**Reinmann-Rothmeier**, G., Wissensmanagement, München/Wien 2000
65. **Mantl**, W., Rahmenbedingungen und Bausteine für eine Neue Verwaltung in Österreich, Salzburg 1998.
66. **Marshall**, A., Principles of Economics, Faksimile der Erstausgabe, Düsseldorf 1989
67. **Marx**, K., Das Kapital, Kritik der Politischen Ökonomie, 1. Band, Berlin 1998
68. **McKenzie**, R.B./**Tullock**,G., The New World of Economics – Explorations into the Human Experience, deutsch: Homo Oeconomicus. Ökonomische Dimensionen des Alltags, Frankfurt/New York 1984
69. **Meadows**, D.L., Die Grenzen des Wachstums, 16. Auflage, Stuttgart 1984
70. **Mewes**, W., Das Wesentliche der EKS – 30 Jahre Kybernetische Managementlehre, Wiesbaden 1999
71. **Mewes**, W., Die EKS-Strategie, Frankfurt/M. 1994
72. **Mewes**, W., Nutzenmaximierung statt Gewinnoptimierung, in: Management Revolution – Perspektiven 2000. Kongressdokumentation der Österreichischen und Deutschen Gesellschaft für Baukybernetik, Salzburg 1991
73. **Michele**, B./**Resch**, D./**Ruckensteiner**,M., The Theory of Coherence or: What have the Vienna Philharmonics, BMW and Ajax Amsterdam in common?, Milan/Vienna 1995
74. **Mill**, J. S., Principles of Political Economy with Some of Their Applications to Social Philosophy, Faksimile der Erstausgabe von 1848, Düsseldorf 1991
75. **Mingers**, S., Der systemische Ansatz, in: Hernsteiner Fachzeitschrift für Management-Entwicklung, 9.Jg. Heft 2, S. 9ff., Wien 1996
76. **Mintzberg**, H., Mintzberg on Mangement, Düsseldorf 1992
77. **Mirow**, M., Von der Kyybernetik zur Autopoiese. Systemtheoretisch abgeleitete Thesen zur Konzernentwicklung, in: ZfB – Zeitschrift für Betriebswirtschaft, 69. Jg. Heft 1, S. 13ff. Wiesbaden 1999
78. **Mitterlehner**, R./**Kyrer**, A., (Hrsg.), New Public Management. – Effizientes Verwaltungsmanagement zur Sicherung des Wirtschaftsstandortes Österreich, 2. Auflage, Wien 1998
79. **Morath**, K. (Hrsg.), Reform des Föderalismus, Beiträge zu einer gemeinsamen Tagung von Frankfurter Institut und Institut der deutschen Wirtschaft, Köln/Bad Homburg 1999
80. **Musil**, R., Der Mann ohne Eigenschaften, 2 Bände, Sonderausgabe, Reinbek bei Hamburg 1990
81. **Myrdal**, G., Ökonomische Theorie und unterentwickelte Regionen, Frankfurt/M.1972
82. **Neisser**, H./**Hammerschmid**, G., (Hrsg.), Die innovative Verwaltung – Perspektiven des New Public Management in Österreich, Wien 1998
83. **Neumann**, J./**Morgenstern**, O., Theory of Games and Economic Behavior, Princeton 1944
84. **Oakeshott**, M., Rationalismus in der Politik, Neuwied/Berlin 1966
85. **OECD**, General Secretariat, Policy coherence matters, Promoting Developement in a Global Economy, Paris 1999

86. **OECD**, Industrial Competitiveness, Benchmarking Business Environment in the Global Economy, Paris 1997
87. **OECD**, Public Management Service, An Overview of Regulatory Impact Analysis in OECD countries, Paris 1996
88. **OECD**, Public Management Service, In Search of Results – Performance Management Practices in 10 OECD Countries, Paris 1996
89. **OECD**, Principles of Corporate Governance, Paris 1999
90. **Oettl**, M., Wirtschaftspolitik, Wien 1998
91. **Oettl**, M., Politische Ökonomie I, Wien 1997
92. **Osborne**, D./**Gaebler**, T., Reinventing Government. Mit Unternehmergeist zum innovativen Staat, Wien 1997
93. **Payrleitner**, A. (Hrsg.), Aufbruch aus der Erstarrung, Wien 1999.
94. **Penker**, W., Über die Grenzen und Möglichkeiten der Kontrollierbarkeit der Komponenten der Zentralbankgeldmenge durch die Österreichische Nationalbank, Berlin 1982
95. **Pichler**, W., Politische Ökonomie, Salzburg 1998
96. **Pichler**, W., Makroökonomische Theorie und Wirtschaftspolitik I, Salzburg 2000
97. **Pilz**, D. (Hrsg.), Handbuch der kommunalen Finanzwirtschaft, Wien 1996
98. **Pilz**, W., Rahmenbedingungen einer nachhaltigen Budgetkonsolidierung im internationalen Vergleich am Beispiel ausgewählter OECD-Länder, Wien 1999
99. **Piper**, N. (Hrsg.), Die großen Ökonomen. Leben und Werk der wirtschaftswissenschaftlichen Vordenker, Stuttgart 1994
100. **Popper**, K., Alles Leben ist Problemlösen. Über Erkenntnis, Geschichte und Politik, München/Zürich 1996
101. **Preiser**, E., Nationalökonomie heute, 8. Auflage, München 1969
102. **Prisching**, M., Die Sozialpartnerschaft. – Modell der Vergangenheit oder Modell für Europa? Eine kritische Analyse mit Vorschlägen für zukunftsgerechte Reformen, Wien 1996
103. **Probst**, G./**Raub**, St./**Romhardt**, K., Wissen managen. Wie Unternehmen ihre wertvollste Ressource nutzen, Zürich 1997
104. **Proske**, D., Zentralbankunabhängigkeit – Diskussion auf falschen Wegen, in: Wirtschaft und Gesellschaft, 21. Jg., Heft 4, Wien 1995
105. **Rawls**, J., Eine Theorie der Gerechtigkeit, Frankfurt /M. 1975
106. **Reinicke**, W.H., Die politische Beratung in Deutschland, in: NZZ vom 30./31.Jänner 1999, S. 56
107. **Reither**, F., Einige typische Fehler beim Handeln in komplexen Situationen, Wien 1995
108. **Rhodes**, R.A.W., Understanding Governance – Policy Networks, Governance and Accountability, Buckingham and Philadelphia 1997
109. **Ricardo**, D., Über die Grundsätze der Politischen Ökonomie und der Besteuerung, Heinrich d. Kurz (Hrsg.), unter Mitarbeit von Ottmar Kotheimer, Marburg 1994
110. **Rieck**, C., Spieltheorie. Einführung für Wirtschafts- und Sozialwissenschaftler, Wiesbaden 1993
111. **Robinson**, J.V., The Economics of Imperfect Competition, London/Basingstoke 1989

112. **Rothschädl**, V., Bustourismus in Salzburg und in vergleichbaren Städten im In- und Ausland. Teil A: Ergebnisse der mündlichen und schriftlichen Befragungen, Salzburg 1989, Teil B: Auswertungen und Tabellen, Salzburg 1989 (gemeinsam mit Walter Bauer, Alfred Kyrer, Guido Müller und Walter Penker)
113. **Scherrer**, W., Einführung in die Volkswirtschaftslehre und Mikroökonomie, Salzburg 1997
114. **Schmitz**, W., Ordnungsethik unter der Tyrannei des Status Quo. Der archimedische Punkt der wissenschaftlichen Politikberatung, in: Socher, K. (Hrsg.), Wolfgang Schmitz – Wirtschaftspolitsche Weichenstellungen 1963 - 1973, Wien 1996
115. **Schülein**, J.A., Homo oeconomicus – Das Bild vom rationalen Nutzenmaximierer, in: Kellermann, P., Mikl-Horke, G., (Hrsg.), Betrieb, Wirtschaft und Gesellschaft. Soziologische Lehrstücke, Botschaften und Polemiken, Klagenfurt 1994
116. **Schumpeter**, J., Theorie der wirtschaftlichen Entwicklung, Leipzig 1912
117. **Schumpeter**, J., Das Wesen und der Hauptinhalt der theoretischen Natiionalökonomie, Leipzig 1908
118. **Schumpeter**, J., Kapitalismus, Sozialismus und Demokratie, Berlin 1946
119. **Schwab**, W., Verbesserung des Managements der öffentlichen Verwaltung „by trial and error"?, in: Entwicklungen im Management. Gedankenskizzen für innovationsbewußte Manager, Wien 1996
120. **Seghezzi**, H.D., Integriertes Qualitätsmanagement. Das St. Galler Konzept, München/Wien 1996
121. **Seghezzi**, H.D./**Caduff**, D., Aufbau integrierter Führungssysteme, Goldach 1997
122. **Selten**, R., Evolution, Learning, and Economic Behavior, in: Games and Economic Behavior No. 3, S. 3ff.
123. **Siebert**, H. (Hrsg.), Locational Competition in the World Economy, Tübingen 1995
124. **Siebert**, H., Deutschlands Problemklötze auf dem Weg ins neue Jahrhundert. Wenn der Postkutscher über die Einführung der Eisenbahn entscheidet, in: NZZ vom 4./5. September 1999, S.14
125. **Smith**, A., Der Wohlstand der Nationen, München 1988
126. **Sollmann**, U./**Heinze**, R., Visionsmanagement. Erfolg als vorausgedachtes Ergebnis, Zürich 1993
127. **Speiser**, H., Das österreichische Foreign Debt Management 1956 - 1983. Daten – Analyse – Ausblick, Regensburg 1985
128. **Steiner**, G., Von realer Gegenwart, München/Wien 1990
129. **Stützel**, W., Volkswirtschaftliche Saldenmechanik. Ein Beitrag zur Geldtheorie, Tübingen 1952
130. **Stützel**, W./**Grass**,R.D., Volkswirtschaftslehre. Eine Einführung auch für Fachfremde, München 1993
131. **Suchanek**, A., Richtige Politik mit rationalen Prinzipien. Nachhaltige Kooperation, anreizkompatible Selbststeuerung und institutionalisierter Wettbewerb, in: FAZ vom 6.11. 1999, S. 15.
132. **Tinbergen**, J., Statistical Testing of Business Cycle, Geneva 1939

133. **Tobin**, J., Grundsätze der Geld- und Staatsschuldenpolitik, Baden - Baden 1978
134. **Trout**, J./**Rivkin**, S., Die Macht des Einfachen. Warum komplexe Konzepte scheitern und einfache Ideen überzeugen, Wien/Frankfurt a.M. 1999
135. **Schweizer Bankverein**, Die Quantitativen SBG-Prognosen. Ein Blick in die Prognosewerkstatt, Heft 1, Zürich 1997
136. **Veblen**, T.B., Theorie der feinen Leute, Frankfurt/M. 1986
137. **Vester**, F., Leitmotiv vernetztes Denken. Für einen besseren Umgang mit der Welt, 2. überarbeitete Auflage, München 1989
138. **Vontobel**, W., Die Ökonomie braucht einen besseren Dummy. Wissenschafter sind einer neuen Formel für das wirtschaftliche Verhalten auf der Spur, in: CASH, Nr. 19, vom 12. 5. 2000
139. **Walker**, M./**Gwartney**, J.D., Economic Freedom of the World, Annual Report, Fraser Institute, Vancouver 1999
140. **Warnecke**, H.J., Aufbruch zum fraktalen Unternehmen. Praxisbeispiele für neues Denken und Handeln, Berlin/Heidelberg/New York 1995
141. **Watzlawick**, P./**Weakland**, J.H./**Fisch**, R., Lösungen. Zur Theorie und Praxis menschlichen Wandels, 5. unveränderte Auflage, Bern/Göttingen/Toronto 1992
142. **Weichart**, P., Aktuelle Strömungen der Wirtschaftsgeographie im Rahmen der Humangeographie, Salzburg 1997
143. **Welan**, M., Die österreichische Politikwissenschaft von innen und außen, wie ich sie sehe. Hrsg. vom Bundesministerium für Wissenschaft und Kunst gemeinsam mit der Österreichischen UNESCO-Kommission, Wien 1994
144. **Welan**, M., Politik als Reformprojekt in Österreich, TIGRA-Workshop, Salzburg 1998.
145. **Wieser**, F., Das Gesetz der Macht, Wien 1926
146. **Willke**, H., Systemisches Wissensmanagement, Stuttgart 1998
147. **Willke**, H., Systemtheorie I: Grundlagen. Eine Einführung in die Grundprobleme der Theorie sozialer Systeme, 5. Auflage, Stuttgart 1996
148. **Willke**, H., Systemtheorie II: Interventionstheorie. Grundzüge einer Intervention in komplexe Systeme, 2. Auflage, Stuttgart 1996
149. **Willke**, H., Systemtheorie III: Steuerungstheorie. Grundzüge einer Theorie der Steuerung komplexer Sozialsysteme, 2. Auflage, Stuttgart 1998
150. **Winklhofer**, R., Benchmarking – von den Besten lernen!, in: Industriepolitik aktuell, Heft 1, Wien 1997
151. **Wollrab**, K., (et al.), Controlling Handbuch, 2. Auflage, Arbeitsbehelf für die Anwendung von Controlling in der öffentlichen Verwaltung, Wien 1997
152. **Gorz**, A., Arbeit zwischen Misere und Utopie, Frankfurt/M. 2000
153. **Bergsten**, F., Denken und verkaufen. Rezept für einen erfolgreichen Think Tank, in: NZZ vom 30./31.Jänner 1999
154. **Wittgenstein**, L., Tractatus logico-philosophicus. Logisch-philosophische Abhandlung, Frankfurt/M. 1966
155. **Klingebiel**, N., Performance Measurement. Grundlagen – Ansätze – Fallstudien, Wiesbaden 1999
156. **Porter**, M.E., Wettbewerb und Strategie, München 1999
157. **Frey**, B.S./**Bohnet**, I., Der ökonomische Blickwinkel. Der Ansatz zu einer einheitlichen Sozialwissenschaft, in: WiSt, Heft 2, Februar 1993

158. **Halbheer**, H.J., Stelldichein der klugen Köpfe im kalifornischen Denkparadies – Die Hoover Institution als Paradebeispiel eines „Think tank", in: NZZ vom 6./7. 4. 1996, S. 15
159. **Lepenies**, W., Der Möglichkeitssinn in den Sozialwissenschaften, in: NZZ vom 24./25. 2. 1996
160. **Sen**, A., Poverty and Famines, Chicago 1981
161. **Weizsäcker**,E.U./**Lovins**, A.B. und L.H., Faktor VIER. Doppelter Wohlstand – halbierter Naturverbrauch. Der neue Bericht an den Club of Rome, München 1997
162. **Hawken**, P./**Lovins**, A.B. und L.H., Öko-Kapitalismus. Die industrielle Revolution des 21. Jahrhunderts - Wohlstand im Einklang mit der Natur, München 2000
163. **Arendt**, H., Vita activa oder vom tätigen Leben, 9. Aufl., München 1997
164. **Schmitz**, W., Ordnungsethik unter der Tyrannei des Status Quo. Der archimedische Punkt der wissenschaftlichen Politikberatung. Der holprige Weg vom Sein zum Sollen, in: Socher, K. (Hrsg.), Schmitz, W., – Wirtschaftspolitische Weichenstellungen, Wien 1996
165. **Hanusch**,H., Zurück zur Wirklichkeit. Ökonomische Theorie: Wissenschaft vor dem Paradigmenwechsel, in: Sommer, Th. (Hrsg.), Zeit der Ökonomen. Eine kritische Bilanz volkswirtschaftlichen Denkens, Hamburg 1993
166. **Lepenies**, W., Melancholie und Gesellschaft. Mit einer neuen Einleitung: Das Ende der Utopie und die Wiederkehr der Melancholie, Frankfurt/M 1998
167. **Hayek**,F.A., Der Wettbewerb als Entdeckungsverfahren, Kiel 1968
168. **Matzner**, E./**Nowotny**, E., (Hrsg.), Was ist relevante Ökonomie heute? Festschrift für Kurt W. Rothschild, Marburg 1994
169. **Tagwerker**, H. (Hrsg.), Politische Ökonomie, Wien 1968
170. **Hayek**, F.A., Die Theorie komplexer Phänomene, Tübingen 1972
171. **Sommer**,Th. (Hrsg.), Zeit der Ökonomen. Eine kritische Bilanz volkswirtschaftlichen Denkens, Hamburg 1993
172. **Malik**, F., Strategie des Managements komplexer Systeme. Ein Beitrag zur Management-Kybernetik evolutionärer Systeme, 4. Auflage, Bern/Stuttgart/Wien 1992
173. **Weise**, P./**Brandes**, W./**Eger**, Th./**Kraft**, M., Neue Mikroökonomie, 2.vollständig überarbeitete und erweiterte Auflage, Heidelberg 1991
174. **Mintzberg**, H., Mintzberg über Management. Führung und Organisaton – Mythos und Realität, Wiesbaden 1991
175. **Mintzberg**, H./**Ahlstrand**, B./**Lampel**, J., Strategy Safari. Eine Reise durch die Wildnis des strategischen Managements, Wien 1999
176. **Fisher**, R./**Ury**, W./**Patton**, B., Das Harvard-Konzept. Sachgerecht verhandeln – erfolgreich verhandeln, Frankfurt/M. 2000
177. **De Bono**, E., Denkschule. Zu mehr Innovation und Kreativität, München 1985
178. **Schweizerische Bankgesellschaft**, Economic Outlook, Infrastrukturbau für die Zukunft, Zürich 1996
179. **Chini**, L.W., Aufsichtsrats-Informationssystem: ARIS, Wien 1986
180. **Sen**, A., Der Lebensstandard, Hamburg 2000
181. **Studer**, T., Shareholder Value: Ein finanzwirtschaftliches Konzept, in: Uni Nova, Mitteilungen aus der Universität Basel, Nr. 77, Angewandte Ökonomie, Basel 1996, S.32ff.

182. **Hinterhuber**, H.H./**Stahl**, H.K., Die Unternehmung als Deutungsgemeinschaft, in: technologie & management, 45. Jg. Heft 1, 1996, S. 8ff.
183. **Molzberger**, P., Richtiges richtig tun – Vom Wunder des Dritten Weges in der Führung der Menschen, Editionsreihe der GC Gesellschaft für Consulting, München 1999
184. **Cemper**, P., Ökosoziale Marktwirtschaft, in: Efficiency Nr. 4, Salzburg 1992
185. **Campitiello**, F., Tageslaufstudie im Vergleich verschiedener Altengruppen unter Berücksichtigung ihrer Wohnsituation, Salzburg 1983
186. **Huber**, H., Der Beruf des Pressefotografen. Zum Berufsbild österreichischer Pressefotografen an Tages- und Wochenzeitungen, Salzburg 1987
187. **Heugenhauser**, E., Die Öffentlichkeitsarbeit der Salzburger Industrie, Salzburg 1986
188. **Heugenhauser**, H., Die neue Technik bei der Zeitungsherstellung. Soziale und ökonomische Auswirkungen in Folge veränderter Produktionsbedingungen, Salzburg 1989
189. **Forrester**,V., Der Terror der Ökonomie, Wien 1997
190. **Weimer**, W., Die Sozialisierungsfalle – Warum die soziale Marktwirtschaft wieder entfesselt werden muss, Frankfurt am Main 1999
191. **Vontobel**, W., Die Wohlstandsmaschine – Das Desaster des Neoliberalismus, Baden-Baden und Zürich 1998
192. **Dimmel**, N., Sicher in Österreich: innere Sicherheit und soziale Kontrolle, Wien 1996
193. **Ahlemeyer**, H.W./**Königswieser** R., Komplexität managen. Strategien, Konzepte und Fallbeispiele, Fankfurt am Main und Wiesbaden 1997
194. **Pichler**, W., Das Knappheitsproblem im Wohlfahrtsstaat. Eine Positive Theorie der Allokation, Salzburg 1981
195. **Penker**, W., Über die Grenzen und Möglichkeiten der Kontrollierbarkeit der Komponenten der Zentralbankgeldmenge durch die Oesterreichische Zentralbank, Salzburg 1981
196. **Scherrer**, W., Arbeitsmarktaspekte der Berufseinmündung von jungen Juristen, Salzburg 1991
197. **Senge**, P., The Fifth Discipline, New York 1990
198. **Simon**, H., Die Architektur der Komplexität, Opladen 1967
199. **Sloterdijk**, P., Kritik der zynischen Vernunft, Frankfurt 1983
200. **Sen**, A., Die Moral in der Marktwirtschaft, in: Die Zeit Nr. 34 vom 19. August 1999

2. Glossarium[1]

„Die Sprache der Volks- und Betriebswirte entwickelt sich immer mehr zu einem blühenden Englischen Garten"

Karl Trucker

AAA
Höchste Bonitätseinstufung für internationale Kreditnehmer. Im Ökonomen-Slang: „triple-A".

Abgaben
Oberbegriff für Steuern und Gebühren. Während Steuern dem Staat im Rahmen der allgemeinen Steuerpflicht vorbehaltlos geschuldet sind, werden mit Gebühren (in der Schweiz „Kausalabgaben" genannt) Leistungen oder Ansprüche des Staates direkt abgegolten.

Abgabenquote
Steuern und Sozialabgaben in Prozent des BIP.

Agency
Ausgegliederte und dadurch besser steuerbare staatliche Institution. In den USA sind Agencies Verwaltungsbehörden, die auf Grund eines Rechtsaktes (statute) des Kongresses gegründet wurden und ganz bestimmte Aufgaben erfüllen. Der Kongress ermächtigt diese Behörden innerhalb breiter Richtlinien, Detailregelungen zu erlassen („rulemaking process"). Die meisten dieser Agencies sind Teil der Exekutive. Einige einflussreiche Agencies sind unabhängig.

Allokation
Zuteilung von knappen Produktionsfaktoren (Ressourcen) auf alternative Verwendungszwecke.

Allokationseffizienz
A. liegt vor, wenn Produktionsfaktoren so eingesetzt werden, dass eine Steigerung des Produktionsergebnisses nicht mehr möglich ist, also „Produktionseffizienz" vorliegt, und dieses Produktionsergebnis zugleich den Bedürfnissen der Nachfrageseite entspricht, also Tauscheffizienz vorliegt.

Alternativen
Handlungs- und Lösungsmöglichkeiten eines politischen Entscheidungsträgers, welche die Voraussetzungen und Bedingungen der Entscheidungssituation berücksichtigen.

Anleihemarkt
Die Anleihe ist eine Form der Fremdkapitalbeschaffung durch Ausgabe von meist festverzinslichen Wertpapieren („Emission"). Die Anleihe wird zu einem bestimmten Zeitpunkt erstmals zur Zeichnung aufgelegt („Primärmarkt") und hat in der Regel eine mittelfristige bis langfristige Laufzeit. Sie kann bis zur Fälligkeit gehandelt werden („Sekundärmarkt").

---

[1] Begriffserklärungen, welche mit der Bezeichnung A (Österreich), CH (Schweiz) oder D (Deutschland) versehen sind, beziehen sich auf spezifische Begriffsanwendungen in den jeweiligen Staaten.

Approach
Die Art, wie man an die Lösung einer Aufgabe oder eines Problemes herangeht.

Ausgliederungen
Weisen unternehmensähnliche Organisationsformen auf, sind aber nicht notwendigerweise durch die typischen Vorgaben für marktwirtschaftlich agierende Unternehmen wie Wettbewerb oder Gewinnorientierung ausgezeichnet.

Ausschuss der Regionen
Er wurde eingesetzt, weil die Mitgliedstaaten ihre regionalen und lokalen Eigenheiten respektiert wissen und an der Entwicklung und Durchführung der EU-Politik beteiligt werden wollen.

Balanced Scorecard
Strategischer Handlungsrahmen zur Steuerung komplexer mikro- und makroökonomischer Systeme. Ermöglicht prozessorientiertes Controlling.

Bank für Internationalen Zahlungsausgleich (BIZ)
An der im Jahre 1930 in Form einer Aktiengesellschaft gegründeten Bank sind Zentralbanken aus derzeit 32 (per 1. Oktober 1996) Industriestaaten beteiligt. Hauptzweck ist die Förderung der währungspolitischen Zusammenarbeit. Innerhalb der BIZ sind Ausschüsse tätig, wie etwa der „Basler Ausschuss für Bankenaufsicht".

Bargaining
Kollektives Entscheidungsverfahren im Bereich der Sozialpartnerschaft.

Benchmarking
Suche nach Vergleichsmaßstäben und Leitwerten im Zuge der Reorganisation von privaten Unternehmen und/oder öffentlichen Verwaltungen.

Benchmarks
Vergleichsmaßstäbe, „Messlatten", an denen man die Leistungsfähigkeit eines Systems messen kann, z. B. die Effektivität der Geldveranlagung, die Schnelligkeit von Datenverarbeitungsanlagen, die Wettbewerbsfähigkeit einer Volkswirtschaft.

Best practice
Man vergleicht national und/oder international und sucht nach der besten Lösung für ein bestimmtes Problem.

Bestandsgröße
Ökonomische Größe, die zu einem bestimmten Zeitpunkt (z. B. Stichtag) gemessen wird. Beispiel: Kapitalstock, Geldvermögen, Bevölkerungszahl, Gesamtschuld.

BIP (Bruttoinlandsprodukt)
Was in einer Volkswirtschaft in einem Jahr von In- und Ausländern an Gütern und Dienstleistungen geschaffen und in Geld bewertet wurde.

Black box
Komplexer Untersuchungsbereich, in dem die innere Struktur des Systems noch nicht erforscht ist.

Bonität
Bonität bezeichnet die Kreditwürdigkeit (Fähigkeit zur Schuldenbedienung) eines Schuldners.

Bossing
Menschenwelt. Versuche von Vorgesetzten in Unternehmen, Mitarbeiter hinauszuekeln.

Bottom-up
Problemlösung von „unten" nach „oben". Beispiel: Festlegung von Forschungsschwerpunkten, die von den Notwendigkeiten und Möglichkeiten der betroffenen Forscher und Unternehmungen ausgeht und diese auch in den Formulierungsprozess einbezieht. Andere Bez.: Grassroots-Strategie.

Brain drain
Abwanderung qualifizierter Arbeitskräfte von einem Land in ein anderes Land.

Brainstorming
Problemlösungsverfahren, bei dem man versucht, bestimmte Probleme im Team zu lösen bzw. einer Lösung näher zu bringen.

Braintrust
Gruppe von Personen, die versuchen im Team Probleme zu lösen.

Break-even-point
Jener Punkt, von dem an der Ertrag die Kosten überschreitet, also die Grenze zwischen Verlust- und Gewinnzone.

Bretton-Woods-System
Bezeichnung für die internationale Währungsordnung nach dem Ende des Zweiten Weltkriegs. Die in Bretton Woods (Luftkurort in den Bergen New Hampshires, Neuengland, USA) im Juli 1944 auf der „United Nations Monetary and Financial Conference" geschlossenen Abkommen über die Errichtung des Internationalen Währungsfonds (IWF) und der Weltbank gelten in veränderter Fassung bis heute. Das damals vereinbarte System fester, aber bei Bedarf anpassungsfähiger Wechselkurse (Stufenflexibilität) mit dem Dollar als Leitwährung brach jedoch im Frühjahr 1973 mit der Freigabe der Dollarkurse auseinander.

Briefing
1. Kurze Arbeitsbesprechung. Unterweisung, wie eine bestimmte Handlung oder ein bestimmter Prozess ablaufen soll.
2. Instrument der Zusammenarbeit zwischen Werbeagenturen und ihren Kunden.

Buchgeld
Das Buch- oder Giralgeld entsteht durch Einlagen bei Banken auf dafür bestimmte Konten (Scheck-, Giro- oder Sichteinlagenkonten), über die im Scheck- und Überweisungsverkehr jederzeit verfügt werden kann. Im Gegensatz zum Bargeld spricht man von „unbaren" Zahlungsmitteln.

Built-in stabiliser
Mechanismus, der stabilisierend auf den Konjunkturverlauf einwirkt. Z. B. die Arbeitslosenversicherung, die in Hochkonjunkturjahren mit vielen Beschäftigten und wenigen Unterstützungsempfängern (konjunkturdämpfende) Reserven ansammelt, die in der Rezession konjunkturbelebend verausgabt werden.

Business process reengineering
Kurzform: reengineering. Grundsätzliche Neugestaltung der Leistungserbringung in privaten Unternehmen oder der öffentlichen Verwaltung. Umgestaltung von unternehmensinternen Prozessabläufen mit dem Ziel, Qualität, Kundendienst, Geschwindigkeit und Kostenstruktur zu verbessern.

Case study
Fallstudie.

Cash-flow
Wichtige Kennzahl für die Fähigkeit eines Betriebes, seinen Kreditrückzahlungsverpflichtungen nachzukommen. Errechnet wird der Cash-flow als Summe aus Gewinn, Rücklagenbildung und (normalen sowie vorzeitigen) Abschreibungen.
Cashmanagement
Maßnahmen, die eine Bank zur Sicherung der Liquditität und zur gezielten zinsbringenden Anlage einer etwaigen Überschussliquidität ergreift.
Changemanagement
Führungsaufgabe, die eine rechtzeitige Veränderung von Strukturen und Prozessen in einer Organisation anstrebt.
Checklist
Kontrolliste, aufgrund der die Erfüllung bestimmter Kriterien durch Abhaken überprüft wird.
Clearing
Gegenseitige, bargeldlose Aufrechnung von Forderungen und Verbindlichkeiten, wobei nur mehr die Salden beglichen werden.
Clienting
Das besondere Eingehen auf die Kunden eines Unternehmens oder einer Behörde.
Cluster
1. Unternehmensnetzwerke, die Synergien und Kooperationsmöglichkeiten zwischen Unternehmen verschiedener Branchen und Wirtschaftsklassen (z. B. Beratungsfirmen, Betreibern, Finanziers, Universitäten und Institutionen) eröffnen. Die jeweiligen C. werden dabei meist nach jener Branche benannt, die in dem Netzwerk dominiert: z. B. Automobilcluster, Holzcluster, Skicluster etc.. Cluster umfassen auch zuliefernde Unternehmen anderer Branchen sowie im thematischen Umfeld operierende Forschungszentren und Universitäten. Ziel ist die Steigerung der Wettbewerbsfähigkeit von Regionen.
2. Bildung von Zielgruppen im Marketing: Beispiel: Besuchergruppen bei Festspielen.

Constraints
Zwänge und Beschränkungen, die bei Entscheidungen mitberücksichtigt werden müssen.
Consulting
Beratung von Unternehmen oder Behörden durch externe Experten.
Contracting in
Vertragliche Hereinnahme einer Leistung, die bisher ausgegliedert war, d. h. nicht im eigenen Betrieb erzeugt wurde.
Contracting out
Vertragliche Ausgliederung von Leistungen, d. h., ein bestimmtes Produkt wird von einem anderen Betrieb hergestellt.
Controlling
Führungsunterstützung, durch die komplexe Prozesse – insbesondere die Wirksamkeit von betrieblichen und wirtschaftspolitischen Maßnahmen – besser kontrolliert und gesteuert werden können.
Core business
Kernaufgaben eines Unternehmens oder einer öffentlichen Verwaltung.
Corporate Governance
Qualität der Management- und Koordinationsstrategien in einem Unternehmen.

Corporate Identity
Das einheitliche Erscheinungsbild eines Unternehmens in der Öffentlichkeit sowie die Identifikation der Mitarbeiter mit ihrem Unternehmen. Abk.: CI.

Crash
Börsenwelt. Kurssturz.

Credit-Scoring
Bankenwelt. Einschätzung der Rückzahlungsbereitschaft eines privaten Kreditkunden. Statistischen Kriterien werden Punkte zugeordnet und addiert. Der Gesamtwert („score") ermöglicht eine Evaluierung der Kreditwürdigkeit eines Kunden.

Crossrate
Das gegenseitige Verhältnis von Währungen, Wachstumsraten etc..

Crowding out
Verdrängungseffekt. Beispiel: Kreditfinanzierte Staatsausgaben verdrängen durch höhere Zinsen private Investitionen.

DACH-Bereich
Zusammenfassung der Volkswirtschaften Deutschlands, Österreichs und der Schweiz. Dies ermöglicht eine bessere thematische Fokussierung. Die Abkürzung leitet sich von den Autokennzeichen der drei Länder ab.

Debt Management
Wörtlich: Verwaltung der Staatsschuld. Betriebswirtschaftlich optimale Gestion der eingegangenen oder einzugehenden Verschuldung, z. B. durch Ausnützung von Zinsunterschieden zwischen kurz- oder langfristigem und zwischen in- und ausländischem Kapital.

Deficit spending
Bewusste Ausweitung der Staatsausgaben über die Staatseinnahmen hinaus zur Ankurbelung der Konjunktur; mit Höhe der „Defizitausgaben" nimmt die Staatsschuld zu.

Deregulierung
Verringerung staatlicher Einflussnahme des Staates gegenüber dem privaten Sektor.

Devisenmarkt
Markt für auf ausländische Währung lautende und im Ausland zahlbare Geldforderungen, insbesondere zahlbare Bankguthaben, Schecks und Wechsel.

Downsizing
1. Rechnerarbeiten werden aus Kostengründen auf mehrere Rechnerebenen verteilt oder verlagert, z. B. vom Host auf PCs.
2. Reduzierung der Größe und des Umfanges eines Unternehmens oder einer Behörde, um kleinere und leistungsfähigere Einheiten zu schaffen.

Downstream
Unternehmen bzw. wirtschaftliche Tätigkeiten am Ende der Wertschöpfungskette, also im konsumnahen Bereich.

Drift
Abweichung von zwei Größen

ECOFIN-Rat
Gremium der Wirtschafts- und Finanzminister der EU-Mitgliedsländer.

Economies of scale
Kosteneinsparungen, die aus einem bestimmten Produktionsumfang (einer bestimmten Betriebs- oder Losgröße) resultieren. Andere Bez.: Skalenerträge, Größenvorteile.

Economies of scope
Ökonomische Vorteile, die durch Kooperation von Personen, Unternehmen oder Institutionen entstehen. Andere Bez.: Verbundeffekte, Synergieeffekte.

Effektivität
Zweckmäßigkeit, Wirksamkeit einer Organisation bzw. ihrer Leistungen. Sie gibt Auskunft darüber, inwieweit die Verwaltung ihren Zweck erfüllt hat. Effektivität bedeutet auch „die richtigen Dinge tun!"

Effizienz
Wirtschaftlichkeit einer Organisation bzw. ihrer Leistungen. In Geld ausgedrücktes Verhältnis von Output (Leistung) und bewertetem Ressourceneinsatz (Input). Sie wird auch als Kostenwirtschaftlichkeit bezeichnet (Kosten je Leistungseinheit). Effizienz bedeutet auch, die „Dinge richtig tun!"

Einheitliche Europäische Akte
Sie wurde von den Vertretern der EG-Regierungen im Februar 1986 in Luxemburg unterzeichnet und trat am 1. Juli 1987 in Kraft. Der Form nach handelt es sich um Änderungen und Ergänzungen der Gründungsverträge der EG. Die Akte schuf die rechtlichen Rahmenbedingungen für die Verwirklichung eines europäischen Binnenmarktes und für die bis dahin informell betriebene außenpolitische Zusammenarbeit.

Emergenz
E. liegt vor, wenn einem System wichtige Elemente fehlen, die aber für das Funktionieren erforderlich sind.

Employment Value
Anzahl der Mitarbeiter eines Unternehmens, die in diesem Unternehmen dauernd Beschäftigung finden.

Entflechtungen (CH)
Eine Entflechtung liegt dann vor, wenn eine öffentliche Aufgabe, die zuvor von Bund und Kantonen gemeinsam getragen wurde, nur einer staatlichen Ebene zugeordnet wird. Mit einer Entflechtung wird erreicht, dass die Kosten-, Nutzen- und Entscheidungsträger identisch sind. Man bezeichnet dies in der Schweiz auch als „fiskalische Äquivalenz". In gewissen Fällen ist es auch denkbar, dass nur eine Finanzentflechtung vorgenommen wird. Dabei wird einzig die Finanzierungspflicht der einen oder anderen Staatsebene zugewiesen, im übrigen aber bleiben die Regelungskompetenzen im betreffenden Aufgabenbereich unverändert.

Entstehungskosten (eines Gesetzes)
Kosten einer Rechtsnorm, die durch Erstellung des Gesetzesentwurfs, das Durchlaufen des Begutachtungsverfahrens, die Genehmigung durch das Parlament, Vervielfältigung, Beschaffung, Versendung, Ablage etc. entstehen.

Europäisches System der volkswirtschaftlichen Gesamtrechnung (ESVGR)
Das Europäische System der volkswirtschaftlichen Gesamtrechnung dient der einheitlichen Berechnung der volkswirtschaftlichen Gesamtrechnung (VGR) der EU-Staaten.

Europäisches System der Zentralbanken (ESZB)
Das Europäische System der Zentralbanken besteht aus der Europäischen Zentralbank (EZB) und den nationalen Zentralbanken, die zugleich die Aktionäre der EZB sind. Geleitet wird das ESZB von zwei Beschlussorganen, dem EZB-Rat und dem Direktorium. Vorrangiges Ziel des ESZB ist die Wahrung der Preisstabilität.

Europäisches Währungsinstitut (EWI)
Das Europäische Währungsinstitut mit Sitz in Frankfurt war die Vorläuferinstitution der Europäischen Zentralbank (EZB). Das EWI spielte eine wichtige Rolle bei der Vorbereitung zur Einführung des Euro.
Evaluierung
Unter E. versteht man heute allgemein die kritische Untersuchung und Bewertung von Leistungen bestimmter Personen, Personengruppen oder Institutionen.
Event
Wirtschaftliche, kulturelles, gesellschaftliches und/oder sportliches Großereignis.
Executive summary
Kurzfassung einer Stellungnahme, eines Gutachtens, einer wissenschaftlichen Untersuchung etc..
Exit poll
Befragung von Wählern nach der Wahl (meist bei Verlassen des Wahllokals).
Externe Effekte
Man unterscheidet positive oder negative externe Effekte. E. sind Wirkungen, bei denen Verursacher und Betroffene nicht übereinstimmen. E. treten dann auf, wenn jemand aus dem Gebrauch (Konsum, Produktion) einer Sache Nutzen zieht, ohne dass er dafür zahlen muss (externer Nutzen), oder wenn jemand einem anderen Kosten verursacht, ohne dass der Verursacher dafür aufkommen muss (externe Kosten).
Facilities
1. Grundstücke, Gebäude, Einrichtungen und Infrastruktur (z. B. cafeteria, copy shop etc. auf einem Universitätscampus). 2. Möglichkeiten (z. B. Überziehungsmöglichkeit auf einem Konto, Kreditrahmen für ein Land beim IMF etc.).
Facility-Management
Gesamtheit aller Leistungen zur optimalen Nutzung von Gebäuden und Grundstücken auf der Grundlage einer ganzheitlichen Strategie. Verknüpfung von technischer und wirtschaftlicher Fachkompetenz.
Factoring
Erweiterung des Finanzierungsspielraumes eines Unternehmens durch den „Verkauf" offener Forderungen. F. ist eine Kombination von Kreditversicherung und Absatzfinanzierung.
Feasibility study
Consultingwelt. Überprüfung der technischen, rechtlichen oder ökonomischen Machbarkeit von Projekten. Es ist ein gedankliches Experimentieren mit den Faktoren Ressourcen, Zeit und Raum.
Feedback
Rückkoppelung. Reaktion auf eine erhaltene Nachricht.
Field research
Feldforschung.
Finalsteuerung
Vorgaben, die sich ausschließlich an der Zielerreichung orientieren und die Mittel und Wege zur Zielerreichung bewusst offenlassen.
Finanzausgleich (CH)
Der Finanzausgleich hat zum Ziel, die kantonalen Unterschiede bei der finanziellen Leistungsfähigkeit mit Hilfe von verschiedenen Instrumenten abzubauen: z. B. Finanzausgleich zwischen armen und reichen Kantonen, nach Finanzkraft diffe-

renzierte Subventionen etc.. Zum Finanzausgleich (im weiteren Sinne) zählt aber auch die Aufgabenverteilung zwischen Bund und Kantonen. Beide Finanzausgleichsanliegen sind heute ungenügend geregelt. Deshalb haben Bund und Kantone den Neuen Finanzausgleich NFA erarbeitet. Damit soll der unübersichtliche und ineffiziente Knäuel von Aufgaben, Kompetenzen und Finanzströmen entwirrt werden. Bund und Kantone erhalten neuen politischen und finanziellen Spielraum, und der Finanzausgleich zwischen den Kantonen wird politisch steuerbar. Der NFA wird frühestens ab 2004 wirksam. Er muss von Volk und Ständen genehmigt werden.

Finanzleitbild (CH)
Leitplanken für die Gestaltung einer nachhaltigen Finanzpolitik des Bundes, die sich auf anerkannte wissenschaftliche Erkenntnisse stützen. Arbeitsinstrument für denBundesrat und Wegweiser für das Parlament.

Fiskalquote
Anteil der gesamten Staatseinnahmen (inkl. Sozialversicherungsabgaben) am BIP.

FLAF (A)
Familienlastenausgleichsfonds.

FLAG (CH)
Führen von Amtsstellen mit Leistungsauftrag und Globalbudget. Mit FLAG werden staatliche Leistungen durch genaue Ziel- und Budgetvorgaben gesteuert.

Floating
Schwankungen oder schwanken lassen von Devisenkursen.

Flow
Ökonomische Größe oder Menge, die auf einen Zeitraum (z. B. Tag, Monat, Jahr) bezogen ist. Beispiele: Investition, Einkommen, Umsatz, Patienten, Bevölkerungsveränderung, Neuverschuldung etc..

Fokussiertes System
Ein System, das im Hinblick auf eine bestimmte Thematik angesprochen wird.

Folgekosten (von Rechtsvorschriften)
Die Summe der Kosten für den Vollzug der Rechtsvorschrift in der Verwaltung oder Gerichtsbarkeit (Vollzugskosten) plus der Kosten für jene Leistungen, die vom Staat an die durch das Gesetz Begünstigten zu erbringen sind (Nominalkosten).

Follow up
1. Nachfasswerbung: z. B. abgestimmte Inserate in einer Zeitung hintereinander, aber auch eine zweite Werbeaktion, die die Werbeappelle der ersten Aktion noch einmal in Erinnerung bringt.
2. Datenmäßige Aktualisierung einer wissenschaftlichen Untersuchung.

Fonds
1. Staat: Selbstständige Vermögensmassen mit genau definierten Aufgabenbereichen und Entscheidungsorganen.
2. Bankenwelt: Zusammenfassung mehrerer Wertpapiere zu einem Investmentfonds.

Franchising
Form der Kooperation zwischen Unternehmen. Ein Franchisegeber räumt einem Franchisenehmer gegen Entgelt das Recht ein, bestimmte Waren und/oder Dienstleistungen unter Verwendung von Namen, Warenzeichen, Ausstattung oder sonstigen Schutzrechten zu verkaufen.

Free rider
Person, die in den Genuss von privaten oder öffentlichen Leistungen kommt, ohne dafür selbst Kosten aufgewendet zu haben. Andere Bez.: Trittbrettfahrer.
Freedom Index
Index, mit dessen Hilfe man die Wettbewerbsfähigkeit von Ländern erfasst.
Fund raising
Mittel auftreiben für wissenschaftliche und/oder karitative Projekte.
Fuzzy logic
Mathematisches System, das anstelle der klassischen Binärlogik (richtig/falsch, wahr/unwahr, 0/1) eine differenzierte Beurteilung von Sachverhalten aufgrund von Näherungsaussagen (z. B. 0,1 0,4 etc.) ermöglicht.
Geldmarkt
Der Geldmarkt im engeren Sinn umfasst den Handel von Zentralbankguthaben unter Banken und dient dem Liquiditätsausgleich. Der Geldmarkt im weiteren Sinn umfasst die Gesamtheit aller Handelstätigkeiten mit kurzfristigen Finanzinstrumenten.
Global Player
Unternehmen, die Investitionsentscheidungen aufgrund ihrer Größe weltweit ausrichten. Mit Hilfe eines globalen Informationsnetzwerkes koordinieren sie Beschaffung, Produktion und Verteilung der erzeugten Güter. Global players nutzen Synergien auf globaler Ebene und differenzieren ihr Angebot – wenn nötig – für die lokalen Märkte. Die globale Orientierung hingegen bezieht sich auch auf Forschung und Entwicklung sowie auf internationale Finanzierung.
Global Sourcing
Bestimmte Produkte, z. B. Zulieferkomponenten, werden an jenen Standorten zugekauft, wo sie am günstigsten sind. Zu diesen gehören der Preis, eine bestimmte Qualität, die Lieferfähigkeit und der Zeitpunkt, zu dem geliefert wird.
Globalbudget
Globale Festlegung der Aufwendungen und Erträge für bestimmte Bereiche der öffentlichen Verwaltung.
Going Public
Einführung einer Aktie an der Börse.
Good Will
Guter Ruf, das Vertrauen, das eine Persönlichkeit oder ein Unternehmen in der Öffentlichkeit genießt.
Governance
1. Qualität der Management- und Koordinationsstrategien in Unternehmen. 2. Neue Art des Regierens. Nach Osborne/Gaebler steht der Begriff für politisches Steuern. Qualität der Management- und Koordinationsstrategien im öffentlichen Sektor.
Government
Die jeweilige Regierung eines Landes als Institution.
Government Auditing
Prüfung der öffentlichen Verwaltung durch Rechnungshöfe.
Grassroots
Problemlösung von „unten" nach „oben". Andere Bez.: Bottom up.
Grauer Finanzausgleich (A)
Änderungen in Gesetzen, die nicht im Finanzausgleich geregelt sind, aber die Position der einzelnen Gebietskörperschaften beeinflussen. Dies gilt z. B. für Groß-

investitionen, Betriebsansiedlungen etc., wo ein bestimmtes Aufteilungsverhältnis der öffentlichen Förderungen zwischen den Gebietskörperschaften (Bund und Länder, Länder und Gemeinden) festgelegt wird.

Green Card
Von den US Behörden verloste Aufenthalts- und Arbeitsbewilligung für die USA.

Green Paper
Institutionenwelt. Grundsätzliche Überlegungen einer Institution oder Behörde der EU zu einem bestimmten Thema (z. B. Beschäftigungsprogramm).

Greenback
Andere Bezeichnung für US Dollar.

Grüner ECU
Die grüne ECU wird für Verrechnungen in der gemeinsamen Agrarpolitik verwendet. Ihr Wechselkurs ergibt sich aus dem Wechselkurs der offiziellen ECU, korrigiert um einen Berichtigungsfaktor.

Hand out
Kurzfassung eines Vortrages mit der Gliederung und den wichtigsten Aussagen in Thesenform.

Harmonized index of consumer prices
Misst die Veränderung der Verbraucherpreise im Sinne der Maastricht-Kriterien. Abgek.: HICP

Head hunting
Berufsmäßige Vermittlung von Personal des Top-Management. Da die wörtliche Übersetzung „Kopfjäger" negativ besetzt ist, spricht man in neuerer Zeit von „executive search".

Headquarter Economy
Internationale Konzerne schlagen dort ihr Hauptquartier auf, wo dies unter Berücksichtigung von steuerlichen und sonstigen Vorteilen am günstigsten ist.

Hearing
Anhörung von Experten in einem politischen Gremium.

Holding
Dachgesellschaft, die selbst nicht produziert, aber Aktien anderer Gesellschaften besitzt und diese dadurch beherrscht.

Home Banking
Erledigung der Bankgeschäfte von zu Hause.

Homepage
Seite im Internet mit speziellen Daten über eine Person oder Institution.

Hot desking
Büroorganisation, bei der Mitarbeiter über keinen fixen Büroplatz verfügen, sondern bei Ankunft im Büro aus dem Pool verfügbarer Plätze wählen.

Human relations
Maßnahmen zur Förderung guter zwischenmenschlicher Beziehungen.

Human Resource Management
Personalplanung und Personaleinsatzsteuerung mit dem Ziel, die im Unternehmen verfügbaren Ressourcen bestmöglich einzusetzen.

Incentives
Anreize, durch die ein bestimmtes Verhalten erreicht werden soll, z. B. erhöhte Motivation bei der Arbeit oder stärkere Nachfrage nach einem bestimmten Produkt.

Indikatoren
Sie dienen der Quantifizierung (Messbarmachung) von Ressourceneinsätzen, Leistungen und deren Auswirkungen.
Inkohärenz
Fehlen eines inhaltlichen Zusammenhanges zwischen Zielen, Verfahren und Verhaltensweisen in einer Organisation.
Input
Ressourcen (Informationen, Personal, Sachmittel, Finanzmittel etc.), die zur Erbringung eines Output benötigt werden.
Inputsteuerung
Der Finanzmittelbedarf bzw. die Zuweisung von Budgetmitteln an eine Organisationseinheit orientiert sich am Budget (input) des Vorjahres plus Steigerung minus Kürzung. Effektivität und Effizienz werden dabei nicht berücksichtigt.
Insider
1. Allgemein: Personen, die in einer Disziplin besonderes Fachwissen erworben haben.
2. Börsenwelt: Personen, die aufgrund ihrer Stellung einen Informationsvorsprung haben (z. B. leitende Mitarbeiter eines Unternehmens). Es ist diesen Personen bei Strafe verboten Informationen zum eigenen Vorteil auszunutzen.

Institutionelle Anleger
Banken, Versicherungen, Fondsgesellschaften, die durch die Höhe der auf den Finanzmärkten getätigten Finanzinvestitionen bzw. Desinvestitionen einen wesentlichen Einfluss auf die Marktentwicklung nehmen.
Intangibles
Immaterialgüter -rechte, Patente, Lizenzen, Marken, goodwill, Kundenbeziehungen.
Integration
Organisation des Zusammenspiels zwischen den Teilen eines Systems, mit dem Ziel das gemeinsame Ganze zu verstärken.
Interface
Schnittstelle zwischen zwei Modulen.
Joint venture
Zusammenarbeit von Unternehmen zur gemeinsamen Abwicklung eines Projektes.
Kaizen
Japanischer Begriff für kontinuierliche Verbesserung (im Gegensatz zu sprunghaften Verbesserungen („Innovationen")).
Know-how
Wissen, wie man ein gesellschaftliches, wirtschaftliches oder technisches Problem angeht.
Kohärenz
Inhaltlicher Zusammenhang von Zielen, Verfahren und Verhaltensweisen in einer Organisation. Andere Bez.: Konsistenz.
Kohäsion
Ziel der EU, den „wirtschaftlichen und sozialen Zusammenhalt" der Partnerländer zu fördern und damit eine „harmonische Entwicklung der Gemeinschaft als Ganzes" herbeizuführen (Art. 130 a EG-Vertrag). Unterschiede im Entwicklungsstand der verschiedenen Regionen sowie der Rückstand der „am stärksten benachteiligten Gebiete" sollen verringert werden. Instrumente zur Verwirklichung der Kohäsion sind die verschiedenen Strukturfonds (Europäischer Ausrichtungs- und

Garantiefonds für die Landwirtschaft, Europäischer Sozialfonds, Europäischer Fonds für regionale Entwicklung), Kreditvergaben durch die Europäische Investitionsbank sowie der im Hinblick auf einen Ausbau der europäischen Verkehrsinfrastruktur (Umwelt, transeuropäische Netze) neugeschaffene „Kohäsionsfonds".

Komplexität
Grad der Vielschichtigkeit, Vernetzung und Folgelastigkeit eines Entscheidungsfeldes bzw. Systemes.

Konflikt
Möglichkeit von Alternativen. Je komplexer ein System ist und je mehr Optionen es bereitstellt, desto konfliktträchtiger ist es.

Konkurrenzparadoxa
Das Grundmuster lautet: Jeder einzelne strebt nach einem bestimmten Ziel. Aber: Gerade dadurch, dass alle danach streben, tritt eine ganz andere von keinem gewünschte Wirkung ein. Dahinter steckt der Konflikt zwischen individueller und kollektiver Rationalität. Beispiele: Ladenschlusszeiten, Werbung, Rüstungswettbewerb, „moral hazard". Das Gefangenen-Dilemma unterscheidet sich vom Konkurrenzparadoxon nur durch die Anzahl der betroffenen Mitwirkenden.

Konsistenz
Inhaltlicher Zusammenhang von Zielen, Verfahren und Verhaltensweisen in einer Organisation. Andere Bez.: Kohärenz.

Kontingenz
Maß an Freiheitsgraden der Selbststeuerung eines Systems.

Kontrolle
Vergleich einer Ist-Größe mit einer Soll-Größe.

Konvergenz
Ursprünglich ein Begriff der Naturwissenschaft, ist unter Konvergenz die Annäherung verschiedener Systeme gemeint. Bezogen auf die Wirtschaft bedeutet dies die Angleichung unterschiedlicher Wirtschaftssysteme, Wirtschaftsstrukturen und Wirtschaftsentwicklungen. An Aktualität hat der Konvergenzbegriff im Rahmen der Errichtung einer Wirtschafts- und Währungsunion gewonnen („Konvergenzkriterien").

Konvergenzkriterien
Gemäß Unionsvertrag soll anhand von vier Kriterien (Inflationsrate, Schulden und Defizit der öffentlichen Hand, Wechselkurs, langfristige Zinssätze) ermittelt werden, welche EU-Länder aufgrund ihrer monetären und wirtschaftlichen Entwicklung geeignet sind, eine Währungsunion zu bilden.

Konvertibilität
Unter Konvertibilität versteht man den ungehinderten Austausch von Währungen untereinander. Eine Währung gilt als konvertibel, wenn Zahlungen und Überweisungen im Bereich der laufenden Transaktionen nicht beschränkt sind. Eine höhere Stufe der Konvertibilität hat eine Währung erlangt, wenn das Land auch den Kapitalverkehr voll liberalisiert hat.

Koordination
Abstimmung von Aktivitäten. Ist eine wichtige Controlling-Funktion. Sie ist dann erforderlich, wenn Entscheidungen dezentral erfolgen und sich gegenseitig nicht beeinflussen.

Kosten
Werteinsatz zur Erstellung einer Verwaltungsleistung.

Lag
Zeitliche Verzögerung. Wenn eine Größe hinter einer anderen Größe „nachhinkt".

Lead
Zeitlicher Vorsprung einer Größe vor einer anderen Größe.

Leadership
Das Verhalten bei der Erfüllung von Aufgaben. Fähigkeit, Unternehmen, Organisationen, politischen Parteien, Regierungen usw. Ziele (Aufgaben) vorzugeben und dafür zu sorgen, dass diese Ziele auch tatsächlich erreicht werden.

Lean-Management
Kosten vermeidende Unternehmensführung. Modell der Reorganisation, durch das die efficiency in privaten Unternehmen bzw. in der öffentlichen Verwaltung gefördert werden soll.

Leasing
Vermietung bzw. Verpachtung von beweglichen und unbeweglichen Anlage- und Konsumgütern.

Lobby
Gruppe von Personen, die versucht, auf (wirtschafts-) politische Entscheidungen Einfluss zu nehmen. Allgemeine Zielsetzung: Durchsetzung von Partikularinteressen.

Lombard
Der Lombardsatz ist ein von der Zentralbank festgelegter Zinssatz für die Gewährung eines Lombardkredites an Kreditinstitute. Er liegt in der Regel über dem Diskontsatz.

Maastricht
Ort in den Niederlanden, in dem am 7. Februar 1992 der Vertrag zur Gründung der EU unterzeichnet wurde.

Maastricht-Kriterien
1. Inflationsrate von maximal 1,5 Prozentpunkte über dem Durchschnitt der besten – höchsten drei – Länder. 2. Langfristiger Zinssatz, der maximal 2 Prozentpunkte über dem Durchschnitt der besten drei Länder – gemessen an der Preisstabilität – liegt. 3. Mitgliedschaft beim EWS-Wechselkursmechanismus und Einhaltung der normalen Bandbreiten im EWS-Wechselkursmechanismus seit mindestens zwei Jahren. 4. Verhältnis des öffentlichen Defizits zum BIP darf 3 % nicht überschreiten. 5. Verhältnis des öffentlichen Schuldenstandes zum BIP darf 60 % nicht überschreiten.

Mainstream
Herrschende Meinung in einer Wissenschaft, die jedoch nicht von allen Vertretern des betreffenden Faches geteilt wird.

Make or buy
Ein Unternehmen prüft, ob bestimmte Komponenten, Produkte oder Dienstleistungen selbst hergestellt werden sollen oder ob ein Zukauf von außen erfolgen soll. Fällt die Entscheidung zugunsten der Ausgliederung, so spricht man von outsourcing.

Management
Kreative Lösung von unternehmerischen Aufgaben. Als Institution umfasst Management alle mit Führungsaufgaben betrauten Personen. Man unterscheidet drei Ebenen: Top-Management., Middle-Management. und Lower-Management.
Management-buy-out
Übernahme einer Firma durch das bisherige Management. Die Finanzierung erfolgt meist mit Hilfe von Fremdkapital.
Marketing
Alle Maßnahmen, die dazu dienen, einer Idee oder einem Produkt bessere Chancen auf einem Markt zu eröffnen, z. B. Produktgestaltung, Marktforschung, Werbung, Gestaltung der Absatzwege, Kundenbetreuung etc..
Marketing mix
Kombination aller marketingpolitischen Instrumente, die dazu dienen, Märkte aktiv zu beeinflussen. Der Mix umfasst die Produktpolitik, die Kontrahierungspolitik, die Distributionspolitik sowie die Kommunikationspolitik.
Masterplan
Abstimmung von wirtschaftspolitischen Projekten, die eine solche Größenordnung erreicht haben, dass eine besondere Koordination der wesentlichen Einflussfaktoren erforderlich ist: Kostenmanagement, Finanzierbarkeit, Technologie, Folgelasten/Folgekosten, Zeitpunkt der Umsetzung, Vernetzung und Synergieeffekte mit anderen Großprojekten etc..
Merger
Fusion von Unternehmen dergestalt, dass das übernommene Unternehmen seine Rechtspersönlichkeit verliert.
Mind mapping
Erstellung eines Netzwerkes von Begriffen, das die bessere Bearbeitung eines bestimmten Problems ermöglicht.
Mistery shopper
Personen, die – als „Kunden" getarnt – die Unternehmensstrategie der Konkurrenz (z. B. anderer Banken) erkunden. Gelegentlich auch im eigenen Unternehmen (z. B. bei Hotelketten) angewandt, um zu sehen, ob es Schwachstellen im eigenen Unternehmmen gibt.
Monitoring
Überwachungs- oder Beobachtungsaufgabe, meist im Zusammenhang mit der Leistungserbringung von öffentlichen und/oder privaten Unternehmen sowie der Tätigkeit von Regierungen.
Moral hazard
Begriff aus der Versicherungswirtschaft. Nicht objektivierbare Versicherungsrisken, die aus einem (unmoralischen) Verhalten der Versicherungsnehmer resultieren. Liegt etwa dann vor, wenn Versicherungsnehmer versuchen, durch fahrlässiges Verhalten die gezahlten Versicherungsprämien wieder „hereineinzuholen".
Negative voters
Protestwähler.
Nettodefizit
Überhang der Ausgaben über die Einnahmen des allgemeinen Haushaltes. Bruttodefizit vermindert um die als Ausgaben budgetierte Rückzahlung von (Finanz-) Schulden. Da die Aufnahme von Krediten nicht als staatliche Einnahme

verbucht wird, ist das Budget im ökonomischen Sinn bereits ausgeglichen, wenn das Bruttodefizit den Betrag der Tilgungszahlungen nicht übersteigt.
Networking
Vernetzung von Personen und/oder Institutionen zur besseren Bearbeitung bestimmter Aufgabenstellungen. Es sind virtuelle Unternehmen auf Zeit. Sobald ein bestimmtes Problem gelöst ist, gehen die Mitwirkenden auseinander, um sich vielleicht bei einem anderen Projekt wieder zu organisieren. Im Gegensatz zu den Seilschaften stehen bei Netzwerken die persönlichen Interessen im Hintergrund. Netzwerke leben von der personellen Erneuerung, da neue Personen neue Visionen und Denkperspektiven einbringen.
Neue politische Ökonomie
Forschungsgebiet, das das Verhalten der staatlichen Entscheidungsträger (Politiker, Bürokraten, Verbandsfunktionäre) mit Hilfe ökonomischer Analysemethoden untersucht. Im Gegensatz zur Wohlfahrtsökonomik und zur traditionellen Theorie der Wirtschaftspolitik wird von den Entscheidungsträgern nicht ein bestimmtes Verhalten unterstellt (z. B. Maximierung des Gemeinwohls oder Orientierung an einem bestimmten Zielkatalog), sondern es wird einfach gefragt: Wann und wie handelt der Staat? Durch die Untersuchung des Verhaltens von Entscheidungsträgern im öffentlichen Sektor werden die Grenzen der Lösbarkeit wirtschaftlicher und gesellschaftlicher Probleme durch den Staat sichtbar.
New business
Neue Geschäftsfelder eines Unternehmens.
NGO
Non Governmental Organizations.
Nicht-Nullsummenspiele
Spiele, bei denen alle Spieler gewinnen können.
Non paper
Inoffizielle Unterlage, die meist mit dem Zusatz „vertraulich" oder „restricted" an einen kleinen Personenkreis weitergegeben wird.
NPM
New Public Management. Konzept zur Neuorganisation der öffentlichen Verwaltung.
NPO
Non-Profit-Organization. Nicht exakt abgrenzbarer Sammelbegriff für Anstalten, Wirtschaftsvereinigungen und Betriebe, deren Tätigkeit (normalerweise) nicht auf Gewinnerzielung ausgerichtet ist.
Nullsummenspiel
Begriff aus der Spieltheorie zur Bezeichnung eines Sachverhaltes, bei dem die Gewinne und Verluste der beiden Spieler sich gegenseitig aufheben.
Off shore
Finanzplätze „vor der Küste", die ausländischen Kapitalanlegern besonders günstige, steuerliche Vorteile bieten (z. B. Liechtenstein, Bahamas, Bermudas, Inseln im Ärmelkanal etc.).
Offenmarktgeschäfte
Im Rahmen der Offenmarktpolitik schließt die Zentralbank – als Käufer oder Verkäufer – Wertpapiergeschäfte vornehmlich mit Banken ab. Durch An- bzw. Verkauf von Wertpapieren nimmt sie Einfluss auf den Geldversorgungsgrad der Banken.

Öffentlicher Konsum
Im Gegensatz zu den Investitionsausgaben handelt es sich bei den Konsumausgaben um laufende Ausgaben (z. B. Zinskosten, Büro- und Personalkosten).
Operatives Controlling
Unterstützt das Führungssystem, die „Dinge richtig zu machen". Ziel: größere Effizienz.
Opportunitätskosten
Der Einsatz von Produktionsfaktoren in einem Produktionsprozess entzieht diese einer anderen Verwendungsmöglichkeit, wo sie einen bestimmten Nutzen erbracht hätten. Man bewertet nun die eingesetzten Produktionsfaktoren mit dem entgangenen Nutzen und zwar mit dem entgangenen Nutzen aus der besten alternativen Verwendungsmöglichkeit.
Organisationsentwicklung
Abgek.: OE. Sammelbegriff für den koordinierten Einsatz sozialwissenschaftlicher Methoden mit dem Ziel, innerhalb einer Organisation notwendig gewordene Strukturänderungen vorzubereiten und zu implementieren.
Outcome
Was durch den Einsatz bestimmter privater oder staatlicher Maßnahmen „herausgekommen" ist. Versucht also die qualitativen Wirkungen des Outputs in Wirtschaft und Gesellschaft zu beschreiben. Beispiele: die Verringerung der Anzahl der Arbeitsuchenden als Folge eines Beschäftigungsprogrammes oder die Veränderung der Qualifikation der Absolventen von Universitäten.
Outplacement
Eine einvernehmliche Trennung eines Unternehmens von einem Mitarbeiter und Vermittlung auf einen neuen Arbeitsplatz.
Output
Ausstoß. Ergebnis eines Produktionsprozesses. Leistung einer Organisationseinheit, die an den Bürger (externer output) oder an andere Verantwortungsbereiche (interner output) abgegeben werden.
Outputsteuerung
Der Finanzmittelbedarf bzw. die Zuweisung von Finanzmitteln an eine Organisationseinheit orientiert sich an den für die Leistungserstellung notwendigen Ressourcen. Effektivität und Effizienz werden berücksichtigt und gefördert.
Outsourcing
Ausgliederung einzelner oder aller bisher innerbetrieblich erfüllten Aufgaben an ein rechtlich unabhängiges Unternehmen. Die Eigenerstellung von Leistungen wird durch ihren Fremdbezug ersetzt.
Paper
Manuskript oder Konzept zu einem bestimmten Thema.
Paradigma
Hilfsmittel der Forschung, das die Erklärung und Beeinflussung bestimmter Sachverhalte erleichtern soll. Beispiele: die Begriffe System, Feld, Modul, Regulierung, Deregulierung, Gleichgewicht, Leanmanagement etc.. P. ist ein Beziehungssystem für menschliches Handeln in einem bestimmten Wissensgebiet: ein System von Annahmen und Ideen, das die Handlungen der in diesem System tätigen Personen weitgehend steuert, ohne dass dies den betreffenden Personen immer zum Bewusstsein kommt.

Paradigmenwechsel
Wenn sich das steuernde Bezugssystem in einer Wissenschaft grundlegend geändert hat.
Parameter
1. Instrument, das ein Wirtschaftssubjekt einsetzt, um bestimmte Ziele zu erreichen. Haben auch andere Wirtschaftssubjekte die Möglichkeit, auf die Erreichung dieser Ziele Einfluss zu nehmen, so werden aus Aktionsparameter Erwartungsparameter. Beispiel: Steuersätze sind für den Staat Aktionsp., das Steueraufkommen hingegen ist für ihn ein Erwartungsp., weil die Steuerzahler ja der Besteuerung auch ausweichen können.
2. Zahlenwerte, mit denen ein empirischer Sachverhalt beschrieben werden kann, z. B. mit Koeffizienten in Schätzgleichungen. In der deskriptiven Statistik beziehen sich P. auf beobachtete Größen, in der Stochastik hingegen auf Zufallsvariable. Man unterscheidet: Streuungsp., Lagep. und Konzentrationsp..

Peer review
Überprüfung der Einhaltung von Maßnahmen zur Qualitätssicherung. Externe Experten untersuchen bestimmte Systeme und Prozesse auf ihre Leistungsfähigkeit hin.

Peers
Unabhängige, externe Experten, die bestimmte Leistungen im öffentlichen Sektor bewerten.

Performance
Ergebnis, Art und Weise, ob und wie eine private oder öffentliche Aufgabe erfüllt wird. Im Einzelfall geht es um die Qualität bzw. das Leistungsniveau eines Systems. Die P. liefert Informationen darüber, wie dieses System funktioniert, wobei es hier um ein Unternehmen, eine Personengruppe oder eine politische Institution handeln kann.

Piecemeal engineering
Reform der kleinen Schritte.

Pilot
Kurzform für: pilot project. Innovatives Projekt, anhand dessen bestimmte mögliche Auswirkungen (z. B. Kosten, Nutzen, Akzeptanz etc.) überprüft werden.

Policy Mix
Kombinierter Einsatz von wirtschaftspolitischen Instrumenten bzw. die Koordination der verschiedenen Politikbereiche (z. B. Geldpolitik, Fiskalpolitik, Einkommenspolitik etc.) zur besseren Erreichung wirtschaftspolitischer Ziele.

Policy watch
Siehe Monitoring.

Pool
Wenn Haushalte, Unternehmen oder staatliche Institutionen zwecks besserer Auslastung bestimmter Ressourcen diese gemeinsam nutzen, z. B. Fahrzeugpool, medizinischer Großgerätepool.

Portfolio
Bestand an Forderungen, Verbindlichkeiten, Wertgegenständen, Produkten oder Abteilungen, deren Vorteilhaftigkeit im Zeitablauf gewissen Veränderungen unterliegt. Es ergibt sich daher häufig die Notwendigkeit, ein P. zu überprüfen und – wenn nötig – umzuschichten. Beispiele für P.s: Länderp., Branchenp. (relative Position bestimmter Länder und/oder Branchen unter Berücksichtigung bestimmter

Kriterien (z. B. Entwicklungsstand, Rohölpreisniveau etc.)). Andere Bez.: Portefeuille.
Preis
Ist der in Geldeinheiten ausgedrückte Tauschwert von Wirtschaftsgütern. Zu den Preisen zählen sowohl Marktpreise als auch administrierte Preise (Tarife, Gebühren, Beiträge, Pflegesätze, Mauten, Taxen, Umlagen etc.).
Primärdefizit
Budgetsaldo ohne Zinsenzahlungen für die Netto-Finanzschuld.
Prime rate
Sollzinssatz für meist kurzfristige Kredite an Großkunden. Nach der prime rate richten sich die Zinssätze für die anderen Kreditkunden.
Product Placement
Werbung, bei der versucht wird, die eigenen (Marken-) Produkte möglichst publikumswirksam in der Öffentlichkeit (z. B. im Fernsehen oder bei Sportveranstaltungen) zu zeigen. Gelegentlich als „Schleichwerbung" bezeichnet.
Produkt
Leistungseinheit im Budgetierungsprozess.
Produktivität
Mengenmäßige Wirtschaftlichkeit der Leistungserstellung. Verhältnis von output zu input.
Profit Center
Eigenverantwortliche Sparte in einem Unternehmen oder in der öffentlichen Verwaltung.
Prognose
Bei den Prognosen sind zwei Arten von **Ankündigungswirkungen** zu unterscheiden, sobald die Prognosen veröffentlicht werden: 1. **Selbsterfüllung** („self fulfilling prophecy") – die prognostizierte Entwicklung wird geglaubt und führt zu solchen Verhaltensweisen, dass die Prognose sich selbst erfüllt (z. B. Prognose eines Konjunkturaufschwungs). 2. **Selbstvernichtung** („self destroying prophecy") – die Prognose eines Konjunktureinbruchs wird geglaubt und führt zu wirtschaftspolitischen Gegenmaßnahmen, sodass in der Folge die Konjunktur angekurbelt wird und die Arbeitslosigkeit sinkt.
Projektmanagement
Ausgliederung bzw. gesonderte Abwicklung von privaten oder öffentlichen Vorhaben, die sich durch ihre zeitliche Befristung, ihre Komplexität und relative Neuartigkeit von den laufenden Routinegeschäften unterscheiden.
Prototyping
Entwicklung und Herstellung der ersten Version einer Idee, eines Produktes oder einer Dienstleistung zur praktischen Erprobung und Weiterentwicklung.
Quellenbesteuerung
Quellensteuern werden dort erhoben, wo eine steuerpflichtige Einnahme entsteht und nicht erst bei der steuerpflichtigen Person oder Unternehmung.
R&D
Research and development. Forschung und Entwicklung.
Rating
Beurteilung anhand von genormten Kriterien. Unternehmen, Banken, Wertpapieremittenten etc. werden nach ihrer Bonität (z. B. AAA=triple A=höchste Bonitäts-

stufe) gereiht. Bekannteste „Rating-Agencies", in den USA sind Moody's und Standard & Poor's.
Rebundling
Zusammenfassung von Leistungselementen auf der Anbieterseite.
Reengineering
Reorganisation von privaten und/oder öffentlichen Unternehmen.
Regulierung
Staatliche Einflussnahme auf den privaten Sektor der Wirtschaft durch Festlegung bestimmter Rahmenbedingungen.
Research
Forschung, Untersuchung.
Response
Aktive Reaktion seitens einer umworbenen Zielgruppe.
Ressourcen
Alle Faktoren (Personal, Kapital, Know-how, Rohstoffe, Energie etc.), die zur Produktion und/oder zum Konsum von Gütern benötigt werden. Zu unterscheiden ist zwischen „erschöpfbaren" Ressourcen (z. B. fossile Energieträger, bestimmte Metalle etc.) und „regenerierbaren" Ressourcen (z. B. Verbesserung der Wasserqualität des Attersees infolge der Errichtung von Ringabwasserleitungen).
Risk Management
Richtige Einschätzung der mit bestimmten Entscheidungen verbundenen Risken.
Roadpricing
Straßenmaut, deren Höhe von der Intensität der Benutzung abhängt.
Sale and lease back
Verkauf von betrieblich genutzten Gütern an eine Leasinggesellschaft. Diese Güter werden dann vom Verkäufer wieder (zurück-) geleast.
Sales Promotion
Verkaufsförderung .Gesamtheit aller Maßnahmen, die ein Unternehmer ergreift, um den Absatz seiner Produkte zu fördern.
Sample
Stichprobe bei einer Markt- bzw. Meinungsbefragung. Man unterscheidet zwischen random sample (Zufallsstichprobe) und quota sample (Vorgabe einer bestimmten Quote in einer bestimmten Bevölkerungsschicht).
Scenario
Begriff stammt aus der Theatersprache („scenario writing") und bedeutet dort Drehbuch. Wichtiges Problemlösungsverfahren in der Ökonomie. Mit Hilfe von Szenarien versucht man mögliche, in der Zukunft liegende Zustände zu beschreiben, wobei man von der gegenwärtigen Situation ausgeht. Beispiele: Ölpreisszenarien, Szenarien über die Einführung des EURO, Umweltsituation im Jahr 2000 etc..
Schuldenbremse (CH)
Finanzpolitischer Mechanismus in der Verfassung, der nach dem Erreichen des Haushaltsziels 2001 das Haushaltsgleichgewicht dauerhaft absichern soll.
Score
Gesamtpunktezahl im Zuge einer Evaluierung.
Screening
Verfahren, das bei der Bewertung von neuen Produkten und Ideen zum Einsatz gelangt.

Securitization
Wertpapiermäßige Verbriefung von Forderungen, d. h., Bankkredite werden durch eine Finanzierung auf Wertpapierbasis ersetzt.
Seed financing
Subventionswelt. Startfinanzierung für Unternehmen, die sich in Gründung befinden.
Seilschaften
Personen, die zwar aufgrund eines politischen Auftrages dem Gemeinwohl zwar verpflichtet wären, aber dessen ungeachtet ihre persönlichen eigennützigen Ziele verfolgen. S. nehmen Einfluss auf die Personalpolitik in politischen Organisationen und beeinträchtigen damit auch eine objektive Rekrutierung. In der Schweiz spricht man in diesem Zusammenhang von „Vetternwirtschaft".
Self fullfilling prophecy
Das prognostizierte Ereignis, das ohne Veröffentlichung nicht eingetreten wäre, tritt tatsächlich ein.
Selfbanking
Vom Kunden selbst durchgeführte Transaktionen (z. B. Überweisungen) im Foyer einer Bank.
Setting
Spielregeln der Kommunikation, die zu Beginn einer Beratung, Therapie oder Supervision vereinbart werden, wie etwa Häufigkeit, Art der Bezahlung, Form der Kommunikation etc..
Shareholder
Engl. Aktionär.
Shareholder-Value-Konzept
Der Unternehmenswert („Value") soll für Anteilseigener („Shareholder") nachhaltig gesteigert werden. Nach Alfred Rappaport bestimmt der künftige Cash-flow den Wert eines Unternehmens oder einer Investition. Zu den „value-drivers" gehören das Umsatzwachstum, die Gewinnmarge, die Steuern, die Investitionen, das eingesetzte Kapital, und die Kapitalkosten. Aus diesen sechs Treibern wird der Cash-flow geschätzt und diskontiert. Das Konzept läuft über einen Zeitraum von 3-6 Jahren.
Sleeper-Effekt
Begriff aus der Kommunikationsforschung. Vorübergehende Beeinträchtigung der Wirkung einer Kommunikation bzw. die übermittelte Botschaft bewirkt zunächst nur eine geringe Einstellungsänderung, die aber im Laufe der Zeit größer wird.
Sparen
Der Begriff S. wird in unterschiedlichen Zusammenhängen verwendet. Man versteht darunter:
1. Die ersatzlose Streichung von Ausgaben.
2. Die Umschichtung von Ausgaben von einem Ziel zu einem anderen Ziel.
3. Die effiziente Verwendung von Ressourcen zur Erreichung von Produktions- und/oder Konsumzielen.
4. Nicht-Konsum von Einkommensteilen in einer Periode ohne Veranlagung bei einer Bank („Strohsacksparen").
5. Veranlagung von nicht konsumierten Einkommensteilen bei einer Bank.
Sparring
Gegenseitige Managementunterstützung durch annähernd gleichwertige Führungskräfte.

Speedmanagement
Erledigung einer Aufgabe im möglichst kürzesten Zeitraum.
Spillover
Positive und/oder negative Auswirkungen auf die Handlungen andere Wirtschaftssubjekte oder Institutionen. Beispiel: Wenn staatliche Leistungen einer Gebietskörperschaft auch durch Bewohnerinnen und Bewohner anderer Gebietskörperschaften in Anspruch genommen werden, ohne dass sie dafür vollumfänglich für die konsumierten Leistungen finanziell aufkommen, entstehen räumliche externe Nutzen. Das Äquivalenzprinzip, wonach die Träger eines Nutzens auch dessen Kosten zu tragen haben, wird dabei verletzt.
Spin-off
1. Technologische Nebenprodukte der (Groß-) Forschung.
2. Ausgliederung oder Verkauf einer bislang rechtlich unselbstständigen Unternehmenssparte.
Sponsoring
Bereitstellung von finanziellen Mitteln durch Unternehmen für Personen oder Organisationen zum Zwecke der Öffentlichkeitsarbeit und der Kommunikation.
Staatsquote
Staatsausgaben in Prozent des BIP/BSP.
Staatsquoten
Kennzahlen messen Staatstätigkeit, Steuerbelastung und Verschuldung an der Wirtschaftskraft eines Landes. Damit diese international vergleichbar sind, werden alle öffentlichen Haushalte und die Sozialversicherungen zusammengefasst.
Staatsschuldenquote
Staatsschulden in Prozent des BIP/BSP.
Staatsversagen
Von S. spricht man, wenn es durch staatliches Handeln zu einer Fehlleitung von Ressourcen kommt oder wenn dadurch unerwünschte Verteilungseffekte entstehen.
Stakeholder
Gruppen, die Ansprüche/Interessen gegenüber einem Unternehmen geltend machen. Das sind u.a. die Mitarbeiter, die Kunden, die Anrainer, der Fiskus, Gebietskörperschaften etc. des betreffenden Unternehmens.
Standing
Bonität, Kreditwürdigkeit eines Unternehmens.
State of the art
Stand des Wissens in einer Disziplin.
Steuerquote
Anteil der Steuereinnahmen am BIP, Steuerquote ist deshalb tiefer als Fiskalquote.
Steuerquote
Steuern in Prozent des BIP/BSP.
Steuerwettbewerb
Steuerwettbewerb herrscht zwischen Wirtschaftsstandorten (Länder, Gemeinden), die Investoren und anderen Steuerpflichtigen möglichst gute steuerliche Rahmenbedingungen anbieten wollen.
Steuerzahler
Eine Person ist zu einer Leistuang verpflichtet, erwartet aber eine klare Hilfestellung in der Erfüllung seiner Pflicht.

Stock-Option
Um die Manager von Unternehmen noch stärker in Richtung Shareholder Value zu motivieren, wird seit einigen Jahren ein Teil des Gehalts in Form von Stock-Optionen zur Verfügung gestellt. Es handelt sich dabei um Aktien der Gesellschaft zu Vorzugskonditionen. Diese Summen übersteigen manchmal das in Geldform ausbezahlte Einkommen bei weitem.
Stop- and-Go-Politik
Politik, bei der die wirtschaftspolitischen Akteure die wirtschaftliche Entwicklung abrupt abbremsen und dann wieder ankurbeln.
Strategisches Controlling
Unterstützt das politische Führungssystem, die „richtigen Dinge zu tun". Ziel: größere Effektivität.
Strömungsgröße
Zeitraumbezogene Größe. Andere Bez.: Flow.
Strukturdefizit
Konjunkturbereinigtes Defizit.
Strukturelles Defizit
Teil des Defizits, der auf die dauerhafte Überlastung des Haushalts mit nicht finanzierten Aufgaben zurückzuführen ist (z. B. neue Aufgaben ohne Abbau bestehender und/oder schrumpfende Einnahmen). Ein großes strukturelles Defizit führt dazu, dass der Haushalt auch bei guter Konjunktur defizitär bleibt.
Strukturpolitik
Im Gegensatz zur Niveaupolitik, die den (quantitativen) Stand von Produktion, Beschäftigung usw. zu beeinflussen trachtet, jede Wirtschaftspolitik, die die (qualitative) Zusammensetzung oder die räumliche Verteilung von Produktion und Beschäftigungs-, Branchen-, Betriebsgrößen-, Regionalstruktur usw. bewusst zu verändern trachtet.
Subsidiarität
Grundsatz, wonach in einem Bundesstaat die höhere Ebene (z. B. der Bund) nur dann eine bestimmte Aufgabe übernimmt bzw. sich an ihr beteiligt, wenn diese von der unteren Ebene nicht selbstständig erfüllt werden kann, oder anders ausgedrückt, Prinzip der Dezentralisierung von Aufgaben von einer höheren auf eine niedrigere Organisationsstufe.
Subsidiaritätsprinzip
Gemäß dem Subsidiaritätsprinzip soll die Kompetenz für zu lösende Aufgaben zunächst grundsätzlich auf der unteren Ebene der Gebietskörperschaften liegen. Die nächsthöhere Ebene darf eine Aufgabe erst dann übernehmen, wenn sie diese nachweislich besser erfüllen kann.
Supervision
Form der Begleitung der beruflichen Praxis. Ziel ist die Erhöhung der Professionalität und Erweiterung der Handlungsmöglichkeiten, Überprüfung eingefahrener Verhaltensmuster sowie Analyse persönlicher beruflicher Probleme, Konflikte und deren Lösung.
Sustainability
Nachhaltige Entwicklung.
Synergieeffekte
Ökonomische Vor- oder Nachteile, die durch Kooperation von Personen, Unternehmen oder Institutionen entstehen. Andere Bez.: Verbundeffekte.

System
Ganzheitlicher Zusammenhang von Teilen, deren Beziehungen untereinander quantitativ intensiver und qualitativ produktiver sind als ihre Beziehungen zu anderen Elementen.

Szenarios
Konsistente Beschreibung möglicher Zukunftszustände sowie der Entwicklungspfade dorthin.

Take off
Begriff aus der Fliegersprache, wo es das Abheben eines Flugzeugs bezeichnet. In der Ökonomie wird der Begriff verwendet, um den Start der Entwicklungsländer in die Phase der Industrialisierung zu beschreiben.

Take-over
Übernahme eines Unternehmens durch ein anderes Unternehmen. Diese kann vom Management des übernommenen Unternehmens erwünscht („friendly takeover") oder unerwünscht („unfriendly takeover") sein.

Target
Planziel.

Task force
1. Sonderkommando, Lenkungsausschuss, Projektsteuerungsgruppe. 2. Europäische Union: Es ist keine deutsche Übersetzung möglich; auch im französischen heißt es „La Task Force"! Jene Abteilung der Europäischen Kommission, die sich mit der Konzeption, Planung, Vorbereitung und Implementierung von Aktionsprogrammen im Bereich allgemeinen und beruflichen Bildung befasst.

Team
Personen, die gemeinsam versuchen, bestimmte Probleme zu analysieren und (eventuell) zu lösen.

Telebanking
Erledigung von Bankgeschäften von zu Hause.

Teleworking
Arbeit, die mit Hilfe eines Computers zu Hause erledigt werden kann.

Think tank
Denkfabrik. Wissensmanagement zur besseren Vorbereitung unternehmerischer und/oder wirtschaftspolitischer Entscheidungen.

Time lag
Zeitliche Verzögerung. Zeitabstand zwischen der Veränderung einer Größe und der Auswirkung dieser Veränderung auf eine andere Größe.

Time to market
Wie rasch es gelingt, ein Produkt auf dem Markt zu plazieren.

Timing
Zeitlich richtiger Einsatz von Handlungen.

Top down
Problemlösung von „oben" nach „unten".

TQM
Total Quality Management. International verbreitete Bezeichnung für Programme und Initiativen von Unternehmen und Institutionen zur Qualitätsverbesserung, sowohl innerbetrieblich als auch gegenüber den Kunden.

Trade-off
Unvereinbarkeit von zwei Zielen. Die Realisierung des einen Zieles ist nur zu Lasten des anderen Zieles möglich. Welche Kombination zwischen beiden man wählt, hängt von wirtschaftspolitischen Bewertungen ab.
Transferzahlungen
Vertikal oder horizontal fließende Zahlungen von einem öffentlichen Haushalt zu einem andern.
Transitivität
Widerspruchsfreiheit bei Bewertungen.
Treasury
Abteilung in einer Bank, die die innerbetrieblichen Geldflüsse steuert.
Umfeld
Darunter versteht man jenen Bereich, der nicht zu einem bestimmten System gehört.
Unbundling
Zerlegung von Leistungspaketen eines Unternehmens in seine Teilelemente, um eine bessere Zuordnung von Kosten und Erträgen zu ermöglichen.
Upgrading
1. Versuch der Steigerung des Umsatzes durch Umstellung des Angebotes auf teurere Produkte und/oder Dienstleistungen.
2. Umbuchung in eine höhere Klasse (z. B. von der business class in die first class).
Upstream
Unternehmen am Beginn der Wertschöpfungskette (z. B. Öl-Raffinerien).
USP
Unique selling proposition. Der wesentliche Vorteil eines Unternehmens, einer Institution oder Produktes gegenüber anderen Mitbewerbern auf einem Markt.
Validität
Gültigkeit bestimmter Annahmen.
Value for Money
Preis-Leistungsverhältnis.
Venture capital
Risikokapital.
Verbraucherpreisindex
Abgek.: VPI. Statistischer Anzeiger von Veränderungen der Preise von typischen Gütern und Dienstleistungen, die ein Haushalt im allgemeinen verbraucht (repräsentativer „Warenkorb"); die Prozentveränderung wird meist gegenüber dem Vormonat oder dem Vorjahr gemessen.
Verschuldungsquote
Gesamtverschuldung der öffentlichen Hand gemessen am BIP.
Volatilität.
Schwankungsintensität, mit der Aktien-, Renten- oder Devisenkurse auf Änderungen im Umfeld reagieren.
Volkswirtschaftliche Gesamtrechnung
Abgek.: VGR. Quantitative Darstellungsform des Volkseinkommens während einer bestimmten Periode (meist ein Jahr) unter drei Gesichtspunkten: Entstehung, Verteilung, Verwendung. Die EU-Staaten sind bestrebt, ein einheitliches System der volkswirtschaftlichen Gesamtrechnung zu errichten (ESVGR).

Volunteering
Freiwilliges Erbringen von Dienstleistungen in einer Gemeinschaft.
Vorsteuerabzug
In der Kette vom Leistungserbringer bis zum Konsumenten darf der MWST-Pflichtige die auf einer Vorstufe bereits bezahlten Steuern zurückfordern.
Wage drift
Das Abweichen der tatsächlichen Lohnentwicklung von der kollektivvertraglich vereinbarten Lohnhöhe.
Wertschöpfung
Maßgröße für die Leistungskraft einer Volkswirtschaft. Sie wird ermittelt, indem vom Gesamtwert alle Vorleistungen abgezogen werden.
White Collar Crime
Wirtschaftskriminalität. Bilanzfälschungen, Devisenvergehen, Geld- und Warenkreditbetrug, Falschmünzerei, Fiskal- und Zolldelikte, Veräußerung wertloser „Wertpapiere", verbotene Waffengeschäfte, Computerspionage, Manipulation von EDV-Anlagen, usw.. Ein Merkmal besteht in der Absenz von Gewalt, weshalb Wirtschaftsdelikte erst sehr spät – wenn überhaupt – erkannt werden.
Wight knight
Wörtlich übersetzt: „weißer Ritter". Eine vom Management eines Unternehmens gewünschte Übernahme.
White paper
Institutionenwelt. Akkordierte, schriftliche Unterlage, die Ergänzungen und wesentliche Einwendungen gegen ein „green paper" enthält und das die Grundlage für weitere Maßnahmen in dem betreffenden Politikfeld bildet.
Willingness to pay
Begriff aus der Evaluierungsforschung. Eine bestimmte Wirkung wird mit dem Geldbetrag bewertet, den der Konsument der jeweiligen Einrichtung (Museum, Parkplatz, Theater etc.) im äußersten Fall zu zahlen bereit ist. Die maximale Zahlungsbereitschaft kann u.a. durch Befragungen ermittelt werden.
Windfall profits
Unerwartet entstandene Gewinne bzw. unvorhergesehene reale Werterhöhung eines Vermögens, die weder auf zusätzliche Leistungen noch auf die Übernahme zusätzlicher Risiken zurückzuführen ist.
Wirtschaftlichkeit
In Geld ausgedrücktes Verhältnis von Output zu Input.
Worst-Case-Szenario
Der schlechtestmögliche Fall, der eintreten kann.

3. Personen- und Sachverzeichnis

Aengevelt, W.O. 219, 380
Aggregate 166
Ahlstrand, B. 387
Akkumulation 76
Akteure 132, 166
Akzeleratorwirkungen 202
Allianzen 39
Alternativen 39, 155, 159, 171
Ambassadoren 54
Ankündigungspolitik 39
Anreize 49
Äquivalenzprinzip 48
Arbeitslosigkeit 203
Arendt, H. 38, 388
Arndt, H.W. 381
Arrow K. 105
Ausgliederung 46
Außenwirtschaft 209
Auszahlungsmatrix 16
Autopoietische Systeme 20

Balanced Scorecard 62, 99
Banken 257
Bargaining 82
Bauer, H. 380
Bayer, K. 380
Becker, G.N. 8, 380
Becker, G.S. 8, 380
Bedürfnisse 158
Beisteiner, P. 225
Belz, C. 380
Benchmarking 142, 146, 147, 231
Bendl, E. 153, 229, 381
Bergsten, F. 386
Beschäftigung 197
Beseitigungskosten 41
Best practice 75
Bianchi, M. 381
Binder, B. 381
Biologie 22
Biwald, P. 381
Bleier, E. 255
Böhm-Bawerk, E. 381

Bohnet, L. 386
Bolton, G. 382
Bonum comune 15
BOT 61
Bottom-up-Perspektive 31, 52
Brookings Institution 65
Buchanan 43
Budäus, D. 381
Budgettransparenz 61
Bürokratie 43, 82, 84
Buschor, E. 62, 382

Campitiello, F. 390
Cemper, P. 390
CAP 71
Chaostheorie 20, 22
Chicagoer Schule 8, 172
Chini, L. 388
Clement, W. 382
Club of Rome 97, 193
Cluster 129, 187
Coase-Theorem 192, 193
Constraints 37
Consulting 64, 87
Controlling 50, 51, 60, 293
Core business 23, 41, 50
Corporate Governance 101
Corti, M. 87, 381
Crowding-out-Effekt 112
DACH-Länder 4, 43
De Bono, E. 387
Demokratie 82
Deregulierung 46, 51, 172
Deutschland 69, 148
Dissipative Systeme 20
Duopol 18

Economies of scale 20
Economies of scope 55
Eder, R. 159, 279, 382,
Effektivität 45, 53, 63, 280
Effizienz 45, 53, 63, 280
Einkommensverteilung 205

EIPA 62
Enabler 40
Endres, A. 381
Entflechtung 150, 172
Entscheidungskultur 39
Enzenhofer, V. 381
Erwartungen 26
Etzioni, A. 382
Evaluierung 50, 60, 61
Expertokratie 34
Ex-post-Perspektive 79
Externe Effekte 24, 44, 64, 190

Familientherapie 22
Feedback 5, 25, 27
Fehr, E. 381
Festivalisierung der Politik 36
Fiedler, F. 382
Finanzierung 53, 61, 178, 181
Fisher, R. 192, 387
Flexner, K.F. 73, 382
Fokussierung 4
Folgekosten 60, 153
Folgelasten 60
Formationen 78
Framework Benchmarking 3
Frey, B.S. 26, 382, 387
Frey, R.L. 382
Friedman, M. 66, 110
Frieling, H.D. 381

Gaebler, T. 384, 397
Galbraith, J.K. 381
Gefangenendilemma 16
Geld 179
Generalisten 57
Geschäftsfelder 160
Gesellschaft 38
Gesetze 9, 25, 153, 280
Gesetzesproduktion 280
Gesprächskultur 38
Global Players 45, 132
Globalbudget 50
Globale Steuerung 131
Globalisierung 47, 131, 134, 271
Gollegger, K. 382
Gorz, A. 132, 215, 386
Governance 59

Government 59
Grand theories 76
Grass, R.D. 385
Gwartney, J.D. 381

Hablützl, P. 50
Halbheer, H.J. 387
Hammer, R. 382
Hammerschmid, G. 384
Handlungsspielräume 60
Hanusch, H. 388
Hayek, F.A. 23, 78, 83, 382
Heidelberger Gruppe 22
Heugenhauser, E. & H. 390
Hinterhuber 390
Hierarchie 82
Hirschmann, A.O. 382
Hofinger, H. 262
Homo oeconomicus 7, 8, 13
Hoover Institution 65
Horváth, P. 382
Hotz-Hart, B. 382
Huber, H. 390
Hypothesen 25, 30

Immobilienmärkte 218
Impact 50
Incentives 49, 144
Indexbildung 75
Infinitiver Regress 25
Informationstechnologie 351
Infrastruktur 30, 182
Innovationen 49, 82, 165
Input-Output-Analyse 163
Inputsteuerung 50
Integration 56
Institutionen 9, 35, 61, 81
Integralisten 40, 57
Interaktionen 9
Interessengruppen 34, 81
Internalisierung 45, 192
Internationale Organisationen 4, 135
Internationalisierung 131, 134, 271
Interventionen 79, 80, 171, 191
Iron triangle 35

Jaros, K. 383
Jens, U. 134, 383

Johnson, H.G. 8, 383

Kaizen 54
Kaplan, R.S. 383
Karner, A. 262
Kausalität 25
Kellermann, P. 383
Kemmetmüller, W. 260
Kernaufgaben 41
Kerschagl, R. 383
Keynes, J.M. 105, 106, 109, 383
Keynesianismus 105, 106
Klingebiel, N. 387
Klug, F. 381
Knappheit 8, 14, 158
Know-how 38
Koeppler, K. 383
Kohärenz 59
Kollaterale Güter 162
Kommunikation 96
Kommunikationstechnologie 351
Kompetenzverteilung 60
Komplexität 14, 20, 23, 55, 79
Konjunkturforschung 199
Konkurrenz 171
Konkurrenzparadoxa 14, 400
Konsum 170
Kontextsteuerung 79, 80, 81
Kontrakt 50
Kontratieffzyklus 351
Konsens 42
Kooperation 16, 39, 53, 96, 176
Kooperationsrente 177
Koopkurrenz 177, 178
Koordination 55, 61, 178
Koordinationskultur 39
Korinek, K. 383
Kostal, M. 287
Kosten-Nutzen-Analysen 8, 63, 156
Kostenwahrheit 60
Kraft, M. 382
Krahe, A. 383
Kritische Masse 61
Krockow, C. 383
Krugman, P. 97
Kybernetik 19, 22

Lawson, T. 3, 383

Leadership 87, 88
Legalitätsprinzip 50
Leitbilder 37, 55
Leitl, B. 381
Leitl, C. 5, 383
Leontief, W. 163, 383
Lepenies, W. 30, 388
Lerntheorie 21, 89
Lobbying 35, 42, 55, 81, 83, 132
Logistik 95
Lovins, A.B. 193
Lovins, L.H. 193
Lucas-Modell 202
Luhmann, N. 383

Maastricht-Kriterien 61, 125
Machiavelli, N. 383
Mäder, S. 383
Magisches Vieleck 104, 126
Mailänder Gruppe 22
Maimer, A. 382
Mainstream 4, 103
Make-or-buy-Prinzip 51
Makrosteuerung 103, 132
Malik, F. 216, 383, 384
Management tools 10, 50, 87
Mandl, H. 384
Mantl, W. 384
Märkte 82, 94
Marktversagen 42, 45
Marshall, A. 10, 98, 384
Marx, K. 10, 384
Massenmedien 37, 39
Masterplan 4, 54, 61, 75
Mathematik 30, 31
Matis, H. 383
Matzner, E. 388
McKenzie, R.B. 9, 384
Meadows, D.L. 384
Mediokratie 34
Menger, C. 7
Menschliche Fähigkeiten 158
Mergers & Aquisitions 135
Mewes, W. 384
Michele, B. 384
Mikl-Horke, G. 383
Mikrosteuerung 87
Mill, J.S. 105, 384

Mingers, S. 384
Mintzberg, H. 4, 48, 51, 87, 384
Mirow, M. 384
Mitterlehner, R. 384
Modellanalysen 25
Modulprinzip 3
Möglichkeitsraum 9
Molzberger, P. 390
Monetarismus 10
Monitoring 61, 75
Moral 13
Moral hazard 138
Morath, K. 384
Morgenstern, O. 15, 384
Multimedia-Wirtschaft 364
Multiplikatorwirkung 186, 201
Musgrave, R. 44
Musil, R. 32, 384
Myrdal, G. 3, 384

Nash-Gleichgewicht 16
Naturwissenschaften 25, 26, 79, 104
Nebenregierungen 34, 37, 60
Nebenwirkungen 63
Neisser, H. 384
Neoklassik 111
Netzwerke 20, 54
Neumann, J. 15, 384
New Public Management 50
Nicht-Nullsummenspiele 16
Nobelpreis 30
Novotny, E. 388
Nullsummenspiele 15
Nutzen 8, 9, 10, 11, 34

Oakeshott, M. 33, 384
Oberösterreich 5
Objektsprache 30
Ockenfels, A. 382
OECD 380, 383, 384
Oettl 83, 113, 115, 119, 138, 261, 385
Öffentlichkeitsarbeit 39
Ökonomische Rationalität 310
Ökosoziale Marktwirtschaft 257
Oligopol 17
Operationalisierung 30
Operatives Denken 92
Opportunitätskosten 156, 159

Optionen 39, 155, 159, 171
Optische Politik 34
Organisationen 22, 29, 81
Organisationskultur 89
Organisationstheorie 48, 54
Osborne, D. 385
Österreich 72, 151, 369
Outcome 50
Outing 40
Output 50
Outputsteuerung 50

Panem et circensem 37
Paradigmenwechsel 20, 31
Parlament 51
Parsons-Effekt 21
Parteien 37, 81
Parteienwettbewerb 83, 85
Pattern predictions 23
Patton, B. 387
Payrleitner, A. 385
Penker, W. 305, 390
Performance 60, 61, 172, 179, 331
Peters, T. 101
Pichler, W. 315, 385, 390
Pigousteuer 192
Pilz, D. 385
Pilz, W. 41, 299
Piper, N. 385
Planung 60
Policy mix 11, 60
Politikberatung 64
Politiker-Portfolio 34
Politiksteuerung 60
Politische Kultur 60
Popper, K. 385
Populismus 34
Porter, M.E. 387
Portfolio 34, 48
Posterioritäten 36
Präferenzen 9
Preiser, E. 7, 385
Prioritäten 36
Prisching, M. 385
Privatisierung 46
Probehandeln 32
Probst, G. 29, 385
Produktion 163

Produktionsfaktoren 197
Produktivität 63
Projektmanagement 54, 58
Property rights 158
Proske, D. 28, 335, 385
Prozessmanager 54
Public Choice 43
Public Governance 59
Public-Performance-Index 2005 344
Private-Public-Partnership 54
Public-Public-Partnership 53
PUMA 62

Rahmenbedingungen 58, 80, 143, 231
Rationalansatz 9, 13
Rawls, J. 385
Rechtskultur 60
Reengineering 42
Reflexivität 78
Regelkreis 19
Regierung 51, 59
Regionale Steuerung 120, 128, 129
Regionalisierung 131
Regulationstheorie 76, 132
Regulator 42
Regulierung 41, 60
Reinicke, W.H. 385
Reinmann-Rothmeier, G. 384
Reither, F. 385
Rekrutierung 36
Repressive Steuerung 79
Resch, D. 384
Ressourcen 14, 52, 158
Restriktionen 9
Ricardo, D. 385
Rieck, C. 385
Rivalität im Konsum 44
Robinson, J. 7, 385
Rothschädl, V. 347, 386
Rothschild, K.W. 388
Ruckensteiner, M. 384
Runde Tische 37

Salzburg 364
Say'sches Theorem 105
Schachermayer 95
Scherrer, W. 353, 386, 390
Scheuch, F. 383

Schmidjell, R. 365
Schmidt, K. 382
Schmitt, C. 260
Schmitt, M. 260
Schmitz, W. 386
Schnittstellenmanagement 57
Schuldenbremse 108
Schülein, J.A. 386
Schumpeter, J. 386
Schwab, W. 386
Schweiz 67, 152
Seed financing 61
Seghezzi, H.D. 386
Seilschaften 55
Selbstorganisation 61
Selbststeuerung 38, 79
Selten, R. 16, 386
Sen, A. 31, 388, 390
Shareholder Value 98
Siebert, H. 39, 171, 386
Small theories 76
Smith, A. 10, 197, 386
Socher, K. 386
Sommer, T. 388
Sozialpartner 19
Sozialverträglichkeit 61, 81
Sozialwissenschaften 21, 22
Sparpakete 52
Sparpotenziale 52
Speedmanagement 95
Speiser, H. 386
Spielregeln 9, 40
Spieltheorie 15, 18
Staatsversagen 42, 46
Staatsverschuldung 108
Stagflation 112
Stakeholder 101
Standort 182
State of the art 38, 60, 143
Status quo 35
Steiner, G. 386
Steuerung 25, 78
Steuerharmonisierung 225
Steuerpakete 61
Steuerungskultur 38
Strategisches Denken 17
Strehl, F. 381
Strukturpakete 352

Studer, T. 388
Stützel, W. 386
Suchanek, A. 386
Sunset legislation 60
Supper, M. 42
Supranationale Steuerung 115
Synergieeffekte 53, 55
Synergiemanagement 96
Systemisches Denken 20, 27, 59

Tagwerker, H. 388
Think tanks 39, 61, 64, 74
Tichy, G. 383
TIGRA 62
Time lags 39, 104
Timing 39, 112
Tinbergen, J. 386
Tobin tax 133, 387
Tobin, J. 133
Top-down-Perspektive 31, 52, 64
Transaktionen 166, 180, 209
Trucker, K. 6, 391
Tullock, G. 9, 384

Umsetzungskultur 39
Umwelt 12, 190
Umweltverträglichkeit 61, 81
Unbundling 172
Ury, W. 192, 388
USA 65

Value for money 51
Variable 26
Veblen, T.B. 387
Verbände 37, 81
Verhalten 15
Verhandlungskultur 192
Vermeidungskosten 41
Vermögensbildung 179
Vernetzung 53, 54, 56

Verursacherprinzip 38, 48
Verwaltung 53
Vester, F. 387
Visionen 55, 64, 65, 99, 129
Vocke, P. 279
Volkseinkommen 178
Vontobel, W. 387, 390

Wachstumsforschung 198
Wählervergesslichkeit 83
Warnecke, H.J. 387
Watzlawick, P. 387
Weichart, P. 78, 131, 387
Weidenfeld, W. 71
Weisbrod, B. 8
Weise, P. 388
Weizsäcker, E.U. 388
Welan, M. 40, 387
Welfare Economics 43
Weltwirtschaft 299
Wertschöpfung 165
Wertschöpfungskette 178
Wettbewerb 17, 82
Wiener, N. 19
Wieser, F. 387
Willke, H. 79, 120, 162, 179, 197, 387
Winklhofer, R. 387
Win-Win-Strategie 36
Wirksamkeit 64
Wirkungsmessung 63
Wirtschaften 162
Wirtschaftlichkeit 63
Wirtschaftsverträglichkeit 61, 80
Wissensmanagement 27, 60, 331
Wittgenstein, L. 129, 387
Wollrab, K. 387

Zahlungsbilanz 221
Zielkultur 22, 38
Zielvereinbarung 60